新思
THINKR

有思想和智识的生活

敌人与邻居

ENEMIES and NEIGHBORS

Arabs and Jews in Palestine and Israel, 1917 — 2017

Ian Black

阿拉伯人和犹太人
在巴勒斯坦和以色列
1917 — 2017

[英] 伊恩·布莱克——著
王利莘——译

中信出版集团 | 北京

图书在版编目（CIP）数据

敌人与邻居：阿拉伯人和犹太人在巴勒斯坦和以色列，1917—2017 /（英）伊恩·布莱克著；王利莘译 . -- 北京：中信出版社，2019.9（2023. 11 重印）

书名原文：Enemies and Neighbors: Arabs and Jews in Palestine and Israel，1917-2017

ISBN 978-7-5217-0663-5

Ⅰ . ①敌… Ⅱ . ①伊… ②王… Ⅲ . ①民族问题–冲突–研究–巴勒斯坦、以色列– 1917—2017 Ⅳ . ① D738.162 ② D738.262

中国版本图书馆 CIP 数据核字 (2019) 第 108383 号

封面图片来源：alamy

敌人与邻居——阿拉伯人和犹太人在巴勒斯坦和以色列，1917—2017

著　　者：[英] 伊恩·布莱克
译　　者：王利莘
出版发行：中信出版集团股份有限公司
（北京市朝阳区东三环北路 27 号嘉铭中心　邮编　100020 ）
承 印 者：河北鹏润印刷有限公司

开　　本：880mm × 1230mm　1/32　　印　　张：21.5
插　　页：8　　字　　数：530千字
版　　次：2019年9月第1版　　印　　次：2023年11月第 9 次印刷
京权图字：01–2019–2786
审 图 号：GS（2019）4153号
书　　号：ISBN 978–7–5217–0663–5
定　　价：108.00元

服务热线：400–600–8099
投稿邮箱：author@citicpub.com

奥斯曼帝国，1878—1914年
N
俄罗斯帝国
奥匈帝国
里海
黑海
君士坦丁堡
安卡拉
底格里斯河
波斯
阿勒颇
突尼斯
贝鲁特
幼发拉底河
巴格达
大马士革
突尼斯
克里特岛
塞浦路斯岛
地中海
波斯湾
的黎波里
耶路撒冷
亚历山大
开罗
的黎波里塔尼亚
埃及
阿拉伯
红海
麦加
0
500 英里
0
500 千米
奥斯曼帝国

本书插图系原文插图

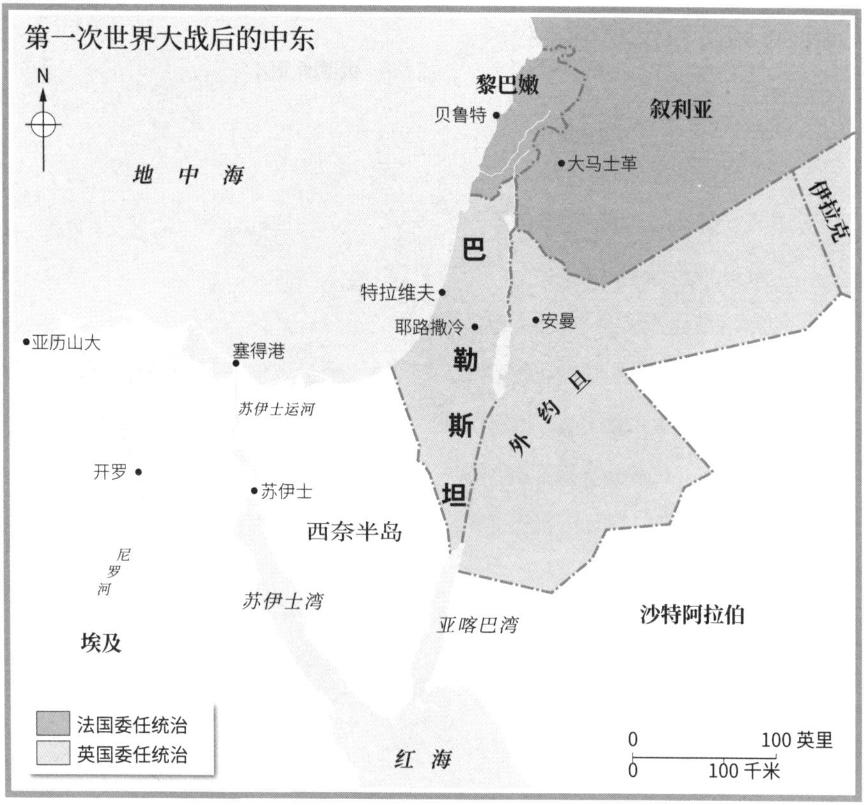

第一次世界大战后的中东
N
黎巴嫩
叙利亚
贝鲁特
大马士革
地 中 海
伊拉克
巴
勒
斯
坦
特拉维夫
耶路撒冷
安曼
亚历山大
塞得港
苏伊士运河
外约旦
开罗
苏伊士
西奈半岛
尼罗河
苏伊士湾
亚喀巴湾
沙特阿拉伯
埃及
法国委任统治
英国委任统治
红 海
0
100 英里
0
100 千米

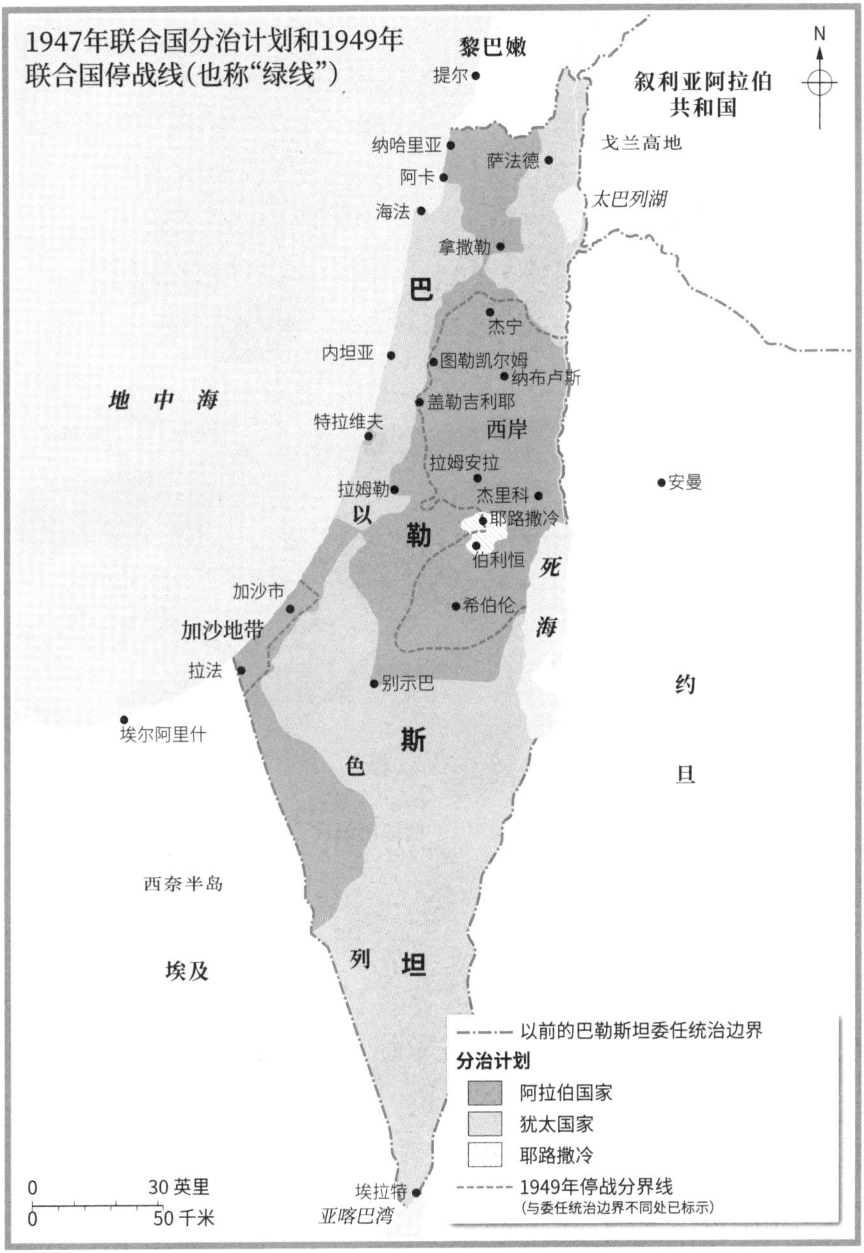
1947年联合国分治计划和1949年联合国停战线(也称“绿线”)
黎巴嫩
提尔
叙利亚阿拉伯共和国
N
戈兰高地
纳哈里亚
萨法德
阿卡
海法
太巴列湖
拿撒勒
巴
杰宁
内坦亚
图勒凯尔姆
纳布卢斯
地中海
盖勒吉利耶
特拉维夫
西岸
拉姆安拉
安曼
拉姆勒
杰里科
以
耶路撒冷
勒
伯利恒
死
加沙市
希伯伦
加沙地带
海
拉法
别示巴
约
埃尔阿里什
斯
色
旦
西奈半岛
列
坦
埃及
以前的巴勒斯坦委任统治边界
分治计划
阿拉伯国家
犹太国家
耶路撒冷
1949年停战分界线
(与委任统治边界不同处已标示)
0 30 英里
0 50 千米
埃拉特
亚喀巴湾

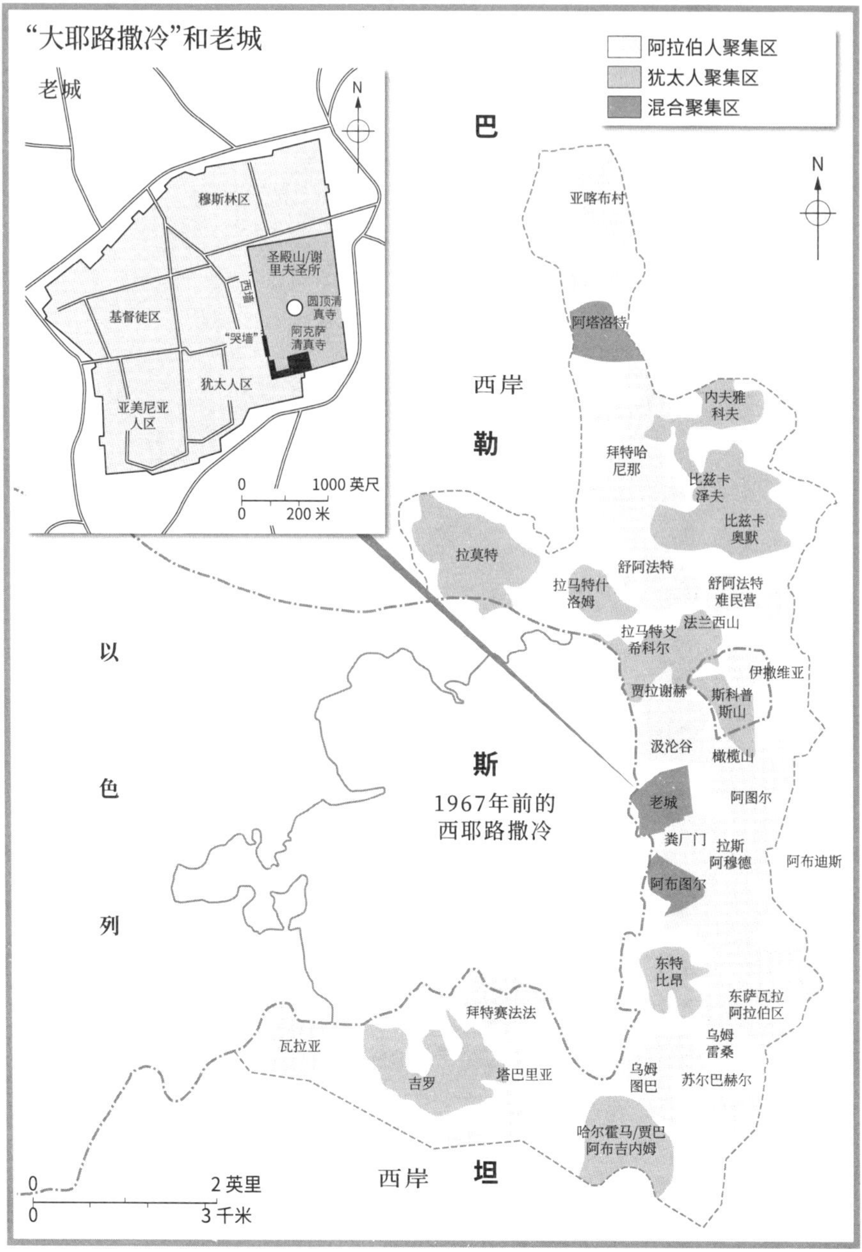

"大耶路撒冷"和老城
老城
穆斯林区
圣殿山/谢里夫圣所
西墙
圆顶清真寺
基督徒区
"哭墙"
阿克萨清真寺
犹太人区
亚美尼亚人区
0 1000 英尺
0 200 米
阿拉伯人聚集区
犹太人聚集区
混合聚集区
巴
勒
斯
坦
以
色
列
西岸
亚喀布村
阿塔洛特
内夫雅科夫
拜特哈尼那
比兹卡泽夫
比兹卡奥默
拉莫特
舒阿法特
拉马特什洛姆
舒阿法特难民营
法兰西山
拉马特艾希科尔
伊撒维亚
贾拉谢赫
斯科普斯山
汲沦谷
橄榄山
老城
1967年前的西耶路撒冷
阿图尔
粪厂门
拉斯阿穆德
阿布迪斯
阿布图尔
东特比昂
东萨瓦拉阿拉伯区
拜特赛法法
瓦拉亚
乌姆雷桑
吉罗
塔巴里亚
乌姆图巴
苏尔巴赫尔
哈尔霍马/贾巴阿布吉内姆
西岸
0 2 英里
0 3 千米

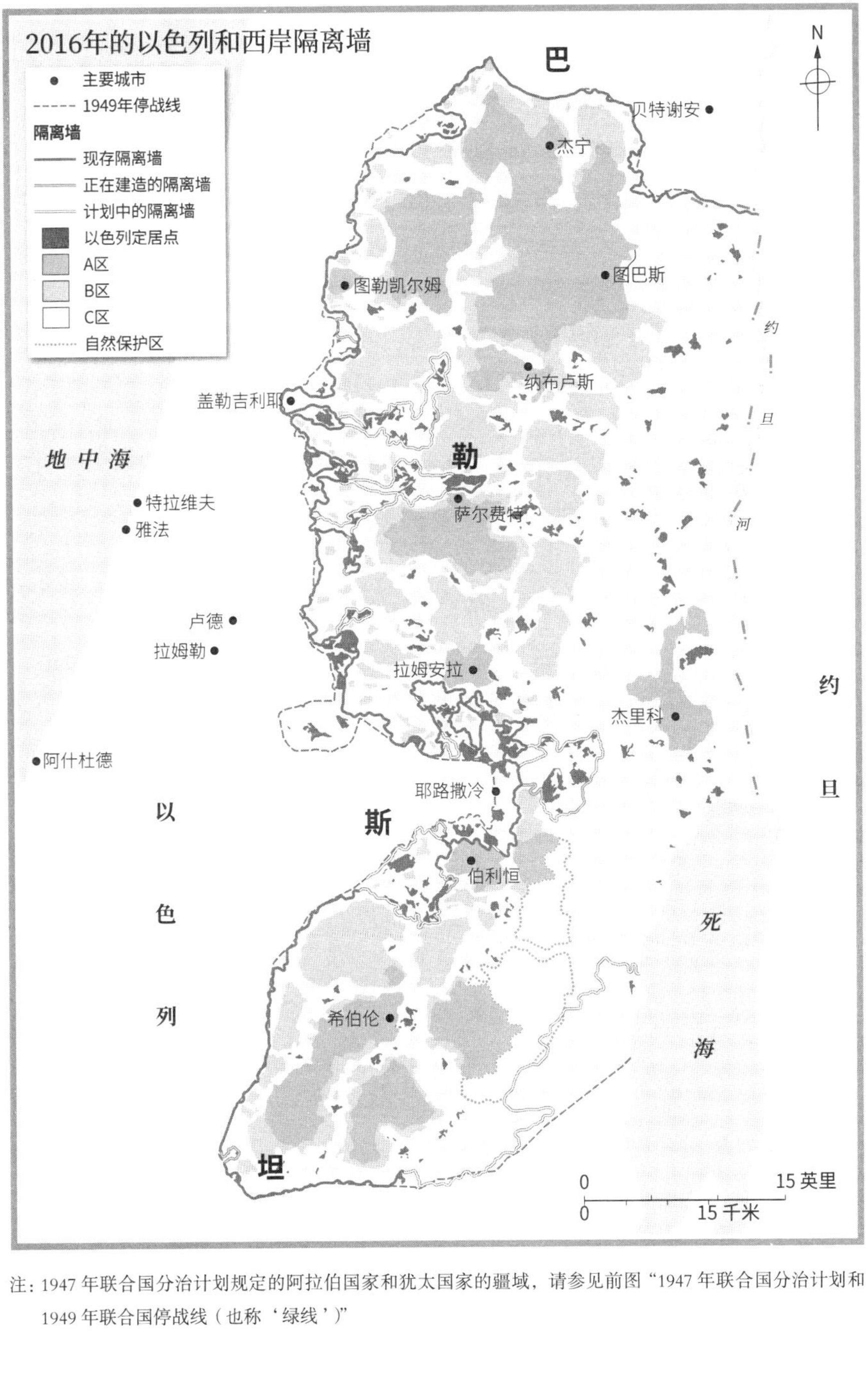

注：1947 年联合国分治计划规定的阿拉伯国家和犹太国家的疆域，请参见前图“1947 年联合国分治计划和 1949 年联合国停战线（也称‘绿线’）”

目录

前言

周年纪念日是庆祝、哀悼、纪念、复述和反思的时机。在 1917 年 11 月英国政府《贝尔福宣言》发表一百周年、1967 年 6 月中东战争（“六日战争”）五十周年之际，本书计划回顾巴以冲突史上的重大事件。后文描述的其他重大事件发生于（或许是巧合，除非大约每个十年的第七年都有某种神秘的超自然特质）1897 年、1937 年、1947 年、1977 年、1987 年和 2007 年。《敌人与邻居——阿拉伯人和犹太人在巴勒斯坦和以色列，1917—2017》从 19 世纪 80 年代早期巴勒斯坦第一批犹太复国主义定居点建立讲起，当时的巴勒斯坦由奥斯曼帝国的几个行省组成，然后按时间顺序讲述，直至今时今日，并涉及不同主题。我希望，这本基于最新研究的长篇概述，能将人们普遍认为世界上最棘手、最引发争议的冲突，从大局纵览引入清晰聚焦。它试图从**双方**的视角讲述双方的故事，以及它们彼此之间命运的纠葛。

本书难免要将动乱、暴力与和平倡议当作里程碑。但是，过于集中地关注战争、外交或恐怖主义，就会忽视普通阿拉伯人和犹太人、以色列人和巴勒斯坦人在实际生活中的相互遭遇和对抗——在前线、难民营、检查站，以及在日常生活、语言和文化等方面。伦敦和华盛顿，以及安曼、贝鲁特、开罗和大马士革的政治家、战略家和士兵在这场大戏中各司其职，但本书更侧重于书写耶路撒冷、雅法、拉姆安拉（Ramallah）、特拉维夫、海法、纳布卢斯（Nablus）、希伯伦（Hebron，又名哈利勒）和加沙以及它们周围充满争议的景象。

深层的结构、态度和惯例与从它们当中爆发的无穷无尽的“有新闻价值”之事同样重要：这是我作为记者兼历史学家从工作中得出的结论。重要的主题包括 1948 年以前建立的独立自治的犹太社会和经济体，以及尤为重要的，犹太复国主义者在多大程度上意识到了阿拉伯人的反对——在我看来，阿拉伯人早就表示反对了，比人们通常以为的要早得多。其他重点主题还有：巴勒斯坦人的逃亡、被驱逐和被剥夺，以及随后回归家园的渴望；1967 年战争的巨大影响；犹太定居点在当年所占领土上的稳步扩张；两次因提法达（intifada，即起义）背后的驱动力，以色列的右翼倾向，巴勒斯坦人伊斯兰主义观念的崛起，双方的严重不对等，两国解决冲突方案的逐渐破产，以及这对未来可能造成的影响。

本书将密切关注经常被忽略或事后才被人想起的以色列的巴勒斯坦人，因为他们从 1948 年至今的独特境遇提供了重要的视野，还因为他们在时常完全无视对方的两个民族间形成了微薄的人际联系。贯穿本书的主思路，就是从奥斯曼帝国苏丹阿卜杜勒哈米德二世统治时期到唐纳德·特朗普时代，他们之间陷入困局的关系。

巴以冲突有资格被称为地球上得到最仔细研究的问题。“大量”甚至不足以形容它浩如烟海的资料的一角。资料的范围和深度反映了这个问题的重要性、复杂性和争议性。早在 20 世纪 70 年代中期，当我开始研究英国委任统治时期时，它就已经是一片被深耕细作的土地。

现在，表层土壤已经消失了，大批研究人员正在搬动下面裸露出来的岩石。

本书面向普通读者。将它保持在可读的长度，意味着必须在整个过程中做出选择，包括要覆盖哪些内容，又要舍弃哪些内容。它基于现有学术成果和二手资料的综合：涵盖整个135年历史的一手研究远远超出任何一位作者的能力。《巴勒斯坦研究》（*Journal of Palestine Studies*）、《以色列研究》（*Israel Studies*）和《耶路撒冷季刊》（*Jerusalem Quarterly*）等专业出版物都是至关重要的资源。最初用阿拉伯语和希伯来语出版的现代材料很快就能译成英文，但重要的旧材料还没有翻译。

相关学术兴趣已经大大增加，且与政治立场息息相关。英美的几所大学现在已有专门（和独立）的巴勒斯坦和以色列研究中心。在过去十年左右的时间里，定居者殖民主义（settler colonialism）的范式有助于理解巴以冲突的基本情况，该范式基于美国、澳大利亚、加拿大和南非的经验，认为当地人口是被欧洲人**替换**而不是被欧洲人**剥削**。然而，这种进路难以涵盖犹太人与“以色列地”（Eretz Yisrael）的宗教民族联系，这是犹太复国主义意识形态和以色列人身份认同的关键。从伊拉克、摩洛哥以及阿拉伯和伊斯兰世界其他地方来到以色列的米兹拉希（Mizrahi，东部或东方的）犹太人是另一个特殊元素，在别处没有与之高度相似的情况。这场当代的激烈辩论从某种程度上反映了双方看待冲突的方式：人们常说，犹太复国主义者倾向于探讨他们移民巴勒斯坦的**意图**；阿拉伯人则侧重于**结果**，尤其是，用爱德华·萨义德（Edward Said）的话来说，“他们的领土被外人定居”的结果。[1]

人类学和民族志研究能够传达记忆中的**经历**，价值极高。政治学、社会学、地理学和文化研究也都能丰富理解，尽管这些学科往往大量使用术语。我个人非常喜欢一篇名为《非人类流亡者的收集：特拉维夫动物园如何创造动物藏品，1938—1948年》的文章——在探讨国家形成过程中文化方面的研究中，这一篇的角度不同寻常。[2]

新闻报道仍是不可或缺的“历史初稿”，有时能与后来精雕细刻的版本惊人地接近。可以说，我在第一次因提法达期间从纳布卢斯和加沙的街道上的报道中得到的，与在耶路撒冷和伦敦的档案馆中查阅解密文件或旧报纸的所得等同——单是在往往不可逾越的民族鸿沟两边与人聊天，也能获得同样多的信息。弄清楚如何来回穿越这道鸿沟也有助于吸取教训。报道被占领土事宜的巴勒斯坦和以色列记者面临着特殊的挑战和危险，有时来自他们自己社会的威胁与来自另一个社会的一样多。

近年来，记者、社会学家和历史学家都不得不考虑社交媒体上发布的大量材料。Facebook（脸书），YouTube（优兔）和Twitter（推特）已然成为有关冲突的事实、观点、宣传和虚假信息的丰富源泉。“#XX”的标签与学术刊物一样重要，甚至更重要。转瞬即逝的事物变得既能永久存在又易于检索。“通过时间的考验”是数字时代一种过时的观念，研究美国总统的人不得不快速分析草草编写的140个词信息中对全球政策的声明。如今，巴勒斯坦人和以色列人既在他们争夺不休的故土，也在网络空间里相互讨伐。

引言

叙事与历史

2013 年 6 月，23 岁的巴勒斯坦帅小伙穆罕默德·阿萨夫（Mohammed Assaf）夺得了备受欢迎的电视节目《阿拉伯偶像》（*Arab Idol*）的总冠军。他有着一头用发胶精心固定的乌黑秀发，笑容羞涩，嗓音优美，为数千名通过短信投票支持他的观众高声演唱经典老歌。阿萨夫出生在利比亚，但在加沙地带的汗尤尼斯（Khan Yunis）长大，这片人口稠密的沿海飞地被夹在以色列和埃及之间，并且是阿拉伯人与犹太人之间关于"圣地"（Holy Land）悬而未决的冲突永恒且日益严重的——通常还是充满暴力的——提醒。

阿萨夫的祖父母在 1948 年战争期间成了难民，和他们一同成为难民的还有数十万巴勒斯坦人，当时以色列国获得了独立，而巴勒斯坦则经历了纳克巴（Nakba，即浩劫）。他的夺冠演出击败了一个埃及人和一个叙利亚人，是当代大众娱乐最前沿的水准，出自位于贝鲁特的 MBC（中东广播中心）之手，吸收了英国《流行偶像》（*Pop Idol*）系列节目开创的概念。节目面向阿拉伯世界的数百万观众现场直播，包括加沙和约旦河西岸的城镇拉姆安拉的观众，当结果公布时，人们欣喜若狂。“革命不只是步枪。”阿萨夫随后告诉一位采访者，他充满节日气息的晚礼服是巴勒斯坦国旗的绿红白三色。[1] 他的成名曲《高举卡菲耶》（*Raise the Keffiyeh*）[1] 所关注的巴勒斯坦头巾卡菲耶，是这个国家及其事业立时可辨的鲜明标志。[2]

阿萨夫的另一首流行歌曲纪念了 80 多年前发生的事件。《来自阿卡监狱》（*Min Sijn Akka*），一支关于爱国主义和牺牲的民谣，[3] 令人想起因为参与 1929 年巴勒斯坦的动乱而被英国人判处绞刑的穆罕默德·贾姆朱姆（Mohammed Jamjoum）、福阿德·赫加齐（Fuad Hijazi）和阿塔·齐尔（Ata al-Zir）。这一事件被英国委任统治当局称为“哭墙之乱”（Wailing Wall riots）。巴勒斯坦人则称之为“卜拉格（al-Buraq）起义”——“卜拉格”是阿拉伯语中将先知穆罕默德从麦加带到耶路撒冷的带翅骏马。在犹太复国主义者和以色列人的记忆中（双方经常对同一事件采用不同说法），这次暴力事件被叫作“1929 年骚乱”，有 133 名犹太人被阿拉伯人杀害，其中大多数人死状甚惨。贾姆朱姆、赫加齐和齐尔因为杀害希伯伦和萨法德（Safed）的犹太人而被判刑。用口语化的阿拉伯语谱写并演唱的《来自阿卡监狱》讲述的就是他们的故事。

2012 年，加沙的一位作家将这三人誉为“巴勒斯坦斗争史上最重要的三位殉道者”，他们“因为抗议犹太复国主义者对巴勒斯坦的渗透，被英国委任统治部队公开处决”——这一描述显然拓展了“抗议”的传统意义，并绕过了关键细节。[4] 巴勒斯坦民族权力机构（Palestinian

[1] 卡菲耶，即阿拉伯头巾，英文 keffiyeh 或 hatta。——译者注

Authority）的电视台将这几个被处以绞刑的人称为“我们民族历史上的灯塔”，立马招致了一家名为“巴勒斯坦媒体观察”（Palestinian Media Watch）的以色列监察机构“赞美恐怖主义”的指责。[5] 同年晚些时候，巴民族权力机构在他们被处决的周年纪念日发行了纪念他们的邮票，上面画着步枪和卡菲耶。[6] 此事和其他许多例子一样，表明历史也是以色列人和巴勒斯坦人仍在斗争的战场的延伸——也许在这个领域，双方是最接近势均力敌的。

阿萨夫的歌自然是“一个人眼中的恐怖分子是另一个人心中的自由斗士”这句话的典型例证。这样的事还有许多。20 世纪 30 年代和 40 年代被英国人以恐怖分子名义处决的犹太人——其中一些死于阿卡监狱同样的绞刑架上——至今仍受到以色列国的正式纪念。2017 年 2 月，该国总统鲁文·瑞夫林（Reuven Rivlin）用他的 Facebook 页面纪念亚伯拉罕·“亚伊尔”·斯特恩（Avraham “Yair” Stern）遇害 75 周年，后者是希伯来名为“莱希”（Lehi，全名 Lohamei Herut Yisrael，意为“为以色列自由而战之人”）、英语名为“斯特恩帮”（Stern Gang）的组织的领导人。1942 年，一名英国警察跟踪斯特恩到其特拉维夫的藏身处，开枪将其打死。以色列国家图书馆以同样的方式提到了“伊尔贡”（Irgun Zvai Leumi，意为“国民军组织”），它作为一个“犹太抵抗组织”，1938 年主动挑起事端，袭击阿拉伯平民，并在 1946 年炸毁耶路撒冷的大卫王酒店，导致 91 人身亡。[7] 哈马斯（Hamas）的全称是“伊斯兰抵抗运动”（Harakat al-muqawama al-islamiyya），这个巴勒斯坦组织针对平民目标制造了多起自杀式爆炸袭击，并从加沙地带向以色列发射落后的火箭弹。对于那些抵抗自己民族最大仇敌的人来说，用词总是具有偏向性，最终结果总会证明他们使用的手段正当合理。

巴勒斯坦人和以色列人在叙事上的分歧远不只形容各自民族英雄时常用的字眼，对于双方在地中海东岸同一小片领土上长期未解决的斗争的性质，他们更是观点迥异。两者都反映在本书中。每一方所言都出自真情实感，即使被对方斥为宣传或谎言。两者都不能忽视。这两个民族之间的冲突只能通过关注他们如何看待**自己**、历史以及彼此来理解。叙事，以其最简单的定义来说，就是“一个民族讲述自己的故事”。[8]

以色列人描述了经过几个世纪的反犹迫害后对自由和自决的追寻，以及从“流散”（Diaspora）中“回归”锡安（Zion）的“流亡者们相聚在一起”，以期在故土建立一个主权独立的犹太国家，并在纳粹于第二次世界大战期间杀害了600万犹太人之后最终实现这一目标的过程。这个关于民族解放的故事在希伯来语中简洁地展现为“miShoah leTekuma”——“从大屠杀到重生”。经过几个世纪的无力、苦难和羞辱，犹太人得以重树自尊和自豪。以色列人很少注意故土上另一个民族的存在（无论那个民族和那片土地被怎样定义），除了他们对犹太复国主义的暴力反抗之外。土地被“赎回”，沙漠中开花繁盛。以色列的主流叙事强调本方愿意让步并实现和平，但另一方却一再错过这样做的机会。于是“鸽派”被迫战斗。以色列很少将巴勒斯坦人、阿拉伯人和穆斯林无休无止、无处不在的敌意归因于自己的行动——无论是1947年和1948年的行动，是其在1967年征服的领土上几十年的定居，还是它在“犹大和撒马利亚”（Judaea and Samaria，即约旦河西岸）维持的军事占领，或是其单方面吞并现在是该国“统一且永恒的首都”一部分的东耶路撒冷的行为。（根据国际法，以色列仍须对加沙地带负责，尽管它已于2005年撤离该地；以色列对在一定程度上由巴勒斯坦民族权力机构控制的西岸也须负责。）以色列人往往声称没有巴勒斯坦人愿意“携手”共建和平，宣称他们的敌人受到仇恨和偏见的驱使，而不是追求正义和结束冲突。恐怖仍在继续。

巴勒斯坦人形容自己是这片土地的原住居民，他们作为占多数的穆斯林，与占少数的基督徒和犹太人一起和平地生活了几个世纪。他们讲述的是一个抵抗外国侵略者的故事，这个故事始于奥斯曼帝国时代。自 1917 年起，背信弃义的大英帝国把自己的利益放在第一位，背叛了阿拉伯人的独立事业。他们先是经历了 30 多年鼓励犹太人移民和购买土地的委任统治，在纳粹的罪行时代（他们对此毫无责任）结束之后，又面临巴勒斯坦人拒绝接受并发起反抗的不公正的联合国分治计划。接下来是 1948 年的战争和种族清洗。而在 19 年后，位于地中海和约旦河之间的残余部分也被占领。以色列的独立是巴勒斯坦人的劫难。巴勒斯坦难民回归家园的权利得到了联合国的认可，但以色列从未承认。用巴勒斯坦学者纳迪姆·鲁哈纳（Nadim Rouhana）的话来说：“一群生活在其故土的人和一群来自世界其他地方的人发生了冲突，因为后者信奉的思想认定这片土地专属于他们，这就是双方对抗的本质。”[9] 然而，巴勒斯坦领导人仍同意接受一个仅占这片土地面积 22% 的国家——这种出于历史原因的妥协被称为“通情达理到了不合情理的程度”。[10] 纳克巴将继续作为记忆和“当下的历史”而存在。它表现为长期被占领，土地被没收，犹太人定居点扩大，吞并的威胁始终存在，房屋被拆毁，以及为保护以色列的安全而建造的“种族隔离墙”——这是一场没有止境的灾难。[11] **坚忍不拔**（Sumoud）的精神，对民族身份的保全——以及坚持抵抗——持续不断地体现在争取自由、尊严和人权的斗争中。

这两种主导叙事（master-narrative）与其说是相互竞争，不如说是截然相反，而且完全势不两立：犹太复国主义者眼中的公正和胜利，对巴勒斯坦人来说则是不公、失败、流亡和羞辱。几十年来，这些叙事通过有意选择、来回重复和不可动摇的自信不断发展巩固。英国最后一名巴勒斯坦高级专员艾伦·坎宁安（Alan Cunningham）爵士在委任统治不光彩地结束几周后提出了这一观点："处理巴勒斯坦政策时最显著的现象之一，就是无论是犹太人还是阿拉伯人，他们解决问题的方法……都不会提及另一方。"他回忆道："他们看上去似乎无视了彼此的存在。"[12] 共同点从一开始就几乎无处可寻。试图调和或整合对立的叙事的课本必须把两种叙事分别印在奇数页和偶数页上。[13] 巴以之间曾经就一个雄心勃勃地名为"共同历史"的创新项目进行辩论，很快就有了结论，那就是双方的版本几乎没有相同之处——那时还没进入20世纪！[14] 第二次因提法达后，巴勒斯坦和以色列的教育工作者不得不放弃为书写双方都能接受的"桥梁叙事"所做的努力，因为"两族人民对与'另一方'有关的事情的猜忌、仇恨和发自内心的恶感，（已经）变得过于强烈"。[15]

交会的事实

然而最近几十年来，人们对在重要时期发生的**事实**达成的共识越来越多了。从20世纪80年代后期开始，以色列自称"新历史学家"的学者们借助新开放的官方档案，重写了1948年战争的历史，与从前被以色列贬为宣传手段的传统巴勒斯坦叙述更为接近，但并不完全相同。当以色列"形成国家"的英雄时期不再是禁忌时，本尼·莫里斯（Benny Morris）、伊兰·佩普（Ilan Pappé）、汤姆·塞格夫（Tom Segev）和阿维·什莱姆（Avi Shlaim）用不同的方式对神圣不可侵犯的早期全民共识大开杀戒，而对于1982年的黎巴嫩战争和5年后的第一次因提法达期间发生的事，争议也爆发了。巴勒斯坦学者虽然缺乏阿拉伯方面的文献资料来源，无法获得以色列的档案，还受限于自身的无国籍状态，但他们仍开始更积极地审视其历史，尽管没有产生那么多引人瞩目的结果。[16] 20 世纪 90 年代，瓦利德·哈立迪（Walid Khalidi）包罗万象的研究《剩下的一切》（*All That Remains*）为记录被以色列摧毁的巴勒斯坦奠定了基础。[17] 耶西德·赛义格（Yezid Sayigh）为巴勒斯坦民族运动及其建国的追求所做的一丝不苟的翔实记载，在出版 20 年后仍无法超越。[18] 巴勒斯坦裔美国历史学家拉希德·哈立迪（Rashid Khalidi）认为，犹太复国主义不仅是另一项欧洲殖民计划，同时也是犹太民族的民族运动，以牺牲巴勒斯坦人的利益为代价实现其目标，这一直言不讳的透彻见解也相当完善。[19]

现在没有人激烈争论譬如 1948 年 4 月在戴尔亚辛（Deir Yassin）大屠杀中有多少巴勒斯坦人死亡，或者在那一年的战争期间或之后有多少阿拉伯村庄人口锐减或被毁等问题。也罕有人接受以色列的原有说法，即导致巴勒斯坦人外逃的原因是“奇迹”或是阿拉伯入侵军队的命令。一度被视为不可靠的口头证词极大地丰富了人们对纳克巴的理解。关于这个时期的自传性记录也是如此，人们留下记录的动机是给创伤性事件留下见证，避免记忆被抹去。在这种精神的驱动下，关于巴勒斯坦人的家系、民俗和文化的研究蓬勃发展，有关老房子和零落的社区的数据也被收集并公布在网上。卫星电视频道提升并保持了人们对此的兴趣。巴勒斯坦的未来或许风云莫测，但它的过去正在以空前的方式被研究、被展示。

学术研究已深入公众意识。以色列知名记者阿里·沙维特（Ari Shavit）在 2014 年掀起轩然大波——尤其是在美国。他根据对以色列退伍军人的访谈，发表了一篇报告，原原本本地讲述了 1948 年大屠杀和数千巴勒斯坦人被驱逐出吕大（Lydda）的经过。他坦率地称之为“犹太复国主义的代价”（这引发了争议），但他认为别无选择，也没有任何悔罪的表示。“若犹太复国主义要继续存在，吕大就不能存在，”沙维特写道，“若吕大要继续存在，犹太复国主义就不能存在。”[20] 近年来，以色列领导人每过一段时间就对巴勒斯坦人的苦难公开表示同情，但至关重要的是，他们拒绝承认对此的责任。历史修正主义（historical revisionism）无论多么诚实，在现实世界中都有严格的限制。

不断变换的视角表明，人们目前更加关注不能再简化的阿拉伯人与犹太人冲突的核心。部分原因在于以色列与埃及和约旦的和平条约，（自 1973 年起）国家间战争（表面上）的结束，以色列与保守的阿拉伯海湾国家关系的谨慎“正常化”，以及 2011 年以来“阿拉伯之春”的血腥动荡。此外，死亡人数这一粗略但明显的尺度也表明，巴以冲突已经升级了，虽说（或许正是因为）人们努力“管控”局面，但问题并没有解决。在 1967 年至第一次因提法达开始的 20 年间，约旦河西岸和加沙地带有 650 名巴勒斯坦人死于以色列人之手；从 1987 年年底到 2000 年 9 月，死亡人数共计 1 491 人；从第二次因提法达开始到 2006 年年底，数字是 4 046 名巴勒斯坦人和 1 019 名以色列人。[21] 现在居住着 200 万巴勒斯坦人的加沙地带自 2006 年以来已经遭遇了 4 次全面军事行动。在 2014 年的战争中，多达 2 300 名巴勒斯坦人死亡。巴以冲突仍是全球和地区的关切，是动荡、痛苦、仇恨和暴力的一个根源。

对过去的理解总是随着时间变化。1948 年之后，以色列的版本，即胜利者的版本，确实占据主导地位，尽管从未完全占据主导地位。此后巴勒斯坦人精神受创、无人带领且流离散乱，还常常不为人知。他们在西方和以色列的公众视野中基本消失了，即便被人提起，也是作为“阿拉伯难民”、“以色列的阿拉伯人”、约旦人或仅仅是“恐怖分子”。广大阿拉伯人对巴勒斯坦人事业的支持伴随着歧视与排外。直到 1967 年以后，巴勒斯坦人才开始“重新出现”，尽管两年后时任以色列总理的果尔达·梅厄 [1] 仍发表臭名昭著的言论，坚称没有巴勒斯坦人。然而，到了 1974 年，巴勒斯坦解放组织（Palestine Liberation Organization，缩写为 PLO，简称“巴解”）领导人亚西尔·阿拉法特（Yasser Arafat）以巴勒斯坦的名义在联合国讲台上向世界发表讲话——一方的恐怖分子是另一方的自由斗士。1988 年，阿拉法特宣布巴勒斯坦独立，隐晦地承认以色列。仅仅 5 年之后，巴解组织和以色列就在《奥斯陆协议》中正式而明确地相互承认，但这一务实的里程碑丝毫没有提到巴勒斯坦人的权利和国家地位，也没有导向最终的和平解决方案。实际上，它并不标志着任何形式的真正和解，而且双方许多人都将它视为一场彻头彻尾的失败。随后的谈判破裂和前所未有的暴力加深了他们之间的鸿沟，以及对彼此的怨怼和疏离。

受害者……和受害者

就过去的某些方面达成共识，并不意味着双方的总体叙事或从中产生的论点比以前接近了一些。相反，当自 2009 年起担任以色列总理的本雅明·内塔尼亚胡（Benjamin Netanyahu）将清除约旦河西岸非法定居点的要求称为对犹太人进行“种族清洗”时，巴勒斯坦人指责他恶意盗用“他们的”叙事，[22] 这加深了人们的一种印象，即双方都坚持自己是受害者。内塔尼亚胡及其支持者抱怨称以色列是反犹主义

[1] 果尔达·梅厄（Golda Meir，1898—1978），即梅厄夫人，曾任以色列劳工部长、外交部长及第四任总理，在英国撒切尔夫人之前就被誉为“铁娘子”。——译者注

仇恨的对象。巴勒斯坦官方发言人拒绝接受这种批评，坚称他们是在为自己的合法权利和自决权利而斗争，是在抗议违犯国际法的行为。2017 年，“巴解”的正式目标依旧是结束被占领状态，建立一个与以色列并存的独立的巴勒斯坦国。相比之下，伊斯兰主义团体哈马斯只准备与以色列长期休战。内塔尼亚胡至多对巴勒斯坦人承诺他所谓的“低限度国家”（state-minus）。结束冲突看起来仍像一个高得离谱的要求。

无数轮未竟的和谈体现了一个不言而喻的道理：历史必须留给学者，不能在谈判桌上处理。[23] 以色列历史学家阿舍·苏瑟（Asher Susser）认为：“光怪陆离的智力杂技只会让已经存在的几乎无法克服的政治障碍雪上加霜。”[24] 冲突解决方面的专家反驳道，**承认**对方的观点虽然不等于**接受**其观点，但这有助于实现可行的妥协，从而赢得两边民众对和平的支持。[25]

然而，当冲突如此野蛮而沉重，当一方在军事、经济和其余许多方面超过另一方如此之多时，历史和政治便不能被轻易分开。内塔尼亚胡说巴勒斯坦人并没有像他和其他很多以色列人所要求的那样承认这个犹太国家的**合法性**（但并没有说巴勒斯坦人拒绝承认以色列的存在），巴勒斯坦重要人物也主动承认他们做不到；内塔尼亚胡说得很对。用巴勒斯坦知识分子艾哈迈德·萨米赫·哈立迪（Ahmad Samih Khalidi）的话来说：

> 对我们而言，采纳犹太复国主义的叙事意味着我们先祖建造的房屋、他们耕种了几个世纪的土地以及他们修建并在此祈祷的圣所完全不属于我们，我们对它们的捍卫在道德上是有缺陷的，而且是不正当的：那意味着，我们从一开始就无权拥有这些事物中的任何一样。[26]

关键在于，以色列也没有以任何正式的形式或是在法律的意义上承认巴勒斯坦民族所渴望的**权利**，就是在历史上的巴勒斯坦所剩之地拥有一个主权独立、自力更生的国家，这也是现在世界上大多数人认为这个民族应该获得的权利。1993年，以色列承认“巴解”是巴勒斯坦人的**代表**。但在2000年的戴维营首脑会议上，它所谓的“慷慨”提议被另一方以不够充分为由拒绝了。这是否真的是“错过的机会”仍然是一个存在争议的问题。无论如何，促使这两个民族和平、自由、公平地作为邻居而不是敌人相处的协议从未达成过。迄今为止的故事应该有助于解释为何这样的协议如此遥不可及，或许还能为未来的道路提供建议。

任何一方都无法垄断真相或道德制高点。但幸运的是，双方都不是铁板一块。即使主导叙事仍在固执己见，我们还是有可能听到偏离它们的声音和策略。将一方刻画成殖民主义者、定居者和种族主义者，将另一方描绘成恐怖分子、狂热分子和反犹主义者，只会降低已然微乎其微的和解可能性。双方都有相当一部分人能够认清现实，承认另一方不可磨灭的存在——无论是否喜欢（许多人并不喜欢），他们都会留下来。联合的民意调查显示，虽然约旦河西岸的巴勒斯坦人和以色列人（士兵和定居者除外）相互接触有限，但大多数人感觉他们互动“愉快”。不那么乐观的是，他们之间的信任度极低，大多数人认为彼此是零和关系，“没有什么能够同时有益于双方的事”，“对一方有利的事情都对另一方有害”。[27]恐惧、仇恨、冷漠和自私自利，以及国内、地区和国际的态度和制约，也都是强大的力量，它们联合起来，将看似早已不可持续的现实维持了太久。2017年7月发生在东耶路撒冷的事件——以色列籍的阿拉伯裔枪手在圣殿山/谢里夫圣所杀害了以色列警察；以色列安全部队的镇压；大规模的巴勒斯坦人抗议活动；剑拔弩张的局势，以色列人随后的退让——都在清晰地提醒世人，事态是如何迅速而轻易地升级至失控的。

历史学家不免会反映出当前人们的关注：有着无数特殊纪念日的2017年，是人们对局势缓和空前悲观的时期，解决“圣地”长久存在的危机更是显得遥遥无期。近年来，关于两国解决方案的失败，通过协议形成单一国家的可取性和可能性，以及不公正、不稳定且危险的现状的持续甚至恶化，人们争辩不休。没有任何迹象表明这场冲突即将落幕，所以理解它比以往更为重要。但这也意味着两边的人民应该听从巴勒斯坦裔以色列作家乌达·比沙拉特（Odeh Bisharat）明智的建议：“如果过去没有共同的叙事，那么至少让我们为未来写一篇吧。”[28]

第一章

1917

一开始我并不喜欢那个孩子，他跟我想的不一样。但我知道，这是一件伟大的事。

——哈伊姆·魏茨曼（Chaim Weizmann）

被青睐的城市

1917年12月9日，一个湿冷的早晨，里夫塔（Lifta）村的平顶房屋排排立于石台地上。英国军队的两名厨师在村子附近寻找水源时迷失了方向。他们遇到了一群耶路撒冷市民，这些人告诉他们奥斯曼帝国政府想要投降。两名厨师觉得自己不能胜任这个任务，便返回了所属部队——莫特（S. F. Mott）少将麾下正从伯利恒（Bethlehem）北上的伦敦军团（London Regiment）第2/20营。莫特的支队刚刚经历了地狱般的数小时。关于这场巴勒斯坦战役的官方历史记载中写道：

> 这支军队在瓢泼冷雨中凄惨地走了一整夜。战马成队地倒在

湿滑的道路上，在黑暗中踢腿挣扎，阻塞了本就拥堵的道路。骆驼腿呈外八字张开，四仰八叉地滑倒；于是人们不得不卸下它们身上的所有货物，捆起来挪到路边。有几个埃及驯驼人已被冻死。

第二批遇到投降者的英国士兵，是第2/19营的弗雷德里克·赫尔科姆和詹姆斯·萨里克中士。由耶路撒冷的阿拉伯裔市长萨利姆·侯赛尼（Salim al-Husseini）领导的投降者挥舞着绑在一把扫帚上的白色床单。虽然两名军士没法接受来自总督伊扎特帕夏（Izzat Pasha）的投降信，但据一名犹太目击者说，市长在一片荒地上口头宣布这个消息时，这两名军士拿着火柴，试图点燃香烟，摆好姿势让摄影师拍下这流传后世的一幕。另一些人在迷茫中也举起了白旗，在接下来几小时内不断向更高级的军官投降。两天后，正式的仪式在城墙环绕的耶路撒冷老城雅法门（Jaffa Gate）内举行，[1] 由埃及远征军（Egyptian Expeditionary Force）最高统帅埃德蒙·艾伦比（Edmund Allenby）将军接受投降。令人高兴的是天气变好了，那是一个"光辉灿烂的日子，阳光寒冷而明媚，万里无云"。[2] 艾伦比得到指令，要求下马步行，谦逊地进入这座城市。这是一个经过深思熟虑、有重要宣传目的的举动，与德皇威廉二世在1898年的访问中骑着装饰华丽的白马"招摇"地进入城门形成了对比。在伦敦，政府监察官员警告媒体不要以任何形式暗示这是"圣战"、新的十字军运动（Crusade）或是基督教与伊斯兰教之间的争端。[3]

尽管距离艾伦比的军队击溃最后几支土耳其军队还有10个月，英国征服耶路撒冷已经使巴勒斯坦的历史迎来了新的篇章。巨变将至，山雨欲来。其中最重大的变化，是奥斯曼帝国结束了在此维持400年的统治。这片土地能让穆斯林、基督徒和犹太人都产生强烈的共鸣。

同时，欧洲对该地区越来越浓厚的兴趣，也正在加剧该地区内外阿拉伯人的民族主义情绪。

“巴勒斯坦”这个名字来源于罗马人——在阿拉伯语和希伯来语中则分别为 Filastin 和 Eretz-Yisrael。这里同样是西方人内心深处的“圣地”，是基督诞生、被钉上十字架和复活的地方，也是长期散居各地的犹太人在《圣经》中所记载的故乡。对于伊斯兰世界，耶路撒冷是阿克萨清真寺（al-Aqsa mosque）所在之地，继麦加和麦地那之后的第三大圣城，是先知穆罕默德（Prophet Muhammad）升天之处。来自自由党的英国首相大卫·劳合·乔治（David Lloyd George）根据他所熟知的《圣经·旧约》称，巴勒斯坦“从但直到别示巴”（from Dan to Beersheba）。[4] 耶路撒冷、拿撒勒（Nazareth）和伯利恒都是家喻户晓的地名；十字军运动、狮心王理查（Richard the Lionheart）、萨拉丁和萨拉森人（Saladin and the Saracens）的故事也常被提及。

而在当地，巴勒斯坦只被看作“比拉德·阿尔沙姆”[Bilad al-Sham，即“大叙利亚”（Greater Syria）] 的一部分；大叙利亚大致包括今天的叙利亚、黎巴嫩和黎凡特。在古典时代，巴勒斯坦曾作为一个军事区域（Jund Filastin）存在，但从 1517 年苏丹赛利姆一世击败叙利亚和埃及的马穆鲁克王朝统治者时起，就不再是独立的行政单位，而是被划分为分属于大马士革省（vilayets）和贝鲁特省的不同地区（sanjaqs）。1872 年，耶路撒冷被赋予了更高地位，直接由帝国首都伊斯坦布尔管辖。[5] 奥斯曼帝国晚期，耶路撒冷与纳布卢斯和阿卡（Acre）地区一起组成了通常所说的南叙利亚，或者说巴勒斯坦地区。基督教主要教派将巴勒斯坦视为一个独特的实体。[6] 在阿拉伯语中，巴勒斯坦通常被称为 al-ard al-Muqaddasah——“圣地”，来自《古兰经》的用词；希伯来语中 Eretz haKodesh 的含义完全相同。

巴勒斯坦位于约旦河和死海以西，地中海以东，与1906年英国与奥斯曼帝国达成协议后划定的埃及边界线相接。第一次世界大战前夕，当地的主要人口是说阿拉伯语的穆斯林，他们最认同的仍是其本地身份——以其姓氏和往往能反映其地域根源的方言为体现——以及巴勒斯坦人的身份。但当时巴勒斯坦人尚未要求从苏丹治下独立出去。“阿拉伯主义”（Arabism）最初是少数精英人士在奥斯曼帝国内部倡导自治的构想，意在建立一个由共同语言凝聚的阿拉伯国家。基督徒则受到了教会学校传播的民族主义和爱国主义的影响。犹太人人口不多，却都很虔诚。从19世纪80年代建立第一批犹太定居点起，犹太复国主义运动（Zionist movement）缓慢增长的威胁成了另一个增加巴勒斯坦人独立身份认同感的因素。[7]

各执己见

1917年11月2日，就在艾伦比通过雅法门之前5周，伦敦政府发布了一份将对圣城、中东乃至整个世界产生长远的决定性影响的文件。外交大臣贝尔福勋爵[1]致信代表世界犹太复国主义组织的罗斯柴尔德勋爵[2]，告诉他：

> 国王陛下的政府赞成在巴勒斯坦建立一个犹太民族家园，并愿尽最大努力促其实现；同时应明确理解，不得损害巴勒斯坦现存非犹太团体的公民权利和宗教权利，也不得损害其他国家犹太

[1] 贝尔福勋爵即阿瑟·詹姆斯·贝尔福（Arthur James Balfour，1848—1930），1916年至1919年担任英国外交大臣。——译者注

[2] 此处指第二代罗斯柴尔德勋爵，全名莱昂内尔·沃尔特·罗斯柴尔德（Lionel Walter Rothschild，1868—1937），英国政治家和银行家。——译者注

人所享有的权利和政治地位。

《贝尔福宣言》以 67 个打字机打出的词语表现了对帝国计划、战时宣传、《圣经》共鸣和殖民心态的综合考虑，以及对犹太复国主义思想的明显同情。就像作家阿瑟·库斯勒[1]那令人难忘的讽刺所言，这些话是“一个国家庄严地对另一个国家许以第三个国家的国土”，这很好地概括了随之而来的持续矛盾。[8]劳合·乔治强调他的主要动机是对犹太人的同情，但政治考量才是决定性的，主要包括在黎凡特地区战后安排的问题上巧胜法国人的愿望，[9]以及利用巴勒斯坦的战略地位——它那“致命的地理位置”——来保护埃及、苏伊士运河和通往印度的路线的渴望。[10]另一些考量更看重的是在当时协约国战事不利的情况下发动犹太人公众舆论的需要。正如贝尔福在 10 月 31 日最终讨论这个问题时对战时内阁所言：“如果我们能够发表支持这种思想（犹太复国主义）的声明，就能在俄国和美国进行有利的宣传。”[11]历史学家们花费了数十年时间来争论贝尔福对犹太复国主义者的公开承诺，1916 年英国、法国和俄国秘密签署的战后瓜分中东的《赛克斯-皮科协定》[2]，还有 1915 年英国为了鼓励麦加的谢里夫[3]侯赛因（Sharif Hussein of Mecca）[4]发动反对土耳其的“沙漠革命”（revolt in the desert）而对阿拉伯人做出的独立承诺这三者之间的联系和矛盾。而

[1] 阿瑟·库斯勒（Arthur Koestler，1905—1983），匈牙利裔英国作家和记者。——译者注

[2]《赛克斯-皮科协定》（Sykes-Picot），也称《小亚细亚协定》，是由法国外交官弗朗索瓦·皮科和英国外交官马克·赛克斯于“一战”期间（1916 年）秘密签署的瓜分奥斯曼帝国亚洲部分的协议。——译者注

[3] 谢里夫（Sharif），阿拉伯语意为“贵人”，指第四任哈里发阿里之子哈桑的后裔。侯赛因亦自称谢里夫。——译者注

[4] 此处指侯赛因·伊本·阿里（1854—1931），他于 1916 年发动了反抗奥斯曼帝国的阿拉伯起义。——译者注

真相掩盖在含糊其词、各执己见和表里不一之下，仍旧难以捉摸。

然而，阿拉伯人从一开始就对英国的这些行为表达了坦率的意见，1918 年年初便从巴勒斯坦传出了震惊与沮丧的声音。乔治·安东尼厄斯（George Antonius）写下了颇有影响力的《阿拉伯觉醒》（*The Arab Awakening*）一书，他认为《贝尔福宣言》背弃了谢里夫侯赛因和英国驻埃及高级专员亨利·麦克马洪爵士（Sir Henry McMahon）之间更早的协定[1]。而且，该宣言也与规定巴勒斯坦大部分地区由国际机构共管的《赛克斯-皮科协定》相对立。安东尼厄斯在 1938 年写道，英国的承诺“缺乏真正的有效性，部分原因是它之前曾保证会承认阿拉伯人在巴勒斯坦的独立，还有部分原因是该承诺中包含了它在未经阿拉伯人同意的情况下无法履行的义务”。[12] 即使第一点——通常被归纳为“被双重许诺的土地”——尚可争辩，第二点显然无可置疑。阿拉伯人，以及巴勒斯坦人，并没有同意；他们觉得自己陷入了阴谋，遭到了欺骗。

哈伊姆·魏茨曼，出生于俄国、富有魅力的犹太化学家和亲英派，1917 年犹太复国主义运动的领导者，对战时内阁深思熟虑后的结果表示高兴，甚至可以说兴高采烈，即使结果**不完全**如他所希望的那么好。“孩子出生了！”11 月 2 日，有人将这个消息告诉了魏茨曼，一周后，《贝尔福宣言》发表在盎格鲁-犹太的喉舌《犹太人纪事报》（*Jewish Chronicle*）上（不过，这件事被俄国布尔什维克革命的消息盖过了）。“一开始我并不喜欢那个孩子，”魏茨曼回忆道，“他跟我想的不一样。但我知道，这是一件伟大的事。”[13] 世界上最强大的国家正式而公开地认可了犹太复国主义运动。这是该运动的短暂历史上一个“高耸入云的里程碑”，距离第一次犹太复国主义者代表大会举行仅 20 年。[14] 诚然，“民

---

［1］ 此处指《大马士革议定书》和基于此的《麦克马洪—侯赛因书简》，英国在协定中承诺阿拉伯半岛和“新月”地带的阿拉伯国家在战后可享有独立地位。——译者注

族家园”，尤其是在没有用定冠词来特指的情况下，是一个模糊的说法，也没有达到暗指一个犹太**国家**的程度；“促其实现”也许不是一项有约束力的承诺，而“最大努力”的含义亦是云里雾里。但它确实清楚地承认了犹太人在巴勒斯坦的**民族**权利。用魏茨曼的同伴纳胡姆·索科洛夫[1]的话来说，发表这一宣言的目的就是表达“对犹太复国主义目标的笼统认可，要简洁且尽可能地意味深长”。[15] 具体措施将在之后出台。

贝尔福的承诺中确实留了一条听起来很重要的保留意见：“不得损害巴勒斯坦现存非犹太团体的公民权利和宗教权利”——当时这些人占巴勒斯坦人口的 90%。值得注意的是，犹太人被定义为“民族”，而其他人甚至不加以辨别就仅被定义为“团体”。这种非同寻常的说法在随后的几十年里不断重现，解释了为什么一个世纪后的阿拉伯人将贝尔福视为背信弃义之人和灾难的缔造者。[16] 犹太复国主义者，出于相反的理由，敬重关于他的记忆；耶路撒冷的贝尔福街至今仍是以色列总理官邸所在地。宣言中还留有余地，是为了应对英国前印度总督、枢密院议长、极有影响力的战时内阁成员寇松勋爵（Lord Curzon）的强烈反对。寇松——反映了当时人们对该地区地图和身份的认知——提到了“在 1 500 年中大部分时间里占据（巴勒斯坦）”的“叙利亚阿拉伯人”（Syrian Arabs），并问他们会变成什么样子。“他们既不乐意被犹太移民剥削，也不会满意于仅仅给后者当劈柴挑水的人。”他以当时人们熟悉的《圣经》典故预言道。[17]

宣言的第二条保留意见——关于在其他国家的犹太人的权利——则回应了印度事务大臣埃德温·蒙塔古（Edwin Montagu）的反对意见，尽管他不在战时内阁之内。埃德温是一名犹太贵族，他担心官方对犹

[1] 纳胡姆·索科洛夫（Nahum Sokolow，1859—1936），犹太复国主义运动早期领导人，魏茨曼的继任者。——译者注

太复国主义的同情实际上掩盖了反犹主义的偏见，会破坏英国犹太人以及世界上其他地方信奉犹太教的人们来之不易的地位。然而保留意见并没有使他激烈的反对声减弱，也没能缓和阿拉伯人对“非犹太团体”这类表述的不安。随着时过境迁，犹太人对犹太复国主义的态度会发生重大变化，但阿拉伯人的态度大体上并没有改变。

命运的路标

耶路撒冷的陷落结束了巴勒斯坦三年水火倒悬的局面。奥斯曼帝国的增援部队于1914年9月在叙利亚总督杰马尔帕夏[1]的指挥下进行部署。征兵造成了沉重的代价，尤其是对于70万阿拉伯青壮人口。土耳其的军事需求还导致了食物、牲畜和燃料供不应求。“从虔信者与好奇者那里获得的收入”已经中止，“口粮配给”成为常态，[18]人民贫病交加。1915年，粮食歉收，一场毁灭性的蝗灾使得被协约国海军封锁的巴勒斯坦和叙利亚港口雪上加霜。战争前夕尚有约5.9万人口的犹太人，在强制移民和驱逐敌国国民的行动中损失惨重，尤其是在俄国，成千上万的犹太人被运往亚历山大港。他们中的一些人取得了奥斯曼帝国国籍，尽管这意味着要服义务兵役。犹太复国主义领导者被监禁。在耶路撒冷，就像在大马士革和贝鲁特一样，阿拉伯民族主义者被绞死。土耳其人还处决了两名帮助英国情报部门追踪敌军动向的犹太间谍组织“尼利”[2]的成员。据一名居住在耶路撒冷的美国人说：“三年的战争已使巴勒斯坦沦入悲惨的境地。”乞丐徘徊在街头，救济饥民的

[1] 杰马尔帕夏（Cemal Pasha），青年土耳其党领导人之一，与恩维尔帕夏和塔拉特帕夏组成三寡头军人政权。——译者注

[2] “尼利”（Nili）是一个亲英的犹太间谍网络，第一次世界大战期间在巴勒斯坦协助英国与奥斯曼帝国对抗。——译者注

施食处和卖淫者大量出现。村庄被军队的铁蹄践踏，又遭到“霍乱、斑疹伤寒和回归热的摧残”。[19] 一名奥斯曼士兵的月薪是 85 皮阿斯特（piastres），将将够买定期供应的烟草，仅能用来勉强维持生计。[20]

埃及远征军一开始保住了苏伊士运河，没有让土耳其人占据。1917 年 3 月，远征军对加沙发起进攻，标志着协约国开始侵入敌国领土。同年 4 月，雅法和特拉维夫的全部市民被要求“为了他们自己的安全”离开。别示巴和加沙分别于10月底和11月初被攻克。11月16日，雅法陷落。澳大利亚军队高呼着“欧洲，欧洲”进入特拉维夫。这些胜利都为协约国开进耶路撒冷铺平了道路。

直到 1917 年年底，巴勒斯坦的最终命运仍是未知的，“不过按《贝尔福宣言》使其并入法属叙利亚的可能性越来越小”，[21] 耶路撒冷的第一任军事总督罗纳德·斯托尔斯 [1] 事后写道。犹太复国主义事业的热心支持者、自由派报纸《曼彻斯特卫报》（*Manchester Guardian*）对这份宣言表示欢迎，称它为“愿景的具现，命运的路标”。编辑查尔斯·斯科特 [2] 用最近一片穆斯林土地上另一个少数民族的脆弱命运来说明，如果没有一个国度作为家园，犹太人将永远无法安居。“亚美尼亚被清除的人口是巴勒斯坦犹太定居点被清除人口的 50 倍，这蕴含着可怕的警示。”斯科特认为，《贝尔福宣言》的核心承诺与当地的原住居民阿拉伯人的权利没有矛盾，这反映了当时西方广为流传的观点。“巴勒斯坦现有的阿拉伯人数量少，文化程度低，”他写道，“他们本身没有任何进步的因素，但仍拥有必须被尊重的权利。”贝尔福在 1919 年以同样的态度对寇松说：“犹太复国主义，无论是对是错，是好是

[1] 罗纳德·亨利·阿默斯特·斯托尔斯爵士（Sir Ronald Henry Amherst Storrs，1881—1955），曾任英国开罗东方事务秘书、耶路撒冷军事总督、塞浦路斯总督和北罗得西亚总督。——译者注
[2] 查尔斯·普雷斯特维奇·斯科特（Charles Prestwich Scott，1846—1932），英国记者、出版商和政治家。1872 年到 1929 年担任《曼彻斯特卫报》编辑。——译者注

坏，都根植于长久的传统；目前居住在这片古老土地上的 70 万阿拉伯人的欲望和偏见，无论在现在的需求中，还是在未来的希望中，都不可与其相提并论。”[22] 用巴勒斯坦一位著名历史学家的话说，这种粗暴而赤裸裸的偏袒，“流露出高傲的不屑”，在动荡的一百年过后仍会激起阿拉伯人的愤怒。[23]

第二章

1882—1917

如果到了某一时刻，我们的人民在以色列地的生活发展到开始取代他们的地位，无论是轻微地还是显著地，那些当地人都不会轻易让步。

——阿哈德·哈阿姆（Ahad haAm）[1]

爱锡安者

在远离伦敦权力走廊的巴勒斯坦土地上，犹太复国主义者与阿拉伯人之间的紧张氛围早在1917年那划时代的事件之前就已存在。1918年，据英国军方统计，这里的人口包括穆斯林51.2万人，犹太人6.6万人和基督徒6.1万人。阿拉伯人大部分是农民和手工业者，而在农村，贝都因部落仍居无定所，并且绝大多数人口是文盲。成片的土地

[1] 阿舍·金兹伯格（Asher Ginzburg），以笔名阿哈德·哈阿姆（意为“众人之一”）闻名，被誉为文化犹太复国主义奠基人。——译者注

归属于缺席所有者[1]。城里的名人们曾在刚刚离去的奥斯曼土耳其政府中占据重要位置。耶路撒冷仍由富裕的贵族家庭如侯赛因家族、哈立迪家族等主导，但现代化的气息已经蔓延到了老城外；纳布卢斯则由图坎（Touqans）和阿卜杜勒–哈迪斯家族（Abdel-Hadis）主导；雅法被称为“海的新娘”，是该地通往外部世界的门户；更北边的海法也在快速发展。除了英国人取代土耳其人，最重要的新鲜事是到 1918 年年底，有大约 1.5 万名犹太新移民生活在构成“新”犹太复国主义阵营的 45 个乡村定居点（moshavot，也称“莫沙夫”）1 中，与人口多达 5 万的“老”伊舒夫[2]泾渭分明。

巴勒斯坦的阿拉伯人清楚地知道他们的存在，以及两个群体之间的差异。对任何人来说，犹太人都自记事起就是风土的一部分。在过去的 19 世纪中，德系犹太人[3]依靠慈善捐款“哈鲁卡”[4]来巴勒斯坦学习和祈祷，他们在耶路撒冷、希伯伦、太巴列（Tiberias）和萨法德等圣城哀悼着圣殿的毁灭，等待着弥赛亚的降临。他们大多是俄国或东欧国家的人。大部分犹太人是在 1840 年奥斯曼帝国击败埃及帕夏穆罕默德·阿里[5]的反叛军后来到此地的；小部分是本地出生的塞法迪（Sephardi）或米兹拉希犹太人，他们的祖先来自西班牙、北非、巴尔干和远至中亚的也门、布哈拉（Bokhara）。许多人说阿拉伯语和拉

[1] 缺席所有者是指拥有某一特定财产而不实际占有或积极管理该特定财产的个人或公司。——译者注

[2] 伊舒夫（Yishuv），19 世纪 80 年代开始到以色列建国之前巴勒斯坦犹太居民的定居点。——译者注

[3] 德系犹太人（Ashkenazi Jews），又称阿什肯纳兹犹太人，指的是源于中世纪德国莱茵河流域和法兰西一带的犹太人后裔，后泛指来自欧洲的犹太人。——译者注

[4] 哈鲁卡（halukah 或 halukkah），从世界各地的犹太人中筹集的资助巴勒斯坦贫困犹太人的资金。——译者注

[5] 穆罕默德·阿里（Muhammad Ali），曾任奥斯曼帝国驻埃及总督，后发动第一次埃土战争，占领巴勒斯坦和叙利亚部分地区，1840 年在列强武力威胁下撤军。——译者注

地诺语[1]。他们的身份是宗教性的，而不是属于任何意义上的国家的。他们大多数还是奥斯曼帝国的公民，在阿拉伯语中被称为“abnaa al-balad”（本国 / 本地人的后代）或“yahud awlaad Arab”（是犹太人，也是阿拉伯人的后代）。穆斯林、基督徒和犹太人之间的关系基本没有受到干扰，每个团体都在奥斯曼帝国的“米利特”（millet）宗教自治系统之下按照各自的传统生活，并接受伊斯坦布尔苏丹的统治。各群体尽管在地位和税收方面存在不平等，但在混居区内彼此宽容。在耶路撒冷，德系犹太人占多数，他们使用的是巴勒斯坦当地的意第绪语，即俄国“栅栏区”（犹太人集中定居区）的方言，但也用大量阿拉伯语词。2 塞法迪犹太人则在文化上更接近穆斯林而非基督徒。3 在雅法，犹太人占总人口的三分之一。在海法，“最严重的摩擦只是邻里常有的那种小摩擦”。4

19世纪中期，由于奥斯曼帝国的改革[2]、欧洲资本的渗透以及贸易和通信的扩展，巴勒斯坦与外部世界联系加深。克里米亚战争（1853年至1856年）之后的几年里，欧洲国家在耶路撒冷、雅法和海法建立了领事馆，部分原因是要应付基督教朝圣者和越来越多的传教活动。小麦和柑橘类水果出口带动的经济增长使沿海城市人口增加，同时也扩大了城乡差距。加沙的农民在为欧洲的啤酒厂种植大麦。1870年，正是在这种背景下，法国一家在整个中东兴办犹太中小学的慈善机构“以色列人联盟”（Alliance Israélite Universelle）在雅法附近创办了“以色希望农业学校”（the Mikveh Yisrael agricultural school）[3]。1878年，来自拥挤的耶路撒冷老城的德系犹太人在雅法附近的沿海平原上建立

[1] 拉地诺语（Ladino），又名Judaeo-Spanish，西班牙犹太人使用的方言。——译者注
[2] 1839年奥斯曼帝国改革，国家更为世俗化，并引进西方技术。——译者注
[3] Mikveh Yisrael，意为“以色列的希望”，该学校为以色列第一所农业学校。——译者注

了佩塔提克瓦（Petah Tikvah）定居点，这片土地是从一个阿拉伯村庄那里获得的。这一举动结合了对“以色列地”的神圣传统信仰和重视在生产生活中创造再生价值的现代观念，“以此制造一种对丰饶土地上的农耕生活的感伤怀念”。[5] 由于生活艰辛，此处一度被弃置，后来才重新建设起来。它的希伯来语名字（“希望之门”）回荡着《圣经》的余音，后来它也被称为 Emm-haMoshavot——“定居点之母”。

1882 年，俄罗斯帝国爆发大规模屠犹事件，巴勒斯坦的犹太复国主义运动的新篇章也随之展开。第一批定居者自称 Hovevei Tzion（爱锡安者），这是一个立志在巴勒斯坦建构犹太民族生活的群体网络。其中尤为关键的，是他们前所未有地使用了正在复兴的希伯来语而非意第绪语。当年 8 月，来自罗马尼亚加拉茨城（Galatz）的一个 200 人的团体抵达雅法，却在那里被扣留了好几周，直到筹集了足够的钱来贿赂土耳其警察才被释放。[6] 他们的目的地是在海法以南买下的一片遍布石头的土地。劳伦斯·奥利芬特（Laurence Oliphant），一名古怪的英国旅行家，同时也是热情的犹太爱好者（philo-Semite），简短地描述了不久之后在扎马林（Zamarin）所看到的情景。扎马林是卡尔迈勒山（Mount Carmel，即迦密山）南麓一个疟疾侵袭的小村庄，俯瞰地中海。奥利芬特用生动的笔触描绘了截然不同的两群人，他们正在小心翼翼地互相了解——作为未来的邻居，以及敌人。

> 很难想象任何比这更不协调的场景：强壮的农民们有着粗犷的黑色髭须，腰带里露出火铳的黄铜手柄，头上用粗糙的黑色绳线紧紧束着饰有流苏的阿拉伯头巾，他们穿着宽松垂坠的“阿巴斯”（斗篷），露出结实的腿脚；再看那些生着卷发的犹太人，他们看起来有些缺乏男子气概，穿着长及脚踝的袍子，就像红色或

> 沙色的头发一样油光发亮，他们的面容也是如此。前者惯于在巴勒斯坦灼热的山坡上劳作，后者刚从罗马尼亚某个城镇的犹太聚居区出来，不习惯智力游戏以外的任何运动，但确信他们自己对农业的了解比此地的人更多，并对给他们提的一切建议都充满怀疑。他们因一种令人愉快的自信心而干劲满满，但我认为，第一次实践的经验恐怕会让他们极度失望。与这些罗马尼亚犹太人形成奇怪对比的是充当翻译的阿拉伯犹太人——一个身着东方服装的健壮英俊的男人，既不像他的欧洲教友，也不像农民。[7]

奥利芬特带着当时欧洲基督徒的偏见，见证了这块定居点的奠基。这里后来被命名为奇科隆雅科夫（Zichron Yaakov），以纪念法国犹太慈善家詹姆斯（雅科夫）· 德 · 罗斯柴尔德男爵［Baron James（Yaakov）de Rothschild］，他的儿子埃德蒙是该定居点以及一些新的边远居民点的赞助人。在接下来的数年中，人们又建立了若干定居点，包括位于沿海平原上的里雄莱锡安（Rishon LeZion）和盖代拉（Gedera），位于加利利（Galilee）的罗什平纳（Rosh Pina）和耶苏德马阿拉（Yesud haMaala）。从理论上说，犹太复国主义者面临奥斯曼当局的反对。但实际上，政府的低效、腐败帮他们排除了障碍，外国国籍带来的好处，特别是“领事裁判权”（Capitulations）[1]制度下享有治外法权的领事们的介入，也帮了他们的忙。贿赂——或者说小费（baksheesh）——屡见不鲜。一位定居者写道：“土耳其政府接受每个人的贿赂。金钱是让轮子转起来的润滑油……使所有人都变得盲目。”[8]阿拉伯农民（fellahin）的劳动是必不可少的。犹太人的运输、日常供给、葡萄园和种植园所

［1］领事裁判权出自奥斯曼帝国与欧洲国家签订的领事裁判条约，内容包括进入奥斯曼帝国的外国商人在被起诉、税收和征兵等方面不受奥斯曼帝国管辖，享有治外法权。——译者注

用的肥料都要依靠他们。1883年7月，奥利芬特发现，在罗什平纳，一些来自罗马尼亚和俄国的犹太人在地里种马铃薯，并与他们的穆斯林邻居处于“完美的和睦”中。这是他在巴勒斯坦看到的“在定居点上最令人满怀希望的尝试”。犹太农民用阿拉伯传统的牛拉的犁耕种当地的农作物。总而言之，这里有一种“典型的殖民地种植园农业模式，依靠季节性地聘用大量没经验的巴勒斯坦阿拉伯劳动力”，与欧洲定居者在法国统治下的阿尔及利亚和突尼斯的经历类似。9 尽管如此，奇科隆雅科夫和其他定居点仍是艰难求存，只能依靠罗斯柴尔德家族的馈赠维持下去。

这些开拓者对他们遇到的阿拉伯人的粗野感到震惊。巴勒斯坦显然不是所谓“为一个无地民族准备的没有民族居住的土地”——英国犹太作家伊斯雷尔·赞格威尔[1]的这一说法通过千禧年派[2]基督徒沙夫茨伯里勋爵[3]而广为流传。（具有讽刺意味的是，赞格威尔后来转而支持犹太人在乌干达而非在巴勒斯坦定居。）对这句话最好的理解是，它并不意味着这个地区**没有人**居住，而是反映了当时欧洲民族主义者和犹太复国主义者的看法，即没有自己国家的人就没有**民族**身份认同——特别是不存在特殊的**巴勒斯坦人的**民族身份认同。10 它还包含着殖民时代欧洲白人对殖民地原住民带有优越感的成见：大多数人是好逸恶劳、蓬头垢面的穆斯林农民。11“只有最愚昧无知的人才会认为‘荒芜’……意味着没有原住民，”奥斯曼研究学者贝沙拉·多马尼（Beshara

[1] 伊斯雷尔·赞格威尔（Israel Zangwill，1864—1926），英国犹太作家，早期为犹太复国主义支持者，后转为领土主义运动（目标为寻找土地代替原有的“圣地”作为犹太人的家园）支持者。——译者注

[2] 基督教千禧年派相信在末世时基督将做王一千年。——译者注

[3] 沙夫茨伯里勋爵（Lord Shaftesbury），指安东尼·阿什利·库珀（Anthony Ashley Cooper，1801—1885），第七代沙夫茨伯里伯爵（Earl of Shaftesbury），英国政治家、慈善家，千禧年派的圣公会重要成员，犹太复国主义运动支持者。——译者注

Doumani）说，“‘荒芜’其实是指没有‘文明人’，就像美洲和非洲被描绘成准备迎接拓荒浪潮的处女地一样。”[12] 巴勒斯坦的新定居者“既不了解这个地区，也不了解当地阿拉伯人的语言和习俗，同时他们的手段和技术准备也是远远不够的”，一名犹太经济学家在几年后如此记录，“疟疾在许多定居点中流行，威胁到了定居者的健康”。[13] 许多人被极其恶劣的生活环境吓坏了。“我对我看到的阿拉伯村庄感到震惊，”1892 年从俄国来此的希姆达·本-耶胡达[1] 写道，“屋子都是泥做的，没有窗户，人和牲畜混居。到处都是垃圾堆和衣不蔽体的孩子。瞎眼的老女人和脏兮兮的女孩坐在屋前，像一千年前一样磨麦子。”[14]

邻居

定居者与曾经的佃户之间因界限划分产生了矛盾。缺席所有者抛售土地，导致曾为他们工作的佃户无以为生。关于收割和放牧权的纠纷随处可见。[15] 1886 年，因为一名犹太农夫没收了在其土地上放牧的阿拉伯人的驴子，佩塔提克瓦爆发了一场骚乱。在此之前，阿拉伯人被要求腾出他们仍然声称自己拥有的土地，矛盾因此升级。[16] 到 1889 年，奇科隆有 1 200 名阿拉伯农业工作者为 200 名犹太人服务。在里雄莱锡安，40 户犹太人家庭吸引了近 300 户阿拉伯家庭成为其移民劳工。定居者很快就“拿起了鞭子，挞罚每个做错事的人”。[17] 阿拉伯工人充足又廉价，而且比刚从欧洲来的犹太移民更为吃苦耐劳。一名犹太观察者写道，阿拉伯劳工“几乎总是顺从的仆人，毫不反对被剥削，并且能欣然接受主人展示的权力和统治”。[18] 犹太复国主义者

[1] 希姆达·本-耶胡达（Hemda Ben-Yehuda，1873—1951），犹太作家和记者，犹太语言学家埃利泽·本-耶胡达（Eliezer Ben-Yehuda）的妻子。——译者注

的回忆录里记载了阿拉伯人对现代农业机械的迷恋，而当里雄莱锡安经验不足的定居者“试图哄骆驼像马一样拉车”时，阿拉伯人大笑起来。[19]

定居者总人数仍然很少，到 1893 年才刚好超过 2 000 人，但当地的问题偶尔会产生更广泛的影响。1890 年，一群贝都因人向苏丹提出抗议，称他们在代理人耶霍舒亚·汉金[1]在雷霍沃特（Rehovot）为新的定居点而购买的土地上遭到了驱逐。抗议者写道：“从我们的父亲和祖父那时候开始，我们的农场就被陌生人强行剥夺，他们不愿根据这片土地上耕种者的惯例，也不愿意基于人类的基本原则和同情心来对待我们。”[20] 而附近建于 1884 年的盖代拉，因与邻居的关系尤为糟糕而闻名。卡特拉（Qatra）的阿拉伯村民由于债务而失去了土地，但继续作为租户耕种，直到犹太定居者到达后从法国人手中购买了 3 000 德南[2]的土地。然而村民们仍然认为这些土地是他们的，并向奥斯曼当局抱怨定居者在上面建造东西。

阿拉伯人的反对带有较明显的政治性质，尽管有些人未能区别看待犹太人的涌入和欧洲人普遍扩大的影响，无论这种影响来自基督教朝圣者、德国圣殿运动[3]人士，还是这个地区发展过程中出现的其他在外国力量保护下生活的人。[21] 19 世纪 80 年代中期，一条新公路使得从雅法到耶路撒冷之间 50 公里的旅途变得更加轻松。1892 年，两座城市间开通了铁路。1891 年 6 月，阿拉伯人敦促犹太人结束移民和土

---

[1] 耶霍舒亚·汉金（Yehoshua Hankin，1864—1945），犹太复国主义活动家，犹太复国主义组织在巴勒斯坦强制买地的行动大多是由他操办的。——译者注

[2] 德南是土耳其等原奥斯曼帝国疆域内部分国家使用的土地丈量单位。1 德南面积为 1/4 英亩，约为 1 012 平方米。——译者注

[3] 圣殿运动（Templer movement），源于敬虔派（Pietism）运动。该运动在巴勒斯坦活动的目的是在“圣地”重建圣殿，自 1868 年起在海法等多地建立定居点，其成员自称 templer（圣徒）。——译者注

地采购——这些要求贯穿了接下来的半个世纪。[22]但一些阿拉伯显要仍将土地卖给犹太人，这个问题在当时远不如几年后那么敏感。那时，由于土地投机生意和管理不善，物价飞涨。[23]同年，希伯来语作家和犹太复国主义思想家阿舍·金兹伯格以他广为人知的笔名阿哈德·哈阿姆发表了著名文章《来自以色列地的真相》。其中包含了富有先见之明的警告：

> 我们生活在国外的人习惯性地认为阿拉伯人都是沙漠里的野蛮人，他们和驴一样，对周围发生的事情视而不见、听而不闻。但这大错特错。像所有闪米特族人一样，阿拉伯人头脑敏锐而精明。叙利亚和“以色列地”的所有乡镇里都满是阿拉伯商人，他们知道如何从普罗大众身上获利，也会与他们有过交易的人保持联系——就像是在欧洲一样。阿拉伯人，特别是城市精英，能够察觉并理解我们正在做什么以及我们想在这片土地上做什么，但他们保持沉默，视若无睹。眼下，他们并不认为我们的行为会在未来造成危害……但是，如果到了某一时刻，我们的人民在以色列地的生活发展到开始取代他们的地位，无论是轻微地还是显著地，那些当地人都不会轻易让步。

阿哈德·哈阿姆的文章经常被引用，因为他第一个严肃地承认，犹太人与阿拉伯人的关系将是犹太复国主义计划面临的最大挑战之一。但事后看来，赋予他的文章超过其当时意义的地位可能是不妥的。这篇文章发表后遭到了批评，不是因为他对阿拉伯人的简短评论，而是因为他抨击那些犹太“骗子”宣传在圣地能过上“新加利福尼亚”般的轻松生活，由此制造出“一群淘金者和贫穷的流浪者”。[24]对犹太复国主义者来说，阿拉伯人早年间并不如十年二十年后那样值得忧虑。

与阿哈德·哈阿姆不同，创立政治犹太复国主义的维也纳记者西奥多·赫茨尔[1]对奥斯曼帝国统治下的巴勒斯坦的真实情况一窍不通。他对犹太人家园的追求是在法国德雷福斯事件和它揭示的令人震惊的反犹主义证据出现之后萌生的。1896年，他的经典作品《犹太国》问世，该书直指巴勒斯坦和阿根廷都是“殖民化实验”的国度。阿根廷拥有“广阔的空间和温和的气候”，而巴勒斯坦是“我们自古以来令人难忘的故乡”。[25] 1897年，第一届犹太复国主义者代表大会（Zionist Congress）在巴塞尔[2]举行，犹太复国主义组织（Zionist Organization）成立，其目标是在巴勒斯坦“为犹太民族”建立一个被公开承认的、受法律保护的家园。那时，拜“爱锡安者”所赐，巴勒斯坦已经有18个新定居点了。[26]差不多同一时间，奥斯曼当局指派了一个官方委员会来审查土地采购，在随后的几年中有效地中止了土地交易。[27] 1898年8月，在第二届犹太复国主义者代表大会上，一位名为利奥·莫茨金（Leo Motzkin）的代表明确提出不能忽视阿拉伯人的存在：“我们在大片土地上往往能见到大规模的阿拉伯村庄，而且阿拉伯人占据了我们最肥沃的地区，这也是公认的事实。”[28]两个多月后，赫茨尔本人第一次也是唯一一次访问这片土地，恰与威廉皇帝[3]同时到访，但他在日记中完全没有提到阿拉伯人。

1899年，赫茨尔收到了一封慷慨激昂的信，由法国犹太教首席拉

[1] 西奥多·赫茨尔（Theodor Herzl，1860—1904），奥匈帝国犹太裔记者，政治犹太复国主义创始人，被誉为犹太复国主义之父，著有《犹太国》（*The Jewish State*）、《新故土》（*Old New Land*）等。——译者注

[2] 巴塞尔（Basel），位于瑞士西北部的城市。——译者注

[3] 此处为德皇威廉二世（Kaiser Wilhelm II，1859—1941），末代德意志皇帝和普鲁士国王。——译者注

比[1]扎多克·卡恩（Zadoc Kahn）转交于他。这封信来自耶路撒冷前市长优素福·迪亚·哈立迪（Yusuf Diya al-Khalidi）。哈立迪承认犹太人在巴勒斯坦有历史性权利，但表示他们应该在别处寻找无人居住的土地。“以上帝的名义，”哈立迪发出恳求，“请放过巴勒斯坦吧。”29 赫茨尔则回复哈立迪说犹太复国主义无意损害阿拉伯人民的利益；相反，该地的非犹太人只会因犹太人的财富而致富（这是那几年间被广泛使用的论点，尽管它从未说服过另一方）。

> 你认为一个在巴勒斯坦拥有价值三四千法郎的房屋或土地的阿拉伯人会后悔看到自己的土地价格上涨五到十倍吗？这是犹太人来临时将会发生的，也是必须跟该地居民解释清楚的。他们将拥有出色的弟兄，而苏丹将获得忠诚又优秀的臣民。犹太人将给这个地区，给他们历史悠久的故土带来繁荣。30

赫茨尔的观念至少是始终如一的：他在 1902 年出版的小说《新故土》中，毫不客气地描述了这块土地，尤其是任何漂洋过海而来的人都会首先看到的雅法：

> 这个城镇虽高踞蔚蓝的地中海之上，却处于极度衰败之中……街头巷尾脏得不堪入目，恶臭熏天。苦难被包裹在鲜艳却破烂的东方式衣衫中，随处可见。贫穷的土耳其人，肮脏的阿拉伯人，胆小的犹太人，个个游手好闲——像乞丐一样，懒惰而无望。一股奇特的、墓穴般的霉味让人喘不过气来。31

[1] 拉比（rabbi），犹太教中的特殊阶层，指受过正规宗教教育、精通犹太教经典和律法并经过仪式确立宗教地位的智者，广受尊崇。——译者注

赫茨尔小说中虚构的阿拉伯人大部分无名无姓，一个例外的象征性人物是拉希德贝伊（Rashid Bey）[1]，他代表当地人颂扬犹太拓荒者带来的好处。[32]

没有看见的问题？

到了19、20世纪之交，犹太复国主义进展缓慢，而阿拉伯人的敌意却越来越难以忽视。1901年成立的犹太定居协会（Jewish Colonization Association，JCA）在加利利购买的土地上驱逐农民，导致犹太测量员遭到袭击。在阿拉伯人反对奥斯曼当局的呼声日益高涨的背景下，太巴列的一名阿拉伯官员无视他在贝鲁特的土耳其上级的命令，反对这桩交易。[33]到1904年为止，共有约5 500名定居者居住在25个农业定居点中，并分为三大团体，分别位于上加利利东部、海法南部和雅法东南部。那一年，当局禁止向外国犹太人出售土地。相比于登记在奥斯曼犹太公民名下的交易，比如那些帮助罗斯柴尔德和赫希（Hirsch，犹太定居协会创始人）等男爵购地的交易，这种新的控制手段更为直接。[34]奥利芬特在他难以忘怀的扎马林之旅中就遇到了其中一位男爵。而在犹太复国主义者的演讲和讨论中，依旧如一名犹太知识分子在1905年抱怨的那样，“阿拉伯人的存在和他们在巴勒斯坦的定居点被贬低和无视，就好像他们不存在一样。阿拉伯人……被视为巴勒斯坦存在的诸多不幸之一，跟奥斯曼当局的存在、气候问题、难以适应等其他麻烦事差不多，都是移民们需要应付的”。[35]犹太人也常常抱怨阿拉伯人盗窃他们的农产品和牲畜。

---

[1] 贝伊（Bey），奥斯曼帝国时期土耳其对统治者的一种尊称，意为“总督”“老爷”等。——译者注

1907年，在最早的现代希伯来语刊物之一《哈施洛阿赫》[1]发表的一篇文章中，敖德萨（Odessa）出生的教育家伊扎克·爱泼斯坦（Yitzhak Epstein）基于1891年阿哈德·哈阿姆的观点提出了更为犀利的看法。爱泼斯坦也是一名“爱锡安者”。他见证过几年前在扎维耶（Ras al-Zawiya）和梅图拉（al-Metulla，即希伯来语中的罗什平纳和梅图拉）从缺席管理者手中购地的行为，也记得被剥夺了土地的德鲁兹派[2]农民的愤怒。“阿拉伯妇女的哀鸣……仍回响在我耳际，”他写道，“男人们骑着驴子，女人们就跟在他们身后痛哭，山谷里回荡着悲泣之声。他们一边走一边停下来亲吻石头和土地。”爱泼斯坦先于他所在的时代发出了警告：与阿拉伯人的关系是犹太复国主义运动未能解决的“没有看见的问题”。36

在爱泼斯坦发出警告的同一年，一名奥斯曼帝国的官员抱怨移民登陆的口岸雅法出现了越来越多的“外国犹太人”，这些人还经常因粗鲁的接待而受到惊吓。“你必须告诉乘客不要急躁，不要马上下船，不要被阿拉伯水手的叫喊声吓到，”一名犹太复国主义官员这样告诫负责安排从敖德萨来的航班的同事，“要告诉巴勒斯坦的旅行者说‘Shwaia，shwaia’（慢慢来，慢慢来）的重要性。并告诉他们，如果他们对突然出现在船上的阿拉伯人这样说，阿拉伯人就能稍微冷静一点；绝对不能喊‘Yalla，Yalla！’（赶紧，赶紧！）——这种叫法带有轻蔑的意思。”37 1908年3月，年轻的穆斯林和犹太人之间爆发武力冲突，英国领事将其归咎于阿拉伯人对犹太人的仇恨。38 卖淫业和酒类消费的增长也导致了严重的问题。一名犹太作家提醒道：“阿

[1]《哈施洛阿赫》（*HaShiloah*），19世纪末创办的希伯来语双月刊，内容包括犹太文化、犹太教和犹太复国主义等，阿哈德·哈阿姆曾于1896年担任该刊编辑。——译者注
[2] 德鲁兹派（Druz），伊斯兰教什叶派伊斯玛仪派的一个分支，成员主要分布在黎巴嫩、叙利亚和以色列。——译者注

拉伯人认为所有‘莫斯科’（Muscovite）女人都是廉价而淫乱的，他们会对这些女人做出下流的举动，而他们对塞法迪犹太妇女就不会这样，更不用说德国或英国的基督徒妇女了。”[39] 1909 年，一名奥斯曼帝国代表要求对犹太移民关闭该港口。[40]

1909 年 4 月，一个名叫艾布扎特巴伊特（Ahuzat Bayit，意为“家园”）的新的犹太居民点在雅法北部的沙丘上建立，随后改名为特拉维夫。受赫茨尔《新故土》的启发，它的希伯来语名字（Tel Aviv）意味着复兴，将旧事与新知相融（Tel 意为“标志着古迹遗存的山丘”，Aviv 意为“春天”）。这座欧式风格的“花园城市”拥有宽阔的林荫大道和现代化的建筑，与雅法逼仄、嘈杂而又脏乱的街道相去甚远。用一位现代以色列学者的话来说，“它创造了焕然一新的文化和身份，几乎以纯粹的形式表现了一个犹太复国主义的乌托邦。与东欧的犹太小镇和周围的阿拉伯村镇截然不同，它完美地反映了犹太复国主义者对流散的犹太人和本土文化遭遗忘和隔离的拒绝”。[41] 在海法，小型的犹太人社区开始迁出市中心，转移到卡尔迈勒山的山坡地带，这标志着他们开始与阿拉伯人隔离。[42] 另一个新社区被命名为海尔兹利亚（Herzliya），以向在 1904 年去世的犹太复国主义之父致敬。

从 1908 年开始，移民和殖民两方面的工作得到了更好的统筹和协调。在这意义重大的一年，青年土耳其党 [1] 在伊斯坦布尔发动革命推翻了苏丹的专制政权。犹太复国主义组织在雅法设立了第一个巴勒斯坦办事处，为负责整个奥斯曼帝国犹太复国主义运动的伊斯坦布尔办事中心提供协助。在德国犹太复国主义官员和社会学家阿瑟·鲁平

[1] 青年土耳其党（Young Turk），20 世纪初的土耳其民族政党，由奥斯曼帝国的流亡者、学生、公务员和军官组成，反对君主专制，1908 年领导和发动了土耳其资产阶级革命，建立了多党制宪政政府。后期成为三帕夏军事寡头政权，参与“一战”同盟国并战败。1926 年该党解散。——译者注

（Arthur Ruppin）的领导下，巴勒斯坦办事处专注于购买“每一块可用的土地”。一名因研究十字军而来到巴勒斯坦的英国年轻人对他们的进展印象深刻。这位名为 T. E. 劳伦斯[1]的年轻人在 1909 年写道：“犹太人越早耕种，土地就越好。他们的定居点在沙漠中熠熠生辉。”43 同年，针对犹太定居者和他们的农场、牲畜的袭击事件明显增多，但这些被归因于阿拉伯人嗜好随时随地劫掠的“天性”，而不是政治上或者民族上的对立。44

根据 1909 年新的奥斯曼宪法，阿语媒体（和希伯来语媒体）比上一年获得了更多的自由，因此羽翼未丰的犹太复国主义计划遭到了更猛烈的攻击，巴勒斯坦人的身份认同也越发清晰：1911 年在雅法创办的报纸《巴勒斯坦报》（*Filastin*）[2]的名字便彰显了这一点。45 总部同样设在雅法的《阿斯马仪》（*Al-Asmai*）和海法的《卡米尔报》（*Al-Karmil*）则都属于阿拉伯希腊东正教徒（Greek Orthodox Arabs），在犹太复国主义者眼里他们比大多数穆斯林群体的敌意要重。1910 年，《卡米尔报》发表了赫茨尔的《犹太国》，后来还节选并翻译了 1911 年犹太复国主义者代表大会的一些决议。《卡米尔报》的编辑纳吉布·纳萨尔（Najib Nassar）则写了一本关于犹太复国主义目标的小册子，警告说它的目标并不仅仅是移民，而是要接管整个巴勒斯坦，并且劝告他的阿拉伯同胞不要把土地卖给那些新来的人。46 1910 年前后，巴勒斯坦、叙利亚和埃及的阿拉伯语报刊对犹太复国主义的评论显著增加，而许多其他地方的报纸转载了最初发表在《巴勒斯坦报》上的作品。47 阿卜杜拉·穆克利斯（Abdullah Mukhlis）在大马士革的杂志《穆克塔巴

[1] 托马斯·爱德华·劳伦斯（Thomas Edward Lawrence），即“阿拉伯的劳伦斯”，著有自传《智慧七柱》，阿拉伯大起义期间作为英国联络官，对阿拉伯民族解放事业做出贡献。——译者注
[2] 英国委任统治下的巴勒斯坦在阿拉伯语中即为 Filastin（或 Falastin）。——译者注

斯》（*al-Muqtabas*）上描绘道，海法的“未来”（Atid）肥皂厂只雇用犹太工人，犹太人（当时约占该市人口的五分之一）开始只与自己社区内的人交往。“在历经数千年的衰落后建立一个犹太国家……我们（阿拉伯人）担心这些新移民会驱逐原住居民，我们将不得不集体离开自己的国家……然后我们回望过去，像安达卢西亚[1]的穆斯林一样悼念故土。”穆克利斯表示，希望犹太人能够放弃他们的分裂主义方式，继续留在奥斯曼社会中。他以卓越的先见之明写道：“巴勒斯坦或将处于危机中。几十年后，它将见证一场生死存亡的斗争。”48

并不是所有犹太人都察觉不到这种忧虑。犹太复国主义者的愿望也让塞法迪老伊舒夫的公众人物埃利亚胡·安特比（Eliahu Antebi）感到不安。安特比在1908年称：“如果我是土耳其穆斯林代表，我会抓住一切机会号召对巴勒斯坦的犹太人活动采取限制措施。”49尼希姆·马鲁尔（Nissim Malul）出生于萨法德，家里是突尼斯人，他与一群志同道合的犹太人一起，敦促犹太复国主义者拥抱阿拉伯文化而非欧洲文化。他们中的另一位，是在雅法出生、父母都是摩洛哥人的希蒙·莫亚尔（Shimon Moyal），他于1909年开创性地用阿拉伯语解释犹太法典《塔木德》，对犹太律法进行了评述。两人都对阿拉伯报纸日益明确的反犹太复国主义态度感到担忧。1911年，鲁平的巴勒斯坦办事处专门成立了一个办公室来监视这些报刊，雇用马鲁尔将这些资料翻译成希伯来文和德文——这是犹太复国主义者早期“了解敌人”的努力——还发表关于犹太复国主义的阿拉伯语文章，不过除此之外这个团体没什么影响力。50

---

[1] 安达卢西亚（Andalusia）位于西班牙南部，其名字来源于阿拉伯语。公元8世纪，阿拉伯人征服包括西班牙在内的伊比利亚半岛，统治700余年后渐渐衰落；安达卢西亚在15世纪末被天主教政权收复，随后不少穆斯林改换信仰或被驱逐出境。——译者注

在这个加速变化的时期，阿拉伯人和犹太人之间仍有可能合作。耶路撒冷市议员大卫·耶林（David Yellin）是土生土长的耶路撒冷人（父亲来自东欧，母亲来自巴格达），同时也是一名满腔热情的犹太复国主义者。他在去往欧洲学习市政服务的前夕，得到了来自耶路撒冷的阿拉伯裔市长萨利姆·侯赛尼的介绍信。[51] 耶林认为犹太移民有利于奥斯曼帝国，在几年后英国统治这个地区时，犹太复国主义者也用同样的理论来推动他们的事业。鲁希·哈立迪（Ruhi al-Khalidi）是一名杰出的学者，也是一个显赫的阿拉伯家族的成员，虽然他也警惕犹太复国主义的野心，但他与犹太语言学家埃利泽·本-耶胡达还是多次会面——埃利泽致力于复兴希伯来语，并以阿拉伯语词语作为许多希语新词的基础。[52] 像安特比家族和埃利亚查尔家族（Eliachars）这样的塞法迪犹太贵族，仍维持着与地位相当的穆斯林和基督徒的诚挚友谊。

“不是无人之地”

巴勒斯坦发生的事情开始在更远的地方产生回响。奥斯曼帝国拿撒勒市市长舒凯里·阿萨利（Shukri al-Asali）公开反对贝鲁特的土地缺席所有者伊莱亚斯·瑟索克（Elias Sursuq）把阿富拉（al-Fuleh）的土地卖给犹太民族基金会（Jewish National Fund）。那片土地位于海法和杰宁（Jenin）之间，是丰饶的伊茨雷埃勒山谷（Marj Ibn Amr valley）的一部分。而犹太民族基金会是1901年巴塞尔举行的第五届犹太复国主义者代表大会上在赫茨尔的支持下成立的。阿萨利声称，犹太人来到巴勒斯坦，“仅仅是为了将贫穷的阿拉伯农民驱离土地，建立他们自己的政府”。[53] 在一封呈给伊斯坦布尔的苏丹的请愿书中，购地者被称为 Zionist（犹太复国主义者）——这是这个术语在该语境中最早的记录之一。1911 年秋，这件事在奥斯曼帝国的议会中引起的激烈争论被阿拉伯媒体广泛报道。阿萨利拒绝执行驱逐令，但阿拉伯农民还是被赶走了，这为犹太定居点马哈维亚（Merhavia）的建设铺平了道路。土地转让是合法的，但它剥夺了佃农的生计——这是犹太人购地过程中令人恐惧的新事实。[54] 犹太复国主义者掌控土地的核心目的更是昭然若揭。海法的伊莱亚斯·奥尔巴克（Elias Auerbach）博士在他 1911 年以英德双语出版的犹太复国主义文选中写道："关于巴勒斯坦，有一些简单的事实，尽管这些事实很明显，但它们需要很长时间才能成为共识。第一个事实是，巴勒斯坦不是无人之地。第二个事实是，这片土地的特征，来自其人口中占主导地位者……巴勒斯坦是阿拉伯人的土地，要使它成为犹太人的土地，犹太人必须成为主要人口。"[55] 该书的部分内容被翻译为阿拉伯语刊登在《巴勒斯坦报》上。1913 年 6 月，该报发起了一项运动，反对将贝特谢安（Beisan）的国有土地出售给犹太人，当地领导人还向苏丹和贝鲁特的瓦利（vali，总督）发送了电报。[56]

阿拉伯人注意到了犹太复国主义者的言行不一。1914 年，时任犹太复国主义者代表大会秘书长的纳胡姆·索科洛夫告诉开罗的《莫卡塔姆》（*al-Muqattam*）日报，犹太人来到巴勒斯坦不是作为外国殖民者，而是作为"重归"故里的人，并表达了与阿拉伯人拉近距离的愿望。然而，主张奥斯曼帝国各省自治的新政党地方分权党（Decentralization Party）领导人哈基·贝伊·阿兹姆（Haqqi Bey al-Azm）心存疑虑。他对此回应道：

恰恰相反……犹太人在语言、学校、商业、习俗以及整个经

> 济生活中完全将他们自己排除在阿拉伯人之外。他们还以同样的方式与本土的政府隔绝，尽管还在享受它的保护，因此当地人认为他们是外来者。这也是叙利亚和巴勒斯坦的阿拉伯人对犹太移民感到不满的原因。[57]

犹太复国主义者不仅没被这些吓住，还坚持强调犹太人扩张给阿拉伯人带来的好处，特别是在向外国听众发表演讲的时候。一名经济学家宣称："我们定居点的数量越多，面积越大，能从中找到报酬可观的工作的阿拉伯劳动者就越多。"[58]但阿拉伯人的担忧加剧了，因为他们的邻居显然在想方设法**避开**他们，而不是给他们提供工作。另外，犹太复国主义者呼吁以犹太劳工**取代**阿拉伯劳工，哪怕雇主需要付出更高的成本，在1904年的第二次阿里亚[1]（字面意思为"上升"或"移民潮"）开始后，这种论调更是甚嚣尘上。这一拨抵达的犹太人里，包括了经历过大屠杀的俄国社会主义运动成员。出生在波兰普翁斯克（Plonsk）的大卫·格林（David Gruen）便是其中之一，他后来将自己的名字改成了希伯来化的本-古里安（Ben-Gurion）。1906年，19岁的格林到达雅法，前往"定居点之母"——佩塔提克瓦。后来，他对在第一次阿里亚中建立的"老"定居点的生活表示失望，并写道："第一批定居者纷纷成了掮客和掌柜，他们利用自己同胞的希望做生意，靠出卖同族的年轻人来换取微薄的利润。他们把被驱逐的偶像引入民族复兴的圣殿，让异族的工作亵渎了家园。""异族的工作"是指阿拉伯人的劳动。[59]本-古里安日后想必会欢迎阿拉伯人的"仇恨"，因为它将迫使犹太农场主招收更加昂贵的犹太工人，推动犹太复国主义的

[1] 阿里亚（Aliya），指犹太人从散居地移民到以色列地，又被称为"向上的行为"。以色列的《回归法》赋予了犹太人及其后裔居住权和在本土自动获得以色列国籍的权利。——译者注

愿望实现。[60] 1910 年，第一个合作社定居点代加尼亚（Degania）在约旦河汇入太巴列湖（加利利海）处的乌姆朱尼（Umm Juni）村建立。

本着同样的精神，推崇马克思主义的锡安工人党[1]成员组建了名为哈什梅尔（HaShomer，意为守望者或守卫者）的社团，目的是取代定居点那些“与小偷同流合污、恶名昭彰的”阿拉伯警卫。[61] 移民的一部分问题正是对阿拉伯语言文化和风土人情的极度陌生。这些激进的年轻人成了强悍的边疆民族精神的旗手，与原住居民竞争，获得了野蛮浪漫主义的光环——一半哥萨克式的，一半贝都因式的。哈什梅尔的口号——“犹太人在血与火之中倒下，又将浴火重生”——煽情地表达了它那好斗的民族主义组织精神。犹太复国主义作家很快就开始为一种新的犹太人高唱赞歌：“在这片土地上，他们既能提枪上马，百步穿杨，又能说一口流利的阿拉伯语。他们用来自乡野的独特头饰为自己加冕，证明了东欧犹太人能够在祖先的土地上扎根。”[62] 安全问题主宰了犹太人和阿拉伯人之间的关系，这不是最后一次。1913 年 7 月，在扎尔努卡（Zarnuqa）的阿拉伯人和邻近定居点雷霍沃特的犹太人发生的冲突事件中，哈什梅尔的“巴勒斯坦牛仔”（Palestinian cowboys）被指控“殴打阿拉伯工人并威逼犹太农场主停止雇用他们”。据说那些卫兵“为了一串葡萄”就险些杀人。[63] 其他“令人不快的”行为都在该组织的官方历史和事后的回忆录中被省略了。[64] 那年早些时候，一场热火朝天的体育盛会在雷霍沃特举行。运动会上有希伯来语的演讲、犹太复国主义旗帜的展示和男女同时参加的赛马比赛，其中大多数人穿着贝都因人的衣服，所以“你会以为他们是马背上的阿拉伯战士”，这些事情给一名阿拉伯观察者留下了深刻的印象。[65]

---

[1] 锡安工人党（Poalei Zion）是 1901 年在波兰和俄国一些城市成立的犹太复国主义运动工人组织。——译者注

仇恨依然存在

数据统计表明，冲突造成的人员伤亡在增加，尽管规模都不大。在1882年至1909年的27年间，13名犹太人被阿拉伯人所杀，但其中只有两人的死亡是出于明显的“民族”原因；1908年雅法爆发骚乱，犹太人在普珥节[1]庆典期间遭到袭击，一名阿拉伯人被刺死；仅1909年一年就有4名犹太人为“民族主义”而死；而在1909年至1913年间，有12名犹太卫兵遇害；1911年，在阿拉伯佃农被驱逐出阿富拉附近阿瑟·鲁平从瑟索克手里买的土地后，一名阿拉伯村民因与新建立的马哈维亚定居点的犹太工人发生口角而被杀，三名犹太人也被奥斯曼当局逮捕关押。66 然而，暴力事件始终屈指可数。大多数犹太移民生活在城镇中：1905年至1913年间，其中36%的人想在雅法定居，38%的人想去耶路撒冷和希伯伦，而想去农业殖民地的只有16%——这些殖民地尽管是新建的，却遭人冷落。67 尽管如此，犹太复国主义的“盲点”越来越难以避免，“潜在的问题”也在不断制造公开的冲突。68

阿拉伯人的敌意也影响了犹太人的观念。1913年，声名远扬的希伯来语作家约瑟夫·海姆·布伦纳[2]抨击了呼吁阿拉伯人与犹太人合作的倡议，认为这是“过于理想化的”和“不道德的”，并明确提出了他认为必要的做法：

> 在这么小一片土地上居住着……不下60万阿拉伯人，他们尽

[1] 普珥节（Purim），为纪念和庆祝古代波斯帝国的犹太人免遭宰相哈曼的种族屠杀而设立的节日，时间为犹太历亚达月十四日到十五日。——译者注

[2] 约瑟夫·海姆·布伦纳（Yosef Haim Brenner，1881—1921），俄国出生的希伯来语作家，现代希伯来文学先驱之一，著有《生死两茫茫》等书。——译者注

管蒙昧落后，却是这片土地的主人；事实上，他们也完全明白这一点。而我们不得不来到这里，进入他们中间，与他们一起生活。我们之间已经存在仇恨，而且它必将继续存在。他们比我们在各方面都更加强大，可能会把我们踩在脚下。但是我们犹太人已经习惯了做强者之间的弱者，因此，我们必须为仇恨带来的后果做好准备，并不择手段地在这里生存。[69]

犹太复国主义运动领导人哈伊姆·魏茨曼在公开场合继续谈论与阿拉伯人合作的前景，但他私下里却对很多问题表示担忧：不断发展的阿拉伯民族主义运动，君士坦丁堡（伊斯坦布尔）中央权力的削弱，以及“反对将土地卖给‘犹太复国主义者’——土耳其的敌人、巴勒斯坦的篡夺者——的密集宣传活动”。他预言：“我们很快就会面对一个真正意义上的敌人，单单花钱买地是不够的。”[70]雷霍沃特的创立者之一摩西·斯米兰斯基（Moshe Smilansky）在1914年承认，犹太复国主义者对阿拉伯人的关注太少，尽管他希望能达成妥协，但对此并不抱有幻想。“我们不该忘记自己正在与一个观念极其落后的半野蛮民族打交道，”他写道，“他们的天性是这样的：认为你很强大，就会压制住仇恨屈服于你；如果觉得你很弱小，就会主宰你。他们认为温和等于无能。”[71]

到20世纪的头几年，巴勒斯坦已彻底进入了犹太分离主义的轨道。1913年，犹太复国主义者代表大会在维也纳召开，当时欣欣向荣的阿拉伯报纸跟踪报道了这次会议。会上，阿瑟·鲁平称犹太人定居需要集中力量解决几个关键点，“创造一个纯犹太人的环境和封闭的犹太经济体，其中生产者、消费者和中间商都是犹太人”。鲁平还抱怨说，雅法的犹太人不太愿意展示民族团结，因为他们待在与阿拉伯人混居的地区。[72]第一次世界大战前夕，批评犹太复国主义的阿拉伯人充分注意到了这些观点，不过他们经常夸大该地犹太人的数量和他们购买的土地数量。[73]耶路撒冷名人哈利勒·萨卡基尼[1]在他1914年2月的日记中吐露心声：

（犹太复国主义）运动有这样一个原则，就是它应该驯服另一个（民族运动）来使自己变得强大，并且它应该杀光一整个民族以便自己生存下去。我鄙夷这一原则，因为它就像在用欺骗手段从命运的手中来窃取自身的独立。这种通过金钱获得的独立，利用了其他国家倦怠、虚弱和懒怠而获得的时机，乘虚而入。事实上这软绵绵的独立不过是建立在沙砾之上。一旦阿拉伯人的民族意识觉醒，犹太人又能如何抵抗（阿拉伯人）？[74]

几个月后，《巴勒斯坦报》呼应了他的担忧并区分了犹太人和犹太复国主义者：

十年前，犹太人是奥斯曼帝国同胞，为其他所有民族所喜爱……他们生活在同一个地方，他们的孩子上的是同一所学校。犹太复国主义者结束了这一切，阻止了犹太人与原住居民的融合。他们抵制阿拉伯语和阿拉伯商人，并宣布他们打算从原住居民手中接管这个地区。[75]

然而，犹太人当时至少对未来的发展充满信心。阿龙·阿龙索赫

[1] 哈利勒·萨卡基尼（Khalil al-Sakakini，1878—1953），巴勒斯坦东正教徒，教师、学者、诗人，阿拉伯民族主义者，领导耶路撒冷东正教复兴改革运动，参加了阿拉伯大起义。——译者注

恩[1]生于罗马尼亚，在奇科隆雅科夫（阿拉伯工人最大的犹太雇用地）长大。在 1917 年协约国即将战胜奥斯曼帝国之际，他夸耀起了犹太人的成就："我们严格避免了阿拉伯人渗透我们的村庄，这真是令人高兴的事。在民族、文化、教育、技术……和卫生观念等方面，都必须严格执行这一政策。"76《贝尔福宣言》和英国对巴勒斯坦的征服为犹太复国主义者在应许之地[2]带来了令人眼花缭乱的新机遇。

[1] 阿龙·阿龙索赫恩（Aaron Aaronsohn，1876—1919），犹太农学家、植物学家和犹太复国主义活动家。——译者注

[2] 根据《旧约·创世记》（13:14—18）中记载，"应许之地"（promised land）是由上帝承诺赐予亚伯拉罕及其后裔的土地，是"流奶与蜜之地"，即以色列地。——译者注

第三章

1917—1929

只要有一丝摆脱被殖民威胁的希望，原住民族就会反抗殖民者。这就是巴勒斯坦的阿拉伯人正在做的。只要尚存一线能阻止“巴勒斯坦”转变为“以色列地”的希望，他们就会坚持反抗下去。

——弗拉基米尔·雅博京斯基（Vladimir Jabotinsky）

“巴勒斯坦人的典型”

英国的统治很快揭示了犹太复国主义的雄心壮志和阿拉伯人的苦大仇深，尽管后者一直没有公开表露出来，直到1918年10月英国与土耳其的军事对抗以英军占领大马士革告终。同年4月，哈伊姆·魏茨曼率领一个犹太复国主义委员会，以“调查犹太定居点的现状”为名正式访问巴勒斯坦，要求此地以希伯来语为官方语言，还要升起蓝白色的“大卫之星”旗帜。委员会访问希伯伦时，一名陪同的犹太记者反映了犹太复国主义者对未来的希望，尽管面临明显的障碍。他报道称，“它总有一天会成为一个美好的城市”：

但目前情况不然。阿拉伯人——据说有大约两万人——是巴勒斯坦人的典型。他们中的许多人虽然富有，却满足于在肮脏狭窄的街巷里消磨时间，或是穿着乞丐般的衣服四处走动。而犹太人现在的数量在 850 人左右。[1]

在这种自信的情绪中（令人想起欧洲殖民者在其他地方与原住民的遭遇），犹太复国主义者在耶路撒冷举行游行，纪念《贝尔福宣言》发表一周年。他们在雅法门附近遭遇了要求撤销宣言的阿拉伯人抗议活动[2]——从那年开始，每年的 11 月 2 日都会举行同样的活动——还撞见了新成立的穆斯林–基督徒协会（Muslim–Christian Association，MCA）[3]，这是巴勒斯坦人的第一个民族主义组织，它的分支遍布整个地区。“巴勒斯坦是阿拉伯人的”，穆斯林–基督徒协会这样宣称：

巴勒斯坦的语言是阿拉伯语，我们希望这能被正式承认。是大不列颠把我们从土耳其暴政中拯救出来的，我们不相信它会让我们转而陷入犹太人的魔爪。我们要求公平正义。我们要求它保护我们的权利。我们要求它决定巴勒斯坦的未来时征求我们的意见。[4]

在气氛变得越来越糟糕的时候，这一直白的宣言预示了冲突的发生。年轻的阿拉伯律师穆萨·阿拉米（Musa al-Alami）记录了他在耶路撒冷的塞法迪犹太老朋友们是如何在“咄咄逼人的德系犹太人”的命令下与他断绝关系的。[5]

高级别外交是犹太人回应阿拉伯人敌意的一种手段。1918 年 6 月，魏茨曼向南行至外约旦（Transjordan）的亚喀巴（Aqaba），在此会见了埃米尔费萨尔[1]，麦加的谢里夫侯赛因的第三个儿子。费萨尔领导的阿拉伯军队从汉志（Hijaz）席卷而来，在英国的支持下与土耳其人作战。魏茨曼这位犹太复国主义领导人相信自己已经与英俊睿智的哈希姆[2]王子缔造了“长期友谊的基础”；他对“阿拉伯人中最优秀的那部分人”的钦佩从未褪色，6 与他对蛮横的巴勒斯坦那部分人的蔑视形成鲜明对比。“将阿拉伯问题局部化符合我们的利益，”魏茨曼向同僚解释说，“把问题从耶路撒冷转移到大马士革。让巴勒斯坦脱离泛阿拉伯地区（Pan-Arabia），让他们关注巴格达、麦加和大马士革。”7 费萨尔则认为，犹太人在美国的财力和影响力有助于阿拉伯民族主义事业，还能在法国人的强烈反对下保住他在叙利亚的王位——这种做法被戏称为“互相服务”。8 1919 年 1 月巴黎和会之前，两人在伦敦再次会面，随后签署了协议。从文本上看，这份协议是一项了不起的成就，它的第 4 条规定：

> 应采取一切必要措施，鼓励和刺激犹太移民大规模进入巴勒斯坦，并通过就近定居和集约耕作尽快安置犹太移民。在采取这些措施时，应保护阿拉伯农民和佃农的权利，并推动其经济发展。

协议也规定了“穆罕默德的圣地必须由穆罕默德的信徒掌管”。然而，费萨尔用阿拉伯语在英文文本中加入了一条关键的附加说明：

[1] 此处指费萨尔一世，即费萨尔·伊本·侯赛因（Faisal I bin Hussein，1885—1933），哈希姆家族成员，1920 年一度成为大叙利亚国王，1921—1933 年为伊拉克国王。埃米尔（emir）是对穆斯林统治者的尊称。——译者注

[2] 哈希姆（Hashemite）家族为先知穆罕默德的宗族，历史上曾统治过汉志王国、伊拉克王国，如今的约旦王室也属于这个家族。——译者注

除非阿拉伯人获得完全独立，否则协议无效。在他们还没独立的时候，魏茨曼就坚信这笔交易是有效的。随着法国和英国牢牢控制了整个地区，协议在几个月内就成了一纸空文。

这不是犹太复国主义者最后一次寻求通过更宏观的阿拉伯背景解决巴勒斯坦的冲突问题。几年后，魏茨曼回想起 1919 年协议，觉得这是一次互利合作机会的悲剧性流产。它还成了犹太复国主义宣传或者说自我欺骗的恒久主题，即“这任凭费萨尔梦想破灭”。[9] 这忽略了一个事实：这位哈希姆家族的王子和其他任何阿拉伯领导人，至少在公开场合都不可能反对巴勒斯坦人的利益。这也不是外交上的雄心壮志和对峙逐渐成形的现实之间最后一次出现断层。在巴黎和会拒绝了费萨尔统治叙利亚的要求几星期后，犹太复国主义官员开会讨论了与“我们的邻居”的关系。本-古里安当时已是“劳工团结”（Ahdut haAvoda）团体的领导人，也是这些人中最富辩才和眼光的。他说，“所有人都觉得阿拉伯人和犹太人的关系是个难题”：

> 但并非所有人都能明白这个问题是没有解决方案的，根本没有！它就像一个无法填满的海湾。犹太人和阿拉伯人之间的利益冲突是不可能（只）通过诡辩来解决的。我不知道阿拉伯人要怎样才会同意巴勒斯坦应该属于犹太人，即使犹太人学习阿拉伯语。我们必须认清现实。如果不承认这一点并尽量做出“补救”，我们的信心就可能会受到严重打击。我们作为一个民族，希望这个地区属于我们；阿拉伯人，作为另一个民族，也希望这个地区属于他们。[10]

不满、宣传和不安

人们早就不可能还抱有巴勒斯坦是无人之地这种幻觉了。《犹太复国主义时评》（*Zionist Review*）在1920年年初评论道，“巴勒斯坦的阿拉伯地主和商业阶层真真切切地害怕犹太复国主义计划强征他们的土地，剥夺他们参与工商业发展的所有权利”：

> 他们反对，并且是合情合理地反对犹太人独霸政治或经济领域；只要这种霸权被认为是犹太复国主义目标的一部分，他们就必然会反对犹太复国主义。但如果犹太复国主义者认定这种反对是无法消除的，并将他们的政策建立在这一假定之上，这就大错特错了。[11]

这是一个乐观的，但也可以说是错误的结论。阿拉伯人已经明确地拒绝了《贝尔福宣言》、犹太移民和土地出售，即使犹太人向他们真心诚意地承诺这能让每个人都更加富裕。这一犹太复国主义的承诺并不令人信服，最大的原因是土地问题：在奥斯曼帝国时代，当土地所有权发生变化时，租户不会被驱逐，仅仅是迎来新地主；但现在，他们被驱逐了，这种“不可理喻的创新”自然会引发对未来的担忧。[12]犹太复国主义者充其量继续争辩说，随着犹太人变得更加强大并促进经济增长，他们与阿拉伯人的关系会得到改善。如果没改善，那就这样吧。

罗纳德·斯托尔斯，耶路撒冷的英国军事总督，同时也是关于英国殖民统治早期最简明的回忆录的作者，描述了在阿拉伯人的怨怼情绪继续蔓延时，那种“总是在批判，常常互相敌视，有时怀恨在心，甚至是摩拳擦掌”的气氛。[13] 斯托尔斯写道：“阿拉伯人长达两个小时的抱怨能把我逼进犹太会堂。然而经历一场激烈的犹太复国主义洗礼后，我又准备拥抱伊斯兰教了。”[14] 1920 年 3 月，由于法国控制下的黎巴嫩和叙利亚局势紧张，巴勒斯坦北部的定居点梅图拉和特拉哈伊（Tel Hai）遭到袭击，这加剧了犹太人的不安全感。约瑟夫・特伦佩尔多（Joseph Trumpeldor）是一名出生在俄国的哈什梅尔成员，曾在 1904 年到 1905 年的日俄战争中为沙皇而战，失去了一条胳膊。他在这次袭击后成了被祭奠的爱国烈士：犹太复国主义版本的“dulce et decorum est”[1]。特拉哈伊不仅是特伦佩尔多的殉难地，它还成了土地、劳动、汗水和血脉之间联系的象征，这些都被囊括于一句标语：“我们不会放弃定居过的地方。”[15]

犹太人越来越频繁地遭到阿拉伯人袭击。[16] 犹太复国主义者抱怨英国人不准备采取行动，而斯托尔斯却向犹太人代表们信誓旦旦地表示，4 月份穆斯林在杰里科（Jericho）附近的犹大沙漠（Judaean desert，又译“朱迪亚沙漠”“犹地亚沙漠”）举行的拿比牧撒[2] 朝圣期间，他们的安全是能够得到保证的。然而，这期间发生的为期三天的暴力事件却导致了犹太人 5 人死亡、200 人受伤，阿拉伯人 4 人死亡、25 人受伤。犹太人感到愤怒，主要是由于英国人没有采取坚决的行动。一份当时未公布的英国官方报告强调了阿拉伯人对犹太移民和定居点的恐惧，尽管它对英国军方的回应也做出了批评。斯托尔斯叹息道：“英国人、阿拉伯人和犹太人之间小心翼翼建立起来的相互理解关系，似乎已被恐惧和仇恨的痛苦销蚀了。”他那作为“在场之人”常见的愤慨，

---

[1] 这句话出自反战诗人维尔浮莱德・欧文（Wilfred Owen）的诗《为国捐躯》，意为“为国捐躯是甜蜜而荣耀的”。——译者注

[2] 拿比牧撒（Nebi Musa）作为地名被认为是摩西的坟墓所在，它同时也是一个为期七天的穆斯林宗教节日。节日期间穆斯林将集体从巴勒斯坦到杰里科附近的摩西之墓朝圣。——译者注

是他那些远在大英帝国首都的同僚所欠缺的：

> 我们也许还能处理得更好……但我经常想到那些批评我们的人……耶路撒冷老城内狭窄而蜿蜒的深巷，无论上下任何车马都不能通过的台阶，还有那些超过站岗警察视听范围不过百米都能发生全家人被谋害的命案的阴暗角落——我不知他们对此是否至少稍稍有点概念。他们知道耶路撒冷正处于紧张气氛中吗？他们知不知道，在人们焦虑的时候，往空汽油罐上扔石头突然发出的咔嗒声都会引起恐慌？[17]

《佩林报告》[1] 中描述道："原住居民失去希望，对未来惶恐不安，对犹太复国主义者的侵略性态度愤怒到难以自制的地步，又对政府那些在犹太复国主义面前显得无力的补救措施感到失望，这些事态都将成为任何形式的煽风点火的原料。"[18] 好战的俄国右翼犹太复国主义领袖弗拉基米尔·雅博京斯基战争期间曾在英国军队中服役。他试图在耶路撒冷领导犹太人进行自卫，被判处服 15 年刑役。但在下议院进行抗议后，刑期减少了一年，他的激进主义精神也流传下来。

委任统治的过渡

"一战"结束以来，受犹太复国主义逐渐实现的野心和英国专为巴勒斯坦设立了一个政府机构的刺激，巴勒斯坦人明确的民族身份认

---

[1]《佩林报告》(Palin Report)，英国为调查耶路撒冷 1920 年骚乱而成立的佩林调查委员会 (Palin Commission of Inquiry) 所做的报告。委员会调查了 152 名目击者，报告于 1920 年 7 月 1 日完成，并于当年 8 月提交，但从未公布。——译者注

同在阿拉伯社区中传播开来。[19] 1919 年 2 月，穆斯林–基督徒协会第一次代表大会宣布巴勒斯坦要与叙利亚结盟，尽管在费萨尔失去统治地位并在次年夏天被法国人驱逐后，这种盟约就逐渐失去了支持。阿拉伯各界也开始追问费萨尔与魏茨曼当初达成的究竟是什么共识。

1920 年 5 月，圣雷莫会议根据《国际联盟盟约》授予英国巴勒斯坦的委任统治权。包括黎巴嫩在内的叙利亚和美索不达米亚（伊拉克）被暂时承认是独立的，但需要英法两国分别对其提供协助和建议。这一举措旨在治理这些前奥斯曼帝国的领土，"直到它们能够独立"。从那以后，阿拉伯领导人就提出，英国人有义务在此基础上推动在巴勒斯坦建立一个独立的阿拉伯国家——尽管这与英国建立犹太民族家园的承诺显然不符。外约旦在附属于英国委任统治下的巴勒斯坦之前一度是无主之地，但它免于受贝尔福承诺的束缚，因为它的统治者是费萨尔的兄弟埃米尔阿卜杜拉·本·侯赛因（Abdullah bin Hussein）。阿拉伯半岛仍是谢里夫侯赛因家族与神圣沙特家族的战场。

英国的首位巴勒斯坦高级专员赫伯特·塞缪尔（Herbert Samuel）爵士是著名的自由党犹太政治家。他穿着热带风格的白色服饰，头戴插着羽毛的三角帽，以新总督的姿态搭乘巡洋舰抵达雅法。塞缪尔回忆道："军方很紧张，对任何可能发生的事都做好了最坏准备。但什么也没发生，所有社区的领导人都彬彬有礼地欢迎我。"[20] 委任统治的条款几乎原样照搬了《贝尔福宣言》，关键是第 6 条，承诺促进犹太人移民和土地安置，并宣布英语、阿拉伯语和希伯来语都为官方语言。委任条款还认可设立一个为政府提供建议的"犹太事务局"（Jewish Agency），但并没有平行的阿拉伯事务处。实际上"阿拉伯"一词并未出现在文本中，而"巴勒斯坦人"一词仅在涉及犹太人获得公民身份之处有所提及。从一开始，阿拉伯人对它的憎恶就是必然的。这种恶感得到了回应：在斯托尔斯组织的高级专员欢迎会上，魏茨曼的同僚、出生于俄国的梅纳赫姆·乌什金（Menachem Ussishkin）拒绝与耶路撒冷的穆夫提[1]卡迈勒·侯赛尼（Kamal al-Husseini）握手。[21]

1920 年 12 月，穆斯林–基督徒协会在海法举行的第三次代表大会上放弃了与叙利亚结盟的要求，并抵制了《贝尔福宣言》。它还选举成立了由出身耶路撒冷名门的穆萨·卡兹姆·侯赛尼（Musa Kazem al-Husseini）领导的阿拉伯行政委员会（Arab Executive，AE）。巴勒斯坦人开始更多地关注巴勒斯坦的命运。20 世纪 20 年代出版的阿拉伯语的历史和地理教科书清楚地反映了这一点。相应地，政治行为也越来越频繁。“在大马士革最近发生的事件之后，我们必须完全改变计划，”穆萨·卡兹姆对支持者说，“南叙利亚已经失去了。我们必须捍卫巴勒斯坦。”[22]

英国官方表面上有着明确的政策，官员私下里却不禁对此表示怀疑。一名官员在日记中吐露：“很难想象我们要如何实现对犹太人的承诺，将这个地区建成他们的‘民族家园’，同时又不对它十分之九的人民造成伤害。但我们现在已经揽下了这份重担，并招来了穆斯林和基督徒的不满。尽管我们含糊地承诺他们的利益不会受到影响，但他们并未因此而安心。”[23] 1921 年 8 月，高级专员塞缪尔在回顾自己第一年的任期时，直言不讳地指出，那些犹太复国主义者“有时会忘记或忽略目前的巴勒斯坦居民”，还会突然间“惊讶地且常常是不敢相信地意识到，巴勒斯坦有 50 万人，其中许多人抱有与他们截然不同的观点”。[24]

魏茨曼的外交并没有消除阿拉伯人的反对。其他不那么巧妙的办法也试过了。1920 年 5 月，他遇见了纳布卢斯的知名人士、前市长兼

[1] 穆夫提（Mufti），伊斯兰教法释义官，地位崇高。——译者注

奥斯曼议员海达尔·贝伊·图坎（Haydar Bey Touqan），并许诺给他2 000英镑进行亲犹太宣传。图坎设法让10个村庄的人提出请愿，支持英国统治和犹太移民，谴责耶路撒冷暴乱。这样的请愿书总共出现了约80份。[25] 另一个办法是利用阿拉伯人现有的分歧和催生新分歧。哈伊姆·卡瓦利斯基（Chaim Kalvarisky）是犹太–阿拉伯关系中最有意思的人物之一，犹太复国主义执行委员会授意他帮助组建穆斯林国家协会（Muslim National Associations）来对抗民族主义的穆斯林–基督徒协会。出生于波兰、在法国接受教育的卡瓦利斯基是训练有素的农学家，又是伊舒夫重要的“阿拉伯事务专家”（受到许多人追随）。他曾在加利利担任多年的地产经纪人，一边驱赶阿拉伯农民，一边宣称自己与阿拉伯人感同身受。[26] 在他的支持下，拿撒勒和杰宁都成立了阿拉伯人的“农民政党”，用以“维持并加深”[27] 乡村和城市精英之间的分歧——这一战略在几十年后会再度被人采用。报刊媒体被说服采取亲犹太复国主义的或至少是中立的立场。犹太复国主义者为了避免在一个敏感的节日期间惹麻烦，用贿赂使一场民族主义者的大会推迟举行。[28] 卡瓦利斯基最大胆的提议是“收买”阿拉伯行政委员会主席穆萨·卡兹姆。[29] 由于资金短缺，其他收买阿拉伯人以换得其支持或默许的计划未能付诸行动。一些犹太复国主义的批评家也不认为这些努力是有效的。“职业请愿者的签名或者受贿编辑的临时帮助对情况没有明显的影响，”一位官员评论道，“一般来说，仅仅通过随意分发的贿赂是做不了什么的，除非分发的规模大得超乎想象。”[30]

卡瓦利斯基的行动本质上是谨慎的，但他很少加以掩饰。他的阿拉伯对话者公开蔑视他：纳布卢斯的知名民族主义律师奥尼·阿卜杜勒–哈迪（Awni Abdel-Hadi）坦率地告诉卡瓦利斯基，他更喜欢与不声称寻求和解的犹太复国主义者打交道。

> 您总在谈论那些阿犹友好协议或是犹太人和阿拉伯人之间的良好关系。但是说实话，我宁愿与雅博京斯基或是乌什金打交道，而不是跟您打交道。我知道他们公开宣布是我们的敌人，想要粉碎我们、占领我们的土地并迫使我们离开这个地区——所以我们必须与他们战斗。但您，卡瓦利斯基，看似是我们的朋友，最终我却看不出您和雅博京斯基的目的有什么区别。您还支持《贝尔福宣言》、(犹太)民族家园、无限制移民和持续购买阿拉伯人的土地——这些问题对我来说是生死攸关的。[31]

阿卜杜勒–哈迪在之后与犹太复国主义者的会面中反复表达了冲突不可避免的看法。[32]

劳动节

贿赂和外交都不能阻止下一次震动巴勒斯坦的袭击事件。1921 年 5 月，雅法爆发骚乱。事件的开端是劳动节那天互为对手的犹太共产主义团体和犹太社会主义团体之间的冲突，发生在与特拉维夫接壤的埃尔曼西亚（Manshiyeh）地区。袭击的主要目标是犹太新移民的临时收容所，在那里“一对对拓荒者夫妇手挽手走过街道，这是雅法的阿拉伯人眼里犹太移民导致社会道德崩坏的最直接的体现”。[33] 仅从前一年的 9 月份至当时，就有 1 万名犹太人通过雅法的港口进入这个地区，其中大部分是经历过沙俄时期的大屠杀、在战争和革命的动荡中度过了青春岁月的东欧犹太复国主义者和社会主义者。阿拉伯媒体抱怨着流行的“布尔什维克”思想的传播，社会公德——关于犹太女人挑逗性的不正经打扮——也是一个特别的关注点，混浴则是另一个。

动乱蔓延整个地区。只有出动英国骑兵和空军才能击退对佩塔提克瓦和哈代拉（Hadera，“爱锡安者”在 1891 年建立的定居点）的犹太定居点的攻击。各地均宣布戒严。在持续 6 天的暴力事件中，有 41 名犹太人和 44 名阿拉伯人遇害。[34] 犹太受害者中最有名的就是作家约瑟夫·海姆·布伦纳，他早已对阿犹关系极度悲观。令犹太人怒火万丈的是，赫伯特·塞缪尔竟还宣布暂停接收犹太移民。阿拉伯社区则遭到罚款和其他集体惩罚。“这是我第一次面临恐怖、死亡和与阿拉伯人为敌。”一名犹太青年后来回忆道。[35] 流血事件是到当时为止最令人震惊的迹象，表明阿拉伯人和犹太复国主义者之间的紧张关系可能会成为英国当局的严重问题。伊舒夫发言人认为这场骚乱是由“蛊惑民心者、恶意煽动者和衣冠楚楚的老爷们”造成的，绝口不提日益增长的阿拉伯政治反对派。对事件进行调查的海克拉夫特委员会[1] 驳回了他的观点。报告指出：“针对犹太人的感受太深切、太普遍也太激烈了，不能用以上那些浅显的说辞来解释。”[36] 对于委员会的调查结果，塞缪尔对魏茨曼说：“我得出一个结论，阿拉伯因素的重要性在犹太复国主义运动中被低估了；除非极其小心地掌舵，否则犹太复国主义的大船可能会因触到名为阿拉伯的礁石而沉没。”[37] 魏茨曼抱怨说报告暗示“犹太复国主义主导巴勒斯坦的愿望可能会为阿拉伯人的不满情绪提供进一步滋生的土壤”。[38] 在高级专员的敦促下，魏茨曼于 11 月在伦敦会晤了穆萨·卡兹姆·侯赛尼（他曾是卡瓦利斯基糖衣炮弹的目标）率领的巴勒斯坦阿拉伯人代表团，讨论未来的立宪安排，但双方几乎毫无共识。互不信任的气氛妨碍了进展。魏茨曼要求海法的学生大卫·哈科恩（David HaCohen）以假名在阿拉伯代表团的酒店预订一

[1] 海克拉夫特委员会（Haycraft Commission of Inquiry）是英国政府成立的调查 1921 年雅法骚乱的皇家调查机构，发表了报告《巴勒斯坦：1921 年 5 月的骚乱》。——译者注

个房间，并抄录他们的文件。[39]“尽管魏茨曼博士发表的演说很温和，但他表达观点的方式却令人遗憾，”一名英国官员记载道，“他的态度就像是征服者把和平条约递给手下败将。另外，我认为他看不起代表团的成员并觉得他们没资格参与——因此，让他和他们以同一个理由会面，对他来说有些不敬（原文如此）。”[40]私下里，魏茨曼对一名同僚更刻薄地说，阿拉伯代表团是“五流”的。[41]

就像前一年耶路撒冷发生的程度稍轻的麻烦事一样，动乱有效地推进了犹太人的自卫计划：这是对如何“处理”阿拉伯人对犹太复国主义的反对或说犹太人当下常说的“阿拉伯问题”的另一个答案。1920 年 12 月，新成立的组织希斯塔德鲁特（Histadrut，巴勒斯坦希伯来劳工总联合会）决定成立一个名为哈加纳（Haganah，意为“自卫”）[42]的志愿防卫组织。1909 年成立的犹太定居点警卫组织哈什梅尔已解散，但在它的创始人埃利亚胡·戈洛姆（Eliahu Golomb）的领导下，哈加纳于 1921 年 8 月举办了首次“军官培训课程”。武器走私增加，有 200 支手枪入境。情报收集工作（针对的自然是阿拉伯人）的组织性更强了。当时已经出狱的雅博京斯基为重建“一战”期间的犹太军团并使其并入英国驻巴勒斯坦军队而奔走，但是徒劳无功。不久之后，他呼吁建立一道“铁壁”来保护刚刚起步的犹太民族事业。这个常被引用的术语言简意赅地证明了犹太复国主义者高谈共存，但实际上是如何处理阿拉伯反对者的，不管这些相互竞争的复国主义运动在重点上有什么分歧。雅博京斯基写道：“只要有一丝摆脱被殖民威胁的希望，原住民族就会反抗殖民者。这就是巴勒斯坦的阿拉伯人正在做的。只要尚存一线能阻止‘巴勒斯坦’转变为‘以色列地’的希望，他们就会坚持反抗下去。”[43]哈加纳谨慎的筹备工作有助于防止耶路撒冷在 11 月 2 日《贝尔福宣言》纪念日发生更多骚乱，这个节日在不断加剧的冲突中已然形成一个固定活动了。

海克拉夫特委员会注意到了另一个重大变化：阿拉伯人对其犹太邻居的看法改变了。报告称：“在骚乱期间，阿拉伯人对不同种类的犹太人不再进行任何区分。老定居者和新移民，哈鲁克（Chalukah）犹太人（住在国外的捐助者）和犹太布尔什维克，阿尔及利亚犹太人和俄国犹太人，通通合并为同一个身份。曾经的友谊已让位于眼下所有人都能感受到的敌意。”[44]英国人越来越排斥犹太复国主义者关于两个群体之间本质上关系良好的标准说法：“可以说犹太人和阿拉伯人之间有过和平共处的一代，但这种和平是存在于彼此几乎没有任何关系的双方之间的。”[45]

逐渐模糊的差异

接下来的几年从表面上看相对平静。1922 年，国际联盟肯定了英国的委任统治，巴勒斯坦以叙利亚南部三个前奥斯曼帝国省份为基础的国家边界也被确定下来。令犹太复国主义者愤怒的是，外约旦成了一个贝尔福的承诺不适用的独立实体。他们声称外约旦也是《圣经》遗产中的一部分，因此反对此事并斥之为“分割”——这个主题将在未来几年里再次出现。这片河对岸的领土在英国的监管下，由麦加的谢里夫侯赛因的小儿子埃米尔阿卜杜勒统治。

到此时，犹太复国主义的事业已经进行了 40 年，尽管尚未引起人口结构的重大转变：在巴勒斯坦的 75.7 万名居民里，阿拉伯人仍是绝大多数，8.3 万名犹太人则是少数，仅占总人口的约 11%。但移民继续快速增长。1919 年到 1923 年的第三次阿里亚带来了 3.5 万名犹太新移民，其中大部分来自俄国和波兰，且多为社会主义者。这些哈鲁茨

（halutzim，意为拓荒者）在建立基布兹[1]和其他犹太复国主义合作社组织的方面发挥了重要作用。如格哈德哈瓦达（Gdud HaAvoda，意为“工人营”），它的成员修筑道路，排干沼泽，承担其他公共建设项目，并努力塑造一种由希伯来工人——他们刻意用“希伯来”（Ivrit）这个词代替了“犹太”——建设的自治社会的精神。当时的流行歌曲唱道，“我们来到这片土地，塑造它也被它重塑”，表明一种“新犹太人”的概念正在古老的家园中诞生——这种“新犹太人”坚韧不拔，刚毅不屈，说着希伯来语并拒绝流散犹太人的价值观。

阿拉伯人不属于那排他性的民族主义愿景的一部分。雇用阿拉伯人尤其遭人反对：20 世纪 20 年代初，里雄莱锡安的一名犹太农场主向一名英国官员抱怨，称犹太事务局要求他解雇跟他从小一起长大并受雇为牧民和农夫的阿拉伯人，并以更高的薪酬聘请犹太新移民。

> 如果他按照建议草草地解雇那些阿拉伯人，就会有一种很不妙的感觉，那就是那些很容易怀恨在心的人可能会烧掉他的庄稼……那些被推荐给他作为劳动者的犹太人对农业和……当地的条件一窍不通。当需要在雨前收获农作物时，阿拉伯人会没日没夜地工作；而无论天气如何，犹太人都会在六点准时丢下农具。[46]

委任统治期间的下一波大规模犹太移民潮，即第四次阿里亚，发生于 1924 年到 1929 年。新移民大多来自波兰，遭受过严重的经济危机和反犹主义迫害［这一波移民潮被称为“格拉布斯基阿里亚”（Grabski aliya），以波兰总理的名字命名，他的金融改革对该地的犹太

［1］ 基布兹（kibbutz，复数为 kibbutzim），以色列的犹太集体合作社，结合了共产主义和犹太复国主义。社区内实行完全公有制，成员共同劳动，各取所需。——译者注

人造成了巨大影响]。这批涌入的移民与过去那些出于理想动机、被魏茨曼钦佩地称为“代加尼亚和拿哈拉（Nahalal）的人民”的拓荒者在社会阶层上是截然不同的。这批移民中包括大量带着积蓄而来的中低阶层人员——2 500 美元是获得新的“资本主义”移民证的最低要求——他们投资作坊、企业和服务业。魏茨曼对此感到不大高兴，他后来写道：“他们中的一些人不怎么倾向于为一个新国家做贡献。少数人还在他们的生存斗争中表现出了反社会倾向；他们似乎从来没有当过犹太复国主义者，并且认为巴勒斯坦和其他移民国家，例如美国，没有任何区别。”还有太多新来的人对“隔都生活”颇有微词。[47] 大批人在当时被称为地中海沙滩上的“白色之城”的特拉维夫定居。早在 1918 年，一本新的希伯来文地理书就将其描述为“亚洲沙漠中的欧洲绿洲”，并称赞其笔直平整、遍布花圃的街道，一切都“新颖而闪耀”。[48] 新涌入的资本和居民（其中一些人是在 1921 年雅法骚乱后逃过来的）引发了建筑业的飞速发展。[49] 文化生活随着剧院和管弦乐队的兴盛而不断繁荣，然而包括卖淫在内的不那么光彩的行当也随之活跃起来。用 1924 年的一份警署报告的话来说：“我们突然开始看到……来自雅法的富有阿拉伯人和基督徒的车在午夜抵达特拉维夫，并停在那些新移民女性的屋外……然后他们放荡淫逸，通宵达旦。”[50]

新的报纸和出版社推动了希伯来语的普及。特拉维夫在 1920 年仅有 2 000 人，到 1925 年苏格兰城市规划师帕特里克·格迪斯（Patrick Geddes）为该城市制订总体规划时，人口已增加到 3.4 万人。雅法仍是一个大城市，但在建立了一个毗邻的犹太定居点后，它与位于腹地的那些阿拉伯村庄逐渐隔绝。[51]“我们曾把阿拉伯人视为邻居和亲人”，一个特拉维夫人回忆道：

我们认识面包师和菜贩，认识卖草莓、刺梨和布扎（阿拉伯语中的冰激凌）的人。当特拉维夫人说“我要进城”时，就是说要去一趟雅法。雅法就是你去娱乐、购物和工作，以及最重要的（去）社会生活的中心——港口的地方。然而在雅法闲逛会令人产生焦虑和不安全感。（阿拉伯）沙巴布（Shabab，年轻人）和地痞流氓曾咒骂挑衅犹太人。英国官员和警察总是鼓励这种行为。[52]

到1925年春，巴勒斯坦的犹太人总人口为10.8万。[53]这是具有里程碑意义的一年：美国实行移民限额后，来到巴勒斯坦的犹太人第一次超过进入美国的犹太人人数。[54] 1927年，对一名来访的英国记者来说，特拉维夫是：

巴勒斯坦一个十足的怪物……与亚历山大（Alexandria）十分相似，却没有东方风情。臀部宽大的德国/波兰/俄国女孩轮流出现，无穷无尽。长着鹰钩鼻的胖男人看起来像是美黑（Sunbronze）过。看不到一个英文单词，没有人听得懂我问路。[55]

现代性与繁荣齐头并进。委任统治期间，英国的政策公开偏向于犹太人的发展，为“犹太复国主义的飞地规模更大、更平衡的发展提供了有利的环境，这也造成了巴勒斯坦贫富差距的扩大”。[56]俄裔犹太实业家皮恩卡斯·鲁滕伯格（Pinchas Rutenberg）获得电力特许权，并建造了一座电网，为雅法、特拉维夫、其他犹太人定居点和英国军事设施供电，后来还在约旦的亚兰（Naharayim）建造了一座发电站。殖民地事务大臣温斯顿·丘吉尔告诉下院议员，招标过程并无不公，因为“巴勒斯坦的阿拉伯人过一千年也不会在巴勒斯坦的灌溉和电气化方面有什么进展”。塞多姆（Sedom）的死海钾肥制造业则是另一个依靠犹太投资和技术实力的产业。[57]

在政治上，与阿拉伯人的“关系”问题对犹太复国主义者来说当然还是存在的，但似乎不像20世纪20年代中期那么紧迫了。卡瓦利斯基“收买”温和派巴勒斯坦人的举措没有取得什么积极的成果，他肆意挥霍的手段也遭到怀疑，后来上面发话称他“绝不可以掌控犹太复国主义者的基金支出”。犹太机构对阿拉伯人做的工作减少了。从未被主流犹太人优先考虑的“阿拉伯人问题”从他们的视野中消失了。雅博京斯基的坦率呼声则缺乏支持，他认为犹太人有种幻想，即犹太复国主义能获得阿拉伯人的默许，他反对这种幻想，谴责“卡瓦利斯基的贿赂行为和魏茨曼的‘和平谎言’”。[58]接下来，他在1925年创立了以“修正主义团体”而更为人知的新犹太复国主义组织（New Zionist Organization），它的目的是“修正”委任统治条款，将外约旦纳入其中。那句著名的口号是这样说的：“约旦有两个河岸，其中一个是我们的，另一个也是我们的。”

就阿拉伯人而言，由于土地方面的让步，以及建立了以耶路撒冷新上任的大穆夫提哈吉·阿明·侯赛尼（Haj Amin al-Husseini）为首的穆斯林最高理事会（Supreme Muslim Council，SMC）这个强大的新机构，亲英情绪高涨了一段时间。[59]然而在1923年第五届巴勒斯坦阿拉伯人代表大会上，任何基于他们仇恨的《贝尔福宣言》的提议都遭到了坚决的反对，其中包括英国关于立法委员会的提议。鉴于犹太人数量仍然很少，伊舒夫对成立任何提倡代议制的想法都不满意。犹太复国主义者勉强同意参加议会选举，但阿拉伯人的抵制和随后的低投票率导致结果被宣布无效。高级专员塞缪尔的努力失败了，因为英国支持犹太人建立民族家园和犹太复国主义者拒绝接受少数民族地位之间有不可调和的矛盾。这是阿拉伯人的行动和内部分歧往往在无意中帮助犹太复国主义事业的又一个例子。

“没有共同语言”

即便 20 世纪 20 年代中期的经济繁荣提振了伊舒夫的自信心，也没有迹象表明阿拉伯人如犹太复国主义宣传的那样受益良多。土地购买规模扩大，特别是在伊茨雷埃勒山谷（在伊茨雷埃勒或埃斯德赖隆）给贝鲁特的瑟索克家族招来恶名的缺席所有者售地行为分散了人们的注意力，使人们忽略了巴勒斯坦阿拉伯人数不胜数的小规模土地售卖。[60] 沿海平原上建起了更多的犹太定居点。土地出售在 1925 年达到高峰。1924 年年底，劳工团结党年会在最早的基布兹之一艾因哈罗德（Ein Harod）举行，提供了一个讨论犹太复国主义与阿拉伯人的“关系”问题的机会。结论是答案在于建立犹太人和阿拉伯人的工人联合组织，然而并没有一个“阿拉伯民族主义团体配得上这个称号，而且在民族家园发展的现阶段，与巴勒斯坦阿拉伯人达成政治协议既不现实也不必要”。[61] 回顾建立立法委员会的提议时，劳工团结党领导人本-古里安强硬地反对代议制政府，他主张：“我们不能害怕公开宣布我们犹太工人和如今领导阿拉伯民族运动的那些老爷之间没有共同语言。”本-古里安并没有否认阿拉伯社区有权**自治**，但他不愿，也显然不能够认可他们治理国家的权利。在他看来，犹太复国主义运动是可靠的、进步的民族主义运动；阿拉伯民族主义运动则并非如此，只是自私自利、只想控制无知群众的反动领导人的玩物。[62]

即便如此，一些犹太复国主义的重要人物还是意识到了令人担忧的安全隐患。“我一直担心巴勒斯坦犹太人和阿拉伯人之间的关系，”1908 年就在雅法开设巴勒斯坦办事处的律师阿瑟·鲁平深感不安，“从表面上看，情况有所改善，因为没有发生大屠杀的危险。但是两族人民在思想上彼此疏离了许多，也没有相互加深理解。”阿拉伯人的观点则是这种悲观主义的暗淡的镜像：1924 年巴勒斯坦阿拉伯人代表大会向国际联盟报告说，“如果认为每个人都脱下极端主义的外衣而披上温和主义的外衣，阿拉伯人和犹太人就能彼此理解，那就大错特错了。当两种运动的基本原则相互冲突时，指望它们在途中会师就只能是安想”。[63]

1925 年，鲁平帮助创立了一个新组织——“和平之约”（Brit Shalom）。它旨在促进阿拉伯人和犹太人的相互理解，并提倡“双民族国家”的构想。该组织由中欧人主导，其中多数为德国出生的犹太知识分子与和平主义者——一名批评者不屑地称之为“一群阿瑟、雨果和汉斯”[64]——但犹太复国主义团体相当敌视这一组织，认为它往好了说是理想且天真，往差了说则是与巴勒斯坦的残酷现实脱节。这个组织中的著名成员还包括富有魅力的哲学家马丁·布伯（Martin Buber）、历史学家格肖姆·肖勒姆（Gershom Scholem）和刚刚创办的耶路撒冷希伯来大学（Hebrew University）的一些研究东方学的犹太教授。

当年 4 月，贝尔福勋爵在魏茨曼和陆军元帅艾伦比的陪同下出席斯科普斯山（Mount Scopus）上的新机构的落成典礼时，阿拉伯人明显表露出了敌意并进行了一场大罢工。抗议电报成百上千地涌入政府大楼，但贝尔福勋爵开车经过空荡荡的街道时并没有得出什么结论。[65]与此相反，他在耶路撒冷和特拉维夫受到了犹太人的夹道欢迎，在贝尔福里亚（Balfouriya）受到的欢迎更加热烈，这里是美国犹太复国主义者为纪念这位“新的居鲁士大帝（Cyrus，释放被掳至巴比伦的犹太人的波斯国王）”而在阿富拉附近建立的定居点。同一天晚些时候，贝尔福和他的随行人员在拿撒勒被人扔石头，以至于需要英国士兵为他们解围。[66]贝尔福听取不明智的建议，访问了大马士革，于是不得不面对大规模示威游行，法国军队为保护他杀死了三名示威者。共存仍是一种崇高的愿望：“和平之约”推动私人讨论，发行一本杂志，还为犹太人启动了一个阿拉伯语夜校计划，作为促进两族人民之间友好关系的一部分举措。卡瓦利斯基和一些知名的塞法迪犹太人也加入了他们。“和平之约”的出现被许多阿拉伯人看作犹太复国主义运动的主流有所减弱的可喜迹象。[67]然而，它在政治上并没有获得什么成果。

阿拉伯人的敌对行为反而帮助了犹太复国主义者。纳吉布·纳沙什比（Ragheb al-Nashashibi）是另一个耶路撒冷大家族的继承人（罗纳德·斯托尔斯曾称赞他“无疑是巴勒斯坦能力最强的阿拉伯人”），他是反对大穆夫提的领导人物。纳沙什比的巴勒斯坦阿拉伯民族党（Palestinian Arab National Party）赞成与英国政府合作，这被阿拉伯行政委员会斥为背叛。犹太复国主义者竭尽所能地鼓励这种相互诋毁，即使在自己的资源日渐减少的情况下也要为此提供财政支持。[68]许多显赫的阿拉伯家族，包括那些民族主义活动家，还在向犹太人出售土地——这件尴尬的事情在巴勒斯坦历史文献中很少被提及。[69]除了对当地的影响外，土地转让还牵动了整个阿拉伯经济。伊茨雷埃勒山谷售出后，现代化的生产方式和畜牧业就取代了传统的谷物种植和放牧；附近的拿撒勒和杰宁作为粮食贸易集镇因此遭受了损失，而得益于农业机械并销售经济作物的海法却从中获利。[70]

1926年，阿拉伯人有组织的政治活动根本不存在，即使是已成为传统的《贝尔福宣言》纪念日罢工也暂时被遗忘了。1927年，以失业、劳工抗议甚至犹太人**向外移民**净额为标志的当地经济危机加剧，在此背景下，犹太复国主义的威胁似乎有所减弱。侯赛因家族和纳沙什比家族抛开分歧，共同寻求自治途径。1928年的第七届（也是最后一届）巴勒斯坦阿拉伯人代表大会甚至没有要求废除委任统治或对犹太复国主义表达反对。[71] 卡瓦利斯基表示，这次会议“切实而不激进”，尽管他确实观察到了封建贵族家庭影响力的丧失和“极端主义、沙文主义”知识分子力量的增强，而犹太人很难与后者达成协议。[72] 阿拉伯人与政府合作的兴趣得到了支持，因为同在委任统治之下的邻国（伊拉克、叙利亚和黎巴嫩）阿拉伯人在自治和建立代议制政府方面取得了巨大进展，而巴勒斯坦显然非常缺乏这些。

前往西墙

如果说经济萧条孕育了政治平静，那么新危机的辘辘轰鸣则使阿拉伯人和犹太人之间的对抗很快便回到每个人的心中，并且具有特别不稳定的因素。冲突起源于耶路撒冷老城的希律圣殿（Herodian temple）西墙（“哭墙”）[1] 的归属问题——犹太人认为这里是所罗门圣殿的所在地，但它同时也是谢里夫圣所（Haram al-Sharif，即“高贵圣殿”或圣殿山）的西墙。谢里夫圣所被穆斯林称为“卜拉格”，以

[1]“哭墙”，古犹太国第二圣殿护墙的一段，是犹太民族团结的象征。公元前1000年，犹太大卫王的儿子所罗门在耶路撒冷圣殿山上修筑“第一圣殿”，该圣殿毁于公元前586年巴比伦攻占耶路撒冷。后于旧址重修“第二圣殿”并在公元前19年由希律王一世扩建；罗马帝国驱逐犹太人期间圣殿再度被毁，仅余护墙。直到拜占庭帝国时期犹太人才获准在每年圣殿被毁日重归耶路撒冷，对着断壁残垣悼念故国。——译者注

先知穆罕默德登霄夜行[1]完成前拴在这里的神马命名。穆斯林长期以来一直担心圣所，也就是圆顶清真寺[2]和阿克萨清真寺（Aqsa mosque，伊斯兰教继麦加圣寺和麦地那先知寺之后的第三大圣寺）所在地可能会受到威胁。而犹太人曾对着哭墙的巨石祈祷了数百年。在奥斯曼帝国时代，他们不允许在此地安放长椅、遮挡物、经书卷轴，或其他可能被解释为主张所有权的东西。实际上，这些禁令并不总是被遵守，习俗和惯例总比法律条文更宽容。英国人承诺尊重现状，于是在他们治下也没发生什么变化。1922年，穆斯林最高理事会反对一切加强犹太渗透的企图，而大穆夫提哈吉则从穆斯林手中筹集了大笔资金来修复圣地。伊斯兰世界开始宣传所谓的犹太复国主义威胁。（这可能是由于犹太复国主义宣传单和明信片中出现了旨在吸引犹太人资助的圣所照片和图画。）煽动性的演讲也不时助长猜疑。现代研究还挖掘出了犹太极端主义分子阴谋炸毁清真寺的粗略证据——而此人已被哈加纳自卫组织处刑。[73]然而，犹太复国主义组织并没有接管穆斯林的圣地的官方计划。魏茨曼和费萨尔的协议里也规定了这些地方将处于穆斯林的掌控下。然而，在这样一种紧张的气氛中，谣言、宣传和夸张都比事实更重要。

1928年“赎罪日”[3]，犹太人在哭墙旁摆了一道分隔男女的屏障，导致本就激烈的纠纷升级。警察取走了这道屏障。当英国人再度声明维持现状时，穆斯林最高理事会却决定要强制实行禁令。“巴勒斯坦穆斯林已决意牺牲肉体和灵魂来维护他们的宗教权利，”忠于穆夫提的

---

[1] 登霄（或升霄）夜行（Isra and Mi'raj），伊斯兰教先知穆罕默德曾驾神马卜拉格从麦加飞到耶路撒冷，并从此地登临天堂，与神对话获得启示。（《古兰经》17：1）——译者注

[2] 圆顶清真寺（The Dome of the Rock），由倭马亚王朝哈里发阿布杜勒-马利克于687年至691年间建造，穆斯林认为是先知穆罕默德登霄夜行之处。——译者注

[3] 赎罪日（Yom Kippur）是犹太人最重要的圣日之一。《圣经》中上帝晓谕摩西，使以色列人在犹太新年过后的第10天进行祈祷和忏悔。——译者注

报纸警告道，“他们的民族权利已经被偷走得够多了。”74 犹太复国主义的压力引发了阿拉伯人的反弹。几个月内局势不断升温，在雅博京斯基的鼓动下发起的贝塔修正主义运动[1] 掀起了一场挥舞旗帜的挑衅性示威活动，使双方的相互谴责在1929年的炎炎夏日达到白热化。75 耶路撒冷出现的针锋相对的袭击和更多的抗议，不过是自1917年以来最严重的暴力事件的前奏。8月16日，一名库尔德犹太少年在两个民族相邻社区的边界上被阿拉伯人刺死。关于这个名为亚伯拉罕·米兹拉希（Avraham Mizrahi）的少年是将足球踢入了阿拉伯人的菜园还是偷走了小胡瓜，当时有不同的记载。在正常情况下，这类微不足道的地方性纠纷本可以轻易解决，但那时远非正常时期。76

8月23日的周五祈祷过后，暴力事件开始在谢里夫圣所发生。耶路撒冷有几个犹太人遇害，有人抱怨英国警方没有使用武力，甚至没有鸣枪示警以阻止袭击者。哈加纳成员断然拒绝了里夫塔和戴尔亚辛的村民对他们的指控。这两个村庄位于城市西部边缘犹太人新建的伯哈基琳[2] 市郊住宅区，仅有简陋的石屋和红瓦屋顶。里夫塔曾被警方和犹太复国主义者视为“耶路撒冷周围的史上最糟糕的村庄”。77 来自卡鲁尼亚（Qaluniya）的阿拉伯人攻击了邻近的莫特扎[3] 中的犹太村落。死者和凶手非常熟悉——这提醒我们，在巴勒斯坦，邻居和敌人的角色会不断变换。整个马克列夫（Maklef）家族中唯一的幸存者是跳窗逃生的9岁的莫迪凯（Mordechai）。（他将在1948年参加海法战役，

[1] 贝塔修正主义运动（Beitar Revisionist movement）是雅博京斯基1923年在拉脱维亚的里加发起的犹太复国主义修正主义青年运动。——译者注

[2] 伯哈基琳（Beit HaKerem），意为“葡萄园之屋”，耶路撒冷西南部的一个规模较大的犹太社区。——译者注

[3] 莫特扎（Motza），位于耶路撒冷西部边缘的犹太人居住区，1854年建立，是近代耶路撒冷老城外第一个犹太农场。——译者注

并于 1952 年成为以色列国防军的第二任总参谋长。)

希伯伦大屠杀

为了回应耶路撒冷传来的噩耗，最大的阿拉伯人袭击事件在希伯伦爆发，那里是列祖之墓（Tomb of the Patriarchs）和易卜拉欣清真寺（Ibrahimi mosque）的所在地，是阿拉伯人和犹太人共同崇敬的宗教场所。来自该市正统派犹太社区的 64 名受害者里有十几名妇女和三名幼童死状凄惨。英国警察总长雷蒙德·卡弗拉塔（Raymond Cafferata）描述了他目睹的情况：

> 我听到了屋子里的尖叫声，走进一条小路，看到一个阿拉伯人正用剑割一个孩子的脑袋。他已经击中了那个孩子，却还要割他的头。看到我时，他试图袭击我，但没有命中；他几乎就顶在我步枪的枪口上。我射中了他的腹股沟。在他身后，一个犹太女人倒在血泊中。一个名叫以撒·谢里夫的来自雅法的（阿拉伯）警员站在她身旁，握着一把匕首。看到我后，他冲进了旁边的一间房间并试图把我关在门外，还用阿拉伯语喊道："尊敬的先生，我是一名警察。"……我进入房间，开枪打死了他。[78]

在上加利利的圣城萨法德，26 人死亡。在犹太复国主义者到来前，犹太人已经和平地在希伯伦生活了几个世纪。尽管几年来各地的紧张局势都有所加剧，希伯伦犹太社区的领导人仍然拒绝了哈加纳从耶路撒冷派人来保护他们的提议。然而，133 名犹太人和 116 名阿拉伯人被杀了，其中阿拉伯人大多是被英国警察所杀；另有 339 名犹太人和

232名阿拉伯人受伤。本-古里安称希伯伦大屠杀为种族灭绝，将其与臭名昭著的1903年基什尼奥夫（Kishinev）屠杀事件相提并论。基什尼奥夫因哈伊姆·纳赫曼·比亚利克（Chaim Nahman Bialik）著名的希伯来语诗篇《屠杀之城》而被人铭记。东欧反犹主义与巴勒斯坦的阿拉伯人暴力事件——被阿拉伯人描绘成对犹太复国主义扩张的合理抵抗——由此融合成了一个不可分割的整体。希伯来语报纸上出现了铺天盖地的关于无辜受害者遭遇暴行的图片和描述。许多人得出的教训是，犹太人在受到攻击时必须反击。自豪地向学生灌输犹太复国主义价值观的特拉维夫海尔兹利亚高级中学（Herzliya Gymnasium）校长哈伊姆·博格拉舒夫（Haim Bograshov）阐述道：

> 在整整一代人的时间里，我们教会孩子和学生不要引颈就戮，不要像萨法德的死难者一样倒下，不要像希伯伦的受害者一样被屠戮殆尽。都结束了。暴乱的时代已经过去，我们不会再回到那时，因为我们不会毫无反抗就被人杀死。[79]

与俄国的大屠杀不同，希伯伦的屠杀并非由当局组织。阿拉伯邻居庇护并救援了数百名犹太人。然而这场令人震惊的伤亡事件仍是由阿拉伯人的敌意导致的，而且敌意没有任何减退的迹象。10月，阿拉伯人宣布全面罢工，以抗议英国“盲目偏袒犹太复国主义”的政策。在纳布卢斯，当局选择了80名公立学校的学生作为惩罚对象，狠狠鞭笞了他们裸露的臀部。这是一名以蔑视阿拉伯人闻名的英国官员的命令，他相信只有三分之一的人“被大自然赋予了值得在中等教育上花费公共资金的能力”。[80]然而，沃尔特·肖（Walter Shaw）爵士领衔的英国调查委员会认为，暴力事件并非旨在反抗英国的统治。

阿拉伯人称这些袭击为“卜拉格起义”，以先知穆罕默德的带翅骏马为名。犹太人则将这些事件称为“1929年骚乱”。1930年6月，三名被判在希伯伦和萨法德犯下谋杀罪的阿拉伯人在阿卡监狱被绞死，处决期间数百人在外无声地等候，这一天后来被称为“红色星期二”，得名于易卜拉欣·图坎（Ibrahim Touqan）的同名诗作。海法和纳布卢斯举行了烛光守夜祭典。“愿这些巴勒斯坦烈士的鲜血浇灌阿拉伯民族独立之树的根基”，阿拉伯人传唱着颂歌。[81]备受欢迎的诗人努哈·易卜拉欣（Nuh Ibrahim）所写的歌曲《来自阿卡监狱》成了巴勒斯坦人集体记忆的重要部分。而在雅法杀害了一整个阿拉伯家庭的犹太警察的死刑被改判了。[82]

1929年的暴力事件将随着时间的推移成为一个重要的里程碑。谢里夫圣所的命运引燃了泛伊斯兰群体的不满情绪，它将一直作为动员舆论和政府的重要因素，其影响的远远不限于巴勒斯坦一地。在巴勒斯坦境内，阿拉伯人感觉过去的犹太人和犹太复国主义者之间的区分已不再有效了。尤其是在希伯伦，1924年这里建立了一个新的犹太学院[1]，招收了来自美国和欧洲的犹太学生；他们不是犹太复国主义的定居者，却仍然可能被当地阿拉伯人认为是这样。[83]老伊舒夫的塞法迪犹太人与新来的德系犹太人紧密团结，开始做他们以前从未做过的事——加入哈加纳并采取公开的犹太复国主义立场。[84]简而言之，阿拉伯人与犹太人的对峙越来越明确地变为民族冲突。

此外，人们对这一变化的意义也有了更深的认识：左翼和右翼的犹太人都在发声，将情况比作坐在火山上。[85]克里斯托弗·赛克斯（Christopher Sykes），一位敏锐地记录英国委任统治时代的编年史作

[1] 犹太学院（yeshiva），即犹太神学院，教授犹太法典等传统宗教内容。——译者注

者，将 1929 年定为“覆水难收的转折点”。[86] 在几起类似案件中，来自耶路撒冷西部郊区里夫塔村的阿拉伯人袭击了位于市中心的纳哈拉特希瓦街区（Nahalat Shiva）的犹太居民区，这些居民区建立在阿拉伯人自己的祖先多年前卖出的土地上。这是否意味着一种观念逐渐明朗，即让犹太复国主义者站稳脚跟是一个可怕的错误？[87] 伟大的希伯来作家什穆埃尔·约瑟夫·阿格农（Shmuel Yosef Agnon）在见证了新建的犹太住宅区特比昂（Talpiot）变得满目疮痍后，叙述了自身对阿拉伯人看法的改变。“现在我的态度就是如此。我不恨他们，不爱他们，不想看到他们的脸。根据愚见，我们现在需要在巴勒斯坦建立一个 50 万犹太人的聚居区，否则就会失败。”[88] 日后成了知名阿拉伯问题“专家”的雅法犹太人耶霍舒亚·帕尔蒙（Yehoshua Palmon）将 1929 年视为冲突的转折点。暴力“教会了我们，面前只有两种选择：屈服或者举起利剑”，他后来表示“我选择举起剑”。[89]

互为仇雠

在英国委任统治下，每起事件发生后都会伴随一轮调查和新的政策提案，这逐渐成为一种惯例，1929 年的事件也不例外。1930 年 3 月，肖的委员会得出结论：“犹太复国主义者提出的关于犹太人移民巴勒斯坦的未来计划的主张和要求，一直令阿拉伯人担心他们将被剥夺生计，在犹太人的统治下过活。”[90] 对于犹太人来说，不幸的是，委员会指出，犹太复国主义扩张导致一个“没有土地、满腹怨言的阶层”正在形成，而这正是骚乱的主要原因，委员会还敦促他们遵循“更明确的方向”。由约翰·霍普·辛普森（John Hope Simpson）爵士指导进行的另一项调查考察了巴勒斯坦的经济容量，并得出结论，这里没有足够的土地来满足犹太移民的需求。阿拉伯乡村地区已经历一场经济危机，农民收入不佳，被迫出售土地并搬进城市和周围的棚户区。他警告：

> （犹太）定居地不断蓄意抵制阿拉伯劳工的原则不仅与委任统治相悖，而且还是一个持续给这个地区增添风险的祸源。阿拉伯人民已经因为把土地转交到犹太复国主义者手里而心神不宁、失魂落魄了。由于犹太复国主义政策的存在，阿拉伯人有这些反应不是没道理的。

犹太复国主义者则认为这种准确的评价是“傲慢和敌对的”。[91]

以殖民地大臣帕斯菲尔德勋爵［Lord Passfield，即西德尼·韦布（Sidney Webb）］的名义发表的相关白皮书随后于1930年10月公开。这意味着未来犹太人移民巴勒斯坦的行动可能不得不受到限制。犹太复国主义者惊骇莫名，同时对他们在伦敦影响力的下降感到不满。哈伊姆·魏茨曼辞去了犹太复国主义组织和英国承认的执行机构犹太事务局的领导职位。帕斯菲尔德勋爵被亲犹太复国主义的工党议员和保守党反对派群起而攻。有人利用拉姆齐·麦克唐纳[1]领导的少数派工党政府的弱点进行了大规模游说，此后白皮书被撤销。[92] 1931年2月，麦克唐纳当着下院议员的面，宣读了他寄给魏茨曼的一封信——阿拉伯人称之为“黑色信件”（Black Letter）——批驳了帕斯菲尔德勋爵的政策主张。“麦克唐纳写给我的信表明，”魏茨曼写道，“英国政府和巴勒斯坦当局的态度发生了变化，因此我们能够在接下来的几年中取得巨大成就。”[93] 1929年令人震惊的事件之后，犹太复国主义运动获得了

［1］詹姆斯·拉姆齐·麦克唐纳（James Ramsay MacDonald，1866—1937），分别在1924年和1929年两度出任首相，是英国历史上首位出身工党的首相。——译者注

英国对犹太民族家园信誓旦旦的二度承诺。但没有人重新评估犹太人与巴勒斯坦阿拉伯人的关系。

更具批判性的呼声不时出现。汉斯·科恩（Hans Kohn）是“和平之约”的支持者，他以反常的方式——对于一名未来的民族主义研究权威来说，这其实很正常——在更宏观的反殖民主义背景下描述了犹太复国主义者与阿拉伯人的关系。“我无法认同（犹太复国主义官方政策中）将阿拉伯民族运动描绘成几个大地主的肆意煽动”，他写道：

> 我知道……在英国和法国，极端保守的帝国主义媒体经常以类似的方式描述印度、埃及和中国的民族运动——简而言之，无论是哪个地方的被压迫者发起民族运动，都威胁到了殖民国家的利益。我知道这种描述是多么错误和虚伪。我们假装是无辜的受害者……诚然阿拉伯人在八月份袭击了我们。他们因为没有军队，所以不遵守战争规则，还做出了殖民地起义所特有的野蛮行为。但是我们有责任研究这场起义的深层原因。我们已经在巴勒斯坦待了十二年……却没有一次严肃认真地通过谈判来获得原住居民的赞同，而是一直依靠着英国的军事力量。我们为自己设定了目标，但这些目标本身势必导致与阿拉伯人的冲突……我们应该认识到这些……将会……成为一场反抗我们的民族起义的正当理由……而我们假装阿拉伯人不存在。94

希伯来大学第一任校长、美国的犹太教改革派[1]拉比、和平主义

[1] 犹太教改革派（Reform Judaism），也称为犹太教自由派或进步派，强调信仰的进化性，重视个人道德而非仪式。——译者注

者朱达·马格内斯（Judah Magnes）在一次颇具争议的讲话中提出了类似的结论，却遭到了学生的嘲笑。“如果我们找不到和平与相互理解的途径，如果建立犹太民族家园的唯一方式是依靠某个帝国的刺刀，那么我们的整个事业就失去了价值；作为已经见证过无数帝国起落的永恒民族，我们应该保持耐心，谋划并等待。”[95] 尽管如此，持这些观点的都是犹太人中的少数派，在流血事件之后，他们几乎没有能力影响那种越来越强硬的情绪。1931 年，阿瑟·鲁平离开了“和平之约”，两年后该组织因为许多成员离弃和长期缺乏资金而不复存在。

本–古里安当时已成为劳工运动中的风云人物，他坦率地谈到犹太人和阿拉伯人的愿望多年来不可调和，并于 1929 年 11 月得出结论：现在阿拉伯民族运动的存在是毋庸置疑的。他告诉同僚：“以色列地的阿拉伯人不应该也不可能成为犹太复国主义者。他们不希望犹太人成为多数。这是我们和阿拉伯人之间冲突的真正根源。我们和他们都希望成为多数。”[96] 这些评论都是私下里发表的。而在公开场合，他总是坚持官方的说法：骚乱是“一群被宗教和狂热之火煽动并激怒的人造成的”。[97] 他已在 10 月强调过需要专注于大规模移民和增强伊舒夫的安全性，并草拟了一项名为“防御工事”（Bitzaron）的计划。现有定居点之间的距离将缩小——他称之为“连点成线”——在未来，定居点还将按计划形成地域连续性。耶路撒冷并非燃眉之急，却也得到了特别关注。

事实上，1929 年暴力事件的另一个重要影响是增加了该地两个族群之间实际上的分离。犹太人离开了希伯伦，虽然在 1931 年 30 多个塞法迪犹太家族又返回该地。加沙和巴勒斯坦其他阿拉伯人占绝大多数的地区的少数犹太人也离开了。在短暂的阿拉伯抵制运动的压力下，犹太商人离开了耶路撒冷老城以及海法和雅法的阿拉伯区，搬到了以犹太居民为主的区域或是特拉维夫。阿卡的萨洛尼卡（Salonika）犹太渔民小社团已经退居海法。阿拉伯人也离开了犹太人主导的地区。“阿拉伯司机害怕进入犹太区，犹太司机害怕进入阿拉伯区，”耶路撒冷一名英国官员的妻子记录道，“而当一个人坐上一辆使用希伯来车牌号的车并以为自己的司机是犹太人时，他会发现司机其实是一个入乡随俗、用着希伯来车牌号的阿拉伯人。所有司机都有两顶帽子，根据要去的地区戴上毡帽或便帽。”[98] 分界变得更加明确了。一份英国人的报告指出：“两个民族之间的任何分裂现在都毫不掩饰地公开了。”[99] 经济隔离也成了大势所趋。这场骚乱促进了希伯来劳工运动的发展，特别是在农村。从未实现的建立阿拉伯–犹太劳工联合组织的旧点子遭受了近乎致命的打击。在耶路撒冷郊外的莫特扎的葡萄园里，希斯塔德鲁特曾徒劳无功地为只雇用希伯来劳动力而奋斗，而现在，大多数阿拉伯工人都被解雇了。[100] 战线越来越清晰。

第四章

1929—1936

在现有条件下，不经过一段过渡时期，让犹太少数民族在这段时期内进行有组织的革命统治，犹太复国主义的目标就不可能实现。

——哈伊姆·阿洛索洛夫（Chaim Arlosoroff）

“强加给巴勒斯坦的苦难”

1932年11月2日，阿拉伯人进行了已然成为一项传统的《贝尔福宣言》纪念日抗议。《巴勒斯坦报》在头版头条展示了一幅精心创作的漫画，画中贝尔福拿着一张这个地区的简略地图，正在发表他那“受诅咒的”宣言。从这个名为“强加给巴勒斯坦的苦难”的场景出发，数条放射线将不同场景联系在一起。这些场景描绘了英国军队保护下的犹太复国主义者的收获，表现为一个叼着烟斗、穿着马靴的趾高气扬的军官，以及坦克、大炮、海法湾附近的一艘军舰。[1] 在画面的另一个地方，犹太移民朝着特拉维夫雄赳赳气昂昂地迈进，路过一个神情忧郁的巴勒斯坦农民及其家人，他们被赶出自己的土地，骑着骆驼艰难地奔向沙漠。场景中还点缀着现代犹太工厂、机械化农业、繁忙的公共工程、犹太人的电力和钾肥企业，体现着伊舒夫的所有重要经济成就。画面的角落或者说边缘站着一群穿着欧洲西服、戴着塔布什[1]的阿拉伯人，激烈争论着他们目睹的转变（尽管可能没什么用）。贝尔福还出现在报纸背面的另一张图中。

《巴勒斯坦报》的漫画准确地捕捉到了《贝尔福宣言》发表15年后，巴勒斯坦阿拉伯人在一个充满变革和动荡的十年的初期那黯然的情绪。在那个周三的晚些时候，2 000人挤进了纳布卢斯唯一的电影院，在里面挂满阿拉伯旗帜、谢里夫侯赛因和费萨尔国王的肖像，以参与当天的抗议集会。[2]其他活动在耶路撒冷和海法举行。1929年暴力事件和灾难性的"黑色信件"出现后，政治活动越发猛烈。这些事情几乎没有阻碍犹太复国主义者在英国委任统治下的进展，虽然犹太人到1931年（已有17.5万人）仍然只占该地总人口的不到17%。[3]那年12月，大穆夫提哈吉·阿明·侯赛尼在耶路撒冷召开伊斯兰会议，警告穆斯林提防犹太人对圣地的威胁。阿拉伯人的报纸反复强调从1933年开始加速的土地售卖过后农民的悲惨命运，以作为警示，还点名批评了那些投机倒把、出售这种宝贵的民族资产的人。[4]

阿拉伯人将海法和特拉维夫之间平原上的瓦迪哈瓦里斯（Wadi al-Hawarith）的大片土地出售给犹太民族基金会一事引发了长期的法律纠纷，凸显了日益敏感的土地问题，特别是在肖的委员会发布调查报告以后。这份报告注意到一批阿拉伯人饱受蹂躏、失去土地，并将之作为1929年骚乱的祸源。1930年，贝都因佃户，既有男人也有女人，袭

[1] 塔布什（Tarbushes），阿拉伯男人常戴的毡帽。——译者注

击了正在拆除他们的帐篷的英国警察和开始耕种的犹太移民。这件公案后来以“瓦迪哈瓦里斯事件”为人所知，结束于1933年，1 200名贝都因人被驱逐（尽管有些人被重新安置在其他地方），该地还按当时以希伯来语重新命名的惯例被改称为埃梅克希弗（Emek Hefer，“希弗”曾在《圣经·列王纪上》中被提及）。这桩委任统治时期的第三大交易，成了犹太复国主义为“赎回土地”所做努力的一个重要里程碑。[5]阿拉伯人尽管与最近成立的阿拉伯银行（Arab Bank）建立了伙伴关系，也仿效犹太人成立了民族基金（Sunduq al-Umma），他们挽救土地的尝试还是失败了。这也是他们的努力总是无法与犹太复国主义者的财政资源和组织能力相匹敌的又一个例子。传统的阿拉伯领导人再次暴露出软弱低效的缺点。一同暴露的还有民族主义政客收受贿赂并秘密参与土地出售的破坏性消息，虽然没有确凿的证据。[6]1934年，《阿拉伯字母报》（*Alif Baa*）极其反常地报道说向犹太人出售土地的阿拉伯地区经济状况更好，但其编辑从犹太事务局收到大笔款项的消息随即走漏。[7]

对阿拉伯人的缺点的失望和对犹太复国主义者的力量和信心的警觉，导致了独立党（Istiqlal）的成立。这一泛阿拉伯组织是1932年由奥尼·阿卜杜勒-哈迪创立的，体现了巴勒斯坦人的政治生活从贵族和商人家庭转移到年青一代民族主义活动家的趋势。这些民族主义活动家通常是受过欧洲教育的记者和教师，仰慕圣雄甘地（Mahatma Gandhi）正在印度进行的抗英壮举。来自纳布卢斯的阿克拉姆·扎伊特（Akram Zuwayter）和伊扎特·达尔瓦扎（Izzat Darwaza）是这批人中的两名领军人物。犹太人占了近一半人口的海法成了该党的大本营。[8]独立党将英国的委任统治比作一棵大树：如果它倒下，犹太复国主义的“枝条”也会一同跌落。[9]英国的一份报告如此评说独立党：“它通过毫不妥协地追求民族自由，有计划地吸引年青一代的阿拉伯人。”[10]争取经济自主权是其纲领的重要组成部分。伊拉克在1930年与英国达成条约后所享有的独立地位对他们是一种鼓舞。[11]该党在海法的第一次集会上纪念了萨拉丁·阿尤布（Salah al-Din al-Ayyubi，也就是西方众所周知的萨拉丁）击败十字军的哈丁战役（Battle of Hattin）。[12]

扎伊特已经辞去了他在阿卡公立学校的教师职位。市长和其他阿拉伯官员也面临不得不辞职的压力。激进主义，或至少是动员行为，在新的阿拉伯青年民族代表大会（National Congress of Arab Youth）以及田径和足球俱乐部中十分明显，在独立的阿拉伯侦察兵行动中也随处可见，这一行动的成员在地中海沿岸巡逻，力图阻止非法犹太移民登陆，并且强调委任政府没有严格执行其制定的政策。然而，合法移民每年都在增加，从1931年到1936年，巴勒斯坦的犹太人数量翻了一倍多，从17.5万增加到38万，占总人口的近三分之一。侦察兵——他们的部队往往以早期穆斯林英雄的名字命名，如哈立德·伊本·瓦利德（Khalid bin al-Walid）——或是领导民族主义游行，或是强迫商店店主在罢工日停业。[13]当希斯塔德鲁特的成员在柑橘园和建筑工地设置纠察队，并威逼顽固的犹太雇主停止雇用（在繁荣的20世纪20年代末到30年代中期数量增加的）阿拉伯工人时，他们就组织抗议活动。

1933年2月，巴勒斯坦北部的一场活动者的秘密集会得到严肃的警告，这个警告来自独立党领导人、海法阿拉伯银行的经理拉希德·哈吉·易卜拉欣（Rashid al-Hajj Ibrahim）。“犹太人正在全线推进”，哈加纳的情报人员发现这次集会的报告中写着这样的话语：

他们不断购买土地，带来合法的和非法的移民……如果我们不能向他们强有力地证明他们的努力都是徒劳的，而且我们能够一举摧毁他们，那么我们将不得不失去圣地，或是在一个犹太国家屈居不幸的二等公民。

在被问及如何让犹太人明白这一点时，易卜拉欣回答说："就像我们在 1929 年做的那样，但要用更有效的方法。"[14] 英国人也意识到有些事正在发酵。6 月，英国刑事调查局（Criminal Investigation Department，缩写为 CID）的报告谈到"在民族文化的掩护下，对年青一代进行的政治煽动训练"。[15] 日趋浓烈的紧张气氛促使阿拉伯行政委员会决定在压力下采取行动，宣布总罢工以抗议英国的政策。哈加纳和犹太事务局唯恐重蹈 1929 年的覆辙，进入高度戒备状态，并通过窃听主要领导人的电话，小心谨慎地关注阿拉伯人的计划。[16] 1933 年 10 月 13 日，一场大规模的阿拉伯人示威游行——无视官方禁令——在耶路撒冷的政府办公楼外举行，随后被暴力驱散，虽然没有伤亡。两周后，雅法的示威者表明拒绝散去后，警察开了枪；26 名阿拉伯人死亡，近 200 人受伤，其中包括被警察殴打并在数月后死亡的年事已高的穆萨·卡兹姆·侯赛尼。纳布卢斯、海法和加沙也发生了抗议活动。本-古里安等人对阿拉伯反对派的力量和凝聚力印象深刻，尽管他们竟然针对的是英国人而非犹太人。本-古里安告诉"马帕伊"（Mapai，以色列工人党）的同僚，近期的骚乱是一个"严肃得令人担忧的转折点"。这些受害者是守规矩的示威者，而不是暴徒或凶手。他说他们会成为"民族英雄"，日后会受阿拉伯人景仰，尤其是受阿拉伯年轻人崇敬。[17]

犹太复国主义不可能完成的使命

面对阿拉伯人的仇恨，犹太复国主义者对前景的悲观情绪一直在增长。1932 年，拥有学者气质的年轻工党领袖哈伊姆·阿洛索洛夫以煽动人心的方式表达了这种情绪。阿洛索洛夫时任犹太事务局政治处的负责人，他在给魏茨曼的私人信件中总结道：

> 在现有条件下，不经过一段过渡时期，让犹太少数民族在这段时期内进行有组织的革命统治，犹太复国主义的目标就不可能实现；如果没有一个民族主义的少数民族政府执政一段时期，并在此期间夺取国家机器、行政力量和军事力量，使我们不会因人数上的劣势或起义（如果没有国家机器，我们就无法应对起义）而深陷危机，犹太人就不可能成为多数民族，甚至不可能通过系统的移民和殖民让两个民族达到人数上的平衡（或建立一个足以成为文化中心的定居点）。

阿洛索洛夫的信件被称为“有先见之明”，因为它坦承犹太复国主义的目标不能通过与阿拉伯人达成协议来实现。它也可以被看作对那时已然十分明确的状况不可多得的阐述。而魏茨曼，不管是出于什么原因，并没有回复他。[18]（阿洛索洛夫于 1933 年 6 月在特拉维夫的海滩遇害，他的死亡一般被归咎于痛恨劳工运动的右翼修正主义者，但凶手也可能是没有政治动机的阿拉伯罪犯。）[19]

阿洛索洛夫的忧虑在一定程度上是由于必须反对 1930 年帕斯菲尔德白皮书重新提起的一份英国议案。该议案提出建立一个立法委员会，让犹太人和阿拉伯人根据他们各自在巴勒斯坦的人口比例参与其中。

犹太复国主义者的处境与十年前一样：占多数的阿拉伯人将不可避免地主导委员会，而且显然会反对犹太民族家园进一步发展。但犹太复国主义者并没有抵制这个主意或是默认自己的少数地位，而是寻求一种能够承认全世界犹太人在经济上的重要作用的“等价”方案。本-古里安将此与另一个提议联系在一起：犹太人一旦成为巴勒斯坦的多数派，就会协助建立一个阿拉伯联邦。这又退回到魏茨曼大力吹捧的1919年与埃米尔费萨尔达成的协议背后的那些理念了——一笔将巴勒斯坦置于泛阿拉伯大背景下的政治上的“大买卖”。1934年7月，本-古里安和摩西·谢尔托克（Moshe Shertok，唯一一位会阿拉伯语的犹太复国主义高级官员）会见了独立党的领导者奥尼·阿卜杜勒-哈迪，明确表示“这片土地就是我们的一切，除此之外我们别无所求。而对于阿拉伯人，巴勒斯坦不过是幅员辽阔、数不胜数的阿拉伯国家中的一小部分”。他将他们的情况比作生活在苏格兰的英格兰人，认为“他们不是少数民族，因为苏格兰是英国的一部分，而英格兰人在英国是多数”。[20] 几周后，在与耶路撒冷名门成员、政府律师穆萨·阿拉米的一系列会谈中，本-古里安一开始就再度抛出了这个问题。用他自传中的话来说，阿拉米“看待犹太复国主义者就像肯尼亚的农民看待大象：危险的生物总是有可能摧毁他的财产并很有可能置他于死地，他希望政府能够控制住它们，但他认为这不是个人仇恨”，因此他能与犹太领导人保持联系。[21] 但当本-古里安提出犹太复国主义者能帮助阿拉伯人建设这个地区时，阿拉米却斩钉截铁地回答他，“只要阿拉伯人能自己完成这件事，他宁愿等待一百年，任这片土地处于落后状态”。[22]

期望值低，信任度更低。1934年早些时候，犹太事务局政治处的高级官员利奥·科恩（Leo Kohn）遇到了当时正在写《阿拉伯觉醒》的乔治·安东尼厄斯。科恩在报告中对这位急于显示自己是一位“有教养的

20世纪人”的“典型的黎凡特人”不屑一顾。[23] 在搜集情报和秘密合作的阴暗领域之外，巴勒斯坦的阿拉伯官员和犹太官员之间极少碰面，领导人之间的接触就更少了。本-古里安和穆夫提可能一起参加过高级专员阿瑟·沃科普（Arthur Wauchope）的招待会，这就是他们仅有的一点互动。[24]

以牙还牙

除了1933年10月的示威游行外，有些不太明显的活动也显示了类似的迹象：阿拉伯人决心抵制英国人和犹太复国主义者。他们成立了几个秘密军事组织，包括穆萨·卡兹姆的儿子、穆夫提的侄子阿卜杜勒-卡迪尔·侯赛尼（Abdul-Qader al-Husseini）领导的圣战军（Jihad al-Muqaddas）组织，到1934年该组织已筹集到了资金并获得了一些枪支。同期出现的较小的组织也以类似的秘密途径购买和走私武器并接受军事训练。[25] 民族主义的抵抗与普通犯罪之间的界限模糊不清。比如著名的珂布·吉达（Abu Jilda），他是纳布卢斯附近一个家喻户晓的独眼劫匪，被称为罗宾汉或是“沙漠里的迪林杰[1]”,1934年因杀死一名警察而被处死。但最广为人知的，还是叙利亚出生的极具号召力的布道家谢赫伊兹丁·卡萨姆（Sheikh Izzedin al-Qassam）领导的组织，这个组织有时被称为“黑手党”。卡萨姆的名字最早出现在1931年4月海法附近的亚古尔（Yagur）基布兹3名成员遇难的伏击事件中。当时，犹太复国主义者和英国人的深入调查都未能得出明确结论。[26] 之后又发生了另外几起事件，包括有人向拿哈拉的一座房子投掷手榴弹，那里是位于伊茨雷埃勒山谷中心的模范定居点。卡萨姆曾在叙利亚与

[1] 约翰·赫伯特·迪林杰（John Herbert Dillinger，1903—1934），美国著名黑帮成员，多次抢劫银行、杀死警察，两度越狱，但被当时许多人追捧为“罗宾汉”。——译者注

法国人作战并被缺席判处死刑，后来在海法担任沙里亚（Sharia，伊斯兰教法）法庭官员和婚姻登记员，并于1928年当选为该市青年穆斯林协会（Young Men's Muslim Association）主席。他在海法伊斯蒂赫拉尔清真寺和其他地方传教宣讲时，鼓励贝都因人抵制警察和犹太人的土地采购，并呼吁进行武装斗争。1935年11月，他和一群追随者前往杰宁的山区。来自阿拉伯人的消息表明，他意外发现了一批比利时来的隐藏在水泥桶中的武器（显然是供哈加纳使用的），证实了他们对犹太复国主义计划日益严重的担忧，所以他加快了行动的步伐。

卡萨姆和他的队伍在艾因哈罗德附近杀死了一名犹太警官，同时放走了两名阿拉伯警员。在随后的追捕行动中，他们被跟踪至雅比德（Yaabed）附近的一座森林，卡萨姆和两名同伙被英国人杀死，他们宁肯死去——"殉难"——也不投降。其他人逃进了纳布卢斯的山里或是在后来被逮捕。"卡萨姆团"（Qassamiyoun）刚刚成立：这个群体据估计大约有200人，都是不久前从农村抵达海法的农民或边缘化的城市工人，他们因港口的工作而精疲力竭，又因这个时期常见的失去土地、债务累累和社会失序而疲于奔命。一名农民抱怨说："我卖掉土地和家当是因为政府逼着我缴纳税款，导致我连自己和家人的基本需求都无法满足。所以我不得不以50%的利率向富人贷款。"[27] 1935年，仅在海法的"锡镇"，就有超过1.1万名阿拉伯工人生活在"由旧汽油罐制成的小房子里，没有任何供水，缺乏最基本的卫生条件"。[28] 卡萨姆的追随者还受保守的伊斯兰教萨拉菲派（Salafi）鼓舞，与英国人和犹太人做斗争，避免像传统的巴勒斯坦领导层那样妥协：卡萨姆曾经尝试却未能说服穆夫提支持起义。他的起义也是巴勒斯坦阿拉伯人第一次用有组织的武装斗争来推动他们的事业。成千上万的人参加了他在巴拉德谢赫（Balad al-Sheikh）的葬礼，人们对他的英雄主义和自我牺牲产生了狂热的崇拜；[29] 几十年后，他的名字仍在巴勒斯坦民族英雄之列。甚至本-古里安也给予了一个入木三分——可能以自己为参照——的赞美，将卡萨姆比作特拉哈伊的英雄约瑟夫·特伦佩尔多。本-古里安认为，“阿拉伯问题”这个说法是一个谬称，“在他看来，其真正意思是如何在无视阿拉伯人存在的现实的情况下实现犹太复国主义的目标”。[30]

20 世纪 30 年代上半段，伊舒夫为犹太人的成就而骄傲，警惕阿拉伯反对派的力量，同时抱有坚持到底的决心。然而 1933 年希特勒在德国上台，使犹太人面临严酷的生存环境。这对他们来说是近在眼前的威胁，对大多数巴勒斯坦人却是远在天边。来自德国的犹太移民自然更多了。在巴勒斯坦人眼里，对欧洲犹太人的迫害只是欧洲人的问题。“巴勒斯坦的子民不需要法西斯主义或纳粹主义就会强烈反对犹太复国主义及其在阿拉伯世界的计划。”1934 年《巴勒斯坦报》的一篇文章评论道。[31] 11 岁的希蒙·佩斯基（Shimon Persky，也就是后来的佩雷斯）认为犹太人治下的巴勒斯坦一切都是“公平、有为且进步的”。同年，他从波兰来到父母身边。“当然也是冒着风险的”，几十年后，已是老练政治家的佩雷斯回忆道：

> 我们也意识到了他们。从附近的雅法和从邻近雷霍沃特的扎尔努卡（Zarnuga）来的阿拉伯人，想破坏我们正在建造的这个美好家园。他们走来走去，戴着环绕脸部的头巾，目光咄咄逼人且充满了威胁。有些人还戴着红色毡帽，穿着宽大的灯笼裤，可以轻易藏住沙布里亚（shabriya），一种为恶毒的谋杀而生的弯刀。众所周知，我们与他们不可能相互妥协。即使尝试一下也没有意义。我们犹太人没有选择。我们必须保持警惕并在必要时进行自卫，直到阿拉伯人承认我们在这片土地上的权益。[32]

第五章

1936—1939

在一个小国的狭隘疆界内，两个民族之间发生了不可抑制的冲突。他们之间没有共同点。他们的抱负互不相容。

——《皮尔报告》，1937 年

起义

1936 年 4 月 15 日的晚上，三名全副武装的阿拉伯人将油桶滚到了努尔沙姆斯（Nur Shams）附近从纳布卢斯通往图勒凯尔姆（Tulkarem）的山道上。他们强制过往车辆停下来，索要钱财，以购买枪支弹药。在一辆载满鸡笼的卡车中，他们发现了两名犹太人，兹维·丹嫩伯格（Zvi Dannenberg）和伊兹雷尔·哈赞（Yisrael Hazan）。另一辆车里还坐着第三个犹太人。枪手们冷酷无情地向他们开了枪。刚从希腊来的移民哈赞当场死亡，另外两人受伤。丹嫩伯格不久后伤重而死。那些被英国人和犹太人描述为拦路强盗和劫匪的不知名凶手是卡萨姆的追随者。第二天，犹太复国主义异见团体的两名成员在佩塔提克瓦附近的路边小屋里杀害了两名阿拉伯工人，哈桑·阿卜（Hassan Abu）和萨利姆·马斯里（Salim al-Masri）。“他们如果幻想流血事件到这就结束了，”哈加纳的官方记录里这样评论道，“他们很快就会失望。”这是袭击—报复—反报复模式的开始，点燃了遍布整个地区的战火。三年后，巴勒斯坦的冲突已然无可挽回。[1]

4月17日，哈赞在特拉维夫的葬礼引发了犹太人对路过的阿拉伯人的攻击。到19日傍晚时分，骚乱已蔓延到雅法，9名犹太人被炸死，60名犹太人受伤。警方和军方强制实施了宵禁。在当地的民族委员会、俱乐部和工会的领导下，罢工遍及阿拉伯地区。在大众施加的压力面前，侯赛尼家族和纳沙什比家族搁置矛盾，共同建立了一个在大穆夫提哈吉·阿明·侯赛尼领导下的新机构，阿拉伯高级委员会（Arab Higher Committee, AHC），呼吁全面罢工、温和抵抗和拒绝纳税。巴勒斯坦人至今仍称之为“大起义”（al-thawra al-kubra）的运动展开了。犹太复国主义者则认为这是一次暴动，或仅仅是“事件”（希伯来语中的“meoraot”），对阿拉伯人的术语塑造的英雄气概不屑一顾。[2] 然而，语义的差异掩饰了双方的共同认知：正在发生的事情是阿拉伯人与犹太人斗争的重要新篇章。

巴勒斯坦已经到了周期性爆发事件的时期。自1935年11月卡萨姆被杀以来，安全问题一直是英国和犹太复国主义者的当务之急，有关立法委员会的讨论却变得无声无息。阿拉伯人越来越不满，并且感受到了威胁。这一年涌入了自委任统治以来人数最多的一拨犹太移民：6.5万人，其中大多数是为了逃离纳粹的迫害。此外，经济下滑严重影响了极其重要的柑橘产业。[3] 在全球范围内，意大利对阿比西尼亚[1]的入侵获得了阿拉伯民族主义者的支持，因为这打击了英国的威望。巴

[1] 阿比西尼亚（Abyssinia），埃塞俄比亚的旧称。——译者注

勒斯坦人再次要求停止犹太人的移民和购地，并要求建立一个民族政府，即阿拉伯政府。英国以宣布一次性增加移民的配额作为回应。

阿拉伯人的袭击包括烧毁庄稼、切断电线、偷放冷枪和在主干道上向犹太人的汽车投掷手榴弹。武装部队也开始组建。“我们让犹太人感到畏惧，”来自萨法德的少年兵奥马尔·谢哈迪（Omar Shehadi）吹嘘道，“他们不能种地，晚上也不能开灯或者走夜路。”[4] 爆炸事件在雅法和海法都有发生，加沙附近通往埃及的铁路也遭到蓄意破坏。这是一次挑战，但并不构成巨大的军事威胁。在英国士兵早期的描述中，起义者拿着“用生锈的钉子做弹药的老式滑膛枪”，或投掷“自制的手榴弹，就是装满石头的啤酒罐……里面有些爆炸物，还有一丝导火线，它造成不了什么伤害，只是弄出点噪声而已”。[5] 然而更糟糕的事情即将发生。6 月，高级专员阿瑟·沃科普爵士形容其为“革命初期状态”。另一名英国官员指出：“白天没有任何事情发生，这使得夜晚和枪击看起来像不真实的噩梦。”[6] 阿拉伯人的好战或说团结似乎正在让他们受益。《巴勒斯坦报》刊登了一幅漫画追忆卡萨姆，上面画着忧心忡忡的哈伊姆·魏茨曼看着穆夫提和纳吉布·纳沙什比在已故领袖的注视下克服分歧，握手言和。[7] 本-古里安坦承，犹太复国主义带来的“经济福祉”对阿拉伯领导人没有任何影响。“即使他们承认——虽然并不是所有人都承认——我们的移民给这片土地带来了物质上的福祉，他们也会说——在阿拉伯人的观念中就是如此：不被蜂蜇，哪来蜂蜜。”[8] 1936 年 8 月，参加过反法民族运动的黎巴嫩老兵、著名的阿拉伯游击队领导人法兹·考克吉（Fawzi al-Qawuqji）率领着一支由 500 名叙利亚人、伊拉克人和巴勒斯坦人组成的精兵来到这个地区，并试图将起义者整合为一支善于配合的军队。这是一个“充满希望的时刻”，赋予了这次反抗一种可敬的感觉。[9] 在 1920 年骚乱之后，沃科普一直像罗纳德·斯托尔斯一样郁郁寡欢。“我今天起得很早，”他写信向一位同僚倾诉，“当我看到耶路撒冷的城墙在无云的天空下变成金色时，想到你和我对每一个令人悲伤的日子的看法，就想为之流泪。”[10]

定义动乱

本-古里安至少意识到了这种不断升级的暴力并非吉兆。他私下里对认为这些“事件”尚未构成起义的同僚表示了异议，因为对他来说这已经是显而易见的了。他评论道：

> 也许在某些书中有对起义的科学定义，但是当叛乱分子本身不按照科学规律行事，而是根据自己的理解、自己的想法和能力进行起义时，我们能做些什么呢？阿拉伯人正在用罢工，用恐怖行为、蓄意破坏和谋财害命……反对政府——包括犹太人移民，这都取决于他们对政府的看法。他们还需要做什么来证明自己的行为是反抗和起义呢？[11]

他的公开言论则与之大相径庭。本-古里安、魏茨曼和当时的犹太事务局政治处负责人摩西·谢尔托克一同催促英国官员果断地镇压这场他们认为仅仅是“暴乱”的事件。这是一种耳熟的论调：阿拉伯人的不满并非根深蒂固，阿拉伯农民是在满腹怨言之人的“恐吓”下制造麻烦的。犹太领导人过分强调罢工的三心二意和他们称之为“帮派”的团体有多么鱼龙混杂。英国有个著名的犹太复国主义者在征求本-古里安的意见后写了一本书，书中称阿拉伯运动的“领导者既不是无依无靠的巴勒斯坦阿拉伯农民，也不是倍感失望的巴勒斯坦贵族，而是 Fawzi Kawakji（即法兹·考克吉，原文如此），一个叙利亚-土耳其混血的叙利亚籍前土耳其官员。他集合了身边的德鲁兹派信徒、叙利亚人、伊拉克人和土匪强盗……涌向任何让他们觉得兴奋甚至有战利品的地方”。[12]

但事实比宣传更具决定性。许多犹太人意识到，阿拉伯人的罢工为他们实现经济独立——摆脱雅法附近内舍尔（Nesher）采石场的阿拉伯劳工并换掉港口的阿拉伯装卸工——提供了一个千载难逢的机会。谢尔托克注意到奇科隆雅科夫和附近的亚特利特（Atlit）的老定居点——那里曾顽固地反对希斯塔德鲁特的希伯来劳工运动——正在发生令人满意的反应：犹太工人取代了罢工的阿拉伯人。“一位农场主计算出，雇用犹太人采摘葡萄的成本比雇用阿拉伯人每吨仅多 3 米尔[1]，同时有利于他的身体健康，因为他不用再长时间站在烈日下对着阿拉伯女人们喊“Yallah！”（接着干！）了。”[13] 阿拉伯政府雇员也被犹太人取代。但犹太人最令人瞩目的收益是，为了回应雅法的罢工，特拉维夫开放了一个港口。在雅法俯瞰港口的小巷中发生的袭警事件遭到了报复，犹太人摧毁了 200 多座房屋，表面上是为了改善卫生和防疫状况，实际上是为了给英国军队开路。多达 6 000 名阿拉伯人因此无家可归。[14] 欣喜若狂的本-古里安口中的“这个腐臭的小镇”，不再是犹太移民抵达故乡的海岸时第一眼看到的地方了。他写道：“如果雅法要下地狱，我决不会让自己成为哀悼者中的一分子。”[15] 有人说，穆夫提的所作所为实现了犹太复国主义原则所不能实现的目的。

批评者们指责巴勒斯坦政府过于小心谨慎，使军队和警察很难镇

[1] 米尔（Mil），巴勒斯坦货币单位，数额较小。——译者注

压动乱。“有一次，村子附近有一群阿拉伯妇女坐在一块地毯上，似乎是在农活的间歇休息”，有人记录道：

> 有人出了个好主意，想看看毯子下面是什么。这些女士一开始并不明白发生了什么，发现虚张声势没有用之后，她们开始大声哀号抗议。地毯下的泥土刚被翻动过不久。重新挖开后，人们发现下面是一条狭窄的壕沟和一个储藏着少量武器弹药的小军火库。[16]

5 月中旬，在罢工和骚乱开始一个月后，英国终于用熟悉的方式回应了巴勒斯坦的难题：成立一个“大英帝国有史以来最高形式的皇家调查委员会，由卓越的权威人士组成，他们的建议必将起到巨大作用”。[17]

无法控制的纷争，水火不容的愿望

英国通过外交努力，使伊拉克、沙特阿拉伯、外约旦和也门的统治者共同发起呼吁，罢工因而于 1936 年 10 月结束，这是泛阿拉伯世界参与巴勒斯坦问题的早期例子。来自阿拉伯柑橘种植者和船主的经济压力——西班牙的内战消灭了该地的竞争对手，水果价格飙升——让阿拉伯高级委员会开始考虑找个体面的台阶下。[18] 而前印度事务大臣皮尔勋爵（Lord Peel）率领的调查委员会也在 11 月中旬到来了。皮尔和他的五位同事坐在耶路撒冷皇宫酒店的豪华餐厅里，听取了包括穆夫提和魏茨曼在内的 100 多名目击者的证词。犹太复国主义者窃听了调查专员的私人会议，进行了协调一致的战略部署。魏茨曼滔滔不绝地描述了犹太历史的大致轮廓、反犹主义的危害、东欧犹太人的苦难，以及他自己是怎样努力与阿拉伯人达成共识的：1919年与埃米尔费萨尔达成的协议得到了着重强调（该协议出于宣传目的已在当年6月公开出版）。[19] 在委员会启程前往巴勒斯坦的当天，当局宣布了新的劳工移民配额。虽然移民配额是有限的，阿拉伯方面还是宣布抵制听证会。但最终，委员会还是听到了穆夫提的证词，他将“犹太人的终极目的”描述为在谢里夫圣所重建所罗门圣殿。他坚持犹太移民必须被完全禁止；至于新来的人是否允许留在独立的阿拉伯人的巴勒斯坦，只能留待日后解决。1937年7月发布的《皮尔报告》至今仍是对1917年以后巴勒斯坦乱局的透彻研究，有效地揭示了阿拉伯人与犹太人的关系自那时起是如何变化的：

> 阿拉伯人对犹太民族家园的抗拒从未被有思想的犹太复国主义者忽视过，然而他们过去仅把它看作一个无论多么严重都能找到某种办法克服的障碍。我们相信，他们现在已经意识到（尽管他们并不总是这么说），这个障碍已经成为或说可能成为危机。在巴勒斯坦，没有人意识不到阿拉伯人现在对“民族家园”的仇恨比起五年十年前更加强烈也更普遍了。[20]

它的结论鞭辟入里：

> 在一个小国的狭隘疆界内，两个民族之间发生了不可抑制的冲突。他们之间没有共同点。他们的抱负互不相容。阿拉伯人渴望重现阿拉伯黄金时代的辉煌，犹太人渴望展示他们重归犹太民族诞生之地后所能实现的成就。双方的民族理想都不允许他们为

一个共同的国家服务。

委任统治的条款无法实行，除非压制阿拉伯人。阿拉伯人和犹太人都要求独立。建立一个阿拉伯国家会侵犯犹太少数民族的权利，但在整个巴勒斯坦建立一个犹太国家会侵犯阿拉伯人的权利，招致更大范围内的阿拉伯世界和穆斯林群体的反对。唯一可行的解决办法是建立两个主权国家。委员会认为："分治似乎可以提供一个最终实现和平的机会，我们认为其他任何方案都办不到这一点。"拟议的犹太国家将覆盖巴勒斯坦 25% 的疆域，从特拉维夫沿海向北，包括了人口绝大部分是阿拉伯人的加利利。阿拉伯国家则拥有山地、内盖夫（Negev）沙漠和雅法，并与外约旦相连。英国将继续掌握耶路撒冷、伯利恒以及通往地中海的走廊。

皮尔的提案在伊舒夫和犹太复国主义运动之中引发了激烈争论，主要是因为它没有让犹太国家覆盖具有重大历史意义的地区：既没有耶路撒冷也没有希伯伦，还不包括犹太省[1]的任何一部分。反对者们因以色列地的每寸土地都要被迫拱手让人而哀叹。雅博京斯基称这个计划荒诞无稽，坚信犹太人不会落入陷阱。然而魏茨曼已经向委员会显示了自己的灵活变通：

> 当前的现实与救世主的希望相去甚远……那是一个根植于民族传统中的希望，让数千年来的殉道者为之献身，那是一个民族至死方休的憧憬……上帝将以色列地许诺给犹太人，这就是对他们的特许。但他们都有自己的时代局限性，能做的有限，为子孙

[1] 犹太省（Judaea，或称朱迪亚），指罗马帝国时期的犹太行省，包括今日的以色列、巴勒斯坦和约旦的一部分。——译者注

后代背负着沉重的责任。[21]

他和本-古里安原则上已经接受了划界而治，但他们要争取得到更多的领土。本-古里安称这“不是结束”，而是赎回“整个国家的开始”。[22]

阿拉伯高级委员会拒绝了任何有关分治的想法，但也不同意让纳吉布·纳沙什比最近成立的民族自卫党（National Defence Party）的代表们退席。纳沙什比的支持者随后遭到攻击，有些甚至被穆夫提的支持者杀害。周五在清真寺的祷告被用来宣讲分治的罪恶。阿拉伯高级委员会重申其主张，要求停止犹太人的移民和购地交易，将委任统治条款改为英国和一个主权独立的巴勒斯坦阿拉伯国家之间的协约。1937年9月，在叙利亚卜卢丹（Bludan）举行的一次会议上，泛阿拉伯世界表示支持巴勒斯坦的立场。然而，皮尔勾勒的方案——即使只是纸面上的而非现实中的——依旧是解决冲突最有可能实现的途径。

在幕后，双方试图通过非官方渠道建立联系（以及寻找共同点）：希伯来大学的朱达·马格内斯是“和平之约”的创始人之一，他在1936年夏天参与提出了一项倡议，但犹太事务局对此顾虑重重，阿拉伯方面的对话者也身份未定。1937年的另一项提案——建立一个犹太人口上限为50%的独立的巴勒斯坦国——也没成功。它的底线是每个公民都享有“平等而完整的政治权利和公民权利”，这个说法遭到犹太事务局的鄙薄。“这听起来极度自由，但在现实的政治生活中意味着什么呢？”一位官方人士问道，“每个贝都因人和文盲都要在投票点同欧洲最优越的犹太人一起统计票数。该协议粗暴的多数理念非常巧妙地藏身于这种笼统的自由派用语之下。”[23] 有人怀疑，这项提案是通过错误地暗示阿拉伯人与犹太人尚存达成协议的可能，来破坏皮尔的分治方案的实施。马格内斯、前高级专员赫伯特·塞缪尔爵士（现在是赫伯特勋爵）和其他“未经授权的”和平倡议的犹太作者，都受到了犹太复国主义领导层的谴责，并被所有希伯来媒体批判为叛徒和支持同化者。

镇压与约束

1937年夏天回归了暴风雨前的宁静，而到了9月下旬，一名阿拉伯枪手在拿撒勒圣公会教堂外杀害了英国地区专员刘易斯·安德鲁斯（Lewis Andrews）和他的警察保镖，动荡卷土重来。就像1936年4月引发第一拨暴力事件的事故一样，它被归咎于卡萨姆的支持者。安德鲁斯是迄今为止英国牺牲的最高级别的官员。这一次，政府做出了更严厉的回应。阿拉伯高级委员会和所有民族委员会均被取缔，数十人被捕。哈吉·阿明·侯赛尼被解除了穆斯林最高理事会主席一职。他先是藏身于谢里夫圣所，英国人包围那里后他装扮成贝都因人逃了出去，流亡黎巴嫩并受到法国当局的监视。其他阿拉伯领导人，包括耶路撒冷市长侯赛因·哈立迪，都被赶上一艘皇家海军驱逐舰，流放至塞舌尔。[24]

10月，巴勒斯坦全境爆发骚乱，规模远大于1936年的那次。现在，阿拉伯人攻击公共汽车、火车、从该地北部延伸到海法的伊拉克石油管道以及军队驻地。武装团伙组成了更大的地区性部队，争相取得伊扎特·达尔瓦扎领导的圣战中央委员会（Central Committee for Jihad）的支持。该委员会由阿拉伯高级委员会在大马士革成立，为巴勒斯坦反抗军筹款并供应物资和武器。法国当局在此前一年授予了叙利亚更多的自治权，英国请其介入时，被法国拒绝。[25]

镇压成为常态，英国警方和部队犯下了许多暴行。“军事法庭进展顺利”，一名警察于 1937 年 12 月记录道：

> 但不出我们所料，我们太宽容了，要用太多的证据才能定罪，所以现在任何在可疑情况下被我们抓住的阿拉伯男人都要立即击毙。海法现在平均每天发生一次爆炸，但没有遭受多大损失。昨晚有一枚炸弹被丢进了一辆犹太人的公交车，罪犯已被抓获。我们带着他到他家里，却没有发现任何证据，于是任由他在花园里畏罪潜逃。幸运的是我不必参加这次审讯。

这名警察还称“撞死一个阿拉伯人跟在英格兰撞死一条狗没什么两样，区别仅在于撞死狗我们不用汇报”。[26] 11 月，英国人绞死了卡萨姆团的残余势力领导者、年老的谢赫法汉·萨阿迪（Sheikh Farhan al-Saadi）。在斋月[1]守斋期间执行绞刑，令阿拉伯人在倍感伤痛的同时义愤填膺——此事被阿卜杜勒·卡里姆·卡尔米（Abdel Karim al-Karmi）写成了诗歌，诗中诅咒无视烈士鲜血的“阿拉伯国王们”，这起事件因而被人们铭记。[27] 在印度工作多年的殖民治安专家查尔斯·特加特（Charles Tegart）爵士受命调查巴勒斯坦的安全问题。他建议在各地——沿着边境线和其他地方——建造一连串钢筋水泥碉堡，引进来自南非的杜宾犬用于搜查，以及在耶路撒冷开设阿拉伯审讯中心。他提出的这些建议很快被采纳。水刑和其他酷刑比比皆是。[28] 尽管如此，在 1938 年夏季，暴力事件仍然屡禁不止，甚至愈演愈烈。反抗军很快就控制了山区，运作自己的临时法院，还在纳布卢斯的中心街道上公

[1] 斋月（Ramadan），伊斯兰教历九月，穆斯林认为是尊贵的月份，从每天的日出到日落期间都须守斋。——译者注

开征税和巡逻。警察局也遭到袭击。

8月下旬，动乱达到高峰，英国军事指挥官罗伯特·海宁（Robert Haining）将军报告称："现在的形势是，这个地区的民政管理和控制实际上都已失效。"[29]反抗军人数据估计约为9 000至10 000，其中约有3 000名全职战士。英国军队则有2个师共2.5万名官兵。英国通过集体罚款和炸毁据称庇护游击队的房屋来惩罚支持反抗军的阿拉伯村庄，如果不支付罚款就没收他们的牲畜。柑橘园和葡萄园的果树被连根拔起。阿拉伯人被当作人体盾牌，坐在检查车上，在铁轨上为火车开路，或者被迫与军方车队一起乘坐卡车以防地雷袭击。在卡车上，一些士兵会在行程结束时猛地刹车，然后漫不经心地碾过从引擎盖上掉下来的阿拉伯人——"可怜的阿拉伯佬（wog）"——使他们死去或重伤。[30]"如果有地雷，就让那些人（阿拉伯囚犯）去踩。这是一个挺肮脏的伎俩，但我们喜欢。"一个士兵说。在搜查的时候，士兵们会包围一个村庄（通常是在天亮前），将男人们关在铁笼子里，另一些士兵搜查时则往往会摧毁一切：他们焚烧存粮，将橄榄油浇在食物和家庭用品上。男人们还要被阿拉伯线人或英国官员一一筛查，蒙面的阿拉伯线人在发现嫌犯时会点头示意，英国官员则会对着资料逐一检查。黎巴嫩边境旁的艾尔巴萨（al-Bassa）和希伯伦附近的哈尔胡勒（Halhul）都经历了屠杀，但这些事件多年后才被曝光。[31]1938年10月，军队失去了对耶路撒冷老城的控制权整整五天。到了11月，海宁不得不上报："反叛团伙现在已经通过恐怖手段控制了大量人口，说这个地区的每个阿拉伯人都是政府的潜在敌人也并不为过。"[32]那段时期的气氛紧张而危险，当时的故事和象征都留下了深刻的印记。

最初，戴着奥斯曼式塔布什——暗红色、缀有流苏的毡帽——是支持反抗者的象征。"这是为了区分阿拉伯人，"一个太巴列的巴勒斯坦人回忆道，“如果你头上不戴任何东西，就会像犹太人一样。这是身份问题。如果有人想射杀犹太人，而你戴着塔布什，他就不会对你开枪。但这也意味着将自己暴露于犹太人的枪口下。”[33]后来，被称为“圣战士”（mujahideen）或“革命者”（thuwwar）的反抗军命令人们放弃塔布什和欧式帽子，转而戴上用山羊毛绳（aqal）束着的传统阿拉伯头巾卡菲耶或说赫塔（hatta），使自己能混入当地人中，更不容易被英军追查到。拉姆安拉基督教贵格派学校的校长哈利勒·托塔（Khalil Totah）回忆说：“这种转变就像是魔法。”甚至法官也照办了。恐吓大规模发生。[34]一名阿卡的反抗军战士后来回忆道：“他们把塔布什放在一头驴子上，然后说‘只有蠢驴才戴塔布什，戴赫塔吧’。”[35]

直到 1937 年冬天，犹太人袭击阿拉伯人的案例仍然很少。一个引人注意的例外是 1936 年 4 月在佩塔提克瓦附近发生的谋杀事件，这是那些脱离哈加纳的异见者所为。伊舒夫的观点是实行自我克制（havlagah）政策，“遵循犹太复国主义的最高传统”，用魏茨曼的话来说，这有助于说服英国人严厉镇压巴勒斯坦乱局，也能让犹太人占据道德制高点，获得政治优势。犹太人缺乏关键的军事能力和经验是另一个重要原因。魏茨曼向沃科普抱怨称，政府对这些骚乱的叙述“并未提到犹太人在阿拉伯人长期针对他们的暴力行为中所表现出来的克制，更没有一句赞美之词”。[36]但自我克制政策并没有被普遍遵守。1937 年 11 月，耶路撒冷附近 5 名犹太工人被杀，引起了一连串报复事件。一名犹太复国主义官员惊骇地看到，在以犹太人为主的雷哈维亚（Rehavia）地区，犹太儿童竟围着一个阿拉伯人的尸体跳舞。反抗阿拉伯人的袭击由伊尔贡吹响号角。这个军事组织受雅博京斯基鼓舞而建立，却遭到伊舒夫的主流群体的避忌。1938 年 4 月，贝塔修正主义运动的参与者什洛莫·本–约瑟夫（Shlomo Ben-Yosef）在加利利向一辆阿拉伯人的公共汽车开火，作为对杀害5名犹太人的事件的报复。本–约瑟夫被英国人在阿卡监狱处以绞刑后，伊尔贡在海法绑架并绞死了一个阿拉伯人，并让伪装成阿拉伯人的米兹拉希犹太人在市场等公共场所放置炸弹，在7月份的一次毁灭性袭击中，至少有35名阿拉伯人遇害。这反映了时局的动荡和犹太复国主义的自我欺骗，这种自我欺骗体现为犹太复国主义媒体似乎无法相信犹太人应对这种暴行负责，百般暗示这必定是一些**煽风点火的奸细**想要激化阿拉伯人和犹太人之间的矛盾。犹太人经营的《巴勒斯坦邮报》（*Palestine Post*）评论道：

> “叛乱”已经濒临崩溃的边缘，除非发生一场涉及所有人的“战争”，否则没有什么可以给它带来新的动力。没有什么比让每个阿拉伯人相信所有犹太人都是他的敌人更能传播种族仇恨的种子，也没有什么比制造犯罪更能建立这种仇恨信念。这一过程中出现的牺牲和必然带来的痛苦，会让轻信的阿拉伯人认定犹太人是罪魁祸首。[37]

但是犹太人内部关于自我克制政策的争论主要涉及的是维持犹太复国主义与英国的重要联系；只有一小部分人——主要是“和平之约”的支持者——在思考未来与巴勒斯坦阿拉伯人的关系。[38]人人心情恶劣。耶路撒冷的塞法迪犹太名流伊利·埃利亚查尔（Elie Eliachar）说：“作为一个对阿拉伯人十分熟悉的本地人，我很清楚自我克制政策会被解释为软弱，并且会鼓励阿拉伯人袭击犹太人。”[39]

皮尔第二

在事件激化之时，德国在欧洲的攻城略地和苏台德地区的危机远比遥远的巴勒斯坦紧要，英国人心中的权重正在发生变化。1938 年 4 月，由约翰·伍德黑德（John Woodhead）爵士率领的另一个调查委员会抵达耶路撒冷，调查动乱和实施分治的前景。犹太复国主义者嘲讽其为“皮尔第二”委员会，犹太事务局像上次一样秘密记录下了委员会的审议过程。[40] 过了一个夏天，它的方向变得更明确了。11 月，伍德黑德委员会断定皮尔勋爵的提案是不可行的。它推出了三种具有不同边界和行政规划的备选分区方案——没有一种是犹太复国主义者或是阿拉伯人能够接受的——并建议在伦敦的一次会议上考察巴勒斯坦的未来走向。穆斯林最高理事会拒绝与调查委员会进行任何合作。打算出席做证的耶路撒冷市议会成员哈桑·隋德格·达迦尼（Hassan Sidqi al-Dajani）遭到暗杀，这被认为是穆夫提的人做的，因为达迦尼曾被警告不要与调查委员会合作。有人告诉他，“去找分治委员会的人应该带上裹尸布”。[41] 犹太事务局秘密支持的法赫里·纳沙什比（纳吉布的堂兄弟）公开反对穆夫提，[42] 并要求把到伦敦参加会谈的巴勒斯坦代表团里的一半席位分配给这位神职人员的反对者。[43] 法赫里被一个“革命法庭”判处死刑——幸运的是他不在场。

1938 年下半年，“圣战士”得到的支持开始变少，越来越多的报告显示村民们是被迫支持他们的。被杀的疑似合作者、告密者和警察也明显增多，同样增加的还有个人被处决的案件：太巴列的出租车司机法兹突然失踪，他的尸体在一个犹太地区的灌溉渠中被发现，一根铁扦刺穿了他的头颅。因为他被定罪为“向犹太复国主义者告密之人”。[44] 由于信息来源不明，我们很难进行准确的统计，但一项权威估算数据显示，1936 年到 1939 年间有 1 000 名阿拉伯人被反抗军杀害。[45] 1938 年是最血腥的一年，共有 69 名英国人、292 名犹太人和 486 名阿拉伯平民或警察遇害。超过 1 000 名反抗军成员在行动中丧生。[46] 阿拉伯人的“和平队伍”（Fasail al-Salam）开始抗击反抗军。法赫里·纳沙什比是这场短暂的反暴乱行动主要的幕后支持者。来自亚鲁泊（Arrabeh）的前反抗军指挥官法赫里·阿卜杜勒–哈迪（Fakhri Abdel-Hadi）也扮演了重要角色，他是英国驻大马士革领事馆的职员。对一些英国官员来说，他是个两面派，为了谋取个人利益，利用谋杀、绑架和抢劫煽动仇恨。[47]

英国的军事力量——尤其是面对当地装备寒碜的战士具有压倒性力量的英国皇家空军——是反抗失败的首要原因。[48] 在这几个月内担任巴勒斯坦北部第 8 师师长的伯纳德·蒙哥马利（Bernard Montgomery）少将对反抗军的态度被形容为“嗜血好杀”。[49] 抵制反抗军的农民组织在纳布卢斯地区和海法附近的卡尔迈勒山区的德鲁兹派中兴起。纳沙什比在希伯伦山区组织起了和平部队，并于 1938 年 12 月在亚塔（Yatta）召集了 3 000 名村民参加公开集会，英国驻耶路撒冷陆军指挥官理查德·奥康纳（Richard O’Connor）少将在会上发表了讲话。皮恩卡斯·鲁滕伯格这位管理巴勒斯坦电力公司的犹太大实业家与犹太事务局合作，购买了一批武器，由哈加纳转交给纳沙什比。纳沙什比还举行了一场犹太事务局资助的宣传运动。宣传的主旨——为 1939 年 2 月圣詹姆斯会议做了铺垫——是大多数阿拉伯人不支持这次反抗。据法赫里的一个犹太熟人说：“法赫里希望向公众证明，反对穆夫提的力量有多强大……而且巴勒斯坦的大多数阿拉伯人真的想要和平。他们虽然害怕犹太人，但更害怕穆夫提。”犹太事务局安排了一场英国情报部门官员与阿布高殊（Abu Ghosh）阿拉伯村民的会面。阿布高殊是耶路撒冷西部主要道路上的一个村庄，与其犹太人邻居有着长期的合作关系。村民们适时地谴责了动乱，并敦促英国人增强温和派的力量。一名犹太复国主义官员指出："这种穆夫提集团与其他阿拉伯人之间的意见分歧显然是好事。"50

既成事实

在这动荡的时期，犹太复国主义者取得了更重要的成果。从 1938 年 3 月开始，英国人逐渐放弃分治，似乎有可能对犹太民族家园的发展施加新的限制，犹太人开始争先恐后地创造"既成事实"。哈尼塔（Hanita）位于俯瞰黎巴嫩边界的山脊上，是最著名的"碉楼和瞭望塔"（Homa ve'Migdal）型定居点。在已购买但尚无人居住的土地上进行建设是至关重要的，如果一个有屋顶的建筑物能在黑夜到来前竖立起来，它将被认为具有永久的法律效力。哈尼塔还处在阿拉伯反抗军渗透巴勒斯坦的往返路线上，所以这个定居点有双重目的。来自伊茨雷埃勒山谷里的拿哈拉村的年轻哈加纳成员摩西·达扬[1]描述了数百名开拓者在黎明前出发、带着大量设备攀登陡峭岩坡的场景。"我们开始在山顶建造一座木制的瞭望塔和标准的围栏，还有中间填满了泥土和石块的双层木墙"，他后来写道：

> 我们希望能在白天做完所有工作，这样在我们估计的第一次袭击到来的时候，帐篷里的东西能被夜幕遮掩。但我们还没有修筑完防御工事就到了晚上。有太多事情要做，还受到强风的阻碍，

[1] 摩西·达扬（Moshe Dayan，1915—1981），以色列军事学家，曾在不同时期分别担任以色列农业部长、国防部长和外交部长，参与戴维营谈判。——译者注

甚至无法搭起帐篷。午夜时分，我们遭到了袭击。

阿瑟·库斯勒在他的著名作品《夜贼》（*Thieves in the Night*）中用小说式的语言生动地描绘了这项开创性的工作。哈尼塔在其中象征着犹太复国主义者的领土、自卫和身份之间的纽带。继“特拉哈伊、胡尔达（Hulda）和提拉兹维（Tirat Zvi）”与其他地方的犹太定居点遭到袭击却成功自卫的教训之后，阿拉伯人再一次认识到，“正如哈加纳的历史所证明的那样，犹太定居者脚下洒满捍卫者的鲜血的土地，不会被其建造者和守护者抛弃”。[51] 这些边远定居点被赋予了开拓进取的光环；1937 年巴黎世博会巴勒斯坦馆就选择了“碉楼和瞭望塔”的定居点造型。到 1939 年，这样的定居点总共建成了 57 个。[52]

犹太复国主义者还在阿拉伯起义期间获得了宝贵的军事经验。到 1936 年 10 月，已有 3 000 名犹太人被招募为编外警察[1]。到 1939 年夏天，有 2.2 万名犹太人在其中服役或成为定居点警卫，大多数人实际上为哈加纳工作。[53] 达扬和伊加尔·阿隆（Yigal Allon）这样的哈加纳成员还加入了一个新的英国部队，即特种夜行队（Special Night Squads，SNS）。它是在伊拉克石油管道遭到破坏后成立的，由性格乖僻的军官奥德·温盖特[2] 指挥，魏茨曼称他是“怪才”。[54] 在加利利的黑夜掩护下，特种夜行队在一场残酷的镇压行动中向阿拉伯反抗军发动了战争。温盖特被犹太人称为友人（haYedid）。当时他那被一名官员形容为“惨绝人寰”的残忍手段并未引起公众议论，这些手段包括虐待、鞭打、

[1] 犹太编外警察（或犹太辅警，Jewish supernumerary police）是英国 1936 年 6 月在巴勒斯坦设立的警卫队，其中许多人后来成为哈加纳的核心力量和 1948 年中东战争中以色列国防军的成员。——译者注

[2] 奥德·温盖特（Orde Wingate，1903—1944），英国陆军高级军官，军事指挥家和战术家，特种作战先驱，“二战”期间在缅甸、印度等地声名远扬。——译者注

刑讯和斩首。1938 年 10 月 2 日在太巴列，包括 11 名儿童在内的 19 名犹太人在“圣战士”精心策划的袭击中丧生，该事件被比作 1929 年希伯伦大屠杀。[55] 温盖特和他的属下随即从哈丁附近的阿拉伯村庄里赶出了 10 个人并将其射杀。[56] 在温盖特的影响下，阿隆和达扬帮助构建了一个更大胆的犹太军事学说，希伯来语称之为“超越藩篱”，即从静态防御转变为以攻代守。而自 1936 年以来，已有 520 名犹太人遇害。[57]

圣詹姆斯会议上的“慕尼黑阴谋”

1939 年 2 月，伦敦的圣詹姆斯会议被犹太复国主义者称为新的“慕尼黑会议”[1]，他们甚至担心会议开始之前英国就会改变政策。魏茨曼提醒他的英国和犹太追随者，犹太复国主义者与阿拉伯人达成谅解的努力与《贝尔福宣言》一样时日已久。他再次大力渲染了 1919 年与埃米尔费萨尔达成的协议。然而，阿拉伯人和犹太复国主义者之间并没有直接接触，巴勒斯坦的动乱也仍在继续。3 月，英国人追缉并杀死了大名鼎鼎的反抗军领袖之一——阿卜杜勒-拉希姆·哈吉·穆罕默德（Abdul Rahim Hajj Mohammed）。[58] 像他之前的卡萨姆一样，哈吉·穆罕默德进入了巴勒斯坦民族英雄的圣殿，他们的声名将在未来继续回响。有一句名言据说出自他口：“最渺小的圣战者脚底的鞋，也比那些任由同胞在山中受苦、自己却醉生梦死的社会成员要高尚。”[59] 另一名反抗军高级将领阿里夫·阿卜杜勒-拉扎克（Arif Abdel-Razzaq，他以

[1] 1938 年 9 月，英、法、德、意四国在慕尼黑举行会议并签订《慕尼黑协定》，将捷克斯洛伐克的苏台德地区划给德国以实现“祸水东引”，让德国进攻苏联。慕尼黑阴谋是英法绥靖政策的产物。——译者注

穿着漂亮的英式制服闻名）向叙利亚边界的法国当局投降。杰宁的反抗军指挥官优素福·阿布·杜拉（Youssef Abu Durra）则被拘押在巴勒斯坦与外约旦的边境。反抗在巴勒斯坦民众的记忆中延续了下去。[60]

5月，英国发布了一份新的白皮书，放弃了分治的主张，将接下来的5年中的巴勒斯坦犹太移民人数大幅限制到7.5万人，之后的数量还要征求阿拉伯人的同意，并严格限制犹太人购买土地的权利。白皮书还规定在10年内建立一个独立的巴勒斯坦国，一旦恢复和平，就立即任命巴勒斯坦人担任某些部门的领导。英国的政策毫无疑问正在发生巨大转变："国王陛下的政府认为，包含《贝尔福宣言》在内的委任统治制度的建构者并不想违背这个地区的阿拉伯人的意志，将巴勒斯坦转变为犹太国家。"书面文件这样写道：

> 因此，陛下的政府现在明确宣布，让巴勒斯坦成为犹太国家并不是其政策的一部分。让巴勒斯坦阿拉伯人成为犹太国家的臣民有违他们的意愿，也将违背英国政府在委任统治条款下对阿拉伯人的义务以及过去对阿拉伯人民的保证。

犹太复国主义者毫不含糊且毫不意外地拒绝了白皮书。这本该是巴勒斯坦人罕见的心满意足的时刻，但阿拉伯人的消极回应让英国的惊人逆转失去了意义。根据某些记载，穆斯林最高理事会的大部分成员赞同白皮书，但穆夫提坚决抵制它，因为英国人反对他回到故土，他只能流亡黎巴嫩。反抗军指挥官也反对任何妥协。[61]"我认为英国政府不可能进一步迁就阿拉伯人，"独立党领导人奥尼·阿卜杜勒-哈迪写道，"在政治上，要做的就是区分什么是可行的，什么不可行；力所能及的政策，哪怕有更多的要求，也比毫无成效的要好。"[62]后来的巴勒斯坦学者严厉地批评了穆夫提。“可能从一开始，犹太复国主义者的反对就注定会让白皮书失败，”耶西德·赛义格写道，“但因为巴勒斯坦人自己的反应，他们失去了进入更高层次委任统治机构、为迎接殖民时期过后的国家做好准备的机会。他们付出的代价是更深的社会错位和政治迷惘。”[63] 穆夫提的传记作者也认为，拒绝这些提议是“短视和不负责任的”。[64]

巴勒斯坦的实际情况也在发生变化。犹太人的数量在过去 6 年中几乎翻了一倍，从 1933 年的 23.4 万增加到 1939 年的 44.5 万，从总人口的 21% 上升到 30%。第二次世界大战爆发后，阿拉伯人和犹太人的生活比以前更加互不相干，延续了始于 1921 年并在 1929 年后加速的隔离趋势。在 1936 年和 1938 年，犹太人再度离开以阿拉伯人为主的居民区，放弃了海法拥挤的下城区，来到哈达尔哈克梅尔区（Hadar HaCarmel）。于是混居区再无犹太居民，他们的社会关系也被切断了。在伊舒夫的中央机构支持下，犹太地区各自发展。[65]“我们生活在一个混居的城市，跟周边地区不一样”，海法的劳工领袖大卫·哈科恩坚持说：

> 房子的确是在（犹太）居住区里，但工作的地方位于阿拉伯街道。人们每天在那儿度过 10 个小时。港口在那里，市场也在那里。容易生病的孩子们住在那里，而我住在犹太社区的孩子们也会从他们那儿患上传染病。[66]

然而，在像雅法和特拉维夫之间的边界村落埃尔曼西亚这样的地区，紧张局势尤为明显。1936 年，一名英国访客发现邻近城镇之间的对立“一目了然”。[67] 雅法的犹太人要求将他们的居住区并入特拉维夫。《皮尔报告》指出："此时此刻，这两个族群泾渭分明、互不越界。"[68] 哈伊姆·斯图曼（Chaim Sturman）是哈什梅尔的老成员，定居点的守卫，也是艾因哈罗德的缔造者和知名的"阿拉伯主义者"，他担心自己很快就会忘记如何说阿拉伯语。（斯图曼于1938年9月死于一枚地雷。）那年早些时候，摩西·谢尔托克对犹太学校的阿拉伯语教学水平之低感到惋惜。犹太学校的阿拉伯语教学水平之所以低下，是因为伊舒夫现在是由比以往任何时候都要多的连绵的纯犹太区组成的。他也注意到，"需要每天使用阿拉伯语的犹太人越来越少了"。[69]

1939年11月，与雅法相连的特拉维夫布伦纳居住区的犹太居民抱怨说阿拉伯人正在回归："同一拨阿拉伯人，昨天还用手枪和步枪对准我们，今天就在城里四处漫步了。谁知道我们的邻居在密谋什么？我们会离开这座敞开大门（迎接袭击）的城市吗？我们会忘记不久前发生的事情吗？"[70] 特拉维夫港口的建立——导致附近社区的交通越发堵塞[71]——是对雅法的阿拉伯人罢工和动乱的直接回应。崭新的卡尔迈勒市场也是如此，它建立在这个犹太城市的也门区（Yemenite quarter）。阿拉伯人和犹太人在空间上、社会上和心理上都更加疏远了。

1939年8月中旬，犹太复国主义者代表大会在一片"既不符合现实也无关紧要"[72] 的气氛中于日内瓦召开。它被认为是该会自1897年年初在巴塞尔成立以来最重要的一次大会。会议宣布抵制白皮书，"这不是反对阿拉伯人民的利益"。与会代表们重申：

> 犹太人决心建立互惠互利的关系，与巴勒斯坦和邻国的阿拉伯人合作。大会认为，尽管经历了四年的杀戮与破坏，在相互承认并尊重各自权利的基础上，双方还是可以找到一种方式来协调

犹太人和阿拉伯人的愿望的。

然而，大会结束几天后，希特勒入侵波兰。巴勒斯坦的两个民族都为下一阶段的斗争秣马厉兵，双方都确定纷争一定会到来。

第六章

1939—1945

本–古里安的提议完全无视了一百万阿拉伯人与我们一起生活在这里的事实——就好像他们根本不存在一样。

——梅厄·雅里（Meir Yaari）

战火中的巴勒斯坦

1940 年 9 月 9 日下午晚些时候，意大利飞机毫无预警地轰炸了特拉维夫，造成 137 人死亡。那些 CANT Z1007 中型轰炸机来自佐泽卡尼索斯（Dodecanese）群岛上的基地，飞向雅法的港口、海军基地、炼油厂和其他战略目标，但英国皇家空军的战斗机进行了拦截，迫使它们将装载的弹药倾泻在远离军事设施和工业设施的居民区。大多数受害者是犹太人，然而一颗炸弹击中了苏梅尔（Sumail）村，导致 7 名阿拉伯人身亡。这个村子当时正处于被迅速发展的城市吞噬的过程中。[1] 意大利的空袭在几分钟内就结束了，这是第二次世界大战——这场战争决定了欧洲犹太人的命运和阿犹冲突未来的进程——中直接影响巴勒斯坦的一个罕见但令人震惊的事件。最初，战争带来了财政危机的阴云，贸易中断，柑橘产业一片惨淡，[2]失业率大幅上升。但总体上，巴勒斯坦在战争年代是和平的，至少表面上相对和谐。作为英国军队在中东地区一个庞大的驻扎地、补给点以及弹药和后勤基地，这里在战争期间真正繁荣起来。虽然在海法和雅法的港口，食品价格上涨和对体力劳动者需求的增加有利于阿拉伯人的经济发展，但犹太人凭借着技术型劳动力和工业基础，更有能力与政府签订项目合同。

阿拉伯社会需要时间从三年动乱的流血和分裂中恢复过来。在英国一场残酷的镇压行动中，有 5 000 名巴勒斯坦人遇害，146 人被绞死，数千人被逮捕——包括穆夫提和他的亲属贾迈勒·侯赛尼（Jamal al-Husseini，巴勒斯坦阿拉伯党的创始人），他们先是被羁押在巴格达，随后被分别关押于柏林和英属殖民地南罗得西亚（Southern Rhodesia）的战俘营里。他们都抵制 1939 年白皮书，理由是它并没有完全禁止犹太移民，只提出了此后十年建立巴勒斯坦国的建议，虽然这是自《贝尔福宣言》发表以来，有关该地前途的天平第一次偏向阿拉伯人。他们的政治生活被争夺名声和影响力的小打小闹主导，几乎是一潭死水。有时犹太复国主义的压力还能推动阿拉伯人努力建立统一战线，但这种努力通常徒劳无功。[3]

对犹太人来说，战争年代是在白皮书的阴影下度过的。移民受到限制，大部分土地购买遭禁，犹太人面对着永久成为独立的巴勒斯坦国的少数民族的前景。大卫·本-古里安公开承诺要“像没有发生战争一样对抗白皮书，像没有白皮书的存在一样对抗战争”。他还宣称，正如第一次世界大战使《贝尔福宣言》诞生一样，这场新的冲突应该带给犹太人一个自己的国家。甚至在大规模屠杀犹太人的消息传出纳粹占领下的欧洲之前，扩大非法移民就已成为犹太复国主义机构的当务之急。偷越英国的封锁成了民族使命。1940 年 11 月，一艘名叫“帕特里亚号”的不甚结实的船在海法港沉没，因为哈加纳的成员错误地估计了他们埋下的炸弹的能量。他们的目的本来是破坏船只，防止犹太乘客被驱逐出境，但这次事故导致了 300 人溺水而亡。更糟糕的事情还在后头。1942 年 1 月，柏林举行的万湖会议（Wannsee Conference）秘密确定了希特勒的“最终解决方案”。2 月，一艘名为“斯特里蒙号”的牲口运输船被一枚水雷或鱼雷击中，沉没在黑海中。在英国拒绝将罗马尼亚犹太难民转移到巴勒斯坦后，土耳其当局派出了这艘船。这次死亡人数为 768 人，残酷地表现了犹太人逃出生天的艰险以及英国善意的不可靠。“犹太复国主义者并不是要利用欧洲犹太人触目惊心的惨剧，”摩西·谢尔托克说道，“但他们免不了要强调这样一个事实，那就是这些事件证明犹太复国主义者解决犹太问题的立场是完全正确的。他们在数十年前就预见到了这场浩劫。”[4]

犹太复国主义宣传将英国高级专员描绘成大屠杀的刽子手。1941 年，伊尔贡一个规模较小但较极端的分支，“为以色列自由而战之人”（希伯来语首字母缩写为 Lehi，“莱希”），增加了对抗英国统治、抢劫银行、安置炸弹和刺杀警察的行动。它的领导人是波兰出生的诗人亚伯拉罕·斯特恩，他坚信 1939 年白皮书说明英国已经“背叛”。1942 年 2 月，他在特拉维夫的一个藏身处中被发现，并被一名英国警探枪杀。[5]但那些被英国人称为“斯特恩帮”的“无名战士”仍在新领导人的带领下进行无情的斗争。

对于阿拉伯人和犹太人之间的关系来说，这是一个相对平静的时期，相当重要的原因是英国和同盟国规模庞大、日益增长的军事力量使起义成为天方夜谭。1940 年 8 月，摩西·谢尔托克告诉以色列工人党的同事，犹太人定居点与阿拉伯村庄之间达成了地方性安全协议，尽管他不确定会持续多久。“他们如今是穆夫提不共戴天的敌人，并在与我们的联系中找到了自救之法。”[6]战争年代早期，双方关系有所改善，至少局部地区是如此。犹太社区与贝特谢安和西加利利等地的农村重新建立了联系。毗邻太巴列湖的金诺萨尔（Ginossar）基布兹也与附近的古韦尔阿卜舒沙村（Ghuwayr Abu Shusha）签订了一项协议。[7] 1940年1月，1 000名犹太和阿拉伯柑橘种植园园主在雅法的阿尔罕布拉（Alhambra）电影院见面商谈合作。[8]该市阿拉伯领导人公开对意大利轰炸特拉维夫时的遇难者表示哀悼。[9]犹太人回到雅法，阿拉伯人回到特拉维夫，[10]尽管双方都存着顾虑。然而，两个民族的全面和解仍未达成。1941年11月，受犹太复国主义者和英国人秘密支持的“和平队伍”组建者法赫里·纳沙什比在巴格达遇害，凶手可能是穆夫提的支持者。哈吉·阿明·侯赛尼则在拉希德·阿里[1]的亲轴心政变后逃离伊拉克首都，去往罗马，随后又来到柏林。在那里，声名狼藉的他见到了希特勒和希姆莱。巴格达暗杀事件是针对阿拉伯反对派人物的协同行动的一部分，目标包括与犹太人保持友好关系和向犹太人出售土地的人。在耶路撒冷，支持白皮书的纳吉布·纳沙什比试图让英国确认他的民族自卫党是巴勒斯坦阿拉伯人的唯一代表，但并未成功。

选边站队

巴勒斯坦战时生活的特点是配给制、物资短缺和黑市，伴随着对未来深深的不确定感。对于外人来说，这个地区看起来比以前更加奇特了。

---

[1] 拉希德·阿里（Rashid Ali），全名拉希德·阿里·盖拉尼（Rashid Ali al-Gaylani，1892—1965），伊拉克政治家，阿拉伯民族主义者，三度出任伊拉克王国首相。1940年到1941年间，盖拉尼作为首相寻求轴心国的支持以对抗英国在伊拉克的势力。——译者注

> 在耶路撒冷的街道上开车绝不会感到无聊：你能看到犹太人戴着扁平的毛边帽子，没修剪过的头发从肩膀上披下来；阿拉伯妇女戴着昂然挺立的，几乎像是中世纪来的头饰；希腊牧师梳着圆发髻，戴着烟囱般的帽子；外约旦边防部队（Transjordan Frontier Force）的官员们用黑色与猩红交错的毛皮高帽来搭配腰带；还有阿拉伯军团的人、阿比西尼亚教士、巴勒斯坦警察、美国人、贝都因人和穿着英国制服的人——这是一场时装秀。

这是一名1941年开始为政府秘书处工作的英国女性记录的。阿拉伯人与犹太人之间的暴力事件寥寥无几，但气氛依旧凝重，充满疑虑。“我开始理解耶路撒冷人为什么会感到不快和忧虑。无论你去哪里，不管是去工作还是去娱乐，都有一股心照不宣的怀疑暗流。没有人会问，但每个人都想知道你站在哪一边——阿拉伯人还是犹太人？”[11] 上流社会成员云集于耶路撒冷豪华的大卫王酒店（King David Hotel）的酒吧，这里能提供当地甚至整个中东地区最殷勤的服务。凯蒂·安东尼厄斯（Katie Antonius）是1942年去世的历史学家乔治·安东尼厄斯的遗孀，极富魅力，英国官员、阿拉伯名人和并非犹太复国主义者的犹太人都是她举办的晚宴的常客。英国议员理查德·克罗斯曼（Richard Crossman）在参加了其中一次宴会后记叙道：“安东尼厄斯夫人似乎拥有一个真正的法式政治沙龙。这是一场豪华的派对，人们穿着晚礼服，享用来自叙利亚的食物和饮料，在大理石地板上跳舞。”[12]［众所周知，这位女主人与英国驻巴勒斯坦部队司令伊夫林·巴克（Evelyn Barker）将军有染。］

在过去的20年里，耶路撒冷作为殖民地的首府繁荣发展，但这是它作为相对国际化的城市的最后一段时间。阿拉伯中产阶级逐渐从拥挤的老城迁移到时髦的新郊区卡达蒙（Qatamon）和塔比耶（Talbiyeh）——那里的居民大部分是基督徒——或是邻近的巴卡（Baqaa）。有些仍生活在混居的社区里，尽管耶路撒冷的犹太人不同于他们在希伯伦和太巴列的同宗教友，几乎没有说阿拉伯语的。从20世纪40年代起，耶路撒冷城市西部的阿拉伯村庄，如艾因卡里姆（Ain Karim）、里夫塔、戴尔亚辛和马里哈（Malha）等，越来越与附近不断发展壮大的犹太居住区如伯哈基琳、吉瓦特沙乌勒（Givat Shaul）、罗梅玛（Romema）等交织在一起。然而，双方的社会往来仍受到严格限制。雷哈维亚和特比昂的新“花园郊区”完完全全属于犹太人。到1944年，犹太人占了耶路撒冷15.7万之多的人口中的9.7万，穆斯林和基督徒则各约3万人。[13]

战争的进程推动了情况的变化。1941年春天，德国扬言要在北非战线击败英国军队，人们开始担心德国人此后的行动；1942年夏天，在令人心惊胆战的几周里，隆美尔（Rommel）的装甲军团从开罗向前推进了150英里[1]，人们更加担心了。“阿拉伯人……会向任何新征服者轻触帽檐致意，”一名英国高级官员评论道，“当隆美尔兵临开罗城下时，我觉得很多当地人已经准备好挥舞色彩合适的旗子欢迎他了。”[14]正在访问美国的哈伊姆·魏茨曼被告知，“巴勒斯坦的阿拉伯人正准备分配战利品……在特拉维夫的街道和定居点间走来走去，标记他们期望分到的房子”。出于对德国入侵的担忧，年轻的犹太人讨论起了集体自杀的计划，而“年长一些的犹太人会躲进山里，战斗到最后”。[15]哈加纳已经确定了在海法地区最后一搏的计划。英国情报人员向犹太机构和阿拉伯反对派人士求助，以协助其在纳粹入侵时组织

［1］1英里≈1.6千米。——编者注

抵抗行动，而如果纳粹得手，（据称）渴望复仇的穆夫提会随着纳粹回来统治巴勒斯坦。在规划巴勒斯坦被占领后的方案时，哈加纳的埃兹拉·达宁（Ezra Danin）设立了一个基金，向纳布卢斯的法赫里·阿卜杜勒–哈迪和苏莱曼·图坎（Suleiman Touqan）领导的一个团体提供武器。据达宁回忆，这是阿拉伯人和犹太人之间唯一达成的对抗共同敌人的协议。[16] 1941 年 5 月，犹太复国主义者和英国人的利益在与敌人的战斗中趋于一致，哈加纳指挥部创建了帕尔马赫（Palmah，希伯来语为 Plugot Mahatz，意为“突击部队”），一支训练有素的精锐部队。以基布兹为据点的数百名战斗人员在米什马尔哈埃梅克（Mishmar haEmek）接受了英国教官关于破坏行动和通信的训练，并在黎巴嫩及叙利亚与维希法国[1]的作战行动中获得了经验。在其中一次澳大利亚军队也参与的行动中，来自拿哈拉、曾服役于温盖特的特种夜行队的摩西·达扬失去了一只眼睛。另一位声名大噪的帕尔马赫成员是来自金诺萨尔基布兹的伊加尔·阿隆。他们两人将在未来扮演强有力的军事和政治角色。

不存在的阿拉伯人

1942 年 5 月，在纽约的一次“非同寻常的会议”上，犹太复国主义者阐述了他们的战后计划。比尔特莫计划（Biltmore Programme）以举办该活动的曼哈顿的酒店命名，呼吁犹太人移民巴勒斯坦不受限制，以及“在以色列地建立一个犹太共同体”。关于纳粹屠杀犹太人的报道正纷至沓来，面对英国的移民限制，犹太复国主义者努力对美

---

[1] 维希法国（Vichy French），1940 年德军占领巴黎后，贝当向德国投降并建立了傀儡政府维希政权。——译者注

国政府施加影响并动员美国犹太集团。[17] 比尔特莫计划对巴勒斯坦的阿拉伯人毫无提及，这暗示了一条更强硬的犹太复国主义路线。旧的妥协方案被遗忘了。左翼的哈什梅尔青年卫士（HaShomer HaTzair）团体领袖梅厄·雅里愤怒地说："本-古里安的提议完全无视了一百万阿拉伯人与我们一起生活在这里的事实——就好像他们根本不存在一样。"[18] 即使在比尔特莫计划出台后，哈什梅尔青年卫士和其他少数犹太复国主义者也宣称相信仍有与巴勒斯坦阿拉伯人共存的可能性。希伯来大学校长朱达·马格内斯、哲学家马丁·布伯、教育学家欧内斯特·西蒙（Ernest Simon）和前"和平之约"的其他成员组成了"伊胡德"（Ihud，意为"联合"）派，倡导通过"双民族的"方案解决冲突。马格内斯声名卓著，但他在自己的社区中几乎没有影响力。1943年，当纳粹在欧洲的暴行昭然若揭时，西蒙对一群18岁的犹太人发表了演说。"我们正在进入另一个民族居住的地带，并且毫不考虑他们的感受，"他提醒道，"阿拉伯人害怕我们迫使他们离开这里。"这些年轻人的回应充满敌意，气势汹汹，这很能说明些东西。"哪种方法更道德？"其中一个问道，"让犹太人在流散中湮灭，还是让犹太人在阿拉伯人的反对下进入巴勒斯坦，并将阿拉伯人转移到阿拉伯国家，哪怕使用武力？"这是被称为"萨布拉"（Sabra，这个名字来源于一种仙人掌般的植物，外表布满尖刺而内部柔软）一代的犹太人中越发普遍的态度，他们在巴勒斯坦出生或长大，将在未来投入战斗并受到公众的关注。用一名以色列主流历史学家的话来说："对和平的希冀以及对阿拉伯-犹太友谊的渴望已成为一种仪式化的惯例，被反复提及却无人打心底里相信能够真正实现。"[19] "伊胡德"的领导者与巴勒斯坦和邻国的阿拉伯领导人进行了讨论。然而，"只要两边的官方领袖对他们不屑一顾，这些行动就只是白费心力"。[20]

“转移”的想法一直是犹太复国主义思想的一部分，尽管人们对这一说法的态度很谨慎，因为它与阿拉伯人可因犹太人获益的说法相悖。早在 1895 年，西奥多·赫茨尔就在日记中写到要“将赤贫人口秘密运出边界”——尽管这在他的主要著作中没再提及。在 20 世纪之初的十年里，阿瑟·鲁平考虑过购买叙利亚的土地以重新安置巴勒斯坦阿拉伯人的计划。人口迁移在不久之前有过先例，本-古里安在 1934 年与穆萨·阿拉米会面时提起了这件事。《皮尔报告》也推动了这一想法，提出让多达 22.5 万名阿拉伯人和 1 250 名犹太人进行交换，效仿 1923 年到 1924 年间希腊人和土耳其人规模更大的、残酷却成功的人口转移。[21] 1937 年，这个问题在犹太裔巴勒斯坦人中被广泛讨论。伍德黑德委员会考察了实施分治的前景，认为由于阿拉伯人对土地的深深眷恋和对犹太人的不满，自愿转移不可能奏效。然而，人口转移仍然在犹太复国主义者的考虑范围内。1939 年年初，叙利亚德鲁兹派领袖苏丹·阿特拉什（Sultan al-Atrash）向犹太事务局建议出售巴勒斯坦 16 个社区的村庄并让其中的 10 700 名居民移民叙利亚。魏茨曼把它称为犹太复国主义五十年中“最大的机遇”——一笔价值300万英镑的交易。“这将解除我们接下来很长一段时间内的许多政治干扰，只要能巩固我们在上加利利、胡拉（Huleh）和沿海平原所拥有的土地，我们就能在时机到来时进一步扩张，”他写道，“如果有 1 万名阿拉伯人能自觉自愿地和平移民，这就将创造一个至关重要的先例，无疑会被其他人效仿。”虽然他的计划最终付诸东流，但这种思想——以及犹太复国主义者与德鲁兹派的联盟——被保留下来。[22] 1940 年，犹太民族基金会的约瑟夫·魏兹（Yosef Weitz）在日记中写下了后来被大量引用的声明：“这个地区没有让两个民族共存的空间。唯一的解决办法是一个……没有阿拉伯人的巴勒斯坦。没有什么办法比把阿拉伯人，他们所有人，从这里转移到附近的阿拉伯国家更好的了。没有其他办法。”[23]魏茨曼在1941年与苏联驻英国大使伊万·迈斯基（Ivan Maisky）会面时讨论了人口转移问题。鉴于之后发生的事件，巴勒斯坦人以及其他犹太复国主义批评者关注了这个问题，有人将它精辟地描述为“无言的愿望”。[24]人口转移也被形容为“原始的梦想”或是“空中楼阁”。[25]它在20世纪40年代中期不是可行的计划，却并没有被犹太人遗忘。

知己知彼

在战争过程中，军事准备成了伊舒夫的重中之重。帕尔马赫与英国的合作在盟军于阿拉曼（El Alamein）[1]取得胜利后结束，这支部队转入地下，不过它已经获得了宝贵的经验。犹太事务局和哈加纳开始协调各地的情报工作，利用与阿拉伯人接触的所有领域收集未来可能有用的信息。[26]在犹太定居点中，收集情报的任务落在了穆赫塔尔（mukhtar，村庄或社区的领头人）的肩上，他们要负责保证安全和维持联系，并促进与邻近阿拉伯村庄的“睦邻”关系。在1939年于盖代拉附近成立的梅纳赫姆村（Kfar Menachem）里，波兰出生的犹太人大卫·卡伦（David Karon）曾作为共和国一方参与西班牙内战，他刚回国不久，就帮助解决了一起基布兹看守人意外杀死一个阿拉伯人的事故。卡伦成了埃兹拉·达宁不断扩大的“沙伊”（Shai，希伯来语为Sherut haYediot，意为“情报服务”）间谍网的一分子，从属于哈加纳的情报部门，并利用他在阿拉伯方面的关系购买了一批从英国军事基

---

［1］ 指第二次阿拉曼战役（1942年10月23日—1942年11月3日）。以英国为首的盟军在埃及阿拉曼战胜了隆美尔率领的非洲军团，扭转了北非战局，轴心国被迫进入战略收缩阶段。——译者注

地偷来的武器。[27] 在加利利的埃隆（Eilon）基布兹——一个新建的“碉楼和瞭望塔”式定居点——穆赫塔尔多夫·伊米亚胡（Dov Yirmiyahu）与一户贝都因人建立了密切的联系，赢得了他们持久的感激，从而获得了宝贵的信息来源。他首先在他们的营地铺设水管，然后当这家人的儿子被一条蛇咬伤时，开着基布兹的吉普车把他送到最近的医院。[28] 帕尔马赫不时发起小队暗杀行动，以报复对犹太人的袭击，进行“惩罚和威慑”。1942 年 3 月，哈加纳的军官们批准了杀死卡西姆·塔巴什（Qassem Tabash）的行动，他与亚历山大·扎伊德（Alexander Zeid，哈什梅尔卫队的创建人之一）在 1938 年动乱高峰期的死亡有关。在另一起案件中，一名贝特谢安的阿拉伯强奸犯遭到阉割，后来这件事被写入了关于帕尔马赫的歌曲和民间传说中。[29]

20 世纪 40 年代中期，哈加纳的策划者们开始整理阿拉伯村庄的综合资料，调查其宗族、政治派别和动乱期间的活动。远足——犹太复国主义活动的重要依靠——早已在各地组织起来，以便年轻犹太人熟悉巴勒斯坦的地形、地貌和历史，这也是确认“犹太人对赎回的先辈的土地拥有所有权”的一种健康而有教育意义的方式。[30] 这种新的教学方式在希伯来语中被称为“yediat haaretz”——“了解自己的土地”，同时“沙伊”的特工收集的数据也被加进这些“村庄的档案”中。[31] 萨法德当地人亚西尔·阿斯卡利（Yasser al-Askari）说他遇见过穿着军服的犹太男女探索阿拉伯村庄和景点，记录下当地的道路和其他特征。[32] 然而，他们的目的并不纯洁。后来，哈加纳和犹太复国主义青年团体热衷于去内盖夫和犹大沙漠地区——1939 年的白皮书禁止犹太人进入的地方。古老的堡垒马萨达（Masada）凭借犹太人面对罗马围困时英勇抵抗随后大规模自杀的传说，成为他们的世俗朝圣之旅的热点。[33] 另一个热门目的地是加利利的特拉哈伊，1920 年战死于此的约瑟夫·特伦佩尔多是犹太复国主义的英雄楷模。[34]这些富有教育意义的远行与侦察使命一般持续一周或更久。从内盖夫最南端的定居点拜特哈阿拉瓦（Bet haArava）到塞多姆及更远处的路线成了一种传统。在一个著名的案例中，来自帕尔马赫和一个社会主义青年团体的远足者，包括年轻的希蒙·佩雷斯（Shimon Peres），在去往亚喀巴附近的乌姆赖什拉什（Umm Rashrash）的路上进入军事封锁区，被英国人扣留了。他们早已把左轮手枪和手榴弹藏在了水罐底部的暗格里，这是他们接受训练时学到的。[35]哈加纳成员还偷盗英国人的地图。“那是 1944 年 5 月”，一名帕尔马赫成员回忆道：

> 我们一共出去了三队人……来制作“档案”。为了“打掩护”，我们带上了希伯来语、德语和法语的植物学书籍……我们是植物学家……我们每到一个村庄，人们都会聚集过来。我们是这样行动的：在一个引人关注的地方，例如在穆赫塔尔的屋子里，我会将人们聚起来，弯腰挑选一些植物并举起来展示给他们：“你们能看看这株植物吗？”……然后我们的人会进入房屋，讨点水喝……在行程结束时，我们会坐下来休息放松——总结在途中看到的东西或更正笔记。[36]

1945 年，哈加纳的整理范围扩大，开始搜集带有明显军事性质的信息，包括每个村庄及周边地区的道路、水源等等的草图、地图和照片。在飞行俱乐部活动的幌子下，他们还使用了航拍。[37]

阿拉伯地区的详细信息被用于土地购买。1946 年，南部的巴勒斯坦人发现一个阿拉伯语“说得很溜”、鼓吹共存的犹太人，与一位来自汗尤尼斯、想要购买土地的商人为伍。[38]尽管受 1939 年白皮书所限，犹太民族基金仍在阿拉伯人的帮助下获得了数千德南土地。[39] 反穆夫提派的巴勒斯坦人充当了房地产经纪人以及告密者，他们与犹太民族基金会和其他买家合作，用尽手段，包括当他们的马前卒。“沙伊”成员乔希·帕尔蒙（Josh Palmon）说：

> 我们会告诉卖地的阿拉伯人：“我们不是从你那里买地的人。把它转移到我们告诉你的阿拉伯人的名下。”然后他就会把地产转移到那个阿拉伯人的名下。我们如何操作，让那个阿拉伯人合法地把土地交给我们？我们会对他说：“我的好人啊，在这里签名，证明你问我们借了一笔钱。我们会把你告上法庭来取回贷款；你将会不还钱并被宣布破产，然后我们就有权随时取得你名下的任何财产。这是白皮书忘记的事。”它忘记了这个漏洞，通过这个漏洞我们买了很多地。[40]

阿拉伯土地所有者的资料被收集起来，这些人都身负债务，容易受到他们无法拒绝的报价的诱惑。[41] 合谋者们还会煽动可以利用的仇怨。所谓的“美国”方法（酗酒和嫖娼）有时很管用。“犹太复国主义者”获得的土地数量与他们对阿拉伯社区的情报渗透程度一同增长。[42]

在公开场合，犹太移民喜欢表现他们与阿拉伯人的良好关系，特别是在外国贵宾面前。譬如在 1946 年，英美调查委员会（Anglo-American Commission of Inquiry）的理查德·克罗斯曼发现，人们向他展示的是位于米什马尔哈埃梅克的“铺好草皮的庭院、喷泉和精心维护的花圃”，而旁边的阿拉伯村庄则是这名英国议员所见过的“最脏乱差的”地方。定居点就像一个最受欢迎的玻璃陈列柜。早些有位游客曾提到“基布兹的铁丝网围栏外仅数百米，就是肮脏的阿拉伯棚屋和里面可怜的居民”。[43]克罗斯曼看透了这些表象：“显然，犹太的穆赫塔尔们和阿拉伯的谢赫们相处融洽。”他写道：

> 我问谢赫，他是否会嫉妒百米外的农场里的学校生活。他回答“不会”的方式表明他并不知道这个问题意味着什么。我差点相信阿拉伯人与犹太人的合作是完美的，直到我问：“那么移民呢？”突然，谢赫的儿子跳了起来，发表了一通长篇大论，谈到了阿拉伯人的整体状况，包括穆夫提的回归。“你就不介意犹太人也在这个集体中？”他激动地回答说多一个犹太人都会毁掉巴勒斯坦这片土地。然后犹太的穆赫塔尔说：“如果照你这么说，我们早就不会来到这里了，所以你其实还是喜欢我们的，不是吗？”谢赫和他的儿子无言以对，于是这位穆赫塔尔转过身来，用英语说：“你看，他们真的很喜欢我们，之前那些都是阿拉伯那边上级的宣传。”很显然，这位谢赫太过精明，不敢批评邻居。当这里风平浪静时，这种关系在社会上完全没问题；但谢赫和他的儿子会服从阿拉伯高级委员会的命令，为他们的土地而向任何人开枪。这才是真正的问题所在。[44]

1943年秋天，当轴心国的胜利已是希望渺茫时，战争的大潮掉转了方向，犹太复国主义者增强的信心唤醒了一批原本麻木的巴勒斯坦阿拉伯政界人士。穆夫提与纳粹的关系使他在英国人眼中丧失了信誉，并使他成为犹太复国主义宣传极易针对的目标。[45]独立党的领导人奥尼·阿卜杜勒–哈迪和拉希德·哈吉·易卜拉欣与艾哈迈德·希尔米帕夏（Ahmad Hilmi Pasha）合作，重振了阿拉伯民族基金。它募集了近 10 万巴勒斯坦镑的巨大款项，并购买了近 1.5 万德南本将卖给犹太人的土地。[46] 1946 年，穆夫提被从法国转移到开罗关押，贾迈勒·侯赛尼从南罗得西亚的拘留中被释放，这引发了阿拉伯人一连串的活动。但派系斗争依然存在。根据后来的一项研究，“巴勒斯坦人的政治继续以嫉妒、互不信任、争权夺利和毫无结果的运动为特征……各种各样的使者和调停者纷纷提出建议和异议”，而且，“为了有效挑战犹太复国主义的目标而付出的一切实际努力，例如在土地领域的努力，都充斥着派系斗争。银行、建设性计划和民族基金都由掌权者发起、组织并控制在手，成为政治博弈、争论和操纵的舞台”。[47] 这种混乱无序的苦果在未来几年里变得极其明显。

第七章

1945—1949

我们的移民将来到这个不管叫什么的废墟，你听我说，他们会占领这块土地并在这里劳作，然后这里会变得美好。

——伊扎尔·斯米兰斯基（Yizhar Smilansky），《希泽废墟》（*Khirbet Khizeh*）[1]

第一枪

1947 年 11 月 30 日的那个星期天，一群武装阿拉伯人在锡尔金村（Kfar Sirkin）伏击了一辆自内坦亚（Netanya）开往耶路撒冷的犹太人客车，造成 5 名乘客死亡。这一事件发生在联合国投票决定巴勒斯坦实行分治几小时后，通常被认为是以色列独立战争和巴勒斯坦人纳克巴或说“浩劫”的开端。据称肇事者是由于排外和犯罪的动机，而不是出于“民族的”原因行事的，但是当时这种区别被忽略或无视了，而且自那时起就被遗忘了。[2] 当天晚些时候，一辆从哈代拉出发的客车也在路上遭到袭击，导致一名犹太人死亡，数人受伤。另一些袭击则表明，复仇和反复仇的加速循环驱动下的冲突已全面爆发。

12月13日，一名十几岁的巴勒斯坦男孩惊恐地看着一辆黑色汽车停在耶路撒冷老城的大马士革门（Damascus Gate）外，“车上的人将两个引线正在燃烧的汽缸滚进了乱哄哄的人群”，造成20人身亡。[3]两周后，地下组织莱希——英军口中的“斯特恩帮”——袭击了里夫塔的一家咖啡馆，杀死6人。12月30日，伊尔贡向海法石化炼油厂外的一群阿拉伯工人投掷手榴弹，造成11人死亡，而这家炼油厂曾因其跨社区工会合作而受人关注。在随之而来的复仇之火中，该厂的39名犹太雇员被阿拉伯人用金属棍、刀子和锤子杀害，同时也有6名阿拉伯人被杀。1948年的第一天早晨，哈加纳的部队突袭了附近的巴拉德谢赫——那里埋葬着谢赫伊兹丁·卡萨姆——包括妇女和儿童在内的数十人丧生。地方性事件助长了全国范围的危机。新的一年到来之际，全面战争似乎在所难免。

地面冲突的升级与“二战”后国际外交在巴勒斯坦问题上加紧的步伐是一致的。1945年10月，哈加纳和伊尔贡通过破坏铁路系统，合伙发动了一场抗英行动。1946年4月，英美调查委员会建议巴勒斯坦按照“双民族”原则进行管理，并要求立即准入10万名犹太难民。但是，它未能使伦敦和华盛顿站在同一立场。6月，哈加纳的另一次行动摧毁了连接巴勒斯坦与邻国的所有桥梁，用一名犹太复国主义官员的话来说，这是“对抗当局颁布白皮书的有组织的最高抗争”。[4]英国进行了一次大规模的搜捕行动（Operation Agatha，“阿加莎行动”）。在被称为“黑色安息日”（Black Sabbath）的日子里，有2 700名犹太人被拘捕，其中包括犹太事务局的大部分领导人和哈加纳很大一部分指挥官。三周后，伊尔贡将装满炸药的牛奶罐偷偷运入地下室，炸毁了英国民事和军事管理局总部所在的耶路撒冷大卫王酒店的一侧。这导致了91人死亡，其中将近三分之一是犹太人。犹太事务局立即予以谴责。有关这桩轰动的暴行的消息在世界各地回响；它助长了英国的愤怒，加速了委任统治的结束。12月，大卫·本-古里安接管了犹太事务局的防务部门。巴勒斯坦的冲突很显然已不能和平解决了。

到1947年2月，伦敦的工党政府实际上已经放弃了这个日益不得人心的负担，正如当时属于反对派的温斯顿·丘吉尔所言，它正在耗费英国军人和警察的生命，进行“无谓的、肮脏的战争”。[5]英国决定将巴勒斯坦问题提交给联合国，5月，这个羽翼未丰的世界组织建立了巴勒斯坦问题特别委员会（Special Committee on Palestine，缩写为UNSCOP）。在访问该地期间，委员会成员们目睹了所谓的“‘出埃及号’事件”（Exodus affair）：一艘美国老客轮上的4 500名纳粹大屠杀幸存者被视为非法移民，遭到拘留并被遣返回欧洲。支持犹太人事业的有利舆论，在一定程度上抵消了对犹太恐怖主义的反感。这在“出埃及号”到达法国时达到了顶峰，当时两名被绑架的英国士兵因为报复对伊尔贡战士的处决而被绞死。令人毛骨悚然的是，后来他们的尸体里被放置了炸弹，当人们在内坦亚附近的一个柑橘园里切开其遗体时，炸弹爆炸了。阿拉伯人对联合国巴勒斯坦问题特别委员会的抵制，也就是一名犹太官员口中的“冷酷的恶意”，与“伊舒夫的热情接待”形成了鲜明对比。[6]

9月，联合国委员会的10名成员中有7名建议巴勒斯坦分成两个国家，耶路撒冷则由国际共管。少数人（来自印度、伊朗和南斯拉夫）提出建立以耶路撒冷为首都的联邦制国家。阿拉伯高级委员会表示“震惊且难以置信”，因为这“违反联合国宪章和公平正义的原则”。[7]英国宣布，即使没有达成解决方案，它也将在6个月内离开巴勒斯坦。没有人觉得它真的会这么做。1947年11月29日，联合国大会投票决定将巴勒斯坦分成犹太国家和阿拉伯国家，耶路撒冷置于联合国监管之下，成为“单独实体”（corpus separatum）。强势的犹太复国主义游说使该方案获得了多数支持：33票支持，13票反对，10票弃权——局势颇为惊险，因为必须获得三分之二的票数才能通过。联合国第181号决议得到了美国和苏联——冷战初期世界两大国的支持。但它遭到了巴勒斯坦人，以及因美国易受犹太复国主义者影响而恼怒的阿拉伯人和伊斯兰国家的反对。方案中的犹太国占巴勒斯坦的55%，包括了人迹罕至的内盖夫沙漠；其人口将由约50万犹太人和40万阿拉伯人——作为人口众多的少数民族——组成。然而，犹太人当时仅拥有巴勒斯坦私人土地的7%。新建的阿拉伯国家将拥有44%的土地和1万名犹太少数民族。大耶路撒冷地区将处于国际管辖下。穆夫提哈吉·阿明·侯赛尼宣布联合国投票结果“无效”。阿拉伯高级委员会副主席贾迈勒·侯赛尼则发出警告，称“确保领土免受一切侵略是巴勒斯坦阿拉伯人的神圣职责”。他拒绝了拟议的边界，斥之为“血与火之线”。[8]巴勒斯坦人的观点是，“分治与妥协无关，它是犹太复国主义者的概念，并且是专为满足犹太复国主义的需要和要求而定制出来的”。[9]

阿拉伯人的愤怒与犹太人的喜悦不相上下。在联合国于第一个总部成功湖村举行投票的数小时后，本-古里安来到耶路撒冷犹太事务局的阳台上。“他缓慢而庄严地环顾四周，看着挤满了人的屋顶和他脚下庭院里伫立着的人群”，一位目击者记载道：

> 他扬起手，大家纷纷沉默下来，等待他讲话。“有幸见证这一天的我们有福了。”（Ashreynu sheh zachinu la yom ha zeh.）他以“希伯来国万岁！”（Tchi ha Medina ha Ivrith）为结语——这个

国家还没有名字——并呼吁人们唱起《希望之歌》(*Hatikvah*)[1]。庄严的咏唱声从四面八方响起。这一刻，我们的情感难以描述。几乎没有一双不湿润的眼睛，没有一个还能镇定的声音。本-古里安骄傲地向后一甩头，然后温柔地抚摸悬挂在栏杆上的旗帜，当他傲然高喊“我们是一个自由的民族”时，气氛变得极为热烈。10

当天晚些时候，巴勒斯坦领导层宣布举行总罢工抗议，而哈加纳呼吁17岁至25岁的犹太人主动服役。联合国的决议和对此的反应重演了十年前发生的事，当时皮尔委员会建议用分治来满足犹太人和阿拉伯人“不可调和的愿望”。犹太人再次接受了决议，尽管尚有疑虑。阿拉伯人仍拒绝接受决议，拒绝放弃巴勒斯坦任何地区的主权，坚称联合国无权在大多数人民反对的情况下强制执行。巴勒斯坦人相信“这片土地完全属于他们，也是伟大的阿拉伯家园不可分割的一部分。对这种理想状况的任何损害都被视为阴谋，也就是阿拉伯语中的‘慕阿玛拉’(mu’amara)，策动这些阴谋的人打算将犹太问题从欧洲人那里转嫁给阿拉伯人”。11 但现在，情况与1937年截然不同。尽管这种分治决策在当时和日后都无视了阿拉伯人在法律、道德和政治方面的反对意见，但其背后是国际舆论的力量。12 更重要的是在几个月内，英国人将永远离开，不愿或不能再“维持秩序”。没有其他可供选择的解决方案。一切都要由巴勒斯坦的两个民族自己去争取。

[1]《希望之歌》是犹太复国主义歌曲和后来的以色列国歌。——作者注

准备战斗

战争前夕，犹太人在巴勒斯坦和其他地方，无论军事上还是政治上，都比阿拉伯人准备得更充分。犹太领导者们信心十足，认为如果发生战斗，他们会如愿取得胜利。[13] 哈加纳集中指挥部队。它能调遣3.5 万人，包括 2 500 名帕尔马赫成员。伊尔贡和斯特恩帮的“异见者”共有数千人，在成年犹太人中所占比例极高。“二战”期间，曾有约 2.7 万名犹太人服役于英军。此外，伊舒夫的各机构执行着国家纪律。英国工党议员理查德·克罗斯曼曾作为英美调查委员会成员访问巴勒斯坦，他观察到，“犹太事务局……实际上是一个国中之国，拥有自己的预算、秘密内阁、军队，更重要的是有情报部门。这是我见过的最高效、最有活力也最无情的组织”。[14] 他预测，如果发生战争，哈加纳能够击溃阿拉伯人。克罗斯曼是一个明智的评估者（他与英国军方的看法并不相同）。[15] 尽管如此，他对犹太人的信心并未得到广泛认同。“我们知道 63.5 万犹太人要面对数百万的阿拉伯人，也就是‘少数对抗多数’，”德国出生的年轻犹太人尤里·阿弗纳瑞（Uri Avnery）在不久后写道，“但我们知道：投降即死亡。”[16] 志愿参军在犹太青年中很普遍。1947 年 11 月，17 岁的希伯来大学学生蒂克娃·霍尼格–帕纳斯（Tikva Honig-Parnass）加入哈加纳。“在学校里，大家都知道谁是它的成员”，她回忆说：

> 大多数学生都参加了，入伍是我从小所信仰的一切的顶峰。我们拥有的一切都是经过奋斗才得到的，现在它正处于危险之中，我必须保护它。这种表述没有攻击性或成为侵略者的意思，只是要捍卫我们自己和我们所建设的一切。[17]

大屠杀发生后，许多人认为这是犹太复国主义者追求建立家园的最正当理由，犹太人也得到了国际上的广泛同情——许多阿拉伯人低估或忽视了这一关键因素，坚信“完全无辜的人正在为别人的罪行付出代价”。[18]

现在没有人怀疑，英国统治的结束和犹太复国主义者日益增长的自信，正共同将巴勒斯坦的命运推向险境。犹太人决心取胜，这是一个无形却强大的激励因素。1946 年周边法国委任统治下的叙利亚和黎巴嫩突显了一个苦涩的真相，那就是巴勒斯坦正被困在“铁笼”中，阿拉伯人占多数却远未建成自治政府，巴勒斯坦人也尚未产生自己的国家机构和身份认同。[19] 这个缺点削弱了他们的力量。

曾被取缔的阿拉伯高级委员会早在 1937 年就在流亡的穆夫提领导下复活了。1946 年 5 月，哈吉·阿明·侯赛尼（在法国免于起诉后）在法鲁克国王（King Farouk）的保护下抵达埃及，给巴勒斯坦的阿拉伯人带来了一阵鼓舞。“男人们笑逐颜开，互相握手拥抱，而女人们喜极而泣，唱起赞美之歌；每个村庄的院子里都燃起了庆祝的火焰。凝重的绝望让位于战斗的渴望，因为穆夫提虽然铸成大错，却体现了巴勒斯坦阿拉伯人抵抗的意志。”[20] 但派系斗争依旧大行其道，这是 1936 年至 1939 年发生的事件和过去的竞争遗留下来的问题。阿拉伯民族基金没能阻止土地出售，抵制犹太产品的呼吁也没成功。阿拉伯高级委员会的批评者们把它看作一个盲目护短的团体，遮掩其成员的失败，甚至是背信弃义。“我们已经听了二十年反对土地经纪人与土地出售者的言论，但这些人在每场民族主义集会中都坐在前排。”一位侯赛尼的反对者（他本人与犹太事务局有秘密接触）在雅法的一次集会中抱怨道——之后他的扬声器就被关了。[21] 哈吉·阿明的战时亲轴心国身份被犹太复国主义者广为宣传：他与希特勒或波斯尼亚穆斯林纳粹党卫军志愿者的合影抵得过万语千言，沉重打击了巴勒斯坦人的事业。[22]［1947年5月，在联合国某场辩论期间，阿拉伯高级委员会秘书长埃米尔·古力（Emile Ghouri）对犹太复国主义者提到的穆夫提在德国的经历不以为然。“犹太人质疑阿拉伯人精神领袖的过往，”他说，“而说出这些话的正是钉死基督教创始人的民族，这合适吗？”[23]］委员会分布在耶路撒冷、贝鲁特和大马士革这三个不同的城市，这阻碍了有效的沟通，其影响力在最近成立的阿拉伯国家联盟（League of Arab States，简称“阿拉伯联盟”或“阿盟”）面前也相形见绌，但阿盟的7个成员国[1]有自己的议程，其中大多数反对外约旦国王阿卜杜拉（King Abdullah），他对巴勒斯坦的觊觎路人皆知。[24]所有这些都意味着巴勒斯坦人对所谓委任统治“令人痛苦的尾声”几乎毫无准备。[25]

阿拉伯高级委员会面临着“在严重阻碍下几乎从零开始建立巴勒斯坦阿拉伯军事力量的艰巨任务”。[26]巴勒斯坦方面没有任何东西能与哈加纳的资源和组织相匹敌，没有与犹太人做斗争的总体计划，对另一方的能力既有低估也有夸大。阿拉伯人的努力也受到内部纷争的困扰：直到1947年1月，两个既有的准军事集团夫特沃（Futuwwa）和纳亚达（Najada）才合并为共同的阿拉伯青年组织（Arab Youth Organization）。[27]阿拉伯反抗军的老兵有军事经验，但只有几千人加入过英国军队，而且其中许多人被遣出或是开了小差。[28]12月，阿拉伯高级委员会在阿卜杜勒-卡迪尔·侯赛尼（穆萨·卡兹姆的儿子）的领导下成立了圣战军（JaySh Al-Juad Al-MuqADas，英文为Army of the Holy Jihad，缩写为AHJ），阿卜杜勒-卡迪尔被誉为“阿拉伯军官中最有能力、最英勇无畏的人”。[29]村镇里如反抗期间一样建立了民族主义的委员会组织。[30]他

［1］成员国为埃及、约旦、伊拉克、叙利亚、外约旦、沙特阿拉伯和也门。——作者注

们的军备是从邻国和欧洲购买的，但武器和军人很难按照需要分配。自愿从军的人并不常见。来自雅法一个富裕家庭的希沙姆·沙拉比（Hisham Sharabi）回忆往事时提到，他和其他家境良好的巴勒斯坦年轻人出国留学时并没有考虑即将发生的冲突：

> 我们总觉得有人会代表我们战斗。他们曾在1936年的起义中作战，将来还会继续战斗。他们是农民，不需要西方专业化的高等教育。他们天然的归宿就是这里，在这片土地上；至于我们知识分子，我们的位置在另一个层面上。我们战斗时，是对阵于思想的前线。我们从事着激烈的精神斗争。[31]

最初，阿拉伯人的军事行动主要是干扰犹太人的通信和交通，特别是攻占主要道路以及通往加利利和内盖夫的独立定居点的通道。海法、雅法、太巴列和耶路撒冷等混居城镇的犹太居民区遭到袭击。然而军事领导基本是地方性的。阿卜杜勒-卡迪尔抱怨武器、炸药和弹药短缺。防御也是一项弱点。缺乏医疗护理意味着本来可医治的伤情最后往往发展到需要截肢的地步。非巴勒斯坦部队由阿盟驻大马士革军事委员会设立的阿拉伯解放部队（ALA或Jaysh al-Inqadh al-Arabi）部署。它由5 000名志愿者组成，临时调派了法兹·考克吉麾下的叙利亚和伊拉克军事人员。1936年考克吉在巴勒斯坦北部打仗时，被称为“一名受欢迎的加里波第[1]般的黎巴嫩裔军官”。[32]然而，这支军队为士气低落、纪律涣散和后勤乏力所困，[33]考克吉和穆夫提也针锋相对。[34]来

[1] 朱塞佩·加里波第（Giuseppe Garibaldi，1807—1882），意大利将领，在南美洲和欧洲都参与过独立解放运动，被誉为“两个世界的英雄”，毕生致力于意大利的独立统一事业。擅长游击战和以少胜多。——译者注

自埃及穆斯林兄弟会的战士也从南方进入了这个国家。这些不同力量的统筹调度极其糟糕，“这可能是巴勒斯坦人最终失败以及哈加纳相对容易成功的最关键的原因”。[35] 一些城镇的驻军听命于阿拉伯联盟，另一些则听命于阿拉伯高级委员会。阿拉伯国家对巴勒斯坦人表现出了“傲慢……和轻蔑的态度”。雅法的居民对来自叙利亚哈马（Hama）的战斗人员的行为感到震惊，他们于3月抵达，“横行霸道，四处劫掠，然后迅速离开”。[36] 阿拉伯解放部队的官员则指责巴勒斯坦人是“叛徒、懦夫、间谍和土地问题上的投机者”。事实上，许多巴勒斯坦人不想打仗，他们与犹太邻居秘密达成了互不侵犯协定，反对侯赛尼，或是拒绝庇护外国部队。[37]

决定性的一年

元旦当天，哈加纳袭击巴拉德谢赫，暴力活动开始加剧。1948年1月5日的雨夜里，哈加纳炸毁了耶路撒冷卡达蒙的赛米拉米斯酒店，杀死了被误认为是阿拉伯“非正规军”的26名平民，其中包括西班牙总领事。高级专员艾伦·坎宁安爵士称这是“对文明的冒犯”，并询问本-古里安犹太人“想要如何为炸死无辜平民的罪行在世界舆论面前自辩”。本-古里安回答这次袭击是未经授权的行动。[38] 这件事使人们胆战心惊：“一整天你都可以看到人们携带财物，从他们的房子搬到卡达蒙更安全的地方或是另一个地区。”当地居民哈拉·萨卡基尼（Hala Sakakini）写道：

> 人们惊慌失措。犹太人抛下传单，散布谣言说他们会将卡达蒙变为一片废墟。看到人们离开时，我们试图鼓励他们留下来。

我们会告诉他们："你应该羞于离开。离开正是犹太人希望你做的事情；你一离开，他们就会占据你的房屋，然后有一天你会发现卡达蒙变成了另一个犹太区。"[39]

居民区里的每个人都感到"脆弱和孤独"。加达·卡尔米（Ghada Karmi）回忆说："男人们决定在道路两头搭起路障，并安排人值班。但只有五个人有枪，其余的人不知道如何使用武器。"这一努力一直持续到犹太武装人员开枪打死当值的人。[40] 两天后，伊尔贡的战士向雅法门投掷炸弹，这次死亡人数为 25 人。城镇西部的阿拉伯地区谢赫拜德尔（Sheikh Badr）、里夫塔和罗梅玛都发生了哈加纳袭击事件。1 月 31 日，本-古里安命哈加纳将东耶路撒冷的希蒙海扎迪克（Shimon haTsadik）地区流离失所的犹太难民安置在西部新近被遗弃的阿拉伯人的住宅中。第二天，巴勒斯坦人和英国军队的逃兵用炸弹袭击了犹太复国主义英文日报《巴勒斯坦邮报》的办公地，造成 20 名犹太平民死亡。

情况处处恶化。1 月的第一个星期，身穿英国制服的莱希特工在雅法钟楼广场上的大宫殿（Grand Serail）附近引爆了一枚卡车炸弹，那里是当地阿拉伯民族主义委员会总部所在地。28 名阿拉伯人因此丧生。1 月 8 日，阿拉伯解放部队第一批的 330 名志愿者抵达巴勒斯坦北部。9 日，索尔德（Szold）基布兹遭到了跨叙利亚边界而来的一场袭击，这场袭击是为了报复帕尔马赫此前对附近的希萨斯（Khisas）的血洗。1 月后半月，在耶路撒冷南部犹太人定居点集团古什艾其昂（Gush Etzion）的战斗中，帕尔马赫派去援救自卫者的 35 人小队全军覆没。这是一次毁灭性的打击，但"Lamed-Hay"（希伯来语的"35"）成了年轻人牺牲的代名词，数十年后仍被铭记。[41] 哈加纳还攻击了雅法附近的萨拉马（Salama）村。同时，数百名阿拉伯解放部队的军人跨过了叙利亚、黎巴嫩和外约旦的边界线。

巴勒斯坦平民开始逃离已经初现端倪的战事。1947 年 12 月初，哈加纳报告称，阿拉伯富人暂时迁往位于叙利亚、黎巴嫩和埃及的冬季住宅。[42] 另一些人则前往内陆村庄。到 1 月中旬为止，约有 1.5 万名阿拉伯居民，相当于雅法五分之一的人口，离开了这座城市。[43] 截至 1 月下旬，据估计有 2 万名海法居民放弃了自己的家园。毗邻耶路撒冷犹太区的阿拉伯村庄的居民也搬走了。[44] 阿拉伯高级委员会试图通过无线电广播进行劝阻，呼吁邻国政府不要接收逃离的巴勒斯坦人，并命令当地指挥官阻止人们离开。[45] 身在开罗的穆夫提敦促当地的民族委员会制止人们“逃离荣誉和牺牲之地”。[46] 但这种努力是混乱的，建议也往往相互矛盾。害怕袭击是所有战争中平民逃亡的主要原因，至少在这样一个阶段是如此，而犹太领导层没有忽视这一点。2 月初，本-古里安敏锐地注意到，阿拉伯人离开了西耶路撒冷。“你从里夫塔和罗梅玛进入耶路撒冷……不会遇见陌生人（阿拉伯人），”他告诉工人党的同事，“百分之百都是犹太人。我不认为这会改变。耶路撒冷发生的事情……在其他大部分地区也很有可能发生——如果我们坚持下去的话。”[47]

直到 2 月底，犹太武装仍基本处于守势，部分原因是担心英国的反应。阿拉伯解放部队对贝特谢安附近一个孤立的定居点的袭击被击退，阿拉伯人损失惨重。但也有明显的例外。2 月 15 日，帕尔马赫的部队袭击了加利利北部村落萨萨（Sasa），杀死 60 名村民并摧毁了 20 间房屋。帕尔马赫还炸毁位于凯撒利亚（Caesarea）的阿拉伯人的住宅，驱赶居民。在雅法，房屋连同还住在其中的人一起毁于爆炸。[48] 这种程度的行动究竟是出自哈加纳全国指挥和政治领导层的授意，还是当地自发决定的，没有人知道，然而其结果显而易见。

达莱特“防御”计划?

1948 年 3 月 10 日，哈加纳的指挥官们在特拉维夫举行会议，并在一份名为“D 计划”（Tochnit Dalet，达莱特计划）的文件中展望了战争的下一阶段。该计划的目的是在英国人撤离之前，牢牢把握犹太人控制的领土——无论在联合国分治界线之内还是之外。阿拉伯人如果抵抗，就将被驱逐出境；不抵抗，就留下接受军事统治。几十年后，关于这是否构成驱逐或“种族清洗”的总体计划，人们依旧莫衷一是。“种族清洗”这个术语出自 20 世纪 90 年代的南斯拉夫战争，是以色列的反犹太复国主义历史学家伊兰·佩普一部影响深远的著作的标题。[49] 以色列人和支持犹太复国主义的学者传统上将“D 计划”描述为防御性质的，认为巴勒斯坦人的流亡是意料之外的后果。巴勒斯坦知名历史学家瓦利德·哈立迪则持相反观点。[50] 本尼·莫里斯是研究这一关键性发展时期的“新”以色列历史学家，他认为“D 计划”确有实施，但只是以零散的方式执行的。莫里斯认为巴勒斯坦的难民问题是“由战争而非计划导致的”，[51] 这一观点得到了大量引用。尽管如此，人口“转移”思想的影响以及瞬息万变的形势下的军事战略考量，都使哈加纳的指挥官倾向于一有机会就清除阿拉伯人。他们使用的语言就很能体现这一点。哈加纳的内部文件中反复使用希伯来语的“tihur”（净化）一词，将“Matateh”（扫帚）和“Biur Chametz”（逾越节清扫）设为行动代号似乎也是受这种思维的启发。[52] 佩普和另一些人则认为，即使仅从莫里斯自己掌握的证据来看，这些记录也说明清除巴勒斯坦人的计划比莫里斯所承认的“更有预谋、更系统且更广泛”。[53] 没有任何已知的犹太高层政治磋商是明确地为了讨论驱逐阿拉伯人举行的，但许多驱逐事件确实是发生了。最终，结果远远超出了预料——远不只是后来史学争论的那点细微差别。

事态跌宕起伏，双方都经历过危难时期。3 月 23 日，阿盟军事委员会的伊拉克籍领导人伊斯梅尔·萨福瓦特（Ismail Safwat）将军（“老古董……英勇无比却蠢得难以言喻”[54]）警告说雅法、耶路撒冷和海法的阿拉伯驻军都处于防御状态，而掌握主动权的犹太复国主义武装还没有使出全力，“只是因为他们害怕英国人”。[55]事实上，到 3 月底，这三座城市中有许多富裕的和中产阶级的阿拉伯家庭搬走了，永远没再回来。与此同时，阿拉伯人的袭击沉重打击了犹太人的车队：在卡布里（Kabri）的阿拉伯村庄附近通往耶希阿姆（Yehiam）的道路上，46 名犹太人遇害。胡尔达和纳比丹尼尔（Nabi Daniel）的车队也蒙受了损失。

4 月是战争第一阶段的转折点。英国人即将撤离，耶路撒冷犹太区的粮食和水源供应岌岌可危，哈加纳继续进攻，占领了更多联合国方案中未指定给犹太人的领土。哈加纳还实施了“纳克萧恩行动”（Operation Nachshon），解救了途经巴布艾尔瓦德（Bab al-Wad）并穿越城市的车队，随后占领了位于山顶的阿拉伯村庄喀斯特尔（Qastel）——第一个被犹太军队占领的阿拉伯村落——驱逐居民并摧毁房屋。4 月 8 日，圣战军司令侯赛尼也在此处牺牲。第二天，他在群情激愤的气氛中被葬于阿克萨清真寺，埋在他父亲和麦加的谢里夫侯赛因身边。这对巴勒斯坦人的士气可谓雪上加霜，预示着更大的失败。[56]侯赛尼此前一直是阿拉伯人在战争中不可多得的英雄人物之一，此后也是如此。[57]后勤乏力也是阿拉伯人越来越明显的弱点：在喀斯特尔战役中，战士们在街道上买好子弹，然后乘坐一辆出租车到拉姆安拉为前线的同志们提供补给。[58]尽管在战争中首次使用了野战炮，阿拉伯解放部队对位于杰宁到雅法的道路制高点的米什马尔哈埃梅克的袭击还是失败了，再次重重受挫。哈加纳因而得以占领附近几个阿拉伯村庄，并在居民逃离或被驱赶到杰宁地区后在那里坚壁清野。

4 月 12 日，喀斯特尔村附近的卡鲁尼亚村也落入了帕尔马赫手中。“侦察兵继续向远方前进……来到了山顶”，一位随行记者报道称：

> 每个人都穿着绿色迷彩服。他们带着各种武器，包括斯特恩式轻机枪、步枪、机关枪和手榴弹；一些人随身携带着“步行对讲机”。他们像幽灵一样沿着瓦迪前进……突然，村子里似乎发生了爆炸。那是我们的迫击炮造成的，炮击引起的火灾导致了混乱……一阵仿佛撕裂了整个山坡的爆炸声猛然响起，伴随着惊恐的尖叫声。我们的突击部队和工兵们到达了他们的房屋……阿拉伯人从一开始就无力抵抗，很快便溃散了。半小时后，一切都结束了。[59]

这些都是决定性的日子。4 月 9 日星期五，即侯赛尼葬礼当天，戴尔亚辛发生的屠杀事件对阿拉伯人的恐惧和逃亡起了决定性影响。这个位于耶路撒冷西部边缘，以采石为业的村子里的居民们相信自己是安全的，因为他们的穆赫塔尔与附近吉瓦特沙乌勒的犹太区签订了不交战协议——这是几个协议之一。[60] 教师穆罕默德·阿里夫·萨姆尔（Muhammed Arif Sammour）回忆说：“有一个协议是这样的，如果他们的任何人攻击戴尔亚辛，犹太人会阻止并抓住他们；如果戴尔亚辛的任何人进犯吉瓦特沙乌勒，阿拉伯人也会阻止他们。”[61] 戴尔亚辛无法直接俯瞰特拉维夫的道路，也没有庇护为喀斯特尔而战的阿拉伯部队。它不是哈加纳的首要袭击目标，但地区指挥官还是“极不情愿地批准了”这次袭击。[62] 这场袭击是由多达 120 人组成的伊尔贡-莱希联合部队发动的，但当这些“异见者”遭遇了比预期更大的阻力时，帕尔马赫派了一个带着迫击炮和机枪的排前来支援。大多数居民逃走了，而幸存者描述了当时发生的处决、强奸和抢劫事件。来自哈加纳的情报表明：“征服这个村庄的行为惨无人道。全家人——妇女、老人、孩子，都被杀了……包括妇女和儿童在内的一些囚犯被转移到拘留场所，然后被捉拿他们的人残忍地杀害了。”[63] 囚犯们被装在卡车上游街示众，穿过耶路撒冷市中心，然后才被释放。多年来，根据红十字会的原始数据，普遍认为死亡人数为 240 人到 250 人。20 世纪 80 年代，巴勒斯坦的研究人员将死亡人数修改为 107 人，接近当时犹太人的证词所描述的情况。[64]

然而在当时，数字是否精确并没有影响。事件发生后，阿拉伯媒体和广播立即反复报道，附近村子的阿拉伯人惊惶逃亡，并引起了极大的反响。伊尔贡指挥官梅纳赫姆·贝京（Menachem Begin，他一直否认戴尔亚辛发生了大屠杀）后来写道：“这个传闻抵得上以色列五六个营的兵力。”此事对阿拉伯人造成的心理冲击怎样估计都不为过。年轻的耶路撒冷犹太人大卫·克罗扬科（David Kroyanker）回顾这件事对他家所在的雷哈维亚附近塔比耶的阿拉伯人的影响时说：“阿拉伯人怕得要命。饭菜还留在桌上（他们就逃走了），于是哈加纳请求我们社区里的人打扫房屋，以便犹太人入住。”[65] 戴尔亚辛作为犹太复国主义暴行的代名词，几十年来一直回荡在人们心中，至今仍是巴勒斯坦人抗争的口号。不久之后，又传来了另一场大屠杀的消息，位于太巴列西南部的希尔拜纳赛尔丁村（Khirbet Nasser ed-Din）的 22 名村民遇害。[66] 这次事件被称为“第二次戴尔亚辛”。[67]

复仇不久便至：4 月 13 日，阿拉伯战士伏击了一列车队，这列车队当时正开往希伯来大学所在的犹太飞地耶路撒冷斯科普斯山，其中有卡车、救护车、客车和装甲车。讲师、学生、护士和医生以及他们的哈加纳护卫队共78人，在英军的袖手旁观下被杀害。这次袭击造成了阿拉伯医生们的不安，[68]还加剧了阿拉伯人从耶路撒冷的集体奔逃。他们从巴卡南部的郊区、卡达蒙和曾经的德国殖民地撤离，道路上挤满了装载家用物品的货车。[69]汽油短缺意味着到安曼和大马士革的旅途成本飙升，因此只有富裕阶层和收到裁员补贴的前政府雇员才支付得起。[70]

在接下来的几个星期里，哈加纳部队继续攻城略地，犹太人节节获胜，这得益于从捷克斯洛伐克购买的步枪、机枪和弹药的到来。4月18日，太巴列沦陷，当地多达5 000名阿拉伯人和附近村庄的人因为害怕遭到戴尔亚辛的命运而逃亡，尽管他们过去与犹太居民一直关系良好。英国军队帮助组织了相对有序的撤离。[71]哈加纳部队随后占据了阿拉伯人的住处。[72]

海法——巴勒斯坦主要港口和第二大阿拉伯社区所在——在英国突然撤出阿拉伯区和犹太区之间的阵地后被占领了；人们最初以为英国人将在委任统治结束后再待三个月。零星的战斗持续了两个月：3月连续几天都发生了汽车炸弹袭击，双方伤亡惨重。富裕的阿拉伯家庭早已远去。4月22日，数千巴勒斯坦人逃往港口，登上向北前往阿卡和贝鲁特的船只。在随之而来的慌乱中，一些船拥挤不堪，与惊恐的乘客一起沉没，哈加纳迫击炮的炮火更是加剧了惨状。“我们突然听说英国在港区的军队准备保护所有在那里避难的人”，[73]一位当地人回忆道：

因此，我们一窝蜂地涌上了仍然在我们控制下的车道，前往港口。努力为自己开辟一条道路是极其艰难的。数百人堵塞了狭窄的小巷，互相推搡挤压，每个人都想拯救自己和自己的孩子。许多儿童、妇女和老人晕倒，被汹涌的人群践踏。就像是末日审判……犹太人切断了道路的谣言散布开来……我们惊慌失措地掉转方向。周围的人都在大喊大叫、咒骂、哭泣和祈祷。有一刻，传来另一个消息说道路畅通无阻，于是我们再一次向港口方向推进……在入口处，英国警察帮助我们带上孩子。但由于船只在仓促间过载，许多人被淹死了。

犹太市长沙卜泰·利维（Shabtai Levy）希望应急委员会的阿拉伯成员留下。但他们拒绝签署停战协议——可能是担心投降的耻辱——而选择撤离该市。被派往海法劝说阿拉伯人留下的犹太事务局成员果尔达·梅厄发现这里已然是一座“死城”，只有还在等待离开的妇女、儿童和老人。空空荡荡的家中，桌上仍然放着咖啡和面包。她想起了战争期间欧洲的犹太城镇。[74] 在与哈加纳军官一起检查瓦迪尼斯纳斯（Wadi Nisnas）社区的废弃公寓时，梅厄遇到了一位年老的阿拉伯妇女，她开始哭泣；梅厄也流下了眼泪。然而几周后，本-古里安表示，不希望难民在敌对局势结束前回归。[75]

海法的失陷迅速影响到附近其他阿拉伯社区。雅法也遭遇了类似的命运。伊尔贡的战士于 4 月 25 日袭击了被特拉维夫包围的埃尔曼西亚。在迫击炮的弹雨中，哈加纳从东部和南部进攻，横扫了附近的村落。难民再一次通过海路逃亡，奔往加沙。萨拉赫·哈拉夫（Salah Khalaf）当时仅是一个 15 岁的男孩，他回忆当时感受到的恐慌时说：“我被眼前的景象震撼到了，那么多男人、女人、老人和孩子带着沉重的手提箱或包裹，在令人不安的喧哗中吃力地来到雅法的码头。哭泣声和呻吟声交织在一起，然后都被震耳欲聋的爆炸声打断。”[76] 还有个人名叫法耶兹（Fayiz），他在伊尔贡袭击当天弃家而逃：

> 每个人都在哀泣，到处都是一片混乱。我和我的兄弟跑遍了整个城镇，试图找到卡车，但一辆可以用的都没有。那些卡车不是载满了人，就是已被烧毁，躺在路边。还有许多死驴也倒在路旁，身上仍系着它们拉的车。我们随后去了海边，但那里显然找不到逃离的机会。最后，我们发现了一辆卡车，我们一家和另外三人爬了上去。我们只带了一个行李箱，其他东西都留在家里……我们花了七个小时才到晚上睡觉的地方迈季代勒（Majdal，将近30英里外）。第二天早晨，我们前往加沙。这就是我们的全部：我们所有人和一个行李箱。[77]

16岁的沙斐格·豪特（Shafiq al-Hout）挤在一艘开往贝鲁特的希腊船的甲板上。“我还记得，我看着雅法从视线中消失，直到周围除了水什么都没有，”他回忆道，“从来没有想到，我再也见不到它了。”[78]到5月14日哈加纳部队进入时，雅法只剩下了三四千个居民。这座城市并没有被征服，而是被放弃了。起初，胜利的伊尔贡战士“只为他们的女友搜刮衣服、裙子和首饰，但很快便开始不加区分地进行掠夺。雅法所有可以移动的东西都被搬走了——家具、地毯、图画、陶器、瓦罐、珠宝和餐具等等。雅法的占领区被洗劫一空。……无法拿走的东西都被毁了。窗户、钢琴、配件和灯通通遭了灭顶之灾”。[79]虽然阿拉伯人主导的雅法拥有相对强大的地方机构，但社会动荡削弱了它们在令人恐慌和痛苦的全面战争中的效力。[80]

加利利东部的萨法德是5月10日被征服的下一个“混居”城镇。因为数以千计的居民被驱逐，那里的阿拉伯住宅区已被清空。派珀“小熊”（Piper Cub）飞机轰炸周边河谷，加速了逃亡的进程。那里的战斗“是巴勒斯坦人普遍存在的弱势、混乱以及分崩离析的状态的一个绝佳示例”。[81] 指挥帕尔马赫的伊加尔·阿隆组织了一场“流言蜚语运动”，以恐吓巴勒斯坦人，让他们离开该地区，他还让当地的犹太穆赫塔尔警告他们的阿拉伯联络人赶紧逃跑，其实只要犹太增援部队尚未抵达，阿拉伯人一直都能离开。这个伎俩见效了：成千上万的人离开家园，废弃的村庄被烧毁。在贝特谢安，留下来的居民被驱赶着穿过约旦或进入拿撒勒。海法的命运就在眼前，阿卡士气低迷，被围困后也陷落了。当地守卫者分裂为穆夫提的支持者和反对者两派。13 400 名居民中只有 3 000 人留下，其他人在城破后离开了。[82] 哈瓦·凯勒（Hava Keller）是一名波兰出生的年轻女子，效力于哈加纳。她走进一间刚刚被弃置的阿拉伯公寓，看到了一双婴儿鞋，不禁为这个孩子日后的命运感到担心。[83]

哈加纳发动攻势，攻占了巴勒斯坦的许多地区，这些地方本该在英国撤离后被邻近的阿拉伯国家的军队占领。5 月 11 日，吉瓦提旅[1] 在南部突袭了拜特达拉斯（Beit Daras），其居民逃往阿什杜德（Isdud）。在相邻的一个村庄，穆赫塔尔的屋子被炸毁，4 人被处死。哈加纳的报告称：“现在这是一场群体性的精神错乱和大规模逃亡。阿拉伯人在犹太人尚未采取任何行动之时，仅仅因为他们即将遭受袭击的谣言，就放弃了他们的小村庄。”[84] 截至 5 月中旬，已有 25 万到 30 万巴勒斯坦人逃离或被逐出家园。

[1] 1948 年以色列国防军组建 6 个正规步兵旅，分别为戈兰尼旅（Golani Brigade，第一旅）、卡尔梅里旅（Carmeli Brigade，第二旅）、亚历山德罗尼旅（Alexandroni Brigade，第三旅）、基尔亚迪旅（Kiryati Brigade，第四旅）、吉瓦提旅（Givati brigade，第五旅）和埃齐奥尼旅（Etzioni Brigade，第六旅）。其中许多是哈加纳等组织的已有军事力量。——译者注

侵略，独立，浩劫

战争的第二阶段于 5 月 15 日开始。那时，英国人已经按照计划最终撤离了。高级专员坎宁安从海法港口启程离开，这一场合的正式性掩盖了英国占领此地 30 年后灰溜溜地撤离的事实。巴勒斯坦已陷入战火。前一天晚间在特拉维夫博物馆举行的仪式上，以色列主权国家郑重宣布成立，这是成立代表大会半个世纪以来，犹太复国主义运动至高无上的成就。大卫·本-古里安代表临时政府宣读了《独立宣言》，激起了一片"欢腾"，但他的同事大卫·霍洛维茨（David Horowitz）回忆时称，"其中混杂着忧惧"。[85] 美国和苏联在数小时内都承认了这个新的犹太国家。本-古里安担任总理兼国防部长。

四个阿拉伯国家的部队谨慎地等到英国委任统治结束，开始了入侵。巴勒斯坦人的崩溃、阿拉伯国家联盟的失败以及源源不断的难民使这些国家别无选择，然而约旦、伊拉克、叙利亚和埃及四国的干涉在理念和执行方面各执己见，言行之间有着令人窘迫的鸿沟。阿拉伯联盟的埃及领导人阿卜杜勒-拉赫曼·阿萨姆帕夏（Abdel-Rahman Azzam Pasha）警告即将发生的冲突是"一场灭绝和杀戮的战争"，然而他的话语被扭曲和滥用，在犹太复国主义关于纷争的叙述中被大肆渲染。[86] 时任叙利亚总统的舒凯里·库阿特利（Shukri al-Quwatli）提起了阿拉伯人长期与十字军斗争的过往。埃及宣布它正在采取行动"重新确立安全和秩序，结束犹太复国主义恐怖分子对阿拉伯人乃至人类所犯下的大屠杀罪行"。[87] 犹太人"并不清楚阿拉伯人真正的军事能力……把阿拉伯人的宣传当了真，为最坏的情况做准备，并做出相应的反应"。[88] 在纳粹大屠杀之后，生死存亡的威胁感实在是太真实了。

阿拉伯人最初的计划是集中力量进攻巴勒斯坦北部，以期攻克海法。黎巴嫩本想参与，但在最后一刻退出了。但更重要的是，阿卜杜拉国王宣布约旦将派兵前往拉姆安拉、纳布卢斯和希伯伦，也就是日后的“约旦河西岸”（West Bank），表明他正试图避免与犹太人发生战争，避免进入联合国分配给犹太人的地区如内坦亚和哈代拉等。这似乎证实了哈希姆家族和英国人与犹太复国主义者之间相互勾结的嫌疑，导致开罗改变了计划。埃及人原本准备让部队沿海岸前行到加沙、阿什杜德甚至直抵特拉维夫。但现在，因为担心哈希姆的野心，他们增加了第二条入侵路线，使军队穿过别示巴，向东前往希伯伦地区，这明显是要和阿卜杜拉国王划清界限。然而到了5月底，他们在两条线路上都已精疲力竭。以色列人在约旦河谷遇到的只有伊拉克和叙利亚的部队——该地区也在联合国划分的犹太国范围外——但当时没有任何埃及人。伊拉克驻扎在盖勒吉利耶（Qalqilya）的部队什么也没做，并告诉迷惑不解、前来询问原因的巴勒斯坦人：“maku awamir”——这在伊拉克阿拉伯方言中的意思是“我们没有接到命令”。[89] 沙特和也门也象征性地部署了军队。

5月19日，约旦阿拉伯军团抵达耶路撒冷帮助巴勒斯坦战士，人们欢呼雀跃，热烈欢迎他们。装甲车顺利通过耶路撒冷老城的小巷，加强了防御工事。在犹太区两个古老的犹太会堂被破坏后，犹太人投降了。哈加纳的战斗人员被作为战俘带到外约旦，平民则被释放。劫掠随之开始。“轰炸摧毁了房屋……剩下的东西被洗劫，一群阿拉伯妇女儿童进入了犹太区，他们大部分来自周边村庄。他们拆下了百叶窗、半烧毁的门、栅栏等等，并将这些东西拿去阿拉伯人的市场贩卖或是带回他们在城外的村子。”[90]

在耶路撒冷和其他地方，阿拉伯人的入侵都给犹太部队制造了难题。然而，这与其说拯救了巴勒斯坦人，不如说加剧了他们的困境。因为他们失去了更多的领土，更多的巴勒斯坦阿拉伯人成为难民。随着档案的解密和旧叙述受到的挑战日渐增多，人们对这场战争的了解日益深入，但英国作家克里斯托弗·赛克斯在20世纪60年代中期得出的结论依旧难以超越："与对手的上下一心截然相反，阿拉伯军队毫无准备、一盘散沙甚至彼此敌对，这断绝了他们获胜的可能性。"[91]穆萨·阿拉米自20世纪30年代起就是本-古里安的阿拉伯联络人，他更直截了当地说："很明显，我们（阿拉伯人）在这场战斗中的目标是各种各样的，而犹太人完全是为了获胜。"[92]用巴勒斯坦学者巴扬·努瓦希德·豪特（Bayan Nuwayhid al-Hout）的话来说："犹太军队打仗时，梦想着他们的国家，而阿拉伯领导人命令他们的军队打一场有限战争时，梦想和祈祷着停火。"[93]

以色列军队征服了更多领土。5月15日之后的一个月里，亚历山德罗尼旅扫荡了特拉维夫和海法之间沿海平原上的60多个阿拉伯村庄。[94]22日在坦图拉（Tantura），14名以色列人和70多名阿拉伯村民遇难。[95]后来的记录表明了处决的总体情况，但有一名研究人员声称多达225名巴勒斯坦人被杀。[96]31日，代替侯赛尼出任阿拉伯高级委员会军事总指挥的阿里·哈桑·萨拉迈（Ali Hassan Salameh）的去世又一次打击了巴勒斯坦人的士气。

6月10日，在联合国的监督下，双方开始为期四周的休战。[97]下一阶段的战斗——被称为"十日战争"——发生在7月中旬。那时，新近得名的以色列国防军（IDF）在"'阿尔塔列纳号'事件"（Altalena Affair，以色列国防军在特拉维夫附近向一艘为伊尔贡运送弹药的船开火，导致19人死亡）发生后，吸收了哈加纳、帕尔马赫、伊尔贡和莱希的"异见者"，已有6.5万武装人员。本-古里安因为在新国家成立的最初几周就采取了这样雷厉风行的铁腕手段而备受称赞。

以色列人在加利利和联合国划分给阿拉伯人的特拉维夫—耶路撒冷“走廊”取得了新的胜利。在北部，逃亡的巴勒斯坦人被告知他们无法返回自己的村庄。7 月 16 日，拿撒勒被攻克，但其居民并未被驱逐，可能是因为本-古里安对这个基督教圣地较为敏感。附近的大村庄萨弗里亚（Saffuriya）在此前一天就沦陷了，从沙法阿米尔（Shafa Amr）向西流亡至此的逃难者与惊慌的当地人形成了庞大的难民群。这里的居民们将永远记得以色列人用两架奥斯特农药喷洒飞机投掷炸弹的恐怖。[98] 在阿依鲁特（Aylut），以色列部队炸毁了发现藏有武器的房子，并在橄榄园中杀死了 16 名年轻人。[99]

这一时期最重要的事件是“丹尼行动”（Operation Dani）。该行动的目的是夺取位于巴勒斯坦中心地区的阿拉伯城镇吕大和拉姆勒（Ramle）——都是分配给阿拉伯国家的地方——以及清除从特拉维夫到耶路撒冷的道路附近最后几个阿拉伯人控制区。7 月 12 日，以色列部队以为战斗结束，却碰上了阿拉伯军团的一支小队，引发了一场看起来像武装起义的斗争。在随后发生的交火中，约有 250 名藏身于清真寺中的巴勒斯坦人被以色列国防军伊夫塔旅（Yiftah Brigade）的人杀死。这是“一个恐慌的信号，表明人们对部队掌握城市的能力缺乏信心，也说明部队缺乏管理平民的经验”。[100] 以色列参与者后来的目击证词使此事长期受人谴责。[101] 这也是本次战争中最大的暴行。

同样臭名昭著的是，本-古里安随后命以色列军官伊扎克・拉宾[1]驱逐 5 万名巴勒斯坦人。后来拉宾称，总理打着手势粗鲁地说：“赶走他们。”[102] 拉姆勒的居民被赶了出去，而他们在吕大的邻居则被迫在

[1] 伊扎克・拉宾（Yitzhak Rabin，1922—1995），以色列前总理，曾服役于以色列国防军，担任过以军总参谋长，后成为首位被刺杀的以色列总理。——译者注

斋月当中顶着炎炎烈日行走数英里，前往阿拉伯军团竭力提供庇护和物资的前线。不知多少难民因力竭或脱水而死。来自吕大希腊东正教社区的医学生乔治·哈巴什[1]从未忘记他目睹的事："3万人边走边哭，惊恐地叫喊着……妇女抱着婴儿，孩子牵着她们（的裙角）走着，以色列士兵将武器对准他们的背部……一些人倒在路旁，一些人没有再起身。这太可怕了。"103 拉宾在回忆录（尽管最初曾经过审查，但原始版本很快流出）中写道：

> "驱赶"是一个残酷的说法。从心理层面来说，这是我们所做的最艰难的事情之一。卢德[2]的人们并不是心甘情愿地离开的。若非武力和鸣枪警告，他们不会步行十几英里，直到遇到军团。104

据估计，仅在这10天内，就另有10万名巴勒斯坦人成为难民。105 "感觉很糟糕，但我们自欺欺人地认为下周就会回来"，来自海法以南的伊齐姆（Ijzim）的阿布·纳伊姆（Abu Naim）回忆道：

> 我们并不觉得事情有那么糟糕，因为我们认为会在一两周后回来。发生了什么？人们想象这是暂时的，就像它是暴雨或洪水造成的。我们离开一周，然后洪水就结束了。正是这种感觉导致了这场灾难。106

[1] 乔治·哈巴什（George Habash，1926—2008），解放巴勒斯坦人民阵线第一任总书记。——译者注
[2] 卢德（Lod），原称吕大。——译者注

在联合国的压力下，7 月 18 日双方开始无限期停火。以色列虽然继续发起各种行动，但声称并未违反这一休战协定。8 月下旬，又有好几群阿拉伯人被驱逐。9 月，斯特恩帮——他们的行动仍然独立于以色列国防军之外，理由是耶路撒冷不是以色列的一部分——在联合国调解员福克·伯纳多特（Folke Bernadotte）访问耶路撒冷时刺杀了他，以色列人在国际上陷入窘境。在伯纳多特这位瑞典伯爵的计划中，这座城市应该按照最初的分治方案，处于国际监管之下。

第三阶段

在 1948 年 10 月至 1949 年 1 月的第三轮战斗中，以色列将埃及的军队从内盖夫北部以及位于海岸的阿什杜德和迈季代勒赶出，并在加利利征服了更多的领土。在南部，巴勒斯坦人与撤退的埃及人一起逃离。许多人已经离开阿什杜德，但扎里法·阿特万（Zarifa Atwan）和她的家人一直待到以色列部队抵达：

> 看着男女老少匆匆离去，用手推车或布包装着他们能带上的一切，真是太令人难过了……突然间，我们听到很多卡车进入村庄，空中响起了枪声。我们还听到了来自扩音器的声音，于是赶到村子广场看发生了什么事。是以色列人，他们用阿拉伯语说："离开你的家去加沙，你就是安全的。如果你不走，我们会杀了你。"人们开始惊慌失措。没人知道该怎么办……然后我们就听到了枪声——以色列人杀死了在他们射击范围内的两个村里的男人。他们死在一片血泊中，他们的女人和孩子们歇斯底里。村民们像牛一样被赶进以色列的卡车里，杀人事件使他们沉默而顺从，每

个人都惊骇莫名。我们也上了卡车。没有时间收拾东西了，我们所拥有的只是身上的衣服，周围充满了妇女的哀号和以色列迫击炮爆炸的声音。[107]

以色列目击者的记录中很少提到对巴勒斯坦人的驱逐。令人瞩目的是，对它最鲜活的描绘出自作家兼以色列国防军情报官员伊扎尔·斯米兰斯基的小说《希泽废墟》，它提供了一份代表性叙述，对迈季代勒附近一个村庄以及妇女、儿童和老人遭到的驱逐进行了有力的刻画。[108]“流亡两千年，”叙述者使用了简单粗暴、口语化的希伯来文，“就是整个故事。犹太人被杀害。在欧洲。我们现在是主人了。”这个短小的故事留下了一长串激烈的争论。[109] 在后来的几年，随着禁忌逐渐褪去，其他参加1948年战争的退伍老兵公开了自己的真实经历。尤里·阿弗纳瑞那时候也在南部的前线战斗，他后来反思道：“我们从一个村庄转移到另一个村庄，却从没考虑过几小时或几天前还居住在那里的人们，以及他们的生活、他们的过去……拜特达拉斯，拜特阿法（Bayt Affa）……对我们来说这些名字都一样，都是贫穷、肮脏的异族村落。”[110]

别示巴丁10月21日落入以色列人手中，它余下的居民被驱逐到加沙，那里已满是躲在树下、学校和清真寺里的难民。[111] 居民们不是在战斗开始前就放弃村庄，便是在几发迫击炮或几梭子弹的威胁下仓皇撤离。虽然书面命令很少，但是驱逐确实发生了。[112] 10月逃离但在11月返回的难民被围捕并被驱逐，他们的村庄在大火中化作焦土。10月底，在希伯伦山区的达瓦米亚（Dawamiya），以色列部队屠杀了80至100名巴勒斯坦人，其中包括妇女和儿童，引发了一阵毫无结果的内部调查。以色列的文件对这一暴行的记述没有给人留下多少疑问，不过阿拉伯方面声称受害者人数要多得多。这是战争最后阶段最惨绝人寰的大规模杀戮。

“海勒姆行动”（Operation Hiram）使以色列在加利利东部——同样是由联合国分配给阿拉伯国家的土地——开疆拓土，与那时已经士气低落的阿拉伯解放部队作战。位于巴勒斯坦与黎巴嫩边境之间的几个村庄也被占领。在胡拉，以色列军队杀死了数十名当地男子。此外，在艾拉本（Eilabun）、塞夫萨夫（Safsaf）和吉什（Jish）发生的暴行促成了3万多巴勒斯坦人的逃离，其中大部分人逃往黎巴嫩。驱逐阿拉伯人可能不是一项正式政策，但许多人被“鼓励”这样做，特别是在本-古里安和当地以色列国防军指挥官见面后。指挥官指示属下：“尽你所能，根据已发布的命令，立即迅速清理被征服地区的所有敌对分子。被征服地区的居民应该在协助之下离开。”[113]

其后果取决于当地具体情况，包括阿拉伯村庄与邻近犹太定居点之间的关系：吉斯尔扎卡（Jisr al-Zarka）和法拉迪斯（Faradis）两个村庄长期为奇科隆雅科夫和本雅明那（Binyamina）的葡萄园提供劳动力，因此没有被清扫。德鲁兹派的村庄都得以幸免，而且基督徒的待遇通常比穆斯林好。邻近耶路撒冷的阿布高殊与哈加纳关系紧密，因此基本没有损失，而附近其他村庄则被清空。法苏塔（Fassuta）没有抵抗就投降了，居民们将他们的武器上交给了以色列国防军，并且免遭驱逐，这可能是因为一个为卷烟公司工作并想继续购买当地烟草作物的犹太人进行了介入。相比之下，邻村戴尔卡兹（Deir al-Qasi）已空无一人。[114]在拿撒勒地区，24个村庄里有20个获准让居民留下来；但在萨法德和太巴列周边，大多数村庄的居民都不能留下。据不同消息来源统计，总体伤亡人数估计为巴勒斯坦人1.3万名，埃及人1 400名，伊拉克和约旦各数百名。以色列的死亡人数为4 000名士兵和2 400名平民，约占整个犹太人口的1%。[115]

以色列人对巴勒斯坦人的离开毫无歉意，不管他们是被驱逐的还是自己逃命的。莫迪凯·巴昂（Mordechai Bar-On）现在是以色列国防军的一位连长，秋季他在埃及前线作战时，远远望到了这样的场景：数千名难民在加沙附近的沙丘上跋涉，他们都在他的射程之外。

> 尽管如此，我还是把机枪架在一座土堆上，向着他们的方向打空了整整一腰带子弹。没有人会受伤，我无意伤害任何人。这是一个象征性的举动，向巴勒斯坦人传达了一个信息：现在你们已经离开了，再也不能回来了，你们必须离开。[116]

1948年巴勒斯坦人的命运问题从一开始就是争论的焦点，掺杂着宣传、辩论和白热化的愤怒。但关于纳克巴的核心**史实**，以及关于被驱逐或逃离的巴勒斯坦人的人数统计（70万至75万之间），比以往任何时候都少有异议。根据一项现代研究，有225个地方发生了驱逐事件，这个数据主要来源于口头证词。[117] 许多被驱逐的居民相信他们只是暂时离开。南部内格巴（Negba）基布兹的穆赫塔尔建议邻村拜特阿法的村民挥舞白旗。拜特阿法的穆赫塔尔拒绝了，随后全村遭到了攻击和驱逐。[118] 以色列长期称入侵的阿拉伯国家曾通过广播或其他渠道呼吁巴勒斯坦人逃离，但没有证据支持这种说法。[119] 莫里斯总结道："总的来说，在整场战争中，大多数地方出现逃亡的最富决定性的终极因素是（犹太人的）……袭击和居民对'即将到来的袭击'的恐惧。"[120] 即使在当时，一些犹太人也拒绝认同声称巴勒斯坦人应该为自己的命运负全责的官方说法，指出这是以色列政府做出的决定。"阿拉伯人留在拿撒勒、迈季代勒和阿什凯隆（Ashkelon），是因为我们想让他们留下来，”犹太复国主义者的马克思主义报纸《每日卫报》(*al-Hamishmar*)的编辑埃利泽·佩里（Eliezer Peri）观察到，“而阿拉伯人在其他地方不能留在原地，无疑是因为人口转移的支持者发挥了巨大作用。”[121]然而，就意义的重要性而言，具体的情况并不能改变1948年零和冲突的大局。用巴昂的话来说：

> 除了巴勒斯坦人离开不同村庄的不同方式这些细节外，我们必须干脆地承认，如果犹太复国主义者从未到过巴勒斯坦，那么悲剧就不会发生。如果19世纪末的犹太人没有着手推动在他们的“应许之地”重聚犹太民族的计划，那么所有在难民营中苦苦挣扎的难民仍将居住在他们逃离或被驱逐的村庄里。此外，我们必须意识到，当人们出于恐惧和惊慌逃离时，他们很难说是心甘情愿的。[122]

然而，决定性的因素一直是并且仍然是以色列政府拒绝让难民返回他们的家园和土地。这才是1948年战争及其后果最显著的特征。

到1949年7月以色列与埃及、约旦、黎巴嫩和叙利亚签署停战协议时，以色列已经控制了78%过去委任统治下的巴勒斯坦领土——相比20个月前联合国所分配的55%有了大幅增加。约旦占据了约旦河西岸，包括东耶路撒冷以及那里的犹太人、穆斯林和基督徒的圣地。停火线因为在联合国地图上用绿色墨水标注而被称为“绿线”。加沙地带由埃及管辖。在这个绝望的低谷中，巴勒斯坦人政治上的分裂以及社会上和军事上的弱势，因为这两个阿拉伯国家之间越来越激烈的竞争而加剧恶化：法鲁克国王支持穆夫提在加沙领导的完全由巴勒斯坦人组成的短命政府，而阿卜杜拉国王召开杰里科会议，呼吁统一约旦河的东西两岸。中东的地图发生了变化。以色列成为一个现实，阿拉伯人的巴勒斯坦不复存在。

第八章

1949—1953

巴勒斯坦人的当代史来到了一个关键节点：1948 年。在那一年，一个国家和它的人民从地图和辞典中消失了。它的新主人说，“巴勒斯坦人不存在”。从此以后，巴勒斯坦人往往被模糊的术语草草指代，比如“难民”，或是（在提到少数逃过全面驱逐的人时所说的）“以色列的阿拉伯人”。他们漫长的缺席时代拉开了帷幕。

——伊莱亚斯·桑巴（Elias Sanbar）[1]

何为灾难

在 1948 年毁灭性灾难的余威中，巴勒斯坦人发现自己难以理解降临到头上的灾难规模究竟有多大，他们个人的困境盖过了更大的背景，他们的声音几乎无人聆听。在历时 20 个月的过程中，战前原有的阿拉伯人近半已逃离或被驱逐出境；350 到 400 个村庄变得空空荡荡，其中许多被摧毁或用来安置犹太移民。在有些地方，一个个家庭被分隔在停火线两端，15.6 万名巴勒斯坦人留在新的犹太国家内，成为少数民族，占其总人口的15%。他们中的7.5万人被归类为国内难民，还有些人开始以一种古怪的说法称呼这些失去了家园和土地的人："在场的缺席者"。[2]"我怎能不把这称为一场纳克巴？"历史学家阿里夫·阿勒阿里夫（Arif al-Arif）在他关于这个问题的鸿篇巨制的开篇便如此诘问道，"那时我们阿拉伯人，特别是巴勒斯坦人，面临一场几个世纪以来未曾经历过的浩劫：我们的家园被窃取，我们被驱离故乡，我们失去了无数的孩子。"[3]其他人将这比作一场地震或是洪水，但以色列人类学家埃弗拉特·本-泽埃夫（Efrat Ben-Zeev）认为，只有在"洪灾过后，大水退去"的情况下，以自然灾害为比喻才能成立，"但战争结束后，征服者不一定会撤离"。[4]

在以色列境外，难民分布于约旦占领的约旦河西岸、埃及管理的加沙地带——那里的人口较原有的翻了一倍——黎巴嫩和叙利亚的临时营地以及埃及和伊拉克的更遥远的地区。他们大多是未受过教育的农民。最初，他们受到国际红十字会的照顾，后来从1950年5月起由联合国救济和工程处[1]负责。有些地方的难民被安置的地方与被遗弃的家园近在咫尺：来自耶路撒冷地区的巴勒斯坦人发现自己在伯利恒南部的德哈伊什（Dehaisheh）难民营；来自巴勒斯坦中部的人们则处于拉姆安拉附近的贾拉佐尼（Jalazoun）难民营。《经济学人》1948年10月报道称，"山区最震撼人心的景象发生在耶路撒冷以北的比尔泽特（Bir Zeit）"：

在那里，约有1.4万赤贫人口被安置在一阶又一阶的橄榄树

[1] 联合国救济和工程处，即1950年5月开始正式运作的"联合国近东巴勒斯坦难民救济和工程处"（United Nations Relief and Works Agency for Palestine Refugees in the Near East, UNRWA）。——译者注

梯田中——每户家庭分到一棵树——他们不得不吃树皮，烧掉那些原本意味着几代人生计的活树。在这里和纳布卢斯，能供给新生儿的奶水极少，堕胎似乎成了他们最好的出路。[5]

来自阿什杜德和南部村落的难民就在几英里外位于加沙海岸的英国军营旧址上的贾巴利亚（Jabaliya）和沙提（Shati）的难民营里。从拜特阿法来的乌姆·贾布尔·薇沙（Um Jabr Wishah）在努萨拉特（Nusseirat）难民营的恶劣条件下，失去了她的长子。[6]以色列情报人员在1948年12月报告称："在迈季代勒东部，许多人住在麻布袋做的窝棚中。还有些地方的人用罐头搭成棚屋。一些家庭出售他们的财物，但大部分人无甚可卖。父亲们想方设法要将女儿们嫁出去。物价下降了……通常没人会支付聘礼，因为父母们很乐意能够少喂几张嘴。许多妇女儿童都出去乞讨。"[7]埃及政府提供了数百个帐篷，但仍有大量难民居无定所。燃料是如此稀缺，以至于人们用上了一切可用的木材，包括铁路枕木。[8]来自加利利的巴勒斯坦人住在黎巴嫩的提尔（Tyre）附近的3个难民营里，位于边界以北15英里。他们缺少自来水、电力、污水处理系统等基础设施，即使他们的帐篷已被有着瓦楞铁屋顶的泥砖小屋取代。[9]马塔尔·阿卜杜勒拉希姆（Matar Abdelrahim）于1948年11月抵达叙利亚，他回忆道："我们被迫屈服和分离，一切都要依赖他人。我们不得不去求人，甚至是为了面包——这曾是我们的主食，我们的家人过去每天都会烘焙的食物，原料来自我们种植和收获的作物。怀旧支配着我们的思想，渴望在我们心中燃烧，但最终饥饿迫使我们继续生活。"[10]

一去不返

以色列迅速申明不会允许难民返回。早在1948年6月，当时已是外交部长的摩西·夏里特（Moshe Sharett，就是曾经的谢尔托克）写道：

> 巴勒斯坦当代史上最引人注目、比犹太国家的创建更加壮观的事件，是阿拉伯人的大规模撤离。于是长久而彻底地解决犹太国家最大困扰的机会出现了……它是如此意义深远，令人喜不自胜。

将现状复原是“不可设想的”。[11]哈伊姆·魏茨曼即将担任以色列总统这一基本属于仪式性的角色，他称阿拉伯人的撤离“奇迹般地简化了我们的任务”。到了7月，反对难民回归已经成了官方政策。夏里特告诉以色列的外交官，这个问题只能在与阿拉伯国家和平共处的背景下，结合阿拉伯国家没收犹太人财产的问题来决定。不久之后，他向魏茨曼解释了这一立场：

> 在战争期间，我们决定对难民采取不可动摇的态度。回归潮一旦开始就会势不可当，它将毁灭我们。至于未来，我们将同样坚定不移——我们暂时不会正式拒绝任何可能性——寻求机会，一劳永逸地摆脱原本威胁我们的庞大的阿拉伯少数群体。一旦情况稳定下来，我们就无望实现在动荡之中能够达成的目标了。[12]

9月，犹太民族基金会的约瑟夫·魏兹被任命为“转移委员会”

的主席。魏兹急于阻止难民返回，他力劝哈加纳驱逐贝特谢安地区和海法附近的阿拉伯农民，并极力要求摧毁那些未被用作犹太定居点的废弃村庄。另一个委员会则认为，难民应为自己的逃亡负责，绝不能允许其返回，它还制订了在阿拉伯国家重新安置他们的计划。[13] 以色列官方关于巴勒斯坦人出逃原因的叙述迅速深入人心，还被《纽约时报》的肯尼思·比尔比（Kenneth Bilby）等有影响力的外国记者所采用。[14] 9 月中旬，在被斯特恩帮暗杀的前一天，伯纳多特伯爵如实地将巴勒斯坦人的出逃原因归结为“战斗……以及真真假假的关于恐怖活动或驱逐行为的流言……造成的恐慌”。他认为，“如果这些无辜的冲突受害者在犹太移民涌入巴勒斯坦的同时被剥夺了返回家园的权利，这有违基本的公正原则，并且有可能造成阿拉伯难民被永久取代，而这些人几百年来一直扎根于这片土地”。[15] 12 月，联合国大会通过了第 194 号决议，该决议将难民回归作为达成和平协议的先决条件，并要求赔偿那些选择不行使这项权利的人。关于难民回归的争执毫无结果。将这个问题与全面解决方案联系起来的讨论也无甚诚意：以色列知道，找不到解决难民问题的办法，它与阿拉伯国家之间就无法实现和平。[16]

战后，难民们确实曾设法返回，但任何未经许可进入以色列的人都被称为“渗透者”——这种新奇的语言用法是为了洗白事实。后来，希伯来词语“mistanenim”（渗透者）被用来形容当时已被视为**外部**威胁的巴勒斯坦人，他们被视为不断产生敌意且彼此没有差别的一般阿拉伯敌人。这种认知在战后到来的大批犹太移民身上体现得尤其明显。这些新来的人不了解建国前的真实情况，认为阿拉伯人是潜伏在停火线之外的邪恶存在，渴望破坏他们筚路蓝缕建设的新生活。他们没有看到犹太人和阿拉伯人这两个民族之间为同一块地盘而进行的斗争；

他们看到的是阿以冲突，是以色列与阿拉伯国家之间的矛盾。[17]

战争使人铁石心肠。1948 年年底，在加沙附近的以色列国防军服役的莫迪凯·巴昂写道："那些孤注一掷要破坏我们新国家的阿拉伯人是不可能回来的。"[18] 1948 年以后，许多冒着生命危险尝试越过停火线的巴勒斯坦人都是农民，他们出于饥饿、对土地的依恋和焦灼的不平之心，试图靠近家园，收获庄稼。[19] 返回的巴勒斯坦人中确实有杀人的和搞破坏的，但贫困和绝望驱使下的走私者和盗窃者要常见得多。"我们来到黎巴嫩，而生活并不像预期的那样，"正如贝鲁特的沙提拉（Shatila）难民营的一名难民所说，"条件恶劣，我们无以为生。我变得绝望。有一天晚上，我决定离开我的家人，回到村子里，在犹太人袭击之前，我在家门外埋下了一些钱……但我没能回到我的村庄。我被犹太人抓进了牢里。"[20] 到 1948 年年底，巴勒斯坦妇女被迫在贝鲁特的妓院谋生，而在提尔和赛达 / 西顿（Sidon）周边的难民营里有 400 多名婴儿死于寒冷。[21] 黎巴嫩安全部门逮捕了许多巴勒斯坦人，包括共产党人埃米尔·哈比比（Emile Habibi）和伊梅尔·图玛（Emil Touma）。[22] 未来的诗人马哈茂德·达尔维什（Mahmoud Darwish）一家在 1948 年 6 月逃离了加利利西部的伯瓦（al-Birwa），翌年设法返回并重新安顿在附近的戴尔阿萨德（Deir al-Asad）。那时伯瓦已被摧毁，当地建立起了新的定居点。来自沙法阿米尔、信奉基督教的纳斯鲁拉（Nasrallah）家族避开了搜查渗透者的以色列边境巡逻队，平安进入黎巴嫩境内并在那里与亲戚住在一起。[23] 另一些人则从提尔乘渔船返回，在阿卡北部一处犹太定居点登陆。讽刺的是，这个定居点名为沙韦锡安（Shavei Zion），意为"回归锡安之人"。[24] 总共约有 2 万人成功回到家园，尤其是回到加利利，但更多的人失败了。数以千计的巴勒斯坦人在试图回归时丧生。[25]

“被打败的民族中被打败的少数”[26]

以色列的《独立宣言》对犹太民族在故土的重生大加称颂，并承诺所有公民都享有平等权利。但是这个国家诞生于战争，并且是在阿拉伯人贯穿整个委任统治时期的针锋相对中塑造的。政府主要是从安全层面看待阿拉伯少数民族的。犹太移民和经济发展才是当务之急。这个新国度的建立首先是为了实现犹太复国主义意识形态中的“聚集流亡者”（kibbutz galuyot）的理念。英国对移民的限制被立即解除。1950 年 7 月，至关重要的《回归法》（Law of Return）订立，自动授予全世界犹太人在以色列生活的权利，使他们的权利凌驾于本地非犹太人之上。随着以色列敞开大门，犹太人口迅速膨胀到 1951 年的 150 万人，大多数新移民来自伊拉克和也门等阿拉伯国家。由于巴勒斯坦发生的灾难，这些国家对犹太人的敌意和迫害程度都有所增加。对大屠杀幸存者的接纳和关于最近那场超过 6 000 名以色列人死亡、数万人受伤的战争的记忆，为以色列的独立和赋予犹太人优先权及特权的行为提供了不可动摇的理由。“这个国家没有两拨移民，”本-古里安直言不讳地说，“有且只有一拨犹太移民。在这片土地上，也只有一项犹太定居点计划。”[27] 阿拉伯人的公民权大部分被剥夺了。

以色列政府承认自己正在与一个饱受创伤的群体打交道。“留下来的人群就像一个无头尸体。”耶霍舒亚（“乔希”）· 帕尔蒙写道，这名哈加纳的情报人员成了总理的阿拉伯事务顾问。[28] 强制流亡造成的不仅仅是人口灾难。巴勒斯坦的阿拉伯社会、政治和宗教精英都消失了。协会、俱乐部、咖啡馆和图书馆——无论是公共的还是私人的——也随着它们主要的使用人群消失了。截至 1949 年，以色列国家图书馆从逃离西耶路撒冷的巴勒斯坦人废弃的家园中收集了 3 万册书，还有报纸和其他物品；它们最终被贴上了“AP”（弃置财物）的标签。[29]以色列新控制的11个城市中有5个城市——萨法德、迈季代勒、太巴列、贝特谢安和别示巴——的阿拉伯人被清空了。而在另外5个城市——雅法、海法、吕大、拉姆勒和阿卡，情况也差不多。西耶路撒冷也是一样。较富裕的和受过教育的城市人口基本全数离开，这既意味着“巴勒斯坦社会的智识核心”[30]已经丧失，也意味着阿拉伯经济的商业基地和制造业基地被摧毁。唯一从这场纳克巴中幸存下来的阿拉伯报纸是共产主义者的《伊斯兰联盟（艾伊蒂哈德）报》（*al-Ittihad*）。来自加利利的萨布里·杰里斯（Sabri Jiryis）是首位对以色列巴勒斯坦公民的进行深入研究的人，用他的话来说，“留下来的阿拉伯群众，一夜之间从绝对多数群体，变为生活在一个异族统治下的少数民族，他们突然发现自己既没有领袖也没有方向。以色列当局利用了这种状况并据此制定了相应的政策”。[31]这些阿拉伯人绝大多数是不识字的村民和农业工人。

如帕尔蒙一样，参与阿拉伯事务的以色列犹太人往往是哈加纳、犹太民族基金会或犹太事务局的前成员，他们在剧变的时代中留存了一种延续性。出生于雅法的埃兹拉·达宁是“沙伊”情报部门的关键人物，在魏兹的“转移委员会”也占据一席之地，他驳斥了左翼对阿拉伯政策的批评。他说：“如果我们怜悯吕大和拉姆勒的居民，那么（阿拉伯）军团或许已经征服特拉维夫了，你能想象那场面。”[32]临时政府的少数民族事务部长巴彻·希特里特（Bechor Shitrit）会阿拉伯语，他出生于太巴列，父母是摩洛哥人。然而，他的意见经常被否决，他的部门也很快被解散了。帕尔蒙形容自己是“披着羊皮的狼”，对待阿拉伯人实际严苛但表面得体，并对战后初期没有把更多的渗透者驱逐出境表示遗憾。“我反对阿拉伯人融入以色列社会，”他说道，“我更喜欢各自发展。”[33]以色列国家安全局“辛贝特”（Shin Bet）成立于1949年，负责内部安全和反间谍活动，并很快在处理阿拉伯人的问题上发挥了重要作用。耶霍舒亚·马吉多夫（Yehoshua Magidov）是加利利一名“辛贝特”官员，也是该地区最古老的犹太人定居点之一亚夫内埃勒（Yavniel）的本地人，他以对阿拉伯方言和风土人情的了解而出名。[34]他的同事吉奥拉·扎伊德（Giora Zeid）和奥德·亚奈（Oded Yanai）曾说服德鲁兹派领袖在1948年站到犹太人这边。据说，扎伊德——其父亲于1938年巴勒斯坦动乱中被杀害——“成年后大部分时间都在努力压制以色列阿拉伯人的自由，但……他认为自己是他们的朋友”。[35]

大多数以色列的阿拉伯人——分布在加利利，也就是从特拉维夫东北部至约旦边境的中央“三角”地区，以及内盖夫地区——从1948年夏天开始就生活在军事统治之下。10月，军政府成立，采用了1945年英国《紧急防卫条例》（Defence Emergency Regulations）中的两项关键规定：政府有权向公众关闭任何区域和实施宵禁。这些严厉的法律在委任统治时期曾遭到犹太律师的强烈反对。一项新规定则允许农业部长将阿拉伯人抛荒的土地——其主人被定义为“缺席者”——分配给犹太人。其他法规也陆续制定。一个“保管”缺席者财产的新职位出现了。封闭区域内外的阿拉伯团体被置于由检查站、通行许可证、宵禁和其他限制措施等组成的系统管制之下。每份许可证都以希伯来文印制——因此绝大多数阿拉伯人看不懂——还需要获得“辛贝特”的批准。“辛贝特”乘机将其当作发挥影响力和引人叛投的方式。1948年12月至1949年1月，该机构给773名申请人中不到三分之一的人颁发了许可证，并毫无理由地拒绝了其余的人。[36]来自法苏塔的安东·沙马斯（Anton Shammas）辛辣地称他父亲“学习着初级的希伯来语，就像是一个‘欧莱哈达什’[1]，一个移民到他自己国家的新移民……他用的书上画着水塔和犁沟，描述了一种他未曾体验过的生活方式”。[37] 教育部、福利部、内政部和宗教事务部都设有特别分部，将巴勒斯坦人作为单独的一类人来对待。阿拉伯教师面临严格的安全审查。人们认为犹太人的教育应培养“民族主义精神、开拓性价值观、对国家的热爱和忠诚”，但这些要求并不在阿拉伯人的课表里。[38] 总而言之，这种情况对阿拉伯人是羞辱性的，他们的选择也是有限的。一项现代研究描述了那些年的氛围：“首要任务是生存，即便这意味着咽下生存的痛苦与愤怒。”国家派来的代表受到“疏离的礼貌、恐惧和轻蔑的迎接，而这些都被一本正经的腔调所粉饰。在紧闭的大门之后，不同的话语表明，人们希望自己只是暂时屈服于这种可憎的命运”。[39]

震惊和迷惘是停火线两侧的巴勒斯坦人的共同感受。许多人都产生了一种错位感，他们对所发生之事的严重程度感到瞠目结舌，笼罩在不公、背叛和受害的阴影之下。当加沙和约旦河西岸的当地人指责难民将他们的土地卖给犹太人时，羞耻感便伴随着失落感一同到来。[40] 阿卜杜勒·巴里·阿特万（Abdel Bari Atwan）在加沙的戴尔巴拉赫（Deir al-Balah）难民营长大，他写道：“就像很多男人一样，我的父亲感到无比的愤懑和沮丧。他们曾是一个个家族的领头人，也是在各自社区拥有地位的供养者。但现在……他们不得不依靠近东救济工程处的施舍生活。许多人承受不住这种压力而崩溃了。”[41] 人们需要时间去接受难民们不会回归这件事。20 世纪 30 年代曾与本-古里安会谈的耶路撒冷律师穆萨·阿拉米询问贝鲁特的一名英国外交官，巴勒斯坦人

[1] “欧莱哈达什”（Oleh Chadash 或 Olim Chadashim），意为“新移民”。Oleh（复数形式为 Olim）在希伯来语中指移民到以色列的犹太人。——译者注

何时能够归去。他的传记作者是这样记载的："他仍然记得听到答复时那种难以置信的心情。外交官温和却决然地表示，难民们不应考虑返回家园，而应考虑在别处重新开始生活。阿拉伯人太盲目了，没有看到真相：难民们永远无法在现在的以色列找回家园。"[42] 对于来自加利利的萨尔玛·海德拉·杰尤西（Salma Khadra Jayyusi）而言，"1948 年危机最引人瞩目的特征是人们未能充分理解其意义。一切都是以迅雷不及掩耳之势发生的，所以没有人相信那些损失是不可挽回的。你无法轻易相信这种匪夷所思之事"。[43] 后来，一位从里夫塔来的妇女回想起她父亲告诉她把家里的橄榄树遮盖起来，"好像我们只是要离开一两天，马上就会回来一样"。[44] 住在加沙布雷支（Bureij）难民营的乌姆·贾布尔·薇沙也曾估计自己会在 1948 年 7 月因战斗离开村庄的一周后返回。[45]

尽管有近东救济工程处的努力，布雷支和其他难民营里的生活仍然艰难困顿，朝不保夕。该机构的任务被定义为"遣返并重新安置难民，恢复其经济和社会生活水平，发放补偿金"。但情况实在太糟糕了。普通难民仍在挣扎求生。[46] 受影响的不仅仅是难民：战前自给自足的盖勒吉利耶几乎在一夜之间变得一无所有，它不但失去了沿海平原的农田，连它与雅法、特拉维夫、吕大及拉姆勒之间的畜牧贸易也被阻断了。人们冒着生命危险穿过以色列边境的带刺铁丝网，从原本属于他们自己的果园偷走橘子，间或有人因此身亡。赤贫状态意味着原来的居民和新来的难民之间没有多少差别。[47] 一名居民回忆道，"各个地方的巴勒斯坦人都一样，起初都拒绝相信发生在他们身上的事情"：

> 已经成为难民的人相信，战斗在几周内就会结束，他们将返

回自己的家园和土地。战争总是制造难民，战争结束后难民总是能回家。为何我们会与众不同？巴勒斯坦人倾向于把这场苦难当作一场很快就能醒来的噩梦。[48]

巴勒斯坦被纳入以色列

战争结束后，这个国家的自然和人文景观发生了变化，许多地方都已面目全非。移除70多万阿拉伯人的行为加强了两族之间长期隔离的趋势。梅龙·本韦尼斯蒂（Meron Benvenisti）是一名观察两个民族之间互动的敏锐的犹太观察家，他写道："从此以后绝大多数以色列人在家园附近将不再遇见阿拉伯人。阿拉伯人从犹太人的视野中远去了。邻近的定居点或社区之间暴力、复杂但紧密的关系已不复存在。"[49] 特拉维夫仅剩一个阿拉伯村庄——谢赫穆万尼斯（Sheikh Muwannis），后来这座村庄被大学不断扩大的校园吞没了——它幸存下来的最好房屋成了教职工俱乐部，其余保留下来的是寥寥几座摇摇欲坠的建筑、一些被忽视的坟墓和几株特别坚韧又恰好没有干扰停车场的枣树。[50] 雅法分区中的所有26个阿拉伯村庄都被清空或摧毁。在雅法本地，只有战前的偏远地区保留了阿拉伯名称——阿杰米（Ajami）和阿布卡比尔（Abu Kabir）。极少数留在亚祖尔（Yazur）、萨拉马、拜特达扬（Beit Dajan）、希比亚（Hiriyya）附近村里的阿拉伯人都被军队迁到雅法市内，他们和几百个还没有逃走的雅法本地人一起，被安置在一个戒备森严的营地里。以色列的第一次人口普查显示那里共有3 647人。[51] 雅法老城的大部分于1949年被毁，为它转变为以色列犹太艺术家和波希米亚人的主题公园和游乐场打下了基础。[52] 1948年冬天，雅法周边平原上数千英亩（1英亩≈0.4公顷）的阿拉伯柑橘园被废弃，大部分土地被用于建设项目，或被犹太农民拿来种植更有利可图的大田作物。被遗弃的橄榄树林的遭遇也如出一辙。橄榄树景致独特，但它被视为“敌人”，被认为是原始而保守的东西。[53] 在阿卡，剩下的阿拉伯人被迫搬进了老城区，他们的新房建在邻近一个村庄的遗址上。奥斯曼城堡成为纪念建国前犹太地下运动战士的博物馆——丝毫没有提到在那里被囚禁和被处决的阿拉伯人。[54] 与此同时，犹太人在阿拉伯地区的存在也化作废墟，但规模小得多，最引人注目的是在耶路撒冷老城和北边的两个定居点。犹太人在战争中失去的还有孤立的古什艾其昂，以及 20 世纪 40 年代在伯利恒和希伯伦之间建立的 4 个基布兹。1948 年 5 月中旬，它们的守卫被阿拉伯军团击溃。该军团的部队与阿拉伯非正规部队一起屠杀了那些已经投降的犹太人——据称这是为了报复戴尔亚辛的屠杀。

在耶路撒冷，3 万名巴勒斯坦难民在老城避难。与城东侧其他地方一样，那里处于约旦的控制下，被铁丝网、雷区和混凝土防狙击墙围绕，与西边隔绝，两边的“接缝处”是官方过境站曼德尔鲍姆门（Mandelbaum Gate），外面是无人地带。以色列装甲车被允许每两周通过一次，给以色列位于斯科普斯山上的飞地提供补给。外国外交官、神职人员和朝圣者能够通过，但普通的阿拉伯人和以色列人不能。许多商店、俱乐部、咖啡馆、学校和餐馆都曾是耶路撒冷阿拉伯人生活中的重要组成部分，现在通通去不了了。雅法和海法现在处于另一个国家，而且是一个敌国之内了。1949 年以后，耶路撒冷分区留在以色列一侧的 40 个阿拉伯村庄中，除了两个村子，里面所有人都被驱逐出境。距离被宣布为该国首都的城市最近的大型以色列阿拉伯人社区是阿布高殊，该村位于通往特拉维夫的主干道沿线，一直以与犹太人关系良好闻名——这是与犹太人勾结的委婉说法。位于耶路撒冷南部边缘的拜特赛法法（Beit Safafa）被“齐肩高、脏兮兮的带刺铁丝网”分割，以色列和约旦各占一边。[55] 在以色列的西耶路撒冷，曾经的阿拉伯居民区卡达蒙和塔比耶在日常用语中保留了原有名称——它们不切实际的官方希伯来语名字戈嫩（Gonen）和科梅米特（Kommemiut）从不流行。谢赫拜德尔被犹太人占领，最终被新建筑包围，那里的麦田变成了一个以外国犹太慈善家命名的城市公园。它被改名为吉瓦特拉姆（Givat Ram），谢赫拜德尔最终消失得无影无踪。尽管马丁·布伯和其他学者反对本-古里安改换戴尔亚辛的名字，希望此地能保留荒废的状态，以纪念那场对促使阿拉伯人流亡具有重要作用的大屠杀，戴尔亚辛还是变成了吉瓦特沙乌勒。[56] 这座城市每个独立的区块都相互隔离。在东耶路撒冷——其重要性在约旦的统治下降低了——印制的旅游地图上，以色列一侧是一片空白，仿佛那里什么也没有。[57] 海法的阿拉伯人口从 7 万减少到 3 500，主要集中在瓦迪尼斯纳斯。

1948 年以后，以色列的大多数阿拉伯人居住在约 100 个相同类型的村庄中。1950 年 4 月，雅法被纳入特拉维夫市，正式成为这座相邻的更大城市的下属辖区。次年，在特拉维夫-雅法、卢德（前身为吕大）、拉姆勒、阿卡和海法这 5 个仍然“混居”的城市中，阿拉伯人共有 2 万，占其总人口的 12%。不过即使在这几座城市里，阿拉伯人和犹太人也更愿意住在彼此分隔的社区。[58] 只有拿撒勒仍然是阿拉伯人占据的，此地 1948 年以前的人口已被来自海法、阿卡和加利利的难民潮吞没。不久以后，一名犹太记者发现，大多数犹太人对此地的了解程度还不如他们对仰光（Rangoon）或西贡（Saigon）的了解。[59] 这两个民族失去了联系。萨拉·奥扎奇-拉扎尔（Sarah Ozacky-Lazar）在特拉维夫郊区亚德埃利亚胡（Yad Eliahu）一个大屠杀幸存者的家庭中长大，她是通过阿拉伯语旧名扎布拉维（Zablawi）了解所在社区的；

她在新的建筑和道路将一切抹去前，看到过橘子树林、田野和隐藏在刺梨之间的旧井的痕迹；她在学校学习过阿拉伯语，但从未见过一个阿拉伯人。[60]“我从未跟阿拉伯人说过话”，另一位背景相似的犹太妇女表示：

> 我不认识任何阿拉伯人。我不了解他们的感受、他们的生活、他们的真实情况，抑或他们的情感。我的意思是，我能看到那些人，你明白的，在建造房屋和做我们所有的脏活。但我想在个人的、社会的层面上遇见某个阿拉伯人，然而我的家人、我的直接甚至间接的社交圈子——邻居、熟人、朋友中，没有任何人认识阿拉伯人。我开始感觉极其糟糕——你知道，你住的国家里有20%的人是巴勒斯坦人，而我们与他们没有任何接触。[61]

被遗弃的阿拉伯村庄被改造成犹太人定居点，或被炸毁并用土掩埋，就像艾尤尔（Ajur）村一样，遗迹埋藏在新种植的森林之下，后来这成为以色列作家 A. B. 耶霍舒亚[1]一篇发人深思的著名短篇小说的主题。[62]对其余建筑物的系统性破坏始于 1949 年 7 月，通常是在夜间，一般不太引人注意。半个世纪后，剩下的仅有“几层风化的石头，一座半埋的拱门，一块残破的磨石。部分地方仍保留着一些建筑物——被忽视的清真寺、校舍和以色列人翻新的豪宅——还有七个村庄完全免于被破坏，因为以色列人发现它们风景别致，值得保存”。[63]太巴列地区的 27 个阿拉伯村庄中，有 25 个被毁。[64]另一些村庄，如耶路撒冷西侧的艾因卡里姆和马里哈，以及靠近海岸的艾因豪德（Ain Hawd），

---

［1］ A. B. 耶霍舒亚，即以色列小说家亚伯拉罕·布里·耶霍舒亚（Avraham Boolie Yehoshua，生于 1936 年）的笔名。——译者注

在其原住的巴勒斯坦居民逃离后不久就被犹太人保留和接管。[65] 以色列的阿拉伯房屋成为时尚且宽敞的居住空间的代名词，后来也一直如此——这是对已然变为少数的那个民族的文化罕见的赞美。

名字的内涵

1948 年 10 月至 1949 年 8 月，109 个新的犹太定居点完工。这些定居点大多是在原来阿拉伯村庄的土地上建立的，其中许多建在原有房屋的基础上。很多情况下，它们的希伯来语名字遵循了之前的阿拉伯语名字，因为人们相信阿语名字反而保留了《圣经》时代或之后的犹太人定居的证据。因此，拿撒勒附近的萨弗里亚改名为 7 世纪阿拉伯人征服巴勒斯坦之前的希伯来语名字齐波里（Tzipori）；耶路撒冷周边的苏巴（Suba）变成了索瓦（Sova）；雅法以东的拜特达扬改名为拜特达甘（Bet Dagan）；靠近黎以边界的西伊伯（al-Zeeb）变为盖谢尔济夫基布兹（Kibbutz Gesher HaZiv）；艾因卡里姆成为艾因凯雷姆（Ein Kerem）；艾因豪德成了艾因荷德（Ein Hod）。加利利北部的萨萨（S'as'a）曾经的阿语双重喉音的"ayin"被更轻便的希伯来语音节"aleph"取代，成了萨萨基布兹（Kibbutz Sasa）。卢比亚（Lubya）消失了，变成了拉维（Lavi）；努里斯（Nuris）也消失了，取而代之的是努里特（Nurit）；等等。还有些新名字是通过联想选定的，譬如建立在舍杰拉（al-Shajara，阿拉伯语的"树"）村的土地上的伊兰尼特莫沙夫（Moshav Eilanit，"伊兰尼特"在希伯来语中意为"树"）。[66] 毗连雅法的卡萨姆（Qassam）有了更悦耳的希伯来语名凯塞姆（Kesem，意为"魅力"），附近的萨拉马则成了沙勒姆村（Kfar Shalem）。一名以色列文化评论家称，"现代雅法于 1948 年重生，就像重新格式化的电脑或重新设置的手表”。[67]早在60年前犹太复国主义兴起的时候，将人名地名希伯来化就是一项重要任务。现在它能以足够的规模实现这种转变，将这个国家的阿拉伯历史和身份彻底抹去，强调犹太民族的连续性——后来，巴勒斯坦人在一个更加自信和更有政治意识的时代，将之描述为“记忆抹消”（memoricide）行为的一部分。[68]1949年7月，本-古里安告诉已被任命为新成立的内盖夫命名委员会（Negev Names Committee）成员的考古学家、历史学家和地理学家们：“为了国家，我们有义务清除阿拉伯语名称。正如我们不承认阿拉伯人对这片土地的政治所有权一样，我们也不承认他们的精神所有权和他们起的名字。”[69]

从1948年春天开始，阿拉伯建筑、土地和货物被充公，同时出现了抢夺和擅自占用的行为。作家摩西·斯米兰斯基抱怨：“掠夺的冲动俘获了所有人。无论个人、团体还是社区，男人、女人还是孩子，所有人都扑向了战利品：门、窗户、门楣、砖块、屋瓦、地砖、垃圾和机器零件等等。”[70]哈吉特·什隆斯基（Hagit Shlonsky）在耶路撒冷雷哈维亚区的家中目睹了犹太人在附近的卡达蒙搜刮废弃的房屋。10岁的丹尼·鲁宾斯坦（Danny Rubinstein）看着犹太邻居搬进了阿拉伯人空空荡荡的家，而他的父亲获赠一块抢来的东方地毯。巴卡的一名居民记载道：“我们生活在一片破坏的海洋中。”[71]雷瓦迪姆基布兹（Kibbutz Revadim）的原址位于古什艾其昂，这个定居点被战争摧毁后，在“绿线”内得到重建。来自该地的尤里·平克菲尔德（Uri Pinkerfeld）是“拆解队”的成员，从附近了无人烟的阿拉伯村庄收集有用的材料。[72]

在以色列建国后的第一年，大约12万名新移民在废弃的阿拉伯人住所里找到了安身之地。[73]海法的瓦迪萨利卜区（Wadi Salib）被交给从摩洛哥新来的人，迅速成为贫民窟的代名词。[74]在雅法和阿卡，以及拉姆勒、卢德和其他地方，情况也相差无几。附近的阿奎尔（Aqir）村由来自保加利亚、也门和罗马尼亚的犹太移民接管，新来者找到了前任主人埋藏的装着面粉和厨房用具的罐子，还有一些罐装汽油。[75]在亚祖尔，一位女移民发现自己的孩子玩着阿拉伯屋主留下的玩具，她心烦意乱地沉思起他们的命运。[76]另一个新移民拒绝被安置在萨拉马村一个废弃的阿拉伯住宅中，因为他自己几年前曾在乌克兰被赶出家园。[77]到 1948 年 5 月底，犹太人即便不是完全地，也已部分地占领了西耶路撒冷的阿拉伯地区。到了 12 月，这些地区所有无人居住的房屋都被彻底拆毁了。[78] 1949 年 4 月，400 套废弃房屋被指定分配给政府官员，其中许多拥有精美的天花板、铁制栏杆和拱门。

中东唯一的民主制

即使受到直接的军事统治，许多家园的建筑被拆除，亲属仍在受苦，以色列的阿拉伯公民还是能够参与民主政治体系。以色列政府面临的两难境地是“如何在确保其战时收益的同时与这些——出于保住自己的土地以及把亲人、朋友和同胞带回家的渴望——想要扭转现状的人分享政治权力”。[79]阿拉伯问题专家和安全专家强烈反对让阿拉伯人获得选举权。“他们将要求归还财产，许多人将返回并索要行动自由权——这些都是不可取的，”乔希・帕尔蒙警告说，“除了共产党人，没有人愿意为此投赞成票。”[80]但专家们的意见被否决了。1949 年 1 月的第一次议会选举中，有 3 名阿拉伯议员进入了共有 120 个席位的议会。执政的“马帕伊”创建了一份“阿拉伯名单”，由此建立了“留在国内的阿拉伯名人和犹太权力机构之间的联系”。两位阿拉伯议员代表了拿撒勒民主名单党（Democratic List of Nazareth）。其中之一的萨耶夫·阿尔丁·左阿比（Sayf al-Din Zoabi）与犹太人合作十分密切，并在战前就参与了土地售卖和情报工作。[81] 这一制度确保了阿拉伯政治活动的合作和以色列工人党的投票来源。[82] 正如一份政府备忘录中解说的，通过这种方式，“该党可以避免让其阿拉伯选民形成特定的意识形态，也保证了这些名单上的人不会联合成为一个独立的阿拉伯集团”。[83] 第三位阿拉伯议员是来自共产党的杜菲克·托比[1]，他好斗但受欢迎，为他的党派成为代表阿拉伯人利益的唯一有组织的政治力量出力极多，这个希伯来语缩写名为“梅基”（Maki）的政党[2] 提供了“与犹太人合作者的可靠替代”。[84] “梅基”也是阿拉伯人能在党内与犹太人享有平等权利的唯一政党。该党在 1948 年以前的格局呼应了苏联的立场，接受了其他巴勒斯坦人拒绝承认的 1947 年联合国分治计划，承认了以色列。

综上所述，以色列政府对非犹太人的政策是按照历史悠久的殖民主义分而治之的原则，找寻少数民族中的少数派。该国足有 2 万人的德鲁兹派于 1948 年 4 月与犹太人在加利利达成非交战协议，被赋予了特殊地位，其领袖自 20 世纪 30 年代以来就由犹太人培养。切尔克斯人（Circassians，19 世纪被驱逐出高加索的穆斯林移民的后裔）和南部的贝都因人也得到了优待。1949 年 1 月，以色列国防军创建了一支“少数民族军”，由 400 名德鲁兹派成员、200 名贝都因人和 100 名切尔

---

[1] 杜菲克·托比（Toufiq Toubi，1922—2011），又写作 Tawfik Toubi（يبوطقيفوت），以色列阿拉伯共产党员。——译者注

[2] 这里指以色列共产党（Israeli Communist Party，希伯来语名为“HaMiflega HaKomunistit HaYisra’elit”），“梅基”为最初的以色列共产主义政党，后由于内部矛盾于 1965 年分裂出“拉卡”（Rakah）。最终原本的“梅基”1981 年并入民权与和平运动党（Movement for Civil Rights and Peace，简称“拉茨”，Ratz）而消失，“拉卡”则在 1989 年改名为“梅基”以彰显官方唯一认证的共产党地位。——译者注

克斯人组成，由犹太军官指挥，用于伏击试图越过停火线的巴勒斯坦人。德鲁兹派后来像犹太人一样服强制兵役，在对渗透者的战争中落下了行为残忍的名声。一名以色列官员将他们的角色形容为“阿拉伯团体背后的利刃”。他们也被视为有助于宣传的“各族之间兄弟情谊的象征”。[85] 在 20 世纪 50 年代末，一份政府报告满意地指出：“群体分裂的政策卓有成效，成功地在阿拉伯社区的某些部分之间造成了隔阂（尽管多少是人为制造的），就像德鲁兹派和其他阿拉伯团体之间互不信任的情况一样。”[86] 摩西・夏里特直言不讳：“我们努力削弱和粉碎作为一个群体和少数民族的以色列阿拉伯人，但要改善和提升他们作为个人的处境……我们希望减少他们的数量，但不会通过不正当的方法来做到这一点。”[87]

谢赫、宗教法官和其他“名人”被授予特权和特许状，这巩固了传统的社会关系，并使这种笼络成了“一种方便、廉价而有效的接触阿拉伯人的手段”。[88] 合作者是控制阿拉伯地区的关键，他们中有些人还是以色列安全官员的老熟人。合作带来了实惠和好处——工作和通行许可证、枪支许可证、经济奖励，犯罪不会被官方追究，高层甚至还能得到政治职务。没有军政府的书面许可，加利利吉什的阿拉伯人甚至不能去距离不到一英里的锡夫苏法（Safsufa）使用最近的电话——军政府的代表每周两次到村里答复请愿。[89]“为了获得商业执照，或是为了获得最初的一周又一周的通行许可，你必须用一些东西来交换”，卡拉村（Kufr Qara）一名男子解释道：

> 你必须向他们提供信息，进行合作……他们想知道村里谁还有枪支弹药，谁在民族主义运动中热衷政治，谁在说反对犹太人的言论。此外，他们还困扰于穿越约旦边境进入以色列的渗透者。

其中一些只是不幸的人，只是试图返回自己村庄的贫穷难民；但另一些人是武装的阿拉伯敢死队（fedayeen），他们试图建立根据地并攻击犹太定居点。犹太人想知道他们是谁以及他们藏身的地方。所有这些都需要合作者的帮助。[90]

军政府常常以贿赂促成交易，因用“好处”款待阿拉伯人和过分慷慨而获得了腐败之名。然而到了1951年，军政府的人手被大幅削减，它在阿卡、海法、雅法、卢德、拉姆勒的控制力也同“混居”人口一道被清除了。[91]

因此，这个政府像一名以色列专家1950年评论的那样也就不足为奇了：“它看起来就像一个外来政权，与人民隔离，支持一票中间人——这群人只关心个人利益，没有公共责任感。原来的地方领导人——那些没有逃离的人——仍是连接政府与公众的主要枢纽。”[92]基督教神职人员和穆斯林伊玛目[1]受命传达亲政府和反民族主义的信息。逐渐以“绿线”之名为人所知的停火线两边的巴勒斯坦人被招来与警察、军队和“辛贝特”合作，以挫败渗透和破坏的企图。帕尔蒙还想利用两位著名公众人物——希腊东正教大主教哈基姆（Hakim），以及1947年领导阿拉伯青年组织纳亚达的穆罕默德·尼姆尔·哈瓦里（Muhammad Nimr Hawari）——来反对共产主义运动。这是乔万尼·瓜雷斯基（Giovanni Guareschi）笔下的唐·卡米洛（Don Camillo）故事的黎凡特版本：唐·卡米洛是一位天主教神父，20世纪50年代早期在意大利农村与共产党人进行斗争。（哈瓦里1949年从约旦返回以色列，但离开了公共视野。）而共产主义活动家、作家埃米尔·哈比比则描绘

[1] 伊玛目（imam），意为“领拜人”，对伊斯兰宗教权威的尊称。——译者注

了以色列的阿拉伯少数民族同时受到压制和排斥的“令人窒息的拥抱”的体验。

渗透者和驱逐

以色列对巴勒斯坦渗透者的驱逐一直持续到1949年，但未能阻止这股潮流。1949年5月，约瑟夫·魏兹警告称难民的渗透已很普遍。他告诉夏里特：“每一天，我们的人民都会遇到曾经离开的熟人，他们完全自由地走动，一步一步地回到他们的村庄。难民回来了！而我们的政府没有制定任何防止渗透的政策。无论民事上还是军事上，似乎都没有官方掌事者。缰绳已然松动，狡猾的阿拉伯人已经发现了这一点并且知道如何得到他们想要的结果。”[93] 驱逐行动进行到1950年夏天的时候，以色列面临不利于己的国际舆论，还由于强迫内盖夫北部的贝都因人越境而被控诉。枪子擦着贝都因人的头顶飞过，30多人因饥渴而死。[94] 此外，以色列利用渗透问题，驱逐了一些在战争期间没有被摧毁的村庄的居民。1949年1月，包括许多妇女和儿童在内的355名迈季克鲁姆（Majd al-Krum）居民被赶上卡车，被带到了当时仍处于伊拉克军队控制下的瓦迪阿拉（Wadi Ara）。[95] 成千上万的加利利村民被流放到杰宁地区。以色列国防军认为有敌意的贝都因人部落被赶到埃及和约旦。[96] 1950年，迈季代勒剩下的约1 600名阿拉伯人也都被驱逐到了加沙。[97] 该镇成了以色列的阿什凯隆的一部分。此后，驱赶巴勒斯坦难民的行动结束了，但渗透没有停止。事实上，渗透活动十分顽强。阿拉伯人不断尝试返回废弃的家园和土地，“即使我们向他们开枪并杀死他们”，因此1952年本–古里安在议会上对此表示惊讶。当时的新议员埃米尔·哈比比用希伯来语打断了他，喊道：“你难道不懂对故园之爱是什么样的吗?！”[98]回过头来看，将这场纳克巴视为一次持续三四年的逃离、驱逐、回归和渗透的过程是更恰当的，它不是一起单一的突发事件，更不是一个“奇迹”。

第九章

1953—1958

我们为何要抱怨他们对我们恨之入骨？八年来，他们一直坐在加沙的难民营里，眼睁睁地看着我们把他们祖祖辈辈栖身的土地和村庄变成我们的财产。

——摩西·达扬，1956 年

“我们别无选择，只能战斗”

1953 年 10 月 12 日，在黑夜的掩护下，以色列国防军的一支军队悄悄穿越“绿线”，进入约旦河西岸的村庄吉卜亚（Qibya）。第 101 部队由一位名叫阿里埃勒·沙因内曼（Ariel Scheinerman）的年轻少校指挥，他后来改姓沙龙（Sharon）。这次行动是为了报复两天前巴勒斯坦人在卢德机场附近的耶胡德（Yehud）进行的手榴弹袭击，此事导致一名以色列妇女和她的两个孩子遇难。突击部队与一支规模更大的伞兵部队一起犯下了这一时期同时也是沙龙漫长而富有争议的军事生涯中最臭名昭著的暴行之一。至少有 69 名巴勒斯坦人被杀害，其中三分之二是妇女和儿童。联合国观察员随后报告称："靠近门口的弹痕累累的尸体以及被摧毁的房屋中受到多次撞击的房门都表明，房屋被炸毁时居民被迫留在屋内。"但沙龙声称，自己的部下在进行爆破时，没有发现村里的石屋中还有人。[1]尽管约旦人保证他们会竭尽全力拘捕渗透者，袭击还是发生了。参与决策的本-古里安最初在一次电台广播中说，以色列国防军没有参与，这是由愤怒的平民发起的。这种难以令人信服的解释，遭到了不得不应对外交危机的以色列外交部长摩西·夏里特的批评。但突袭行动受到了以色列鹰派的称赞，其中包括前伊尔贡头子、时任右翼反对党赫鲁特（Herut，自由党）领袖的梅纳赫姆·贝京，他认为这提升了"以色列在阿拉伯世界和大国中的地位"。随后，摩西·达扬迅速就任以色列国防军总参谋长，将报复性打击的对象从民用目标转移到军事目标。第 101 部队也被解散。[2]

吉卜亚事件是以色列独立初期发生的数十起报复袭击事件中最招人谴责的一起——此类事件仅 1953 年上半年就有 200 起。[3]而在 1949 年 6 月至 1952 年年底，共有 57 名以色列人，其中大多数是平民，被来自约旦河西岸的巴勒斯坦渗透者杀害。1953 年的前 9 个月，以色列方的死亡人数共计 32 人。与此同时，联合国主导的混合停战委员会（Mixed Armistice Commission）44 次谴责以色列的入侵行为。在耶胡德事件发生前的两个月里，漫长而曲折的约旦—以色列边境沿线相对安定，自 8 月以来双方都没有人员伤亡。[4]据权威人士估计，1949 年至 1956 年期间，以色列杀死了 2 700 至 5 000 名巴勒斯坦渗透者，其中绝大多数人是 1952 年及以前被杀的。[5]同一时期，巴勒斯坦人造成了 284 名以色列平民死亡，500 人受伤。[6]国内社区间的阿以矛盾已转化为主要发生在以色列边境及其之外的冲突。约旦努力阻止渗透行为，尽管以色列声称约旦所做的恰恰相反。这个问题十分敏感，因为 1950 年阿卜杜拉国王吞并约旦河西岸后，许多约旦人其实都是巴勒斯坦人。阿卜杜拉于 1951 年 7 月在阿克萨清真寺被一名巴勒斯坦年轻人暗杀，此事如同晴天霹雳，提醒了人们那一地区潜在的不稳定性。吉卜亚事件则是另一次提醒。[7]

这一时期，以色列对巴勒斯坦人的态度通过达扬清晰而深刻地表达出来，他凭自己的出身，成了立即被人认可的民族英雄和民族象征：他属于代加尼亚基布兹出生的最早一批土生土长的孩子（又称萨布拉，Tzabar 或 Sabra），在伊茨雷埃勒山谷中的拿哈拉长大成人，象征着他那一代先驱和战士坚忍不拔、勇往直前的价值观。1956 年 4 月，达扬在纳哈勒奥兹基布兹（Kibbutz Nahal Oz）的墓地发表悼词，纪念被阿拉伯敢死队杀死后肢解的罗伊・罗特伯格（Roy Rotberg）。这位独眼的将军素无雄辩之名，但他说出了这些甚至被他的敌人所钦佩的话，传达了一些关于以色列及其敌人的令人难以接受的逆耳忠言。首先，他对于巴勒斯坦人的命运表现出了罕见的坦率，没有任何宣传色彩。"我们为何要抱怨他们对我们恨之入骨？"达扬在罗特伯格的墓前说道，"八年来，他们一直坐在加沙的难民营里，眼睁睁地看着我们把他们祖祖辈辈栖身的土地和村庄变成我们的财产。"提到以色列人所需的回应时，达扬同样单刀直入，"我们别无选择，只能战斗"：

> 这是我们今生的选择，坚定有力地做好准备，武装起来，手不离剑，不要任人宰割。我们是安邦定国的一代人，没有钢盔和火炮，就无法种树或造屋。不要被生活在我们身边的满怀憎恨、怨声载道的数十万阿拉伯人阻挠；不要移开视线，以免削弱我们的力量。[8]

还有一段不经常被引用但同样重要的话，提到了“数百万犹太人，还没有家园就遭毁灭，从以色列（原文如此）历史的尘埃中注视着我们，要求我们安家落户并为我们的人民建设一个国家”。这不是国家安全战略，而是在这个国家成形时期，被广泛认同的以色列犹太复国主义世界观的本质。它被恰如其分地描述为美国“天定命运论”的以色列版本。[9]

达扬的纳哈勒奥兹演讲立足于一个人们熟知的事实。在吉卜亚事件后，巴勒斯坦的渗透和以色列的报复仍在继续并贯穿整个 1954 年，尽管在更为温和的夏里特取代本-古里安担任总理的 22 个月里事件规模较小。敢死队的威胁虽然并非特别重要，却是切实存在的。例如 9 月份，以色列人抓获了一名从加沙入境的菜贩，此人与以色列警卫交火，炸毁了一辆拖拉机，并从一个定居点偷走了驴、鹅和晾衣绳上的衣服。[10] 复仇已成为常态。1955 年 2 月，沙龙指挥的“黑箭行动”（Operation Black Arrow）在加沙杀死了 38 名埃及人。骚乱——被称作因提法达或起义——在穆斯林兄弟会的支持下爆发。充满自信且广受欢迎的埃及新民族主义领袖贾迈勒·阿卜杜勒·纳赛尔（Gamal Abdel Nasser）对敢死队更为支持，这令哈利勒·瓦齐尔（Khalil al-Wazir）等巴勒斯坦人欢欣鼓舞。瓦齐尔是一名来自拉姆勒、成长于加沙的难民，在开罗加入穆兄会，组建了名为正义营（Battalion of Justice，或 Katibat al-Haq）的组织。该组织的声明被送往贝鲁特和大马士革的报纸，以扩大其跨境行动的影响，[11] 这些都是在极其保密的情况下进行的，唯恐对以色列的报复感到焦虑的埃及当局听到风声。[12]

1955 年 9 月埃及与苏联的武器交易是冷战初期一个重大转折点，它在以色列引燃了对战争的恐慌。夏里特呼吁以举国之力购买武器，引起了一场集资购买直升机和坦克的公众运动。[13] 11 月，本-古里安重掌大权后不久，以色列国防军便对加沙发动了另一次惩罚性大规模袭击，这次杀死了36人。抗议和动乱再次震动了沿海地带，巴勒斯坦人要求允许他们袭击以色列。纳赛尔再度改变策略，敢死队在1955年12月至1956年3月间，采取了180次行动，包括枪击、埋雷和伏击。4月，以色列的进一步袭击造成59人死亡。7月，在罗特伯格骇人听闻的谋杀案发生后，以色列人用一枚邮包炸弹暗杀了加沙的埃及情报局局长穆斯塔法·哈菲兹（Mustafa Hafez），次日又以同样的手段铲除了埃及驻安曼军事顾问萨拉赫·穆斯塔法（Salah Mustafa）。[14]加沙的新生儿以哈菲兹为名。纳赛尔甚至在几日后宣布苏伊士运河国有化的历史性演讲中向他致敬——这预示着一场新的重大危机。[15]

苏伊士的第二轮较量

几个月后针对埃及的战争是以色列先发制人，联合英国和法国发起的。当时法国正在阿尔及利亚镇压血腥的反殖民暴动，而阿尔及利亚的民族解放阵线（National Liberation Front，缩写为FLN）得到了开罗的支持。纳赛尔将苏伊士运河收归国有的举动以及他激发的席卷阿拉伯世界的狂热，触怒了伦敦和巴黎的政府。英国首相安东尼·艾登（Anthony Eden）深受这个他称为“尼罗河上的希特勒”的人困扰，最后导致了自身的垮台。以色列官方对其所谓的“卡叠什行动”（Operation Kadesh）的主要辩解，是称此举意在终结加沙敢死队的复仇行为。打通运河到以色列的航路则是另一个目标。埃及领导人称这场战争是“三方侵略”——阿拉伯人的这种说法巧妙地概括了中东地区对帝国主义阴谋与以色列敌人沆瀣一气的认识。战斗本身局限于西奈半岛，此地几天后就被以色列伞兵和坦克部队攻陷。以色列人对约旦参战的可能性高度警惕，因为这场战争有个背景：在敌对行动前夕，49 名以色列阿拉伯人在边境村落卡西姆村（Kafr Qassem）被屠杀。尽管侯赛因国王本人倾向于支持埃及，但出乎意料的是，亲纳赛尔的首相进行了劝阻，于是国王决定谨慎行事。

在以色列军队占据这个遍地沙漠的半岛 4 个月后，本-古里安才迫于美国沉重的压力下令全面撤军，放弃吞并包括加沙地带在内的被征服领土的任何想法，尽管他已夸张地宣布成立“以色列第三王国”。后来的美国政府并未遵循这种严厉的制裁。以色列占领加沙期间，巴勒斯坦平民再次被迫受到军队管制，他们当中有三分之二是住在 8 个大型营地里的难民。总理对国防军的胜利感到喜悦，但对巴勒斯坦人没有像 1948 年那样逃离深感失望，于是命令为外交部工作的埃兹拉·达宁研究重新安置的各项选择。[16] 以色列军队在两起案件中被指控将一些巴勒斯坦男人杀在家中，并将其他人排成一列处决。据报道，1956 年 11 月 3 日，以色列部队在占领汗尤尼斯期间杀害了 275 名巴勒斯坦人，包括 140 名难民和 135 名当地居民。另有 36 名青年在 10 日死于拘禁。11 月 12 日（战斗结束后），以色列部队据说在拉法赫（Rafah）又杀了 110 名巴勒斯坦人。[17] 以色列拒不承认这些指控。[18] 据阿拉伯方面的一项研究估计，截至 1957 年 3 月以色列人在遭遇少许抵抗后撤离时，有 930 至 1 200 名巴勒斯坦人遇害。[19] 占领加沙让以色列人得到了秋后算账的机会。杀害罗特伯格的凶手，一名埃及人和一名巴勒斯坦人，被审判并被处以无期徒刑；到手的埃及情报文件还提供了巴勒斯坦活动分子的宝贵信息，这些人都被拘捕和审讯。从以色列境外建立军政府的短暂经验中得出的教训仅仅过去十年就将被再次使用。

阿拉伯人和以色列人自 1948 年以来所期待的“第二回合交手”

波及了整个中东乃至世界，及时地给英国在该地区的存在画上了句号。苏伊士运河战争对以色列国内也有影响。1956年10月29日，敌对行动前夕，以色列当局对约旦边境附近的村庄实施了下午5时开始的宵禁。在卡西姆村，边防部队射杀了包括妇女和儿童在内的49名手无寸铁的阿拉伯公民，因为他们从田里回来时违犯了宵禁令，而他们根本不知道宵禁已经生效了。目击者称，当村民们步行、骑车、骑着驴子或开着卡车返回村庄时，警察多次用步枪和机枪扫射他们。受害者当天晚上就被埋在乱葬坑里。该事件的后果是，该部队的指挥官和7名士兵被判处8年至17年徒刑，死伤者家属获得了赔偿金。以色列国防军还颁布新准则，要求士兵拒绝执行任何他们认为“明显违法”的命令。

这场大屠杀在巴勒斯坦人心中留下了深深的伤疤，那些无辜的受难者在笼罩其生活的冲突中成了牺牲品。它还反映了以色列社会内部的严重分歧：“在这个社会里，犹太人更倾向于将自己看作‘犹太人’，异于且优于他们认为不是‘以色列人’而是异族的‘阿拉伯人’。”[20]用最近的一种批判性评价的话来说，这些杀戮事件是在以色列大多数人公平对待阿拉伯少数民族的大荧幕上的一个“悲剧光点”，是未受过教育的摩洛哥移民干的，不能反映出更广泛的军民关系以及军队的精神风貌与组织纪律状况。但对于大多数阿拉伯公民来说（1956年阿拉伯人占该国总人口的11%）：

> 这体现了八年来以色列对阿拉伯人的政策不可避免的（可能还是最残酷的）结果。这些政策被普遍视为“民族压迫政策”，不仅推行军事统治，剥夺阿拉伯人的公民权利，还持续没收其土地，在官方话语中一直将其描绘为内奸，犹太学校也在培养反对他们的种族主义态度。[21]

每年纪念屠杀事件的活动都是对他们的警示——刻在卡西姆村中央的石柱上的受害者名字也是如此。[22]

纳赛尔，纳克巴，拿撒勒

在苏伊士运河战争后的几年里，以色列对其巴勒斯坦少数民族的政策仍以安全为主要考虑。阿拉伯人不仅与这个国家的敌人是骨肉同胞，而且其中许多人生活在边境，靠近那些与家园咫尺相望而不得归的人。“三角区”内的两个村庄，拜尔塔阿（Bartaa）和巴卡，被“绿线”分隔开来。在距离它们不到 9 英里的地方，是被分成两部分的盖勒吉利耶，一部分位于约旦河西岸，一部分位于地中海沿岸。大部分以色列犹太人住在中心的丹地区[1]。[23]“我的工作不是防御，这是边防警察和边境沿线犹太农村的任务，”以色列国防军“三角区”军事总督在 1958 年解释道，“只要和平尚未到来，我的工作就是控制这个地区的阿拉伯人。我们知道他们大部分人是忠诚的，但我们也知道另一部分人不是，他们必须受到检查、巡视和监督。”[24]这造成了令人窒息的效果，正如一位拿撒勒居民抱怨的那样：“他们拿走了我们的土地。为什么？为了安全！他们夺走了我们的工作。为什么？为了安全！当我们问他们，我们的土地和工作如何威胁国家安全时，他们并没有告诉我们理由。为什么？还是为了安全！”[25]当局特别关注对纳赛尔表示同情的言论。时常有人被告发收听“阿拉伯之声”（The Voice of the Arabs，或 Sawt al-Arab）广播中这位埃及总统来自开罗的鼓舞人心的演讲。在吕大长大的法兹·阿斯马尔（Fawzi al-Asmar）回忆道：“当纳

[1] 丹（Dan）地区，即古什丹（Gush Dan）都市区，是以色列最大的都市区，包括特拉维夫和以色列中心区域，也称特拉维夫大都市区。——译者注

赛尔发表演说时，我们总是靠近收音机，即使在教堂或清真寺里也会默默坐着。”[26]“辛贝特”领导人伊塞尔·哈雷尔（Isser Harel）曾经反对军政府制度，但随着纳赛尔在阿拉伯少数民族中越来越受欢迎，他改变了主意。[27]

如果说纳赛尔因为蔑视西方和以色列而成为被崇拜的焦点，那么巴勒斯坦人和其他阿拉伯人对纳克巴的认知也在慢慢增长。叙利亚知识分子康斯坦丁·祖雷克（Constantine Zurayek）于1949年发表了他的知名著作《灾难的意义》（*The Meaning of the Disaster*），分析了战败的原因，将战败归咎于阿拉伯国家和巴勒斯坦领导层的“无能”。极少有巴勒斯坦人在1948年，甚至20世纪五六十年代写过个人回忆录。[28]后来巴勒斯坦的一项研究称：“失败的一方在难民营里，生活在担惊受怕、危如累卵的感觉之中，不愿谈及他们的落败。此外，他们深感耻辱、内疚和痛苦，这只会令他们更为缄默。”[29]还有很好的实际原因：在混乱的逃亡和适应严酷新生活的过程中，笔记和文章难以幸存。[30]许多巴勒斯坦人将自己看作悲剧人物，以无能和被动促成了自身的命运。[31]“离开太巴列对我父母来说是一个巨大的打击，”经济学家优素福·赛义格（Yusif Sayigh）写道，“但他们很少提及这件事。人们对纳克巴避而不谈。”赛义格在记述1948年卡达蒙的防备状态时对巴勒斯坦人不充分的准备感到痛心疾首。[32]来自希伯伦附近哈尔胡勒的穆罕默德·梅勒赫姆（Muhammad Milhem）以自嘲的口吻描述了战斗白热化的时候，自己却在咖啡馆里打牌下棋的情景。[33]1958年，巴勒斯坦历史学家阿里夫·阿勒阿里夫开始出版其长达六卷的名作《耶路撒冷之难》（*Nakbat Bayt al-Maqdis*），此后“纳克巴”一词流传得更广了。该书的副标题是“失乐园”（Paradise Lost）。来自加利利迈季克鲁姆的阿德尔·曼纳（Adel Manna）从未听说他的家人在1948年的经历，包括处决，直到10岁时他的父亲对兴高采烈的儿子被选中参加独立日庆祝活动的消息做出奇怪的反应。这个男孩在1958年才第一次认识到，以色列的独立（Istiqlal），对阿拉伯人意味着占领（Istihlal）。[34] 以色列犹太人有时会被父母或祖父母的沉默所提醒，他们在大屠杀中失去了亲人，但他们从不愿谈到这一点——因为幸存让他们负疚，而且他们想让孩子摆脱令人无法忍受的痛苦过往，过上正常的生活。[35]

然而，1948年的影响在巴勒斯坦人的生活中是无处不在的。在难民营中，居民们根据各自的村庄或城镇组织起来，使用他们自己的地名而不是联合国管理人员选择的名称。20世纪50年代初，来自阿卡周边两个相邻村庄西伊伯和艾尔巴萨的人们占据了提尔郊区的艾因赫勒韦（Ein al-Hilweh）难民营附近的地区。的黎波里（Tripoli）附近的巴里德河难民营（Nahr al-Bared）中，有一半人口来自萨弗里亚。[36] 在安曼城外的巴卡难民营，有大量来自别示巴的巴勒斯坦阿拉伯人（Sibawis）。“对于我这一代人……我们在巴勒斯坦的最后一天，就是我们开始明确巴勒斯坦人身份的第一天。”法瓦兹·图尔基（Fawaz Turki）写道，他出生于巴拉德谢赫，成长于贝鲁特的布尔吉巴拉吉纳难民营（Burj al-Barajneh）。

> 就像橄榄树、土地、石屋、大海、婚礼上的“达布克”（Dabki，原文如此）舞和狂欢。一切都各归各处。一切都融为一体，绵延不息。从来没有人想过去定义它或赋予它任何特质，直到我们被迫与它断绝。[37]

被迫抛弃房屋的各家仍将生锈的钥匙和褪色的地契作为最宝贵的财产，作为“一个回归的承诺，一个不可避免地要被历史打破的承诺”。[38]

橄榄树、扎阿塔尔（Zaatar，即野生百里香）、石榴、水井、田地和柑橘林等意象逐渐在巴勒斯坦人的诗歌和艺术中占据主导地位，这生动形象地展示了历史学家 A. L. 提巴威（A. L. Tibawi）在一项开创性研究中所称的“回归愿景”：“迄今为止，巴勒斯坦的阿拉伯人还没能通过政治和军事手段，捍卫自己保持领土完整和独立的权利，对国际人道主义救助的效率也感到失望。他们自 1948 年以来，一直依靠其他资源和情感力量进行重建，以实现公开宣布的夺回家园的目标。”[39] 另一位学者写道，对“他们的社会被连根拔起的创伤”的共同记忆，“以及被驱逐、被替代、无家无国的经历，都在逐步明确‘巴勒斯坦’的含义”。[40]

在以色列，由于军事审查限制和害怕受到谴责，人们不能在课堂上或出版物中提及纳克巴。[41] 连“瓦坦”（watan，即家园）这个词也被禁用。20 世纪 50 年代中期，一位教师因为写了关于他曾经的村庄穆杰迪勒（Mujaydil）的一棵桑树的诗歌而被解雇——该村已被重新命名为希伯来语的米格达勒哈埃梅克（Migdal HaEmek）。一个来自海法的难民儿童在长大后回想起自己曾因唱民族歌曲而被一个神经紧张的老师斥责。[42]“在那些日子里，提到巴勒斯坦这个词都是危险的，”以色列国内的难民穆罕默德·阿里·塔哈（Mohammed Ali Taha）还记得，“在学校里，任何提到巴勒斯坦的人都会被赶出去。他们插足了我们生活中的方方面面，无孔不入。没有图书馆，没有留下的知识分子，大多数人都是无法读写的农民。”[43] 以色列当局担心“在场的缺席者”将试图返回废弃的村庄并重建家园。“本-古里安总是提醒我们，不能因为阿拉伯少数民族尚未开展颠覆行动就放松警惕，”这位总理的阿拉伯事务顾问告诉记者，“我们必须考虑，他们如果得到机会，会做出什么样的事情。如果我们取消限制，共产党就会邀请阿拉伯难民守在他们的废墟上，要求归还他们的土地……让难民回归。他们将形成组织、政党、阵线，任何会制造麻烦的东西。”[44] 1954 年，政府担心共产党（“梅基”）在拿撒勒的市政选举中获胜。当政府努力建设一个新的犹太社区来控制阿拉伯城市时，因与当局关系密切而闻名的左阿比家族的成员袭击了党派活动分子，引起了人们对其是否与官方合谋的怀疑。[45]

普遍消极抵抗

20 世纪 50 年代，“梅基”在复兴以色列的阿拉伯文化和思想生活方面发挥了重要作用。《伊斯兰联盟报》出版了易卜拉欣·图坎和哈利勒·萨卡基尼等巴勒斯坦民族主义作家的作品以及其他国家的阿拉伯文学作品。该党组织的诗歌节克服了审查、宵禁和骚扰，使创作成为“普遍消极抵抗”的一种形式。该党的文学杂志《新报》（*Al-Jadid*）发表文章，强调阿拉伯和伊斯兰文明的遗产，以对抗欧洲和犹太复国主义关于阿拉伯世界的话语。1953 年 10 月，《伊斯兰联盟报》的编辑伊梅尔·图玛抨击了巴勒斯坦希伯来劳工总联合会的一个项目，指责其发表的希伯来语文献的阿拉伯语翻译是沙文主义，“将犹太复国主义描述为给阿拉伯国家带来文明的使者”。[46] 在警方和“辛贝特”努力招募告密者、鼓励疑神疑鬼的氛围中，自由受到了限制。倘若《伊斯兰联盟报》将某人称为与军政府合作者，那么此人将在当地社区受到排斥和孤立。对于一些巴勒斯坦人来说，相比“梅基”这个“以色列唯一试图在相互尊重的基础上在‘阿拉伯民族主义’和‘犹太民族主义’之间建立某种联系的犹太复国主义政党”，[47] 他们更喜欢拥有一些阿拉伯成员的左翼犹太复国主义政党。尽管如此，正如来自左翼的批评者往往注意到的，统一工人党[1]的基布兹是建立在被没收的阿拉伯土地上的，尽管该党所有人都在谈论团结和平等。[48]

官方媒体的努力不尽如人意：半官方的阿拉伯语日报《今日时报》（*al-Yawm*）有四个版面，内容提炼自希伯来语日报《话语》（*Davar*），“删去了被认为过于敏感，会引起阿拉伯读者注意的各种内容，再加上一些特约记者从大村庄发来的过时报道，内容主要关于政府官员的访问，道路或学校的修建，以及类似具有‘积极’性质的故事”。随着时间的推移和以色列阿拉伯人受教育程度和政治意识的提升，“（它）变得越来越不受欢迎，甚至被当成了一个笑柄，而讽刺它的正是它意在向之提供服务和表达渠道的知识分子”。[49]以色列对阿拉伯人的政策强调了村庄及其主要家族的重要性，加深了人们认为东方落后和欠发达的成见，并鼓励依附、笼络和控制关系。[50]即使大多数阿拉伯人住进城镇，情况依旧如此。一名以色列学者观察到，“巴勒斯坦人的乡村性使他们注定与犹太人有根本上的差异，所以他们不会主动与之融合或同化。此外，他们的乡村性使他们注定是传统的，因此需要家长式政府而不是民主”。[51]阿拉伯农村地区的电气化被视为一种发展进步，具有文化上和安全保障上的双重意义。一名官员说：“如果我们照亮这片黑暗，就能将他们带出黑暗并置于我们的监督之下。”[52]

语言同样重要。20 世纪 50 年代中期，由于 1948 年后阿拉伯语失去了许多实际意义，犹太人对它本就有限的了解逐渐减少，人们开始为此而担心。阿拉伯作家和犹太作家之间偶尔举行的会议陷入了尴尬的沉默之中，因为尽管阿拉伯人一般学过希伯来语，但绝大多数犹太人，除了来自伊拉克和埃及的以阿语为母语的移民外，都不懂阿拉伯

[1] 以色列统一工人党（Mapam，希伯来语为 Mifleget HaPoalim HaMeuhedet），存在于 1948 年至 1997 年之间，为现存梅雷兹党（Meretz）前身之一。——译者注

语，对学习阿语也鲜有兴趣。在犹太学校体系中，父母通常更希望孩子学习英语，然后是法语，而不是一种与“落后”文化和世仇宿敌有关的困难语言。只有当总理的阿拉伯事务顾问与国防军情报部门和教育部合作，来解决这个被视为严重影响国家安全的短缺问题时，感到绝望的老师们改善这种状况的努力才取得了进展。前途光明的犹太高中生们参加了特别的“东方学”课程，在军政府官员——然而不是当地人——的导览下，到拿撒勒和德鲁兹派的村庄进行实地考察。学生们需要锻炼与现代标准书面语有巨大差别的阿拉伯语口语，了解阿拉伯风俗，但他们受到严格的指示，不得与阿拉伯人进行政治讨论，因为阿拉伯人是“学习的对象，但最终是要控制的对象”。这种被一个参与者形容为“敌对环境”中的关系，必须是“无情无义的”。学生毕业之后，通常会为国防军做情报工作，或是在希伯来大学深造。向以色列犹太人教授阿拉伯语仍是长期的难题。一名阿语老师抱怨，他们在别人眼中“像是在月球上教霍屯督语（Hottentot）”。人们的看法是，“东方的一切都是阿拉伯的，而阿拉伯的一切都是肮脏的”。[53]

1. “若你决心如此，它就不是传说。”1898 年 11 月，西奥多·赫茨尔生平唯一一次访问巴勒斯坦（Copyright © Imagno/Getty Images）

2. 展望未来：1918 年，哈伊姆·魏茨曼和犹太复国主义委员会的成员们

3. 1929 年，巴勒斯坦抗议者们在耶路撒冷老城聚集

4. 1930 年，巴勒斯坦大穆夫提哈吉・阿明・侯赛因（Copyright © National Photo Collection of Israel）

5. 安全的彼岸：1933 年，犹太事务局的首席船工和阿拉伯警察们在一艘将移民从德国运到雅法港口的船上（Copyright © Zoltan Kluger/National Photo Collection of Israel）

6. 1938 年，在西加利利新成立的哈尼塔基布兹，年轻的摩西·达扬领导下的犹太编外警察部队（Copyright © Zoltan Kluger/National Photo Collection of Israel）

7. 邻居：1940 年，奇科隆雅科夫的犹太定居者们拜访附近萨巴林的阿拉伯村庄。萨巴林在 1948 年的战争中毁于一旦，荒无人烟（Copyright © Zoltan Kluger/National Photo Collection of Israel）

8. 1948 年 4 月，阿拉伯解放部队的战士及其指挥官法兹・考克吉在阿卜杜勒–卡迪尔・侯赛尼于耶路撒冷阿克萨清真寺举行的葬礼上（Copyright © National Photo Collection of Israel）

9. 1948 年 5 月，在特拉维夫博物馆宣读以色列《独立宣言》的大卫・本–古里安（Copyright © Zoltan Kluger/National Photo Collection of Israel）

10. 纳克巴：1948 年，一群从雅法附近的一个村子经无人地带前往图勒凯尔姆的巴勒斯坦难民（Copyright © Bettmann/Getty Images）

11. 1948 年，来自保加利亚的新犹太移民们在他们位于雅法的家外面，那里当时基本上没有阿拉伯人居住了（Copyright © Zoltan Kluger/National Photo Collection of Israel）

12. 1956 年 11 月，加沙地带南端的拉法赫，以色列士兵们与一张埃及总统贾迈勒·阿卜杜勒·纳赛尔的照片合影

13. 1967年，以色列国防部长摩西·达扬、乌兹·纳尔基斯将军和雷哈瓦姆·泽维在新近占领的西岸的希伯伦“列祖之墓”（易卜拉欣清真寺）（Copyright © Moshe Milner/National Photo Collection of Israel）

14. 占领：1967年，在纳布卢斯市中心附近被以色列军队拘留的巴勒斯坦人（Copyright © Moshe Milner/National Photo Collection of Israel）

15. 1973年10月，“赎罪日战争”期间，以色列总理果尔达·梅厄与国防部长摩西·达扬和伊扎克·霍菲将军在戈兰高地向以色列军队发表讲话（Copyright © Ron Frenkel/National Photo Collection of Israel）

16. 1974年11月，巴勒斯坦解放组织领导人亚西尔·阿拉法特在联合国大会上发表演讲。他说自己梦想着“一个能让基督徒、犹太人和穆斯林共同生活在正义、平等和博爱中的民主国家”（Copyright © Bettmann/Contributor）

17. 1975年，信仰者集团的领导者们——摩西·莱文杰拉比（左）和哈南·波拉特（右）——和支持者们一起庆祝以色列政府准许定居者搬迁到西岸村庄塞巴斯蒂亚附近的一个军营（Copyright ©Moshe Milner/National Photo Collection of Israel

18. 1980年，以色列总理梅纳赫姆·贝京在两名来自黎以边境米斯加夫阿姆（意为“人民堡垒”）基布兹的巴勒斯坦人袭击的受害者葬礼上（Copyright ©Herman Chanania/National Photo Collection of Israel）

19. 1982 年 6 月，在入侵黎巴嫩前期进军贝鲁特时穿戴头盔和防弹夹克的以色列国防部长阿里埃勒（“阿里克”）· 沙龙（Copyright © Bettmann/Getty Images）

20. 在因提法达的日子里：1988 年，年轻的巴勒斯坦人在纳布卢斯市场区对抗以色列士兵（Copyright © Nati Harnik/National Photo Collection of Israel）

21. 1990 年，在希伯伦，涉嫌投掷燃烧瓶的巴勒斯坦人被以色列边防警察拘留（Copyright ©Nathan Alpert/National Photo Collection of Israel）

22. 1990 年，在加沙受审时左右都是以色列警卫的哈马斯领导人谢赫艾哈迈德·亚辛（Copyright ©Yonathan Torgovnik/National Photo Collection of Israel）

23. 1990 年，西岸一个村庄被以色列军队杀害的两名巴勒斯坦人葬礼上的抗议者们（Copyright ©James Lukoski/Getty Images）

24. 1994 年 5 月，伊扎克·拉宾注视下尴尬、恼怒的亚西尔·阿拉法特，阿拉法特一开始拒绝签署与以色列就从加沙和杰里科撤军达成的协议（Copyright ©Barry Iverson/Alamy）

25. 1996 年，一名哈马斯自杀式炸弹袭击者袭击了 18 路公交车后，西耶路撒冷中心雅法路上的景象（Copyright ©Avi Ohayon/ National Photo Collection of Israel）

26. 1999 年，以色列总理埃胡德·巴拉克在加沙边界上的埃雷兹检查站会见巴勒斯坦民族权力机构主席亚西尔·阿拉法特和安全部门负责人穆罕默德·达赫兰（Copyright ©Avi Ohayon/National Photo Collection of Israel）

27. 2000 年 9 月，“利库德”领导人阿里埃勒·沙龙在警力环卫下到访耶路撒冷的圣殿山（谢里夫圣所）（Copyright ©AWAD AWAD/AFP/Getty Images）

28. 2002 年春天，以色列重新占领约旦河西岸期间，在杰宁参与“防御之盾”行动的国防军坦克（Copyright ©National Photo Collection of Israel）

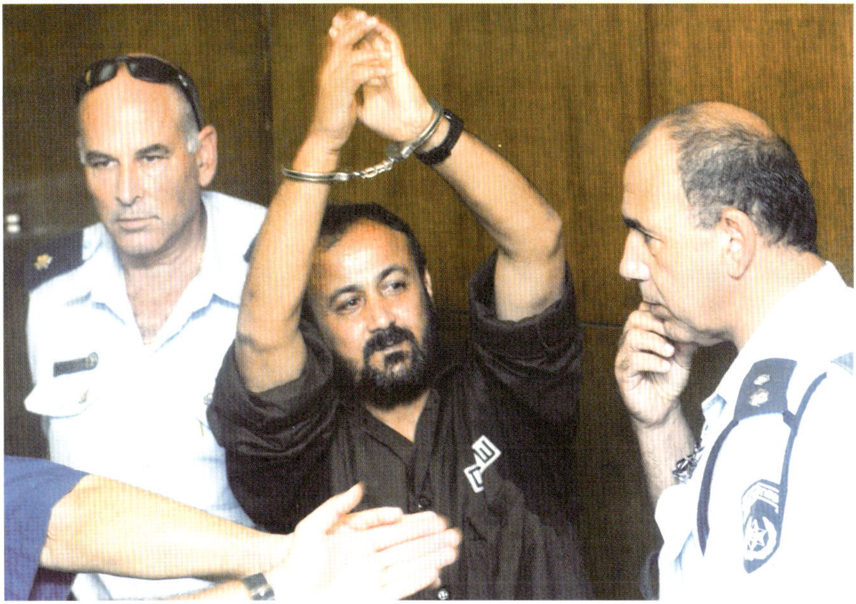

29. 2002 年，第二次因提法达正值高潮之际，法塔赫旗下“坦齐姆”民兵组织领导人马尔万·巴尔古提在特拉维夫一个军事法庭受审（Copyright ©Moshe Milner/National Photo Collection of Israel）

30. 2002 年，在杰宁，被拘留的巴勒斯坦人接受以色列军队讯问（Copyright ©National Photo Collection of Israel）

31. 2007 年 6 月哈马斯接管加沙市后，这个伊斯兰主义运动的战士们在领导人马哈茂德 · 阿巴斯弃之而去的办公室里摆出胜利的姿势（Copyright ©Hatem Moussa/AP Photos）

32. 2007 年 11 月，巴勒斯坦领导人马哈茂德 · 阿巴斯、以色列总理埃胡德 · 奥尔默特和美国总统乔治 ·W. 布什在安纳波利斯会议上（Copyright ©Avi Ohayon/National Photo Collection of Israel）

33. 2010 年，以色列西岸隔离墙后的一座巴勒斯坦小镇的景象（Copyright ©Rostislav Glinsky/123RF）

34. 2012 年，在耶路撒冷和拉姆安拉之间的盖兰迪耶检查站，以色列士兵被自己的催泪弹熏到（Copyright ©Ryan Rodrick Beiler/Alamy）

35. 巴勒斯坦人在加沙市舒加艾亚居住区的废墟中前行，该居住区于 2014 年战争期间被以色列摧毁（Copyright ©Thomas Coex/AFP/Getty Images）

36. 2017 年 2 月，在被占领的西岸城市希伯伦，一名巴勒斯坦示威者对着美国总统唐纳德·特朗普的海报掷了一只鞋子（Copyright ©Mussa Qawasma/Reuters）

第十章

1958—1967

大批难民痛苦地呐喊着，他们最强烈的渴求，是回归曾经的家园。

——联合国近东巴勒斯坦难民救济和工程处，1956 年

第一个十年

1958 年 4 月 24 日，欣喜若狂的以色列人庆祝独立十周年（根据希伯来历）。西耶路撒冷的纪念性阅兵仪式“可以说是在围绕这座古城以色列部分的约旦军队虎视眈眈的枪口下举行的”，[1] 阅兵仪式特意展示了犹太国家的武装力量及其对国际舆论的蔑视。总理大卫·本-古里安和 1952 年继哈伊姆·魏茨曼之后就任总统的伊扎克·本-兹维（Yitzhak Ben-Tzvi）在希伯来大学吉瓦特拉姆校区接受致敬，2 万多名欢呼的群众观看了这一切，还有数千人列队欢迎。法国的坦克和大炮、美国制造的谢尔曼坦克和英国的高射炮后面跟着伞兵、步兵和海军部队，军旗在寒冬过后的春日暖阳下飘扬。许多外国使团成员并未参与，因为出席此仪式可能会被解释为承认耶路撒冷是该国的首都（正如以

色列在 1948 年 12 月宣布的那样），然而还是有一些特派团团长以私人身份参加了这场仪式。联合国表示反对，称以色列部队集中在耶路撒冷的行动违反了 1949 年与约旦的停战协定。以色列坚称没有违规，因为部队将在庆祝后立即撤离。在城市的另一边，侯赛因国王——他一直通过美国与以色列人保持着间接联系——视察了加强部队，这是他精心部署的军队，用于抗衡以色列异常强大的武装力量。

以色列与其阿拉伯敌人的冲突在 1958 年远未得到解决，鉴于双方的立场根深蒂固，阿拉伯世界充满分歧，而且没有哪个机构能公认代表巴勒斯坦人及其利益，局面很难出现任何改变。外交部高级官员沃尔特·艾坦（Walter Eytan）在当年出版的一本采用了以色列政府标准论调的书中指出，“自从阿卜杜拉国王去世（1951 年）以来，没有任何阿拉伯统治者愿意与以色列和谈”：

> 阿拉伯国家拒绝与以色列谈判，因而将自己置于不利地位，这一事实并没有引起它们的重视。它们不承认以色列，因此没有人与之谈判。它们的整体态度都基于这样的论点：以色列无权存在，与之谈判是天方夜谭，因为这意味着承认以色列的存在。而以色列已经表明，它可以安然承受阿拉伯方十年不间断的敌意，而且如果有必要的话，还可以再忍受几十年、几代人。[2]

以色列以能言善辩著称的驻美大使阿巴·埃班（Abba Eban）在美国广播公司新闻节目的黄金时段接受迈克·华莱士（Mike Wallace）的电视采访时，着重谈到了以色列独立的这十年，将之描述为“乐于创造、主权恢复、民族凝聚、土地复苏、民主建成的无与伦比的岁月”。当然，他承认，“我们邻国的敌意所造成的暴力”也是存在的。然而，他断然否定了长期批评犹太复国主义的英国历史学家阿诺德·汤因比（Arnold Toynbee）不久前将阿拉伯“难民问题”与纳粹大屠杀相提并论的说法：

> 这是一种骇人听闻的亵渎。他竟然将对数百万人的屠杀，包括妇女和孩子，与阿拉伯难民的困境做比较。阿拉伯人还活着，生存在他们的故土上，虽然受了一些苦，但无疑还拥有生命这一至高无上的恩赐。将大屠杀与可以轻易缓解的暂时性苦楚相提并论，从任何历史的角度而言都是颠倒黑白。但难民问题不是局势紧张的原因。它是阿拉伯人政策的结果，正是这些政策导致以色列干预并制造了这个问题，然后阿拉伯人又拒绝将难民纳入他们不断扩大的劳动力市场，拒绝解决他们足以应对的问题，所以难民问题才会不断发酵。阿拉伯政府对待骨肉同胞的态度从根本上说是不道德的，一旦他们愿意解除困境，马上就能解决问题。[3]

以色列拒绝接收阿拉伯难民，这自然得到了该国犹太公民的支持。绝大多数人赞同官方宣传的理念：阿拉伯人对 1948 年战争负有全部责任；难民是自愿离开或是在渴望胜利的阿拉伯入侵军队的催促下逃离的；哪怕和难民有亲缘、语言、宗教和民族感情的纽带，阿拉伯国家仍出于政治原因抵制接纳难民，蓄意使问题长期化；此外，遣返就是无稽之谈。1956 年 2 月，政府发布了对军政府进行正式调查的报告。它听取了 39 名犹太人和 50 名阿拉伯人的证词，其中一人坚称阿拉伯公民**没有**表现出对国家的忠诚。拉特纳（Ratner）委员会强调的则是，人们担心阿拉伯人可能会成为内奸群体，暗中侵占国家的土地。报告出于安全原因反对难民回归，并辩称难民是自愿离开该地的，因此等同于放弃了任何回归的权利。[4] 一个更为重量级的委员会在三年后得出了类似的结论。人们的观点没有发生变化，但直到 1965 年，当局才悄悄下令摧毁那些仍然存在的废弃阿拉伯村庄。[5]

20 世纪 50 年代，以色列的希伯来语和英语中都不曾使用“巴勒斯坦”这个词，除了极左派。[6] 正如官方发言人常提到的那样，同一时期以色列接纳了近 100 万犹太难民，其中 45 万来自阿拉伯国家。选择性引用以及虚假、片面、误导性的当场证词被用来对付关于独立战争的诉讼。譬如艾坦描述了 1948 年 4 月太巴列的阿拉伯人集体撤离时犹太事务局的“震惊”。直到 20 世纪 80 年代后期，历史学家才通过以色列国家档案馆新解密的资料，准确地描写出这里以及其他许多地方在战时真正发生的事情（尤其是哈加纳的心理战和周边发生的屠杀）。[7]

1958 年，埃班在联合国大会上的讲话详细阐述了以色列应对难民的情况。他的主要论点如下：

> 遣返意味着数十万人将被引入一个他们反对其存在的国家，他们鄙视这个国家的旗帜并下决心让它毁灭。以色列的主权和安全已经受到周边国家的侵犯，还被要求让来自敌对领土并仇恨其存在的人群涌入，使其自身的处境更加危险。

在将近 100 万的难民中，超过一半的人不到 15 岁：也就是在 1948 年，其中许多人不满 5 岁，根本不会“对以色列有什么记忆”。[8] 埃班的雄辩并没有消除这个问题：1961 年，本-古里安让特拉维夫的政府智库西罗亚研究所（Shiloah Institute）详细报告巴勒斯坦人流亡的原因。此举意在将这些材料用于公开外交，以应对美国肯尼迪政府让以色列在难民问题上做出让步的呼吁。西罗亚的研究员罗尼·加贝（Rony Gabbay）早在1948年就已在他自己的学术著作中得出结论：在许多情况下，“犹太部队占领阿拉伯村庄并驱逐居民，炸毁他们不想占据的地方，以免被他们的敌人重新占据并用作对抗他们的据点”。[9]

少数人的权利，以色列的过错

1958年的独立日，是展示以色列在包括阿拉伯少数民族敏感问题在内的所有领域取得的成就的好机会。几个月前就是卡西姆村杀戮事件一周年，说服阿拉伯公民参加纪念活动需要付出相当大的努力。政府主动承担了乐队、焰火、扬声器和展览所需的部分费用：一个在古老的土耳其浴室中举行的展览表现了“少数民族的风俗”，提供了传统的刺绣、阿拉伯咖啡和糖果。虽然预计地方议会将支付费用，但由于很少有村庄与国家电网相连，因此人们还为这项活动准备了发电机。在“梅基”发起的抵制运动蓄势待发时，过去鲜为人知的团体“加利利之子”（Sons of the Galilee）和“以色列阿拉伯人之声”（Voice of the Arabs in Israel）签发了传单，试图反击——这些组织的名字隐含了政府暗地里精心策划的努力。压力是施加给个人的，包括年轻的诗人拉希德·侯赛因（Rashid Hussein），他被要求写首诗纪念这个节日。官员们宣称4月26日拿撒勒的参与者多达8 000人。[10]

几天后的劳动节，现实问题不期而至。这个国家唯一的阿拉伯城市人心惶惶，因为大片土地已被没收且用于安置犹太移民，而这些移民大部分被政府雇用了。该项目在早期阶段由一个国防部人员主导的跨部门委员会把控。[11] 这里最终将成为上拿撒勒的独立犹太城镇，其目的被描述为“打破”该地区和这个城市的阿拉伯自治，使犹太人成为多数。[12]更加普遍的是人们对行动不断受限的不满——即使在1957年稍显缓和——85%生活在军政府治下的以色列阿拉伯人都有此种不满。[13]共产党组织者被逮捕和行政拘留，预定在劳动节举行的集会也被禁止。人们无视这条禁令，冲突便爆发了。集会现场发生了斗殴，300人被捕，希伯来媒体称之为“骚乱”，阿拉伯人则以他们在面对“警棍和恶意虐待”时的集体力量为荣。[14]口号包括“打倒本-古里安”、“结束军事统治”和“纳赛尔万岁”等。一个外国访客认为，这些事件在拿撒勒的生活和政治中并不典型，“他们来到街上，让所有人都能看到以前只在咖啡馆里争论过或者记录在军政府档案里的事。他们激化了政府与被统治者之间鲜为人知却无处不在的剑拔弩张”。[15] 5月15日是公历的以色列独立日和巴勒斯坦人的纳克巴纪念日，因此需要进一步做好预防措施，以免节外生枝。政府警告称“煽动颠覆国家者将遭严惩”，特别是教师，但是拿撒勒的学生们没有理会它，而是遵守了更广泛的阿拉伯世界的习俗。有人发现他们进行了默哀五分钟的纪念活动。一所学校的学生还挂出了纳赛尔的画像。[16]

当年晚些时候，一小群阿拉伯知识分子试图建立一个非共产主义组织，他们响应纳赛尔主义和更广泛的阿拉伯民族主义运动，成立了土地运动（The Land，*al-Ard*）组织。它代表了阿拉伯人对这个犹太国家本质的第一次挑战。它呼吁废除所有歧视性法律，承认巴勒斯坦难民回归的权利。萨拉赫·巴兰希（Salah Baransi）编辑的一份报纸明确表达了这些要求，该报未得到出版许可，却在这个团体被宣布为非法之前设法出版了13期。土地运动的出现标志着阿拉伯民族主义者和阿拉伯共产主义者（当时仍是唯一正式承认以色列存在的阿拉伯团体）之间的分道扬镳。它反映了纳赛尔的泛阿拉伯主义与共产主义者支持的伊拉克领导人阿卜杜勒-卡里姆·盖西姆（Abdel-Karim Qasim）采用的方式之间的对抗，还尤其体现了“巴勒斯坦人对自己动荡不安、命运未卜之处境的厌倦”。[17] 然而，它并没有自动获得阿拉伯群体的支持。土地运动对1959年以色列议会选举的抵制引发了争议，因为此举导致“梅基”的代表席位从六个减少到三个，批评者抱怨这削弱了阿拉伯人整体在议会的代表权。以色列安全机构仍旧保持警惕。土地运动遭到的一项“指控”，是协助阿拉伯乡村开设独立的体育俱乐部。[18] 1960年，总理的阿拉伯事务顾问什穆埃尔·托勒达诺（Shmuel Toledano）——另一位曾在“摩萨德”（Mossad，以色列外国情报机构）任职的会说阿拉伯语的官员——公开警告称土地运动威胁到了国家的生存。托勒达诺认为“以色列的阿拉伯人”这一概念是一种自相矛盾的说法，因为他们有“另一个国籍”。[19] 尽管如此，一个小小的新团体仍不足以战胜以色列内部的巴勒斯坦人的一派沉寂，他们像以前一样被边缘化，被严加控制。巴勒斯坦的民族主义开始在别处复苏。[20]

四海飘零

对于散落在阿拉伯世界各处的巴勒斯坦人来说，在一个充满动荡和地区纷争的时代，自由太过稀缺。1958年2月，埃及和叙利亚共同宣布成立阿拉伯联合共和国（United Arab Republic）。5月，黎巴嫩爆发内战。7月，伊拉克君主制被暴力推翻，这对西方是一个打击，对约旦的哈希姆王室来说也是一个不祥之兆，而美国和英国——以及以色列——都在担心约旦的纳赛尔主义者发动政变。1954年阿尔及利亚爆发的反法起义在腥风血雨中持续了下去，成了鼓舞和团结其他阿拉伯人的源泉，他们将西方帝国主义视为主要敌人。身处前线国家或更遥远的海湾地区战场上的巴勒斯坦人，对于这些进展无法置身事外或无动于衷。

总的来说，约旦给巴勒斯坦人的待遇远超其他任何阿拉伯国家，约旦给予他们公民身份并在官方文件中拒绝使用“难民”一词。在1950年4月之前，阿卜杜拉国王就已下令，根据联合国1947年分治决议，将当时在他治下、后来被称为约旦河西岸的大部分地区分配给巴勒斯坦人。但任何官方文件和通信都禁止使用“巴勒斯坦”一词。带有明显巴勒斯坦特色的协会——如纳布卢斯的海法文化协会，拉姆安拉的雅法穆斯林体育俱乐部等——不得从事任何政治活动。与以色列一样，约旦一边向巴勒斯坦人提供正式公民身份，一边剥夺巴勒斯坦人的身份意识。两国的政策都“强调控制与合作，而不是伙伴和平等的关系”。[21] 巴勒斯坦分离主义被认为不利于阿拉伯人的团结。[22] 1952年，侯赛因国王[1]接替他的父亲塔拉勒（Talal）继位后，维持了这种做法。约旦将政府机构从耶路撒冷转移到安曼，遭到了巴勒斯坦人的抱怨。他们认为耶路撒冷现在处于对抗以色列的最前线，却受到歧视和忽略。1961年，整个耶路撒冷市政委员会辞职抗议。巴勒斯坦人开玩笑说，如果侯赛因能够推翻耶路撒冷老城的城墙而不付代价，他一定会这么做。

黎巴嫩对1949年到达的10万至13万巴勒斯坦人施加了最严厉的限制，这在某种程度上反映了该国脆弱的宗派平衡。歧视和苛待比比皆是。来自海法地区的法瓦兹·图尔基记得，当一个贝鲁特街头艺人命令他的宠物猴子“向我们展示巴勒斯坦人如何获取口粮”时，作为一个青年难民，他深以为耻，潸然泪下。甚至黎巴嫩儿童也嘲笑巴勒斯坦人，叫他们“回你们来的地方去”，并指责他们将自己的土地

[1] 此处为侯赛因·伊本·塔拉勒（Hussein bin Talal，1935—1999），约旦第三任国王。——译者注

卖给了犹太人。[23] 出生于英国、居住在贝鲁特的作家萨米拉·阿萨姆（Samira Azzam）塑造了一个主人公，他竭尽全力想成为一个归化的黎巴嫩人，却因不可以忘记自己是巴勒斯坦人而备感沮丧；当他最终斥巨资成功拿到必需的护照时，却发现它是伪造的。[24] 当局追捕巴勒斯坦活动家，尤其是疑似共产主义者的人，阻止他们访问难民营。邻国叙利亚的情况相对好些，吸纳了 8.5 万至 10 万名难民，但本国人口要多得多。他们的事务由 1949 年成立的巴勒斯坦阿拉伯难民总局（General Authority for Palestine Arab Refugees）管理。截至 1960 年，难民人口已自然增长到 12.7 万人。

身处埃及的 30 万巴勒斯坦人大多生活在加沙地带，一直到 1962 年都处于军事管理和紧急状态下。其中大部分人既无法进入尼罗河谷，也无法返回遗失在以色列境内的家园和土地。[25] 没有一个难民可以回到现在已然不存在的巴勒斯坦，全面融入东道国同样是痴心妄想，只有约旦除外。近东救济工程处 20 世纪 50 年代中期的报告指出："大批难民痛苦地呐喊着，他们最强烈的渴求，是回归曾经的家园。他们仍旧抗拒大规模的自给项目，因为他们误认为这样做等于接受永久移居的安排，放弃回国的希望。"[26]

苏伊士战争过后，纳赛尔主义前所未有地受人欢迎，这催生了"阿拉伯民族主义运动"（Arab Nationalist Movement，缩写为 ANM），而这个团体为在纳克巴十年之后思考自身命运的巴勒斯坦人提供了一个行动框架。来自吕大的难民乔治·哈巴什创立阿拉伯民族主义运动时，还是个贝鲁特美国大学（American University of Beirut）的医学生，在那里他受到了康斯坦丁·祖雷克的影响。祖雷克强调，阿拉伯国家先是在 1948 年战争中失败，然后又抛弃了巴勒斯坦人，这些国家的领导人发表了言辞激烈的演说，但几乎没有什么实际行动。哈巴什后来前往约旦的难民营工作，在那里，他与来自萨法德的瓦迪·哈达德（Wadie Haddad）医生合伙开了一家诊所。1957 年，两人被迫从约旦逃往叙利亚。据美国中央情报局报告，阿拉伯民族主义运动是因“以色列的建国和巴勒斯坦人被驱逐出家园而成立的”。它的基本意识形态“反映了它名称的含义——将所有阿拉伯国家联合起来的愿望，将外国势力排除在阿拉伯世界之外的希冀，以及根除以色列这个国家的强烈冲动”。该组织向来是一盘散沙，它的全国总会与地方结盟靠的是现成的机会而非有意的规划。[27] 20 世纪 60 年代末，哈巴什创立了“解放巴勒斯坦人民阵线”（Popular Front for the Liberation of Palestine，缩写为 PFLP，简称“人阵”），它将推崇革命的马克思主义与巴勒斯坦至上的战略结合在了一起。

法塔赫诞生

其他巴勒斯坦人也在思考如何推进民族事业，关键是不能过分依赖其他阿拉伯人。1929 年，亚西尔·阿拉法特出生于埃及，他的父亲来自加沙，母亲则出身耶路撒冷名门——阿拉法特幼时曾在那里生活过。他曾就读于开罗大学，并在 1948 年战争初期与一支穆斯林兄弟会部队一起在巴勒斯坦南部作战。他后来抱怨说，自己曾两次被解除武装：先是被埃及军队缴械，后来是在服役于阿卜杜勒–卡迪尔·侯赛尼领导的阿拉伯解放部队时，被约旦人的阿拉伯军团缴械。[28] 根据某些消息来源，他还在苏伊士危机爆发前夕，参与了对运河区英军的游击袭扰。作为一名学生活动家，阿拉法特推崇一种巴勒斯坦人至上的意识。1957 年，他在海湾地区遇到了许多巴勒斯坦人，其中有越来越多的人试图重新开始生活并支撑起他们的家庭，忍受着加桑·卡纳法尼

（Ghassan Kanafani）在小说《太阳下的人们》（*Men Under the Sun*）里描述的那种艰辛坎坷。阿拉法特未能获得沙特阿拉伯的签证，最终只能在科威特担任公共工程部的工程师。不可思议的是（鉴于他后来的事业和名声），阿拉法特严格说来并不是一个难民——他说话总是带有独特的埃及口音——然而他最亲密的朋友和同事都带着纳克巴烙下的伤疤：文学系学生萨拉赫·哈拉夫1948年逃离雅法时还是个少年，出生于拉姆勒的哈利勒·瓦齐尔13岁时就和家人一起被驱逐到加沙。他们和阿拉法特一起，于1959年10月在科威特成立“巴勒斯坦解放运动”（Palestine Liberation Movement）。这个组织被命名为法塔赫——它的阿拉伯语名称（Harakat al-tahrir al-filastiniyya）缩写的倒拼——暗指伊斯兰历史上第一段胜利或者叫征服的数十年辉煌时期。“阿拉法特和我……都知道是什么在破坏巴勒斯坦人的事业，”哈拉夫后来写道，“例如，我们确信巴勒斯坦人不能对阿拉伯政权抱有什么期望，因为它们大部分十分腐败或与帝国主义勾结，而且巴勒斯坦人不该支持该地区的任何政党。我们相信，巴勒斯坦人只能依靠自己。”[29]

法塔赫是在严格保密的情况下成立的，主要领导人都使用了假名，还像地下组织那样发誓忠诚。资金由海湾地区富有的同情者提供，包括科威特和卡塔尔的统治家族；另一位来自海法的创始成员哈立德·哈桑（Khaled al-Hassan）还利用他在科威特政府里的工作，为更多活动家取得签证。[30]他们很快就开始出版由瓦齐尔主编的杂志《我们的巴勒斯坦》（*Filastinuna*），其资助者、撰稿人和编辑的名字通通不予公开，用贝鲁特的邮政信箱号码进行通信。1959年11月，它开诚布公地表明：

> 纳克巴中的年青一代被打散了……帐篷里的生活像死亡一样

凄惨……（为）我们心爱的祖国捐躯，比苟活更美好更光荣，因为生活迫使我们在羞辱中咽下我们每日的面包，以牺牲我们的体面为代价来获取施舍的口粮……我们，出生于纳克巴的孩子们，不愿再过这种肮脏、卑劣的生活，这种生活破坏了我们的文化、道德和政治，摧毁了我们身为人类的尊严。[31]

《我们的巴勒斯坦》常在头版用照片显示难民营的恶劣条件。任何遇见过难民的人都清楚他们回归的愿望。一个去过约旦河西岸的人说："如果你在犹大山区来到这些人中间，他们会拉着你的手臂爬上一个小山冈，指着下方锈迹斑斑的铁丝网的对面说：'你能看到那儿吗？那里，就那几棵树后头。那就是我的家。'"[32] 1963年，英国知名作家埃塞尔·曼宁（Ethel Manning）发表了《通往别示巴的路》（*The Road to Beersheba*），以充满同情的笔触描绘了巴勒斯坦难民的处境，同时也有意识地回应了美国犹太作家里昂·尤里斯（Leon Uris）无比成功的作品《出埃及记》（*Exodus*）以及根据其改编的由保罗·纽曼（Paul Newman）领衔主演的史诗电影。（曼宁的书是特别"献给巴勒斯坦难民的，阿拉伯所有东道国的难民都对我说，你为什么不写写我们的故事——另一场流亡——我们的'出埃及记'？"[33]）并非只有那些生活在苦难中的人有这种感觉。出生在拉姆勒一个富裕地主家庭的努扎·努塞贝（Nuzha Nusseibeh）在她位于东耶路撒冷的舒适房子里，向她的儿子萨利描述了

一个田园牧歌般纯洁的神秘梦乡……我所能想象的世界上最香甜的柑橘，生长在一个一直延伸到海浪轻柔起伏的地中海的种植园里。我从未见过那片海，因为它在那"无主之地"，

但就像那些柑橘一样，我将它想象成世界上最美好的。然后就是外国入侵、与英国人的斗争、犹太复国主义者的掠夺以及徒步逃亡的恐慌。[34]

在巴勒斯坦人的“主观叙事”中，1948 年以前的乡村景致带着一个黄金时代的神奇光环，纯洁而丰饶——通常以优质的巴拉迪（当地）水果和蔬菜为代表——随后灾难到来了。[35] 20 世纪 60 年代中期，甚至在以色列境内，阿拉伯人的声音也越来越大胆，越来越清晰，萨米赫·盖西姆（Samih al-Qasim）和陶菲克·齐亚德（Tawfiq Zayyad）这样的诗人书写着坚韧不拔与锲而不舍的精神，马哈茂德·达尔维什则表示，成为一名巴勒斯坦人意味着“在一个群情激愤的国家保持忍耐”。他最著名的诗歌是 1964 年的《身份证》（Identity Card）：

写下来吧！
我是一个阿拉伯人，
我的身份证号是 50000。
我有八个孩子，
第九个过一个夏天就会出生。
你会愤怒吗？[36]

爱德华·萨义德后来写道，这首诗的奇妙力量，“就在于它当时出现了……虽然它并不能完全展现巴勒斯坦人的事业进程，他们的政治身份在世界上差不多已经被简化为身份证上的一个名字了”。[37]

法塔赫的目标是“解放整个巴勒斯坦，摧毁所谓犹太复国主义殖民者占领的国家和社会的基础……恢复那个仍然萦绕在大多数巴勒斯坦人心中的巴勒斯坦，恢复他们1948年以前的家园”。英国委任统治之前的犹太人社区可以保留，但必须置于阿拉伯主权之下。[38]纲领中的关键要素是革命、武装斗争和建立巴勒斯坦的实体。弗朗茨·法农（Frantz Fanon）有关阿尔及利亚战争、肯尼亚的“茅茅”抗英斗争[1]和美国黑人民权运动的著作，都对该组织的思想造成了影响。但这项事业很难产生吸引力。“一开始我们很艰难，因为纳赛尔的吸引力太大了，”哈桑后来回忆道，“接受我们观念的大部分人是老师。但每次他们去其他阿拉伯国家度假三个月，我们就不得不重新开始。”截至1963年，这个团体仍然只有几百名成员和一个不到20人的核心圈子。[39]尽管如此，事实证明该地区的变化仍然有利于巴勒斯坦人的事业。1961年9月，埃及–叙利亚联盟的阿拉伯联合共和国解体，也门内战爆发——沙特人和纳赛尔分别支持对立的派别（以色列则暗中援助纳赛尔的敌人）——这打击了阿拉伯人统一的雄心壮志，尽管阿尔及利亚民族解放阵线的胜利和1962年阿尔及利亚的独立极大地鼓舞了反殖民武装的信念。在所谓“反动”和“进步”的阿拉伯国家之间进行“冷战”的背景下，两个阵营都试图打出巴勒斯坦牌。叙利亚同意接纳法塔赫，来自难民营的年轻人被派往那里进行军事训练。伊拉克也为他们提供了一段时间的设施，阿尔及利亚则成了其忠实的支持者。以色列对法塔赫认识有限，直到1965年它才出现在以色列国防军的情报里，而且被视为“滋扰”而不是真正的军事威胁。[40]以色列公众鲜少关注它，报纸评论员在描述法塔赫的“解放”目标时加上了引号，拒绝将其视为真正的民族运动代表。[41]

---

[1]“茅茅”运动（Mau Mau Uprising），是20世纪50年代肯尼亚人民武装反抗英国殖民者的运动，以当地部族吉库尤族（Kikuyu）为主，梅鲁族（Meru）和恩布族（Embu）等其他一些部族也参与其中，与肯尼亚的白人殖民者、英国军队和当地亲英的肯尼亚民兵团作战。——译者注

走进巴解组织

此时，以色列即将完成从约旦河通过其国内渠道输水至内盖夫沙漠的项目，这激怒了阿拉伯国家，导致叙以边界发生武装冲突。在阿拉伯人眼中，这项长达十年的工程表明以色列人将会留在此处——他们准备打好地基（字面意义上的），以吸收更多的犹太移民，同时解决南部地区人口稀少的问题。以色列计划获取核武器，这是当时巴勒斯坦和阿拉伯方面强调的另一个担忧。这两方面的进展都威胁要“将现有的状态变为永久的现实”。[42] 在此背景下，1964 年 1 月，纳赛尔在开罗首次召开阿拉伯国王和总统首脑会议，后来该会议在中东外交舞台上成为常规会议。它破天荒地宣布，阿拉伯国家的共同目标是“对以色列的最终清算”。[43] 会议还提到“组织起巴勒斯坦的阿拉伯人民，使其能够在解放国家和决定其未来的过程中发挥作用”。这项艰巨的任务交给了艾哈迈德·舒凯里（Ahmed al-Shuqayri），一位出身贵族的中年巴勒斯坦律师，曾先后担任叙利亚和沙特的驻联合国代表。然而舒凯里以长篇大论、滔滔不绝出名，对新一代巴勒斯坦活动家来说并不是一个受欢迎的人选，他们认为他属于大势已去且名誉扫地的老卫道士，属于“缺乏政治诚信的无能投机者”。[44]

人们也担心来自敌对阿拉伯政权的赞助将使 1948 年的浩劫重演。流亡贝鲁特但仍旧领导着阿拉伯高级委员会的哈吉·阿明·侯赛尼，就是一位声音尤为响亮的批评者。[45] 阿拉法特同样谨小慎微，正如他的一位传记作者所指出的，他担心这是一项“将促使法塔赫兴起的弊病摆到明面上来”的决定。“最重要的是，这是纳赛尔的心血结晶，是为了与阿拉伯国家合作以满足巴勒斯坦人，同时保持对他们的控制而创建的。”[46] 1964 年 5 月，420 名代表佩戴着“我们将会返回”的徽章，在位于东耶路撒冷橄榄山上的国际酒店参加了一场巴勒斯坦人大集会。值得注意的是，法塔赫的领导人没有亲自参与，而是派瓦齐尔前往。舒凯里在大会上宣称，巴勒斯坦人经历了 16 年苦难，巴勒斯坦“经历的灾难独一无二，在悲剧中踽踽独行”。侯赛因国王扮演了“不情不愿、半信半疑的东道主”角色，而在场的约旦情报人员则依然“令人不自在且畏惧”。[47] 约旦最开始提议在安曼举行大会，然后又提议将会场改在死海沿岸的卡利亚（Qalia）。它坚决不同意在耶路撒冷老城举行大会。“我拥抱并亲吻了侯赛因国王，”舒凯里在会后写道，“我们分别用两种语言就巴勒斯坦实体的问题交流了意见。”[48] 会议宣布成立巴勒斯坦解放组织，该组织后来自行重组了巴勒斯坦全国委员会（Palestine National Council），即巴解组织的“议会”。新组织的纲领，或说盟约（Mithaq），呼吁完全解放巴勒斯坦，并在英国委任统治的界线内实行自决；它拒绝承认《贝尔福宣言》、委任统治制度以及犹太人和巴勒斯坦人之间存在“历史和精神纽带”的说法；犹太是一种宗教而非国籍，犹太复国主义运动是殖民主义运动，“其手段和目标是侵略主义和扩张主义……种族主义和种族隔离主义……以及法西斯主义”。对于以色列现有人口这一关键问题，它认为，“巴勒斯坦裔犹太人”——定义是 1947 年以前便“长居”该地的犹太人——“如果愿意在巴勒斯坦和平而忠诚地生活”，就会被视为巴勒斯坦人。[49] 这是一个重要的时刻，沙斐格·豪特写道：“我能感觉到，我们都被赋予了一种精神上的抽象的力量，它使我们有能力去抵抗胁迫，去克服一切障碍，消除所有疑虑，使我们能够继续前进。”[50]

阿拉法特为了最大化自身的独立性，和法塔赫一同与新机构保持了距离，谨慎地在叙利亚、阿尔及利亚和约旦寻求更多的帮助和训练设备。这并没有逃过以色列国防军军事情报部门的眼睛，他们在西岸的特工受命报告法塔赫和名为“巴勒斯坦解放阵线”（Palestine Liberation Front，缩写为 PLF，简称“巴解阵”）的团体的情况。诞生于难民营的很多“阵线”和组织微不足道，在发表一些挑衅性声明后便消失了，但这两个组织却鹤立鸡群。[51] 1964 年接近尾声时，法塔赫决定向以色列发动第一次军事行动。行动原定于 12 月 31 日实施，但在越过边界之前，敢死队就被黎巴嫩军队拦截和逮捕了。夸大其词的公告宣布袭击是由名为“风暴”（al-Asifa）的组织策动的，这是一个虚构的名字，旨在掩盖法塔赫的参与，安抚那些担心该组织尚未准备好与远比自身强大的敌人作战的成员。三天后的 1965 年 1 月 3 日，法塔赫战斗人员竟成功从约旦河西岸渗透进以色列，并在下加利利拜特尼陀法山谷（Bet Netofa valley）的全国性输水河道中埋下炸药。炸药没有爆炸，但这次突袭仍被视为“令人惊叹的成功宣言”。[52] 以色列国防军发现了通往拜特谢安（贝特谢安）并能直达约旦边境附近的通道。一个名叫艾哈迈德·穆萨（Ahmed Musa）的年轻人在从以色列领土返回时被约旦军队枪杀，法塔赫立即奉他为第一个“殉道者”，但也有人认为法塔赫是后来才给予他这一荣誉的。事实上，其他巴勒斯坦团体在他去世前，已经在对以色列的行动中牺牲过战斗人员。[53]不过，这起冲突翻开了意义重大的新篇章。

战争倒计时

在接下来的一年里，“风暴”组织对以色列发动了 30 次左右的袭击，几乎没有什么军事意义，但辞藻华丽或说虚假的公报却昭告天下。例如 1 月 18 日，《纽约时报》报道，一个“新的阿拉伯秘密战斗组织”声称杀死了 12 名以色列人，并导致 19 人受伤。第二天，以色列人就称该报道“荒谬不实”。法塔赫的名字当时第一次出现在以色列媒体上，被描述为一个叙利亚人打着巴勒斯坦人的旗号建立的组织。[54]这些小打小闹的袭击，远比不上该组织雄心壮志的预期：“在千钧一发的时刻，革命爆发的瞬息，大批革命者将动身前往他们锁定的目标，发动惊人的打击，震撼整个世界。”法塔赫的行动也遭到了舒凯里的巴解组织以及纳赛尔和其他领导人的反对，他们担心在错误的时间采取军事行动会导致事态失控。纵使如此，法塔赫还是鼓吹敢死队的荣耀，支持阿拉法特努力让巴勒斯坦人不忘抗争的目标。他们还有一个潜在的策略：利用袭击引发的“连环爆炸”激起以色列的回应，甚至迫使不情愿的阿拉伯政府出面迎敌。这实际上也是一种宣传模式。萨拉赫·哈拉夫解释说：“对桥梁或是涵洞发动打击并不是解放过程中的决定性行为，但我们也知道，袭击一个涵洞就能吸引十个年轻人加入法塔赫。”[55]过了一段时间，陈旧的破坏装备被化学延时引爆器和电子定时器取代。[56]当法塔赫公开承认自己是“风暴”组织背后的力量时，它的自信心越发明显了。1965 年 6 月，它走出幕后，请求联合国秘书长吴丹（U Thant）帮忙呼吁，让法塔赫成员马哈茂德·赫加齐（Mahmoud Hijazi）以战俘的身份得到对待。赫加齐是一名来自耶路撒冷的难民，在早期一次突袭中被以色列人俘虏，先被判处死刑，后改判无期徒刑，最后于 1971 年获释，以换取一名被法塔赫绑架的以色列人。[57] 9 月，在卡萨布兰卡（Casablanca）举行的阿拉伯首脑会议上，法塔赫还呼吁阿拉伯国家停止对解放团体部队的“迫害”。[58]

1966 年，巴勒斯坦人的袭击仍在继续，这进一步激怒了埃及、黎巴嫩和约旦，于是这些国家开始逮捕战斗人员并阻止后续的袭击，以免引来以色列的报复。局势越发紧张，尤其是在以色列和叙利亚之间的边界地区。叙利亚当时是法塔赫的主要基地和主要赞助者，尽管阿拉法特曾在大马士革被监禁数周，而且法塔赫还遇到了其他困难。约旦是最敌视巴勒斯坦人的国家，在它遭受以色列两次袭击之后，侯赛因国王已经对“冲动和临时起意的行动”发出警告。4月，约旦人逮捕了大约200名“颠覆分子”，其中包括巴勒斯坦解放组织驻安曼办事处的大多数成员。7月，约旦军队在前往以色列的途中与一支巴勒斯坦人的突击队发生冲突，杀死了四名队员。10月，耶路撒冷紧邻约旦边界的罗梅玛街区发生爆炸——自1948年来第一次发生这种令人震惊的事件——随后以色列总理列维·艾希科尔（Levi Eshkol）发表了那句著名的警告：“所有账都记着呢。”[59]约旦从以色列方面得到了约旦河西岸与敢死队合作的人的名单，并逮捕了他们。[60]但11月以色列对位于西岸的希伯伦南部的塞穆（Samu）发动报复性袭击时，约旦首当其冲。在两架“幻影”战斗机（Mirage fighter planes）的掩护下，以色列国防军装甲纵队发动了一场日间攻击，造成18人死亡，130人受伤，120多座房屋被毁。以色列在过去几周内报道了12起事件，包括地雷爆炸、火车脱轨和对输水管道的袭击，这些事件总共造成7名以色列人死亡，而直接的导火索是法塔赫提供的一枚地雷在希伯伦地区炸毁了一辆以色列装甲运兵车，杀死了三名士兵。唯一令人惊讶的是，当以色列实施报复时，它针对的是约旦而不是叙利亚，尽管后者更加支持游击队。艾希科尔告诉他的内阁成员：“这些袭击事件的责任不仅在于相关政府，还在于为这些犯罪分子提供庇护和援助的人。”[61]突袭塞穆事件暴露了约旦军队的弱点并激怒了侯赛因国王，时任以色列国防军总参谋长的伊扎克·拉宾因此事遭到抨击，提出了辞职。[62]东耶路撒冷和约旦河西岸的愤怒示威，使国王警觉地感受到了反约旦情绪和巴勒斯坦民族主义者的觉醒。[63]

到1967年初春，以色列和前线阿拉伯国家之间的紧张局势开始迅速升级。叙利亚一马当先，但埃及和一贯谨慎的约旦后来也互不相让，彼此施压，导致局势变得更加危险。法塔赫和巴解组织在这个过程中发挥了重要作用，但它们只是时局的一部分，事态最终也超出了它们的控制范围——巴勒斯坦人又一次在关键时刻失去了对自己命运的掌控。再过几个月，英国政府发表《贝尔福宣言》就整整 50 年了。在 1967 年 6 月那 6 个不寻常的日子里，犹太复国主义和阿拉伯人的冲突再次发生了决定命运的转变。

第十一章

1967

1967年，犹太复国主义获得了太多的胜利；在接下来的二十年里，它又建造定居点，实际吞并了西岸，从而决定了自己的命运。

——梅龙·本韦尼斯蒂[1]

胜利的受害者

1967年6月11日，这场改变中东的短暂而激烈的战争结束了。到那时，以色列控制的领土已增加到原先的3倍有余，边界也从611英里明显缩短到374英里。它现在统治了110多万巴勒斯坦人。在阿拉伯各国首都的好战言论引发紧张局势的3周之后，以色列人终于如释重负，欢欣鼓舞，同时也哀悼那679名死去的士兵。这个国家的领导人私下里从未怀疑过开战后他们能否取得胜利，但他们预计自己将遭受重创。在特拉维夫，为应对空袭，人们储存食物，填充沙袋，捐献血液，并在公园里挖好墓穴。人们也担心埃及持有的苏联秘密武器。纳赛尔1963年曾在也门使用神经毒气，这是一个骇人的先例。[2]“我能想到的唯一类比，”一位杰出的政治家后来说，“就是英国在敦刻尔克大撤退的三天之后发现自己占领了柏林。从危在旦夕转为大获全胜，这对任何人来说都难以置信，需要些时间来消化。”[3]战争爆发前夕，一个玩笑广为流传：麻烦最后一位以色列人离开卢德机场时把灯关上。

以色列人表现非凡，战力过人。通过先发制人——不耐烦的将军们不断催促，最终说服了优柔寡断到出了名的总理列维·艾希科尔采取行动——他们在6月5日战争的前几个小时内就赢得了胜利，摧毁了大部分当时还在地面上的埃及空军部队。[4] 7时45分，在埃及人结束了侦察以色列人袭击的黎明巡逻后，周密策划的行动开始了。[5]同时，以色列人还在加沙地带和西奈半岛发动地面攻势，于6月8日抵达苏伊士运河和半岛南端的沙姆沙伊赫（Sharm el-Sheikh）。5日，纳赛尔劝说叙利亚和约旦发动了进攻。以色列曾劝侯赛因国王不要参战（也以为他确实不会参战），此时以围攻东耶路撒冷作为报复。以色列军队最初因担心伊斯兰教和基督教圣地的敏感性，并未进入老城区，然而6月7日，新任国防部长摩西·达扬下令进攻老城。经过激烈的战斗，以色列人在当天晚些时候完全征服了这座城市。伞兵营指挥官莫塔·古尔[1]在广播中宣告的那句**“圣殿山在我们手中”**（Har habayit beyadeinu）被捧上神坛。以色列国防军的首席随军拉比什洛莫·戈伦（Shlomo Goren）携一卷《托拉》[2]，在哭墙下令人动容的情景中，吹响了羊角号——它在传统上昭示着犹太新年的开始。“我们已将被肢解的城市重新凝合，”达扬宣布，“我们回到了我们至高无上的圣地，我们

[1] 莫塔·古尔（Motta Gur）就是后来的以色列国防军总参谋长莫迪凯·古尔（Mordechai Gur，1930—1995），前“哈加纳”成员，参与了前四次中东战争，1974年至1978年任以色列国防军总参谋长。——译者注

[2]《托拉》（Torah），犹太法典，一般指24卷《希伯来圣经》“塔纳赫”（Tanakh）的前五卷，又称五经（Pentateuch）、摩西律法（Torat Moshe）。——译者注

回来了，再也不会与它们分开。”——他是一位公开的无神论者，说出这番话令人惊叹。[6]凯旋、如释重负、宗教热忱、民族主义以及创造历史的感觉，糅合成一种欢天喜地、近乎弥赛亚式的情绪。

当天晚些时候，以色列军队不发一枪就占领了纳布卢斯，因为它们被误认为是从约旦河谷派来的伊拉克增援部队。[7]伯利恒很快就沦陷了。当侯赛因国王命令部队撤回约旦时，以色列人占领了西岸的其余地区。以色列对叙利亚的报复采取了空袭的方式，摧毁了三分之二的叙利亚空军——都属于哈菲兹·阿萨德（Hafez al-Assad）将军麾下——使以色列获得了空中的全面优势。6 月 9 日，尽管一开始遭遇反对，达扬仍下令对戈兰高地（Golan Heights）发动地面攻击。翌日，以色列军队占据战略制高点，叙利亚人向东撤退以回防大马士革。6 月 11 日，双方达成停火协议。超过 2 万名阿拉伯人死亡。[8]

从军事角度来说，第三次阿以战争又是一场不对等的战斗。从纸面上看，阿拉伯军队似乎很强大，但正如美国政府指出的那样，以色列人差不多在每个领域都享有质量优势。尽管自 1965 年以来经济一直不景气，但该国拥有组织、沟通以及最重要的动机优势：以色列人认为，就像 1948 年那样，他们是在背水一战，处于生死存亡的关头。以色列没打算交战，开战时以色列国防军有些装备还没更新完毕。但它在情报和战术方面做好了充分准备，对埃及人使用的苏联战术尤为了解。[9]以色列清楚埃及防空能力不佳，知道雷达覆盖范围不全是其“阿喀琉斯之踵”，这对以色列的整体作战计划至关重要。[10]纳赛尔声称，美英两国与以色列狼狈为奸，派飞机攻击埃及，正如英法在 1956 年臭名远扬的“三方侵略”中所做的那样。然而，这次的合谋指控是不成立的。阿拉伯方面的混乱和耻辱引人苦苦思索、争辩不休，至少在知识分子当中是如此。叙利亚思想家萨迪克·阿兹姆（Sadiq al-Azm）在

《战败后的自我批评》（*Self-Criticism after the Defeat*）中发起的讨论就相当有名，该书主要聚焦于文化、等级制、主动权与现代性等问题。[11]

以色列的胜利获得了国际社会的声援与道贺。信息部长伊兹雷尔·加里里（Yisrael Galili）告诉议会："一股对以色列饱含友谊和理解的暖流正在席卷全球。"《经济学人》杂志刊登了封面故事："他们做到了。"[12]但也有批评的声音，而且不仅来自阿拉伯国家。"以色列人是敏锐的——但这是哈佛法学院的智慧，而不是所罗门的智慧，"这是一位美国观察员目睹在约旦控制的耶路撒冷地区展开的战斗后得出的结论，"他们为了所有那些依据《圣经》鼓吹的宣传泡沫而战斗……在耶路撒冷，就像在其他所有地方一样，他们的战斗风格和行动方式——谨慎小心，长期谋划，依赖现代工业国家的技术——都令人想起美国军队，尽管其后勤仓促简易。"[13]随后的几年中，高级军事领袖们将在马蒂·佩雷德（Matti Peled）将军的领导下，进行一场短暂的"歼敌辩论"，其中有人认为，胜利从来就是必然的，只是以色列领导人故意夸大了阿拉伯人的威胁，来证明先发制人的打击是正当的。[14]以色列强调纳赛尔封锁了蒂朗海峡（Straits of Tiran），驱逐了联合国驻扎在西奈半岛的维和人员，影响了埃及的军队调动。巴勒斯坦人在此次事件中的作用在国际上几乎没有得到关注，他们也没有参加战斗。他们根本就没有代言人，更不用说有影响力的代言人了。常驻伦敦的律师穆萨·马扎维（Musa Mazzawi）向BBC（英国广播公司）解释道：

> 当被脸朝下摁在泥里时，阿拉伯人不会谈判；当达扬将军和像他这样的人说"约旦河西岸的几百万人对我来说只是讨厌的东西，我想要亚喀巴湾，我想要加沙地带，我想要这个和那个"，

“因为我的飞机周一早上起得稍微早了点，它们袭击了埃及机场然后把它们炸个粉碎，所以现在我们可以对这些人发号施令了”，这时阿拉伯人不会与之和谈。毕竟你只能在短时间内这样做。你不能永远如此。[15]

事实证明，军事上的胜利的确是相对容易的事情。

木已成舟

战斗接近尾声时，委任统治时期的巴勒斯坦分离的部分已重新合并为整体；约旦人和埃及人无影无踪，取而代之的是以色列军事统治者。征服西奈半岛和戈兰高地更是增加了“小小”以色列打下一个帝国的感觉。占领东耶路撒冷及其犹太教、伊斯兰教和基督教的圣地最令人情绪高涨，那里自 1948 年战争结束以来以色列人一直无法触及。以色列国防军中央前线指挥官乌兹·纳尔基斯（Uzi Narkis）认为独立战争中丢失此地是一个污点，此次占领东耶路撒冷“消除了这个污点”。[16]西耶路撒冷的以色列市长泰迪·科勒克（Teddy Kollek）后来写道：“我们每个人心里都知道，一旦我们占领了老城，就永远不会放弃它。”新的事实很快便木已成舟。6 月 10 日晚上，一直延伸到哭墙的马格里巴（Maghariba，摩洛哥人）居住区的 650 名巴勒斯坦居民得到了两个小时的撤离时间，他们的家园被炸毁和铲平，包括两个 12 世纪的清真寺，为的是腾出空间，建设一个平平无奇、只为容纳将来做礼拜的犹太人的广场。“我无法抗拒地感觉到：现在就要这样做，”正如科勒克所说，“以后可能就做不到了，所以**必须**要完成。”科勒克称这些建筑为“破破烂烂的贫民窟”。[17]亲巴勒斯坦阵营则哀叹丧失了“一个赏心悦目、建筑风格独特的居住区，这里曾拥有新粉刷的屋顶露台、花园和整洁的北非风格独立房屋”。[18] 本-古里安、达扬和希蒙·佩雷斯还提议拆除环绕老城的 16 世纪奥斯曼帝国时期的城墙。当时本-古里安仍是温和的“以色列劳工名单党”[1] 的议员，年轻而雄心勃勃的希蒙·佩雷斯是其同事。关于他们的提议，更理智的建议占了上风。本-古里安要求拿掉英语和阿拉伯语的街道标志“哭墙路”。[19] 后来戈伦拉比还提议炸毁圆顶清真寺。[20] 6 月 14 日，老城开始对公众开放，大量以色列人涌入老城，惊艳于它的风光景致和非凡意义，而巴勒斯坦居民则沉默地透过窗户注视这一切。

6 月 27 日，政府投票决定将耶路撒冷的西部和东部地区合并，市政管辖范围扩大了一倍以上，几乎扩展到北部的拉姆安拉和南部的伯利恒，涵盖了新建的阿拉伯郊区和 12 个村庄，其中有 6.9 万名巴勒斯坦人。[21] 次日，议会立法通过了这项决议。工程师和爆破人员被派去清理铁丝网、反狙击墙和两场战争留下的残垣断瓦。有名的曼德尔鲍姆门检查站被拆除。这次被巴勒斯坦人和国际社会谴责的以色列行动，官方称之为“整合”或“市政融合”而不是兼并，唯恐出现不良反应，被迫撤军。以色列驻外使馆奉命统一口径。[22] 断开的道路、水管、电话网和电网被重新连接了起来，人们激动难耐。艾希科尔的顾问雅科夫·赫尔佐格（Yaakov Herzog）解释说：“耶路撒冷超越了时间，它属于《圣经》，属于永恒。我们必须防止其历史和地理像柏林那样重新分裂。”[23]

---

[1] “以色列劳工名单党”（希伯来语 Reshimat Poalei Yisrael，简写为 Rafi），以色列前总理本-古里安 1965 年创立的中左翼政党，1968 年与“劳工团结党”和“以色列工人党”联合组成以色列工党。——译者注

亲密接触

在耶路撒冷和其他地方，以色列人与他们在此前 19 年都不曾相遇的巴勒斯坦群众面对面了。成千上万的巴勒斯坦人仍生活在拥挤的难民营中——纳布卢斯的巴拉塔（Balata），拉姆安拉附近的阿马里（Amari）和贾拉佐尼，以及伯利恒和希伯伦附近的其他难民营——这是对双方冲突的活生生的提醒，而这场冲突变得更为复杂了。大多数 25 岁以下的犹太人极少遇到过阿拉伯人，如果他们住在人口稠密的以色列中心就更是如此。战争前夕，只有 42%的人口在 1948 年之前便居住在这片地区。[24] 1963 年，一个来自拉马特阿维夫（Ramat Aviv）的犹太少年参加了一个罕见的为犹太和阿拉伯孩子共同开设的海滩野营和徒步旅行联合夏令营，回来后他表示，自己了解到的军政府的情况让他“惊讶和清醒”，而他的阿拉伯同龄人仍生活在它的统治下。[25] 一个大屠杀幸存者的孩子回忆她 20 世纪 60 年代在特拉维夫成长的经历时说：“我们接受的是民族主义、爱国主义和种族中心主义的教育，没有留给‘他人’的空间，当然也没有留给阿拉伯人的，他们令人害怕，又与我们相隔遥远，与德国人一样，我们必须去讨厌他们。”[26] 学者亚伦·埃兹拉希（Yaron Ezrahi）还记得自己 1949 年在该市郊区一个废弃的柑橘园里玩的童年游戏：九岁的“突击队员”非法采摘橘子，一旦有人喊“阿拉伯人来了”，他们就开始逃命。[27] 1967 年，大多数以色列犹太人甚至不知道自己国界内的阿拉伯人的生活是什么样的，更不用说边界以外的了。犹太人去过的离更广阔的中东地区最近的地方是在耶路撒冷，一条走廊的尽头，那里几乎被约旦领土包围——在这条狭窄蜿蜒的道路两侧，是精心保存的装甲车队残骸，这些车队曾在 1948 年的战争中为被围困的城市提供补给。“边界另一端的阿拉伯世界，是一片险恶的沙漠，”一名住在耶路撒冷的犹太人回忆道，“荒芜且被满怀敌意的人们占据。”[28] 在从特拉维夫穿过犹大山脉的火车上，乘客们向外可以看到拜提尔（Battir）和拜特赛法法等“绿线”上的阿拉伯村庄。紧张时期，警卫会拉下车厢窗户上的金属百叶窗，以防乘客遭到枪击。当然，年长的以色列人，包括来自摩洛哥和伊拉克的移民，喜欢埃及电影——那时阿拉伯世界最好的电影。不少人会收听播放阿拉伯音乐和西方音乐的拉姆安拉电台，它比沉闷的希伯来国家广播电台“以色列之声”（Kol Yisrael）轻松得多。[29]

当时，许多人沉醉于从原有边界的限制中解放的感觉。“那是一场惊心动魄的经历。”一名以色列人后来这样写的时候，回想起的是在耶路撒冷西侧的中心，一群群阿拉伯人在红绿灯路口四处张望，而犹太人戴着漂亮的白手套，盯着东侧的约旦警察。[30] 波兰出生的犹太历史学家沃尔特·拉奎尔（Walter Laqueur）年轻时住在巴勒斯坦，他还记得1948年以前没有边界的那段岁月。他认为“现在，是二十年来头一次产生行动上自由自在、空间上豁然开朗的感觉”：

> 游客在一个又一个周末涌向耶路撒冷老城，进入希伯伦和拉姆安拉，甚至加沙和纳布卢斯。以色列人总是看不够阿拉伯市集与宣礼塔，还有那些年长的市民从委任统治时期就熟悉的街景：村民们出售无花果和葡萄，驴子嘶叫着，还有人在贩卖黑咖啡和冰柠檬水，擦鞋的男孩和出租车司机招揽顾客，中年阿拉伯人坐在没开门的商店前头的阴凉里，疑神疑鬼地看着一群好奇的犹太人，他们的外表和这个地方并不相称。以色列的年青一代第一次感受到阿拉伯城市的市场和商业中心特殊的气味和噪声。他们一直生活在半英里以外的地方，但这里对他们来说却是一个封闭的

世界。他们不知疲倦地寻觅纪念品，只为得到中国产的圆珠笔或廉价的日本手镜。在过去的几个月里，整个以色列似乎都在流动，当公共汽车开往加沙和伯利恒时，街上的阿拉伯人想必已经得出结论，以色列犹太人的数量远远不止两百万。[31]

这些印象栩栩如生，但也有误导性。在希伯伦被征服三天后，《话语》的记者汉娜·泽梅尔（Hanna Zemer）发现商店和咖啡馆已经开张，廉价香烟也有出售。“希伯伦人民已经准备好接受以色列镑了，”她于是说，“他们不仅有良好的商业意识，还有明智的政治本能。”[32]以色列报纸着重报道了19年来第一次与阿拉伯老朋友会面的犹太人的“人情味”：雅科夫·艾尔谢赫（Yaakov Elsheikh）在他位于耶路撒冷老城的旧房子里受到了令人感动的热情款待；哈南·布罗兹茨基（Hanan Brozitski）在希伯伦也是如此，他1929年曾在那里当过警察。兴奋之余，人们还一厢情愿地想要改善阿拉伯人和犹太人的关系。达扬将军的女儿雅亿·达扬（Yael Dayan）在一本仓促写就的回忆录里反思了胜利的意义。“没有人能给出答案或解决方式……但有一件事对于我们所有人都是明明白白的——人们要求我们归还所有新占地区，或是归还其中一部分，这样做的代价，不能高于我们所追求的一样东西——和平……‘家园’现在已焕然一新，更安全、更广阔、更强大，而且更让人幸福。”[33]

对以色列人来说，伴随这些非凡事件的音乐是当年的热门歌曲《金色的耶路撒冷》（*Yerushalayim shel Zahav*），这首歌由拿俄米·舍莫尔（Naomi Shemer）谱写，在战前几周的以色列歌曲节上首次登台亮相。它的希伯来语歌词里充满了《圣经》和文学典故，描绘了“孤寂”的老城，有“一座墙在它的中心”，那里集市广场“空空荡荡”，水井干涸，没有人参观圣殿山，也没有人一路向下，通过杰里科前往死海。在那里生活、工作和祈祷的阿拉伯人完全没有出现在这个浪漫而排他的幻想中。之后出现了一张名为《钢铁耶路撒冷》(*Jerusalem of Steel*)的专辑，专辑里收录了其他大受胜利者喜爱的歌曲。[34] 阿拉伯人已经不见踪影，基本淡出了一代人甚至几代人的脑海。然而现在，他们的存在不再被忽视。阿拉伯人的歌曲中与舍莫尔的歌地位相当的是哀婉的《古老的耶路撒冷》(*Al-Quds al-Atiqa*)，这首歌由黎巴嫩著名女歌唱家法伊鲁兹(Fairouz)所写，创作几年后才发行。它悼念了巴勒斯坦空旷的街道、窗户紧闭的商店和“无主”的房屋，用口语化的阿拉伯语向“等待的人们”致敬。而这首歌并没有提到这座城市的新主人。[35]

恢复正常?

以色列期待约旦能在战争中置身事外，而且原本没打算征服约旦河西岸，直到最后时刻才改变主意，尽管它在 1958 年便制订了应急计划(当时侯赛因面临政变威胁)，本-古里安还沮丧地预言阿拉伯人不会第二次集体逃离。1963 年，约旦局势紧张，在此背景下，以色列国防军总检察长在占领区为预备役军官开设了军事法课程。[36] 现在，有关国际法和平民的手册重新得到使用，在 1956 年的西奈战役后短暂占领加沙地带的军官则连同 1966 年年底被废除的以色列军政府的前成员一起被抽调了过去。“现场发挥是必需的”，陆军情报官员什洛莫·加齐特(Shlomo Gazit)写道：

> 因为以色列国防军没有预先设立的指挥所……没有接受过这种职能培训的官员，没有关于新领土、当地人口和经济的数据。

除了呼吁“恢复正常生活”的陈腔滥调外，以色列政府对新占领区并没有任何政策，于是每个军事指挥官都按照各自认为最好的方式行事。37

控制权完全掌握在军方手中，军方有权废除约旦法律并发布新法。银行业务暂停，贸易和金融受限。军方还公布了严厉的处罚措施，包括未经审判的拘留、宵禁、拆毁房屋和驱逐。其中许多条款在传承自英国委任统治时期的紧急管理条例下被批准了，而且这些条例成了以色列人为自己的措施辩护的理由。

以色列早期的决定，如摧毁马格里巴地区等，是在特定情况下临时实行的，却产生了持久的后果。在特拉普派[1]修道院附近的莱特龙（Latrun）突出部，约旦的领地孤军深入，被以色列三面包围，那里的三个巴勒斯坦村庄以马忤斯（Imwas）、雅鲁（Yalu）和拜特努巴（Beit Nuba）的居民在6月7日被驱逐出拉姆安拉后试图回家，一周后，这些村子遭到彻底破坏。村民们被阻挡在路障后面，眼看着推土机摧毁了他们的房屋，废墟中的石头被装上以色列的卡车。这片场地变成了一个大型的野餐和娱乐区，被命名为加拿大公园（Canada Park）。著名作家阿摩司·凯南（Amos Keinan）当时正在以色列国防军服役，他所在部队的任务是保证这次行动顺利执行，后来他记下了自己的厌恶与失望。他起初是在一封写给议员的私信里记述此事的，后于20世纪70年代初将其出版，世界各地舆论为之哗然。“鸡和鸽子被埋在瓦砾下，”凯南写道，“田野在我们眼前化作荒地。那天一边拖着步子行走在路上一边痛哭的孩子，19岁以后就会成为敢死队员。那天，就这样，

[1] 特拉普派（Trappist），起源于天主教的苦修派别。——译者注

我们失去了胜利。”[38] 以色列坚称，这三个村庄协助了1948年对耶路撒冷的围攻，并为袭击附近的卢德的埃及突击队员提供了住处。[39] 毁灭它们的决定显然是基于这样一种假设，即约旦河西岸将不得不交还约旦控制，因此这种破坏将阻止约旦军队重新占领这些靠近通往耶路撒冷主干道的地方。[40] 相似的逻辑也被运用于希伯伦附近的“绿线”上两个偏远的村落，拜特阿瓦（Bet Awwa）和拜特米尔辛（Beit Mirsim），它们被夷为平地的理由是战争前庇护法塔赫游击队员，尽管其居民最终能够返回他们的部分土地，重建家园。许多居民逃离了旧边界上最狭窄的地方盖勒吉利耶，这座城镇的2 000所房屋中的850所被拆除，尽管后来也被重建了。在古什艾其昂附近约旦河西岸的村庄苏里夫（Sourif），15间屋子被炸毁，这明显是为了报复阿拉伯人在1948年1月杀害传奇的“35人小队”（Lamed-Hay）成员的行动。而以色列国防军的指挥官是帕尔马赫老兵。[41] 这是1967年战争中，以色列人清算那些他们认为19年前遗留下来的未报之仇的方式之一。

另一方面，巴勒斯坦人虽然基本没有参与战争，却也经受了羞辱性失败的打击。6月9日，大马士革的法塔赫领导人蜷缩在收音机旁，听着纳赛尔提出辞职和以色列举行胜利庆典这些撕心裂肺的消息。事态以迅雷不及掩耳之势发展。时年12岁的杰里科居民赛义卜·埃雷卡特（Saeb Erekat）向从约旦往西进军的伊拉克装甲纵队挥手，几小时后就看到了它们在以色列空袭中化成的焦炭。命令居民留在家里并举起白旗的传单散落在镇上。埃雷卡特的母亲把床单挂在窗外。又过了数小时，以色列人来了，检查房屋，大肆搜刮。[42]

战斗结束后几周，巴勒斯坦人都没能从震惊中平复下来。近东救济工程处负责人如此描述：

> 居民们无不骇然，惊慌失措……因为他们已经大难临头。无数人的生活和事业戛然而止，失去收入和海外侨汇让人们焦虑万分，丈夫和妻子、父母和孩子的离散造成了个人悲剧，而这些只是困扰着许许多多前巴勒斯坦阿拉伯居民的一部分问题。[43]

这不是另一场纳克巴——这个充满情感的词语依然是1948年浩劫的标志——这是一次大挫败（naksa），一次倒退，尽管它意义重大而且熟悉得可怕。关于1967年流离失所的巴勒斯坦人到底有多少，各方数据不一。以色列估计有15万人，约旦估计约25万，独立机构估计是20万左右。[44] 其中许多人是二次难民，他们在第一次逃难时来到了约旦河西岸。以色列积极鼓励他们向东迁移，并提供从西岸出发的免费交通工具。[45] 耶路撒冷的大马士革门有公共汽车站，即使在严格执行宵禁期间，阿拉伯居民只要能够证明他们准备离开，就可以在城市周边行动。[46] 尤里·阿弗纳瑞后来描述了与士兵们的会面，他们说自己的任务是驱逐巴勒斯坦人。官方没有就此问题发布任何正式文件。

战后几星期，在被约旦人炸毁的通往约旦的艾伦比大桥上，一片愁云惨雾，难民们被迫行走在半沉的桥梁上，或是涉过浅水。“截至6月底，每天仍有数以百计的阿拉伯人离开，而此时以色列当局还在让他们签署文件，表明他们是自愿离开的，”一名记者报道称，“如果经常走下去来到桥上，你就会留下这样的印象：阿拉伯人即使看到了以色列人，也不去签字，他们对此视而不见。这是一场面对面的遭遇战，但双方当时都没有做好准备。”[47] 不过，正如一名以色列人事后描述的那样：“当有人拒绝向我伸出手（以记录指纹）时，他们就会过来狠揍这个人一顿。然后我强行把他的拇指浸在墨水里，印下指纹……我毫不怀疑，这千千万万的人都是违背自身意愿离开的。”[48] 杰里科的艾因苏丹（Ein as-Sultan）和阿卡巴特贾布尔（Aqabat Jaber）难民营遭到以色列轰炸，导致成千上万的难民逃亡。与长期的政策一样，大多数人事后都禁止返回。逃离戈兰高地的10万叙利亚人也是如此。进入约旦的难民被安置在安曼和杰拉什（Jerash）的临时营地里。[49] 在以色列的记录中，6月份每天约有5 000人渡过约旦河，7月中旬降至500人，8月降至300人。[50]

以色列对加沙地带的征服带来了新旧两方面挑战。十年前的短暂占领留下了一些痕迹以及恐惧。人口密集是加沙地带最突出的特点，其中城市人口为主，绝大多数是年轻人，65%是1948年时的难民，许多人都挤在近东救济工程处管理的难民营里。西奈半岛被占领后与内陆腹地断联，更依赖于以色列人提供的服务和援助，因此它比西岸更不发达、更孤立。它的机构较为无力。不同于约旦，埃及没有给予巴勒斯坦人公民身份。难民的生活也十分艰苦，特别是在夏天炎热的时候，营地小路里的污水恶臭难当。总体上，加沙人比他们在约旦河西岸的同胞更加身无长物。以色列人在加沙城内埃及人遗弃的土耳其宫殿中设立了指挥部。以色列统治者们保留了市长纳吉布·阿拉米（Ragheb al-Alami）的职位，但将为近东救济工程处或前政府工作的埃及官员驱逐出境。联合国机构估计有4万到5万人出逃，或许是因为害怕1956年11月的大屠杀再次上演。他们大多去了约旦。6月11日拉法赫发生的杀戮加速了这波逃亡。随后的几个月，以色列为去往约旦边境桥梁的人提供了免费交通，在这一政策的帮助下，人口稳定外流。战争结束后没过几天，在发生一起地雷爆炸事件之后，110名巴勒斯坦解放军（Palestine Liberation Army，缩写为PLA）成员被驱逐到埃及，以色列国防军还炸毁了8所房屋。[51]

新希望？

从表面上看，新的政治可能性正在向人们招手。毕竟，这场战争重新创造出了 1947 年的境况，使被遗忘了 20 年的巴勒斯坦人回到了舞台中央，尽管他们扮演了一个屈辱而次要的角色。后来有人若有所悟地说："失败，让我回到了我的祖国。"[52] 一名外国观察家赞同这一观点，认为当时就好像"高尚的委任统治者提出的一种古老的双民族计划已然复活，仿佛从未出现过分裂"。[53] 甚至在战争结束前，以色列政府就命官员探索在约旦河西岸建立某种巴勒斯坦政府以取代约旦统治的前景。大卫·金奇（David Kimche）是"摩萨德"的一名下级军官，丹·巴夫利（Dan Bavly）是预备役军官。他们在报告中呼吁以色列立即建立巴勒斯坦国。"辛贝特"的安保官员也热衷于此。[54] 但此举有一个明显的缺陷：在西岸最具民族主义的城市纳布卢斯进行的一项调查表明，虽然人们确实支持巴勒斯坦独立，但他们断然拒绝它由以色列创造，或是成为以色列的附属国。

前约旦驻英国大使安瓦尔·努塞贝（Anwar Nusseibeh）在 1948 年的战争中失去了一条腿，6 月 18 日，他在耶路撒冷的家里召集了 20 名杰出的巴勒斯坦人，与西岸军事首长哈伊姆·赫尔佐格（Chaim Herzog）将军会面。赫尔佐格安排了许可证，让受邀者能在宵禁期间冒险出门。他的总指挥部位于大使酒店，几分钟就能到达。忠心耿耿的约旦市长鲁希·哈提卜（Ruhi al-Khatib）沉浸在痛苦的反思中。他对人们说："我无法理解这怎么会发生在我们身上。"另一位参加者是激进的民族主义者，而非哈希姆王室之友，他尖刻地回答："这是因为 20 年来，我们一直在建立一个政权，同时摧毁一个民族，也就是那些巴勒斯坦人——而他们（以色列人）一直在建立一个国家，而不是一个个人的政权。现在人人都能看到结果了吧。”[55]约旦和叙利亚听到了这些讨论的风声，发出严厉警告，禁止与以色列这个敌人有任何合作。“撒都该行动”（Operation Sadducees）是“辛贝特”的一项秘密计划，旨在拉拢阿拉伯知名人士——市长、前部长、宗教领袖等——通过私人恩惠使他们通敌卖国。它仅持续了几个月，并没有产生任何具体效果。[56]

巴勒斯坦的法塔赫虽然并未参与战争，但从一开始就在寻求支持，提振低迷的士气。“我们组织决定继续与犹太复国主义征服者做斗争”，“风暴”组织于6月22日在大马士革宣布：

> 我们计划在远离阿拉伯国家的地方运作，以免它们遭受以色列对阿拉伯敢死队行动的报复。所以，我们不可能让阿拉伯人民对我们的战争负责。我们的组织是巴勒斯坦人民的组织，（而且）我们团结一致，决心将被窃取的家园从犹太复国主义者手中解放出来。

这并没有什么实际意义，但关于法塔赫各据点进行地下活动的谣言开始四处流传——8月底，法塔赫宣布在被占领土上展开作战行动。9月或是10月，阿拉法特和另一名法塔赫指挥官阿布·阿里·沙欣（Abu Ali Shaheen）设法进入了约旦河西岸，在杰宁附近的盖巴提耶（Qabatiyeh）设立了一个秘密总部，招募战士并通过约旦偷渡回叙利亚的难民营进行训练。还有记载说阿拉法特将总部设在纳布卢斯。[57]根据某个说法，阿拉法特有整整三个星期睡在洞里或树下，从一个村庄转移到另一个村庄，他在藏身于拉姆安拉附近一个洞穴中时，曾经听到来搜查他的以色列军队从头顶上方经过。[58]这位巴勒斯坦领导人尚未闻名遐迩，但以色列人知道他的名字。《国土报》（*Haaretz*）9月报道称，一名被捕的法塔赫特工将阿拉法特或“阿布·阿马尔”[1]称为该团伙的“行动主管”。[59] 12月，阿拉法特险些被“辛贝特”捕获，他们追踪他到了拉姆安拉的一栋别墅，尽管他用伪装和伪造的文件表明他是来自加沙的“穆斯塔法医生”。最终他打扮成一个女人逃脱了。他的英勇事迹——包括避过巡逻队，参观特拉维夫，乘公共汽车旅行等——为与他有关的“英雄主义和不死神话”锦上添花。[60]法塔赫很少采取武装行动，唯一的例外是在8月底喀土穆（Khartoum）阿拉伯首脑会议前不久，对加沙地带的以色列国防军巡逻队发动了袭击。[61]从约旦的情报总局（mukhabarat）手中获取的情报档案，帮助以色列人找出了自1957年政府镇压以来一直从事地下活动的组织成员。[62]法塔赫系统的一名领导人被捕时携带着成员的名单。[63]“辛贝特”官员随同第一批以色列国防军作战部队进入了约旦河西岸和加沙。返回西岸的法塔赫成员甚至没有采取最基本的安全防范措施，许多人被轻而易举地认出和抓捕。

8月初，东耶路撒冷发生了一起总罢工，抗议以色列的“统一”举措。月底，被罢黜的前市长哈提卜和市政委员会其他成员公开表示：

> 耶路撒冷阿拉伯区的居民和约旦河西岸的居民宣布，坚决反对以色列占领当局采取的一切措施，坚决反对当局将耶路撒冷市两部分的统一视为不可申诉亦不可撤销的既定事实。他们甚至将这种吞并行为掩饰在行政手段之下，还向全世界宣告，这是在违

---

[1] 阿布·阿马尔（Abu Ammar）即阿拉法特的昵称（阿语中为“kunya”，冠上子嗣之名来替代本名）。——译者注

背他们的意志和愿望的情况下进行的。无论如何，我们决不臣服，决不接受。[64]

9月19日，一枚炸弹在西耶路撒冷一家老旧的快捷酒店外爆炸。法塔赫声称对此负责，并为“人民武装革命”的开始而欢呼。它展望了一场“全面起义”，并声称在这场起义中，战斗人员将“受一个大型地下网络支持……有意识地模仿1936年至1939年的反抗”。[65] 10至15名青壮年组成的游击队分散在纳布卢斯—杰宁—图勒凯尔姆地区和希伯伦的山地，由在中国和阿尔及利亚接受过训练的法塔赫人员指挥。但无论是约旦河西岸还是加沙地带，都没有变成对抗“以色列西贡”的“阿拉伯河内”。9月，以色列的线人共上报了13次游击行动，10月是10次，11月18次，12月则有20次。[66] 达扬后来说，9月和10月是停火以来最艰难的两个月。[67] 到1967年年底，以色列宣布自战争以来共杀死了60名敢死队队员，另外还拘禁了300人。1968年1月，1 000至1 250名活动人士被关进监狱，其中四分之三是当地人。[68] 仅在2月份，以色列人就逮捕了115名法塔赫成员，杀死了35名渗透者，又在边境地区拦截了10人——法塔赫声称在1月进入该国的200名战士几乎全军覆没了。[69] 到1968年4月，被捕人数增加到1 900人，其中45人是以色列籍阿拉伯公民。以色列国防军和边防警察杀死了200多人。[70]

开放桥梁

以色列在占领区上执行的政策演变成了专门政策。在盛夏，西岸北部过剩的农产品，比如黄瓜、西红柿、西瓜，农民宁愿浪费也不愿在以色列出售。以色列国防军负责人主动采取行动，批准巴勒斯坦农民通过卡车在约旦各地运送货物。达扬先是感到担忧，但随即宣布了一项后来被称为“开放桥梁”的政策。它有助于减轻巴勒斯坦人的经济压力，也成了以色列宣传的主要内容，但实际上，这些桥梁并不总是开放，不是对每个人开放，也不是双向开放的。[71] 此外，它使约旦在西岸保持了重要但并非来自官方的影响。约旦的第纳尔继续流通，安曼政府也仍在支付工资以维系数千雇员的忠心——对于以色列来说，这种省事的方式既可以降低成本，又能让约旦人与民族主义情绪更高涨的巴勒斯坦人加速竞争。约旦和以色列之间这种静悄悄的合作，被国王的手下用形式上的敌对掩盖了，这是双方的冲突中一个极其重要却往往无人察觉的维度。自 1963 年以来，侯赛因一直在与以色列使者会面。7 月 2 日，敌对行动结束后不到三个星期，他就在伦敦秘密会见了代表艾希科尔的雅科夫·赫尔佐格。侯赛因国王坚持认为，和平如果要实现，就必须伴有“尊严和荣誉”，“不要把我们逼进角落”。[72]

达扬是新占领土上无可争议的总督，他希望军政府低调行事，将对日常生活的干涉降到最低，同时以铁腕统治确保安全。然而在现实中这两者是密不可分的：批准和禁止形形色色的活动的权力——在过去的 19 年中，以色列的阿拉伯少数民族已被磨炼得习惯如此——是“维持无孔不入且深度渗透的种族控制体系”的关键所在，“辛贝特”及其谍报与合作网络支撑着该体系。[73] 正如达扬在一场内部讨论中所说的：“要让一个人知道，他还能失去什么。他的家可能被炸毁，他的乘车许可证可以被剥夺，他可以被驱逐出该地区。或者相反：他可以有尊严地活着，可以赚钱，可以剥削其他阿拉伯人，还可以乘坐（他自己的）汽车旅行。”[74]

以色列领导人意识到还有国际舆论，担心外界压力会促使其放弃所征服地区，就像 1957 年苏伊士战争后发生的事情那样，因此他们乐于将自己的占领描述为自由或是开明的。但任何形式的抵抗都是不可容忍的。9 月初，一所学校发生罢课，原因是以色列人封禁了大量阿拉伯语教科书并要求其他课本删减内容。随后的宵禁、逮捕和搜查（主要发生在纳布卢斯）导致几个星期后爆发了抗议。被驱逐出自己国家的众多巴勒斯坦名人中的第一位是谢赫阿卜杜勒·哈米德·萨耶赫（Abdel Hamid al-Sayih），他是伊斯兰教法上诉法院院长，以及“全国指导委员会”（National Guidance Committee）的领袖，该组织是为统筹占领地区的抵抗工作而组建的。萨耶赫被指控犯有“煽动”罪行，因为他发布教令[1]或宗教裁决命令穆斯林不得遵守以色列法律，还呼吁针对联合国大会开幕举行总罢工。

> 那是在 1967 年 9 月 25 日的早晨——有人敲我家门。开门后，来人告诉我，我“必须去当局回答一个问题，然后就能回来了”。我询问是否需要收拾包裹，他们说不用。我拿了一个小包，装上睡衣和毛巾以防万一。然后我被带到了俄国大院（Russian Compound），一位官员站起身来恭敬地向我致意，并问我要来点咖啡还是茶。我推辞了，说我想祈祷，因为到了黎明祷告的时间。当我祈祷完毕，他递给我驱逐令。它是用希伯来语写的，说是摩西·达扬……根据紧急条例这样那样的条款，下令将我驱逐出境……给我看过后，他们拿回了驱逐令，并代之以一个阿拉伯语的翻译版本，说是因为我要进入敌人的领土，就不应该携带用希伯来语写的文书。[75]

[1] 教令（fatwa）特指伊斯兰教令。——译者注

就像许多被驱逐者一样，萨耶赫继续在巴勒斯坦解放组织中担任要职，加强了生活在被占领土的人与外界的领导人之间的联系。

重聚

与以色列人一样，巴勒斯坦人也必须适应与断联近20年的人们重新接触，对于年轻人来说，这些人更是从未见过。安瓦尔·努塞贝的儿子萨利当时19岁，是牛津大学的学生，他后来描述了自己那时的经历：从家里出发，小心翼翼地经过几百英尺[1]无人居住之地，穿过曼德尔鲍姆门，生平第一次进入熙熙攘攘的极端正统的犹太街区梅阿谢阿里姆（Mea Shearim）。从卢德机场开车回家时，他一看到以色列的景象就大吃一惊，那里看上去更像南加州而不是中东，没有驴子、骆驼和阿拉伯人，直到进入耶路撒冷郊外的阿布高殊——这次经历让他头一回意识到，在纳克巴期间，一些巴勒斯坦人留在了这个犹太国家。[76]穆萨·布德里（Musa Budeiri）出生于西耶路撒冷，但在约旦人居住区长大，他承认自己“对以色列和犹太人一无所知”。随着以色列人络绎不绝地进入东耶路撒冷，“成千上万惶惶不安却又心潮澎湃的阿拉伯人与他们反向而行，去寻找失去的乐园”[77]——现在属于以色列的耶路撒冷——看看这些年里他们的财物、家园和祖坟都有什么变化。[78]他们开着约旦牌照的汽车，凝视着1948年他们曾放弃的房屋，缓缓绕圈行驶。[79]作家哈利勒的女儿哈拉·萨卡基尼在卡达蒙街区敲开了原属于自家精美别墅的大门，它所在的街道现在用的是希伯来语名字。

[1] 1英尺≈0.3米。——编者注

两位女士出现了，一位是年轻的黑人小姐，另一位是欧洲老太太。我们先用阿拉伯语跟她们说话，但对方似乎听不懂；于是我们问她们是否说英语，但她们摇了摇头；然后我们开始说德语，老太太就明白了。我们试图解释："这是我们的房子。1948 年以前我们一直住在这里。这是我们 19 年来第一次看到它……" 老太太显然感动了，但她立即开始跟我们诉说她在波兰也失去了一所房子，好像我们个人或阿拉伯人普遍应该为此负责一样。我们知道与她争论也毫无用处。[80]

成千上万的难民前往他们位于耶路撒冷、雅法、海法、卢德、拉姆安拉、阿卡、萨法德和太巴列的旧居，尽管实际情况常常会变成记者丹尼·鲁宾斯坦所说的"不切实际的妄想之旅"。[81] 6 月下旬，以色列媒体报道称，"由于所有权已经失效"，1948 年造成的财产损失不予赔偿。[82] 纳布卢斯出生的作家阿里·哈利利（Ali al-Khalili）记述他去阿卡探亲的经历时说，他震惊地发现，他在内坦亚和海法遇到的"犹太复国主义者"不是只有"野蛮的士兵"，其中也有老人和孩子，就像纳布卢斯的老人孩子一样，这竟让他感到了难以名状的触动。[83] 到地中海沿岸旅行并在海中游泳是一种特别的乐趣。然而来自纳布卢斯的诗人法德瓦·图坎（Fadwa Touqan）却在战争结束后不久，就在雅法遭遇以色列警察的盘问，她因此愤怒不已。"我们能感受到，我们（与这座城市）强烈的联系，以及我们巴勒斯坦人深埋在这片阿拉伯土地之下的根脉中涌流的血液，已经被人用武力和暴力窃取了——这片土地被与它毫无渊源的外人囚禁了。"[84]

以色列的阿拉伯公民最初禁止去"绿线"的另一边拜访亲戚朋友。但即便是出于"安全原因"实行的全面限制，最终也解除了，虽然仍有数百人留在黑名单上，不得进入约旦河西岸。[85] 成长于阿卡的霍拉·阿布·贝克（Khawla Abu Baker）在雅比德的果园和烟草田里，与她的堂兄弟一起度过了几个星期，在那里，她迅速迷上了陌生的约旦教科书，并被带到了 1935 年谢赫伊兹丁·卡萨姆被英国人杀害的地方。阿布·贝克还听到人们指责“内部”（dakhil）阿拉伯人——对纳克巴发生后留居故土者的中性指称——过于懦弱，一直不敢反抗以色列人。[86] 伊拉克出生的以色列犹太小说家萨米·米海尔（Sami Michael）在几年后出版的畅销书《避难所》（*Hasut*）中，虚构了这样一场狭路相逢。巴勒斯坦人把他们在以色列境内的同胞视为“敌人的走狗，一群被打败并听命于他们的以色列主子的人”。[87]

阿拉伯裔以色列记者阿塔拉·曼苏尔（Atallah Mansour）参观了约旦河西岸，当他开车在凌乱散布着烧毁的坦克、被破坏房屋和难民的道路上行驶时，“感受到了悲欢苦乐”。以色列公民得到的命令要求他们不与当地居民混在一起，不让他们搭便车，不能接受去对方家里喝咖啡的邀请。曼苏尔遇到的巴勒斯坦人“满腹狐疑”，但将这一点隐藏在“滔滔不绝的恭维”背后，拒绝相信他是一个记者，甚至不相信他是个阿拉伯人。[88] 拉菲克·哈拉比（Rafik Halabi）是以色列德鲁兹派信徒，他在试图用支票支付拉姆安拉一家酒店的账单时被问道：“你们这些人还要待多久？”[89] 来自海法的左翼活动家雅布拉·尼古拉（Jabra Nicola）前往耶路撒冷，会见他 20 年来不曾见过的老同志。[90] 还有些人则因为能够从纳布卢斯购买橄榄油肥皂或是库纳法（kanafeh）——一种用白奶酪、小麦和糖浆做成的本地美食——而感到愉快，尽管这也有令人不快的一面，那就是这些都是因为以色列又一次压倒性的胜利才实现的。[91] 另一方面，身处被占领土及其他地区的巴勒斯坦人欣喜地发现了像马哈茂德·达尔维什和萨米赫·卡西姆

（Samih al-Qassem）这样的“内部”作家的作品。萨尔玛·海德拉·杰尤西写道：“他们充满挑战的声音，奋起战斗并死死盯住敌人面孔的气魄与决心，不仅是一种鼓舞，而且是巴勒斯坦和它的灵魂没有消亡的保证。”[92]

巴勒斯坦人很高兴能与亲朋好友重聚，尽管这可能会很尴尬。“好吧，起初我们非常享受这件事”，来自阿布高殊的一位女士说道：

> 我父母尤其热衷于此。而我呢，我觉得这很古怪。说实话，几乎所有在约旦生活过的亲戚似乎都跟我们不一样。他们在一切事情上似乎都是陌生人……我期待过自己能对他们感觉亲近，我们总能听说他们的事……但他们行事的方式让你感觉到……他们想从你这里获得什么。你懂的，他们中有人会说：“我们那里没有这种清洁剂，或者那种肥皂。”另一个人则说：“浓缩橙汁，你从哪儿买到的？”这就是暗示，你看。他们希望我们出去为他们买这些东西。当然，我们也确实这么做了。我们买了很多礼物，但他们总是要求更多。[93]

奈拉·齐亚德（Naila Zayyad）也遇到了心怀嫉妒的西岸人，他们认为“你们在以色列喝着蜂蜜”。她感到，生活在以色列让人变得更加现实了：“在以色列人的统治下生活了18年（原文如此），我们都知道没有神奇的秘方，不能把犹太人扔进海里，也不能将以色列从地图上抹去。”[94]

在被1949年停战协定一分为二的拜尔塔阿，战后的重聚显现出惊人的差异：生活在以色列一侧的阿拉伯人说话时会在阿语中夹杂希伯来语单词，他们拥有更高的生活水准，与更广泛的阿拉伯世界的隔离感也更加强烈，因此东耶路撒冷和纳布卢斯在售的阿语书刊深受追捧。然而，这种统一感是“虚幻”的而非真实的。一些居民生活在军事占领下，接受来自杰宁地区的教育和医疗服务，而就在他们附近的家里，放着以色列的身份证。[95] 以色列公民里亚德·卡卜哈（Riyadh Kabha）坦言：“起初，我们对（来自另一边的）亲戚表现得居高临下，好像我们比他们更先进，我们是胜利的一边……但这并没有持续多久。”[96] 共产主义作家埃米尔·哈比比将以色列阿拉伯人比作监牢中的人，这些人有天醒来时发现他们在和家人分隔近 20 年后，突然被关到了一起。[97] 不久，忧心忡忡的以色列专家就开始提醒人们留意截至当时一向温顺的少数民族“巴勒斯坦化”的风险——这是未来几年里的一个重大主题。[98] 阿齐兹·谢哈德（Aziz Shehadeh）是一名出生于雅法的律师，1947 年逃到了拉姆安拉，他与海法的一个亲人团聚时，这个亲人根据自己在 1948 年的经历提醒他，一旦和以色列的“蜜月”结束，可能会发生什么事情。“这只会是一段短暂的蜜月，”这个亲戚预测道，“之后，苦难就要开始了。首先，他们会征收重税，然后开始收购土地，再通过用地规划把剩下的土地也掌控在自己手里。”[99]

后裔归来

巴勒斯坦人担心以色列接下来的作为是正确的。以色列人还记得本-古里安是如何因未能在独立战争结束时占领约旦河西岸而哀叹的——用他那句著名的话来说，**这是几代人引以为憾之事**（bekhiyah le'dorot）。在希伯来语中，这片领土一直被称为犹大和撒马利亚，这里是希伯伦的列祖之墓、伯利恒的拉结之墓以及纳布卢斯或杰里科附近其他《圣经》地点所在的古犹太王国之地。以色列人被犹太人的历史、土地和上帝深深吸引，这三者在各人心目中的重要性有所不同。对他们当中的许多人来说，巴勒斯坦居民是次要而且棘手的问题。“我们赢得了战争，得到了一块不错的土地作为嫁妆，”正如艾希科尔带着常以辛辣的意第绪语表达的特有朴实幽默感所说，“但跟着来的是一个我们不喜欢的新娘。”[100]

1967 年战争是巴以冲突中一个极其重要的转折点。但它带来的连续性与它带来的变化同样显著。以色列方面的探讨横跨时间长河，不仅追溯到《圣经》典故和考古遗迹，还回顾了犹太复国主义早期历史上关键时刻的辩论。1937 年，当皮尔委员会提出将分治作为冲突解决方案时，反对者当场拒绝，因为它要犹太人放弃历史遗产。十年后，围绕联合国分治计划的类似争议一时盛行。使“以色列地”恢复“完整”（shlaymut）的追求自 1948 年起从未在以色列政治生活中消失，即使在尚未与阿拉伯国家达成和平协议的情况下，停火线也没有转变为公认的边界。只有狂热极端分子推崇领土收复主义。[101] 即便这样，“以色列地”仍是一块强力的磁石，对于第一代和第二代在当地出生的犹太人，也就是“萨布拉”们，或是在孩提时代来到这个国家的人来说，尤其如此。位高权重的政治领袖和军事人物在基布兹长大，在 20 世纪 40 年代步入成年，他们徒步穿越并侦察当时尚未分裂的土地，服役于帕尔马赫，打赢了独立战争，击溃了阿拉伯人。现在看起来，随着国家再次“完整”，一切皆有可能。过去关于犹太复国主义领土范围的争辩不再仅仅是纸上谈兵。

战争结束后几天内，报纸上铺天盖地的宣传都是要求吞并所征服的领土。许多支持者来自以色列政界的右翼。前伊尔贡指挥官梅纳赫姆·贝京领导的赫鲁特（自由党）仍公然坚称约旦（因为外约旦是 1921 年从委任统治时期的巴勒斯坦分割出来的）属于应许之地的一部分，也是巴勒斯坦的一部分。（1957 年以色列国防军从西奈半岛和加沙撤军时，贝京也曾提出这样的抗议。）而左翼也有兼并主义者的呐喊。执政工党“马帕伊”下属的“劳工团结党”一派，对那些失落的风景情有独钟。前帕尔马赫指挥官、身为劳工部长同时也是摩西·达扬劲敌的伊加尔·阿隆，是该阵营的头号人物，也是内阁中最强硬的鹰派人物。通过一呼百应的拉比兹维·耶胡达·库克（Zvi Yehuda Kook）的教诲，宗教信仰也发挥了重要的作用，库克拉比曾将以色列建国形容为“救赎的开端”。哈南·波拉特（Hanan Porat）是库克的学生，也是信奉正统民族主义的“阿基瓦之子”（Bnei Akiva）青年运动成员，他说服艾希科尔准许以色列人重返伯利恒南部的定居点集团古什艾其昂。他就是在古什艾其昂出生的，而在他出生后不久，阿拉伯军团就征服了这里。在 1948 年的战争中，古什艾其昂的守卫者被杀，建筑物被毁坏。1967 年 9 月在那里建立的居民点——战后在西岸出现的第一个定居点——被视为遵循了犹太复国主义的主流传统，即土地一旦“赎回”就绝不放弃。有人称，这是一种责任，不是一种选择。当月，所有政党全部支持的“以色列地运动”（Land of Israel Movement，希伯来语为 Eretz Yisrael hashlayma）成立，由具有工党、宗教和民族主义背景的人组成，他们当中有些人出于政治原因互相回避了几十年，现在却投身于共同的事业。赫赫有名的极右派希伯来诗人尤里·兹维·格林伯格（Uri Zvi Greenberg）是其中一个重要人物。早在 20 世纪 30 年代皮尔分治计划引发争议时，他就写道：

终有一日，
从埃及河到幼发拉底河，
从大海到摩押（Moab）之外，

我年轻的战士们将会勇攀高峰，

他们将召唤敌人与宿仇进行最终的决战，

鲜血会决定谁是这里唯一的统治者。[102]

从这个角度看，1967年6月代表的是“回归历史”。面对战后浮现的“伪神秘主义观点、杜撰的‘权利’、明目张胆的种族理论和五花八门的谬论”[103]，一些犹太自由主义者很快就开始质疑，凭借古代的所有权来为新征服的领土提供合法性是否明智。《国土报》专栏作家阿摩司·埃隆（Amos Elon）评论道：“一手提着利剑，一手拿着《圣经》，一些比较狂热的人甚至认为，青铜时代晚期签订的契约是目前这些主张（无论是对房产还是对政治的全面控制）的法律基础和道德基础。”[104]传奇的民族主义诗人内森·奥尔特曼（Nathan Alterman）则宣称，即使是为了换取和平条约，将西岸交还给约旦也无异于另一次“慕尼黑阴谋”，是以色列政府强加于以色列的。他称这场战争为“犹太历史的巅峰”。[105]

以色列的政治领袖并没有妥善应对这种局面。在达扬的支持下，艾希科尔倾向于采取务实的做法，一边巩固领土安全，一边尽量控制以色列人认为应由自己控制的领土内阿拉伯人的数量。战争的胜利得以让以色列形成防御性更强且更为持久的边界，约旦河的天然屏障是东部显而易见的选择。6月12日，达扬告诉BBC：“我们正等着阿拉伯人来电话。我们不会自己采取行动。我们对目前的情况非常满意。如果有任何事情困扰阿拉伯人，他们知道在哪里能找到我们。”[106]

6月19日结束的几场马拉松式的内阁讨论集中商议了各种选择。以色列国防军的提案依据的是大卫·金奇关于他与巴勒斯坦人会面的报告；雷哈瓦姆·泽维（Rehavam Zeevi）准将的建议，则是建立一个巴勒斯坦国家，并将其命名为“以实玛利”（Ishmael），也就是被认为是阿拉伯人祖先的《圣经》人物之名[1]。[107] 泽维警告：“以色列旷日持久的军事统治将加剧仇恨，深化约旦河西岸的（巴勒斯坦）居民和以色列之间的隔阂，因为以色列为确保秩序和安全必将采取相应措施。”[108] 达扬提议西岸自治，但以色列仍要完全控制当地的安全状况。阿隆呼吁在西岸的中心地带建立一个巴勒斯坦实体，以色列则兼并约旦河谷和希伯伦山区并建立定居点。他说：“我们从来没有哪块领土是没有人去定居的。”[109] 这对一个声名显赫且总是对本-古里安未能征服约旦河西岸感到遗憾的以色列人来说，称得上是种妥协。[110]

反对兼并的部长们（富有先见之明地）提醒人们注意在非殖民时代受国际谴责以及把该国变为“双民族”国家的风险，主张立即将大部分占领区返还约旦。艾希科尔建议吞并加沙地带，但希望那里的40万巴勒斯坦难民可以重新安置在其他地方。这在暗地里其实已在进行了。

在这样的情况下，以色列决定将自己与埃及和叙利亚达成和平的条件告知美国，即本方必须得到“基于国际边界和以色列安全需要的全面条约”。然而最关键的条件是推迟与约旦的商议，这意味着西岸和东耶路撒冷的未来仍悬而未决。实际上，以色列的政策是“以牺牲和平解决为代价，维持6月10日的领土现状”。[111] 这是一个关系重大的决定——不做决定。阿隆的方案从未被正式采纳，他后来调整了思路，建议让约旦吞并西岸的中心地带，通过杰里科地区的走廊进出，而以色列则保留约旦河谷、东耶路撒冷、古什艾其昂和希伯伦山区。1968年的双边会谈秘密讨论了以色列的“约旦选项”，但侯赛因国王

[1] 参见《圣经·创世记》25:12—25:18。——译者注

最终拒绝了它，这在某种程度上反映了巴勒斯坦人在1967年重新显现的处事方式。[112]但当时已经别无选择了。“以色列在战后余殃中的罪过，在于完全没有搞清楚自己的胜利所开创的局面，”学院派历史学家、后来出身工党的部长什洛莫·本-艾米（Shlomo Ben-Ami）多年后写道，“因此，它没有制定合理的战略，将其军事优势恰到好处地转变为政治工具，利用战场上的成果来改变它与阿拉伯世界的关系。相反，它任凭自己退回到了故步自封、安于**既成事实**的政治状态中。”[113]

战斗结束后的短短几周内，巴勒斯坦人就看清了发展的趋势，至少在耶路撒冷是如此。哈提卜和其他前市议员向联合国提交了一份报告，警告说，“犹太人开始公布他们在城镇及其周边建造大型建筑的计划，企图将犹太居民的数量增加到50万人”。[114]“阿拉伯人担心，这些项目可能会通过征收或施压的方式，夺去他们的房产和财物。他们还担心犹太人成为耶路撒冷居民的大多数，进而将这座城市据为己有，到那时阿拉伯人就仅存对它的回忆了。”

被诅咒的赐福

一些人意识到，以色列的胜利实在大得过分：它是早期一位记录者口中的“被诅咒的赐福”[115]，是后来一部著作标题中的“茫然的”胜利，[116]也是一场招致了太多复杂问题的胜利[117]。知名科学家和哲学家耶沙亚胡·莱博维茨（Yeshayahu Leibowitz）强调，维持军事占领具有滋生腐败的内在倾向，同时会对情报总局和他所谓的阿拉伯“内奸”产生不可避免的依赖，因而存在道德风险。莱博维茨在一篇被广为引用的文章中写道：“有充分的理由去担心，至今还是人民军队的以色列国防军，将会因为转变成一支占领军而堕落，其指挥官也将成为军事统治者，就像他们在其他国家的同行一样。”[118]对于推倒哭墙前的阿拉伯房屋清理出来的广场，莱博维茨明确地斥之为庸俗——一座“墙上舞厅”［discotel，用“discothèque”（迪斯科舞厅）和“Kotel”（墙）玩的一个文字游戏］——认为其毫无精神意义。[119]另一个严厉警告出自更传统的政治角度，来自弱小的马克思主义反犹太复国主义组织“指南党”（Matzpen）：“我们拥有保护自己不被摧毁的权利，并不等于拥有压迫别人的权利。”它宣称：

> 占领导致外来统治，外来统治招致抵抗，抵抗带来镇压，镇压引起恐怖袭击和反恐行动，而恐怖主义的受害者通常是无辜的人。保留占领的土地将使我们成为一个充满杀人犯和被害者的国家，让我们立即离开所占领土吧。[120]

生于巴格达的以色列作家尼希姆·雷伊万（Nissim Rejwan）曾经为“遮天蔽日的胜利，它给阿拉伯世界带来的耻辱，以及认为阿拉伯人永远不会在处于如此不堪一击的下风时与以色列达成和解的看法”而哀叹。[121]不仅是公共知识分子和政治活动家关心民族情绪及其影响，一名战后匿名接受采访的士兵也感慨地表示，“我觉得，在下一场战斗中，阿拉伯人会更加仇视我们”，但他的言论在发表时被删去了。另一名士兵则担心：“这场战争不仅没有解决国家的问题，而且还以一种非常难以解决的方式把它们复杂化了。”[122]在后来的岁月里，许多以色列人回顾往事，发现使自己突然理解新形势的是那样一个时刻：年轻的士兵马蒂·斯坦伯格（Matti Steinberg）和他所属的以色列国防军装甲部队正在加沙市中心，宵禁之下空无一人，反映了惊人的胜利以及和平的实现，就在此时，一阵枪炮骤然射向他们的车队。它标志着“阿以冲突中的一个时期结束了，但另一个时期已然拉开序幕，其动荡与艰难绝不逊于前者”。[123]

这样的思考是欢呼雀跃的另一面。阿摩司·奥兹（Amos Oz）是声誉日隆的文学巨星，他在备受赞誉的小说《我的米海尔》（*My Michael*）中有力地表现了战后现实引发的危机感和预感，该书1968年出版时，胜利和占领的体验仍十分新鲜。奥兹笔下的女主角汉娜·戈嫩（Hanna Gonen）被梦里魔鬼般的——象征着缄默的——巴勒斯坦双胞胎阿齐兹和哈利勒困扰，他们是她儿时的玩伴，直到1948年消失在耶路撒冷卡达蒙区的边缘；而现在，他们或许就在约旦河西岸，与她近在咫尺：

> 苦难夜夜与我作对。拂晓时分，双胞胎在杰里科东南部犹大沙漠的峡谷之间练习投掷手榴弹。他们一模一样的身躯一齐行动。他们的肩膀上架着冲锋枪。破旧的游击队制服沾满油污。哈利勒的额头上青筋暴起。阿齐兹蹲下来，向前扑去。哈利勒低下头。阿齐兹伸臂投掷。爆炸冷光一闪。群山回响不绝。死海在他们身后变得苍白，仿佛一湖正在燃烧的石油。[124]

第十二章

1968—1972

我们必须向以色列敌人证明，有些人不会逃亡。我们将像大卫面对歌利亚一样直面他们。

——亚西尔·阿拉法特，1968 年

落地生根

在 1968 年夏天的短短几周内，巴勒斯坦人就经历了两个黑暗之日的周年纪念：1967 年战争一周年纪念，纳克巴 20 周年纪念——它们都是犹太人和阿拉伯人关系转变的里程碑。而在现实生活中，新年伊始，东耶路撒冷就有 3 345 德南私人土地被征用，以建立犹太城郊住宅区拉马特艾希科尔（Ramat Eshkol）——它以优柔寡断的工党总理命名，因为他领导以色列人赢得了前一年那场惊世骇俗的胜利。这是战争结束后以色列在占领区建造的第一个定居点，位于曾经的无人区上。它的目的是打造一座陆桥来保护斯科普斯山，以免它再次像 1948 年以来的希伯来大学那样成为飞地。[1] 它的公寓和超市照例用耶路撒冷常见的浅色石灰岩覆盖，构成一系列新犹太住宅区的第一环节，这些住宅区将在未来几十年内改变城市地形和人口分布。

那年制订的城市总体规划的首要而明确的原则，就是“确保（耶路撒冷的）统一……建设这座城市所使用的手段，意在使其不会再被重新一分为二”。[2] 自1965年开始担任市长的泰迪·科勒克认为有必要应对战后现实的“惊人变化”，为解决迫切的住房需求而在前约旦地区进行建设是情有可原的。没有人征求巴勒斯坦人的意见，也没有人从他们的角度考虑。科勒克承认，“被征用土地对任何人来说都是不愉快的。哪怕被征用的是一片未开垦的不毛之地，阿拉伯人也心怀怨恨，因为赔偿他们的是被他们视为‘征服者’的那些人”。[3] 后来，一块较小的地区也被没收，用来建设更往北的内夫雅科夫（Neve Yaakov），这个定居点在20世纪20年代便已建立，1948年被废弃。萨利·努塞贝（Sari Nusseibeh）是一名巴勒斯坦观察家，机敏但十分宽容，他评价这位以色列市长时说：“当他游说政府建造拉马特艾希科尔、内夫雅科夫和吉罗（Gilo）的居住区时，并没有打算损害我们的民族权利。他只是没有在规划时考虑这些因素。”[4] 耶路撒冷的另一个大项目是在老城的犹太区，其中的阿拉伯居民很快被驱逐出去，他们大多是1948年的难民。4月，财政部发布了一项命令，征收116德南的土地，占老城的20%，为的是“公共目的”。[5]

东耶路撒冷之外的定居点扩张速度缓慢，这在一定程度上是由于政治的影响。以色列辩称，西岸不属于占领区，因为委任统治时期的巴勒斯坦在1949年被停火线分割只是军事层面的划分，而且是临时的；此外，约旦次年单方面吞并西岸，仅得到英国和巴基斯坦的承认。以色列称，停火协议条款是因阿拉伯人的袭击而失效的。[6] 喀土穆举行的阿拉伯首脑会议使那些认为和平谈判基本没有甚至完全没有未来的以色列人更为强势。1967 年 9 月 1 日，在苏丹首都集会的领导人们发表了著名的“三不”宣言：不媾和，不承认，不谈判。以色列官方的解读回避了一个显而易见的事实，而且以色列国防军和巴解组织都很清楚这个事实，即阿拉伯国家已决定采取政治和外交手段，而不是战争，来“消除侵略的后果”。而在之前的 1964 年，第一届阿拉伯峰会还在呼吁“对以色列的最终清算”。[7] 尽管如此，以色列司法部长和外交部的法律顾问都曾提醒，在占领区建造定居点将违反旨在保护战时平民的日内瓦第四公约。

然而，伯利恒和希伯伦之间的艾其昂村（Kfar Etzion）已经被重建，并被官方称为纳哈勒（准军事的）前哨或者叫“据点”，以免触犯法律。这种捏造——也被应用于梅罗姆戈兰（Merom Golan），戈兰高地上的第一个定居点——经不住事实的检验：1943 年出生于古什艾其昂并在 5 年后离开此地的哈南·波拉特这样的人率先在此地定居，他们认为自己正在行使“回归权”；而巴勒斯坦难民渴望回到雅法或海法的“回归权”却无法实现。艾希科尔的决定反映了人们对 1948 年失去的定居点的怀念，正统民族主义者的游说，以及西岸未来地位的不确定性。许多人认为这是一次性的决定，并非一系列类似举措的开头。[8] 约瑟夫·魏兹在 1948 年的分水岭前后，以毕生之力推动定居点建设，但即便是他，那时也认为这是一个坏主意，将会“激怒少有的朋友，为敌人提供打击我们的棍棒”。[9] 美国和阿拉伯国家的政府迅速谴责了这一举措。

后来的事实证明，这确实只是一个开头而已。1968 年 4 月，一群由摩西·莱文杰（Moshe Levinger）拉比领导的宗教民族主义者获得了以色列国防军的许可，在希伯伦的一家酒店庆祝逾越节（那时以色列民众想在占领区过夜需要获得许可）。这座城市由于列祖之墓和有关

1929 年大屠杀的深刻记忆而对正统派犹太人意义非凡，但这里以宗教保守主义闻名的穆斯林居民们的敌意也同样有目共睹。抵达次日，这个团体宣布“恢复”了犹太人在希伯伦的存在。他们的主要盟友是工党的伊加尔·阿隆，他悄悄地安排他们武装起来。短短几个月内，政府就决定在该市建立——或者说重新建立——犹太社区。这一标志性的事件体现了官方的摇摆不定、可疑的合法性、出于同情的默许，以及最重要的，一个由意识形态驱动的少数民族在此创造不可逆事实的决心。而诡计成了官方政策。1970 年 7 月，达扬和一些官员讨论了如何打着保障安全的幌子征收土地，决定将其上的建筑物假装用于军事用途，还向希伯伦的市长传达了这一点。[10] 该模式在未来几年一遍一遍地重复。以色列在 1967 年可能获得了一个“意外的帝国”[11]［这类似于约翰·西利（John Seeley）的著名观点，即大英帝国是“一不留神”诞生的］，然而一些精密筹划的举动从最初就埋下了伏笔。到 1969 年 1 月，戈兰已有十个定居点，两个在西奈半岛，五个在西岸。同月还有另外几个定居点获准建设。[12]

左翼的以色列人对这些热心的右翼分子深感失望，对他们的诉求造成的影响也感到窘迫。政治学家梅龙·本韦尼斯蒂后来在耶路撒冷市政府担任科勒克的阿拉伯事务副手，他观察到：“六日战争创造了将祖国崇拜转变为原教旨的宗教沙文主义神话所必需的条件，以对‘以色列地’的爱为名，狂热分子们着手对所有非犹太人进行剥夺，将新占领土国有化，从而完成穿越过去之旅。”[13] 本韦尼斯蒂的自由主义犹太复国主义论点是正确的，但它未能解释对巴勒斯坦人的大规模剥夺和清除——对巴勒斯坦人来说，这当然是以色列独立和纳克巴的关键特征。两类定居者之间的差异可由 1967 年以后希伯来语普遍用法的变化体现，而这鲜少有人察觉。hityashvut——一个在以色列 / 犹太复国主义的字典中只有褒义的词——仅仅意味着“定居”。这也就是在内盖夫或加利利发生的无可争议的事。但“以色列地”拥护者极其喜爱的词 hitnahalut 则带有额外的、明白无误的“继承”或“遗产”的含义。hitnahalut 只发生在占领区上。巴勒斯坦人没有对它们加以区分。这也就是以色列鸽派称之为“潜移默化吞并”的过程的开端。

反抗与反馈

截至 1967 年年底，由于主动采取的应对措施、合作者的通风报信以及巴勒斯坦组织对安全的松懈，以色列对西岸和加沙确立了稳固的控制。仅在 12 月，就有 42 名法塔赫成员被人发现并围捕，识破他们身份所用的手段很简单，只要观察有谁走近希伯伦一个软饮料摊子旁边已经停用的信箱就可以了。1968 年 2 月，军队包围了位于纳布卢斯的要塞，让数千名男子在安全部门的蒙面线人跟前集中接受排查。两个武器藏匿处被发现，74 人被认定属于游击队组织。一名“辛贝特”官员解释道，“我们的伟大成就是在广大民众与恐怖组织之间创造了一道泾渭分明的屏障”：

> 人们知道，任何帮助恐怖分子的人都会失去住所，本人也会被驱逐出境或被逮捕。我们告诉他们，被抓获的恐怖分子会最先告发他们。我们还让人产生这样的印象，就是那些看上去要解放人民的人最有可能背叛帮助他们的人。这是一个深思熟虑的决定。我们会去一个村庄，实行宵禁，把所有的人都弄到广场上，再让他们排队经过我们的一个囚犯——一个被俘虏的恐怖分子——这个囚犯往往坐在车上，还戴着头罩。无论犯人是否真的指认出任

何嫌疑人，我们都声称他指认了某人。所有这一切的累积效应是，当恐怖分子来到一个村庄时，当地人会说："离开这里。我们知道你会告发我们。"我们有次甚至派了一群士兵装成恐怖分子，让他们进入村庄寻求帮助，来测试这一点。他们得到的正是刚才的回答。[14]

"辛贝特"驻纳布卢斯的属员雅科夫·佩里（Yaakov Perry）招纳了一名谢赫，他的妻子获准在以色列接受妇科治疗。还有一次，一名巴勒斯坦线人同意秘密见面，还安排以色列联络人故意被法塔赫伏击。但另一个巴勒斯坦人告发了此人，阴谋败露了。[15]阿拉法特的副手萨拉赫·哈拉夫［又名阿布·伊亚德（Abu Iyad）］坦率地将巴勒斯坦人的挫败归因于"以色列安全部门的高效和我们战士的疏忽"。[16]此外，另一个重要原因是从太巴列到死海的约以边界都被栅栏、地雷带、探照灯和监控设备保卫起来，"尝试让人和武器穿过约旦边境是白费时间精力"，"解放巴勒斯坦人民阵线"的瓦迪·哈达德总结道。以色列安全官员虽然不太愿意承认，但他们对"解放巴勒斯坦人民阵线"的专业水准和纪律还是比较佩服的：他们比法塔赫难渗透多了。[17]

以色列人可能确实擅长平叛行动，但他们在对付政治反抗和非暴力反抗时就没那么容易了。萨耶赫谢赫被驱逐出境后，继任"全国指导委员会"领袖的是被免的耶路撒冷前市长鲁希·哈提卜。1968年3月，他也被驱逐了，这表明"占领区巴勒斯坦人的独立自主的领导人被进一步削弱"。[18]像"巴勒斯坦学生联盟"（Union of Palestinian Students）和"阿拉伯妇女联合会"（General Union of Arab Women）这样的组织继续运行，但随着时间流逝，它们与流亡中的巴解组织相比都黯然失色，这些组织似乎总是不允许过多的自主活动。法塔赫短暂的武装抵抗阶段实际上已经终结，不过它让以色列人意识到巴勒斯坦人不可能默认领土被占。关于在以色列的帮助下建立一个巴勒斯坦实体的探讨毫无进展，部分原因在于参与者受到了威胁，至少还有一次遭到了武装袭击。

在被占领土之外，巴勒斯坦人有能力对以色列人进行一次痛击——就算不能在传统的军事意义上打击对手，至少能在宣传层面上还以颜色。1968 年 3 月，以色列人威胁已久的报复终于到来，他们攻击了约旦军队支持的法塔赫和其他游击队，进攻地点位于约旦河谷的卡拉麦（Karameh）——巧的是，这个地方的阿拉伯语名字意为“尊严”。在一辆以色列公交车于内盖夫边境附近撞上地雷导致两名平民丧生后，阿拉法特无视了约旦人避免对抗的建议。按照这名法塔赫领导人自己的说法，他决定以牙还牙。“不，我们必须向以色列敌人证明，有些人不会逃亡。我们将像大卫面对歌利亚一样直面他们。”以色列军队以绝对优势完成了目标，造成 61 名约旦人和 120 名巴勒斯坦人死亡，但本方牺牲了 28 人。以色列人留下了一辆坦克、一辆半履带车和几辆卡车，这让巴勒斯坦人胜利抵抗的想象变得更真切了。法塔赫领导人和侯赛因国王在这些战利品面前合影留念。法塔赫的招募工作进展加速，从埃及、伊拉克和叙利亚运来的武器源源不断，在一场精心组织的公关活动的促进下，阿拉法特名声大涨。“与宣传他渗透西岸的努力不同，”他的传记作者指出，“这是将失败变为胜利的艰难宣传任务，虽然他这次确实有些值得庆祝的东西。”[19] 他称之为“第二次列宁格勒保卫战”的这场战斗是“自 1967 年战争以来我们阿拉伯国家的第一次胜利”。就连以色列人也承认卡拉麦战役是巴勒斯坦人的“精神上的胜利”。[20] 沙特阿拉伯的费萨尔国王接见了阿拉法特的资深同僚。著名的叙利亚诗人尼扎尔·格巴尼（Nizar Qabbani）称赞阿拉法特使阿拉伯人“从耻辱的泥潭中”崛起。[21]

四个月后，巴勒斯坦全国委员会，即巴解组织的“议会”，首次将席位分配给敢死队，令这个此前一直被只考虑自身利益的阿拉伯竞争对手掌控的团体有了些优势。1968 年 7 月，巴勒斯坦解放组织的民族盟约也发生了重大变化。它反映了战后局势，强调巴勒斯坦的国家身份，着眼于武装斗争在“整体战略方面，而不仅仅是战术阶段”的作用，将其视为解放巴勒斯坦的唯一途径。它还明确界定，只有那些“在犹太复国主义者入侵之前就居住在巴勒斯坦的犹太人”可以被视为巴勒斯坦人。这可以理解为 1917 年——英国占领开始和《贝尔福宣言》发布的时间——以前定居巴勒斯坦的犹太人才符合这一标准，以色列的大多数犹太人则被排除在外。这与巴解组织 1964 年的盟约采用的时间 1947 年相比向前推了不少。[22] 1968 年 12 月，《时代》杂志选择“敢死队领袖阿拉法特”作为封面故事。[23] 法塔赫随后发布了自己的七条纲领，声明它的目标是建立一个“独立民主的巴勒斯坦”，其公民无论宗教信仰如何都享有平等的权利。阿拉法特解释道，除了 250 万穆斯林和信仰基督教的巴勒斯坦阿拉伯人之外，还有“125 万信仰犹太教的阿拉伯人居住在现在的以色列国”。[24] 以色列人不看好这一目标，这并不出人意料。1969 年 2 月，阿拉法特成为巴解组织执行委员会主席。他一直保持着这一职务，直到他在 35 年后去世。

成本与收益

以色列对西岸和加沙的控制并不仅仅靠安全措施和遏制。战争结束后几个月，巴勒斯坦人就开始跨越“绿线”，到经济正在发展的以色列工作。巴勒斯坦人的失业问题在 1967 年以前比较严重并因战争加剧，但战后逐渐缓解。起初，西岸的居民前往“绿线”附近尤其是耶路撒冷的农场或建筑工地，由中介和劳务承包商招募——招募者多为以色列籍阿拉伯人，他们正好有条件利用新供应的廉价劳动力。到 1968 年年底，已有 5 000 人在以色列工作，因此政府次年在主要城镇建立了职业介绍所。这使得工人能够获得诸如假期和医疗保险等福利，尽管大多数人可能仍在从事非正式的工作，以免缴纳税款和社会保障金。在任何情况下，巴勒斯坦人都被定义为按日计酬的散工，这意味着他们没有资格享受与以色列人同等水平的福利，也不准加入巴勒斯坦希伯来劳工总联合会，也就是希斯塔德鲁特。此外，以色列人的收入比西岸居民高 6 倍，比加沙居民高 8 倍。[25] 工人禁止在午夜至早上 6 点之间留在以色列。到了 1974 年，在以色列工作的巴勒斯坦人人数达到了 6.8 万。[26] 五分之二的巴勒斯坦家庭有成员在以色列工作。大多数人每日往返通勤，但在工作场所或临时住处冒着被逮捕的危险非法滞留过夜的趋势也在增长，对于住得较远的加沙人来说尤其如此。[27] 自 1948 年以来，巴勒斯坦人第一次变回以色列人熟悉的一部分，取代了农业、建筑业、餐饮业和其他需要干粗活的行业中的犹太劳工。“阿拉伯人的工作”有了“廉价”和“劣质”的负面含义。工人大量涌入以色列后，失业现象基本不复存在，约旦河西岸的经济截至 1973 年共增长了近 60%。唯一的例外是在东耶路撒冷，以色列的兼并和废除其独立行政地位的举措对巴勒斯坦医生、律师、公务员和旅游业从业者来说是一个打击，因为他们要与犹太人直接竞争。1968 年至 1972 年间，西岸的国民生产总值每年增长 16%，加沙每年增长 20%。私人消费也欣欣向荣。[28]

接触以色列的经济和社会——而非仅仅接触维持占领机构的少数士兵和官员——令人如芒在背。拉姆安拉的阿齐兹·谢哈德注意到，

“6月的战争之后，所有过去的生活方式都被破坏了。社会整体结构受到挑战。先前所有的价值观和信念都经受着考验……每个人都能看到犹太人取得的进步。社会……价值观……理想……所有的组织都大不一样了”。[29] 在一名到访的美国巴勒斯坦专家看来，以色列人带来了一种“西式的官僚和法律体系，通过法治的意识形态使之合理化。而巴勒斯坦人固有的社会则是建立在亲属关系和高度个人化的基础上的”。[30] 越来越多在以色列工作的巴勒斯坦人清楚地意识到日益宽松的“绿线”两侧双方存在的差异。一名分析者评论道，来自村庄或难民营的劳工，“早上离开的是一座没有供电、自来水和排污系统的房子，然后在这些公共设施被视为理所当然的环境里工作一整天。其他政治环境中也存在如此明显的贫富差距，但在这个特定的政治环境中，富人和穷人之间的区别是由民族身份而非阶级导致的。这种差距无疑提醒着巴勒斯坦人，他们属于一个被征服的民族。而这种情况并不正常”。[31]

西岸传统的政治精英是忠于约旦的人，他们继续从对岸接收退休金，经营自己的事业，同时劝人们不要与以色列人合作。[32] 渐渐地，随着人们对敢死队更为同情，特别是在卡拉麦事件和因此推动的巴解组织崛起后，这些事业的影响力衰退了。[33] 20世纪70年代上半段，约旦河西岸成立了三所大学，即拉姆安拉附近的比尔泽特大学、纳布卢斯的纳贾赫（al-Najah）大学以及伯利恒大学，这不仅促进了高等教育，还培养了新一代具有政治意识的活动家。在后来的几年里，这三所学校都要求它们的学生做社区工作、扫盲或在诊所和医院做志愿服务。[34] 比尔泽特大学作为巴勒斯坦民族主义的中心格外引人瞩目，其学生团体的选举为年轻人提供了一种非正式的政治氛围晴雨表。这种氛围是由校园里大张旗鼓地贴着的萧伯纳（George Bernard Shaw）那动人心弦的名言［出自《英国佬的另一个岛》（*John Bull's Other Island*）］营造的：

“如果你破坏了一个民族的民族性，它除了恢复原状之外别无他想。在民族主义者的要求得到满足之前，它不会听任何改革者、任何哲学家、任何传教士的话。除了统一和解放的事业外，其他任何事都无关紧要，无论多么重要。”[35]

无情的加沙

以色列人花了更长时间来抚平加沙地带。1971 年下半年，那里反敢死队的军事斗争达到了顶峰，逃离约旦对巴解组织不断升级的镇压行动的战斗人员数量激增。一名外国记者对 8 月的情况进行了报道：“加沙，是巴勒斯坦人唯一一个以可怕的代价和自杀式的不屈不挠进行名副其实的抵抗的地方。”以色列国防军南部指挥官阿里埃勒·沙龙将军与摩西·达扬产生了意见分歧，后者只想让以色列在加沙保持最低限度的军事存在。经常会有被指控通敌的巴勒斯坦人被杀，光是在 1970 年就有 75 个这样的人身亡。[36]但 1971 年 1 月，一名巴勒斯坦少年的一次手榴弹袭击导致两名以色列儿童死亡及其父母受伤，自此以色列的政策更为强硬。埃及统治期间囤积的和巴勒斯坦解放军留下的武器自由流通，还有一些是从西奈走私进来的。密集的柑橘林为游击队员提供了天然的掩护。从那年 7 月起，沙龙以自己的名义领导了一场针对七八百名“恐怖分子”的残酷反叛乱行动。这是一项艰巨的工作，需要创新的方法和对当地的熟知——合作者还需要判断哪些陌生人是敢死队员。以色列人强制实行 24 小时戒严，审讯所有成年男性并制定了允许射杀的政策。营长们奉命使用推土机寻找隐藏着战斗人员和武器的地下掩体。加沙的三大难民营，即贾巴利亚、拉法赫和沙提，都清出了宽敞大道。人们铺设了道路并为街道提供了照明，以便国防军进入，减少地雷造成的危险。据估计，有 6 000 所房屋因此被毁。[37] 到 1971 年年中，大约有 10 万人被迫找寻新家。[38]“我们使用了各种各样的计谋”，沙龙后来写道：

> 我们用黎巴嫩开来的一艘船将我们自己的“恐怖分子”渗入加沙，然后用直升机和搜索队追捕他们，希望真正的恐怖分子最终能与他们联系。最后，他们确实这样做了……我们让人在市场上卖菜，在咖啡馆里喝咖啡，骑驴子。我们的“恐怖分子”有时会把一名疑似巴解组织的人赶出家门，指责他与犹太人合作。他会说：“不，我从来没跟他们合作过。不信问我的指挥官。”然后我们就能将他连同其指挥官一起抓获……我们的假恐怖分子甚至一度建造掩体并住在里面。我们的想象力在这种事情上发挥了很大作用。我们不断让恐怖分子面对新形势，使他们失去平衡，把他们带到光天化日之下。[39]

截至 1972 年 2 月，有 104 名敢死队成员被杀死，另有数百名被捕。从 1971 年 4 月到那时，以色列法院判定了 5 620 名巴勒斯坦人在加沙犯下危害安全罪。[40] 1972 年 11 月，颇有感召力的敢死队指挥官齐亚德·侯赛尼（Ziyad al-Husseini）在加沙市长齐亚德·沙瓦（Ziyad Shawwa）家的地下室拒绝投降并自杀。沙瓦是一名贵族商人，曾接受以色列人任命，但与巴解组织保持着秘密联系。由于以色列人在他的一个果园里发现了掩体和武器藏匿处，沙瓦的一些柑橘树曾被破坏。[41] 侯赛尼的遗孀控诉以色列人杀害侯赛尼。[42] 由于担心西岸来自约旦的竞争，巴勒斯坦解放组织下令减少对加沙的财政资源支出。沙龙部署了边防警察（其德鲁兹派成员以残暴闻名），还部署了新组建的名为“雷蒙”（Rimon，意为“石榴”或“手榴弹”）的以色列国防军特种兵分队。他们所采取的严酷手段遭到了地区统治者和军事指挥官的反对——许多批评这名有争议的将军的人都抓住这一事实不放。“雷蒙”指挥官梅厄·达甘（Meir Dagan）后来承认，“大量”被通缉的巴勒斯坦人由于开火或拒绝投降被杀。这支部队与“辛贝特”合作紧密。[43]

以色列从一开始就估计经济机会和“正常”生活的诱惑会缓和抵抗。作为加沙红新月会（Gaza Red Crescent Society）主席的民族主义者海德尔·阿卜杜勒–沙菲（Hayder Abdel-Shafi）医生很早就认识到，巴勒斯坦人必须在以色列工作，而这与反占领斗争难以兼得。他回忆起 1969 年，达扬曾向他抱怨加沙人没有穿过“绿线”来工作。

> 那时战争刚刚结束，人们依然满腔热情，相信占领不会持续太久。然而，出于纯粹的经济需要，工人们——即便面临人身伤害——开始前往以色列。当你找不到其他维生途径时，就不可能宣传反对它。它一旦开始，就无法阻止。[44]

达扬坚信，生活条件的改善不仅意味着对现状的默认，还意味着巴勒斯坦人放弃回归的梦想。他认为，“只要难民留在他们的营地……他们的孩子就会说自己来自雅法或海法。而他们如果离开难民营，就有希望感受到对新土地的依恋”。[45] 普通的加沙人确实获得了物质上的好处，尽管现状既没有改变，也没有明确要发生变化的前景。“这是他们生平头一回，不可思议地，能够把肉、罐头、饼干、鞋子、新鲜牛奶带回家，此前那里所有东西都要靠乞讨或近东救济工程处的 1 500 卡路里配给才能得到，”一名 1971 年来访的外国记者报道称，“恐怖主义没能为他们提供任何其他选择。把几个手榴弹丢进劳工队伍里……不足以吓倒他们。”[46] 同年 6 月，有 34 起恐怖袭击事件被记录在案，而 12 月只有一起。[47] 1972 年，进入以色列的加沙工人数量增加了一倍多，此后每年都在上升。[48]

在约旦的对抗

在西岸和加沙，军事上的失败、镇压的大棒和经济改善的胡萝卜，将巴勒斯坦人对以色列的抵抗运动推向境外。卡拉麦战役对巴勒斯坦解放组织是一次极大的鼓舞。但以色列随之而来的袭击迫使敢死队放弃约旦河谷，找寻新的避难所。这导致约旦与敢死队之间的局势越发紧张，敢死队在安曼和其他地方越发自信的存在也使约旦警觉。1968 年 11 月 2 日，《贝尔福宣言》——一直被视为潜在的分裂标志，以及从过去到现在的不公正之间的联系——发表 51 周年的一场纪念活动期间，巴勒斯坦人袭击了美国驻约旦首都大使馆，动乱爆发了。随后，约旦军队炮击巴勒斯坦难民营。在接下来的几个月里，巴解组织的活动增加到了让曾经怀疑巴勒斯坦人的雄心壮志的侯赛因国王担忧的地步，他开始害怕不仅永远无法夺回遗失在河对岸的一半国土，而且他政权的未来也是未知之数。1969 年，法塔赫每月从约旦领土发起 200 次行动，招来以色列的无情报复。[49] 国王宣布对巴勒斯坦人实行新一轮镇压，但随即让步并与阿拉法特达成了一次胡德纳（hudna）——意为停火或是休战。然而 6 月，“解放巴勒斯坦人民阵线”在安曼酒店劫持了 18 名外国人质，局势愈演愈烈。[50] 以色列与美国一起，关注着被西方外交官和记者昵称为“勇敢的小国王”（plucky little king）或说“PLK”的侯赛因国王的立场，越来越担心国王决心一决胜负。这场摊牌开始于 1970 年 9 月，“人阵”劫持了三架客机，使其迫降于王国中一个名为道森斯菲尔德（Dawson's Field）的偏远沙漠小机场并炸毁了它们，引起了全球关注。“不能再这样下去了，”国王宣告，“约旦每天都在一点点地沉沦。”[51] 侯赛因颁布了戒严法令。在不时被阿拉伯国家间激烈的外交纷争所打断的战斗中，巴解组织的部队被击败并被驱逐出约旦。3 000 至 5 000 名巴勒斯坦人和 600 名约旦人身亡。[52] 巴勒斯坦人将这一时期称为“黑九月”（Black September）。约旦和以色列的共同利益从未如此明确。1970 年 10 月，侯赛因国王在埃拉特（Eilat）附近的沙漠中会见了以色列副总理伊加尔·阿隆，并承诺将采取措施防止敢死队进一步突袭。[53] 1971 年 7 月，在与国王手下的最后一次对抗中，大量巴勒斯坦战斗人员逃离东岸。估计有 3 000 至 5 000 人逃往黎巴嫩，另有 2 300 人被俘。甚至有 72 人向以色列人投降，不再与约旦人作战。[54] 正如国王所说：“为了挽救约旦的生命，必须进行癌症手术。”[55]

巴解组织被暴力驱逐出哈希姆家族的王国符合以色列的利益，因为截至 1970 年 9 月，巴勒斯坦人大多数针对以色列的行动都发源于那里。到 1972 年，此类事件的数量减少了 90% 以上。1972 年 3 月，侯赛因宣布了一项“阿拉伯联合王国”（United Arab Kingdom）计划，表面上是为了“重建约旦–巴勒斯坦人的家园”，但这事实上更像是为了使他重新控制约旦河西岸合法化而设计的。它明显没有提到“巴勒斯坦人民”，因此巴解组织迅速而愤慨地予以拒绝，指责约旦“让自己成为犹太复国主义敌人的帮凶”。以色列在西岸举行市政选举的安排已经使人警觉，让人以为以色列与约旦人勾结，这种怀疑的依据是，阿隆 1968 年计划在约旦河谷构筑一道以色列人的防线并将巴勒斯坦人口密集的地区归还约旦统治。然而，新总理果尔达·梅厄在议会否决了“阿拉伯联合王国”计划。在这种情况下，两国实际并无勾结。侯赛因的计划胎死腹中，再无踪迹。[56]

在黎巴嫩及其他地方的对抗

巴勒斯坦武装在黎巴嫩——用巴解组织一名高层的话来说，就像在“没有篱笆的花园”[57]——从1969年年底开始对以色列发动袭击。该组织根据1969年11月在开罗达成的协议，在整个1970年采取行动，尤其是从南部崎岖的阿库布（Arqoub）地区发起行动，那里在法塔赫的完全控制下，很快就被戏称为“法塔赫之地”（Fatahland）。1970年5月，在阿维威姆莫沙夫（Moshav Avivim），一辆路过的校车遭到跨境袭击，12名以色列儿童遇难。以色列报以空袭和炮火齐射，这种打击在巴解组织被驱逐出约旦后更甚于前。对以色列海外目标的袭击开始于1968年，“人阵”劫持了一架飞往阿尔及尔的艾尔阿尔航空（El Al，以色列国家航空公司）的飞机。12月，另一架以色列飞机在雅典机场遭到袭击。三天后，以色列国防军突击队乘坐直升机降落在贝鲁特机场，炸毁了属于黎巴嫩国家航空公司的中东航空（Middle East Airlines）的13架飞机。“人阵”以越境发射“喀秋莎”火箭炮作为回击，造成谢莫纳镇（Kiryat Shmona）3人死亡。1969年，来自海法的难民莱拉·哈立德（Leila Khaled）劫持了从洛杉矶飞往特拉维夫的环球航空公司（Trans World Airlines，TWA）的飞机，或者用她的话来说，“没收了一架帝国主义的飞机，回到了巴勒斯坦”。[58]还有些袭击针对的是以色列的大使馆和以色列国航办事处。据希沙姆·沙拉比评价：

（“人阵”）遵循全面战争的原则：如果以色列使用凝固汽油弹杀死平民，炸毁房屋以报复突击队，并施行连坐处罚，那么游击队就有理由拒绝区分平民和军事目标，不再采取单一的行动，行动范围也不再受限。[59]

1971 年，境外军事行动只占巴解组织军事活动的 3% 多一点，1972 年上升到 12%，1973 年达到了最高值 30%。不过，单从统计数据无法看出其行为的恶劣程度，这些恶行后来不断被渲染。1972 年 5 月，“人阵”劫持了一架比利时世界航空（Sabena）的飞机前往卢德机场，以色列突击队在机场发动强袭并解救了人质。不久，“人阵”招募的三名日本赤军（Japanese Red Army）成员在卢德机场杀害 24 人，其中大多是朝觐途中的波多黎各修女——这次袭击被称为“戴尔亚辛行动”，以巴勒斯坦人挂在嘴边的 1948 年大屠杀命名。巴解组织以此为荣。冈本公三（Kozo Okamoto）和其他袭击者被判终身监禁。

最臭名昭著的恐怖事件是当年 9 月屠杀以色列运动员的慕尼黑奥运会惨案，这次行动由鲜为人知的“黑九月”组织发动，该组织是在 1970 年约旦危机后由阿里·哈桑·萨拉迈创建的，他曾是萨拉赫·哈拉夫的副官，也是 1948 年牺牲的受人敬仰的同名烈士阿里·哈桑之子。[60] 8 名巴勒斯坦枪手潜入奥运村并劫持了 11 名运动员，要求释放以色列在押的 234 名囚犯以及关押在德国的极左翼团体巴德尔–迈因霍夫（Baader-Meinhof）的创始成员。梅厄拒绝了他们的要求。两名人质当即被杀，另外九人在德国警察与巴勒斯坦人在一个军事机场的交火中丧生。在这场战斗中，五名枪手身亡，三人被捕但后来被释放。[61] 美国中情局获悉，该行动使用了“法塔赫的资金、设施和人员”。[62] 它被称为“伊克里特和比尔阿姆村行动”（Operation Ikrit and Biram），以 1948 年加利利两个被清理一空的村落为名。以色列人深感震惊。阿拉法特在慕尼黑事件后的观点则是："广泛的民众运动中采取的暴力政治行动不能称为恐怖主义……它在某些客观条件下的特定阶段是可以使用的。"[63]这起袭击事件和其他类似事件在法塔赫的出版物中都获得了正面评价，也巩固了以色列方面认为巴解组织怀有无可动摇的敌意的看法。不过慕尼黑事件引发了该组织内部的争议，一些人因为来自全球和以色列的严厉回应而指责哈拉夫。[64]

以色列每一回都以袭击黎巴嫩和叙利亚作为报复。据报告，以色列在慕尼黑事件之后杀害了多达200人，其中许多是平民，但这些行动从未像在国外轰动一时的恐袭事件一样吸引人们的注意，也很少有人同情。"巴勒斯坦人认为西方对恐怖主义的看法是荒谬的"，一名颇具恻隐之心的外国作家评论道：

> 他们认为西方对这个问题的判断带有太多感情色彩，同时对其背景的了解却少之又少。而且西方的观点几乎完全是单方面的。一个带着枪的游击队员是比一个对难民营投放汽油弹的空军飞行员更具"新闻价值"，但他更像恐怖分子吗？在慕尼黑奥运会上遇害的11名以色列运动员被全世界的人铭记，但是有多少人能回想起在三天后以色列的复仇突袭中遇难的400名难民？[65]

耶西德·赛义格发现，慕尼黑"标志着巴勒斯坦领导层的转折点，因为它……威胁到了巴解组织的一切外交成果"。在接下来的几个月里，"摩萨德"在所谓的"间谍之战"（war of the spooks）中，以暗杀行动给对手造成沉重打击。1973年2月，以色列人进攻的黎波里附近的基地，杀死了40名巴勒斯坦人，其中大部分来自"人阵"。4月，以色列发动了其到当时为止最为大胆的行动，在贝鲁特市中心袭击并杀死了三名巴解组织高级官员：卡迈勒·阿德万（Kamal Adwan）、卡迈勒·纳赛尔（Kamal Nasser）和阿布·优素福·纳贾尔（Abu Youssef al-Najjar）。以色列将之命名为“青春芳华行动”（Springtime of Youth）。而巴勒斯坦人的行动数量急剧下降，从1971年的670起，减少到1972年的351起和1973年的271起。[66] 这一时期，巴勒斯坦人的国际形象严重受损，他们的事业往往被视同为恐怖主义。但他们仇恨以色列的原因很少被西方政府谈及或被主流媒体报道。来自加利利舍杰拉的难民纳吉·阿里（Naji al-Ali）1948年逃到黎巴嫩时还是个孩子，他为使自己被深深误解的民族更具人情味做出了持之以恒的贡献：“韩达拉”（Handala，阿语中指一种苦涩的野葫芦）是他为一份科威特报纸画的头发像刺猬、不露正脸的赤脚卡通人物，象征着巴勒斯坦人的痛苦和忍耐。阿里解释道：“韩达拉诞生时是十岁，他将永远是十岁。我在那个年纪离开了我的故乡，当韩达拉回归时，他仍是十岁，但之后就会长大。自然的法则不适用于他。他是独一无二的。重归故土后，一切都会再度回归正轨。”[67]

以色列的调适

1967年战争之后最初的几年里，以色列人在新占领土上悠然自得，在战后几个月疯狂旅游和购物，之后很久仍在继续利用所占领土提供的一切。耶路撒冷老城——现在被政府大力宣传为以色列“永恒”首都的中心——仍然是最受欢迎的目的地，有众多餐馆、丰富多彩的集市和历史遗迹。不受限制地进入约旦河西岸，还意味着能定期前往伯利恒、盖勒吉利耶和纳布卢斯物美价廉的别致市场——被作家安东·沙马斯谑称为“鹰嘴豆泥和‘法拉费’[1]之地”。[68] 在犹大沙漠，特别是在耶路撒冷—杰里科道路沿线的盖尔特峡谷（Wadi Qelt）附近徒步旅行，成了最受欢迎的周末消遣。1967 年 7 月，当加沙市首次向民众开放时，有 3.5 万名以色列人为了星期六上午的购物蜂拥而至。随着武装袭击的增多，游客人数减少了，又由于肮脏的难民营和拥挤的环境，它变成了一个不那么吸引人的去处。希伯来媒体通常称之为“治下领地”。右派用的说法是“被解放的领土”。随着时间的推移，更加中立而简单的“领土”（shtahim）一词成了常见用法。总的来说，政治变革的前景似乎是有限的，喀土穆会议著名的“三不”原则，以及摩西·达扬战后短短几日便声称“等待”阿拉伯领导人“来电”的名言，仍牢牢刻印在大多数以色列犹太人的脑海中。[69]（人们普遍认为最有可能打电话的人是侯赛因国王，这反映了以色列解决冲突时长期偏好的“约旦选项”。）1968 年 8 月，剧作家汉诺赫·列文（Hanoch Levin）创作了讽刺剧《你和我和下一战》（*You and I and the Next War*）：“无论我们走到哪里，都是三者同行：你和我和下一战。”在以色列人当中，将巴勒斯坦人视为一个独特的民族团体的意识仍然有限，正如果尔达·梅厄在 1969 年臭名昭著而又直截了当的声明中大致表达出来的：“没有什么巴勒斯坦人……不是说有一群巴勒斯坦人在巴勒斯坦，认为自己是一个巴勒斯坦民族，然后我们来把他们驱逐出境，把他们的国家从他们手中夺走。他们并不存在。”[70] 对当时大多数以色列犹太人来说，这不是争议性的言论。同年 10 月，梅厄的工党领导的联盟赢得了以色列选举中有史以来最多的席位——120 个席位中的 56 个，重新执政。梅厄始终如一：她坚称不会回到 1967 年以前的边界，但漠视

［1］“法拉费”（falafel），一种中东美食，炸鹰嘴豆饼。——译者注

了对以色列吞并约旦河西岸部分地区的担忧。她在 1972 年 9 月慕尼黑奥运会杀戮事件后一片愤怒的反巴勒斯坦氛围中说："以色列只希望在它想保有的**约旦**领土上，阿拉伯人越少越好。"[71]

1970 年人们对于未来的不安，在汉诺赫·列文备受争议的戏剧《浴缸女王》(*Queen of the Bathtub*)中鲜明地表达出来。这出戏在特拉维夫场场爆满——虽然有些观众出离愤怒，以至于在演出期间投掷石块和臭弹。其主要内容是一个人死去的儿子从坟墓里说话，讥诮地感谢父亲让他牺牲自己的生命来恢复现在不可分割的犹太王国。[72] 它遭到梅厄和摩西·达扬的痛斥，因为它给予敌人慰藉；失去亲人的家庭也谴责这出戏。(达扬的演员儿子艾西呼吁归还包括耶路撒冷在内的所有新占领土，作为"我们必须为真正的和平付出的代价"，这引起了轩然大波。)其中有一幕，浴缸女王在内阁会议上抓住了夸夸其谈的工党外交部长阿巴·埃班的裤裆，以阻止他发表任何和平提议。什洛莫·本-艾米后来写道，这部戏剧"以最嘹亮、最清晰的方式，表达了年青一代对这场永不止息的战争，对政治家和将领们无法摆脱战争逻辑的绝望"。[73]

第十三章

1973—1977

巴勒斯坦解放组织是巴勒斯坦人民及其斗争的唯一合法代表。

——拉巴特（Rabat）阿拉伯首脑会议

以色列地震，巴勒斯坦前进

1973 年 10 月 6 日午后，警笛的哀鸣打破了赎罪日的死寂，昭示着即将震惊以色列人的战争爆发了。埃及和叙利亚沿苏伊士运河和戈兰高地挥师而进，引发了自“二战”以来规模最大的空战、炮战和坦克战。由于运河以东的巴列夫防线[1]被突破，埃及开始在西奈半岛挺近，以色列被打了个措手不及。它的无敌光环被猛然击碎，阿拉伯人的骄傲恢复了。然而，在短短一个多星期的时间里，以色列国防军调动储备，利用从美国空运来的弹药发动反扑，局面于是扭转。到了 10 月 14

[1] 巴列夫防线（Bar-Lev defence line），以色列位于苏伊士运河东部沿线的军事防御壁垒，为抵御埃及进攻而设计，于 1969 年建成。该防线以国防军前总参谋长哈伊姆·巴列夫（Chaim Bar-Lev）命名。——译者注

日各方于联合国的斡旋下停火时，以色列军队距离开罗 50 英里，距离大马士革 25 英里。整个埃及第三军（Egyptian Third Army）都被以色列国防军包围在苏伊士运河东岸的伊斯梅利亚（Ismailiya）附近——在非洲，以色列媒体惊叹道。[1]

战争期间，一场大罢工使被占领地区的生活陷入瘫痪。巴勒斯坦解放军在两条战线上发挥的作用有限，而绝大多数巴勒斯坦人并没有参加最新一轮的阿以斗争。约旦这回没有加入——它仅仅给叙利亚派去了一支象征性的部队，但通知了美国和以色列它正在这样做——还阻止巴解组织从其领土发起进攻。以色列阵亡 2 650 人，是该国自 1948 年以来损失最为惨重的一次。埃及和叙利亚共牺牲了约 1.6 万人。当时距 1967 年的胜利已有 6 年，以色列人因这场当即被称为“地震”的战争而心神受创，他们把目光投向情报上的失误或疏忽，很快便就此发动愤怒的抗议，官方最终也对此展开调查，成立了阿格拉那特委员会（Agranat Commission）。[2]

安瓦尔·萨达特（Anwar al-Sadat）和哈菲兹·阿萨德发起了阿拉伯人所谓的“斋月战争”，目的是挑战 1967 年后的现状，但他们相互怀疑对方的意图。埃及总统希望对以色列实施和平解决方案，而急于解放戈兰高地的阿萨德，至少听上去更执着于巴勒斯坦人的事业。在有限的国家条件下，埃及取得了辉煌的成就，最终夺回了 1967 年输给以色列的领土。叙利亚却没有成功。这场战争触发了一系列轮番上演的事件，对中东最棘手的矛盾产生了深远影响。1973 年 11 月的阿尔及尔阿拉伯首脑会议上，所有 21 个阿拉伯国家都屈服于巴勒斯坦解放组织日益强硬的要求，承认“它是巴勒斯坦人民的唯一合法代表”，在 1974 年 10 月的拉巴特峰会上更是如此。约旦的侯赛因国王面对压力和海湾国家慷慨提供现金支持的承诺，只能勉为其难地让步了。这也为两周后亚西尔·阿拉法特在联合国的非凡表现铺平了道路，他为以色列敌人提供了“要枪还是要橄榄枝”的著名选择。他的出现极大地鼓舞了巴勒斯坦人的士气，并提升了巴解组织的国际地位，深化了其作为民族解放团体存在的意义。“阿拉法特使用了枪，所以他来到了联合国，”评论员萨义德·阿布里什（Said Aburish）说，“联合国没有邀请任何一个总在撰写文章恳求理解的巴勒斯坦资产阶级知识分子，而是邀请了巴勒斯坦武装抵抗运动的领导者。”[3]

美国分别于1974年1月和3月在幕后促使以色列先后与埃及和叙利亚签署了脱离接触[1]协定。两个协定体现的都是阿拉伯人最初的军事成就，而不是以色列人最终的胜利。对峙的僵局让位于有限但是全新的彼此迁就的意愿。[4]自1947年以来，外交手段首次与武装斗争一起，成为实现巴勒斯坦人目标的一种方式。“‘赎罪日战争’比以色列成立和纳克巴发生以来的任何其他事件都更加凸显巴勒斯坦人在整个中东地区，尤其是在与以色列的冲突中相对无足轻重的地位，”一名以色列专家评价道，“但另一方面，战争创造的条件使他们能够取得有史以来最大的政治进展。”[5]

在巴解组织被驱逐出约旦后，1973年战争的结果也促使巴勒斯坦人进行了战略反思。当时辩论的主题，用耶西德·赛义格的话来说，“是巴勒斯坦民族运动的历史性及其目的，现在革命与中央集权已成为两个直接冲突的选项”。[6] 1974年6月，巴勒斯坦全国委员会在开罗举行会议，重申坚持武装斗争。然而关键是，它还承诺“在巴勒斯坦的每一部分土地都建立人民的独立民族**战斗**权力

[1] 脱离接触，指交战双方在停火线两侧设立一个隔离区，交由联合国脱离接触观察员部队监督。——译者注

机构”。这一新准则取代了之前“民主世俗国家”的目标，尽管没人明确宣布放弃后者。[7]这意味着它可能会接受局部的或是折中的解决方案，还表明了一种担忧：如果埃及和叙利亚与以色列直接和谈，巴解组织可能会被冷落。新准则被解释为一种战术变化，但它事实上标志着更大意义上的转变；这是接受以色列存在的巴勒斯坦人和坚持完全解放故土（为此增加了“**战斗**”这个词）的巴勒斯坦人之间的妥协。[8]但这个方案没有获得全面支持：几周之内，乔治·哈巴什领导的驻扎在大马士革的“解放巴勒斯坦人民阵线”便退出巴解组织，组成了“拒绝阵线”。这最终导致巴勒斯坦人不再团结并为以色列人所利用。

更重要的是，这一转变并不足以让以色列人相信他们有一个巴勒斯坦的和平伙伴。前以色列国防军情报部门负责人约沙法·哈卡比（Yehoshafat Harkabi）曾就阿拉伯人对以色列的态度做过颇具影响力的评价。他的观点是，敌对是天生的、不变的，阿拉伯人仍热衷于破坏这个国家——这一论断在战后惊魂未定的余波中激起了愤怒的指责。哈卡比和另一些以色列的阿拉伯问题专家以及安全部门——后两者通常是同一批人——将巴解组织在任何被解放的领土上都要建立一个“民族权力机构”的承诺，解读为“阶段性计划”，或是更直接地解释为“步步为营”的证明，其用意是分割以色列直到它完全消失。很少有以色列人将它看作对两国方案的明确承诺，尽管有不同意见认为，以色列自身的行为也不容忽视。[9]

然而，这场辩论不只是一个学术问题。在巴勒斯坦全国委员会公布决定前不久，发生了两起针对以色列平民的巴勒斯坦人大规模袭击：一起发生在4月，由艾哈迈德·贾布里勒（Ahmed Jibril）领导的“人民阵线–总指挥部”[1]在谢莫纳镇发动（造成18人死亡，其中包括9名儿童），另一起于5月份发生在同样位于黎巴嫩边界的马洛特（Maalot）。在后一起事件中，“解放巴勒斯坦民主阵线”（Democratic Front for the Liberation of Palestine，缩写为DFLP，简称“民阵”）的三名成员在一所学校劫持人质，要求释放包括卢德机场大屠杀的日本案犯冈本公三在内的囚犯。21名正在参加学校郊游的青少年以死亡铸就了该组织在以色列的永久恶名。随后以色列对黎巴嫩南部的艾因赫勒韦难民营和奈拜提耶进行空袭，杀死了60名巴勒斯坦人。1974年11月，一支“民阵”的三人小队杀死了4名贝特谢安的居民，后被以色列国防军所杀，一伙愤怒的以色列民众焚烧了他们的尸体。

总的来说，埃及和叙利亚军队的表现打破了1967年战争造成的屈辱状态，使阿拉伯人深感自豪。“新发现的自身力量令我们喜出望外，”东耶路撒冷的一名巴勒斯坦分析者说，“我们被胜利灌醉了。”[10] 以色列人密切关注着这一变化。战后一项民意调查发现“西岸和加沙为巴勒斯坦解放组织提供了‘广泛而惊人的’支持”。[11]《国土报》通讯记者耶胡达·利塔尼（Yehuda Litani）称“（巴勒斯坦人）这一群体发生了革命性变化……他们将不再与军政府合作，无论军政府多么开明，除非通过武力逼迫他们进行这种合作”。[12] 后来的事实证明，这一评价是草率的，也许只是以色列鸽派对巴勒斯坦人一厢情愿的想法不加甄别地报道的结果。利塔尼和另一位会讲阿拉伯语的耶路撒冷记者，即巴勒斯坦希伯来劳工总联合会旗下《话语》报的丹尼·鲁宾斯坦，发

[1]“人民阵线–总指挥部”（Popular Front-General Command），全称“解放巴勒斯坦人民阵线总指挥部”（Popular Front for the Liberation of Palestine-General Command，缩写为PFLP-CG），由艾哈迈德·贾布里勒于1968年从“人阵”分裂出来组建，更为激进暴力。——译者注

挥了重要作用。他们以军事主导视角之外的叙述方式，用希伯来语报道了占领区的日常生活和政治观点。以色列老百姓——还有人数不断增加的、阅读他们文章英语译文的外国驻以色列记者团——能够更多地了解他们后院的巴勒斯坦人了，而那些人已经回到了冲突的舞台中央。

赞成改变

战后的乐观情绪反映在了约旦河西岸的变化当中。为了协调抵抗占领运动，新的“巴勒斯坦全国阵线”（Palestine National Front，缩写为 PNF）在活跃的约旦共产党人的领导下成立了。在阿拉法特出席联合国大会时，它组织了欢欣鼓舞的集会，加快了老哈希姆的效忠者的没落。以色列以拘留、宵禁和将其领导人驱逐出境作为回应。1976 年年初，针对在纳布卢斯附近建造犹太人定居点的计划和改变前往耶路撒冷谢里夫圣所的通道的提议，示威活动爆发了。一次又一次，年轻人烧毁轮胎，立起路障，高举巴勒斯坦旗帜，这有时会引来以色列国防军的致命火力。

事实证明，以色列的下一步行动是一次严重的误判，它呼吁在西岸举行市政选举，期望亲约旦的市长们——在 1972 年双双胜选的希伯伦市长穆罕默德·阿里·贾巴里（Muhammad Ali al-Jaabari）谢赫和纳布卢斯市长哈吉·马祖兹·马斯里（Haj Maazouz al-Masri）——能赢得新一轮选举。但两人都拒绝参选。这对时任国防部长的希蒙·佩雷斯是一个打击，他一直在探索一项“自治”计划，巴勒斯坦人担心这将是一种“替代领导”下的虚假自治，会成为对继续占领的默许。与以色列不同，巴解组织支持更年轻的民族主义候选人——其中两人被以色列驱逐出境，他们在 1976 年 4 月的选举中大获全胜。选民投票率高达 72%。来自纳布卢斯的巴萨姆·沙克亚（Bassam Shakaa）出身该市最富裕的家庭之一，是阿拉伯复兴社会党人[1]。拉姆安拉的卡里姆·哈拉夫（Karim Khalaf）和希伯伦的法赫德·卡瓦斯米（Fahd Qawasmi）也表达了结束占领的愿望，并支持巴解组织成为巴勒斯坦人民的“唯一合法代表”——一句在那个时代无尽重复的口号。伯利恒的伊莱亚斯·弗拉杰（Elias Freij）是个例外，他当时是约旦的效忠者。但他异常狡诈，善于投机，是个嗓音沙哑、见风使舵的巴勒斯坦人，灵活游走于以色列、约旦和巴解组织的压力之间。

选举之后出现了互相指摘的情况，伊扎克·拉宾批评佩雷斯错估了形势。似乎以色列的思维模式仍然是以难民和亲约旦者之间的错误区分为依据的，因而政策制定者也没有意识到拉巴特首脑会议重大决定的意义，以及巴解组织迅速站稳的立场。[13] 新市长通过向海湾国家发起募捐和贷款，来减少对占领当地的以色列人的经济依赖。[14] 其他中东国家的发展意味着生活在占领下的巴勒斯坦人永远不会忘记他们是一个更广泛的群体的一部分。这个群体的苦难正是源自他们身为巴勒斯坦人的事实——没有国籍，被纳克巴驱散，在面对不情愿的主人、不可患难与共的朋友和无情的敌人时往往无能为力。1976 年 8 月，黎巴嫩内战的第二年，另一个灾难性的时刻到来，贝鲁特遭到围困的特拉扎阿塔尔（Tel al-Zaatar）难民营被叙利亚支持的基督教民兵攻破，造成约 2 000 人死亡，其中许多是平民。[15]

---

[1] 阿拉伯复兴社会党（Arab Socialist Ba'ath Party），最初成立于叙利亚的泛阿拉伯政党，前身为阿拉伯复兴党（Arab Ba'ath Party，Ba'ath 阿语意为“复兴”），1953 年与“阿拉伯社会主义运动”（Arab Socialist Movement）合并为复兴社会党。——译者注

土地与荣誉

1973年战争结束后，巴勒斯坦人新生的自信在以色列内部显现出来。记者阿塔拉·曼苏尔观察到，“阿拉伯不再是一个代表肮脏的词”。共产主义活动家兼诗人陶菲克·齐亚德写道，原有的尊卑观在一夜之间瓦解。另一名巴勒斯坦作家认为，埃及穿越苏伊士运河击碎了“以色列的傲慢”，带来了和平。[16]阿拉伯人自豪感的恢复助推了一种正在加速的趋势：离散的巴勒斯坦人的不同群体逐渐聚合起来。尽管在1971年，巴勒斯坦全国委员会便已推选出以色列阿拉伯人成员（包括诗人马哈茂德·达尔维什和作家萨布里·杰里斯），实现了新的突破，但早期的巴解组织鲜少关注以色列的巴勒斯坦人少数群体。杰里斯后来在贝鲁特领导一个新的巴解组织研究中心，并帮助该组织拓展对以色列有限的理解；他认为，这能让巴解组织的领导人“将犹太国家视为既成事实，而不是一个转瞬即逝的十字军国家”。[17]然而除此之外，一项研究指出，以色列的阿拉伯少数民族“只有在反映以色列的罪孽和不道德行为时才有意义。处在这种身份中，他们不仅是被动的受害者，而且与他们在被占领土上的巴勒斯坦同胞相比还是边缘化的受害者”。[18]以色列当局担心安全问题，一直致力于发现潜在的“内奸”：1974年，一群来自拜尔塔阿的年轻人在“辛贝特”的审讯下度过了整整一个月，因为一个去了黎巴嫩的同班同学谎称把他们招进了法塔赫。此事以令人不快的方式提醒着巴勒斯坦人，用以色列统一工人党议员阿卜杜勒·阿齐兹·左阿比（Abdel-Aziz al-Zoabi）尖锐的话来说，“我的民族和我所属的国家正在交战”。[19]1975年，巴解组织在拿撒勒的市政选举中公开呼吁支持共产党主导的“民主阵线”[1]；共产党胜选后，在齐亚德的领导下，来自纳布卢斯的民族主义诗人法德瓦·图坎访问了以色列最大的阿拉伯城市。

1976年3月30日，共产党组建的“阿拉伯土地捍卫者”全国委员会（National Committee for the Defence of Arab Lands）首次呼吁进行全国性总罢工，巴勒斯坦人的自信心得到了最有力的表达。其直接原因是政府决定在加利利的萨赫宁（Sakhnin）和亚鲁泊之间征收2万德南阿拉伯人拥有或耕种的土地，以建造犹太人定居点和一个军事训练区——这本身就是一次沉重打击，而且让人想起20世纪50年代大量土地充公的痛苦回忆。当人群向警察局投掷石块和汽油弹，高呼“法塔赫、法塔赫”时，戒严强制开始，暴力事件随之而来。截至这天结束时，有6人死亡，几十人受伤，数百人被捕，这一事件表明了阿拉伯少数民族的义愤填膺和次等地位，加利利正在施行的犹太化政策更是火上浇油。一名罢工组织者质问：“以色列警察什么时候向犹太示威者开过枪？”[20]以色列安全机构将“土地日[2]示威”视为扰乱人心的“公民不服从行为”，认为此次行动是因巴解组织呼吁凸显加利利和“三角地区”的“阿拉伯性质”而发动的，是一系列连锁反应的开端，终将导致自治甚至分裂的诉求。它以发人深省的方式提醒人们，现实远比犹太复国主义左翼尤其推崇的改善犹太-阿拉伯关系的幻想式宣言更为残酷。马安尼特基布兹（Kibbutz Maanit）的舒利·迪希特（Shuli Dichter）坦率地描述了他们与邻近村庄乌姆古图夫（Umm al-Qutuf）的关系是如何因为没收土地和放牧权争议而日趋紧张的，还描述了基布兹的阿拉伯问题“专家”（Mizrahanim）的行为：

---

[1] “民主阵线”（Democratic Front）属于共产主义政党联盟“拉卡”。——译者注

[2] 土地日（Land Day），以色列阿拉伯人和巴勒斯坦人为此次示威事件设立的纪念日，时间为每年3月30日。——译者注

> 他们的东方学是以研究和学习为基础的。他们从不抱怨旁边巴勒斯坦村庄的人窃取土地。如果种植园或农场的工人见到大胆接近基布兹土地的阿拉伯孩子，扇他们耳光，这些人就会大发雷霆。但他们不会挑战统治阶层……也不会在与阿拉伯人分配共同资源的时候，要求真正的伙伴关系或是平等。他们的正义感和道义责任仅限于与阿拉伯人的社会关系、人际关系和私密关系中。此外，他们还主动承担了邻居的愤怒和不满，想充当基布兹和集体运动的一种防弹衣。这些人展示了新移民的善良面孔，理解阿拉伯人对犹太当局粗鲁且漠然的每一句抱怨……然而我多次对因牧场被盗而愤愤不平的乌姆古图夫村人说："没办法。这是政府干的，又不是我们。"我不相信自己的话，他们也不相信。他们非常清楚政府对我们双方是区别对待的，而且我是其中的受益方。[21]

不久之后，以色列政府机密报告泄露，证明阿拉伯人的忧虑有理有据。加利利内政部门高级官员伊兹雷尔·凯尼格（Yisrael Koenig）担心以色列在人口、政治和经济趋势方面对少数群体的控制存在问题。他呼吁集中建设北部犹太人定居点，打破阿拉伯村庄的联结，实行更系统的"奖惩"政策，发起针对共产党活动家[1]的负面宣传运动。此外，应鼓励阿拉伯知识分子移民并削弱学生组织。政府谴责了这些建议，但该报告仍得到当地犹太领导人的广泛支持。[22]随着时间推移，土地日将改变以色列阿拉伯人常被其他巴勒斯坦人视为"1948年的阿拉伯人"的印象。[23]巴解组织对他们的兴趣更浓厚了。从那以后，土地日就像《贝尔福宣言》纪念日一样被年年纪念，成为以色列境内和

---

[1] 此处指"梅基"，原来的以色列共产党，该党于1965年分裂，并重组为"拉卡"。——作者注

其他地方的巴勒斯坦人共同的集体经历。1976 年的受害者被葬在萨赫宁的穆斯林墓地中，刻着他们名字的精美石碑呼吁着阿拉伯人与犹太人重归于好。马哈茂德·达尔维什为他们写了一首悼诗。[24]

鹰派的时代

1977 年 5 月，1973 年“十月战争”这一“地震”造成了重大的政治转变，这将对巴以冲突的进程产生深远而持久的影响。梅纳赫姆·贝京的“利库德”（Likud）集团成了大选中最大的政党，它是右翼党派赫鲁特（自由党）与民主党的联盟。这场竞选运动以指控伊扎克·拉宾的工党政府无能为主导，而拉宾政府仍背负着“赎罪日战争”失败的污名。贝京在世人眼中是伊尔贡的领导人，大卫王酒店爆炸案和戴尔亚辛大屠杀的凶手。在以色列，他似乎也是个边缘化的老派人物，还是“异见者”组织的指挥官，这个组织曾对阿拉伯人发起过恐怖袭击并在“‘阿尔塔列纳号’事件”中挑战以色列这个新生国家的权威。他在 1971 年出版的一本关于以色列的畅销书中甚至没有被提及。[25] 贝京以擅长蛊惑人心闻名，同样有名的还有他的优雅举止，这可以追溯到他的波兰血统。他似乎注定要一直处于反对地位。但“利库德”集团的胜利反映出了一种民粹主义情绪，这种情绪产生自影响深远的社会变化，尤其是东方犹太移民的日益增加，这些移民对“马帕伊”这个 1948 年以来“天生的执政党”和其由德系犹太人主导的统治集团心怀怨怼。贝京唯一的行政经验，就是在 1967 年到 1970 年间的民族团结政府里挂过一个部长的虚职。他仍是雅博京斯基派“修正”犹太复国主义的追随者，还是“大以色列”理念的忠实信徒。他对阿拉伯人近乎无知。正如他的传记作者所言，当他上台时，“被排斥的人成了当权者”。[26]

在贝京的统治下，对以色列国内以及对巴勒斯坦人来说，重要变化都是有目共睹的，但最显著的变化是定居点的扩张。过去几年中，提议在被占领地区建设定居点的呼声十分强劲。1974 年，在当时战争的催化下，一个名为信仰者集团（Gush Emunim）的新团体闯入人们的视野。其支持者抗议美国国务卿亨利·基辛格（Henry Kissinger）在耶路撒冷、大马士革和开罗之间穿梭，与叙利亚和埃及商讨脱离接触协议。当基辛格在城中时，人们聚集在耶路撒冷大卫王酒店外，拿着黑色雨伞，故意让人们想起 1938 年慕尼黑阴谋中的内维尔·张伯伦（Neville Chamberlain）。1974 年 6 月，在拉宾政府的统治下，信仰者集团的支持者在纳布卢斯南部的哈瓦拉（Hawara）建立了一个“野猫”（自发组织的）定居点。第一次被驱逐几星期后，他们在贝京的鼓励下再次进行尝试。工党释放出显然是举棋不定的信号。“毕竟，这不是来征服这个国家的敌人。”希蒙·佩雷斯——拉宾不知疲倦的竞争对手——告诉反对姑息定居者的偏鸽派的同事。摩西·达扬放弃工党，成为独立议员，并宣称：“我们向犹大和撒马利亚下发的护照说明，他们是犹大人和撒马利亚人，而我们是犹太人。”[27] 然而，拉宾随后称信仰者集团为“以色列民主政体内部的癌症”。阿里埃勒·沙龙日后回忆道，拉宾曾在那时问过他关于信仰者集团的事。沙龙回答：“他们跟我们 40 年前一样，只是更投入罢了。”[28]

到 1975 年年底，由于持之以恒的游说、政府的犹豫不决和部长间的纷争，在等待做出决定的过程中，一个定居点被暂时安置在纳布卢斯附近盖杜姆村（Kadum）的一个军营中。它被命名为以伦摩利[1]——

[1] 以伦摩利（Elon Moreh）有“摩利的橡树”（NIV）和“摩利平原”（KJV）两种不同译法。——译者注

《圣经·旧约》中提到的上帝应许亚伯拉罕之地:“我要把这地赐给你的后裔。”(《创世记》12:7)佩雷斯解释说,另一个因素是 11 月联合国大会通过的决议——阿拉法特的“枪和橄榄枝”选择出现一年后——将犹太复国主义定义为种族主义。为应对国际压力而建立定居点成了以色列在未来几十年中常常重复的模式。到 1977 年,耶路撒冷周围的 8 个定居点容纳了 3.3 万人,但西岸其他地方只有 4 300 名定居者。[29] 这些定居点包括希伯伦近郊的艾其昂村和阿尔巴镇(Kiryat Arba),以及约旦河谷的几个边远定居点。戈兰高地和加沙地带共有 27 个定居点。在西奈北岸,一座名叫亚米特(Yamit)的城市正在建设中。工党已经宣布计划在未来 15 年内,建造 49 个新边远定居点中的 27 个。[30]

更多的“以伦摩利”

贝京改变了以色列关于定居点的描述和实施的步伐。大选后,他立即前往以伦摩利定居者的临时住所盖杜姆村。他对着摄像机宣布,那里不是被占领地区,而是“被解放的以色列土地”,并承诺会有“更多的以伦摩利”。几个月内,政府默默支持了另外两个先前“未经授权”的边远定居点——奥法拉(Ofra)的一个“训练营”,位于拉姆安拉附近山区一连串的巴勒斯坦村庄中间,以及位于耶路撒冷东北部马阿勒阿杜明(Maaleh Adumim)“工业区”的工人住处。贝京的胜选震惊了许多以色列人、巴勒斯坦人和更广阔的世界——这一情绪反映在“鹰派的时代”等戏剧性的标题中——但它终结了许多围绕着土地与和平的模棱两可和含糊其词的说法。他对阿拉伯人的看法既不复杂,也不矛盾。他拒绝使用“约旦河西岸”或“巴勒斯坦人”这种表述,只谈“犹大和撒马利亚”，以及犹太人的历史权利。一名观察者指出：“‘利库德’集团过分专注于实现自己的愿景，对没有相同愿望的以色列人和反对它的巴勒斯坦人感到苦恼。”[31] 人们对任何促进和平的举动都不抱希望。贝京任命的外交部长摩西·达扬建议侯赛因国王会见新任的“利库德”集团的总理。那位约旦君主不假思索地拒绝了他，称没有任何意义，因为贝京的立场众所周知。

贝京的胜利使定居者们额手称庆。信仰者集团将自己视为“能唤醒和领导整个国家的先锋，对其道路的正义性抱有绝对的自信”。[32] 信仰者集团的积极分子听说以色列不会考虑完全吞并占领地区，他们的12个新定居点的计划也必须经过内阁辩论，而不是简单地点头通过，因此大失所望。但他们没有灰心太久。贝京选择的农业部长——大胆进取的沙龙——是一个天然的盟友。沙龙不经正式授权就用推土机开道的做法比他本人的名气还大。在他针对加沙敢死队的行动期间，沙龙下令从拉法地区驱逐了数百名贝都因人，以促进犹太定居点建设。退役后，他又在1973年作为预备役军官上前线对抗埃及人，还带领国防军发动攻入尼罗河谷的决定性反击，他的“以色列的阿里克国王”（Arik King of Israel）[1] 之名由此更加响亮。20世纪70年代中期，沙龙曾私下游说移民，并在他们对拉宾施压时公开声援。他一度加入却又离开了“利库德”，在1977年的选举中独立参选，他的两个议会席位为贝京的联盟提供了有益的补充。9月，沙龙公布了一项新的定居点总体规划，题为“以色列世纪末的展望”（A Vision of Israel at Century's End）——该计划设想截止到2000年，占领区内的犹太人达到200万名。1978年，负责犹太事务局定居部门并忠于贝京的马蒂·德罗布莱

[1] 沙龙昵称“阿里克”（Arik）。——译者注

斯（Matti Drobless）起草了一项在1982年之前安置10万犹太人的短期计划。

沙龙是从地中海地区和约旦的大局出发的：他的策略是建立一个犹太定居点集群，以打破1967年边界两侧阿拉伯人的毗连状态，直接无视“绿线”。新的高速公路将把撒马利亚与西部的沿海平原和东部的约旦河谷连接起来。军事逻辑也发挥了作用，正如委任统治时代建立犹太边远定居点那样。“独立的定居点坐落在战略制高点上，因此能够充当观察站：它们相互可见，同时俯瞰着周边环境、交通干线、战略要冲，以及巴勒斯坦人的城市、乡镇和村庄。”西岸山顶上的帐篷、篷车和预建房屋，取代坦克成了基本的战场单元。“一户户住宅就像装甲师，以编队的方式部署于整个作战区域，用以占领山丘、包围敌人或切断对方通信线路。”[33]对沙龙来说，捍卫一个地方的动力是关键所在。他解释道：“你就在这里，了解每个丘陵，每座山峰，每条河谷，每眼泉水，每个洞穴，而且你对山的另一边充满好奇——这就是安全。”[34]但这一切需要的不仅仅是信仰者集团那一小撮拥有宗教热情和一些大篷车的活动家。它需要普通以色列人在有机会搬进一个房子而不是狭小的公寓，并受益于免税、廉价抵押贷款和其他激励措施时，对如何提高他们的生活水平采取切实的看法。家庭可以搬到西岸来提升他们的生活质量，而且与特拉维夫和耶路撒冷的通勤距离依然很短——或者正如一句乐观的广告词所言，“从萨巴村（Kfar Saba）过来只要五分钟”，强调了进城的便捷性与令人舒适的熟悉感。原来的“绿线”正在成为过去。在沙龙看来，“绿线”渐渐消失并非偶然。“沙龙推动，我实施。”德罗布莱斯是这样说的。[35]

这片土地是我们的土地

扩张还产生了其他结果：巴勒斯坦人被没收的土地日渐增多，通常是以军事或公共的名义。水资源越来越受以色列人控制。1979 年，以色列的法律开始适用于 5 个犹太定居者集中地区的议会。“为保护和增强犹太定居点而推行的协议，是一国法律在另一国领土上的治外扩张，”巴勒斯坦律师拉贾·谢哈德（Raja Shehadeh）指出，“它们构成了事实上的种族隔离制度，此制度中的两个群体虽然生活在一起，却受两套不同且区别对待的法律管制。”[36] 到了 1980 年，约旦河西岸的定居者数量稳步上升至 1.25 万人。新的定居点是由巴勒斯坦工人建造的，驱使他们从事这项工作的是经济原因，这与前往以色列境内工作者的人数增长的原因是一样的。[37] 以色列一名分析者指出，政府意在用“由道路、定居点和要塞交织成的网格”将西岸划分为“一堆小的班图斯坦[1]，这样（巴勒斯坦人）就再也不能合并成一个足以自治的相连区域，更不要说独立了”。[38]

与此同时，约旦河西岸成了以色列最重要的贸易伙伴。[39] 许多纽带将它们以一种互惠但不平等的依赖模式绑在一起。西岸的工业仍停滞不前，对当地生产总值的贡献越来越少。地方投资和发展萎靡不振。经济增长是由来自以色列和海湾国家的汇款推动的。几乎没有人察觉到，在短短几年时间内，巴勒斯坦人已经成为以色列劳动力不可或缺的一部分。但他们和以色列人之间的社会交往仍然有限。一项巴勒斯坦的研究表明，“虽然建筑行业的阿拉伯工人与犹太承包商有无数接触，但他们很少与犹太工人在同一地点一起工作”：

---

[1] 班图斯坦（Bantustan），也称“黑人家园”，是指定黑人种族的聚居区。班图斯坦制度是南非种族隔离政策的一部分，目的是将黑人与白人在政治上彻底分离。——译者注

事实上，无论是在上班途中还是在建筑工地上，他们接触的人都大多来自他们自己的村庄，往往还是他们自己部族的人。公交车把村民们送到以色列的工地，晚上再把他们带回来，因而巩固了这种同村身份。他们在偶尔接触犹太工人时，极少讨论政治；彼此的社交互动是温和的，但保持在最低限度。在以色列一方看来，村民们主要与承包商、老板、警察、妓女和边防守卫打交道。哪怕深入以色列经济内部，希伯来语水平够用，阿拉伯农民工对犹太社会的认识，仍然和封闭隔绝的普通大众没有分别。[40]

然而，巴勒斯坦工人无疑是在日益增加的。一名以色列社会学家在 20 世纪 80 年代初着手进行一个记录“绿线”内雇用的巴勒斯坦人的项目时，开始意识到自己和大多数犹太人长期以来不愿关注的事：

我猛然发现特拉维夫到处都是巴勒斯坦工人，在建筑工地、医院，在特拉维夫大学我自己的院系，在餐馆、商店……我突然明白了，其他人就像进行这次调查之前的我自己，对这一切视而不见；他们没有看到（特拉维夫大学）夜间的校园就像一个大型宿舍，供巴勒斯坦工人在特拉维夫过夜，医院、商店、仓库、城里的食品市场、夏季的海滩、迪岑哥夫广场（Kikar Dizengoff，特拉维夫的中央广场）下面的空间也是如此。我忽然意识到，人们不仅对这一切视若无睹，而且即使注意力被它吸引也不想看它一眼。[41]

1967 年的分水岭过去十年后，巴勒斯坦劳工随处可见，一些揶揄以色列社会及其价值观的玩笑随之出现：一名年迈的犹太男子在给孙子讲述自己年轻时的往事，那时他作为一个拓荒者，一个犹太复国主义的斯达汉诺夫式劳作者（Stakhanovite），从早到晚地耕种田地，在工地上辛勤劳动，排干沼泽，使沙漠变得富饶，他的孙子眼睛睁得越来越大，惊讶地问："天哪爷爷，这太棒了，所以你年轻的时候是个阿拉伯人吗？"

第十四章

1977—1981

不再打仗，不再流血。

——安瓦尔·萨达特[1]

耶路撒冷之行

1977年11月，安瓦尔·萨达特从开罗飞往特拉维夫，随后乘车前往耶路撒冷。在阿以冲突历程中，这是一个非比寻常、充满争议而又激动人心的时刻。这一时刻让以色列人欣喜若狂，巴勒斯坦人悲愤不已。阿拉伯国家元首史无前例的访问，没过多久就使犹太国家和它最强大、人口最多的对手缔结了和平条约，将这个阿拉伯国家从1948年以来就存在于以色列周围的敌对圈中移除。协议以“土地换和平”为原则——除历来作为巴勒斯坦一部分的加沙地带，以色列归还埃及1967年失去的所有领土。埃及的倡议以某种方式转变为中东更多地区甚至整个中东的和平解决方案的希望可谓昙花一现，而这种希望向来就是渺茫的。最后，它对于处在占领区的惨淡光景中且自“六日战争”

后离散整整十年的巴勒斯坦人毫无帮助。

以色列人高兴不已，但仍需克服重重疑虑。国防军总参谋长莫迪凯·古尔给喜庆的气氛泼了冷水，警告人们小心这又是个趁以色列不备的阴谋，会导致四年前赎罪日那样的惨事。11 月 19 日星期六晚，闪闪发光的白色波音飞机直接将埃及总统带到本-古里安机场，他走下台阶并在军乐队演奏国歌时庄严伫立，此时人们怀疑与兴奋交织。看起来有些紧张拘束的梅纳赫姆·贝京与其他部长、法官和宗教领袖正在红地毯上等候。萨达特亲吻了以色列前总理果尔达·梅厄，他在 1973 年以色列远程轰炸尼罗河谷的消耗战中曾蔑称她为“老女人”。他甚至与阿里埃勒·沙龙开了玩笑，后者曾在苏伊士运河上发动一次大胆的反攻，并围困了埃及第三军。萨达特后来参观了肃穆的亚德瓦谢姆大屠杀纪念馆[1]和阿克萨清真寺。萨达特此行对以色列人的心理和感情影响极大。萨达特，正如一首凄美而流行的希伯来歌曲的歌词所唱，“他的眼中是金字塔，他的烟斗里有和平”。次日，萨达特在以色列议会发表全球直播的讲话时宣布，他并不是单独寻求埃以两国的和平。应以色列人之要求，他没有按原计划提及巴解组织，用摩西·达扬的话来说，以免“影响气氛”，[2]但他敦促以色列承认巴勒斯坦人民及其“合法权利”。贝京对萨达特的勇气表示赞赏，并邀请了叙利亚和约旦的统治者，以及他口中的“巴勒斯坦阿拉伯人的真正代言人”[希伯来语中的“以色列地的阿拉伯人”(Arabs of Eretz-Yisrael)]参加和平谈判。他还回顾了犹太历史，包括纳粹时代的恐怖，引述了犹太复国主义的基本信条，最重要的是他没有表现出丝毫让步的迹象。尽管表

[1] 该馆为纳粹大屠杀纪念馆。亚德瓦谢姆(Yad Vashem)意为“纪念碑与姓名”，出自《圣经·以赛亚书》(56:5)：“我必使他们在我殿中，在我墙内有记念、有名号，比有儿女的更美。我必赐他们永远的名，不能剪除。”——译者注

面上客客气气，两位领导人间的分歧还是极为明显，以至于以色列的部长们暗中表达了担忧。“我写下的一切关于萨达特被寄予的期望……都毫无夸张之处，”“利库德”集团的议长伊扎克·沙米尔（Yitzhak Shamir）如此记载，“我听他讲话时随之而来的忧惧和渐增的寒意，也是一样。”[3] 即便如此，“不再打仗，不再流血”这句由贝京阐明且萨达特也重复过的响亮誓言，在整个 44 小时的访问和其后很长一段时间里都在回荡。

萨达特单方面的行动对巴解组织来说宛如一道晴天霹雳，这主要是因为 1977 年秋亚西尔·阿拉法特感觉事情已经开始沿着他的路子走向国际化：美国新总统吉米·卡特（Jimmy Carter）宣布他支持巴勒斯坦人找回“家园”。8 月，美国与苏联一起，宣布计划重启有巴勒斯坦人参与的日内瓦和平会议，前提是巴勒斯坦人接受联合国 242 号和 338 号决议。阿拉法特最后表示无法满足这一条件，因为这意味着承认以色列。阿拉法特也被彻底震惊了——令他不快的是他曾与这件事十分接近：他受邀参加了 11 月 9 日开罗的埃及议会，听到萨达特宣布他准备到“地球的尽头”，甚至到以色列议会，去寻求与以色列的和平。阿拉法特还因为一同鼓掌而受到愤怒的批评。“我曾在山顶，”这位巴解组织的领导人对巴勒斯坦的学生们说，“但萨达特把我扔进了谷底。”11 天后，在贝鲁特总部从电视上观看萨达特的以色列议会演讲时，他“悲愤”到流泪，[4] 对他一直抱有最崇高感情的阿拉伯国家骤然开始这一惊人进程感到无比骇然。之后，他立即签署了一份声明，指责埃及领导人为“大叛徒”，强烈抵制在开罗举行的阿拉伯联盟会议。然而，阿拉法特私下里拒绝加入激进阿拉伯集团——包括叙利亚、阿尔及利亚、南也门和利比亚——该集团组成“坚定对抗阵线”，切断了与埃及的所有联系。[5] 他与萨达特暗地里保持联系，从不关上这扇大门，但没有参与和平倡议的进程。

位于大马士革、的黎波里和巴格达的多国政府言辞激烈，埃及大使馆遭到袭击，中东各地的巴勒斯坦难民营也举行了愤怒的抗议活动。焦虑不安和难以置信交织的情绪弥漫在约旦河西岸和加沙。拉姆安拉的民族主义市长卡里姆·哈拉夫仍坚持认为，任何想讨论巴勒斯坦命运的人都必须与阿拉法特打交道。他在伯利恒的同行，亲约旦的伊莱亚斯·弗拉杰，拒不参加在特拉维夫机场举行的为萨达特接风的欢迎宴会，虽然他两天后还是和耶路撒冷前管理者安瓦尔·哈提卜（Anwar al-Khatib）、加沙市长拉沙德·沙瓦（Rashad al-Shawwa）一起，低调会见了埃及领导人。弗拉杰随后收到了巴解组织支持者的死亡威胁。[6] 卡特总统在 12 月称，巴解组织通过谴责萨达特，已经将自己排除在和平进程之外。他的国家安全顾问兹比格涅夫·布热津斯基（Zbigniew Brzezinski）更直言不讳地表示："再见了，巴解。"（Bye bye PLO）——此后多年，这句话一直被用来幸灾乐祸地讽刺竟敢信以为真的人。但布热津斯基质疑过贝京的打算，警告称巴勒斯坦的"巴苏陀兰"[Basutoland，后来称为莱索托（Lesotho），南非种族隔离时期的黑人自治"家园"] 不是一个可以接受的结果。[7]

自治与注意力转移

1977 年 12 月 25 日，贝京进行回访，来到了苏伊士运河旁的伊斯梅利亚，并受到了低调的欢迎（开罗的环境被认为过于敌对）。他在那里公开了准予西岸和加沙"自治"的想法。他的国防部长埃泽尔·魏茨曼（Ezer Weizman）立即意识到，贝京认为这是使以色列长期统治的一种方式。[8] 1978 年 1 月，以色列宣布在西奈半岛东北部建造四个新定居点，使用推土机作业并让电视台的人拍摄工作场景，气氛阴云密布。自从萨达特访问以来，沙龙就感觉到建立新的边远居民点压力重重，而这一次，由于舆论指责以色列与埃及交往时不守信用、表里不一，他让步了。[9] 卡特访问阿斯旺（Aswan）时曾呼吁以色列承认巴勒斯坦人的合法权利，“全方位”解决巴勒斯坦问题。贝京在回应时坚称以色列对西岸和加沙保有完全而永久的控制权，并抱怨埃及媒体说他是个“狠毒的放高利贷者”（Shylock）[1]。随后，埃及外交部长退出了在耶路撒冷举行的开罗防长会议的后续会谈。事情毫无进展。[10]

此后不久，一条血腥残忍、抓人眼球的头条新闻转移了人们对报道篇幅甚小的和谈的注意力。1978 年 3 月 11 日，18 岁的巴勒斯坦女子达拉尔·穆格拉比（Dalal al-Mughrabi）——一名 1948 年从雅法来的难民在贝鲁特生的女儿——领导一支由 13 名青壮年组成的法塔赫小队，乘橡皮艇在海法南部一个人迹罕至的海滩上登陆，杀死了一名正在拍摄野生动物的美国女游客。然后他们在沿海公路上劫持了一辆公共汽车，并在前往特拉维夫的途中拦下了第二辆。漫长的追捕和枪战结束时，包括 13 名儿童在内，以色列平民共有 38 人死亡，76 人受伤。这次袭击由以“阿布·吉哈德”（Abu Jihad）之名为人所知的哈利勒·瓦齐尔策划，得到了阿拉法特的首肯。巴解组织领导人说，它表明“革命想影响哪里就能影响哪里”。[11] 这次行动也是以戴尔亚辛大屠杀命名的。[12] 3 天后，以色列派遣了 2.5 万人的部队进入黎巴嫩南部，占领了除沿海城市提尔外直到利塔尼河的全部地区。其目的是将巴勒斯坦人的组织赶出边境，巩固以色列的地方代理人南黎巴嫩军（South Lebanon Army，SLA）的地位。为期七日的战斗结束时，交战方达成停火协议（值得注意的是，这是第一个被巴解组织所有官方团体批准的

［1］ 该典故出自莎士比亚戏剧《威尼斯商人》中吝啬狠毒、放高利贷的犹太富商夏洛克。——译者注

停火协议），一支新的联合国维和部队成立，同时以色列撤军，留下南黎巴嫩军在前线对抗法塔赫。血腥的“利塔尼行动”提醒以色列人，巴勒斯坦人是不可忽视的；而它也在提醒巴勒斯坦人，以色列的军事行动可能会造成毁灭性影响。据估计，有 1 100 人被杀，大多数是巴勒斯坦人和黎巴嫩人。以色列称其中至少有一半是巴勒斯坦战斗人员。因为这次进攻而流离失所的人估计在 10 万到 25 万之间。贝京谴责之前的袭击事件，称之为“纳粹暴行”，称其加深了他对巴勒斯坦人的固有印象。他说：“无法想象要在犹大和撒马利亚以及加沙建立一个由亚西尔·阿拉法特和他手下的杀人犯统治的国家。”不出意料，此事动摇了埃以和平进程，但没有使其脱离正轨。这也不是黎巴嫩最后一次被巴以战争殃及。

萨达特和贝京都在 1978 年夏天访问了华盛顿，但双方关系恶化了。9 月初，卡特无视顾问的建议进行了一场豪赌，将两人聚集在马里兰州的戴维营（Camp David）总统度假村，那里有乡村小木屋、网球场、自行车道，地上铺满金黄的秋叶，还有严格的指令要求身着便装和特殊的风衣。贝京称之为一座“豪华的集中营”。[13] 卡特希望强制隐居能避免在美国人面前当众表演，但贝京和萨达特都有直通的电话线路，并泄露了所有他们认为合适的信息。[14] 经过 13 个著名的“紧张而令人沮丧的”日子——后来成为百老汇一出戏剧的灵感来源——卡特穿梭于两个“水火不容”[15] 的领导人之间，他们闷闷不乐，大喊大叫，几乎无法掩饰对彼此的厌恶，甚至不得不避免两人身体接触。最后，尽管再三威胁要一走了之——卡特还亲自堵门，阻止萨达特离开——他们还是敲定了所有悬而未决的双边问题。其中包括撤空以色列在西奈半岛的军事基地和定居点，双方据此同意缔结和平条约，并在三个月内实现关系正常化。萨达特最初强烈要求以色列从其占领的约旦河西岸和加沙地带全面撤军，坚持只有这样才能解决双边问题，但最后他在这个关键点上做出了让步。埃及外交部长穆罕默德·易卜拉欣·卡迈勒（Mohammed Ibrahim Kamel）愤然辞职。萨达特得到的回报是美国每年向埃及武装部队提供的13亿美元援助。贝京称，卡特"付出的努力比我们的祖先在埃及建造金字塔的过程中付出的努力还要多"。

不过，这份和约是阿以冲突史上前所未有的最重大的突破，尽管只是局部的。它打破了阿拉伯人30年来不与以色列打交道的禁忌，勉强满足了埃及的国家利益，但别无其他。[16]《戴维营协议》的第二份文件是关于巴勒斯坦人的，它同意未来的和谈将以联合国第242号决议为基础，任何解决方案都必须承认巴勒斯坦人的合法权利，他们将在五年过渡期后享有"完全的自治"。到那时，西岸和加沙的居民将选举产生一个"自治权力机构"。约旦被要求与埃及和以色列一起在如何建立该权力机构的问题上达成共识。但总体上说，这份文件比第一份更加含糊不清，存在歧义。它全然没有提到东耶路撒冷，以色列也未承诺从那里撤军。与萨达特在以色列议会的发言一样，它也没有提及巴解组织。在贝京同意暂停定居点建设的时间长短上，也不可避免地存在分歧。总理的贴身助手说："贝京认为西奈半岛是用来交换以色列在犹大和撒马利亚的地位的。"[17]阿拉法特痛斥了"戴维营阴谋"。

"消灭蚊子的权力"

巴勒斯坦人的反对意见越发强硬。约旦拒绝参加关于自治权力机构的会谈，而埃及和以色列之间关于自治实体权力的协商拖了整整18个月，毫无结果。约旦河西岸的市长们——身处以色列占领下的日常现实中——对此嗤之以鼻，坚信自治无非是将现状合法化的意思。拉姆安拉市长卡里姆·哈拉夫不满地表示，巴勒斯坦人被赋予了“收集垃圾和消灭蚊子”的权力。用记者雷蒙达·塔维勒（Raymonda Tawil）的话说，自治是“一场骗局，一个谎言，一出大张旗鼓的恶作剧……试图通过制造巴勒斯坦问题已被解决的表象——当我们仍在以色列的‘枷锁’下时——埋葬巴勒斯坦人的事业”。希伯伦市长法赫德·卡瓦斯米强调了自治在实践中意味着什么：“阿里将取代什穆埃尔成为教育部门的负责人。那又怎样！我的身份在哪里，未来又在哪里？”[18] 随着阿拉伯首脑会议——为被占领土划拨了 1.5 亿美元，由约旦和巴勒斯坦解放组织共同管理——在巴格达举行，基础广泛的“全国指导委员会”于 1978 年 11 月重新成立。它代表了巴勒斯坦工会、学生团体、志愿组织、宗教机构和新闻媒体，帮助构建对自治计划的共同立场，协调反对定居点建设的活动。法塔赫成员是这个 23 人委员会的一分子，但不是主导者。[19] 其领军人物是一位低调谦和的耶路撒冷工程师，名叫易卜拉欣·达卡克（Ibrahim Dakkak），他被称为“市长们的市长”。这个委员会很快就展现了自身的价值：1979 年 3 月 26 日，埃以和平协议在白宫草坪上签署，西岸和加沙则爆发了自 1967 年以来最大规模的抗议罢工，报纸纷纷称之为“不幸的一天”——这是故意在回应贝京警告美国的话：承认巴勒斯坦解放组织，可能会造成严重后果。自治从未获得任何巴勒斯坦重要人物的支持：加沙的伊玛目兼杰出的穆斯林兄弟会领袖哈希姆·胡赞达（Hashem Khuzandar）谢赫是极少数支持它的人之一，将它誉为“新黎明”。6 月，胡赞达于其所在的清真寺外被刺死，“解放巴勒斯坦民主阵线”宣布对此次暗杀负责。没有一个知名公众人物参加他的葬礼。随后其他被怀疑通敌的人也遭到了攻击。

贝京无意撤离西岸。有个原则他时常挂在嘴边，那就是他再也不能接受以色列妇女儿童在内坦亚或佩塔提克瓦因为盖勒吉利耶和图勒凯尔姆——两个离1967年边界极近的巴勒斯坦村庄——有敌人的枪支而丧生。他对自治的看法是，它是赋予人民的，而不是赋予他们居住的领土的，这隐约让人想起对战时波兰少数民族权利的讨论。“贝京对阿拉伯人兴味索然，”“辛贝特”高级官员亚伯拉罕·沙洛姆（Avraham Shalom）回忆道，“但他对黎巴嫩的基督徒和萨达特很感兴趣。他知道纳布卢斯在哪儿吗？他从来没有去过哪个阿拉伯村庄，连以色列境内的都没去过。”[20] 多年后，贝京的自治政策被沙龙一语道破，其无非是

> 一块让埃及能够签署我们的和平协议的遮羞布。埃及人需要用这份文件来显示他们对巴勒斯坦人事业的“关心”。至于我们，我们对签和平协议最感兴趣了，但对改变犹大、撒马利亚和加沙的任何现状一点兴趣都没有。[21]

定居者们对他们口中的“尼罗河上的希特勒”来到以色列后所发生的事情感到震惊无比，满腹狐疑；他们既不信任总理，也不相信他能扛住美国和阿拉伯世界的压力。信仰者集团的活动家在充满嘲讽意味的海报中描画了戴着卡菲耶的阿拉伯警察检查戴着基帕[1]的犹太人身份证的场景。他们放言称“自治”是“巴勒斯坦国的临时名称”，届时东耶路撒冷新城郊居住区的犹太居民将受特殊通行制度的管制。[22] 在一起事件中，来自奥法拉的移民武装驾车进入拉姆安拉附近的人口

[1] 基帕（kippa / kipot / kippah），传统犹太小圆帽。——译者注

集中区，包围了巴勒斯坦居民，迫使他们在枪口下清理路障。随后在哈尔胡勒，两名巴勒斯坦人在向以色列汽车投掷石块时被射杀。行凶者疑似来自阿尔巴镇，那里是狂热定居者们的大本营。军队在该镇实施了两周的宵禁，防止外来物资流入。

萨达特的倡议还产生了其他使人振奋的效果，其中包括1978年3月“现在就和平”（Peace Now）运动的诞生，当时埃及和以色列的会谈看上去已经濒临崩溃。近350名国防军预备役军官出于“万分焦虑”，给贝京写了一封公开信，劝他不要挥霍历史性的和平机会。“一个更希望让以色列国重获‘大以色列’的疆域，而不是与邻国和平共处的政府，我们难以接受”，他们劝告道：

> 一个更喜欢将定居点建于“绿线”之外，而不是让我们这个地区的国家间关系正常化并消除这一历史性冲突的政府，会令人质疑我们所走的道路是否正确。使我们继续统治一百万阿拉伯人的政策将损害这个国家的犹太民主性质，并使我们难以认同以色列国的走向。[23]

这样的观念促使成千上万的以色列人对政府施加压力，要求签署协议，表达对巴勒斯坦人的团结，反对连坐式惩罚，还有人在希伯伦被定居者毁掉的葡萄园里重新栽种葡萄藤。

贝京的政府当然只关注自己选民的意见，它在定居者游说团的推动下，竭力压制亲巴解组织的观点。活动者被拘留或驱逐出境，比尔泽特和其他约旦河西岸的大学连续数周被迫关闭。任何遏制都让右翼担忧。纳布卢斯市长巴萨姆·沙克亚据说在一次被泄露的对话中为“沿海公路大屠杀”[1]辩解，因此“辛贝特”提议将其驱逐；然而西岸和加沙的每一位市长都威胁称如果沙克亚被驱逐，自己就辞职。国防部长埃泽尔·魏茨曼拒绝了这个提议。做完这个决定后，魏茨曼打电话给埃及的国防部长，告诉对方这个好消息，以便和谈能够继续。希伯伦的艾哈迈德·纳特谢（Ahmed Natshe）医生在1976年市政选举前夕被驱逐到约旦，现在也获准返回。同时，以色列军方开始对伊斯兰组织“给予谨慎的支持”，这些组织主要受穆斯林兄弟会驱使，几个月前的伊朗革命使它们备受鼓舞。加沙的社会福利协会、慈善团体和学生群体开始挑战世俗的民族主义者。1980年1月，伊斯兰主义者袭击了红新月会主席、巴解组织忠实成员海德尔·阿卜杜勒-沙菲的家和办公室。这些事件在未来将被认定为巴勒斯坦政治中伊斯兰主义趋势的第一次登台亮相。

巴勒斯坦人抵抗的日益**政治化**给定居者敲响了警钟。“新的巴勒斯坦指挥官不再穿虎纹迷彩服、背卡拉什尼科夫步枪”，奥法拉的创建者之一哈加伊·西格尔（Hagai Segal）写道：

> 而是穿着优雅的西装和低帮皮鞋，紧握着麦克风，在城市广场煽动他们的支持者抵抗占领。与少数恶毒的恐怖分子潜伏在地下组织里、只在黑夜掩护下行动不同，成千上万的当地青年热情洋溢地加入新运动，他们（几乎）不用搞任何爆炸。24

但法塔赫很快就公开展示了它对武装行动效力的持久信仰。它在1980年5月发动了致命一击，一支4人小队在希伯伦市中心的拜特哈

[1]“沿海公路大屠杀”（Coastal Road massacre）指1978年3月11日发生在沿海公路的屠杀事件。——译者注

达萨（Bet Hadassah）杀死了6名以色列定居者——这是1967年以来最轰动的巴勒斯坦人袭击事件之一，考虑到这座城市在情感上所承载的历史，它也是可能成为目标的地方当中最敏感的选择之一。一位颇具影响力的评论家称，以色列公众的反应表明他们对定居大业缺乏同情。[25] 以色列政府的报复是驱逐希伯伦市长卡瓦斯米和他支持巴解组织的同僚穆罕默德·梅勒赫姆，一名来自哈尔胡勒的善辩且英俊的巴勒斯坦代言者。魏茨曼否决了一项更极端的提议，那就是驱逐“全国指导委员会”的所有成员。正是在这间不容发的氛围中，定居者中的激进分子炸毁了沙克亚和他来自拉姆安拉的同侪卡里姆·哈拉夫的车。沙克亚失去了双腿，哈拉夫失去了双脚，一名拆弹警察在努力卸除埃尔巴尔（El Bireh）市长易卜拉欣·塔维勒（Ibrahim al-Tawil）车上安置的第三个炸弹时双目失明。以色列媒体将其称为“犹太地下党”的作为，这是一种委婉的说法，与建国前伊尔贡和“斯特恩帮”的“异见者”的说法相呼应——哪怕这次行动显然在任何正常定义中都构成恐怖主义。

在国际上，巴勒斯坦解放组织从欧洲经济共同体（European Economic Community，缩写为EEC）的《威尼斯宣言》（Venice Declaration）中获益颇丰，它承认巴勒斯坦人的自决权，并呼吁巴解组织参与谈判——尽管没有如阿拉法特所愿地描述这个组织为他的人民“唯一合法的代表”。这证明“解放巴勒斯坦人民阵线”的乔治·哈巴什怀疑“温和”外交的价值比不上武装斗争的成就是正确的。谈及欧洲经济共同体的领导人时，他说：“让吉斯卡尔、勃兰特还有克赖斯基明白，巴勒斯坦人始终举着枪，以便从杰里科解放雅法，从纳布卢斯解放海法。”[26]

又是贝京

梅纳赫姆·贝京的第二次总理任期始于1981年8月，他因出人意料地轰炸巴格达附近的奥斯拉克（Osirak）核反应堆而获得支持。这次胜选也是对“利库德”集团控制西岸、加沙地带和戈兰高地的纲领的保障。（这些叙利亚的领土在当年年底实际上已被以色列吞并，但这一单边举措没有得到国际承认。）表明右倾态度的小型鸽派政党以色列和平党（Sheli）采取了激进行动，主张与巴解组织谈判，却失去了1977年赢得的两个议会席位；而极右翼新党以色列复兴党[1]则因为定居者游说团的支持，获得了三个席位。随着阿里埃勒·沙龙升任国防部长，新的政治地图反映在了占领政策的变化中。最重要的变化是西岸和加沙建立了单独的民政管理机构。新机构从属于军政府，但其分工意在于埃以关于自治的会谈出成果前，抢先执行以色列对《戴维营协议》的单方面解读。新机构的负责人是梅纳赫姆·米尔森（Menachem Milson），一名希伯来大学的教授，专业是现代阿拉伯文学。米尔森巩固了以色列支持的“乡村联盟”（Village Leagues）的地位，该联盟是为了挑战在城市中日益壮大的巴解组织而建立的。其构想是保守的农村地区（西岸仍有70%的人口位于农村）更容易栽培和影响。沙龙将该联盟的领导人们介绍给来访的美国国防部长卡斯珀·温伯格（Casper Weinberger）时，大展宏图之心表露无遗。但是，以色列的批评者指责其过时的想法，并指出西岸村民实际上和城镇居民一样是民族主义者——因危害安全罪而入狱的犯人的数量就能表明这一点。[27]

---

[1] 复兴党（Tehiya），存在于1979年至1992年之间的以色列极端民族主义政党，由政治活动家古拉·科恩（Geula Cohen）创立，1984年议会选举后成为继工党和“利库德”之后的第三大党派。——译者注

最初在希伯伦地区建立的乡村联盟由穆赫塔尔或其他个人来运作，这些人被授予控制用水、供电和其他服务设施的大权，还能从以色列军方获得报酬以及武器和培训。他们还被授权签发一部分用于建筑、货物出口或是到约旦探亲的许可证。[28]其目的是“痛击反动农民所在的激进村镇”。[29]许多与乡村联盟有关的人名声不佳。联盟的傀儡首领是约旦裔前部长穆斯塔法·杜金（Mustafa Dudin）。巴解组织的支持者指控他和其他成员是通敌合作者或土地交易商，这不禁让人想起20世纪20年代的“农民政党”和30年代“背信弃义”的受犹太复国主义者资助的穆夫提反对者。以色列电视台的阿拉伯频道播放了国防军军官向杜金发放支票以资助发展项目的片段。还有些人是文盲或罪犯。[30]巴勒斯坦人虽然抱有强烈的敌意，但约旦的决定才是致命的，它与巴解组织齐心协力，共同禁止人们加入乡村联盟，违者处死或没收财产。短短几周，核心成员就退出了乡村联盟，拉姆安拉地区的一名联盟领导人则被巴解组织暗杀。[31]

单调的日常

到了20世纪80年代初，被占领土上的生活陷入了一种单调的沉闷，这是由不断增长的经济依赖、巴勒斯坦社会的宗法性质、对权威的服从、以色列周密的控制，还有纯粹的习惯塑造而成的。如巴勒斯坦裔以色列作家安东·沙马斯所言，“胡萝卜已经变成了棍棒”。巴勒斯坦人将他们的精神状态描述为“sumoud”——意为“坚韧不拔”或“坚定不移”。以色列相当擅长消磨人们的意志，限制活动和组织，毫不犹豫地威吓和惩罚。拉贾·谢哈德是一名极具洞见的编年史作者，他记录了以色列统治下一潭死水的境况，描述了它对一个未透露姓名的朋友的影响：

> 到目前为止，占领军终于不再打扰他了……但是当他们怀疑他还在发挥作用时……他们会追踪他……还会监视他。他们会让他等半天，直到一个面容可怖的“专家”来审问他……他们甚至可能命代理人散布谣言，使他失去信誉。他们不会给他进行手头任何项目所需的许可。然后，人们再也不会和他有什么联系了，因为与他有关的所有事项都不能顺利开展……但如果他坚持下去并被视为真正的危险人物，就会出现对他不利的东西，他就会被抓走。没有人能证明他身上发生了什么，但是每个人都能看到他消瘦了多少，他被释放后看起来多么的压抑和挫败。他若是之后能恢复过来，重拾先前放下的事，他们就会在某个晚上到来，开着吉普车送他到边境，使被驱逐者又增加一个。[32]

驱逐只是施压的一种形式。东耶路撒冷记者艾哈迈德·阿杰瓦（Ahmed Ajwa）因为持有反自治计划的传单，于1978年12月未经审判便被拘留。阿杰瓦先是被扣押在耶路撒冷的俄国大院（巴勒斯坦人称之为Muskoubiya），因涉嫌与巴解组织有关而遭到一个名叫乌兹的军官殴打虐待。后来，他被一名自称阿布·尼哈德（Abu Nihad）的说伊拉克口音阿语的男子审问。阿杰瓦声称他被勒住脖子，胳膊被反剪，双手让链条捆在一根管子上，还戴了72小时头罩。审讯人员告诉他，他的妻子与其他男人有染。[33]对拘留中心的系统性拷问和虐待巴勒斯坦人的控诉尽人皆知。1977年6月，伦敦的《星期日泰晤士报》（*Sunday Times*）对此发表了详尽的报告，被以色列政府斥为“诽谤”。（后来揭露的真相表明，这些指控大体上是正确的。）[34]巴勒斯坦人对报纸的调查结果毫不意外。伯大尼（Bethany）的阿布里什家族的一名成员说，“每次巴解组织在外头做些什么，我们都会遭殃”：

> 以色列人的怒火是直接冲着我们来的。以色列士兵抓走了我一个兄弟——他们认为他同情巴解组织，折磨了他整整三天，然后他花了两个星期才能重新开始跟人说话。这个兄弟让巡逻队带走之后，被他们在监狱里关了两天，没有吃的喝的。他没有任何藏身之处，我们甚至无法保护自己，我们无可奈何。[35]

然而，对占领区的合法挑战在20世纪70年代后期越来越普遍了。以色列的犹太律师做了重要的工作，尤为瞩目的还有资深共产党员费利西娅·兰格（Felicia Langer），她在许多涉及土地没收、房屋毁坏和严刑拷打的案例中为巴勒斯坦人辩护。正是兰格设法挽救了巴萨姆·沙克亚，使其免于被驱逐出境，尽管共产党禁止她代表涉嫌袭击平民的巴勒斯坦人出庭。[36]还有许多人由利厄·谢梅尔（Leah Tsemel）代理，他与反犹太复国主义组织“指南党”有联系。精通希伯来语的以色列阿拉伯律师在这方面也发挥出色。但巴勒斯坦人认为，以色列律师很少受军方威胁，因而能更好地为当事人辩护。“这是一种奴性心理，”一名阿拉伯律师说，“人们只是拒绝相信他们可以在与主人的冲突中得到另一个奴隶的帮助。”[37]

到了1981年夏天，萨达特的倡议在巴勒斯坦人的阵线中显然仍无进展。摩西·达扬与西岸和加沙的领导人举行了会谈，但鉴于巴勒斯坦人并不买账，谈判步伐缓慢，以色列人与埃及人实现和平的任何好处显然都只能局限于双方之间了。1982年3月，以色列以“全国指导委员会”是巴解组织的一个分部为理由，宣布其为非法，并解除了纳布卢斯、拉姆安拉和埃尔巴尔的市长的职务——他们全都是6年前民主选举产生的。米尔森宣称1976年的投票不是民主的，而是受到了“恐怖主义、威逼利诱”的影响，试图以此来解释这一举措。比尔泽特大学被关闭，由此引发的骚乱导致至少7名巴勒斯坦人死亡，[38]还产生了一些讽刺以色列教授对待学术自由的态度的笑话。东耶路撒冷出版的报刊受到严格审查，而且禁止在西岸发行。

1981年10月，安瓦尔·萨达特在一场纪念“斋月战争”的游行中被伊斯兰武装分子暗杀。他的身亡令以色列深感震惊，人们立刻对他签署的和平条约的持久性产生了担忧。（据说当亚西尔·阿拉法特听闻埃及领导人去世时，他的第一句评论是：“这就是背叛巴勒斯坦人大业的下场。”[39]）但萨达特的副总统胡斯尼·穆巴拉克（Hosni Mubarak）马上重申了埃及对以色列的和平承诺。在开罗看来，做其他任何事情都是短视的：仅仅数月内，以色列不但要将西奈半岛还给埃及，还须根据和平协议，摧毁自1967年以来在埃及土地上修建的定居点。1982年4月，西奈半岛东北海岸的阿里什（el-Arish）附近的亚米特进行了人口疏散。有人警告称此举会影响以色列人的权利，面对这种警告，贝京维护了自己的权威。“在围绕亚米特进行的斗争中，我已经看到了犹大和撒马利亚将会发生的纷争。”信仰者集团的领袖约尔·本-努恩（Yoel Bin-Nun）说。[40]贝京的同事伊扎克·沙米尔——前“斯特恩帮”的领导者——充满了“遗憾……和不详的预感”。[41]然而承诺进行的斗争最终落空了。在一场被有些人认为是精心编排的抗争表演的行动中，当地居民在被以色列士兵拖进大巴之前窝在屋顶上，但没有发生流血事件，尽管电视报道夸张如戏。无论如何，为了和平而移除定居点的先例就此定下，尽管此举持续的时间不长，也没有在后来最关键的地方被执行。

第十五章

1982—1987

我们留在贝鲁特，是在为“以色列地”而斗争，这是一场对抗与我们交战逾百年的宿敌的战争。

——拉斐尔·艾坦（Rafael Eitan），1982 年

通往贝鲁特之路

1982 年 6 月 6 日，阿里埃勒·沙龙命令以色列部队进入黎巴嫩，摧毁巴勒斯坦解放组织。沙龙告诉美国驻特拉维夫大使萨姆·刘易斯（Sam Lewis），他的宏伟蓝图不仅旨在重塑以色列北方邻国的政治和军事版图，还意在“根据自己的喜好处理与巴勒斯坦人的冲突”。[1] 入侵的目标十分明显，就是“解决约旦河西岸和加沙的问题”。之前在 1 月，沙龙在与黎巴嫩基督教领袖会面时制订了作战计划——他们之间的关系是通过“摩萨德”建立的。[2]“在官方托词‘我们决不容忍炮击和恐怖主义行为’的背后，掩藏着一种战略观念，认为必须从肉体上消灭巴解组织，”一名人脉发达的《国土报》专栏作家在战前三个月写

道，“也就是说，不仅要将它在约旦河西岸的指头和手掌截断（就像现在用铁拳做的那样），还要处理掉它在贝鲁特的头脑和心脏。”[3] 在战前、战时和战后往往能听到类似评论。“加利利和平行动”（Operation Peace for Galilee）最初公布的目标，是将巴解组织部队向边界以北推出 25 英里。以色列国防军坦克纵队三管齐下发动进攻，其中一支在赛达北部海岸登陆，从巴勒斯坦战斗人员手中夺取了战略要地，同时“F16”战斗机轰炸了贝鲁特的难民营和其他目标。以色列还击落了叙利亚的飞机。

贝京夸张地称这次行动是为了防止另一个“特雷布林卡”[1] 出现，接着他又煽情地提到了“二战”时期的另一些事件。他将阿拉法特描述为在法哈尼（Fakhani）“藏身地堡的希特勒和他的党羽”，以回应罗纳德·里根总统停止包围贝鲁特的请求。“我们留在贝鲁特，”以色列国防军总参谋长拉斐尔·艾坦宣称，“是在为‘以色列地’而斗争，这是一场对抗与我们交战逾百年的宿敌的战争。”[4] 此类言论加上以国防军伤亡人数的上升，在该国短暂的历史上首次导致后方人心浮动。7 月 4 日，“现在就和平”运动的一次集会——目的是响应萨达特的倡议，对政府施压——在特拉维夫吸引了 10 万参与者，谴责了抗议者口中这场以色列的“自选之战”，突出了左右派之间不断扩大的鸿沟。发言者包括刚从黎巴嫩退出现役的预备役军官，他们呼吁沙龙下台并结束战斗。一名反对者指出：“以色列发动战争时，没有往常自动达成的政治共识，而这种共识是每届卷入战争的政府赖以为生的基石——直到现在。”[5]

事实上，许多人都对黎巴嫩战争居然要这么长时间才爆发感到惊

[1] 特雷布林卡（Treblinka），波兰东部一个纳粹集中营。——译者注

讶。1981 年夏天，巴勒斯坦人发射的火箭和大炮迫使以色列平民进入防空洞，并在边境城镇和村庄引发了一场仓皇的逃离。1981 年 6 月 17 日，以色列轰炸了贝鲁特的巴解组织总部，造成 120 人至 300 人死亡。从那以后，美国特使菲利普·哈比卜（Philip Habib）——一名在布鲁克林（Brooklyn）与犹太人一起长大的阿拉伯裔美国人——斡旋达成的停火协议基本被搁置。然而令以色列震惊的是，巴解组织利用这段调停时间增强了军事实力。[6] 尽管动乱将至的警告在接下来的几周内纷至沓来，但英国和阿根廷之间的马尔维纳斯群岛战争 [1] 分散了美国的注意力。

以色列采取行动的导火索是一次对其驻英大使的未遂暗杀。以色列知道，枪击什洛莫·阿尔戈夫（Shlomo Argov）的人出自阿布·尼达尔派系——"法塔赫革命委员会"[2]，一小股受伊拉克支持的阿拉法特的敌人；因为正如英国警方迅速发现的那样，三名枪手是在伊拉克驻伦敦大使馆的协助下行动的。[7]（在随后的审判中，这支突击队的队长声称他出生于戴尔亚辛，实际上却是来自东岸的约旦人。）该组织最明显的动机是想袭击一个引人瞩目的以色列目标。一些较为微妙的解释称它企图在黎巴嫩制造危机，以证明两伊之间的血腥战争在伊朗近期取得进展后实现停火是合理的；另一种说法称这是萨达姆·侯赛因（Saddam Hussein）对以色列一年前炸毁奥斯拉克核反应堆的报复。贝京和沙龙当即认定此举违犯了以色列与巴解组织的停火协议。沙龙

[1] 马尔维纳斯群岛（又称福克兰群岛）战争（Malvinas / Falkland Islands War），简称"马岛战争"或"马岛海战"，1982 年 4 月到 6 月英国和阿根廷为争夺该群岛而爆发的战争，最终英军获胜。——译者注

[2] "阿布尼达尔组织"（Abu Nidal Organization，缩写为 ANO），又称"法塔赫革命委员会"（Fatah Revolutionary Council，或 Fatah al-Majles al-Thawry），1974 年由阿布·尼达尔从法塔赫分裂出来创立。（区别于巴解组织在最高权力机构全国委员会闭会期间，行使最高权力的"革命委员会"。）——译者注

认为，在黎巴嫩发动一次大规模进攻，瓦解阿拉法特的权力基础，将“减弱其对生活在以色列统治下的约旦河西岸和加沙地带的阿拉伯人的控制”。[8]巴解组织的影响力将就此减退，使“温和的”巴勒斯坦人能够斟酌自己的未来——接受以色列控制下的自治或到约旦为自己的民族主义志向寻找出路。右翼分子津津乐道的一种情况，是巴解组织被击垮后，巴勒斯坦人集体逃亡，跨过约旦河，推翻哈希姆王国，并在其上建立一个巴勒斯坦国。[9]来自左派的资深军事评论家和批评家梅厄·帕伊尔（Meir Pa'il）深刻分析了这一愿景：

> 这次入侵带来了一条对巴勒斯坦人至关重要的信息：“生活在以色列统治下的巴勒斯坦人，给我小心点！我们在黎巴嫩南部的难民营、城镇和村庄，以及在拉希迪耶（Rashidiye）、提尔和贝鲁特之间的地中海沿岸所做的一切，都能在加沙、犹大和撒马利亚……甚至在乌姆费赫姆（Umm al-Fahm）和拿撒勒，对你们再做一遍。我们马上就可以这样做，尤其是鉴于现在已没有巴解组织或任何其他合法机构可以视为巴勒斯坦人事业的代表。如果你们愿意臣服并遵守我们的规则，那么你们最好接受由贝京-沙龙-米尔森定义的有限自治。如果不能，你们的命运就将和拉希迪耶、艾因赫勒韦或贝鲁特的那些人一样。”这就是入侵的真正目的吗？[10]

为巴勒斯坦加油

被占领土上的巴勒斯坦人用抗议回敬了以色列的进攻，并且重申了对巴解组织的支持。他们举行了罢工和示威，不仅对其“唯一合法代表”，也对在黎巴嫩战斗或遭难的亲人表达声援。7月，包括加沙的拉沙德·沙瓦在内的几位市长因拒绝与以色列人合作而被解职。比尔泽特大学被再度勒令关闭。[11]但在纳布卢斯、拉姆安拉、东耶路撒冷和加沙，这种情绪明显较弱。对于活在占领区的人来说，黎巴嫩战争又一次提醒了他们以色列无可置疑的军事优势。它将多年来在占领区磨炼出的控制和平叛技艺运用于黎巴嫩，让“辛贝特”通过戴头罩的告密者和恐吓性审讯来辨别通缉犯。在赛达的一座校园里，一名以色列记者无意中发现了一群被绑住双手、蒙住双眼并被迫坐在烈日下的男人。“被传唤时，他们会被带到一间曾经作为教室的房间。在门口，他们一被摘下眼罩，就能看到两名以色列士兵将一具尸体拖出房间。遭受盘问的人不会知道这具尸体在这场演习中被一遍又一遍地使用。”[12]

到8月下旬，贝鲁特被围3个月之后，阿拉法特和6 500名法塔赫战士在沙龙、艾坦和以色列国防军高级指挥官的监视下，流亡突尼斯和其他7个阿拉伯国家。巴解组织领导人甚至在一名以色列狙击手的视线范围内被人拍下照片。沙龙宣布了胜利并称“巴解组织从黎巴嫩撤军，为以色列与温和的约旦河西岸巴勒斯坦人达成和解奠定了基础”。[13]阿拉法特回应道，巴解组织体现了巴勒斯坦人的愿望，以色列的入侵只会增强巴勒斯坦人民斗争和抵抗的意志。[14]但该组织失去了“其流亡国家的领土根基、总部和大部分军事基础设施”却是毋庸置疑的事实。[15]首先是约旦，其次是黎巴嫩，都没有准备好付出作为巴勒斯坦人斗争前线的国家所需的代价。而自成立以来，巴解组织首次无法直接进入以色列边界。

纵使规模有限，以色列未来几年内都将在黎巴嫩存有势力。1982年战争从一开始就饱受争议，许多以色列犹太人认为它是不必要的。它往往与“泥沼”和“困局”等词为伍，是一场以欺骗和暴行为特征的中东的越南战争。1982 年 9 月，以色列的黎巴嫩长枪党人[1]盟友在贝鲁特的萨布拉和沙提拉两个难民营屠杀了成百上千名巴勒斯坦人，而以色列国防军袖手旁观，无动于衷，这使这场战争蒙上了更加晦暗的阴影。巴勒斯坦人将萨布拉和沙提拉事件视为他们无能为力、水深火热的又一个例子，并将之与戴尔亚辛大屠杀、纳克巴和约旦“黑九月”事件相提并论。在西岸一个小村庄里，1 万多人参加了一名妇女的葬礼，她在反对贝鲁特屠杀的抗议行动中被以色列军队杀害。[16]在特拉维夫，有 40 万人参与了“现在就和平”的游行，这也是该国到当时为止规模最大的一次示威活动。调查萨布拉和沙提拉事件的卡汉委员会（Kahan Commission）发现沙龙应对此负责，于是沙龙在 1983 年 2 月辞去了国防部长的职务。然而，这并非沙龙职业生涯的终结。

里根有个计划

解决阿以冲突核心问题的新一轮外交努力于夏季战争接近尾声之际展开。1982 年 9 月 1 日，罗纳德·里根总统公布了一项计划，打算在西岸和加沙地带建立巴勒斯坦人自治政府，创造一个与约旦相关联的实体。[17]关键在于，它将巴勒斯坦的独立和以色列对其的主权双双排除。里根解决冲突的举措结合了埃以之间关于自治的会谈（陷于僵局的“戴维营进程”的一部分）和以色列工党长期提倡的“约旦选项”等因素。它还呼吁暂停定居点建设，以及“让巴勒斯坦人根据能力和表现逐步承担国内安全责任”。美国大使提前告知了贝京，后者以煞

[1] 黎巴嫩长枪党（Lebanese Phalanges Party，或 Kataeb Party），1936 年作为准军事青年组织成立，效法西班牙“长枪党”和意大利法西斯政党，受黎巴嫩基督教马龙派（东仪天主教派别）支持，在黎内战中发挥了重要作用。——译者注

有介事的口吻低语道："捍卫'以色列地'的战斗已经开始了。"[18]以色列的公开回应是彻底拒绝。它坚称，《戴维营协议》并没有区分内部和外部安全。"毫无疑问，如果维护国内安全的责任不属于以色列，"内阁宣告道，"那个名为'巴解'的恐怖组织——即便已在黎巴嫩被以色列国防军击败——就会采取行动，不断屠戮，犹太人和阿拉伯人都将血流成河。这对以色列公民来说，是一个生死攸关的问题。"[19]美国的提议至少表明巴勒斯坦问题依然存在，且尚未解决。20年后担任外交部长的什洛莫·本-艾米发现："里根的计划及时提醒了以色列，它的黎巴嫩大冒险非但没能如愿掩盖巴勒斯坦人的两难处境，还因萨布拉和沙提拉大屠杀使巴勒斯坦人的悲剧获得了更多的国际关注，让这种悲剧和为一个流离失所的民族寻找家园的迫切需求越发成为世界性热点。"[20]

战后，以色列人再度着手扶植亲哈希姆家族的人物，来削弱巴解组织得到的支持；但相比之前所为，他们不再依赖"乡村联盟"，因为事实证明这是一项花费巨大却不尽如人意的投资，在1983年2月沙龙辞职时就被叫停了。[21]建立一个巴勒斯坦代理领导层的想法看起来像是不合时宜的幻想，正如一名巴勒斯坦评论家所说的，这主要是因为"这些人在民族主义者眼里是高压军政府的怀柔工具，他们会出于本能反对这些人"。[22]几个月后，一项民意调查显示，90%的西岸民众支持阿拉法特的领导。在沙龙的继任者、国防部长摩西·阿伦斯（Moshe Arens）任内，长期监禁的手段仍在延续，"骚乱的"巴勒斯坦人所在地区则实行宵禁和连坐式处罚。1983年夏天，在一名犹太学院的学生被巴勒斯坦人杀害后，希伯伦的紧张局势加剧了。来自附近阿尔巴镇——信仰者集团支配下的大型犹太"市郊居住区"——的定居者袭击了该市的伊斯兰大学，并在一场精心策划的埋伏中杀死了三名学生。“在此之前，”定居者领袖本尼·卡佐佛（Benny Katzover）说，“我们不是按照沙漠里头的规矩，而是按照政府的规则行事，结果糟透了。”[23]

1983年秋天，精疲力竭、心灰意冷的贝京辞去了总理职位，伊扎克·沙米尔取而代之。沙米尔曾是“斯特恩帮”领袖，这就像贝京在伊尔贡的经历一样，引起了对其可能采取的政策的消极预期：事实也正是如此。以色列1984年7月的大选产生了一个混乱而异常的结果。由于工党和“利库德”集团之间相持不下，双方联合起来组成了一个两派轮流出任总理的民族团结政府，经验丰富的希蒙·佩雷斯于当年9月就职，两年后会轮到沙米尔。工党的伊扎克·拉宾曾在1976年短暂地担任过总理，他在这个政府执政期间一直担任国防部长。“从表面上看，就像纸上写的那样，我们并没有组建一个糟糕的团队，”沙米尔后来用他罕见的幽默写道，“只不过这个团队看起来不怎么亲密。”[24]它是以色列有史以来最大的联合政府，包含了议会的120名议员中的97名，但这个评论家们口中的“双头怪兽”的政策只能以最低限度的共识为基础。议会中有5个席位属于支持定居者的新右翼团体“复兴党-抉择党[1]”（Tehiya-Tzomet），这体现了抛弃“利库德”的犹太选民向极端主义的转变。

政府在经济改革和国防军撤离到黎巴嫩南部限定的“安全区”方面达成了一致。1984年4月，25名“犹太地下军”[2]成员——他们制造了1980年对约旦河西岸市长们的炸弹袭击和其他攻击事件——最终

[1] 抉择党（Tzomet），以色列世俗化犹太复国主义右翼政党，1983年由拉斐尔·艾坦卸任国防军总参谋长后创立，1984年选举中与复兴党联合参选，之后相互独立。——译者注

[2] “犹太地下军”（Jewish underground），存在于1979年至1984年的激进右翼组织，由信仰者集团和定居者组织的一些重要成员创立，除正文提到的袭击事件外，该组织还制造了1983年对希伯伦伊斯兰大学学生的袭击等恐怖活动。——译者注

被捕，定居活动因此放慢了步伐，强硬派定居者也遭受了沉痛打击。该组织的领导人梅纳赫姆·利夫尼（Menachem Livni）是希伯伦教区拉比摩西·莱文杰的追随者。他们在试图炸毁东耶路撒冷的公交车时被当场抓获，后来人们发现他们还计划炸毁圆顶清真寺。在激烈的公开辩论中，信仰者集团的支持者们称，这些人是“做了错事的好孩子”，还有一种发人深思的言论称他们“亲手执行了法律”，仿佛以色列的法律**允许**对巴勒斯坦人进行恐怖袭击一样。[25] 1983 年有 1.5 万名犹太人移居西岸，而到了 1985 年只有 4 800 人。[26] 尽管如此，“利库德”7 年统治下来的总体数据仍可令该党感到骄傲：1977 年至 1984 年间在占领区新建了 79 个定居点，其中大多建于 1982 年以后。沙米尔吹嘘道：“‘以色列地’的新版图已被开创。”[27] 研究者梅龙·本韦尼斯蒂对西岸细致入微的观察使他得出了一个明显的结论：局势现已无法逆转。以色列左翼人士不仅指责梅龙·本韦尼斯蒂的批评是错的，还抱怨他这样说正中右派兼并主义者下怀。[28]

“男人工厂”

生活在占领区的巴勒斯坦人没有参与大选，其生活和观念的改变也不总是轻易可见的。然而在浅表之下，社会、政治和经济正在发生重要转变——最为显著的是属于新一代人的时代即将到来，他们成长于以色列的统治下，对有关约旦人和埃及人的日子鲜有甚至毫无印象。到了 1985 年，每天都有 10 万名巴勒斯坦人跨过“绿线”，在以色列从事卑微琐碎的工作。与此同时，在西岸和加沙，巴勒斯坦人的组织机构数量和自信心也稳步增长。其目标是构建“未来权力的组成部分，以免巴勒斯坦国到来时落入一片真空之中”。[29] 比尔泽特大学的学生为服务于民族事业以及加强抵抗力量，在社区和志愿工作中发挥了主导作用，在城乡之间牵线搭桥。[30]巴解组织指责以色列驻联合国大使（一位名叫本雅明·内塔尼亚胡的后起之秀）“竭尽全力颠倒大学的学术目的，将它们当成煽动人心、极端主义和恐怖主义的中心”。[31]

监狱——俗称“男人工厂”或“人民学校”，任何时候都监禁着数千人——为民族主义团体、贸易联合会、学生会和妇女组织提供了天然的动员场所。“西岸的每家每户都有成员在监狱里，”一名纳布卢斯的中年男子解释道，他曾在这座城市的监狱外面目睹以色列释放1 150名巴勒斯坦人和其他犯人（截至那时规模最大的一次此类交换），以换回1982年在黎巴嫩被俘的3名士兵，“在这里，我们都是囚犯。”[32]这没有夸大多少。据估计，20世纪80年代中期，有25万巴勒斯坦人遭到过拘留或审讯——竟然高达占领区总人口的10%。[33]来自杰宁的阿里在讲述他13岁的儿子第一次被捕的经历时说：

> 他们班有人向一辆路过的以色列汽车丢了块石头，然后军队就来了，将一群10岁的孩子召集起来，让他们说出自己朋友的名字。我儿子的名字在那份“名单”上。4年后他再度被捕……他被囚犯们选为一个委员会的领导，负责分配吃食和香烟。想象一下！我的儿子，要负责25个人。其中一位是教师工会主席，另一位是比尔泽特大学的一名员工……出狱时，他变得更加沉稳了，三思而后行。他丢掉了一些坏习惯。他曾经大大咧咧，现在十分可靠。他出来后比以前更活跃了。他染上了政治色彩。[34]

每一天，法院都会给投掷石块、焚烧轮胎、示威以及举起巴解组织旗帜的青年定罪。他们被再次抓捕前要经历数周或数月的监禁，往往只是因为被认定为“惹是生非”而获罪。许多从法拉（Faraa）拘留中心出来并以此为荣的年轻“毕业生”，后来都由于“辛贝特”的秘密证据而被继续羁押，他们被描述为“敌对组织的活动者”。国际法学家委员会（International Commission of Jurists）根据从曾经的囚犯处收集的触目惊心的证词，向1982年启用的法拉拘留中心提起控诉。[35]“大多数孩子进入了一种惊恐且混乱的状态，”一名专家说，“然后他们开始与所有以色列人为敌，最终因这段经历而变得激进。”[36]前囚犯们在大学入学和考试时获得了优先待遇。成长于巴拉塔难民营的马吉德·马斯里（Majed al-Masri）在狱中成了法塔赫激进分子。[37]“在里面，他们告诉我，监狱是男人的必经之路，”萨哈尔·哈利法（Sahar Khalifeh）的小说《野荆棘》（*Wild Thorns*）中的纳布卢斯少年巴兹尔（Basil）如是说，“那些一天都没在监狱里待过的人，永远不会成为真正的男人，即使他们长了两缕而不是一缕胡子。”[38]当了15年法塔赫成员的贾布里勒·拉吉布（Jibril Rajoub）撰写了3本关于民族主义和意识形态的书，学会了希伯来语，并将梅纳赫姆·贝京的伊尔贡回忆录《起义》（*The Revolt*）翻译成阿拉伯语。拉吉布自己写的书《704号牢房》（*Cell Block 704*）尽管被以色列军事审查所禁，仍在西岸成了畅销书。一名以色列左翼活动家察觉到，监狱是“隔离巴勒斯坦人和以色列人的那堵墙上的一个口子”。[39]巴勒斯坦人对以色列的了解程度多半取决于他们在狱中时，是通过自由派、反占领的《国土报》，还是通过流通甚广的中间派《新消息报》（*Yediot Aharonot*）来练习希伯来语。

《黎明报》（*al-Fajr*）和《人民报》（*al-Shaab*）之类的巴勒斯坦报纸的报道和社论都将巴勒斯坦解放组织作为重点对象。媒体和研究机构在巴解组织的财政支持下，发表公报并向外国记者和以色列记者介绍必要的情况。在加沙，巴勒斯坦妇女联盟（Palestinian Women's

Union）开展扫盲活动，扶助贫困家庭。法塔赫的青年运动“沙比巴”（Shabiba）拥有成千上万名成员。东耶路撒冷的巴勒斯坦国家大剧院（哈卡瓦提剧院，al-Hakawati Theatre）于 1984 年开放，在官方干扰和审查的限制范围内，提供了一个较委婉地批判占领行为的舞台。早期于此上演的一部作品是《掷石块者的一千零一夜》（*One Thousand and One Nights of the Stone Thrower*），主角加利利的阿里由弗朗索瓦·阿布·萨利姆（François Abu Salem）饰演，这个角色是在特拉维夫一个法拉费摊子上干活的以色列阿拉伯人，他将自己的名字改为伊莱（Eli）来装成犹太人，最终却固执地抓住他的巴勒斯坦人身份不放。[40] 被占领二十周年时，大剧院举办了以耶路撒冷为主题的阿拉伯小学生画展。一名访客说：“轮胎燃烧时盘旋上升的浓烟激发了几个孩子的想象，还有些孩子则将阿拉伯人和以色列人画成牛仔和印第安人。有个孩子所绘的幻想是圆顶清真寺——俯瞰老城的金色圆顶——被一道锁链环绕，又被一个阿拉伯超人奇迹般地抬进天堂。占领，对于那些生活在其中的人们来说，无处不在。”[41]

20 世纪 80 年代中期石油价格暴跌时，来自海湾国家的工作机会和侨汇减少，经济变化更是凸显了生活在占领下的风雨飘摇。在以色列工作的巴勒斯坦人继续受阴晴不定的军事统治、随机检查和区域封锁的支配，对“绿线”两侧的差异有深刻的认识。“年轻的巴勒斯坦人……能感受到以色列公民享有的民主特权，但他们不能分享这些权利，”约拉姆·比努尔（Yoram Binur）是一名会阿拉伯语的犹太记者，他花了六个月假装成巴勒斯坦劳工并观察到，“任何晚上走在街上的阿拉伯人都会被扣押和审问……即使是在相对平静的时期。一个人看到且意识到了自由的价值，却得到了最落后的独裁政权下那般的待遇。他除了失望还能有何感受？”在西岸定居点当工人的大学毕业生阿比德（Abed）承认，他要通过打碎瓷砖和将水泥灌进新安装的污水管道里来宣泄沮丧。[42] 20 多岁的电工马埃尔（Maher）来自东耶路撒冷，他能讲一口流利的希伯来语，经常告诉以色列客户他的名字是梅厄，给人以他是犹太人的印象。

当占领成为生活的一部分

没有什么比这种状况成为习以为常之事更不寻常的了。“占领最令人不安和害怕的一个方面……是其平淡无奇的本质”，1985 年，有位敏锐的外国游客注意到：

> 对于巴勒斯坦人，占领是寻常的——那是生活的一部分，只能用防御的姿态来接受，没有追索和申诉，没有保护和选择，基本无人负责、不可预测、不合道理且无法控制。而且，那些全然不知道占领区的现实的人不会对巴勒斯坦人扭曲的生活提出怀疑。巴勒斯坦人讲述的关于危难、领土剥夺和流离失所的故事，在他人眼中不过是一种善良仁慈的合法控制。[43]

巴勒斯坦人总在谈论的“抵抗”，以色列人称之为“恐怖主义”。1984 年 4 月，四名来自加沙的巴勒斯坦人在阿什凯隆劫持了一辆以色列公交车，杀害一名乘客并强迫司机向南行驶。以色列军队冲进车子时，两名劫持者被打死；另外两人被抓时是活着的——还被拍了下来。但与任军事审查摆布的初步报告给出的说法不同，他们被后来所谓的“有组织的私刑”杀死，此事还与“辛贝特”官员有关。300 路公交车丑闻涉及贿赂证人和虚假证词。此事直接牵扯到该组织的最高层，直到被勇敢的内部举报人和顽强的以色列记者曝光才浮出水面。杀人事件显然是基于威慑的理念——杀一儆百（pour encourager les autres）。至少在自由派圈子里，此事被看作无止境占领造成的破坏效应的又一个表现。时任“辛贝特”负责人的亚伯拉罕·沙洛姆最终不得不辞职，虽然他获得了总统的赦免。久而久之，此事可以说影响了无处不在的安全部门的士气和效力。

从黎巴嫩被赶出来后，巴解组织仍在奋力攻击以色列，尽管阿拉法特需要面对制造战争和法塔赫公开的造反［由叛变的上校阿布·穆萨（Abu Musa）领导，得到了叙利亚人的支持］导致的不满。而在黎巴嫩南部爆发的战争中，被占领土上的巴勒斯坦人为以色列国防军撤退时产生的损失而欢呼，那里的新敌人是来自阿迈勒民兵组织[1]和一个名为“真主党”（Party of God，或 Hizbullah）的新组织的什叶派穆斯林武装分子。《人民报》编辑阿克拉姆·哈尼雅（Akram Hanieh）表示：“要不是巴勒斯坦人从 1969 年起就待在黎巴嫩，10 岁的孩子怎么可能学会使用卡拉什尼科夫步枪和火箭筒？”44 1985 年 4 月，以色列人击沉了在巴拿马注册的“阿塔维罗斯号”（Ataviros），船上的 28 人正要前往特拉维夫，在独立日假期前夕发动袭击。法塔赫称这些人属于一个名叫“艾因赫勒韦殉道者”（Martyrs of Ein al-Hilweh）的组织，而提尔附近的艾因赫勒韦难民营已于 1982 年灰飞烟灭。45 10 月，以色列空军的喷气式飞机飞行了 1 200 多英里——自 1976 年恩德培解救人质行动[2]后最长的航程——轰炸了巴解组织位于突尼斯郊外哈马姆

［1］ 此处指“阿迈勒运动”（Amal Movement 或 Ḥarakat Amal，“阿迈勒”意为“希望”），黎巴嫩什叶派民兵组织，1974 年由穆萨·萨德尔（Musa al-Sadr）和侯赛因·侯赛尼（Hussein el Husseini）创立。——译者注

［2］“恩德培行动”（Operation Entebbe），1976 年 7 月 4 日以色列国防军突击队飞行 4 000 余公里，奔赴乌干达恩德培机场成功营救人质的反恐行动。——译者注

沙特（Hammam al-Shatt）的总部[1]。以色列宣布约有 60 名巴解组织成员被杀，包括其精锐部队“17 旅”（Force 17）的数名领导人以及阿拉法特的几名保镖。这是对 3 名所谓的以色列特工在塞浦路斯的游艇上被杀害一事的报复；而此事又是对以色列绑架一名法塔赫高级指挥官的回应，该官员于几周前在拉纳卡（Larnaca）到贝鲁特之间的航行途中被截获。不久之后，从亚历山大出发的意大利游轮“阿基莱·劳伦号”（Achille Lauro）被“巴勒斯坦解放阵线”的四名成员劫持；“巴解阵”是一个受伊拉克支持的小派系，仍然正式属于巴解组织的一部分。坐着轮椅的美国籍老年犹太乘客里昂·克林霍弗（Leon Klinghoffer）被害，引起了国际社会的广泛谴责，也使阿拉法特陷入窘境。这次行动当时宣称是为了报复以色列对突尼斯的袭击，但后来被发现是蓄谋已久的，劫匪本打算前往以色列的阿什杜德港，据说他们预备在那里进行自杀式袭击。[46]

“约旦选项”？

暴力与外交一如既往地双管齐下。1985 年 2 月，约旦国王侯赛因尝试与巴解组织改善关系，想找出巴勒斯坦人和美国都能接受的推进和谈的方案。巴解组织长期以来一直反对以联合国 1967 年第 242 号决议为基础的任何计划，因为它仅仅称巴勒斯坦人为“难民”，同时要求承认该地区包括以色列在内的所有国家。阿拉法特认可了安曼协

[1] 1985 年 10 月 1 日，以色列空军发动“木腿行动”（Operation Wooden Leg），袭击了突尼斯首都突尼斯市附近的巴解总部，联合国安理会于 1985 年 10 月 4 日通过第 573 号决议谴责了该行动。——译者注

议[1]中关于自决和未来巴勒斯坦国与约旦关系的措辞，但他在巴解组织的重要同事们都表示反对，他们对约旦与埃及恢复关系感到不满（打破了阿拉伯联盟在萨达特总统与以色列签署1979年和平条约后对埃及的孤立），担心组织的立场被弱化。47 夏天，侯赛因也悄然恢复了与以色列人的接触，并为沙米尔不再担任总理而松了一口气。强袭突尼斯事件发生后，希蒙·佩里斯和侯赛因国王在伦敦会晤，这是他们近十年来第一次面对面交流。阿拉法特在“阿基莱·劳伦号”事件中惨败后，侯赛因对其更是深感不耐。以色列也向约旦发出了一连串积极信号，充分利用了国王对巴解组织的恼火。

1986年2月，侯赛因国王与阿拉法特公开决裂，夸张地宣布“在巴解组织领导人的诺言成为约束他们的纽带，并具有诚实可信、坚定不移的特点之前，我们无法与他们进行政治协商”。48 以色列人开始采取措施，加速改善占领区的“生活质量”——这是与美国外交时最受欢迎的说法。这些举措中最重要的是，允许巴勒斯坦人取代自1982年民选市长全部被解职以来一直掌管西岸市政厅的以色列国防军军官。自然有人怀疑，这是以色列又一次企图不经巴勒斯坦人同意，单方面实施自治。“我们的问题属于公民权利问题，还是民族权利问题？”反对这一举措的纳贾赫大学讲师赛义卜·埃雷卡特问道，“只要占领存在，我们必有困难。纳布卢斯是否有一位阿拉伯市长对我们并无不同。”49 系出当地望族的扎菲尔·马斯里（Zafer al-Masri）接受了这份工作，但几周后就被暗杀，“解放巴勒斯坦人民阵线”宣称这是因为他要制订“约旦人清算巴勒斯坦人事业的犹太复国主义反动计划”，

[1] 1984年11月，巴勒斯坦全国委员会在安曼召开会议，侯赛因国王为支持巴解温和派系而表达祝贺；会后，国王与阿拉法特在1985年2月宣布了约旦和巴勒斯坦关于和平框架的联合协议，即安曼协议。——译者注

“人阵”还骄傲地宣称这次杀戮是为了阻止他人效仿马斯里。另外两名西岸人撤回了从以色列当局接管市议会的申请。马斯里被誉为“为了家园和职责殉难的烈士”，他的葬礼成了群众对巴解组织和阿拉法特的声援。[50]但约旦决定在7月关闭该国所有巴解组织办事处并驱逐阿拉法特的副手阿布·吉哈德，明确表示了决裂之意。约旦对“阿拉伯人被占土地”的五年开发计划受到了以色列的低调欢迎，以及美国的大量现金资助。巴勒斯坦人获得出境许可证的手续——关键的控制手段——得以简化，同时，希伯伦和拉姆安拉开设了新的医院，较小的城镇也接通了以色列的电网。

以色列随后的镇压行动直接针对巴解组织。对活动家的逮捕和驱逐也加快了步伐。《人民报》编辑阿克拉姆·哈尼雅向以色列最高法院提出申诉，以免自己纵使未被指控参与任何恐怖活动，也要因身为“法塔赫重要头目”而被驱逐出境。哈尼雅在法制层面的斗争中失败了，他遭到驱逐，后来在巴解组织遥远的突尼斯总部成了阿拉法特的亲信顾问，以及巴解组织领导层与被占领土之间的关键联系人。还有一些巴勒斯坦记者、工会成员和学生领袖也被驱离，许多人未经审判就被拘押。1986年12月，两名抗议竖立路障的学生在比尔泽特被以军杀害，持续十日的动乱由此爆发——这是多年来为期最长的动乱之一，它提醒了人们，维持现状要付出高昂的代价。“时至今日，以色列的统治对占领区的阿拉伯人来说，不再像1967年那样可以接受了，”在忧心忡忡的犹太自由主义者和鸽派人士中占主流但具有批判色彩的《国土报》评论道，“我们必须避免出现需要使用武力来维持秩序的状况。问题的根源——我们不能就此自欺欺人——正是占领这一事实。”[51]

在1987年的动乱过程中，骚乱蔓延到了整个约旦河西岸。2月，伊扎克·拉宾下令关闭所有巴勒斯坦人的大学。东耶路撒冷领头的法塔赫支持者费萨尔·侯赛尼（Faisal Husseini）被三度拘留。加深仇恨和绝望的诱因是随机但定期出现的，虽然没有证据表明存在任何引导或是策略。4 月，巴勒斯坦全国委员会在阿尔及尔举行会议，与会者向阿拉法特起立鼓掌，重申其武装斗争的承诺，要求收回作为人民事业唯一代表的权利。与约旦之间早已形同虚设的安曼协议被正式废除，于是乔治·哈巴什的“解放巴勒斯坦人民阵线”回归了巴解组织的怀抱。过了不久，一名来自西岸阿尔费梅纳什（Alfei Menashe）定居点的犹太孕妇被杀，她的丈夫和孩子被一颗从路旁茂密的柑橘林扔向自家车子的汽油弹严重烧伤。定居者随后在附近的盖勒吉利耶横冲直撞，砸碎窗户，烧毁庄稼，接下来这个巴勒斯坦城镇在宵禁戒严中度过了数周。5 月，在纳布卢斯东北部山区“经过授权”的定居点以伦摩利，一名 8 岁移民儿童被杀害，他的脑袋被一块石头打碎。这样的时刻暴露了冲突邪恶而原始的本质：在葬礼上，受害者的亲属汗如雨下，在紧张、悲伤和仇恨的气氛中恸哭，在烈日下紧挨在一起。异常已成为寻常。

不仅是自由派的《国土报》，另一些希伯来报纸也不时报道人们在占领区服役时的沮丧经历。“1973 年以前，”一名中年预备役军人回忆道，“你在西岸当兵的时候，可以坐着喝喝咖啡，把你的步枪靠在墙上，跟当地人聊聊天。回不去了。现在在这些地方服役的士兵，不是被这段经历变残忍了，就是崩溃了。”[52] 姗姗来迟的“非致命”暴乱控制手段——橡皮子弹、搜捕小队和警棍——并没有减少巴勒斯坦示威者的死亡人数：孩子们学会了用洋葱来应付催泪瓦斯，向士兵们露出胸膛，大声咒骂并挑衅，诱使他们开枪。被殴打是惯例——忍受殴打成了一项成人礼，是值得年轻人骄傲的事。[53] 双方的日常语言和文化都开始体现这种长期的低强度战争状态，将总是无名无姓的“他者”非人化。杰什（jaysh，即军队）到来时，巴勒斯坦人会互相示警，并用希伯来语单词 machsom 来表示他们在每个转角都能碰到的检查哨。以色列国防军的公报经常描述士兵“向空气开枪”——被人补充成“向他们肺里的空气开枪”以后，成了一种讽刺。在媒体报道中往往被描述为“年轻人”的阿拉伯抗议者通常被报道成“死于非命”而不仅仅是被杀害。[54]“边开枪边悲泣”（yorim ve’bochim）的说法——讽刺地诠释了被迫违背自身意愿与阿拉伯人斗争的以色列人道主义者的痛心疾首——在 20 世纪 80 年代复苏了，用以批判本意良好的左派的自我反思。[55] 双方都没有任何理由期待持续 20 年的现状发生重大改变。

第十六章

1987

这是一个有着塑料做的心脏、铅做的大脑和橡胶做的良知的政府。全世界都知道巴勒斯坦大卫的石头正在击垮以色列歌利亚的压迫。

——穆罕默德·米亚里（Muhammad Miari）[1]

“头二十年”

1987 年春，犹大、撒马利亚和加沙地带的以色列民政管理部门出版了一本光面彩印的小册子，标榜其二十年来的工作成果。它的封面是令人赏心悦目的田园风光，那是一幅金色麦田的照片，麦田背后坐落着一个典型的山顶阿拉伯村庄，朴素的石头房子环绕在一座清真寺周围。这本小册子展示了诊所、住房和学校，以及体现就业、工业和农业进步的统计数据。正如政府在这些地区的行动协调员什穆埃尔·戈伦（Shmuel Goren）在引言中所说：

以色列的政策明白无误、始终如一地建立在两个原则上：全面打击已经或正在获得少部分人支持的恐怖主义；对于谴责恐怖主义的行为和煽动，想在找到政治解决方案之前和平安定地生活的人们，给予最大限度的自由和提升生活水平的投资。

“巴勒斯坦人”在总共110页的册子中只出现过一次，是在提到难民安置时，这很能说明问题。提到纳布卢斯时，使用的是其在《圣经》中的希伯来语名字“示剑”（Shechem）。戈伦对民政管理人员表达了“最深切的谢意”，并补充道：“我确信这些地区的人们会和我一同感激他们。”[2]

“六日战争”二十周年不仅推动了“绿线”两端更多作品的发表，也引发了更为深刻的反思。在以色列，人们没有像往常那样强调1967年这个国家面临的重重危机及其近乎奇迹的胜利，而是更多地聚焦于大多数以色列人现在仅仅称之为“那片领土”的地方发生的镇压。除了周六去图勒凯尔姆或伯利恒购物，在廉价的巴勒斯坦汽修厂修理汽车，看牙医，以及雇用巴勒斯坦工人来给自己盖房子，大多数以色列人对巴勒斯坦人和他们的居住地仍知之甚少。小说家大卫·格罗斯曼（David Grossman）是位声名鹊起的文学新星，他写了一系列文章，并集结成《黄风》（*The Yellow Wind*）一书，该书出人意料地畅销。格罗斯曼描述了他在约旦河西岸见到的巴勒斯坦人的生活：难民营里的幼小儿童，恳求安全检查员不要没收孩子最喜欢的娃娃的母亲，宣称上帝赋予他们所谓的犹大和撒马利亚权利的犹太定居者。格罗斯曼关注的是生活在军事统治下的巴勒斯坦人每日遭受的屈辱，以及这使他自己的民族付出的道德代价：若不结束占领，传说中燃烧的“黄风”将降临这个国家，每隔几代人的时间就会从地狱中呼啸而起，所过之处，一切皆被吞噬。哲学家阿维夏伊·玛格里特（Avishai Margalit）评论道：

“这本书对许多以色列人的吸引力在于，格罗斯曼让他们觉得自己去过西岸，那个他们每个人都觉得应该去一趟却也明白永远不会成行的地方。”格罗斯曼没有预料到近在咫尺的动乱，但他的确描绘了一幅异常翔实且黯淡的现实图景，而大多数犹太人对这种现实知之甚少。[3]他的最后一章题为“头二十年”。这是一个不甚乐观但有先见之明的标题。

在巴勒斯坦人方面，到1987年已有整整一代人成长起来，他们对以色列统治下的生活之外的一切一无所知。律师乔纳森·库塔（Jonathan Kuttab）在刊登于《黎明报》的围绕“大挫败”二十周年的文章中写道：“巴勒斯坦人只依靠自己和离散的巴勒斯坦同胞。今天，年轻的巴勒斯坦人独立于父母和群体领袖，自己拿主意。”[4]来自东耶路撒冷的小伙尤尼斯解释了其中的不同之处：

> 1967年的时候，我父亲20多岁。“至少在一开始，人们在占领区是受益的，”他告诉我们，“约旦人给了我们很大压力，什么事都不让做。然后以色列人来了，让我们在以色列工作。钱突然多了起来。没人想反抗。虽然这并不意味着我们喜欢以色列。20世纪80年代，事情确实变得更糟糕了。‘利库德’集团掌权时，压力越来越大，所以年青一代不会像父辈那样看待事情了。”[5]

以色列人同意“巴勒斯坦人变了”，一名知识渊博的观察者表示，“他们讲的语言与他们的父母不同，更不用说他们的祖父母了。他们指责老一辈在以色列统治的20年中屈服并且逃避反抗占领者的民族责任”。[6]经济状况也在恶化：地方就业岗位数量在下降，不断增多的大学毕业生尤其难找工作；巴勒斯坦劳动力总数的约40%现在于以色列工作。由于石油收入大跌，近几年来自海湾地区的汇款也急剧缩水。[7]占领现在是巴勒斯坦人日常生活的一部分，特别是在东耶路撒冷。“以色列不仅仅是议会”，1987年6月，比尔泽特大学的教授萨利·努塞贝提出：

> 以色列是……站在耶路撒冷的邮政局前，排着长队领取社会保障的妇女们……以色列是营业执照、建筑许可证、身份证。它是增值税、所得税、电视许可证……它还是德迪·祖克尔[1]、梅龙·本韦尼斯蒂、耶胡达·利塔尼和阿姆农·齐克罗尼（Amnon Zichroni，以色列和平活动家、记者、律师）这些因同情巴勒斯坦人而在国家大酒店（National Palace Hotel）集会的人。以色列是“唐布尔”（Tambour，以色列品牌）涂料，用来在墙上涂抹攻击汉纳·西尼乌拉（Hanna Siniora，一份著名的巴勒斯坦报纸的编辑）的口号。[8]

没人会认为冲突已经结束，尽管最近几个月占领区的暴力活动有所降级。然而，1987年11月25日，一场异常严重的事故发生了。来自叙利亚支持、艾哈迈德·贾布里勒领导的“人民阵线-总指挥部”的一名巴勒斯坦人驾驶一台动力悬挂式滑翔机，飞到加利利的一个以色列军事基地，就位于黎巴嫩边界以南，他在被击落之前设法杀死了6名士兵。巴勒斯坦媒体赞扬这是“摧毁以色列防卫神话的壮烈义举”。[9]据说，这有助于树立“以色列国防军并非不可战胜的观念，同时塑造了一个新的巴勒斯坦英雄的形象”。[10]巴勒斯坦人高呼“6比1”，嘲弄以色列士兵。然而在安曼，阿拉伯首脑会议正忙于调停已进行到第七个年

[1] 德迪·祖克尔（Dedi Zucker，生于1948年），以色列前政治家，和平主义者。——译者注

头的血腥的两伊战争，几乎没工夫关心巴勒斯坦问题。在与会的领导人中，只有亚西尔·阿拉法特一人抵达时没有受到侯赛因国王的接见。一名分析家指出：“巴勒斯坦问题在国际舞台上被忽视，甚至没有引起阿拉伯‘兄弟’的注意。”[11]

加沙最先

12 月 8 日，在加沙地带北部的埃雷兹检查站旁，贾巴利亚难民营附近，一辆以色列卡车撞向两辆正载着巴勒斯坦工人回家的出租车。4 人死亡，7 人重伤。谣言迅速传开，说这不是意外，而是报复性打击，卡车司机是两天前在加沙市被刺死的一名以色列售货员的兄弟。故意传播这个故事的法塔赫活动家后来也承认，这不是事实。[12] 无论如何，在随后几天中，3 名受害者的葬礼引起了示威活动，其间以色列国防军士兵遭遇了一连串汽油弹、石头和铁棒的袭击；在贾巴利亚，17 岁的哈特姆·塞西（Hatem al-Sissi）被现场开火的军队打死，多人受伤。[13] 20 年占领过程中最广泛最持久的动乱自此开始。

骚乱迅速蔓延。第二天，纳布卢斯一支陆军巡逻队遭年轻人投掷石块和铁棒攻击，又有一名巴勒斯坦人被杀。后来还有 4 人在该地区最大的难民营巴拉塔身亡，其中两个是年仅 11 岁的男孩。让局势更显严峻的是，西岸军事指挥官阿姆拉姆·米茨纳（Amram Mitzna）将军亲赴现场，与高级军官和以色列武装平民商谈，这些武装平民在赶来报道的记者眼里像是“辛贝特”的官员。此事迅速成了大新闻。在该市的艾伊蒂哈德医院，3 名腿部有枪伤的年轻人精神恍惚，浑身发抖，院外的道路被燃烧的轮胎和碎石阻塞。其他人脸上罩着卡菲耶头巾，握着石头和瓶子，防备以色列人到来。第一周结束时，有 7 人死亡；

又过了两周，死亡人数达到15人。巴勒斯坦人很快就开始讨论因提法达，也就是反对以色列统治的人民起义。它的本质意在“解脱”——摆脱被动、惰性、陈腐观念和外国占领。不需要高深的学问就能看出，有些不寻常的事情正在发生。

“经历20年占领之痛，这样的事会发生并不奇怪，”加沙前市长拉沙德·沙瓦说，“人们失去了所有希望。他们万念俱灰，不知所措。他们丧失了以色列将会赐予他们权利的希冀。他们认为阿拉伯国家什么也办不成，认为被他们视作代表的巴解组织一事无成。”[14] 巴勒斯坦人和以色列人都为突然爆发的自发行为所震撼。萨利·努塞贝写道，“甚至当地的基层委员会、草根活动家和领导人也都措手不及”。以色列民政机构试图说服本地的穆赫塔尔利用他们的影响力来结束暴力，但毫无效果。大规模逮捕也未能使事态平息。在突尼斯，巴解组织的领导层也同样讶然。阿布·吉哈德告诉阿拉法特，这次爆发的抵抗并不是计划好的。“因提法达爆发时，我们感到害怕，”阿布·伊亚德后来承认，“我们记得1936年的起义只持续了6个月。一开始我们没有料到这次起义会持续6个月以上。”[15] 实际上，被占领土上的抗议活动开始几天后，“解放巴勒斯坦人民阵线”在组织成立20周年的宣言中仍未提到此事。[16] 在骚乱第二周访问美国的国防部长伊扎克·拉宾总说巴解组织被这种自动爆发的行为吓坏了，就像这能让以色列人的惊慌不安情有可原一样。阿里埃勒·沙龙当时已作为贸易部长回归公共领域，他在耶路撒冷老城穆斯林区的新家里举办了一场奢华的乔迁派对，强调“安全形势正在恶化”，同时毫不掩饰地表达了取代拉宾的意图。[17]

默默无闻的巴勒斯坦人保持了抗议的势头。“我们没有时间表，但是已经形成了一个习惯，大波人潮分别在凌晨3点、中午和傍晚出发。”一位匿名的加沙活动参与者讲述道。他接着说：

> 从晚上到凌晨3点，我们睡觉和组织行动。有时候……我们甚至在晚上10点出去，因为在夜里军队不能有效控制街道，也不了解当地地形，所以一切尽在我们的掌握。比如……在贾巴利亚，整晚都有游行，即使有宵禁也没有一个士兵。士兵们一看见就逃跑了，因为成千上万人形成了一堵移动的人墙，没有任何东西能抵挡它，无论是铁拳还是子弹。[18]

加沙地带的以色列士兵称，他们开着装甲运兵车（APC）清理遍布燃烧轮胎的道路，突然就被数百名巴勒斯坦人用砖头、铁棍和汽油弹袭击了。“士兵们开始朝天鸣枪，然后使用催泪瓦斯，但没什么用。阿拉伯人像一窝蜜蜂一样猛攻装甲车。有个士兵被石头砸中了脸，他们别无选择，只能开火，”其中一名士兵说道，“两名示威者被击毙，还有几个人受了伤。”巴勒斯坦人很快注意到以色列人对此有多惊诧。“一位老妇人告诉我，她第一次看到以色列士兵害怕示威者，”一名记者报道时说，“这是一种陌生的喜悦。那些死去的人将被永远铭记。我们曾经把这种事称为罢工，但这个词太小了。然后我们称之为示威，但也太小了。这次不一样。这是一次因提法达。”[19]

引领之词

接下来的几周内，更加集中的指导和协调变得明显，尽管为了避免被以色列人逮捕，避免抢了巴解组织的风头，这些工作仍然是暗中进行的。自发行动转变为有组织的运动，维持并扩大了起义的范围。1988 年 1 月 8 日，动乱一个月后，出现了一份要求举行三天总罢工的阿拉伯语传单。它由“巴勒斯坦民族主义军”（Palestinian nationalist forces）签署，出自包括一名记者、一名基督教牧师和一名大学讲师在内的法塔赫和“解放巴勒斯坦民主阵线”活动家之手。几天后又出现了第二份传单，署名为“全国扩大起义总指挥部”（United National Command for the Escalation of the Uprising）。第三份传单出现在 1 月 18 日，署名为巴解组织和“联合民族起义领导组”（United National Leadership of the Uprising，简称“联合领导组”，缩写为 UNLU）——由此将“内部”和“外部”的巴勒斯坦人团结起来。这些传单［阿语称之为巴亚纳或巴亚纳特（bayan / bayanat）］使用同样的措辞，之后大约每隔十天出现一次，从之前三份开始依次编号。它们通常呼吁举行抗议和罢工，结束占领，抵制以色列商品，鼓励受雇于以色列的警察和其他公职人员辞职。很多传单提及了巴勒斯坦历史上的著名人物——谢赫伊兹丁·卡萨姆和阿卜杜勒–卡迪尔·侯赛尼——或是重要日期，从《贝尔福宣言》发表之日到纳克巴之日。以色列、美国和约旦的“反动”和平倡议受到抨击。截至 1989 年年底，这样的传单总共又出现了 43 份。还有些传单由巴勒斯坦政治舞台的新成员哈马斯，即“伊斯兰抵抗运动”定期发布。这些巴亚纳特都是集中编写的，但其内容通过电话或传真传递，以便在不同的地方打印或刊发。[20] 以色列人有时会突袭一家印刷店，没收打印机和传单，“辛贝特”也会制作假传单来制造怀疑和混乱。那些来源可疑的传单指控知名人士挪用公款或卷入个人纠纷，被视为以色列人的心理战。武装分子被警告不要以“联合民族起义领导组”之外的名义印发传单，以“阻止敌人……分裂……民族队伍，防止散播疑虑和互相猜忌之举”。[21] 在纳布卢斯，印刷工们奉命交出墨水样本，以便确定传单背后的人。[22]

然而，由于以色列媒体在传单出现时就报道了它们的内容，因此分发变得没那么重要了。在拿撒勒和“三角地区”，有两份传单还是在同情阿拉伯人的以色列人的帮助下印刷的。[23]

到 1988 年的第一个星期，以色列国防军在约旦河西岸的部队人数增加了一倍，在加沙地带增加了两倍。加沙城里飘满了悬挂在电线杆上的小型巴勒斯坦旗帜；街道上石块遍布，空气中弥漫着轮胎燃烧的臭味和催泪瓦斯残余的辛辣味。它看起来像一个战区。以色列平息动乱的力度加大，开始计划大规模驱逐“恐怖组织的主要活动分子”，首当其冲的是贾布里勒·拉吉布等 9 个关键的中层人物，“因为他们的存在，以及他们的观点和作风对尚未从革命这所大学毕业的年青一代支持者和崇拜者的影响”。[24] 国际上对这些举动的批评——这些举动根据《日内瓦公约》都是应当禁止的——都被以色列无视了。据报道，1 月 21 日，拉宾公布了一项“武力、强力和殴打”政策，以替代实弹、橡皮子弹和催泪瓦斯——此前联合政府的“利库德”集团和工党两翼在内阁就持续的动荡进行了愤怒的争辩。根据一名军方消息人士的解释，颁布这项政策的理由相当简单粗暴：“被拘留者将在 18 天内被释放，除非当局有足够的证据指控他。然后他可能会继续扔石头。但如果部队打断了他的手，他就一个半月都无法扔石头了。”一家美国电视台在纳布卢斯附近拍到，四名以色列士兵有组织地痛殴两名被绑住的巴勒斯坦人，打断了他们的胳膊；其中两名士兵后来被判处短期监禁，但其中一人告诉以色列电视台，这样的事情相当常见。来自加沙的巴勒斯坦劳工拒绝为一名特拉维夫的木材商人工作，因为该商人接下了来自以色列国防军的订单，要制作 1 万根上漆的黄杨木警棍。[25] 截至 2 月底，巴勒斯坦方已有 80 人死亡，650 人受伤。

石之子

这次因提法达有个与众不同之处，那就是巴勒斯坦儿童发挥的作用，他们被编成小组，执行特定的任务。年幼的孩子们把汽油倒在轮胎上点燃，年长一些的孩子将大石头放在路上阻塞交通，或是制造并使用自制的吊索。青少年担当指挥角色，与观察员一同监视车辆和士兵的行动。“扔一块石头就能成为‘自己人’，击中一辆以色列汽车就能成为英雄，被捕且拒不承认自己做的事就能成为一个男人”，记者达乌德·库塔（Daoud Kuttab）解释道：

> 他们站在制高点，在士兵前进时指示投石者何时撤退，撤退多远。他们决定何时反击，何时还以大吼大叫和阵阵如雨而下的石块。这些领导者了解以色列武器的种类，能够区分橡皮子弹和真正的子弹。领导者……似乎还能判断士兵准备向空中还是向示威者开枪。[26]

这些“石之子”——他们通过叙利亚著名诗人尼扎尔·格巴尼的作品得以永世留名——是巴勒斯坦人抵抗运动的化身，还使以色列曾大力宣传并津津乐道的“大卫对战歌利亚”的形象中双方的角色彻底颠倒。他们引起了国际媒体的高度关注，令以色列人很不自在。在国防军以实施宵禁或军事禁区的名义不对媒体开放的地区，巴勒斯坦活动者们提供了以色列人活动的录像带，从电视上看，以色列人行为残忍。安东·沙马斯对拉宾说：“巴勒斯坦人应该深深感谢将冲突最简单却真实的一面展现出来的人：要么和平，要么为土地而战（更何况，他还给‘巴勒斯坦人的事业’提供了有史以来最好的电视曝光）。”[27]另一名巴勒斯坦评论员解释道，用石头作为武器，“是回归伊斯兰的立场：石刑（rajm）或说向恶灵投掷石块，是麦加朝圣者在山顶上做的事”。[28]“石头是神圣的，”开始从叙利亚南部进行广播的地下电台《圣城之声》（Sawt al-Quds）告诫道，“要善用它。”[29]投掷石块成了这次因提法达“闻名世界的标志”。[30]

人们常把它与20世纪30年代后半段已成为英雄主义和自我牺牲试金石的大起义相比较，但基本不提1948年的惨痛记忆。这次因提法达的吸引力，在于它是由一个社会阶层和利益各不相同者的联盟，而非一个半封建阶级的精英领导的，因此其特征是“更大的民族团结和更多的政治智慧”。[31]广泛动员是另一个有目共睹的要素。它打破了性别、阶级和年龄的区分。“在拉姆安拉，一名中年职业女性在电视上收看了一个月示威活动之后，积极加入了一群堆路障的年轻男孩；在加沙一家医院，有个一只手被士兵打伤的百岁妇女，面对周围病床上其他被殴打者的掌声，没有牙齿的嘴里发出不屑的咕哝声。”[32]以色列检察官开玩笑称，抓住没有参加示威的中年超重巴勒斯坦旁观者，比抓那些参加了示威的年轻人要容易些。[33]历经多年的逆来顺受，人们在“联合民族起义领导组”的抵抗话语的推动下，对参与的重要性有了更深的认识。“起义在经济和社会方面都创造了一种新的日常生活方式，”1988年4月发布的第15号传单宣称，“起义是一个曲折漫长的革命过程，它伴随着艰苦、牺牲和收入的减少，这会影响你们的生活方式。但它已经取得了成就，加强了我们所有人的民族团结。”[34]这些鼓舞士气的信息卓有成效。“将食物偷运到难民营和在街头及社区成立自发的群众委员会比暴力更重要，”一名激进派领袖认为，“人们已经超越了意识形态，回归到实际问题。他们已经明白依赖是相互的，也更清楚自己有能力伤害以色列。”[35]

惊人的事实

反复不断的罢工令以色列人和巴勒斯坦人的经济双双受损。平日里，共有 12 万来自约旦河西岸和加沙的人跨过“绿线”工作（提供了以色列总劳动力人数的 7%）。对公交车的袭击和其他形式的恫吓给特拉维夫地区的厨房、汽修厂和建筑工地都带来了问题。一名有进取心的洗碗机推销员抓紧机会，最终说服了一家餐厅的老板买下一台洗碗机，因为往常的阿拉伯员工都离开了。在 1988 年 5 月即将到来之际，巴勒斯坦人被敦促“全面抵制在犹太复国主义者的定居点工作”，并在“绿线”内寻找替代的工作。还有一次，一份传单警告巴勒斯坦人“不要因为犹太复国主义者的工厂假惺惺地担心他们的生命安全，为防止他们遭到报复而允许工人于罢工之夜在‘绿线’内过夜，就放松警惕，我们已有三名加沙的工人遇到这样的事情。”[36] 而以色列国防军每天都会公布不顾局势天翻地覆，仍像往常一样上班的巴勒斯坦人的人数，并强调此事的重要性。

对通敌者的攻击是这些动荡时期的另一个特征。《圣城之声》广播会通报有通敌嫌疑的巴勒斯坦人的名字，其中许多人颇有名望（特别是在农村地区），并且失踪了，有时是“辛贝特”以及军方的上线给他们配发了武器，有时是他们被重新安置在杰宁附近一个旧约旦军营里。位于特拉维夫哈雅肯街（Hayarkon Street）美国大使馆旁的一家破破烂烂的旅馆，成了一些更有价值的通敌者以新身份移居国外之前的临时藏身处。1988 年 2 月下旬，穆罕默德·阿亚德（Mohammed Ayad）被杀，他持有以色列人颁发的枪支执照，这相当罕见。他在杀死一名 4 岁儿童并打伤另外 13 个逼近他家的人后被绞死在盖巴提耶。[37] 这次行动在一份传单中被誉为“给背叛自己国家和人民的人一个教训”。[38]

另一份传单给出了通敌者的地址，并力劝“突击队”“清洗那些将灵魂和尊严出卖给占领者，背叛人民和家园的人形成的内部污秽阵线”。[39] 9月发生的一系列凶杀案——受害者包括一个参与土地交易但无足轻重的罪犯和一个在监狱里告密的人——似乎反映了“辛贝特”的胜利，它曾在因提法达刚开始的几个月里手忙脚乱，但随后就重建了线人网络。杀戮通敌者是这场起义的一个特征，常被用来与1936年至1939年大起义的黑暗面做比较。

因提法达第100天即将到来时，已有大约100名巴勒斯坦人丧生。同时，以色列也因伯利恒的一名士兵被枪杀而初次感受到因提法达之痛。随后在3月30日，巴勒斯坦裔以色列人集体纪念“土地日”，表达了对同胞的声援，维持了这种势头——“联合领导组”的第11号传单就是专为此次活动打造的。然而警方没有处理以色列境内的抗议活动——“绿线”两侧不同的应对流程构成了鲜明对比。拜尔塔阿一半位于以色列，一半位于西岸；以色列一侧风平浪静，而就在几百米外，因提法达烽火燎原。[40]

以色列人在大规模叛乱的新挑战中迷失了方向，他们在对抗更为熟悉的巴解组织的地下战斗时则较为轻车熟路。2月，“摩萨德”特工在塞浦路斯的利马索尔（Limassol）的一辆汽车里设下炸弹，杀死了3名巴解组织的官员。这3人是“被占领家园指挥部”的军官，曾参与策划袭击[41]并在美国的压力下被驱逐出约旦。[42]第二天，一艘希腊渡船因附着水雷失去了行动能力，上面乘坐的是计划前往海法支持因提法达的巴勒斯坦活动家——这与20世纪40年代犹太难民船遭到英国海军封锁颇为相似。报复很快就来了：3名从埃及入境的巴勒斯坦枪手劫持了一辆开往迪莫纳（Dimona）核电站的公共汽车，并在射杀3名手无寸铁的平民后被杀死。之后那个月，以色列人再次发动攻势，杀气腾腾。

长臂管辖，长串子弹

在国防军和“摩萨德”的联合行动中，特种部队被一路派往突尼斯，暗杀了阿拉法特的军事指挥官哈利勒·瓦齐尔，他更为人知的名字是阿布·吉哈德。瓦齐尔之所以成为攻击目标，是因为他负责占领区的事务，以色列人认为他是该组织与因提法达之间的关键一环，凭借对当地情势的了如指掌，为因提法达提供财政和后勤方面的保障以及政治指导。“阿布·吉哈德是这场自发运动的领袖和流亡中的大脑，”一名巴勒斯坦的崇拜者这样评价，“他勤勉工作、有条不紊、大公无私，是最佳人选。”[43] 以色列人则牢记他谋划了 1978 年的沿海公路大屠杀。[44] 两名消息灵通的以色列专家注意到，“在战略层面上，消灭阿布·吉哈德差不多只是因提法达的附带事件，这当然没有让军队摆脱在那些领土上陷入的困境”。[45] 暗杀事件后，抗议随即爆发，至少有 16 名巴勒斯坦人被军队射杀，这是因提法达发生以来情况最糟糕的一日，宵禁则几乎遍布整个约旦河西岸。将近 25 年后，以色列才允许发表一份经过长期审查的采访，承认对阿布·吉哈德被暗杀一事负有责任；被采访者是一名军官，他以“一长串射击”，在阿布·吉哈德位于突尼斯的别墅中，在其妻子惊恐的注视下杀死了他。[46] 巴勒斯坦人事后的说法表明，瓦齐尔死后，阿拉法特得以更直接地控制占领区的事务。[47] 到 5 月初，起义已进行了半年之久，共计 180 人身亡，7 500 人被拘留，其中许多人被关押在内盖夫新开的条件恶劣的凯齐奥特（Ketziot）拘留中心，它被戏称为“安萨尔三世”（Ansar Ⅲ）[1]，因为其监狱设施都是以色列人在黎巴嫩用过的。但没有任何迹象表明

[1] 安萨尔，黎巴嫩南部村庄，黎巴嫩战争期间以色列在此设立过一个规模较小的拘留中心。——译者注

已然屡见不鲜的抗议活动露出颓势，或是以色列的反制措施起了任何作用。

以色列镇压的方式近乎荒谬：伯利恒大学的农学家亚德·伊沙克（Jad Ishaq）在与同事们合作销售种子和农业设备并分发关于“后院农事”的建议时，受到了民政部门的警告。为响应“联合领导组”经济自给自足、抵制以色列商品的号召，中年巴勒斯坦主妇们掀起了一股厨房园艺的热潮，开垦贫瘠的土地。一份希伯来杂志刊登了一个关于它的故事，题为“拉宾与黄瓜的对决”（Rabin versus the Cucumber）。巴勒斯坦人努力从购自以色列基布兹的 18 头奶牛身上挤出“因提法达奶”。军队试图没收这些动物，但它们被藏在拜特萨霍（Bet Sahour），包括当地屠夫的家里。多年后，一部动画片[1]再度讲述了这个故事。48 据说巴勒斯坦裔美国心理学家穆巴拉克·阿瓦德（Mubarak Awad）启发了非暴力抵抗占领的行动。

巴勒斯坦人的代言者们在这段时期颇为自得。“如果以色列人说巴勒斯坦人累了，那他们说对了”，巴勒斯坦解放组织的一名重要支持者称：

> 但以色列人比我们更累。我相信，这次起义有了新的形式。我们深信必须尽量减少对以色列人的依赖。我们知道自己无法消除它。在群众委员会和替代性组织中，我们对于占领之下的可能性有了更加清醒的认识。这是因提法达的独到之处。

然而，这种信心有时似乎被夸大了：在以色列警察局工作的巴

[1] 指动画片《18 头奶牛》（*The Wanted 18*）。——译者注

勒斯坦人辞职后，市政当局雇用的另外 1.8 万名巴勒斯坦人并未随之离开。[49]

随着这场消耗战的持续进行，其政治后果开始凸显。1988 年 6 月，在阿尔及尔召开的紧急首脑会议上，阿拉伯领导人承诺“竭尽所能”支持因提法达，每月追加 2 300 万美元由巴解组织单独掌握的资金，这意味着约旦的地位下降了。会议还赞成建立一个独立的巴勒斯坦国。这与之前在安曼举行的阿拉伯首脑会议截然不同，当时巴勒斯坦问题被置若罔闻。7 月下旬，侯赛因国王恼怒而疲倦地宣布他将从西岸“抽身”。这意味着解散约旦议会下院，取消占领区人民的代表权，约旦 13 亿美元的西岸开发计划也就此搁浅（尽管截至 1987 年底，它在项目上仅花费了 1 170 万美元，部分原因是难以向海湾国家捐助者筹集资金）。[50] 1974 年拉巴特首脑会议上，约旦承认巴解组织是巴勒斯坦人民的“唯一合法代表”，尽管它的姿态，尤其是与以色列暗通款曲已久的历史，早已使这种正式立场名存实亡。相互猜忌依旧十分严重。现在，即使国王的手下对阿拉法特在美国及以色列坚定的反对之下进行谈判的前景深表怀疑，约旦也决然不会向以色列人提供解决方案。侯赛因也没有询问手足无措的巴解组织，生怕落入陷阱。但阿拉法特开始认真思考应对之道。[51] 然而，改变的想法已然萌生。巴萨姆·阿布·谢里夫（Bassam Abu Sharif）是阿拉法特最亲近的顾问之一，也是一个擅长宣传的人，在这个夏天已经有了与以色列进行直接谈判的念头。[52] 在东耶路撒冷，法塔赫的费萨尔·侯赛尼在结束行政拘留前后曾与以色列“鸽派”接触，探索与巴解组织的对话。侯赛尼起草了一份文件，呼吁按照联合国 1947 年 11 月划定的边界——这在当时遭到了巴勒斯坦领导人的断然拒绝——单方面宣布巴勒斯坦的独立。

1988 年 10 月，以色列大选在动荡不安的背景下举行。然而，因提法达并未成为竞选活动的重点，因为工党和“利库德”集团这对民族团结政府中貌合神离的伙伴，需要共同为政策负责。拉宾吹嘘自己杀掉、绞死和赶走的阿拉伯人比任何“利库德”的国防部长都要多。即便是最最鹰派的“利库德”部长阿里埃勒·沙龙，也觉得难以用对阿拉伯人“软弱”为理由攻击拉宾。选举投票前夕，巴勒斯坦人向杰里科郊外的一辆公共汽车投掷汽油弹，一名以色列妇女和她的3个婴孩被烧死。这是因提法达开始以来对平民最恶劣的一次袭击。尽管已有约300名巴勒斯坦人死于以色列安全部队之手，但这次事件才使以色列犹太人明白这场冲突会让人付出生命的代价。一名候选人警告道：“哈瓦特迈赫[1]、哈巴什、阿拉法特和贾布里勒，以及其他所有巴解组织恐怖分子将在他们的巢穴中等待……徘徊在希望与恐惧之间——期待希蒙·佩雷斯胜选后把以色列带回1967年的边界，担心伊扎克·沙米尔领导的‘利库德’会脱颖而出且立场坚定。”[53] 在选举中，工党铩羽而归，宗教党派则获益颇丰——另一个团结联盟建立起来，这回由“利库德”集团主导。弱小的和平阵营也有少许收获。巴勒斯坦问题仍是以色列面临的头号挑战。

一个国家诞生了

甚至在以色列新政府组建完成前，巴解组织就在因提法达的成果和牺牲的基础上，实现了一次巨大飞跃。它明白以色列可能会来吞并，自己需要抢在这之前填补约旦“抽身”后留下的真空——还要向美国发出改变的信号。[54] 1988年11月15日，巴勒斯坦全国委员会在阿尔

[1] 纳耶夫·哈瓦特迈赫（Nayef Hawatmeh，生于1938年），1969年从“解放巴勒斯坦人民阵线”分裂组建了信奉马克思主义的“解放巴勒斯坦民主阵线”并担任总书记。——译者注

及尔召开会议，隆重地称之为“因提法达与独立大会暨英烈阿布·吉哈德纪念会”。阿拉法特正式宣布巴勒斯坦国成立——而以色列建国和纳克巴已经过了四十年。这是一个里程碑般的时刻，该宣言在政治上、法律上和情感上都是应运而生。它由广受赞誉的巴勒斯坦“桂冠诗人”马哈茂德·达尔维什撰写，参考了 1947 年 11 月的联合国分治决议。宣言没有明确承认以色列，尽管其附件中提到了联合国第 242 号决议，而这项决议一直被视为对以色列的承认。无论结果好坏，它都实现了在以色列旁边独立的愿望。对一些失落的老兵而言，这不过是一种投降行为。“感谢上帝，我父亲没有活着目睹今天，”1948 年的难民沙斐格·豪特评论道，“如果他问我，他的家乡雅法在我们刚刚宣布成立的这个国家里算什么，我都不知道该怎么回答。”[55] 该声明也将巴勒斯坦称为“三个一神信仰所在的土地”——对宗教多元化持宽容认同的态度，而不像 1968 年的“巴勒斯坦民族盟约”那样，用毫不妥协的语言痛斥“犹太复国主义的侵略”。巴勒斯坦人掌握了主动权，占据了道德高地。

宣言发表当天，以色列部署了数千人的军队来阻止巴勒斯坦人的庆祝活动，并把媒体赶开。约旦河西岸正值最美的初冬时节：浅色杏花在石山梯田上熠熠生辉，一袋袋饱满的绿橄榄等着被运送。在纳布卢斯南部的哈瓦拉，一名老农民跟在他的驴子后面蹒跚而行，并未发觉戴着头盔在路旁露营的士兵，也没发现头顶上空一面巴勒斯坦国旗绿、红、白三色的碎片。表面平静之下，激动人心的震颤显而易见。“我们一直说想要和平，而现在我们听到了来自阿尔及尔的消息，”一个干瘦的甜品小贩在声明被宣读的地方附近喃喃低语道，那时是下午 4 点 30 分，这是巴解组织最新的传单为公众选定的庆祝时刻，“我们有一个国家，以色列也有一个，事情就是这样。”[56] 以色列的军队被派驻到整个东耶路撒冷，试图让阿拉伯人自由的钟声沉寂下去。随后，在阿布托尔（Abu Tor），一道孤零零的烟火划过夜空。在伯利恒和其他地方，供电被切断，以防人们在电视上观看这一事件。

以色列拒绝承认事态有了进展。官方发言将该声明斥为“语焉不详、故弄玄虚……用来掩盖暴力和（巴解组织）诉诸恐怖主义的事实。任何单边举措都不能取代协商解决，任何花言巧语都不能掩盖由于缺乏合理、现实且追求和平的领导者而使巴勒斯坦人屡屡遭受的悲剧”。沮丧的以色列官员打趣道，“巴解组织”的首字母PLO开始代表“爱好和平的组织”（peace-loving organisation）的含义了。然而阿拉法特的立场得到了回报，因为巴解组织看起来是温和的，以色列则是顽固的。能言善道的以色列前驻联合国大使、最近当选“利库德”集团议员的本雅明·内塔尼亚胡被抽调来协助公关工作。“我们正处在巴解组织的宣传攻势中心”，内塔尼亚胡说：

> 全世界都在关注阿拉法特要说什么话，但他们忽略了巴解组织的总体战略，那是一项分步铲除以色列的政策。他们是把和平宣言当作战争的工具来签署的。他们发布了一系列含糊其词、拐弯抹角却在西方媒体圈反响热烈的声明——这些声明在普通人耳中，意味着巴解组织真正发生了改变并接受了以色列，然而你若仔细看看这些陈述，就会发现他们并没有。[57]

以色列勉强接受了大多数阿拉伯和伊斯兰国家以及许多第三世界国家承认巴勒斯坦这一事实。然而它最关心的是美国会不会认为巴解组织符合被承认的条件；若是承认，美国就能抛下1975年的承诺，即在该组织承认以色列并放弃恐怖主义前不与之打交道。

一个月后在日内瓦，阿拉法特迈出了更大的步伐。在美国的压力下，经过欧洲的斡旋，他在联合国总部明确表示，接受“中东冲突的各相关方拥有和平而安全地存在的权利……根据联合国第242号和第338号决议，这包括巴勒斯坦国、以色列及其邻国……我们完全并彻底地放弃一切形式的恐怖主义，包括个人恐怖主义、团体恐怖主义和国家恐怖主义”。[58] 所有被占领土上的巴勒斯坦人都簇拥在收音机前聆听他讲话的现场直播。翌日——在美国人抱怨其中挥之不去的模棱两可之处并与同僚密集磋商后——他向800名记者更加明确地阐述了这一信息，并在总结新闻发布会时说：“够坦诚相见的了。”[59] 于是美国随即宣布，准备与巴解组织代表举行“实质性对话”。[60] 两天后，第一次会谈在突尼斯展开。伊扎克·沙米尔斩钉截铁地回应：以色列不承认巴解组织，也不会与之谈判。他坚称，那是一个“旨在侵蚀我们民族的存在、毁灭以色列国的恐怖组织”。[61] 以色列的情绪中混杂着戒备和仇恨，以及几十年来对巴勒斯坦人“真实”意图的怀疑。“他们曾经说要把犹太人扔进大海”，沙米尔说：

> 他们（世界上其他人）就说犹太人是英雄。如今他们不再这么说了。现在他们谈的是巴勒斯坦人的自决权。目前得到同情的是巴勒斯坦人。但一切都没有改变。阿拉伯人还是阿拉伯人。他们控制着这个地区的22个国家。犹太人还是犹太人。但他们只有一个问题多多的小国家。大海还是同一片大海，目标也还是同一个目标。[62]

这不是沙米尔最后一次如此表述。

走进哈马斯

并非所有巴勒斯坦人都乐于见到巴解组织路线的改变。在巴解组织数算因提法达带来的成果，做出承认以色列的历史性举措的同时，政治地图显然也在发生变化。在这场起义之前的10年里，早已建立的穆斯林兄弟会巴勒斯坦分支发展壮大，它在加沙被称为伊斯兰会社（al-Mujamma al-Islami）。1978年萨达特倡议提出后不久，该组织获得了以色列的非正式承认，并由谢赫艾哈迈德·亚辛（Ahmed Yassin）领导，他是一名寡居难民母亲的儿子，身有残疾，需要坐轮椅。与其他伊斯兰运动一样，它受到了1979年伊朗革命和穆斯林对苏联入侵阿富汗的反应的影响。但不同于巴解组织，亚辛的重点不是打击以色列，而是通过建立清真寺、学校、医疗机构、慈善组织和幼儿园来推广伊斯兰教——“早早播下种子，以期心、智与灵的丰收”。[63]然而，这就某些方面而言是虚假的区别，因为政治和宗教是密不可分的。“当压迫变得沉重，”亚辛喜欢用他高亢尖厉的声音说，“人们就开始转投神明。”[64]

以色列人起初仿照埃及和约旦等阿拉伯国家的做法，支持让伊斯兰主义者来制约巴解组织和共产党人，至少对他们的宗教活动、社会活动和教育活动睁一只眼闭一只眼。1978年伊斯兰大学在加沙成立，成为这方面的一个重要的里程碑。在紧张时期，伊斯兰主义者也没有被捕，即便被捕也会最先获释，这非常惹人注意。1980年，伊斯兰会社成员烧毁了资深左翼民族主义者海德尔·阿卜杜勒-沙菲医生在加沙运营的巴勒斯坦红新月会的办公室。咖啡馆和录像店成了最常遭受袭击的目标，伊斯兰大学强制实行了性别隔离。1981年，穆兄会在西岸和加沙的学生组织竞选中击败了法塔赫。穆兄会活动家们得以“逍遥法外”地行动。[65] 1986年6月，贾巴利亚难民营发生袭击事件。当原教旨主义者在营地里肆虐时，有居民报称看到一辆满载着“辛贝特”特工的车停在马路对面。“以色列人说这些事情是内部问题，”一名巴解组织的支持者抱怨道，“别人给他们干脏活，他们为什么还要费心插手呢？”[66] 以色列并没有像人们有时所说的那样“炮制”一场伊斯兰运动，尽管一些以色列官员认为可以利用它对法塔赫施加压力。然而，他们意识到这是一个错误。亚辛于 1984 年被捕，因持有武器和爆炸物被判处 13 年有期徒刑。但他在一年后就被释放了，作为一次俘虏交换的一部分条件。[67] “原教旨主义者确实削弱了加沙巴解组织的力量，”以色列作家泽埃夫·希夫（Zeev Schiff）和埃胡德·雅里（Ehud Yaari）注意到，“但他们很快就在灌输极端狂热方面超越了它；从以色列的角度来看，这比民族主义者在活动时表现出来的任何热情都要有威胁得多。”[68] 伊斯兰主义者因其保守的虔诚、社会活动和公益活动获得了支持，他们的行动创造了团结感和尊严感——也增强了对占领的抵抗。以色列人担心的，是加沙出生的难民法特希·什卡奇（Fathi Shikaki）创立的规模更小的伊斯兰圣战组织（Islamic Jihad movement）。它与法塔赫密切相关，支持武装解放巴勒斯坦全境，同伊朗也有联系。而且它组织严密，有着复杂的结构和秘密通信方式。1987 年 5 月，6 名伊斯兰圣战组织的囚犯在加沙监狱上演了一出越狱大戏，并在发动了数次袭击后举枪自尽，引起四方哗然，他们英雄殉道者的身份超越了该组织与敌对派系的政治分歧。“我乐于见到有原教旨主义者将反占领作为首要任务，”阿卜杜勒-沙菲在提到双方的纠葛时以犀利但变通的口吻说，“我们的分歧可以先搁置一旁。”[69] 11 月，以色列人驱逐了该组织的精神导师阿卜杜勒阿齐兹·乌达（Abdulaziz Odeh）谢赫。

1987 年年底，一个新的组织“伊斯兰抵抗运动”（哈马斯）出现了，它由亚辛领导，其支持者因起义而变得更加激进了。据哈马斯后来的领导人哈立德·马沙尔（Khaled Meshaal）所说，该组织其实早已秘密成立，所以它12月中旬的第一份公报意味着“宣布诞生而非诞生”。[70]它会对罢工和其他不与“联合领导组”协调一致的活动做出明确指示。其措辞多处引用《古兰经》，宗教性强，宽容性弱——叫犹太人猴子、猿人——并且毫不妥协。纵观因提法达的整个过程，哈马斯都比“联合领导组”要强硬。“我们烈士的鲜血不应被遗忘”，1988年1月的一份传单写道：

> 每一滴血都会变成“莫洛托夫鸡尾酒”[1]，变成定时炸弹、路边炸药，撕烂犹太人的肚肠。只有这样，他们才会清醒。你们这些给犹太人供出年轻人的名单并监视其家庭的人，马上回头，立刻忏悔。那些在背叛中死去的人只能怪罪自己。[71]

哈马斯明确表示，穆斯林价值观是其世界观的重要组成部分。“犹太人问：没有外界的支持，这些人还会行动吗？”一份传单上这样说：

> 他们预计1967年以后长大的那一代人会是卑微而懦弱的，是伴随着大麻和鸦片、歌曲和音乐、海滩和妓女长大的，是被占领的一代，是被囚禁和甘心失败的一代。但人民已经觉醒。穆斯林人民正在为尊严复仇，恢复往昔的荣耀。不要让步，（不要让出）哪怕是来自巴勒斯坦土壤的一粒尘埃。[72]

这些观点被编入1988年8月出版的哈马斯纲领，预备作为巴解组

[1]“莫洛托夫鸡尾酒”指土制汽油弹或燃烧瓶。——译者注

织盟约之外的备选方案。[73]它的36条条款将这一运动定义为穆斯林兄弟会的羽翼，致敬烈士伊兹丁·卡萨姆，并将巴勒斯坦形容为“赐予穆斯林直到审判日”的宗教馈赠（waqf）。面对“犹太人对巴勒斯坦的篡夺”，不能交出它的任何部分。解放它是一种宗教义务。“除‘圣战’外，巴勒斯坦问题毫无解决办法。倡议、提案和国际会议都是浪费时间，徒劳无功。巴勒斯坦人民不会答应让自己的未来、权利和命运任人摆布。”它提到的反犹理由包括犹太人要统治世界，犹太人对法国革命和共产主义革命负有责任，犹太人操纵媒体，以及俄国的著名伪书《锡安长老会纪要》（*Protocols of the Elders of Zion*）中描述的，犹太人图谋扩张至尼罗河和幼发拉底河。它反对巴解组织支持的——尽管从未正式宣布——在巴勒斯坦建立一个“世俗化民主国家”。[74]亚辛本人的观点更加谨慎，但他对未来的憧憬却是一清二楚的。“在西岸和加沙建立一个国家是不够的，”他宣布，“最好的解决方案是让所有人——基督徒、犹太人和穆斯林——都生活在巴勒斯坦，一个伊斯兰国家。”[75]不出意料，哈马斯——尽管因为领袖和激进分子被逮捕、驱逐而削弱——也会坚决反对阿拉法特在这重要的一年即将结束时做出的一些妥协。

第十七章

1988—1990

一切都是用三种语言写成的：希伯来语、阿拉伯语和死亡之语。

——耶胡达·阿米亥（Yehuda Amichai）[1]

拉长绳索

1989年1月的一个寒冷的日子里，以色列出了名沉默寡言的总理伊扎克·沙米尔乘坐直升机从耶路撒冷飞往一个可以俯瞰纳布卢斯的军营，而纳布卢斯是巴勒斯坦人因提法达的中心，也是西岸最大的城镇。在泥泞的山坡上，他遇见了以色列国防军的预备役伞兵，这些伞兵痛苦地告诉他，他们不得不做些脏活来镇压起义。“为了将命令贯彻到老城区，我们必须对无辜的人残忍施暴，”一名士兵说，“我每天都会违反军队规定——这让我变弱，让他们变强……我们所做的一切都有利于因提法达。”沙米尔蜷缩在一件蓝色大衣里，在刺骨的寒冷中一边无动于衷地听着沮丧的话语，一边用手指叩着面前的桌子。“我们讨厌这些巴解组织的恐怖分子，”他后来愤怒地喊道，“因为他们逼着我们杀死阿拉伯孩子。”西岸军事指挥官阿姆拉姆·米茨纳的大胡子下掩藏着尴尬的神色。[2]

新的一年，局面并无缓和。“联合领导组”呼吁让事态升级一天，以纪念法塔赫 1965 年首次对以色列开展军事行动之日。13 名巴勒斯坦激进人士被驱逐到黎巴嫩，这表明以色列决心继续挥舞铁拳，哪怕巴解组织取得了外交成果且国内士气低落。汽油弹还在燃烧，宵禁也在实施。大约在同一时间，叙利亚支持的反对亚西尔·阿拉法特战略的组织穿过黎以边界，发动了数次袭击。这些人试图破坏阿拉法特与美国刚刚建立的关系，并表明至少还有他们没有放弃武装斗争。对沙米尔感到愤怒的也不只是以色列士兵。就在几天前，这位“利库德”领导人在位于纳布卢斯附近的哈布拉查（Har Bracha）定居点视察时受到诘问并被称作叛徒，因为他曾承诺为那里一名被枪杀的犹太出租车司机报仇。他们要求以色列果断采取行动，镇压起义，并改善定居者的安全状况。但在撒马利亚的中心地带，出现了一种新的担忧：就算是铁石心肠的“利库德”领导人，也会屈服于日益增长的国际压力，与巴解组织谈判。

沙米尔在美国人的催促下确实提出过在西岸进行选举的议案——选出那些愿意就自治问题和以色列商谈的巴勒斯坦人——但他拒绝与巴解组织展开任何谈判，也不同意拆除任何定居点。阿拉法特反对选举，认为只要占领还在持续，选举就是不可接受的。这些反应都符合一种熟悉的模式——美国外交官丹尼斯·罗斯（Dennis Ross）在记录中称：“以色列人试图把方案的范围限制得很小，因为他们推测（这一推测是对的）我们为了让阿拉伯人或巴勒斯坦人接受它，势必会借题发挥，甚至加以篡改，而阿拉伯一方总试图从我们提出的方案中谋取最大利益。”[3] 左翼和中间派的以色列人希望己方能对对方的转变做出更有意义的响应。以色列国防军一份情报分析遭到泄露——这被归咎于工党——引发了一番唇枪舌剑，这份情报分析警告以色列不能忽视巴解组织所发生的变化，并预测美国将继续施压，迫使以色列采取实质性举措，直接进行谈判。沙米尔对此事的否认被指责是在撒谎，而这也并未鼓舞民心。[4]“以色列就像一个从30楼跳下来的人，”另一个部长开玩笑说，“经过5楼窗户的时候说‘目前为止一切都安好’。但他还来得及打开降落伞吗？”

沙米尔的选举提议是以结束暴力为前提的。同时，以色列也在寻找应对因提法达的新方法。5月，以色列无限期地禁止加沙人在“绿线”内工作，以回应合作者被杀、一名搭便车的士兵被绑架后遇害，以及另一名士兵失踪的事件，后一名士兵也可能是遭绑架后被杀了。虽然这项禁令最终只持续了几天，但这一严厉的措施意在对巴勒斯坦工人施压，在正常情况下，他们的工资是加沙最大的单一收入来源。[5]这项禁令似乎是要关上一道至关重要的安全阀，让本就低迷的经济形势更加恶化。“现在，因提法达只会越来越壮大，不会减弱，”一名来自汗尤尼斯、衣衫褴褛的巴勒斯坦工人被警察从特拉维夫一个工地连人带铺盖赶出后坚称，“如果你把绳子拉得太长，它就会断开。他们是怎么想的？难道我们不会互相帮助吗？在因提法达期间，还没有人饿死。以色列人说他们没有我们也行，但我不信。”此举导致非阿拉伯工人需要立即顶上加沙人的缺口。[6]与此同时，哈马斯的创始人谢赫亚辛与他的亲密战友阿卜杜勒阿齐兹·兰提西（Abdelaziz al-Rantisi）以及250名支持者一同被捕，理由是该组织涉嫌造成那两名士兵的失踪。这是伊斯兰主义组织逐渐成为以色列心腹之患的证明。不久后，哈马斯和伊斯兰圣战组织被正式宣布为非法。

整个夏天，因提法达、国际外交和以色列变幻不定的国内政局危险地交织在一起。6月，纳布卢斯附近又有一名定居者被杀，沙米尔承受了更多来自右翼的怒火。在受害者的葬礼上，总理遭到推挤和辱骂，人们一边号哭一边高喊“叛徒”和“阿拉伯人去死”。阿里埃勒·沙龙念诵卡迪什（kaddish），即犹太人对死者的祷告词，表达了他个人的悲痛，同时也在实现政治野心的道路上迈出了一步，继续他反对巴勒斯坦选举计划的竞选。沙米尔警告，如果分歧加深，就有内战的风险。“这不是内战或失序的问题，”沙龙反驳道，“我们掌握着一切，也能够从根本上解决问题。不能只是说‘我们会摧毁对手’。我们必须摧毁对手。”[7] 几天后，沙米尔向鹰派低头，终结了所有残留的模棱两可，宣布他不会接受美国的谈判条件，定居点建设也将继续——这令他的选举计划濒临破产。巴解组织谴责以色列破坏实现和平的努力。有一幅漫画描绘了这样的场景：小个子的沙米尔耀武扬威地举起他被镣铐锁住的双手，巨大的沙龙则带着钥匙大步走开。之后不到24小时，一名来自加沙努萨拉特难民营的年轻人在从特拉维夫到耶路撒冷的高速公路上高喊着“真主至大”（Allahu akbar），抓住一辆公交车的方向盘，迫使它开出公路掉入峡谷，造成14名乘客死亡。肇事者幸存下来，告诉调查人员他是在报复以色列士兵殴打他的亲人。这一骇人听闻的新式袭击，是自1978年沿海公路屠杀以来以色列境内最严重的恐怖主义事件。[8] 随后在西耶路撒冷，几名阿拉伯人被赶下公交车并挨了打。美国“犹太自卫联盟”（Jewish Defense League）创始人、布鲁克林出生的拉比梅厄·卡赫（Meir Kahane）领导着极右翼种族主义组织“保卫犹太人联盟”（Kach，即“卡奇”运动），该组织的激进分子袭击了一群左翼以色列妇女，她们正在举行反对镇压起义的守夜祷告。与此同时，沙龙公开呼吁“消灭”阿拉法特，而以色列国防军总参谋长丹·肖姆龙（Dan Shomron）则受到公开批评，米茨纳将军也因对因提法达的处理而受到批评。据报道，大约就在这个时候，肖姆龙在读英国历史学家阿利斯泰尔·霍恩（Alistair Horne）描写阿尔及利亚独立战争的权威著作《野蛮的和平战争》（*A Savage War of Peace*），还给手下的高级军官分发了几本。那场战争令善于思考的以色列人感兴趣的相似之处在于，尽管法国军队在军事上远强于阿尔及利亚民族解放阵线，但这种优势并没有转化为对反殖民起义者的胜利。

打破恐惧的藩篱

巴勒斯坦人以轻蔑掩盖了艰辛。在被占领土上，流行歌曲和诗歌赞美着牺牲和团结，颂扬着跨过“恐惧的藩篱”、背水一战的感觉。耶路撒冷作曲家穆斯塔法·库尔德（Mustafa al-Kurd）的专辑《巴勒斯坦的孩子》（*Children of Palestine*）中的《石头、洋葱和一桶水》（Stone and Onion and a Bucket of Water）等曲目，透过磁带响彻大街小巷，唤起了人们对因提法达头一年那些吸引了全世界目光并激励了巴勒斯坦人的大规模示威的记忆。[9] 但人力成本和物力成本持续上升。6 月，以色列调整了封锁政策，要求任何越过“绿线”的人都要持有新发行的磁性身份证，此举加大了经济压力。被释放的囚犯及被行政拘留者不予发放。武装人员大量没收证件，迫使巴勒斯坦人不顾此举会带来的经济困难，抵制以色列。而在伯利恒附近的拜特萨霍村，以色列人将财物充公，以代替未付的税费——这引起了美国媒体对巴勒斯坦人充满同情的报道，因为不免要与波士顿倾茶事件 [1] 进行比较。[10]

---

［1］ 波士顿倾茶事件（Boston Tea Party Affair），1773 年 12 月 16 日，北美殖民地人民为反对英国《茶税法》，坚持“无代表不纳税”，将东印度公司的茶叶倾倒入波士顿湾，该事件最终引发了美国独立战争。——译者注

另一个日益严重的问题是对通敌者的殴打和谋杀。它凸显了代表巴解组织一派并为之说话的知识分子和理论家，与坚持安全为重的年轻激进分子之间的鸿沟，后者使用响亮的漫画英雄名字如“黑豹”（Black Panthers）、“红鹰”（Red Eagles）等等，为因提法达的“打击部队”（Striking Forces）命名。还有些人只被称为“蒙面人”（almulathamin）。莎巴赫·卡纳安（Sabah Kanaan）因为被控卖淫和通敌，在纳布卢斯老城被人用刀、斧和铁棍杀害。“辛贝特”会在毒贩和妓女中以威逼利诱的方式招募间谍。巴勒斯坦人常常碰见这种情况。而当一名为安全部门工作的加沙皮条客在特拉维夫贫民窟杀了 7 个人时，以色列人才罕见地一窥占领的阴暗面。[11]

通敌者往往是在光天化日之下被杀的，这或许是因为凶手知道巴勒斯坦目击者不大可能做证。在一起案件中，一个带着消音手枪的年轻人大摇大摆地走进纳布卢斯市中心的警察局，枪杀了一名公开与军队和“辛贝特”共事的巴勒斯坦人，此人身上携带的乌兹冲锋枪和步话机足以证明其通敌的事实。当天晚些时候，同一把武器又杀死了一名躺在医院病床上、受伤且无助的通敌者。在拉姆安拉，一个名叫苏卜希·阿布高殊（Subhi Abu Ghosh）的青年男子被伪装成阿拉伯人的以色列人枪杀，杀手可能来自部队代号为“樱桃”（Duvdevan）的国防军密探队伍“伪阿拉伯人”（mistaravim）。他们驾着西岸牌照的汽车来到咖啡厅，由一个公认的通敌者陪同，这个通敌者的任务是认出他们要找的通缉犯。在雅比德，通敌者带着以色列人发放的枪支公开巡逻。[12] 他们被视为可攻击的对象。“政客阶层无法控制‘打击部队’的行动，”东耶路撒冷的一名活动家表示，“我们很清楚，（以色列人）接连不断的逮捕浪潮在当地领导层中造成了真空，年轻人因而得以主动做出他们认为英勇的或民族主义者该做的事。”[13] 1989 年 9 月，由于恐慌不断蔓延，当约旦河西岸一个小村庄中的四人即将因通敌被杀时，巴勒斯坦高层政治人物出手干预了；这些人幸免于难后，答应洗心革面，与以色列人断绝联系。被视为阿拉法特本人代表的费萨尔·侯赛尼也做出了类似的努力来制止杀戮。但这种现象是此次低强度战争无法避免的附带结果。“我们可以自己调查通敌者，因为我们已经在以色列人的监狱里学会了怎么审问，”“黑豹”的一名年轻激进分子表示，“我很尊敬费萨尔·侯赛尼，可我想提醒他，通敌者告发的不是他，而是我们……侯赛尼没有跟我们一起生活在这里，所以他不能确定谁是通敌者。我们才是知情人。”[14] 截至 1989 年 12 月因提法达两周年，据估计共有 150 名巴勒斯坦人被怀疑是通敌者。以色列方面的发言人常说只有少数人是真正的告密者。还有 5 万名巴勒斯坦人曾被投入监狱。到 1989 年，约有 1.3 万人被监禁，其中 1 800 人未经审判就被行政拘留。[15]

除了巴解组织与美国人之间步履维艰的对话外，起义没有带来任何实质性改变或具体政治成果，其本身也变得像例行公事。国际媒体的报道对于吸引人们关注巴勒斯坦人的困境极其重要，但渐渐地，它们热情不再，主要因为整个 1989 年期间，东欧改天换地的剧变是一出更为新颖的戏剧。但媒体能传递信息，也会误导。电视摄像机捕捉着无休止的冲突，但很少拍摄那些仍在以色列境内工作的巴勒斯坦人，以及那些过着不受干扰的生活或是不在意“绿线”那边零星骚乱的以色列人，尤其是特拉维夫地区的以色列人。“那些领土上的情况被搁置了，或者说被压制了，就公众兴趣而言已经处于边缘角落。”新成立的以色列占领区人权信息中心“卜采莱姆”（Information Centre for Human Rights in the Occupied Territories，名为 B’Tselem）指出，“那里的各种故事……过去曾是电子媒体和纸质媒体的头版头条，如今只有简短的报道，或是降到报纸后面几版上”。[16] 以色列人虽然的确付出了经济代价，但填补巴勒斯坦工人的空缺使犹太人失业率下降，外国工人的迁入也使经济情况有所缓解。1989 年 6 月，来自加沙的巴勒斯坦人仍有约 90% 在以色列工作，但来自西岸的仅有 56%。[17] 尽管局势紧张，生活仍在继续。在耶路撒冷，犹太出租车司机开到城镇东边时，仪表盘上铺着卡菲耶，而开到西边的阿拉伯司机会贴出支持贝塔队（Beitar）的海报，这支当地足球队因歌颂种族主义而闻名。很难确定这场起义对以色列内部政治产生了多大冲击，但有些事情显然已经改变了。“这场起义的成就是，”《新消息报》的专栏作者纳胡姆·巴尔内亚（Nahum Barnea）在这意义重大的一年即将结束之际评论道，“曾经安于现状的绝大多数以色列人现在对现状非常不满。”[18]

“现在就和平”？

以色列和平阵营的变化体现了这一点。“现在就和平”运动是在 1977 年萨达特倡议发表后作为一个群众运动产生的，在 1982 年黎巴嫩战争期间变得更为重要。然而在因提法达前夕，该运动已经萎靡不振了一段时间。它支持工党“领土折中方案”的模糊承诺，但对跟巴解组织打交道持谨慎态度：以色列资深反战人士阿比·内森（Abie Nathan，1966 年他曾驾驶一架名为“沙洛姆”[1] 的飞机前往埃及，试图去见纳赛尔）因会见阿拉法特而被关押，这显示了拥护和平的风险。直到 1988 年 11 月巴勒斯坦《独立宣言》在阿尔及尔公布，“现在就和平”才站出来呼吁以色列与巴解组织进行开诚布公的谈判。[19] 有些

[1] 沙洛姆（Shalom），犹太人问候语中意为“平安”。——译者注

犹太和平活动家与费萨尔·侯赛尼和其他耶路撒冷的法塔赫支持者成功建立了密切联系。现在双方的接触已不仅限于规模小但影响大的反犹太复国主义左翼，“现在就和平”组织也在其列，双方都表示要致力于反对暴力、结束占领。侯赛尼和其他法塔赫成员还会定期参加与以色列人的公开会议。[20]“现在就和平”自身也受到了更小、更激进的团体的挑战，如戴拉基布什（Dai laKibbush，意为“占领已经够了”）、耶什古尔（Yesh Gvul，“这里有道边界”），它们要求结束占领，支持那些拒绝在占领区服役的士兵（通常是预备役），尽管人数始终不多。在因提法达的头几个月里至少产生了 40 个新的抗议团体。“黑衣女子会”（Women in Black）开始每周夜祷，招来了司机和路人的辱骂，人们将她们比作布宜诺斯艾利斯五月广场上的阿根廷母亲[1]。其他以色列鸽派也提供了实际帮助，一群建筑师和工程师组成了一个委员会，重建西岸拜塔村（Beita）被军队摧毁的房屋，这些房屋是因为此前一名犹太移民女孩在一次有组织的徒步旅行（犹太复国主义者宣示土地所有权的传统方式）中遇害而被毁的。监狱和看守所外的抗议人群已是不足为奇了。[21] 30 名退役的以色列国防军将领和另一些高级军官、安全部门官员成立了“和平与安全委员会”（Council for Peace and Security），提出占领约旦河西岸不再有军事必要性。

然而，对异议的容忍终究是有限的。在 1989 年 12 月因提法达两周年之际，国营的以色列广播管理局（Israel Broadcasting Authority）禁播了两首希伯来语流行歌曲，这些歌曲对巴勒斯坦人遭受的待遇和以色列对其处境的漠然态度提出了抗议。当“卜采莱姆”对 120 名巴勒斯坦儿童的死亡表示关切时，伊扎克·拉宾刻薄地回答说该组织还不

---

[1] 五月广场母亲，20 世纪 70 年代至今，阿根廷妇女为寻找被军政府抓捕的孩子，每周四都戴着白色头巾在布宜诺斯艾利斯的五月广场游行。——译者注

如写信给他们的父母。[22]但死亡的犹太人还不到20名——比任何一个月死于交通事故的人都要少，而且不到阿拉伯人死亡人数的1/20。对大多数以色列犹太人来说，他们后院的战争仍然“像发生在遥远大陆上的战争”。[23]政治上，以色列政府依旧没有什么重大举动。这一点在1989年的最后一天尤为明显，那天沙米尔解雇了前“利库德”成员、当时已是工党的科技部部长的埃泽尔·魏茨曼，因其未经授权就与巴解组织接触；沙米尔此举令团结政府陷入了危机。魏茨曼曾通过以色列籍阿拉伯人艾哈迈德·提比（Ahmed Tibi）这位中间人建议巴勒斯坦人接受以色列的西岸选举方案。就在同一日，警察异常严厉地镇压了耶路撒冷一次有序的“现在就和平”集会，紧张局势加剧。一位与会者回忆时说：“这一回，巴勒斯坦示威者和以色列示威者无差别地经受了警察的暴力镇压，他们都对发生了这样的事情感到摸不着头脑。”[24]独立左翼分子穆斯塔法·巴尔古提（Mustafa Barghouti）后来回想起这次集会，认为它是巴勒斯坦人和温和派以色列人共同希望通过两国方案解决双方冲突的高潮。[25]

然而对于巴勒斯坦人来说，萨利·努塞贝得出结论，因提法达造成了一种矛盾的状况：

> 虽然它使以色列充分认识到占领的代价和负担，虽然它也迫使国际社会在政治进程中发挥更积极的作用，而巴勒斯坦人希望通过这一进程，在与以色列相邻的自己的国家里实现自由和独立……但它整体的政治结果却是炼狱般的现实：巴勒斯坦人既不能获得梦寐以求的独立，也不能完全融入以色列。换句话说，他们既无法逃出以色列，也无法在其中得到平等。[26]

沙米尔的阐释更是一针见血，他认为与巴勒斯坦人相互妥协根本是白日做梦。在他毫不妥协的观念里：

> 因提法达不是一次示威，不是对于失望的自发宣泄，也不是温和抵抗。这是一场针对以色列人和希望与我们和平共处的阿拉伯人的战争。它在根本上是反对以色列存在的斗争的延续，直接目的是把我们推回1967年的界线内，并在我们离开的地方建立另一个（原文如此）巴勒斯坦国……（它）没有使我们的基本情况产生任何改变，反而凸显了冲突攸关存亡的本质。[27]

第十八章

1990—1991

因提法达……改变了一切。它开辟了新前景、新词汇、新视野和新现实。它让人们能够相信，正义或许已经实现。

——拉贾·谢哈德[1]

误会重重的海湾地区

20 世纪 90 年代初，巴勒斯坦人发现，自己成了中东和更大范围地区地缘政治进一步发展的受害者，这不是第一次了。柏林墙倒塌、东欧剧变、伊拉克入侵科威特和美国领导的联盟对这个海湾国家的解放、亚西尔·阿拉法特拥抱萨达姆·侯赛因以及战后一系列外交活动，都影响了与以色列的冲突。令巴解组织尤为担忧的是，苏联解除了最后一道对犹太移民的限制，这再度有力地肯定了以色列犹太复国主义存在的价值，一批新移民也投向了它的怀抱。巴勒斯坦人却是不幸的，伊扎克·沙米尔宣布，成千上万的新来者需要一个与之相匹配的大以色列——暗示解决方法是在占领区建立更多定居点。在沙米尔看来，苏联人“许给了我们比原先所期待的更强大、更光明且更快实现的未来”。[2]阿拉法特则在已成为惯例的新年贺词中宣称，巴勒斯坦距离建国不过“一箭之遥”。[3]但在现实生活中，由于巴勒斯坦人的倦怠和以色列日益起效的反制措施，因提法达正逐渐退出舞台。但屠杀仍在继续。1 月，有 11 名巴勒斯坦人被以色列人杀害，但有 15 人死于认定他们是通敌者的其他巴勒斯坦人之手。2 月，9 名以色列游客在埃及的一辆公交车上被埋伏的伊斯兰圣战组织枪手杀害。这提醒人们，暴力纵能在一地被遏制，也无法在各地都被铲除——巴勒斯坦人阵营内部亦是天差地别。3 月，以色列摇摇欲坠的民族团结政府终于因为巴勒斯坦选举计划而崩溃了。它的接替者看来必然会更为右倾。

随后发生了更多流血事件。1990 年 5 月，一名身穿军裤的以色列人带着一把 M16 步枪来到特拉维夫南部里雄莱锡安的“奴隶市场”路口，冷酷无情地射杀了 7 名巴勒斯坦建筑工人。那一天结束时，另有 8 名巴勒斯坦人在约旦河西岸和加沙地带爆发的暴力事件中丧生，大多数受害者都来自这两个地方。枪手阿米·波珀（Ami Popper）在开火前要求检查受害者的身份证——这是“绿线”两边都习以为常的老规矩。波珀不是一名现役士兵，也不像许多阿拉伯人所指责的那样听命于以色列政府（这表明了阿拉伯人认为他们的敌人有多狠毒）。尽管如此，在其他国家，疯狂的枪手一般会随机杀死受害者，而在以色列，发疯的犹太人看起来仅仅针对阿拉伯人。虽然以精神失常为由提出了申辩，波珀仍因谋杀罪被判处数倍于寿命长度的监禁。一名以色列记者听到有人声援毫无悔意的杀手后失望地表示：“我感到整个国家都立在一片薄薄的、易碎的地壳上，在它之下，翻涌着一股令人胆寒却无法挽回的仇恨的岩浆。”[4]谋杀事件不单重新点燃了因提法达的热情，还使以色列的巴勒斯坦少数民族出离愤怒，并在拿撒勒等地引发了示威游行。

“我在这里出生，在这里受教育，但我的价值还不如一个决定明天来这里的苏联犹太人，”知名历史学家阿德尔·曼纳抱怨道，“我感觉自己不属于这里。”[5]约旦难民营发生了大规模抗议活动，阿拉法特呼吁联合国部署军队保护巴勒斯坦人。

然而，阿拉法特自身的地位在5月份遭到沉重打击，当时“巴勒斯坦解放阵线”——一个受伊拉克支持的特立独行的巴解组织团体，曾于1985年劫持“阿基莱·劳伦号”游轮——对以色列发动了一次海上突袭。这些巴勒斯坦人是从利比亚一个基地出发的：在以色列直升机的追击下，一支小队乘快艇登陆了阿什杜德（Ashdod）附近的海滩；那里有成千上万的度假者，在他们的围观下，全身黑衣的枪手争先恐后地奔向不远处的沙丘。4名全副武装的战斗人员被以色列军队所杀，12人在这场轰轰烈烈的未遂袭击中被俘。其余人等在更往北一些的海上落网。以色列利用这一事件声称，巴解组织及其所有组成团体仍在实施恐怖主义行为，要求美国终结与巴解组织的对话，而与美国建立的联系正是因提法达最大的成果。几天后，经过漫长的协同磋商，一个新的“利库德”政府在伊扎克·沙米尔的领导下再度执政。政府中没有任何工党的代表，且吸纳了雷哈瓦姆·泽维的极右翼政党祖国党（Moledet），该党公然主张将巴勒斯坦人“转移”出国以解决冲突。美国与巴解组织的对话中止了。

进入萨达姆时代

1990年5月，巴格达召开的阿拉伯首脑会议集中讨论了其中一些事态的发展，尤其是苏联向以色列移民的激增，以及由于科威特出口廉价石油、阻碍伊拉克经济复苏而导致的日益加剧的紧张局势。巴勒斯坦人主要关注萨达姆·侯赛因提供的支持。这名伊拉克独裁者自1988年结束与伊朗长达八年的灾难性战争以来，一直努力重申巴格达对阿拉伯世界的领导地位——并获得了更多的资金。同年4月，萨达姆警告称，若以色列对哪个阿拉伯国家造成威胁，他将“烧毁半个以色列”——毫不掩饰，让人想起他对伊拉克库尔德人和伊朗使用化学武器的行动——此话导致了地区局势的升温。阿拉法特在过去的一年里与萨达姆走得更近了，部分原因是伊拉克对因提法达慷慨解囊，远超其他阿拉伯国家的贡献。阿拉法特起初参与了阿拉伯方面对科威特问题的斡旋，但在巴解组织与美国的对话中断以及伊拉克8月入侵科威特后，阿拉法特公开表态支持巴格达。萨达姆随后巧妙而讽刺地将以色列撤离占领区和叙利亚从邻国黎巴嫩撤军作为自己从科威特撤军的条件。在阿拉伯人眼里，美军被迅速派遣到沙特阿拉伯，以及组建联军——“沙漠盾牌行动”（Operation Desert Shield）——以解放科威特的努力，与以色列被默许占领巴勒斯坦领土23年，甚至连联合国都不加以制裁，形成了鲜明对比。

几周之内，支持伊拉克的示威便在约旦和约旦河西岸举行，萨达姆被誉为“阿拉伯主义的象征”，或是勇于挑战西方的新“萨拉丁”。安曼的工匠们用伊拉克的侯赛因导弹的橄榄木雕纪念品替代了传统的耶稣诞生场景和骆驼的模型，而赞扬萨达姆的歌曲销量超过了麦当娜最新的专辑。根据一项民意调查，84%的西岸人将萨达姆视为英雄，尽管只有58%的人支持其入侵科威特。巴勒斯坦人还在以色列境内发起了抗议活动。

这场危机的风头彻底盖过了因提法达。伊拉克民族主义歌谣的磁带取代了常在东耶路撒冷大马士革门出售的激动人心的巴勒斯坦赞歌。对一些人来说，萨达姆将科威特与巴勒斯坦相联系是使其敌人陷入窘境的一着妙棋。但另一些人则认为，巴勒斯坦人对“巴格达屠夫”（Butcher of Baghdad）的同情正中以色列政府下怀：有人说巴勒斯坦人正在“露出真面目”。它还激怒了支持犹太-阿拉伯对话以及与巴解组织谈判的以色列人。“巴勒斯坦人的立场埋葬了和平进程，”温和派的工党议员约西·萨里德（Yossi Sarid）埋怨道，“他们完全摧毁了自己的道德依据。如果支持谋杀数千名库尔德人的凶手是合理的，那么支持沙米尔、沙龙和拉宾也许没那么可怕。与萨达姆·侯赛因的罪行相比，以色列政府的举动如积雪一样洁白。”[6] 但巴勒斯坦人不屑一顾。“我们还能失去什么？”比尔泽特大学的一名讲师问道，“我们的领袖大多关在监狱里，没有入狱的也不允许出国，不在国外的则被软禁。我们的城市因宵禁而封闭。我们的人民无法工作。西岸数万人已失去生计。”[7] 效忠于法塔赫的赛义卜·埃雷卡特承认，巴勒斯坦人的事业正经受磨难：“身为温和派，我们也都明白。我们已然两手空空。所有大门都当着我们的面，砰的一声关上了。中东地区出现了真空而萨达姆·侯赛因出色地填补了它。我们认为沙米尔能理解萨达姆的话。”[8]

沙米尔的国防部长、低调的摩西·阿伦斯在新政府中取代了工党的拉宾，他严格管控开火指令，命以色列国防军集中保护主要道路和定居点，除非必要，否则不进入巴勒斯坦村庄和难民营，从而使约旦河西岸和加沙地带的情绪稳定了下来，并因此在以色列广受好评。然而，预言因提法达结束还为时尚早。9月，一名以色列士兵遭到石头袭击，后来在加沙难民营被活活烧死，严重冲突再度爆发。军队以拓宽一条经常发生袭击的狭窄道路为名义，拆毁了那里的房屋和商店。

谢里夫圣所的流血事件

1990 年 10 月，紧张局势在因提法达开始以来暴力事件最为严重的一日达到顶点——这也是耶路撒冷自 1967 年以来最惨烈的一日：21 名巴勒斯坦人被以色列人杀害，140 名巴勒斯坦人受伤，事发地位于谢里夫圣所 / 圣殿山，这里如 1929 年时一样敏感。如此多的死亡人数和来自阿拉伯诸首都的愤怒回应都可能会为海湾危机注入新的不稳定因素。该事件的起因是巴勒斯坦人向相邻的哭墙边的犹太信徒头上扔石块；巴勒斯坦人称，他们是在自卫，抵御极端犹太团体“圣殿山忠诚者”（Temple Mount Faithful）策划的一场仪式，那是“一个由犹太狂热分子和哗众取宠者组成的小团体”，[9] 他们想在此处为一座新的“犹太圣殿”奠基但未获得许可，而这些人据说已经抵达附近的粪厂门[1]，就在老城外边。边防警察意识到对面人多势众时惊慌失措，大多数遇难者是被他们用实弹射杀的。费萨尔·侯赛尼被捕，占领区的村庄和难民营全部实施宵禁。[10]“这些子弹都是用美国纳税人的钱买的。”许多死伤者都被带到了马卡赛德医院（Maqassed Hospital），一名巴勒斯坦外科医生穿着血迹斑斑的长袍怒吼道：

> 我想在这看到美国海军陆战队，就像他们为了科威特而出现在沙特阿拉伯那样。如果这里有危险的是石油，他们什么都肯做，但巴勒斯坦人的血不值钱。以色列人正带着一百万来自苏联的犹太人像蝗虫一样蚕食我们的土地。我觉得对此真正的回应，应该是来自伊拉克的芥子气。那才是他们在这里能理解的语言。

---

[1] 粪厂门（Dung Gate，又名 Mughrabi Gate 或 Silwan Gate），耶路撒冷老城城门之一，靠近哭墙。——译者注

以色列拒绝与联合国代表团合作，自己对杀戮事件进行了内部调查，将之归咎为“阿拉伯极端分子寻衅滋事”。[11] 两周后，在平静的西耶路撒冷城郊住宅区巴卡，一名来自伯利恒的巴勒斯坦泥水匠持刺刀杀害了 3 名犹太人，显然是为圣殿山的死者复仇。这个社区深受重创，而它是许多“现在就和平”活动者的家园。紧随其后的其他随机袭击事件又为不祥的猜忌气氛火上浇油，意味着以色列曾强调的它那“团结和永存的资本”切切实实地分崩离析了。11 月，“卡奇”运动领导人、拉比梅厄·卡赫的葬礼——他在伦敦被一名埃及出生的枪手所杀——吸引了两万人参加。许多人身穿黄色的“卡奇”T 恤，咒骂“左派”犹太记者，高呼要以阿拉伯人的鲜血来为他报仇。[12]

1990 年 12 月，因提法达三周年之际，巴勒斯坦人依旧前途未卜。“解放巴勒斯坦人民阵线”和哈马斯的支持者以及法塔赫的一些内部人士都竭力宣称武装斗争已然恢复。哈马斯被控在雅法杀害 3 名犹太人，随后其数百名支持者被捕。法塔赫重要的忠实支持者拉德万·阿布·阿亚什（Radwan Abu Ayyash）承认：

> 这非常诱人，特别是对于年轻人和宗教人士，因为他们看到以色列的这些罪行，想要报复。但在国际上，我们通过因提法达获得了许多进展，如果回归武装斗争，我们就会失去这些，而我们并没有对此做好准备。如果我们使用枪支，它将不再是因提法达，而是一场战争。以色列人想要战争。这个决定正中他们下怀。[13]

拉贾·谢哈德质疑道：“石头能让我们走多远？我们能用石头赶走他们整支装备精良的现代化军队吗？难。”[14] 另一些巴勒斯坦温和派则承认，他们正与现状脱节，影响力渐弱。“现在我们看起来就像一群米老鼠一样的角色，”一名左翼的演讲者感慨道，“令人惊讶的是，我的学生对这些刺杀感到那么高兴。这跟政治毫无干系。他们只是觉得以色列人正在自食恶果。”“联合领导组”最新的传单呼吁进行“一切形式的斗争”，歌颂“殉难行动”。看来，橄榄枝已经枯萎了。[15]

不久之后，在阿拉伯人的眼中，萨达姆·侯赛因就让以色列人“搬起石头砸了自己的脚”——尽管是以一种陌生的方式。1991 年 1 月 17 日是联合国要求伊拉克从科威特撤军的最后期限，“沙漠风暴行动”（Operation Desert Storm）于当天开始，伊拉克遭到大规模空袭。伊拉克立即向特拉维夫和海法发射了 8 枚“飞毛腿”（Scud）导弹——尽管它们装备的是常规弹头，而非化武弹头。意志出了名地坚定的沙米尔被美国人说服，没有进行报复，因为如果以色列打击伊拉克，就会导致埃及、叙利亚或许还有沙特阿拉伯脱离反萨达姆联盟。当月早些时候，沙米尔曾与侯赛因国王在伦敦秘密会晤，国王表示不会让第三方利用约旦袭击以色列，沙米尔则承诺以色列不会侵犯约旦领空。[16] 按照耶路撒冷的官方说法，以色列的优势在于克制和着眼于长远利益。共有 39 枚“飞毛腿”导弹袭击了以色列。美国的“爱国者”反导装置被用于拦截，但收效有限。“飞毛腿”造成了大量财产损失和两人死亡，另外还有 11 人戴着防毒面具时死于心脏病或窒息。到了晚上，特拉维夫，一个号称“永不停歇”的城市，在以色列的宵禁下突然如同一个西岸城镇。

占领区实施了六周全面宵禁，但纳布卢斯和拉姆安拉的巴勒斯坦人依旧兴高采烈，他们听到空袭警报响起时拍手称快，在屋顶上欢呼雀跃。这招致了以色列媒体充满敌意的报道，尤其是当以色列最高法院下令在西岸分发少量防毒面具时——这是海湾战争中一个具有讽刺意味的小插曲。“落在特拉维夫和海法的导弹让巴勒斯坦人欣喜若狂，”

《话语》评论道，“即便他们事后发表了略带悔意的声明，伤害也已造成。经过多年西西弗斯式的努力，以色列人和巴勒斯坦人还是没有谈判，随后海湾战争露出了微笑背后的利齿。”[17]萨利·努塞贝解释了其中缘由，试图减少损失：“虽然战争的爆发非常令人遗憾，但萨达姆重申了阿拉伯人能够对抗美国和以色列的观点。如果说巴勒斯坦人在看到导弹从东射向西时感到高兴，那是因为他们在过去 40 年里都看着导弹朝相反方向飞去。”[18]一周后，书生气的努塞贝在“辛贝特”长期试图将他与因提法达的领导工作扯上关系后，因涉嫌向伊拉克传递关于导弹袭击地点的信息被拘留六个月。这项指控引起了“嘲弄和轻蔑”，人们普遍认为这是在提醒巴勒斯坦温和派忘掉与以色列进行谈判这回事。[19]

科威特危机从开始就表明了阿拉法特对萨达姆的支持是一次严重误判。战争刚结束，就有约 30 万巴勒斯坦人被驱逐出科威特和沙特，导致繁荣的移民社区被摧毁，还造成被占领土的经济状况严重困难，越发依赖以色列作为生计来源。巴解组织受到的损失估计有 1.33 亿美元。这造成了开支的急剧削减和东耶路撒冷报纸如《黎明报》和《人民报》等的停刊。该组织出售了 1.25 亿美元的地产，用于支付工资、养老金和福利救济。[20]由于巴勒斯坦人对伊拉克的认同，以色列内部局势剑拔弩张，就是否应该允许巴勒斯坦工人在导弹袭击期间进入防毒庇护所爆发了争论。新规则也制定出台，要求所有进入以色列的巴勒斯坦人持有个人出境许可证。[21]

随着“战争之母”[1]的结束，以色列显然从各事件中获得了政治收益；外交部官员甚至提出，这个国家正享受着自 1967 年激动人心的日

[1] 萨达姆曾称海湾战争将成为“所有战争之母”（the mother of all battles），以警告美国领导的联军不要采取军事行动。——译者注

子以来所能得到的最大支持。“以色列正比以往任何时候都更为融入西方联盟”，倍感焦虑的拉贾·谢哈德指出：

> 于是我们很快就被定义为“他者”。他们，是文明的保护者；我们，就是野蛮、嗜血成性、支持用化学武器杀害无辜平民之人。这让我想要大叫：你们搞错了。我们不是这样的人，我们不想杀害无辜平民，我们只是想活下去。以色列还要剥夺我们多少东西？它夺去了我们的土地、我们的未来、我们的传承，现在还有我们的声誉，使我们在世人眼中成了残忍好杀、反人类的战争贩子。[22]

但长期来看这也有可能产生积极效果。“以色列已被边缘化为美国的战略资产，”萨利姆·塔迈里（Salim Tamari）表示，“当美国、西方与阿拉伯世界重新开始打交道时，以色列将面临巨大压力。”[23]

新的世界秩序？

人们的期待有多高，其不切实际的程度或许就有多高。尽管如此，海湾战争一结束，美国外交就进入了一个新阶段。乔治·H.W. 布什总统为了追求他曾豪言为“新世界秩序”的目标，重申将努力解决自科威特危机前就已搁置的巴勒斯坦问题。以色列在战后既感到如释重负，又对自身产生了少有的脆弱感，同时还对萨达姆继续掌权且他的庞大军队多半完好无损感到愤怒，而这些感受眼下都转化为对战争可能还要继续的焦虑不安。1991 年 3 月 6 日，布什向国会宣布，他想让阿以之间签订和平条约。在耶路撒冷，没有人能忘记前一年夏天布什的国务卿詹姆斯·贝克（James Baker）简明扼要的警告：以色列人知道白宫总机的电话号码，如果他们想跟巴勒斯坦人讨论和平问题的话。这呼应了 1967 年摩西·达扬的评论。如今，贝克领导的行动意在于“土地换和平原则”的基础上更进一步——该原则从未被“利库德”集团接受，虽然它声称已准备好谈判。贝克身负的使命高调而又前景黯淡，在他抵达以色列前一日，一名巴勒斯坦人在西耶路撒冷的一个公交车站刺死了 4 名以色列妇女，这表明情绪并未有所缓和。以色列警方报告称来自加沙的袭击者将这起杀戮说成是“向贝克发出的讯息”，[24] 尽管他还号称是在为一名死于因提法达中的兄弟复仇。无论如何，这一事件坚定了美国人的看法：把伊拉克驱逐出科威特至少比让以色列人和巴勒斯坦人之间达成和平协议要容易得多。第二天，6 名从约旦潜入以色列的枪手在与以色列国防军的冲突中丧生。费萨尔·侯赛尼和其他与美国国务卿进行“激烈”会谈的巴勒斯坦名人坚称，只有巴解组织能够代表他们。萨利·努塞贝在未经审判就被拘留后于牢房中听说，“贝克并没有从他的公文包里拿出一根魔杖，用美军把伊拉克人从科威特赶出去的那种技巧和速度来结束占领”。[25] 耶路撒冷的美国总领事馆外，以色列右翼分子高举示威标语：“贝克，跟侯赛尼到屋顶上跳舞去吧。”

然而，詹姆斯·贝克的会晤开启了近 20 年来最雄心勃勃的争取阿以问题和平解决的行动，而且至关重要的是，巴勒斯坦人首次被包括了进去。在 3 月至 10 月期间对中东的八次访问中，美国特使——用希蒙·佩雷斯的说法，“一个驾轻就熟的施压者”[26]——为 1991 年 11 月的马德里和平会议奠定了基础。叙利亚总统哈菲兹·阿萨德放弃了他长期以来要求任何此类会议都要在联合国主持下举行的主张，于是阿拉伯方面的主要障碍得以消除，这一让步突出了冷战结束的显著影响。

埃及和约旦紧随其后。由于美国和以色列的反对，巴解组织不会出席，但其意见和立场将由阿拉法特授权的约旦–巴勒斯坦联合代表团传达。巴解组织起初反对如此，但最终接受了。阿拉法特看起来压力重重，他对着副手们喋喋不休，甚至据报道曾殴打一名高级顾问，因为在突尼斯和以色列之间没有直通的电话线路，他被迫通过美国和塞浦路斯转接的烦琐连线与巴勒斯坦谈判小组保持联系。[27] 以色列坚称该代表团不能包含来自东耶路撒冷的代表。一个简单的方法就解决了这个问题，那就是东耶路撒冷人以主要代表团的“顾问”身份出席。

巴勒斯坦人民强烈抵制以色列强加的方案，“解放巴勒斯坦人民阵线”、“解放巴勒斯坦民主阵线”和哈马斯也均表示强烈反对。遭到杀害的疑似通敌者越来越多，这一事实表明政治领导人似乎已与激进分子的情绪脱节，而这是危险的。4 月在纳布卢斯，一群年轻人公然鞭打一伙小偷。曾长期在以色列监狱服刑的法塔赫活动家、诗人阿德南·达米里（Adnan Damiri）感慨道：“起义的梦想已然成为一场梦魇。”达米里 1991 年 6 月在《黎明报》发表的文章引发了一场罕见的关于这个问题和起义其他消极方面的公开讨论。但以色列加强外交攻势，成了美国人最难攻克的障碍。一名高级官员回忆时说，耶路撒冷弥漫着“暴躁而分裂的”情绪。[28] 以色列只希望举行会议开幕式，然后与各个阿拉伯国家单独进行双边谈判，认为这样能将外部压力降至最低。沙米尔既要面对阿里埃勒·沙龙和其他强硬派同事的异议，也对美国公开谴责定居点建设在“加快步伐”感到担忧。在贝克第三次访问前夕，信仰者集团的定居者们悄悄溜进了西岸新址勒瓦瓦（Revava）的预建房屋——一名工党议员将该举动比作“在贝克的飞机上安放炸弹”。此举被普遍归咎于沙龙，于是他在访问华盛顿时相应地受到了布什政府的冷落。[29] 该问题以一种异常令人不安的方式逐渐发酵：以色列请求美国提供100亿美元贷款担保，帮助解决苏联移民问题，美国表示要延迟回应。这是自1956年苏伊士危机以来，美国政府首次用以色列改变政策为条件来提供财政援助。

马德里的会议

众所周知，马德里会谈是孤注一掷的豪赌：就在会议前夕，载着以色列定居者的大巴在西岸一条偏僻的公路上遭到枪炮袭击，造成两人遇难，另有五人受伤。定居者们赶赴特拉维夫的一场集会，促请政府坚决反对任何交出领土的要求。布什轻描淡写地将这些人称为“不情愿且不安的参与者”。30 准备工作顺利进行，只有在西班牙东道主是否同意将查理五世杀戮摩尔人[1]的巨幅油画从胡安·卡洛斯国王（King Juan Carlos）壮丽的王宫（Palacio Real）[2]中移走一事上争吵激烈。31 从1991年10月31日开始的会议是一场引人注目的仪式性事件，引来了媒体的热烈报道，并在这三天里留下了一些令人印象深刻的画面。布什总统和米哈伊尔·戈尔巴乔夫（Mikhail Gorbachev）总统都在重要讲话中提到了前几个月内全球发生的重大变化。“谁都不能低估这个挑战的重要性，”布什说，“我们希望结束的，是一场漫长而痛苦的斗争。每一条失去的生命，每一次义愤填膺，每一场暴行，都深深地铭刻在这个地区人民的心灵和历史中。”但很显然，巴勒斯坦人和以色列人是主要焦点。来自加沙的资深民族主义者海德尔·阿卜杜勒-沙菲医生带领着约旦-巴勒斯坦联合代表团。费萨尔·侯赛尼是总负责人。阿拉法

[1] 摩尔人（Moors），指中世纪伊比利亚半岛、北非等地信奉伊斯兰教的族群，曾征服并统治西班牙，15世纪末天主教西班牙统一，摩尔人被迫改信或被驱逐出境。——译者注
[2] 此处指马德里王宫（Palacio Real de Madrid）。——译者注

特的高级心腹纳比勒·沙斯（Nabil Shaath）也在现场，与突尼斯和苏联协调立场并向记者说明情况。正在访问摩洛哥的阿拉法特还在最后关头下令修改阿卜杜勒–沙菲的讲话稿。[32]

将巴解组织排除在外不过是一种装模作样的把戏，是由于美国和以色列的反对，此举才被视为谈判继续进行的必要条件。侯赛尼看上去弯腰驼背、心力交瘁，他抱怨“美国和平团队为谈判量身定制的套装很不合身”。[33] 柔声细语的阿卜杜勒–沙菲不愿装腔作势，却以其沉静庄严而备受瞩目。他要求结束占领，同时提出了一个切实可行的方法。“我们不求在事后追究罪行，也不想为过去的不义报复，而是渴望使公正的和平成为现实。”他表示，巴勒斯坦人可以接受“过渡阶段，前提是临时安排不会转化为永久状况”。他同样不满将巴解组织排除在外，但他还是服从了会议的基本原则，仅仅提到了“我们民族认同和统一的象征”。他巧妙地利用以色列人内部真实存在的分歧，告诉他们：“我们看到，你们为自己的子女变为盲目和暴力占领的工具而痛苦万分。我们确信，你们无论在什么时候，都不曾为孩子们设想过这样一个角色，而孩子在你们的心中是未来的塑造者。”长期的占领使巴勒斯坦人更深入地了解了他们的敌人，阿卜杜勒–沙菲所说的话极好地体现了这一点。相较之下，伊扎克·沙米尔听上去毫不妥协，而且对阿拉伯人的意图深表怀疑。毕竟，他甚至曾在1979年埃以和平条约的议会投票中投了弃权票。他的讲话既不为外交辞令所动，也不含任何或许能由积极的氛围、私人的交际和协商的动态引起变化的迹象。以色列代表团的会议是在“困惑、疑虑，甚至对未来将会发生什么惴惴不安”的情绪中举行的。[34] 总理时而怒不可遏，时而漠不关心；他告诉一位同事自己在戈尔巴乔夫开幕致辞时睡着了。沙米尔宣称，以色列只是在与那些排斥它并拒绝承认犹太国家合法性的阿拉伯人寻求和平。问题“不是领土，而是我们的存在”，他说，“若是讨论主要聚焦于领土，那将是令人遗憾的。这是走进死胡同的最快途径”。沙米尔的回忆录中引述了他对阿卜杜勒–沙菲的回应，他这样评论：“在你们称之为占领的境况下，任何误入阿拉伯村庄的犹太人都面临生命危险，甚至直到今天还是如此；但是成千上万的巴勒斯坦阿拉伯人却在以色列的每个城镇和村庄自由行走。”[35] 沙米尔可谓短视的化身。其他以色列人都察觉了正在发生的变化。“我看到巴勒斯坦代表团兴高采烈地到来……这是他们多年来第一次，在中东的会议桌上，享有跟其他参与者同等的地位，”一名官员注意到，“巴解组织只是通过代理参与，新的真正的巴勒斯坦领导人组成了巴勒斯坦代表团，使一个饱受战乱、追寻尊严和免于占领的民族的国际形象有所好转。”[36]

双方都通过当时仍属于新媒体的卫星电视，抓紧机会现场宣传造势：叙利亚外交部长法鲁克·沙雷（Farouk al-Sharaa）展示了一张 20 世纪 40 年代沙米尔作为“斯特恩帮”恐怖分子被英国警察通缉的照片；赛义卜·埃雷卡特穿着漂亮的西装，头上戴着卡菲耶；比尔泽特大学的文学教授哈楠·阿什拉维（Hanan Ashrawi）——也是一名女性基督徒——成了圆滑世故、擅长与媒体打交道，甚至被称为“有线电视新闻网（CNN）时代的阿巴·埃班”的本雅明·内塔尼亚胡望尘莫及的对手。一名参与者后来承认，事实上以色列的主要努力就是“为以色列的政策提供可信的公关解释”。[37] 巴勒斯坦人轻而易举地获胜了：至少就公关而言，马德里会议在海湾战争造成的部分伤害的恢复工作方面取得了较大进展，消除了“他们外在力量的巨大差异和国际地位的不对等”。[38] 在拉姆安拉，数百名巴勒斯坦人游行支持他们在西班牙首都的代表。西岸洋溢着欢欣鼓舞之情。他们收获的不只是正面形象和媒体的好评。从外交角度来看，马德里会议的重要性在于它制定了双轨制框架：一条是以色列和约旦、叙利亚、黎巴嫩之间的双边谈判，另一条是以色列和巴勒斯坦的轨道——这是一次真正富有历史意义的创新。诚然，这些轨道最初只是“崎岖不平、未曾铺就的道路”。[39] 它们在很长一段时间内都没有终点。但两者最终都带来了进展，尽管是以截然不同、意料之外的方式。

第十九章

1992—1994

是“勇敢的和平”，还是“巴勒斯坦版《凡尔赛和约》”？

拉宾归来

1992年6月，伊扎克·拉宾率领工党赢得了以色列大选。随后发生的事件将赋予这次胜选以重大意义，但即便在当时，他的获胜也像是一座关键的里程碑。拉宾在国内外都给人一种粗鲁军人的印象，人们认为他十分可靠，但目光短浅。他也不是鸽派人士。在年长的巴勒斯坦人的印象里，他是1948年从吕大和拉姆勒驱逐了数千人并在1967年战争中指挥以色列军队的人。二十年后，他作为国防部长，对因提法达的回应是要“打断（惹是生非者的）骨头”。他的第一任总理任期因丑闻戛然而止，并在次年“利库德”集团破天荒的选举胜利之后黯然失色。在党内领导权之争中击败希蒙·佩雷斯后，他对中间派选民有着强烈的吸引力。1992年选举运动更多地关注社会和经济问题，而非战争与和平的问题。拉宾在这方面审慎行事，提出给予巴勒斯坦人自治权，暂停部分定居点建设，但仍反对在被占领土的人口稠密地区设立他所谓的“政治性”边远定居点。在其他方面，他的策略似乎是模糊工党与“利库德”集团之间的差异，以吸引游离选民。

1992 年上半年，马德里会议制定的轨道尚无明显变动。沙米尔的对策仅仅是拖延时间。当后续会谈在华盛顿展开时，以色列人起初拒绝参加，除非另一方由约旦人主导，以免给予巴解组织任何独立地位。美国人退居次席。在乔治·H.W. 布什总统任期的最后一年里，詹姆斯·贝克不愿意再在阿拉伯与以色列之间建立和平的重重困境中投入更多资金。[1] 谈判终于开始时，以色列的定居点建设和驱逐巴勒斯坦人的活动又引发了无可避免的紧张态势。“上次我结束华盛顿会谈回到杰里科时，他们给我看了一块在我离开时还是巴勒斯坦人的土地，我回来时就是以色列的了，”与会代表赛义卜·埃雷卡特抱怨道，“如果这种行为持续下去，不久后我们的选民就会让我们待在国内。”[2] 巴勒斯坦团队因“几乎一文不值的”计划而受挫，阿拉法特来自突尼斯的事无巨细的管控也令他们苦恼。阿拉法特认为——也许他是对的——美国人或以色列人正在窃听他的电话，他希望向任何在听的人表明，没有他的许可，巴勒斯坦就不会让步。[3]

暴力事件屡屡打断和谈。就在叙利亚和黎巴嫩宣布愿意参加更多会谈时，以色列用直升机刺杀了真主党领袖谢赫阿巴斯·穆萨维（Sheikh Abbas al-Musawi）及其妻儿，此事发生在以色列境内一个国防军营地的 3 名新兵被杀害之后。以色列与巴勒斯坦进行的四轮谈判只产生了关于如何临时自治的互不相容的草案。在耶路撒冷的外交部，一名官员将会谈进展报告折成纸飞机沿走廊投掷。[4] 当沙米尔的两个极右翼联盟伙伴高歌猛进时，这位“利库德”领导人却没有获得多数席位：他对新一轮选举迫在眉睫的第一反应，是承诺继续建设定居点。[5]

他许诺，“领土妥协的观念将像噩梦般消失”。[6]沙米尔后来透露了他的目的：如果再次当选，他会将谈判拖延10年，努力使犹太人在约旦河西岸增加到50万人。“我不相信多数人支持‘大以色列’，但它可能会随着时间的推移而实现，”他说，“没有这样的基础，就无法阻止巴勒斯坦国的建立。”[7]

拉宾虽是险胜，但结果是决定性的，相对于投给“利库德”集团及其右翼和宗教盟友的58名议员，他获得了62名议员的支持。这还是以色列人自1984年以来第一次打破导致团结政府产生的那种僵局，这种政府只能就一些基本共识达成一致，当难题摆上台面时，它就会倒下。推动定居点建设的以色列复兴党销声匿迹；极右翼反教权主义政党抉择党欣欣向荣，但“犹大和撒马利亚”游说团没有代表。拉宾的联合政府包含了新成立的中偏左政党梅雷兹，该党在120人的议会中拥有12个席位，以及具有温和倾向的犹太教极端正统派政党沙斯[1]。拉宾保留了国防大臣的职务，并让他的老对手希蒙·佩雷斯担任外交部长。这是以色列有史以来最温和务实的政府，是中偏左翼梦寐以求的政府。美国为资助苏联犹太移民提供的贷款担保，在沙米尔领导期间一度搁置，拉宾上任后获准通过。该政府在第一拨行动中，宣布正在冻结犹太定居点的住房合同，尽管“自然增长”和已经开展的项目仍获准继续实施——这一重要限定条件丝毫没有缓解巴勒斯坦人的猜疑和以色列右翼本能的敌意。当政府公布进一步的限制条件时，定居点领导者斥之为“一个用心险恶、背信弃义的政府”对“犹太复国主义事业的大规模打击”。他们使用了煽情而夸张的语言。对定居

---

[1] 沙斯党（Shas，希伯来语 Shomeri Torah Sefaradim，意为遵循《托拉》法典的塞法迪裔犹太人），1984年在大拉比奥瓦迪亚·约瑟夫（Ovadia Yosef）的领导下成立，是代表东方犹太人的正统派犹太政党。——译者注

点部分批准、其余削减的政策甚至被比作“纳粹在死亡集中营里的挑挑拣拣”。[8]沙米尔称现状为“一场噩梦”。大约在同一时间，以色列国防军一路追捕法塔赫持枪者到纳布卢斯的纳贾赫大学，由此引发的一场可能严重恶化的危机最终和平解决，为期四天的令人紧张的包围也以费萨尔·侯赛尼与以色列军方官员之间的协商结束。

厚望与鸿沟

人们对阿以关系发生积极改变的期望罕见地高涨。1992 年 8 月底，当第六轮马德里会谈在华盛顿重启时，就连叙利亚发言人也赞扬以色列“合理”“建设性”的新态度。为建立信心，拉宾取消了对 11 名巴勒斯坦活动家的驱逐令。引人注目的是，以色列谈判代表不再使用“犹大和撒马利亚”这两个词，而是仅仅称之为“领土”或“西岸和加沙地带”。在另一个微妙但意义重大的转变中，尽管巴解组织被美国和以色列正式排除在外，但它佯装没有出席的姿态被更为有形的存在取代了。“亚西尔·阿拉法特现在可以公开指示谈判代表，没有任何问题，”巴解领导人顾问纳比勒·沙斯夸耀道，“我们的代表团与组织之间的关系已不再需要掩饰。未经巴解组织突尼斯总部授权，不得提交任何内容。我们使用开放的传真线路，不用密码。”[9]

即便气氛正在改善，双方仍是意见相左：以色列准备接受一个共有 12 名成员的巴勒斯坦行政委员会，而巴勒斯坦人则要求成立一个 180 人的立法议会作为充分自治和最终独立的基础。阿拉法特抱怨拉宾表面上“甜言蜜语”，实际上推行“铁腕”政策。[10]在东耶路撒冷，巴勒斯坦人为下一阶段所做的准备工作由萨利·努塞贝领导的技术委员会协调进行。激动不已的志愿者们刊发了大量关于巴勒斯坦经济、基建、行政和未来规划的文章。他们的总部设在位于贾拉谢赫（Sheikh Jarrah）街区的“东方之家”（Orient House），那里过去是一家酒店，年久失修，费萨尔·侯赛尼的阿拉伯研究中心（Centre for Arab Studies）曾坐落于此，1988 年被以色列关闭。1992 年，此地重新开放，作为前往马德里的巴勒斯坦代表团的总部，并被看作巴勒斯坦影子政府所在地，令人联想起委任统治时期雷哈维亚的犹太事务局大楼。努塞贝后来写道：“了解有关我们这个新兴国家的知识，对我们来说，就如同一扫几十年来的无能为力感，这是在告诉我们自己，我们是如何被塑造的，我们和其他民族一样可以自我管理。”[11] 很快就有人谈到突尼斯的巴解组织官员和土生土长的专家之间的紧张关系。“这注定会发生问题”，记者达乌德·库塔评论道：

> 原因很简单，那些已经 25 年没有来过这里的人难以处理好当地的问题。我们这些住在这里的人都对以色列人和我们自己的处境了如指掌。食物、饮用水和住所都是和我们切身相关的问题。在突尼斯，这只是一份工作，而不是一种现实。[12]

“局内人”和“局外人”之间的差异正在成为巴勒斯坦政治中的一个重要主题。相信以色列新政府能取得进展的乐观者并不多见。“自治会有的，”加沙的哈马斯领导人马哈茂德·扎哈尔（Mahmoud al-Zahar）忧心忡忡地表示，“但这将是一场灾难，我们的人民不出几个月就会发现这一点。这是个陷阱。”[13] 哈马斯认为，承认以色列就是一种背叛行为。而一些忠于法塔赫之人也感到不满。沙斐格·豪特指责阿拉法特在突尼斯举行的巴解执行委员会会议上的行为是“无法容忍的”，他认为将华盛顿会谈的相关文件对他和其他批评者保密是“剥夺（他们的）权利”。[14] 在伊斯兰运动控诉法塔赫以清真寺为袭击目标后，海德尔·阿卜杜勒–沙菲召开了紧急会议。哈马斯、“民阵”和“人阵”组成了一个临时的反自治联盟，并在西岸经受住了一场考验，当时联盟呼吁进行总罢工，以重振偃旗息鼓的因提法达，抗议谈判，收效甚佳。这在某种程度上重演了 1978 年梅纳赫姆·贝京与萨达特商谈自治时的经过：关键的区别在于，如今主流巴勒斯坦领导层积极参与，努力争取他们渴望的认可。

据称，正在突尼斯调查事态发展的阿拉法特被哈马斯的日益壮大所“震惊”。哈马斯在 1992 年秋天因提法达五周年到来前，进一步加强了武装行动。短短两周内，在加沙和希伯伦就有 5 名以色列士兵被哈马斯伏击并杀害。然后，它绑架了一名以色列边防警察并要求释放被关押的亚辛谢赫，谢赫则在狱中上电视呼吁绑架者不要杀害人质。第二天，警察的尸体在杰里科附近被发现，双手被绑且遭割喉。“利库德”指责拉宾纵容恐怖主义。身在华盛顿的阿卜杜勒–沙菲也谴责了这起事件。12 月中旬，以色列人拘留了 1 600 名涉嫌参加哈马斯和伊斯兰圣战组织的活动者，将其中 415 人驱逐到黎巴嫩南部，给了他们每人一些食物、50 美元和一条毯子。这是和平时期对巴勒斯坦人规模最大的一次驱逐出境。没有人受到审判、指控或允许上诉。最高法院要求以色列国防军总参谋长埃胡德·巴拉克（Ehud Barak）解释为何必须采取这一举措，他回答，尽管目前有 1.4 万名巴勒斯坦人在狱中，而且自因提法达开始以来已有 10 万人坐过牢，但只有雷霆手段才足以对付哈马斯。被驱逐者仍留在马吉祖霍尔（Marj al-Zuhour）的一个由真主党管理的临时“回归营”里，被困于以色列和黎巴嫩的军队之间，他们在电视摄像机面前重新体验了一遭巴勒斯坦人被迫流放的经历。法院裁定对此不能进一步干预。巴勒斯坦解放组织暂停参加华盛顿会谈，试图让被驱逐者返回，但因阿拉法特拒绝接受伊斯兰主义者占巴勒斯坦全国委员会 40% 席位的要求，该组织与哈马斯的关系恶化了。[15] 哈马斯谴责驱逐行为并警告称，虽然它以前只袭击士兵，但现在它的目标将是“巴勒斯坦的每一个犹太复国主义者”。

走向奥斯陆

就在这一触即发、凸显维持现状的成本和难度的背景下，以色列和巴解组织迈出了开展直接会谈的第一步。其种子早在佩雷斯的门徒、工党政治家约西·拜林（Yossi Beilin）与挪威应用社会调查研究所（Norwegian Institute for Applied Social Research）的泰耶·勒厄德–拉森（Terje Rød-Larsen）会面时就已播下，并在占领区生根发芽。在特拉维夫的一家印度餐馆吃午餐时，拉森提议，让挪威——该国与巴解组织历来关系良好，且不是欧共体成员国——成为以色列和巴勒斯坦之间谨慎接触的桥梁，拜林在外交部担任佩雷斯的副手时，奥斯陆也曾提出正式邀约。12 月，以色列议会一读通过法案，解禁与巴解组织代表的接触。从 1993 年 1 月开始，以色列学者和巴勒斯坦官员在挪威举行了 14 次会议。然而关键在于，仍旧停摆的华盛顿会谈的参与者们对此一无所知。这条地下渠道的秘密保持了 9 个月。“保守秘密，”佩雷斯冷漠地表示，“通常不是我们的民族特色。”[16]

起初，这种参与是不对等的：以色列人中，亚伊尔·赫希菲尔德（Yair Hirschfeld）和罗恩·蓬达克（Ron Pundak）都与正积极行动的拜林有关，是大学里的政治学者。赫希菲尔德熟知“双轨”外交，还与费萨尔·侯赛尼和哈楠·阿什拉维交好。相比之下，巴解组织派出了高层参会，由阿拉法特的顾问兼巴解组织经济部门负责人艾哈迈德·库赖（Ahmed Qurei）[阿布·阿拉（Abu Alaa）]和其两名同事作为代表。但巴解执行委员会和法塔赫中央委员会都未得到通知。其目的不是绕开华盛顿会谈，而是克服双方遇到的障碍。会议进展神速。截至3月，经过三轮会谈，各方就达成了一项宣言草案，内容是围绕**临时**地位和**永久**地位之间的关键区别构建的原则。前者包括以色列撤军和建立巴勒斯坦自治政府；东耶路撒冷问题，以及难民、定居点、边界、主权与安全议定等，则是永久地位问题。巴解组织的重大让步，就是将所有协议中最棘手的要素都先放在一边。拜林向佩雷斯，然后佩雷斯向拉宾，通报了情况。佩雷斯告诉总理："奥斯陆的巴解组织成员比在华盛顿谈判的西岸-加沙团队更具灵活性、想象力和权威性。"[17]拉宾一开始并不信，认为"在突尼斯的团伙"是"巴勒斯坦人中的极端分子……他们正在阻止更温和的那群人与我们谈判"。[18]但他随后改弦更张，同意继续走奥斯陆渠道。另一项因素也对他的转变发挥了重要作用：以色列人很清楚巴解组织面临重度财政危机，这是阿拉法特在科威特危机期间支持萨达姆·侯赛因，以及有关该事件的内部分歧导致的灾难性后果。虽然没有官方数据，但该组织据信实际已破产。而继任阿布·伊亚德成为该组织安全负责人的哈卡姆·巴拉维（Hakam Balawi），他的一名助理一直在为"摩萨德"从事间谍工作，这使得以色列人对内情更是一清二楚。[19]据说这个名为阿德南·亚辛（Adnan Yassin）的助理，在阿拉法特的资深副手马哈茂德·阿巴斯[Mahmoud Abbas，即阿布·马赞（Abu Mazen）]办公室里的一把椅子和台灯上安了窃听装置。监控显示，阿巴斯与巴解领导人极为不合。[20]以色列人明白，阿拉法特无权无势，别无选择，他们应当尽量利用这一点。

尽管这一切都在幕后进行，但暴力升级了。仅在1993年3月，就有 15 名以色列平民和士兵被巴勒斯坦人杀害，其中许多人死于刺杀。这带来了一项“直到另行通知之前”永久封闭“绿线”的新政策。此后，申请进入以色列以及东耶路撒冷的人“很少得到批准，而且根据的是巴勒斯坦人不知道的标准”。21 以色列最著名的漫画家杜什 [1] 画了一幅画，他家喻户晓的角色“舒里克”——对应“韩达拉”的年轻稚嫩的以色列面孔，穿着标志性的“圣经款凉鞋”和卡其布短裤，戴着“傻子帽”[2]——一脸怀疑地盯着一张以色列地图，上面清晰地标明了 1967 年的边界，形状像一把可怕的刀，一名和蔼可亲的鸽派人士则解释道：“别担心，恐怖主义能通过政治解决。”22 在同一时期，有 17 名巴勒斯坦人被以色列人杀害，但一如既往地不怎么引人注意。梅龙·本韦尼斯蒂评论道：“与巴勒斯坦人隔离，意味着再次划定以色列公民能够感到安全的心理边界。”23

在 5 月开始的第五轮挪威秘密谈判中，以色列首次派遣官方代表与巴解组织会面——这是一项重大承诺，也意味着风险倍增，因为走漏任何风声，都会将这一进程暴露在严酷甚至致命的审查之下，尤其是在以色列国内。外交部办公厅主任尤里·萨维尔（Uri Savir）和法律顾问乔尔·辛格（Joel Singer）建议，所有关于自治的协议都首先在加沙地带实行。巴勒斯坦人回答，杰里科也应包括在内（显然是担心“加沙最先”最终变成“加沙最后”），且两个地区通过“安全走廊”相连。这个问题和另一些问题，包括建立一支巴勒斯坦警察部队等，也在华盛顿会谈的讨论之列，因此成为其公开声明的主要内容。阿拉法特 6 月中旬告诉《国土报》：“我不能让人说，我为了加沙出卖整个西

[1] 以色列漫画家卡里尔·加杜什（Kariel Gardosh，1921—2000），笔名杜什（Dosh），1956 年创造了象征以色列的漫画人物“舒里克”（Srulik）。——译者注

[2] “傻子帽”（kova tembel），放大的犹太小帽，近似渔夫帽，以色列民族象征服饰之一。——译者注

岸。”[24]不久后，在挪威的第七轮会谈中（恰逢美国首都的谈判重启），以色列人提出了以色列和巴解组织之间“相互承认”的想法，这对阿拉法特极富吸引力。“我相信，巴解组织渴望赢得以色列的认可，想让以色列将其视为合法谈判伙伴，并愿意为此付出高昂的代价。”辛格解释道。[25]拜林还说明了以色列如何看待此举：“如果双方能够相互承认，巴解组织就可以承诺结束因提法达，停止一切恐怖活动，在它抵达加沙时解除其他团体的武装，等等。”[26]鉴于数十年来的宿怨，这可真是堪称轰动的改变。但拉宾当时仍是小心翼翼的。

到了7月，他们就在商量以色列军队重新部署的细节以及巴勒斯坦警察的人数了。8月19日，萨维尔和库赖在奥斯陆签署了《原则宣言》(Declaration of Principles，缩写为DOP)。该宣言并未公开，双方仍然没有相互承认。佩雷斯和马哈茂德·阿巴斯在挪威会晤的消息于一周后传开，轰动一时。协议的详情开始泄露，谴责随之而来——首先来自哈马斯，然后是耶什亚（Yesha，犹大和撒马利亚）移民委员会，它们将《原则宣言》视为“叛国”。库赖已经预料到会有“担忧和恐慌，害怕遭到背叛”。[27]他是对的。法塔赫接受了这项协议，不过在巴勒斯坦和其他地方都有人强烈怀疑阿拉法特“遮遮掩掩、奸诈狡猾、反复无常、专制独裁的作风……财政管理不善以及为个人和政治目的滥用资金”。[28]不再是秘密的谈判继续讨论高度敏感的承认问题。[29]

贝鲁特巴解组织的代表沙斐格·豪特辞去了在该组织执行委员会中的职务，他的诗人同事马哈茂德·达尔维什也是如此。“我们，巴勒斯坦人民，向以色列献上了一切，仅仅是为了换取一个让步：以色列承认巴勒斯坦解放组织。这个承认让阿拉法特渡过了他人生中的一大难关。但我们应该问问自己，以色列为什么要救他。”人们对阿拉法特及其支持者的批判声色俱厉、不依不饶。“我离开了他，”豪特写道，“他身边都是一群要在加沙的沙漠和西岸的山丘上给他造出香港和新加坡的伪君子。”[30] 以色列境内掀起了轩然大波，这主要是由于阿拉法特多年来一直被妖魔化。成千上万的右翼以色列人在耶路撒冷贝尔福街上的拉宾官邸外抗议。接替伊扎克·沙米尔担任“利库德”集团领导人的本雅明·内塔尼亚胡（昵称“比比”）在指责总理“说谎”时，人们热烈欢呼，而他每次提到阿拉法特，都会引起阵阵响亮的嘘声。

草坪上的握手

《奥斯陆协议》于 1993 年 9 月 13 日在白宫草坪上签署。比尔·克林顿总统不得不好言相劝，明显不情愿的拉宾才与阿拉法特握手，这一生动的肢体语言，向电视机前的全世界数百万观众透露了他内心深处的感受。以色列人怀着难以置信的心情看着大群人涌进特拉维夫的酒吧和海滩举行庆祝。巴勒斯坦人因占领结束的前景而欢天喜地。萨利·努塞贝满怀兴奋地表示，这意味着“不再受士兵的骚扰，不再有路障，不再随意拘捕，不再没收土地，不再有定居点，不再有端着乌兹冲锋枪扮演封建领主的定居者”。但是法塔赫活动家们遭到了来自左右两派反对者的攻击。[31] 佩雷斯和阿巴斯在 1979 年签署埃以和平条约时使用的同一张胡桃木桌子上签署了这些文件。《临时自治安排原则宣言》（Declaration of Principles on Interim Self-Government Arrangements，以下简称《原则宣言》）包括 17 项条款和 4 个附件。它的目标是“在约旦河西岸和加沙地带建立一个民选的巴勒斯坦人民委员会，过渡期不超过 5 年，最终基于联合国安理会第 242 号和第 338 号决议，实现永久解决办法”。时间表已明确给出，5 年期限从以色列“撤出加沙地带和杰里科地区”开始计算。随后双方将就“权力和责任从以色列军政府移交……到委员会”的“临时协议”进行谈判。双方要在进入过渡阶段的 3 年之内商讨包括耶路撒冷、难民、定居点、安全、边界以及与其他邻国的关系和合作在内的各项问题。

签署《原则宣言》的同时，阿拉法特和拉宾之间进行了信件往来。巴解组织承认“以色列国有权和平安定地存在”，并承诺“通过谈判解决所有悬而未决的问题”。它宣布放弃使用“恐怖主义和其他暴力手段”，确切地表示“巴勒斯坦民族盟约中那些否认以色列存在权利的条款……现在无效且不再有效”。拉宾的回应很简洁，但具有史无前例的意义：“以色列决定承认巴解组织为巴勒斯坦人民的代表，并着手在中东和平进程范围内与巴解组织进行谈判。”以色列显然没有提到巴勒斯坦人的权利或是巴勒斯坦国。以色列人还坚持要求阿拉法特在给拉宾的信上署名为巴勒斯坦解放组织主席，而不是他自 1988 年宣布独立以来在通信中所用的巴勒斯坦总统。阿拉伯语单词“Rais”兼具这两种含义。而这是一个重要的区别。[32]

“具有历史意义”这个形容词被用得太滥了，但《奥斯陆协议》的的确确具有历史意义。它没有解决以巴冲突，但为此制定了一系列举措，其过程于双方都有利。相互承认取代了阿拉法特 1988 年在日内瓦的联合国大会上宣布的举措。考虑到阿拉伯人与犹太复国主义斗争的历史以及一个多世纪以来积累的敌意和猜忌，这算是迈出了非同寻常的一步。它首次赋予巴勒斯坦人在自己领土上的权力——而最关键的是，它既不是对住在那里的以色列人施加的权力，也不是对其边界的控制。它意味着巴解组织可以从 4 000 多千米外重返巴勒斯坦人的故土了，尽管面积有限。

然而，《奥斯陆协议》是一座危楼，将无数人交付到命运的掌中。它是模糊而开放的：没有说明最终目标。双方实力是如此悬殊，以至于该协议的许多批评者谴责整个过程就是以色列给巴勒斯坦人的“外包”或“遥控占领”，[33]或是用间接的“新殖民”统治替代直接殖民统治。双方都有没有明说的退路：以色列人继续占领被占领土，巴勒斯坦人重返抵抗运动。以色列最重要的收获——巴勒斯坦人的承认和他们停止战斗的保证——是立竿见影的。但这仍未触及冲突的核心所在——双方的差距判若云泥。这是一个致命的缺陷，将在接下来的几年里被人无休止地争论。后来一位专家认为，由于以色列已得到了其领导人想要的大部分东西，因此没有多少进一步忍痛妥协的动力，特别是那些要在国内付出巨额代价的让步。“事实上，以色列掌握了大部分利益……这意味着巴勒斯坦人几乎没有动摇以色列谈判人员的手段。”另一个严重问题是在出现分歧时没有正式的仲裁者。[34]对巴勒斯坦人的身份和政治至关重要的难民问题也被边缘化了，而巴解组织准备从北非荒野回归有限的家园。对于1948年的难民来说，马哈茂德·达尔维什提出的辛酸无比的问题没有答案：“在最后一片天空之后，鸟儿将飞向何方？”[35]

即使是对《奥斯陆协议》最热心的巴勒斯坦支持者而言，挑战的难度也显而易见。阿巴斯告诉突尼斯的巴解组织中央委员会：

> 这项协议的深层内核是要么独立建国，要么承认占领。这一切都取决于我们应对它的心态……而我们是受过良好教育的人。作为个体，我们在全世界都有所建树。现在考验到来了：我们能否创立重建这片焦土的组织机构？革命与治国的思路是截然不同的。如果要建设这个国家，我们都要穿上新的袍子，

用新的方式去思考。[36]

法塔赫中央委员会以12票对6票通过了宣言。哈马斯和伊斯兰圣战组织强烈反对。“人阵”认为,《奥斯陆协议》是“巴勒斯坦民族斗争史上最大的一次打击”。“人民阵线–总指挥部”的艾哈迈德·贾布里勒扬言要杀掉阿拉法特，警告说该协议将“引发内战”以及对因提法达的清算。[37]

在以色列，议会为期两天的辩论于9月23日结束，共有61票赞成协议，50票反对，8票弃权。拉宾联盟之外的阿拉伯政党支持政府。对于如此重要的协议来说，这只是微弱的多数通过而已。工党支持者将这个问题视为**双方**的战略选择。“巴勒斯坦人明白，他们不是为了获取想要的东西，而是为了挽救能够得到的东西而斗争,”能言善辩但当时在政界边缘化的阿巴·埃班评论道,“除了在加沙肮脏的小巷里追捕扔石头的巴勒斯坦人之外，以色列人还有更有意义的事情要做。”[38] 埃班的工党犹太复国主义观点抓住了以色列支持《奥斯陆协议》的最积极因素。但怀疑者极度担心巴勒斯坦人的行动是战略性的，符合巴解组织在所有被解放的领土上建立“国家权威”，直到全部领土都获得解放的旧战略。因此巴勒斯坦对以色列的承认，被斥为一种服务于消灭犹太国家的“真正”长期目标的花招。“利库德”集团的前总理伊扎克·沙米尔指责拉宾为了与阿拉法特——这个他认为已经破产、名声扫地还面临着巴解组织解体的人——确立“过去难以想象的伙伴关系”而采取了“仓促得离谱的行动”，而且“完全是暗箱操作”。“有史以来第一次，以色列政府交出了一部分‘以色列地’，为在犹大、撒马利亚和加沙建立一个几乎必然出现的巴勒斯坦国铺平了道路——尽管其领导人再三发誓这种糟糕的可能不会成为现实。”[39] 1994年1

月，约旦河西岸的定居者展开了建立新前哨的“双重行动”（Operation Machpil），以确保领土不会被拱手让人。在自由派评论家梅龙·本韦尼斯蒂看来，阿拉法特此举的真正含义一目了然：

> 他与以色列第一位也是唯一一位土生土长的总理、犹太复国主义创始人的后裔握了手，这是一种投降的举动。出于对被征服的本民族的责任，他提出条件并乞求胜利者宽宏大量。因为他已经料到，除了承认失败之外别无选择。[40]

在加沙和杰里科，巴勒斯坦人对《奥斯陆协议》的支持率最高，这或许反映了近在咫尺的变化对当地的影响。[41]尽管如此，仍有人对该协定未包含以色列人拆除定居点的承诺表示担忧。一度毫不知情的华盛顿会谈巴勒斯坦谈判小组表达了更为彻底的反对意见。阿卜杜勒-沙菲因发现奥斯陆渠道而深感心痛，指出该协议“用泛泛而谈的形式留下了广阔的解释余地”。[42]费萨尔·侯赛尼称《奥斯陆协议》“不是和约，只是一个旨在实现和平的宣言”。[43]哈楠·阿什拉维对未能获得以色列的任何保证严加批评。“这不在于谁达成了协议，而在于它是什么协议，”她告诉阿巴斯，自己和同事没有感到被操纵，“我没有因为被排除在外或是被蒙在鼓里而觉得自尊心受刺激。我们了解以色列人，也知道他们将竭尽全力地利用占领者的权力；等你获得永久地位时，以色列已经永久改变了既定事实。”[44]美籍巴勒斯坦知识分子爱德华·萨义德抨击了巴解组织的“怯懦卑劣”，他认为以色列领导人从未打算促进巴勒斯坦人的自决和建国，而是要将占领永久化，并将自治严格局限于市政事务。协议签署不到一个月，他就愤怒地总结道，《奥斯陆协议》就是“巴勒斯坦版《凡尔赛和约》”：

既然兴奋劲儿已经过去，那就可以按必要的常识重新审视以色列和巴解组织的协议了。如此审视一番就会发现，这项交易比原先人们认为的更加漏洞百出，而且对大多数巴勒斯坦人来说，要比预想的情况还不利。在白宫上演的这场粗俗的走秀表演中，亚西尔·阿拉法特丢人现眼地感谢大家剥夺他大部分人民的权利，比尔·克林顿则稀里糊涂地摆出一副郑重其事的姿态，那场面就像20世纪的罗马皇帝引导两位附庸的国王进行调停与顺从的仪式：所有这些只是暂时掩盖了巴勒斯坦人那着实令人震惊的投降比例。[45]

与敌共舞

双方都聚集了一批反对《奥斯陆协议》的人，但推动协议实施的动作速度更快。激动与怀疑的气氛相互交织。10月，巴勒斯坦和以色列的谈判代表同意释放第一批共1.2万名巴勒斯坦囚犯。官员们在开罗和阿里什见了面。美国国务卿沃伦·克里斯托弗（Warren Christopher）破天荒地在突尼斯会见了阿拉法特。希蒙·佩雷斯与亚西尔·阿比德-拉布（Yasser Abed-Rabbo）在巴黎会晤，但未能就杰里科周边的撤军范围达成一致。11月，“辛贝特”负责人雅科夫·佩里、以色列国防军副总参谋长阿姆农·利普金-沙哈克（Amnon Lipkin-Shahak）与法塔赫安全部门的两名负责人穆罕默德·达赫兰（Mohammed Dahlan）、贾布里勒·拉吉布在日内瓦举行会谈，并达成了一项反恐合作协议。[46]这两名巴勒斯坦人曾在以色列坐过几年牢，他们说的希伯来语充满了最最粗鄙的俚语，而这有助于建立“亲密友好的关系”。[47]佩里还会见了法塔赫情报局局长阿明·辛迪（Amin al-Hindi），以色列人认为此人曾参与谋划1972年的慕尼黑奥运惨案。他们在美国人安排下的第一次碰面气氛紧张，这是情有可原的——也许是因为慕尼黑惨案的另一个涉嫌策划者，阿提夫·巴萨苏（Atef Bseiso），1992年在巴黎被人暗杀，而杀手可能是以色列特工。这两名间谍在辛迪不久获准返回加沙后仍保持着联系。[48] 拉宾显然尤为热衷于把安全问题移交给阿拉法特。"巴勒斯坦人在这方面会比我们做得更好，"他表示，"因为他们不会允许向最高法院提出上诉，还会禁止以色列民权协会（Israeli Association of Civil Rights）进入该地区，以免其批评现状。他们将以自己的方式统治。最重要的是，这样一来，以色列士兵就不必做他们不得不做的事了。"[49] 以色列人权活动人士将之视为对他们效率的明褒实贬。[50]

随后在1994年2月，一记重击到来，发动者是《奥斯陆协议》的狂热反对者。巴鲁克·戈尔茨坦（Baruch Goldstein）是一名美国出生的移民，住在阿尔巴镇，他身穿军装，持突击步枪在希伯伦的易卜拉欣清真寺残杀了29名信徒的生命。紧接着发生的屠杀中，又有5名巴勒斯坦人在希伯伦死亡，另有6人在被占领土其他地方丧生。受伤人数更是远多于此。戈尔茨坦在他的枪哑火之前射出了100多发子弹，后被幸存者制服并殴打致死。戈尔茨坦所做之事是个人行为，但他的想法远非独一无二。这是以色列统治26年来同类事件中最严重的一起，在漫长而血腥的冲突史中也堪称恶劣至极。戈尔茨坦是一名医生，也是"卡奇"运动的支持者，他是以色列人的反阿拉伯偏见最极端的展现。他还渴望复仇：1993年12月，他来自阿尔巴镇的朋友父子两人在希伯伦遇害。拉宾在谴责这起杀戮事件时一心强调戈尔茨坦的美国背景。"被妖魔化的敌人成为合法的对手，就历史性和解的细节讨价还价，这一进程被阻断了，还有可能逆向而行，"阿摩司·埃隆评论道，

“这件事表明了一个人的险恶冲动是如何影响到阿以关系的。”[51] 开罗和塔巴举行的谈判中断了，直到一个多月后才恢复，其间死亡人数进一步上升。阿拉法特呼吁国际上为巴勒斯坦人提供庇护。愤怒的定居者谴责拉宾，数百人聚集在戈尔茨坦的墓地表达对他的怀念。驱逐希伯伦定居者的压力也在增大，但拉宾未能妥善回应。后来人们认为这次错失机会造成了悲剧性的后果。

报应很快到来。4 月 6 日，一辆汽车在阿富拉（Afula）一个公交车站发生爆炸，造成 8 名以色列人死亡，44 人受伤。哈马斯称这是对希伯伦大屠杀的报复。这是一种骇人听闻但意义重大的新现象——巴勒斯坦人针对以色列平民发起的第一次自杀式炸弹袭击。“哈马斯的战略，是加强对军事目标和定居者目标的行动。”一名发言人说，“我们认为哈马斯有权在巴勒斯坦境内采取任何行动。”后来人们得知，这次袭击是由该运动的主要炸弹制造者叶海亚·阿亚什（Yahya Ayyash）策划的。阿亚什被以色列人戏称为“工程师”，他马上就成了“巴勒斯坦的最大通缉犯”。一周后在哈代拉，一枚公交车炸弹杀害了 5 名以色列人，引爆装置的西岸少年也一同死亡。哈马斯称该事件是一系列袭击中的第二次，总共会有 5 次袭击。法塔赫似乎被竞争对手日益增长的吸引力所震惊，开始在公告和口号中强调伊斯兰用语。访问南非时，阿拉法特将《奥斯陆协议》比作《侯代比亚和约》（Treaty of Hudaibiyah），那是先知穆罕默德在弱势时同拒绝接受伊斯兰教的阿拉伯部落古莱氏（Quraysh）签订的，但先知在力量壮大后便打破了它。以色列倾向的解释是，阿拉法特的言论暗示他未来将毫不犹豫地违反《奥斯陆协议》的条款，重启战端。加沙人则认为阿拉法特是在“努力用带些历史意义的比较来宽慰人民，尽量缓解人民因无能为力和挫败而产生的痛苦”。[52]

1994年5月4日，拉宾和阿拉法特在胡斯尼·穆巴拉克的主持下于开罗会晤，签署了加沙—杰里科自治协议。它呼吁在五年内达成最终的和平条约。协议还规定了巴勒斯坦安全部队的规模和装备，以及与以色列国防军联合巡逻的安排。当着电视摄像机和数百名贵宾的面，阿拉法特在杰里科地区的地图上面签字之前，忽然显出一副犹豫不决的样子。这种做作的行为令人既啼笑皆非又难以信服。“没有一个巴勒斯坦人……把他的表现误解为强硬，除了矫揉造作之外什么也看不出来，”一名评论家指出，“他们知道他已经接受以色列人割让给他的任何领地，而且在最关键的主权问题上也已步步退让。”[53] 穆巴拉克因为仪式被破坏而对阿拉法特十分生气，有人听见他呼之为狗娘养的（kalb, ibn kalb）。[54]

在接下来的几天里，以色列人撤离了加沙和杰里科，并将军事基地和警察局移交巴勒斯坦部队。巴解组织官员，包括拉吉布和达赫兰等众所周知当过囚犯的官员，从突尼斯和黎巴嫩纷纷抵达。巴勒斯坦解放军的将军纳赛尔·优素福（Nasser Youssef）享有总指挥权。人们心潮澎湃。“几乎所有的加沙人都欣喜于摆脱占领，也都很乐意接纳那些被普遍称为‘我们的同胞’的人”，一名记者在报道时写道：

> 其表现是人们自发地赠送食品、家具、建筑材料、电视机来慰劳部队。军事司令部大门对面的照相馆“莉娜工作室”的橱窗中也体现了这一点，那里有无数新英雄与其亲朋好友的合影，还有些人仅仅因为想同穿制服的巴勒斯坦人一起拍照，就和他们合了影。[55]

《奥斯陆协议》与《巴黎议定书》（Paris Protocol）是有关联的，

后者规定了过渡时期以色列和巴勒斯坦民族权力机构之间的经济关系。它使巴勒斯坦的经济维持了既融入又依赖于以色列的状态，反映了双方悬殊的经济实力和巴勒斯坦人进入以色列劳动力市场的需求。以色列人完全控制着外部边界以及进口税和增值税的征收，因此能够将转移支付[1]作为施压或惩戒的手段，这一点对他们极为关键。

回归

1994 年 7 月 1 日，阿拉法特在穆巴拉克总统的陪同下前往拉法赫边境口岸，进入加沙，迎接他的是在炎炎烈日下等候的人群的欢呼声。这是巴解组织领导人自 1967 年以来，相隔超过四分之一个世纪，第一次踏上巴勒斯坦的土地。前往加沙市的途中，在 15 个飞地犹太定居点之一的达罗姆村（Kfar Darom），阿拉法特的车队经过了挥舞着蓝白色以色列旗帜的抗议者，与巴勒斯坦警察共同控制这段道路的以色列军队则守卫着他。“杀死凶手”，他们的一条横幅上写着。另一条上则是“阿拉法特 = 希特勒”。抵达后，阿拉法特在原先的立法委员会的阳台上发表讲话，并为自己和拉宾“勇敢的和平”辩护，直到几周前，那里还是以军总部。“我想提醒你们，我们面临一项重大使命……要建设这片家园，建立我们自己的组织，重建以色列占领所摧毁的东西，”阿拉法特宣布，“我们需要民族团结。民族团结。团结，团结，团结起来！”[56]本着这种精神，他要求释放哈马斯领导人谢赫艾哈迈德·亚辛，并以巴勒斯坦革命“殉道者们”的名义发誓，耶路撒冷将成为他们独立国家的首都。这是意义深远的一刻。两天后，他

[1] 转移支付是收入再分配形式的一种。——译者注

访问了贾巴利亚难民营的一所学校。这是该地区最大的难民营，也是1987年因提法达的发源地。当时，一架以色列直升机就在他头顶盘旋，而他的警卫想方设法地保护他。“我知道你们当中有许多人认为《奥斯陆协议》是一个糟糕的协定，”阿拉法特以出人意料的直率告诉呼喊着的人群，“这是一个糟糕的协议。但它是我们在最糟糕的情况下能够获得的最好的东西。”[57]后来有人发现，阿拉法特趁机偷带了一个名叫马姆杜·诺法勒（Mamdouh Nofal）的顾问入境，他是“解放巴勒斯坦民主阵线”1974年对马洛特发动袭击时的军事指挥官，并且在以色列人的黑名单上：以色列人坚持要求他和另外三人离开该国领土。[58]这直截了当地提醒了人们权力究竟掌握在谁的手中：“‘回归’闪闪发亮的象征伴随着它的阴影——巴勒斯坦在建国进程中……要屈服于以色列压倒性的力量，依靠它的宽宏大量和愿意提供的帮助。”[59]然而诺法勒事后回忆，阿拉法特已经确信以色列的承诺必将使巴勒斯坦建国，他还对以色列军队离开杰里科和加沙并重新部署感到“欣喜若狂”。

> 正是这种信念导致他和参与《奥斯陆协议》的团队没有审核协议文本。他对自己接受游戏规则后再加以改变的能力信心满满，就像他在马德里会议上所做的那样，他同意将巴解组织排除在华盛顿会谈之外，但后来还是强行插手了。[60]

整个夏天，事情都在向前发展。以色列-巴勒斯坦联合巡逻开始了，尽管双方在人数、装备和能力方面的差距大得惊人。“我们进入加沙的那一刻，我的神啊，和平看起来已经到来，”法塔赫成员纳比勒·沙斯回忆道，“我们进展很快，正在建立信任。”[61]“辛贝特”与杰里科的纳吉布和加沙的达赫兰（二人是阿拉法特指令的执行者）建立了紧密联系，尽管这种联系尚未成为法律框架内的固定成分。然而“辛贝特”的人逮捕罪犯和反对派活动家，包括疑似支持哈马斯的人，引起了一些直言不讳者的抗议。据“大赦国际”（Amnesty International）组织计算，截至 1994 年年底，共有 800 多人因政治原因被拘留。这些人不允许与律师见面，其中大多数人从未接受过审判。哈马斯呼吁巴勒斯坦安全官员“不再与以色列勾结并对付抵抗战士，而是加入圣战”。

1994 年 10 月，哈马斯绑架了年轻的以色列士兵纳赫逊·瓦克斯曼（Nachshon Wachsman），让政府在 24 小时内释放包括亚辛谢赫在内的 200 名巴勒斯坦囚犯，一场新的危机爆发了。拉宾致电阿拉法特，要求他和巴勒斯坦民族权力机构保证这名士兵的安全。这出无望的悲剧开场时，他们两人就快因为签署的和平协议获得诺贝尔奖了。以色列人最初以为这名士兵被关押在加沙，但实际上他是在耶路撒冷附近的一个仍然处于以色列国防军控制下的村庄里，而且在一次失败的救援行动中被绑架者杀害了，一同身亡的还有一名以色列军官和三名哈马斯武装派别“卡萨姆旅”（Qassam Brigades）的成员。据信巴勒斯坦情报部门追踪到了绑架者并传信给以色列方。哈马斯的支持者走向加沙中央监狱，哀悼绑架者。数百人被围捕。然而拉宾内阁再次顶着右翼分子的抨击，投票决定恢复与巴解组织的会谈。

一周后，在特拉维夫市中心正值早高峰的迪岑哥夫大街，一个人体炸弹袭击了一辆 5 路公交车，22 名以色列人遇害。这是自 1978 年以来以色列境内最严重的恐怖袭击事件。阿拉法特谴责这起爆炸并表示哀悼。在国防部大楼外面，数百名抗议者举行了烛光守夜，高呼“拉宾去死”。内塔尼亚胡称，总理对《奥斯陆协议》签订以来的袭击事件负有“个人责任”。佩雷斯则警告道，哈马斯想让以色列人“失去理智，停止和平进程。这绝不可能”。但白宫草坪上的那出戏上演不过一年多，该进程便已四面楚歌。

10 月底，一片阴霾中传来了好消息，以色列和约旦缔结了和平协议——这是数十年的地下联络、侯赛因国王 1988 年从约旦河西岸“抽身”的政策，以及约旦方面毫不知情的《奥斯陆协议》的产物。侯赛因、拉宾、比尔·克林顿和 5 000 名嘉宾在约以边境阿拉瓦沙漠举行了“最好的敌人”之间的签字仪式。阿拉法特显然没有受到邀请；他谴责这项协议，认为它冷落了巴勒斯坦人的追求和怨愤，还正式承认约旦对东耶路撒冷穆斯林圣地的监护权。与拉宾和哈希姆君主之间昭昭在目的诚挚情谊形成鲜明对比的，是以色列和巴勒斯坦领导人之间充满猜疑和坎坷的关系，以及他们面对的千难万险。即便如此，哈马斯和伊斯兰圣战组织仍在继续发动袭击，迫使他们密切合作。

11 月，夹在拉宾和自己人民中间的阿拉法特参加了被以色列人暗杀的伊斯兰圣战组织激进分子哈尼·阿比德（Hani Abed）的纪念活动。人们对他冷嘲热讽并高呼其为“通敌者”，他头上的卡菲耶也被撕扯下来。此后，阿拉法特对抗伊斯兰主义者的态度更坚定了：几天后，14 名巴勒斯坦人在“黑色星期五”被加沙警察枪杀——这是自以色列撤军以来内部骚乱最严重的表现。令人忧虑的兆头已经不容忽视：人们感到幻灭，而且没有得到明显的好处，于是逐渐减少了对《奥斯陆协议》的支持，而伊斯兰主义者优势渐长。巴勒斯坦民族权力机构的安全部队向法塔赫活跃分子敞开了大门，巴勒斯坦警察人数从 8 000 增加到 1.8 万左右。[62]“拉宾和阿拉法特都无法阻止哈马斯，”阿卜杜勒-沙菲警告道，“只有人民才能阻止它。但是他们得有值得守护的东西才会去阻止它。”[63] 以色列政府同样背负着沉重的压力。1995 年 1 月，内坦亚城外拜特利德村（Beit Lidd）一个公交车站发生了双重自杀式炸弹袭击，就在国防军工作人员周末休息回来常去的咖啡铺子附近，造成19名士兵死亡。伊斯兰圣战组织声明对袭击事件负责，并称这两名“殉道者”是加沙地带的居民。拉宾察看现场时，群情激愤的人们怒吼着“叛徒！”和“还要多久？”，攻击了他的车。

第二十章

1995—1999

隧道尽头唯一的亮光，是下一次恐怖袭击炸弹的闪光。

——纳胡姆·巴尔内亚，1997 年[1]

和平刺客

1995 年 11 月 9 日晚，3 名巴勒斯坦贵宾驱车赶往加沙地带北部，登上一架以色列军用直升机，从海边飞往特拉维夫的斯德多夫（Sdeh Dov）机场。他们在层层安保下被护送到附近的伊扎克·拉宾的家中，向他的遗孀莉娅表示哀悼。亚西尔·阿拉法特穿着橄榄绿色的作战服，但没有戴标志性的卡菲耶，脑袋在相机的灯光下显得极其光秃宽阔。他坐在那位悲伤的女人身边，在束束鲜花前面喝着茶。奇异得如同幻觉的事发生了，阿拉法特展示了他非常有限的希伯来语知识。[2] 在短暂的飞行途中，这位巴解组织领导人拒绝俯望以色列灯光闪烁的风景，甚至连雅法的哈桑贝克清真寺 [1] 著名的尖塔也没有看一眼，而是

[1] 哈桑贝克清真寺（Hassan Bek mosque），建于 1916 年，其尖塔曾毁于冲突并重建，对于雅法的阿拉伯人意义重大。——译者注

“一直低着头，不看左右……整趟奇怪的旅程期间都是如此，尽管这是我们一生中难得的机会，能够看看我们心爱的国家”。参与《奥斯陆协议》谈判的艾哈迈德·库赖从未问过阿拉法特，为什么他不想看到“历史上的巴勒斯坦”的全景，但库赖推测，“也许他还记得这里过去的样子，不想看到如今它变成了什么样子”。[3] 阿拉法特因为穿戴黑色外套和帽子，没有被拉夫阿希街（Rav Ashi Street）拉宾的公寓外等候的人群认出来。这是他自 1967 年战争后执行抵抗占领的秘密使命以来，第一次踏上以色列的土地。

5 天前，拉宾被一名犹太右翼极端分子暗杀身亡，这沉重打击了《奥斯陆协议》，也打击了阿拉法特向莉娅、她的家人和聚集在此的以色列人所称赞的“勇敢的和平”。这栋摇摇欲坠的临时建筑本就遭受着两边敌对者坚持不懈的猛烈抨击，刚刚又失去了两位有勇气建成它的领导人之一。当纳比勒·沙斯报告拉宾被谋杀的消息时，阿拉法特回答：“和平进程今日终结了。”[4]

阿拉法特通过美国驻耶路撒冷领事要求参加葬礼，但临时接任以色列总理的希蒙·佩雷斯以安全问题为由拒绝了。[5] 但库赖代表巴解组织参加了拉宾在赫茨尔山（Mount Herzl）下葬的庄严典礼，在场的 5 000 名悼念者中包括比尔·克林顿、侯赛因国王和胡斯尼·穆巴拉克。库赖事后回忆起以色列国防军直升机机组人员的殷勤关切，他们曾将阿拉法特、法塔赫老兵马哈茂德·阿巴斯和他自己送往特拉维夫；而这种飞机过去通常用于追杀巴勒斯坦战士。时代似乎真的变了。

犹太右翼极端主义者伊加尔·阿米尔（Yigal Amir）在特拉维夫以色列国王广场（Kikar Malchei Yisrael）一个支持和平的集会上射杀了拉宾，他认为这是自己的使命。这个来自海尔兹利亚的法学生两年来一直在筹划谋杀，有一次他已经拔出了伯莱塔手枪，想要刺杀总理，但在最后一刻放弃了。一年前，他还参加了希伯伦大屠杀制造者巴鲁克·戈尔茨坦的葬礼。以色列的政治气氛已然危机四伏，分歧严重。拉宾被描绘成头戴卡菲耶、身穿纳粹党卫军制服的形象，耶路撒冷一次以本雅明·内塔尼亚胡为主要发言人的反《奥斯陆协议》示威活动就是这样描绘他的。“人们高呼‘拉宾是婊子养的’‘凶手’，因为他‘将国家带到奥斯威辛集中营的大门口’‘与魔鬼阿拉法特达成协议’而辱骂他。”[6]阿米尔是个孤僻的人，但他获得了朋友、支持者以及更广泛的拥护。极端主义的拉比们已经形成了这样一种观念，即总理的政策构成背叛，为了犹太人民的利益杀了他情有可原。11月4日的枪击事件发生后，25岁的阿米尔立即被拘留。他的镇定自若令调查人员惊讶，他甚至要了一杯酒——“一杯杜松子酒”——以庆祝“拉宾之死”。“我是独自听从上帝的命令行事的，我不后悔。”他告诉他们。[7]

拉宾对恐怖主义并不“心慈手软”，也没有纵容阿拉法特。在谋杀发生前6个月，哈马斯的自杀式炸弹袭击者在加沙地带杀害了7名以色列士兵，总理对此予以严厉制裁。[8]阿拉法特理论上仍致力于打击伊斯兰主义者，逮捕了数百人，并一再警告哈马斯和伊斯兰圣战组织尊重奥斯陆协定。然而，无论他是不愿还是不能——也许两者兼而有之——施以足够力度的打击，每次巴勒斯坦人的袭击似乎都遵循着一种明确的战略，为以色列强硬派提供着理由：7月份在拉马特甘（Ramat Gan）杀死5名以色列老人的公交车炸弹事件，似乎有意选在奥斯陆谈判下一阶段完成的最后期限之前，引发了协商中的以色列与巴解组织间的危机。爆炸案后的一项民意调查显示，52%的以色列人认为会谈应该中断，只有37%表示应该继续。法塔赫控诉不知名的“躲在新闻头条和口号背后的叛徒”阴谋阻挠以色列从西岸撤军和释放巴勒斯坦囚犯之事。[9] 每次炸弹袭击都会招致以色列的惩罚性反制措施——大规模逮捕、宵禁，以及最重要的长时间关闭过境通道——这给普通巴勒斯坦人的生活造成了巨大困难，减弱了人们从已发生的变化中有所获益的感觉。

但他们仍在艰难前行。1995 年 9 月，奥斯陆二号（Oslo II）协议在埃拉特附近埃以边境的塔巴举行的会谈中最终敲定。它规定了巴以在就“永久地位协定”进行谈判的过渡期间的双边关系。这份 300 多页的协议含有大量附件，涉及除东耶路撒冷外的整个西岸，以及一项循序渐进的以色列撤军计划。扩充后的巴勒斯坦安全部队——当时已有 3 万名警察和 6 个独立分支——负责“打击恐怖主义，制止暴力事件，防止煽动暴行”。区域协调办事处（District Co-ordination Offices）也成立了。艾伦比大桥和拉法赫过境处的边境通道由双方各自安排，巴勒斯坦方的正式管控是由穿制服的警察和国旗体现的，不过以色列一侧的情况被挡在了单面镜的后面。[10] 协议中最夺人眼球的是建立“巴勒斯坦临时自治政府”和巴勒斯坦议会的部分，人们得以首次展望选举的前景。

然而，更为重要的部分是其定下的领土安排。被占领土划分为三个区域：A 区由巴勒斯坦城镇和市区组成，占领土面积的 2.8%，巴勒斯坦民族权力机构全权负责此处的法律和秩序；B 区包括村庄和人口稀少的地区，占西岸的 22.9%，巴勒斯坦民族权力机构要在此维持公共秩序，而以色列人保留了对安全的全面控制；最大的部分是 C 区，占领土面积的 74.3%，含有重要的农业区和水源，以色列人对这些地区的安全和公共秩序保有全面责任。这意味着巴勒斯坦民族权力机构负责管理**所有**巴勒斯坦居民，但仅能完全掌控 2.8% 的土地。[11] 西岸和加沙地带被视为一个区域单位，但是有个至关重要的总体性保留条件——

“‘永久地位’协商中将要讨论的问题除外”。巴勒斯坦人对和平进程的支持率正是在此时攀上了最高峰：71%。即使是在学生这个通常是巴勒斯坦人中最强硬的群体内，对谈判的支持率也从 1994 年 1 月的 44% 增加到了 1995 年 8 月至 9 月的 62%，同期反对率从 47% 下降到 24%。[12] 1995 年 10 月，奥斯陆二号协议获得了 72% 的支持率，这是和平进程有史以来的最高点。然而在以色列，议会对奥斯陆二号协议的投票反映了逐渐强硬的情绪：它在 10 月初仅以 61 票对 59 票的微弱优势通过。“利库德”集团宣称拉宾政府已决定不惜一切代价签署协议，右翼对此怨声载道。“利库德”资深议员埃利亚胡·本–埃利萨尔（Eliyahu Ben-Elissar）称之为“以色列史上的黑暗一日”。不久之后，内塔尼亚胡参加了一个重申“忠于‘以色列地’”的仪式，并拜访了希伯伦的定居者，他同情哪一方自然也就清楚了。整整一个月后，拉宾去世。

定居恩怨

从 1967 年起，尤其是自 1977 年“利库德”集团上台以来，定居一直是一个高度敏感的问题。而在《奥斯陆协议》签署后，由于以色列渴望在最终和平方案到来前确立更多既定事实，定居的重要性更是大大增加。1995 年 1 月，拉宾、阿拉法特和希蒙·佩雷斯获诺贝尔和平奖一周后，拉宾承诺以色列不再建设新的定居点，且不会再没收土地，除了用于在西岸开通旁道，以分流阿拉伯人和犹太人并减少摩擦的土地之外。[13] 然而没过几天——在拜特利德发生爆炸并造成 19 名士兵死亡后——内阁就批准在西岸建造 2 200 余套住房。东耶路撒冷的建设工作如火如荼地进行着，总是被以色列人用特许或是变更排除在规定之外。这些公告似乎是故意挑这样的时间发布的。在耶路撒冷以南的贾巴阿布吉内姆（Jebel Abu Ghneim）地区——希伯来语中称为哈尔霍马（Har Homa）——建造 6 500 个住宅单元的计划也被公布出来。这片森林覆盖区位于该市 1967 年后单方面扩展（未获得国际公认）的边界内，是伯利恒及周边村庄巴勒斯坦家庭的热门野餐去处。巴勒斯坦和以色列的批评者认为，它在与伯利恒相邻的拜特萨霍内形成了一块天然腹地，因此这一在以色列国防军按计划撤出该城市前几周采取的举动具有挑衅性。“现在就和平”运动抗议道：“只有完全脱离现实的人才会相信，有可能建设这样一个巨型项目而不会对和平进程造成致命伤害。”整个 1995 年夏天，随着《奥斯陆协议》第二阶段临近，定居者们开始更有底气地直言不讳，警告称他们会向巴勒斯坦临时政府的安全部队开火，与一切将以色列人赶出家园的企图做斗争。活跃分子占领了新的山顶制高点，在耶路撒冷和拉姆安拉周边搭建临时营地，将“绿线”内部的支持者整车整车地运送进去。7 月，一群右翼拉比，包括一位前首席拉比，宣布了一条哈拉卡[1]古训，援引了 12 世纪学者迈蒙尼德[2]的话语，即国王的命令若违背《托拉》，便可无视：以当时的情况来讲，这意味着部队应该违抗所有撤离定居点的命令。这道律令遭到宗教界和世俗左右两翼共同的谴责，但备受定居者领袖欢迎。伊戈尔·阿米尔就注意到了它。奥斯陆二号协议没有对定居点问题做出明确承诺，仅是规定“在永久地位谈判得出结果前，任何一方都不得采取主动行动或任何措施改变西岸和加沙地带的地位”。[14]但上述举动无疑违背了协议的精神。

10 月下旬，萨尔费特（Salfit）作为 A 区的一部分，成为第一个移

[1] 哈拉卡（halacha），犹太教口传律法，后泛指书面和口头的所有律法。——译者注

[2] 迈蒙尼德（Maimonides，1135—1204），全名摩西·本·迈蒙（Moses ben Maimon），犹太教拉比，中世纪杰出犹太哲学家。——译者注

交给巴勒斯坦民族权力机构的城区。该地位于纳布卢斯以西，在那里能够看见撒马利亚最大的犹太定居点之一阿里埃勒的红色屋顶。萨尔费特的以军指挥部被拆除，起重机移走了防御汽车炸弹的混凝土屏障、岗亭和钢铁大门，水泥地基也被连根挖出。巴勒斯坦民族权力机构民政部总干事艾哈迈德·法里斯（Ahmed Faris）从军政府二号人物大卫·巴雷尔（David Barel）上校那里接手了这幢建筑。[15]杰宁、盖勒吉利耶和图勒凯尔姆紧随其后。12月，以色列人在圣诞节前三天离开了纳布卢斯和伯利恒，最后离开了拉姆安拉，这个正在成为新兴巴勒斯坦实体（无论其性质如何）临时首都的城市。以色列的撤离给人们的感觉是，《奥斯陆协议》尽管存在缺陷，但重大变化正在发生。访问拉姆安拉的新民政部的穆里德·巴尔古提（Mourid Barghouti）表示，如今巴勒斯坦人在多年来屡遭以色列人羞辱的地方会得到热情接待。[16]纳比勒·卡西斯（Nabil Qassis）是在高校工作的科学家，也是华盛顿会谈小组的成员，他说当时人们走来走去，看着穆卡塔区（Muqataa）以色列人曾关押和折磨被拘留者的空荡荡的牢房，感到“难以置信”。[17]

巴勒斯坦民族权力机构与以色列人的权力

按照《奥斯陆协议》，巴勒斯坦民族权力机构的作用仅限于民政事务和内部安全。随着其整体逐步成形，权力从因提法达活跃分子转移到了自突尼斯返回的巴解组织官员手中，这些人通常是法塔赫中央委员会和革命委员会的成员。民族权力机构的部长们往往是局外人，他们的副手则是曾在努塞贝的技术委员会工作的西岸或加沙人。[18]法塔赫建立了“一个基于专制的阿拉法特领导的官僚阶层和地方精英之间盟约的类国家机构”，正如一名专家所指出的，“这些精英享受到了他们无法从以色列那里取得的东西——政府的奖励与政治庇护，以此作为他们支持当局的回报”。[19]以色列人对突尼斯返回者与西岸及加沙当地人民之间的紧张关系了然于胸。[20]

阿拉法特任命的地区管理者和市长里有亲约旦的人物，他们是广大起义者的死对头。在加沙，一位当地“名人”被委任领导法塔赫时，人们群情激愤。“领导层已经把那些为这项事业奋斗、为之牺牲的人推到了一边，”一位活动家愤愤不平，“我们拒绝让那些在我们的人民挨饿时住在五星级酒店、吃着鱼肉和巧克力的人成为领导人。真正的领导者是那些阵地上的人而不是酒店里的人，是那些在监狱接受教育的人。”[21]工会和非政府组织的负责人被法塔赫的忠实支持者所取代，这些人“以事情可能会对阿拉法特的政治地位产生什么影响来判断一切”。

这位巴解组织领导人复制了他在科威特、贝鲁特和突尼斯时的执政方式，像部落里的谢赫那样接见请愿者和央求者。一名观察家评论道：“每个人都是受欢迎的——每个人，换句话说，就是除了有思想、有组织和有体系的人。”[22]阿拉法特倾听了两百名权贵对加沙公路系统崩溃、排水及电力和电话问题表达的不满，但在会议结束时，这些人全都排成一列，挨个与主席握手合影，他“就跟好莱坞明星似的”。[23]他的控制习惯在财务问题上表现得最为明显。其他人通通不能签署支票。[24]一名顾问回忆道：“阿拉法特从一开始就明白，安全、信息和金钱是领导力的基石。”[25]阿拉法特的手段被巴解组织内部人士戏称为“法哈尼规则”，这是他在1971年到1982年在贝鲁特郊区的法哈尼总部磨炼出来的。[26]他尤为关注“巴勒斯坦发展与重建经济委员会”（Palestinian Economic Council for Development and Reconstruction，简写为PECDAR），该机构是《奥斯陆协议》签订后由世界银行设立的，用于向巴勒斯坦民族权力机构提供援助。当阿拉法特任命自己为主席时，担任委员会理事的杰出经济学家优素福·赛义格辞职了。[27]萨利·努塞贝表示："如果钱没有流入他的金库，他就会失去收买潜在挑战者的能力。"[28]

巴勒斯坦解放军部队——其人员姓名曾受以色列人审查[29]——掌握着安全，吸收了"法塔赫雄鹰"（Fatah Hawks）、"黑豹"这类团体，为因提法达的忠实步兵们创造了就业机会，赋予了他们地位，尽管薪水微薄。许多被迫离开黎巴嫩并前往突尼斯和其他地方的人（及其家人）因此回到了巴勒斯坦。曾因1967年年底在西耶路撒冷一间电影院放置炸弹而入狱10年的法蒂玛·巴纳维（Fatima Barnawi）来到加沙指挥巴勒斯坦警察的妇女部队。在德哈伊什难民营，数十名曾经的囚犯被安全部队招募，另一些人则进入各个部委和机构担任文员、经理和董事，其中许多人过去是无业游民。巴勒斯坦民族权力机构就像大多数阿拉伯国家一样运作，通过为一群感恩戴德的人提供铁饭碗来收买人心。[30]"这对巴勒斯坦社会的影响是灾难性的，"从头到尾反对《奥斯陆协议》的穆斯塔法·巴尔古提悲叹道，"人们开始为了工作和金钱互相争夺，因谁会成为董事、副董事、副经理，还有自己能赚多少而担心——因为这关系到大笔金钱，其中一部分来自外界资助，一部分来自财政税收。"[31]新建的机关部委责任重叠且彼此矛盾，因此阿拉法特能够亲自干预并施加控制。"我们有领导人，"一位部长表示，"但我们没有领导层。"[32]

1996年1月举行的巴勒斯坦立法委员会88位成员和总统职位的选举，是对巴勒斯坦民族权力机构的合法性和受欢迎程度有限而无序的初次考验。"这片土地上从未举行过竞选，其事实上的统治者又是一个长期因不愿下放权力而臭名昭著的人，因此出现一定程度的混乱并不出人意料，”一名记者报道时称，“但随着竞选活动的进行，在大选中还发生了更令人不快的事情。”领导层选择将全国分为 16 个选区，并以得票最多者当选的方式选出代表，而没有采用可以按比例产生代表并鼓励选民站在国家角度思考的单一选区[1]名单选举制。反对者徒劳地指出，这在一个家庭仍旧重于观念的社会中会助长宗族的垄断，阻碍多元化和联合执政。政治学家哈利勒·什卡奇（Khalil Shikaki）评论道：“多数当选制可能适合稳定的民主国家，但它或许不适合存在深刻政治分歧且关于国族身份和领土边界的基本问题仍未解决的社会。”[33]

挑战阿拉法特的唯一候选人是萨米娅·哈利勒（Samiha Khalil），而这仅仅是摆出个姿态而已，她是一名受人尊敬的女权运动家，直言不讳地批评过《奥斯陆协议》。议会竞选偏向法塔赫。包括哈马斯在内的反对派发起运动抵制投票。独立候选人包含数十名心怀不满的法塔赫成员，他们不是没能在党内获得一席之地，就是被阿拉法特开除了。[34]纳比勒·沙斯、艾哈迈德·库赖和阿布·吉哈德的遗孀因媞萨尔·瓦齐尔（Intissar al-Wazir）等来自突尼斯的巴解组织高官在许多选区获得的选票都比当地人要多。[35]外国观察员大军由美国前总统吉米·卡特和来自欧盟、日本、挪威、加拿大的团队等组成。国际社会的关注大大增强了巴解组织领导层的合法感，这对于他们而言至关紧要。哈楠·阿什拉维这样高调的人物就是在其帮助下当选的。“阿拉法特告诉我，委员会中将会有大约 15 名女性，并补充说‘哈楠一个顶十个’，”卡特记录道，“大家都笑了。”[36]最终，投票结果的作用更多是巩固权力，加强承认，使巴勒斯坦与以色列的和平共处合法化，而非建立一个真正的民主国家。大选某一日的民调显示，奥斯陆原则的支

[1] 此处指将整个国家作为一个选区。——译者注

持率为 50%，只有 16% 的人反对。法塔赫获得了 57% 的支持率。[37]

安全仍是所有问题中最触动人们神经的部分，同时也像以往一样，是以色列的重中之重。选举前几日，以色列人终于成功捕获了叶海亚・阿亚什，以哈马斯炸弹袭击出名的“工程师”。这名巴勒斯坦境内最大的通缉犯死于加沙地带的拜特拉希耶（Beit Lahiya），死因是一个为以色列人工作的巴勒斯坦人给了他一部手机，手机里放置了爆炸装置。用监督了这场暗杀的“辛贝特”头子卡尔米・吉龙（Carmi Gillon）的话来说，阿亚什已经成了一个传奇，他有“匪夷所思的生存能力……部分原因是他从未在一个地方待过一小时以上”。拉宾曾亲口告诉阿拉法特，阿亚什已经身在加沙，但巴解组织的负责人坚称此人实际是在苏丹。总理警告他：“我知道他在这里，如果你没有找到他并将他交给我们，我就会撕掉整份协议，包围加沙。”[38] 数十万人参加了阿亚什在加沙的葬礼，高喊着：“我们要公交车，我们要汽车。”猎杀行动在拉宾任上就已展开，但下手的许可是由希蒙・佩雷斯批准的。它遵循了以色列的传统：消灭最危险的敌人，不计后果。前一年的夏天，伊斯兰圣战组织领导人法特希・什卡奇在从利比亚返回大马士革基地的途中访问马耳他，也被枪杀，杀手为据传是“摩萨德”特工的不知名枪手。

哈马斯卷土重来

1996 年 2 月 25 日，哈马斯展开复仇行动。在耶路撒冷，一枚装满钉子和滚珠轴承的强力炸弹在雅法路中央车站旁一辆挤满了人的 18 路公交车上轰然爆裂，致使 24 人遇害。另一名平民在阿什凯隆附近的一个公交车站遇袭身亡。伊斯兰组织称这是对杀害阿亚什的报复。不知是不是巧合，当时正好是巴鲁克·戈尔茨坦在易卜拉欣清真寺杀害 29 名巴勒斯坦人的希伯伦大屠杀事件两周年，这是对《奥斯陆协议》承受能力的一次早期考验。恐慌接连而至：一周后，又有一名哈马斯炸弹袭击者在耶路撒冷锡安广场附近登上一辆 18 路公共汽车，引爆了炸弹背心，造成 16 名平民和 3 名士兵死亡。翌日，一名炸弹袭击者在特拉维夫杀死了 12 人：

> 在以色列最繁华的城市中最热闹的地段，也就是迪岑哥夫大街和乔治王大街（King George Streets）的交界处，遍地都是尸体。化为废墟的店铺的碎片纷纷落在汽车残骸上，茫然而恐惧的购物者张皇失措地冲出现场。几分钟内，这个交叉路口就挤满了警察和泣鸣的救护车。秩序还没恢复，以色列电视台就在跟进现场直播了。摄像机拍下了这些尸体的细节，其中有些衣服已被炸飞，所有尸体都是烧焦的。还有一些令人揪心的孩童哭泣的场景，有些孩子还穿着为普珥节准备的漂亮衣裳。[39]

这场前所未有的街头屠杀——8 天内有 60 人死亡——给以色列的政治和《奥斯陆协议》的未来打上了巨大的问号。佩雷斯渴望走出拉宾的阴影，凭自己的努力赢取权力。2月初，他公开呼吁提前举行大选，让以色列人第一次直接投票选出总理以及他们选择的政党。总理选举的获胜者将成为组建执政联盟的支柱。2 月中旬，佩雷斯鼓吹其政府取得的成就，将与巴勒斯坦人之间的和平描述为“欣欣向荣，不同于爱尔兰和波斯尼亚”。两周后，哈马斯的炸弹袭击者们也参与了竞选，于是这种说法就显得难以服众了。“新中东”的说法——引发了对“好高骛远的”佩雷斯的讥诮嘲笑——从未显得如此空洞无物。这位民调支持率只有 20% 的工党领袖已经出局了。

以色列军队封锁了约旦河西岸和加沙，用宵禁和检查关卡施加旅行及贸易屏障，切断巴勒斯坦民族权力机构管辖的领土之间的道路，对哈马斯嫌犯发动搜捕。数以百计的村庄城镇因战略性布置的沟渠、沙土或石头路障而陷入瘫痪。自 1967 年以来，坦克首次沿整条“绿线”部署。在哈马斯获得过支持的地区，数十人被捕，巴勒斯坦安全部队同样进行了无差别扫荡，而且有人指控他们对扣押的人施加暴行。[40] 已知的自杀式炸弹袭击者的房屋被封禁，随即被拆除。

成千上万的巴勒斯坦人再次被迫中断在以色列的工作，自治区的经济损失惨重（据估计大致相当于国际资助者为支持巴勒斯坦民族权力机构而给予或承诺给予的数额）。哈马斯各机构被关闭。以色列空降兵突袭比尔泽特大学及周边村落，冲进宿舍和公寓，围捕学生，并将他们一齐赶到足球场上进行审问，之后民族权力机构的警察在这所大学里遭人群投掷石块。数百人被捕。“我们不知道谁更针对我们，是我们的政府，还是以色列人。”从这次包围中脱身的 20 岁加沙学子“易卜拉欣”抱怨道。之后不久，阿拉法特在访问拉姆安拉时遭到了更多的辱骂。[41] 学生会选举中，“哈马斯–伊斯兰圣战组织”联合参选，赢得了 52 个席位中的 23 席，而法塔赫只有 17 席。在拉姆安拉监狱，一名巴勒斯坦民族权力机构的安全官员告诉一名被拘留者：“你之所以在这里，是因为你被分进了这三类人里头：第一类是以色列人想抓的人，第二类是政府想抓的人，第三类是为了安抚以色列而逮捕的人，你们大多数属于这种类型。”[42] 策划不久前的公交车爆炸案的“卡萨姆旅”二把手哈桑·萨拉迈在希伯伦意外落网，以色列人方才满意。这对佩雷斯来说是趁手的助力。佩雷斯还指责伊朗是一个遥远但冥顽不化的敌人，在投票日之前怂恿“伊斯兰圣战组织和其他颠覆组织”袭击以色列。而在幕后，推进安全合作的力度已在增大，尽管在最佳时期也得处理一种棘手的关系——以色列人在面对巴勒斯坦任人唯亲、腐败无能的民族权力机构时那屈尊俯就、居高临下的姿态。[43] 巴勒斯坦人将哈马斯的壮大归咎于以色列的镇压，但佩雷斯和阿拉法特仍在开会讨论现状。佩雷斯明白合作是有限的。他解释道：

> （阿拉法特）不能作为一个代理人存在。你不能命令他。你还不得不给他奖励。很多人问我阿拉法特是否值得信赖……他没有成为犹太复国主义者，也不会成为犹太复国主义者……他是巴勒斯坦人的领袖，也将一直如此。我们可以作为伙伴进行和平会谈，但我们不能把他当成实现我们政策的工具。[44]

工党领导人很快就卷入了一场新的危机，这次是在黎巴嫩南部，以色列在长达 5 个星期的跨境交火中持续炮轰真主党据点，打击向北远至贝鲁特的目标。但在为期 18 天的“愤怒的葡萄行动”（Operation Grapes of Wrath）中，以色列的炮弹袭击了加纳（Qana）一个联合国基地，杀死了 108 名在一个集装箱中惊慌避难的平民，这一常规军事回应引发了深远后果。联合国的报告驳回了以色列声称这次屠杀是技术性错误导致的后果这一说法，于是黎巴嫩和整个阿拉伯世界的暴怒回应变得合乎情理了。巴勒斯坦人自然与黎巴嫩受害者感同身受。然而以色列的批评家指出，以色列国防军给出了解释：它是在袭击南部的什叶派村庄，导致平民向北涌入贝鲁特，促使叙利亚和黎巴嫩政府遏制真主党。[45] 5 月，民调结果显示佩雷斯领先 4% 到 6%，但在 5 月 29 日大选前两日仅领先 2%。以色列的阿拉伯裔选民——占选民总数的 14%——响应社区领导人进行抵制的呼吁，他们谴责这位工党领袖是

"儿童杀手""战犯"。人们后来发现，72%的阿拉伯裔选民投下了空白票或废票。[46]即便如此，右翼人士仍强调阿拉伯人对佩雷斯的支持，将之作为反对他的一大理由。佩雷斯以仅仅2.9万票的差距败选。他口齿伶俐的"利库德"集团对手以口号"内塔尼亚胡，造福犹太人"进行活动，赢得了组建新政府的权力。

进入"比比"时代

本雅明·内塔尼亚胡组建了以色列有史以来最右倾的联合政府。他在1996年6月19日的就职演说中，承诺鼓励在"以色列地"——包括内盖夫、加利利、犹大、撒马利亚和戈兰高地——建设"开拓性的定居点"，显然对"绿线"两端不加区分。"定居者，"他宣布，"是我们这个时代真正的开拓者，他们理应获得支持和赞赏。"8月，内阁一致表决同意取消对定居点的限制，恢复了工党政府时期暂停的部分项目。内塔尼亚胡从一开始就敌视《奥斯陆协议》，他认为巴解组织接受协议是一种欺骗，因为该组织仍致力于摧毁以色列。被任命为农业部部长的以色列国防军前总参谋长兼抉择党领导人拉斐尔·艾坦表示，必须重新审查《奥斯陆协议》。艾坦因为将巴勒斯坦人描述为"瓶子里被下了药的蟑螂"而为人熟知。然而，与国内外的担忧相反，内塔尼亚胡并没有摒弃和平进程，而是与阿拉法特在进入加沙的埃雷兹检查站打了个短暂而尴尬的照面，并同意继续举行会谈。"《奥斯陆协议》创造了一个新的现实，"尤里·萨维尔乐观地认为，"内塔尼亚胡不得不在他的信仰、他的政治支持者以及该进程产生的现实这不断失衡的三者之间努力调控。"[47]

9月，总理批准考古学家打开哈斯蒙隧道的新入口，这在耶路撒冷引发了严重骚乱。这条隧道连通苦路[1]和哭墙，距离阿克萨清真寺也不远。10年来，这个问题一直处于小心翼翼的商谈中，因此这一违背了安全部门负责人意见的决定看起来相当草率。然而，有人把它与不容置辩的以色列主权问题联系在了一起，接任泰迪·科勒克的耶路撒冷市长、“利库德”集团的埃胡德·奥尔默特（Ehud Olmert）便支持该立场。巴勒斯坦民族权力机构称对谢里夫圣所的任何干涉都是“对穆斯林的信仰及其习俗的攻击”。内塔尼亚胡坚持自己不会与阿拉法特直接交谈。阿拉法特对这等冷遇怒火中烧，发誓要迫使总理来联系他：他下令举行示威，挑衅以色列人。然后内塔尼亚胡立刻就给他打电话了。[48]冲突在阿克萨清真寺附近爆发并蔓延开来，造成7名巴勒斯坦人死亡。9月26日，以色列人派出了“眼镜蛇”直升机（Cobra helicopters），杀了44名巴勒斯坦人，其中25人死于加沙。坦克自1967年以来首次开入约旦河西岸，而在纳布卢斯约瑟墓（Joseph's Tomb）的一次交火中，7名以色列士兵在包括民族权力机构警察在内的一群人的袭击下丧生。激进的巴勒斯坦裔以色列人阿兹米·比沙拉（Azmi Bishara）总结道，巴勒斯坦民族权力机构已经证明，即使在它自己的“班图斯坦”内，它也“不准备扮演像黎巴嫩南部‘安全区’在以色列支持下的民兵那样的卖国贼角色”。[49]美国在冲突爆发后更强势地介入其中，把内塔尼亚胡和阿拉法特召集到华盛顿举行会谈，讨论和平进程的下一阶段：以军将在希伯伦按计划重新部署。根据奥斯陆二号协议，希伯伦已被排除在A区之外。

内塔尼亚胡对《奥斯陆协议》发自内心的抵触形成了一种更微妙的政策，即每一环节都拼命地斤斤计较、拖延实施、独断专行，而且

[1] 苦路（Via Dolorosa），耶路撒冷老城内的一条街道，据传是耶稣被钉上十字架受难前所走之路。——译者注

什么问题都怪罪对方。“我们的目标不同于”前任政府的那些目标，他宣称：

> 我们正在利用协议中的时间间隔来实现我们的目标：维护耶路撒冷的统一，确保国家防卫所必需的安全纵深，坚持犹太人在自己土地上定居的权利，向巴勒斯坦人提出适当的自治安排，但赋予其的主权不能威胁到以色列国。

安全和互惠是他的两大支柱手段。而他也进一步签署了将希伯伦划分为两个区域的协议；其中一部分占该市的 20%，由以色列来保障那里的 450 名定居者的利益。1997 年 1 月，在浓雾与暴雨为以色列军队提供的极佳掩护下，拖延已久的行动终于开始了。与此同时，慷慨激昂的演讲正在议会大厅里回荡。“我们不会离开希伯伦这个父辈之城，我们正在希伯伦重新部署，”内塔尼亚胡对议员们说道，“亲爱的兄弟姐妹们，我想告诉你们，我们在乎你们。”在局势极为紧张的舒哈达大街（Shuhada Street，意为“烈士街”），有人用黑漆喷涂了希伯来语口号：“不要‘利库德’，不要工党，我们只相信上帝。”在希伯伦的另一处地方，数十名年轻人聚集在贾布里勒·拉吉布的防卫安全机构（Preventive Security Service）办公室周围，等待着一支由 200 人组成的身穿制服的巴勒斯坦警察队分派到该城剩余那 80% 的地方。[50] 第二天，阿拉法特乘坐他标志性的白色俄罗斯直升机，告诉定居者他想要“一个公正的和平”并称这座城市“被解放了”。一名联合国高级外交官后来描述希伯伦协定是一次“政治不理智的研究案例”，一个《奥斯陆协议》再也无力回天的转折点。[51]

在“利库德”集团领导下，定居点成了比以往更容易点着的导火索。被内塔尼亚胡任命为国家基建部部长的阿里埃勒·沙龙推动了重点项目建设。其中最关键的是一条从耶路撒冷直通古什艾其昂定居点的公路和隧道，它绕过了伯利恒和邻近的拜特贾拉（Beit Jala）、拜特萨霍，那些地方的居民也不得使用这条新线路。这种空间分隔——被其批评者称为“种族隔离”——预示了绕过阿拉伯区域与犹太定居点建立跨“绿线”联系的战略。这个问题在 1997 年 2 月变得十分尖锐，当时内塔尼亚胡决定在哈尔霍马或说贾巴阿布吉内姆为 3 万人建造 6 500 套住房，这是在拉宾时期首先提出的。在巴勒斯坦人眼里，该项目意在切断他们未来的首都与西岸北部的联系，而且违反了《奥斯陆协议》的基本原则（这种说法对双方而言都是老调重弹了）。内塔尼亚胡批准了这一举措，尽管阿拉法特和费萨尔·侯赛尼发出了警告；侯赛尼现就任巴勒斯坦民族权力机构负责耶路撒冷事务的部长，在位于“东方之家”的附属办公室远程工作。巴解组织以断绝联系回应。3 月，以色列军队在狙击手和直升机的掩护下封锁了该地区，施工开始进行。以色列还袭击了东耶路撒冷的巴勒斯坦机构，似乎是要表明内塔尼亚胡反对巴解组织在该市发挥任何作用的决心。艾哈迈德·库赖记录道：“以色列与巴勒斯坦人之间的关系，从已达成一定程度的谅解与和谐，跌落到在定居点建造和其他问题上与内塔尼亚胡政府不断升级、令人灰心的对抗。”[52] 法塔赫的“青年卫士”领导者马尔万·巴尔古提（Marwan Barghouti）警告称，许多巴勒斯坦人正在质疑阿拉法特寻求与以色列和平共处的战略选择。“内塔尼亚胡的政策将会增强哈马斯和巴勒斯坦街头反对派的实力。”他说。[53] 巴尔古提曾在因提法达期间被以色列驱逐出境，《奥斯陆协议》签订后才获准返回。使包括他在内的一部分人得以“回归”的条款对巴勒斯坦人来说是这份协议中极其重要的一部分。

哈尔霍马定居点造成了异常巨大的影响。定居点建设活动通常不如霸占头条的袭击事件和精雕细刻的外交斡旋那样夺人眼球。以色列的定居点建设项目缓慢进行，是一个过程而非单一事件，且被掩盖在错综复杂的官僚主义和花招诡计之下。然而，巴勒斯坦人对此一清二楚。阿拉伯媒体监视着道路建设、土地掠夺和正在建造的房屋数量——这些问题在以色列人眼里基本不成问题。而其累积效应可谓触目惊心。萨利·努塞贝写道："以色列领导人对和平的含泪宣告与他们用推土机所做的事情不大一样。"

> 聚焦于细节——这里一道拆除命令，那里一条新的旁道，或是盯着山坡上的几千套新房子——就很容易忽视这种扩张的系统性。在争斗不休的党派本该建立互信的那些年里，移民人口涨了一倍，从 10 万增加到 20 万：《奥斯陆协议》签订后我们在街上载歌载舞时几乎没有想到这一点。那些定居者的谋杀和其他掠夺行为逃脱了惩罚，这实质上是在伤口上撒盐。[54]

伙伴还是敌人？

1997 年 7 月，两名巴勒斯坦人以自杀炸弹袭击了西耶路撒冷繁华的马哈尼耶胡达商场（Mahane Yehuda market），造成 13 人死亡，并导致西岸和加沙地带被再次封锁。以色列中止了谈判。在接下来的几周里，以色列和巴勒斯坦民族权力机构拘留了数百名哈马斯支持者。9 月，本-耶胡达大街（Ben-Yehuda Street）也发生一起炸弹袭击事件，造成 5 人死亡，180 人受伤。"阿拉法特已经从一个和平伙伴变成了公认的敌人，”颇具影响力的《新消息报》专栏作家纳胡姆·巴尔内亚写道，他的儿子在 18 个月前的一次公交车爆炸事件中丧生，“执政一年半，这个政府没给那些问着‘现在该怎么办？’的公民提供答案。隧道尽头唯一的亮光，是下一次恐怖袭击炸弹的闪光。”[55]“伊兹丁·卡萨姆旅”宣布对两起事件负责，要求释放自 1989 年起一直被关在狱中的谢赫艾哈迈德·亚辛。“我们不能再这样下去了，”内塔尼亚胡说，“当阿拉法特拥抱和亲吻哈马斯而不是与之抗争时，他表达的信息是哈马斯可以肆无忌惮地袭击以色列。”[56]以色列情报官员随后声称，阿拉法特释放了“卡萨姆旅”高级指挥官易卜拉欣·马卡德梅（Ibrahim Maqadmeh），以此为信号向伊斯兰主义者表明，他会给他们的袭击大开“绿灯”。[57]哈马斯通过约旦人向以色列转达了一项为期 30 年的胡德纳或说休战的提议，内塔尼亚胡表示毫无兴趣。

以色列的另一次行动意在杀死哈马斯政治领袖哈立德·马沙尔，然而这次行动严重失误，导致内塔尼亚胡在国内外普遍遭受指责。使用加拿大护照进入约旦的“摩萨德”特工向马沙尔的耳朵喷射了致命的神经毒剂。这本该是一场不为人知的暗杀。然而，两名特工被抓获，其他 4 人逃进了以色列驻安曼大使馆。这场难堪至极的事故激怒了侯赛因国王，和平条约岌岌可危，以色列人被要求拿出拯救马沙尔性命所需的解毒剂。国王命令特种部队包围大使馆，如果以色列人拒不自首就硬闯进去。在后续的交易中，约旦要求以色列人放走亚辛谢赫，以此作为释放搞砸了任务的“摩萨德”人员的条件。亚辛几天后回到加沙，受到了英雄般的欢迎。不久之后，阿拉法特和内塔尼亚胡会面，恼怒地意识到他们共同的伊斯兰主义敌人已渔翁得利。

尽管面临种种压力，事实上巴以合作依旧紧密，第二年这种合作关系使反以色列的袭击降低到了一定水平，并持续到 2000 年年末。

“辛贝特”与巴民族权力机构的防卫安全机构保持密切联系，他们对阿拉法特面临的“困境有一定了解”，而且对他频繁的消极举动也极为关注。[58] 1998 年 9 月，合作顺利进行，以色列人杀掉了逃亡的哈马斯高级成员阿德尔·阿瓦达拉（Adel Awadallah）和伊马德·阿瓦达拉（Imad Awadallah）兄弟。伊马德在逃脱前一直被巴勒斯坦民族权力机构控制在杰里科的飞地内。两人被追踪到希伯伦以西一个果树环绕的偏僻房屋。据“辛贝特”负责人阿米·阿亚隆（Ami Ayalon）所说，阿德尔是西岸“卡萨姆旅”的总指挥。该行动得到了内塔尼亚胡的批准，尽管人们担心这会导致一年前“工程师”叶海亚·阿亚什被暗杀后的自杀式爆炸事件重演。“无价”的情报使他们对哈马斯的运作网络了如指掌。阿亚隆首先向内塔尼亚胡报告，然后在凌晨时分去拉姆安拉面见阿拉法特，直截了当地告诉他：“我们杀了他（阿瓦达拉），现在，我们希望你能与我们一起，尽一切努力确保和平进程继续进行——这符合我们双方的利益——因为你应该清楚，如果现在发生一波恐怖袭击，那么和平进程就不复存在了。”尽管西岸爆发了抗议活动，但贾布里勒·拉吉布和穆罕默德·达赫兰采取行动，成功地保证了没有针对以色列的大型报复事件发生。[59] 美国也与巴勒斯坦人加强了联系。巴勒斯坦民族权力机构敦促美国人为他们反恐时严肃认真的态度做证，但以色列人对此感到不满，因为他们觉得这会有损于己方的优势。接受过中情局培训的巴勒斯坦安全官员和他们的专家拆除了以色列人在 1994 年撤离加沙时在老宫殿里埋下的可自爆窃听装置：其中一个爆炸，导致一名试图除掉它的巴勒斯坦人死亡。[60] 到 1998 年，巴勒斯坦民族权力机构的安全部队增加到 3.5 万人，西岸和加沙地带的 280 万巴勒斯坦人的人均拥有警察数就此达到全世界最高。[61]

出卖巴勒斯坦?

《奥斯陆协议》从一开始就遭到了巴勒斯坦人的强烈反对。最初的兴奋退去后，与以色列平稳的幕后关系无助于提升阿拉法特在他自己的人民中下滑的声望。批评者的矛头再度指向他的专制作风，他那促进竞争的老毛病也被以色列人利用。水泥、电力、燃料、面粉和烟草的进口垄断给加沙带来的经济刺激，保证了阿拉法特拥有源源不断的稳定收入。一吨水泥的价格是 74 美元，其中 17 美元进入巴勒斯坦民族权力机构，17 美元流入阿拉法特在特拉维夫一家银行的私人账户。[62] 以色列为民族权力机构官员特别签发的贵宾通行证也是一种恩威并施的工具，它扩大了精英与其他阶层的区别，挑战现状不符合这些精英的利益，维持它以保护自己的特权才符合。[63] 以色列官员意识到了他们的优势。“我们控制着供电、水源、通信等等，”有人对犹疑不定的“利库德”议员们吹嘘道，“我们掌握了一切。还有许多当地人做掮客。还有什么能更好地满足我们的目的呢？……我们和巴勒斯坦人之间的力量不平衡过去从未对我们如此有利，甚至在因提法达之前也没有。”[64]

巴勒斯坦警方和安全部门自 1994 年起开始随意逮捕人民，且已有 20 人死于拘禁中，这加深了一种印象，即素丹（Sulta）——巴勒斯坦民族权力机构广为人知的阿拉伯语叫法——不过是另一个不负责任的阿拉伯政权。谣言四处流传，称卖给以色列人土地的巴勒斯坦人会遭到法外处决。这被归咎于民族权力机构的特工。[65] 记者、人权活动家和学者受到拘留、骚扰或恐吓。1995 年夏天，《圣城报》(*al-Quds*) 被勒令停刊，因为它在显著位置登载了对巴解组织“外交部长”法鲁克·卡杜米（Farouk Qaddoumi）的采访。卡杜米反对《奥斯陆协议》，而且与叙利亚人走得太近，这惹恼了阿拉法特。[66]据“卜采莱姆”报告，拉吉布的防卫安全机构正在采用从“辛贝特”那里学来的手段。志愿者组织的负责人遭到安全官员的讯问。[67]巴民族权力机构也饱受腐败指控的困扰。1997年7月，议会的调查委员会宣布，当年3.26亿美元的预算有将近一半都被挥霍滥用、不当使用或是贪污挪用了。[68]它特别指出民政部长贾米尔·塔里菲（Jamil al-Tarifi）、计划部长纳比勒·沙斯以及交通部长阿里·卡瓦斯米（Ali Qawasmi）是最大的违规者，在酒店客房、餐厅和海外旅游上花费了数百万美元。人们进而开始追问1994年以来获得的10亿美元左右的外国援助的去向。塔里菲还被指控修建以色列定居点。

1997年10月，海德尔·阿卜杜勒–沙菲辞去议会职务，抗议行政机关的控制。随后，时任教育部长，后来成为旅游部长的哈楠·阿什拉维指责阿拉法特没有遏制弊病。一项民调显示，56%被询问的巴勒斯坦人认为他们的政治机关是贪腐的。生活方式的问题与政治选择以及新“突尼斯”精英的挥霍直接相关，而精英的腐败与一再被以色列的封锁搞垮的经济形成的对比格外刺眼。阿拉法特的批评者认为，“一个摇摇欲坠、任人唯亲的体系，充满垄断、诈骗和赤裸裸的勒索，只会使……（领导层）的财富增加，同时使整个社会陷入贫困”。令人惊讶的是，在加沙涌现的新别墅中，最浮夸的是一幢格外豪华的大别墅，其所有者是法塔赫的马哈茂德·阿巴斯（阿布·马赞），《奥斯陆协议》的重要谈判代表。“目前还不清楚是谁花钱建了这幢200多万美元的东西，所有的阳台和栏杆都是华丽的哥特式风格，但墙上有一些无礼之徒乱涂乱画的涂鸦公然写着‘这是你出卖巴勒斯坦的奖赏’。”[69]一家奥地利公司在以色列和巴勒斯坦投资者的参与和巴勒斯坦民族权力机构安全部队的保护下，在杰里科的阿卡巴特贾布尔难民营附近建立了“绿洲赌城”（Casino Oasis），这可不能改善统治精英目中无人、不接地气的形象。哈马斯强烈反对，斥责赌博违反伊斯兰教义，是种堕落的行为，而且会带来其他风险，包括吸引通敌者。1999年年底，包括9名议员在内的一批知名人士签署发表了一项声明，控诉阿拉法特的暴政、腐败和欺诈。其中8名签字者被捕，享有豁免权的国会议员们遭到了暴力威吓。[70]

对许多巴勒斯坦人来说，后《奥斯陆协议》时代的经济形势恶化了。1995年9月到1997年3月，加沙地带的失业率在24%至39%之间波动。1995年冬天，西岸的日薪为19美元，加沙地带则为15美元；1997年冬天，日薪降至13美元以下。由于巴以未能就加沙地带与西岸之间承诺的“安全通道”达成一致，出行变得更加艰难。安全限制减少了出境许可，就连到以色列接受紧急医疗也受到了限制。曾在雅法工作过15年的阿布·阿博德（Abu Aboud）描述了他的失望与懊丧：“我们村里的大多数人都想与以色列相通，（也想）有机会在以色列工作。”他解释道：

> 我们如果失业了，独立的（巴勒斯坦）国家又有什么好处呢？阿拉法特不想让我在他的国家过上体面的生活，所以我不会称自己为巴勒斯坦人。成为巴勒斯坦人意味着什么？哦，比如说，在我们村里，学校中午就关了；孩子们都在大街上打发掉剩下的时间。甚至没有一所学校有电脑。所以我想知道，（来自捐助国的）所有资金都去哪儿了？你知道，当我四处张望，看到所有那些从国外（主要是突尼斯）来的民族权力机构的人的时候，我觉得他们就是一个大黑手党。那么你告诉我，我该拿这样一个国家怎么办？[71]

不确定的好处

阿拉法特无视不满，继续贯彻《奥斯陆协议》。1998 年 9 月，比尔·克林顿与阿拉法特和内塔尼亚胡召开了另一次首脑会议。不久之后，阿里埃勒·沙龙——他最终重登高位，尽管 1982 年他在黎巴嫩扮演过令人厌恶的角色——代替大卫·利维（David Levy）出任外交部长，为总理的右翼立场打掩护。10 月份，他们在马里兰州僻静的瓦伊河种植园（Wye River plantation）进行了充分的会谈。据库赖所说，内塔尼亚胡要求阿拉法特"处理一下"因策划袭击而被以色列通缉的防卫安全机构加沙负责人加齐·贾巴利（Ghazi al-Jabali）。这个显然是要杀掉贾巴利的露骨请求让阿拉法特暴跳如雷。克林顿也发怒了，说："简直糟透了。我受不了这种肮脏的勾当！"[72] 内塔尼亚胡还试图使已被定罪的以色列间谍乔纳森·波拉德（Jonathan Pollard，此人是美以关系中长期存在的一道坎）获释，但未能成功。沙龙明显有意避免跟阿拉法特握手，但同意在以色列军队的重新部署方面多做三步，包括将西岸 13% 的土地从以色列控制的 C 区转到 A 区和 B 区，释放数百名囚犯，以及接受打击恐怖主义和极端主义的严格条件。巴解组织同意让巴勒斯坦全国委员会召开会议，按照《奥斯陆协议》中的承诺，批准废除"民族盟约"中有关以色列存在权的条款。以色列内阁在短暂耽搁之后通过了该协议：17 位部长中有 8 位投了赞成票，但有 5 票弃权，4 票反对。由于以色列领导人声称巴勒斯坦人未能满足议定的条件，执行工作再次推迟。沙龙呼吁西岸定居者抢占更多土地，以阻止巴勒斯坦人未来接管这些地方。"动起来，跑起来，尽可能多地占领山头来扩大定居点，因为我们现在拿走的一切都将属于我们。"[73]

然而 12 月底克林顿访问加沙时，巴勒斯坦议会投票批准了阿拉法特给美国总统的信，确认了那些可以追溯到 1964 年巴解组织建立时的进攻性盟约条款是无效的。阿拉法特的一个敌人写道，巴勒斯坦人“正式抛弃了他们历史中的一个关键部分，事实上也是为半个多世纪的民族解放斗争道了歉”。[74] 克林顿向巴勒斯坦人致谢：

> 因为你们终于彻底且永久地抛弃了“巴勒斯坦民族盟约”中号召摧毁以色列的内容。这些内容是已被《奥斯陆协议》正式拒绝的一场斗争的意识形态基础。通过彻底废除它们，我再重复一遍，你们向以色列人民，而不是其政府，发出了一条强有力的信息。

克林顿还坦率地谈到了当时已取得的成就的局限性。“我希望以色列人民能知道，对于许多巴勒斯坦人来说，《奥斯陆协议》签订 5 年之后，这一进程带来的好处仍旧遥不可及；对于太多的巴勒斯坦人来说，生活是艰辛的，工作稀缺，前景不明，还有个人巨大的悲痛。”他也提到了定居点建设和土地没收，但力劝巴勒斯坦人坚持下去，即便他们觉得有“一百个离开的理由”。[75] 克林顿怀着非同寻常的同情心发表讲话，[76] 还成功举出了一个真正进步的例子。在他访问前不久，巴勒斯坦人终于举行了加沙国际机场的落成典礼——此事因为以色列的反对已经拖延许久。那是一个激动人心的时刻，使人罕有地瞥见了真正的独立主权国家的样子。克林顿和他的夫人希拉里在那里受到了阿拉法特和他的夫人苏哈的欢迎，被旗帜、迎宾礼、仪仗队和种种国家地位的象征所包围。[77] 但是，和《奥斯陆协议》达成以来取得的许多成就一样，表象是具有欺骗性的。以色列掌握着空域，航班行程都要经过其预先批准。它有权随时停止运营。内塔尼亚胡由于做出了太多“让步”，惹怒了右派支持者，而更左倾的以色列人则对实现真正和平的进程停滞不前感到不满。1998 年 12 月底，以色列议会投票决定解散并进行新一轮选举。此举实质上冻结了寸步难行的和平进程。巴以关系的命运和未来不可避免地再度摇摆不定起来。

第二十一章

1999—2000

以色列……还没有为真正的和平做好准备。殖民主义、军国主义的心态——被神话滋养的占领者心态——仍主导并塑造着他们对和平的愿景。

——阿克拉姆·哈尼雅 1

“安全先生”——“马克Ⅱ型”[1]

1999年5月，埃胡德·巴拉克在承诺继承拉宾的遗志后，赢得选举成为以色列总理。这位贝尔福街的新居民是该国历史上被美化最多的士兵。像拉宾一样，这位当代“安全先生”并非天生的党派领袖。工党为了一场意图争取中立选民的竞选活动，重新打出了“一个以色列”的旗号。当巴拉克发表胜利讲话并宣布以色列已经“恢复理智”时，支持者甚至高喊道“拉宾赢了，拉宾赢了”。巴拉克还是一名钢

[1] 此处指“马克Ⅱ型”作战坦克（Mark Ⅱ），有人称埃胡德·巴拉克为“巴拉克·马克Ⅱ型”（Barak Mark Ⅱ）。——译者注

琴家、系统分析师和国际象棋选手，具有非同寻常的破局能力，以善于分析著称，但有时被形容为目中无人。他还拥有惊人的军事素养，这在以色列仍是令人印象深刻的一种品质：在国防军的精锐之师总参谋部侦察部队（Sayeret Matkal）服役时，他曾作为年轻的军官参与一项知名的人质救援任务，1973 年还在贝鲁特参加了一场暗杀巴解组织领导人的突袭。1988 年因提法达正值高潮时，他指挥了在突尼斯杀死阿布·吉哈德的行动。作为以色列国防军总参谋长，他对《奥斯陆协议》感到不满，这主要是因为秘密谈判渠道没有对他敞开。他在 1994 年退役前的最后几日，曾监督加沙和杰里科军队的重新部署。1995 年担任拉宾的内政部长时，他公开反对批准奥斯陆二号协议。尽管如此，巴解组织领导层起初还是为他的胜选庆祝了一番，因为他们记得巴拉克曾呼吁建立巴勒斯坦国，还曾警告称不分治就会发生“种族隔离”。他甚至在有次接受采访时，既怀带同情又富有敌意地表示，自己如果是一名年轻的巴勒斯坦人，就会加入“一个恐怖组织”（irgun mehablim [1]）。这让人联想起另一位士兵出身的政治家摩西·达扬 20 世纪 50 年代发表的讲话，当时他对巴勒斯坦人“坐在加沙的难民营里，眼睁睁地看着我们把他们祖祖辈辈栖身的土地和村庄变成我们的财产”而对以色列产生的仇恨表现出罕见的理解。[2] 艾哈迈德·库赖看到了奥斯陆的火焰被内塔尼亚胡熄灭后复燃的“一丝希望”。另一些人则深表怀疑。《奥斯陆协议》的反对者法鲁克·卡杜米曾留在突尼斯而非陪同阿拉法特回到加沙，他同意工党比“利库德”集团更“灵活变通”，但预言如果没有美国和欧洲的压力，和平进程就无法畅行。巴勒斯坦媒体铺天盖地地报道以色列的竞选活动。毕竟事关重大。

---

[1] 希伯来语中“mehablim”指恐怖分子或阴谋破坏者。——译者注

巴拉克赢得了 56% 的总理选票，而内塔尼亚胡则有 44%。他组建了一个广泛的右翼和宗教党派联盟，其中包括正统派的沙斯党以及左翼的梅雷兹党，然而尽管有许多阿拉伯人把票投给了他，[3] 巴拉克还是回避了阿拉伯政党的支持，因此这些阿拉伯人感觉遭到了背叛。然而，巴拉克也表明他有清晰的“红线”，并不符合巴勒斯坦人的最低要求：耶路撒冷仍是以色列的“永恒首都”；以色列不会撤退到 1967 年的边界；西岸必须非军事化，同时以色列的主权范围将扩大以容纳犹太定居者；巴勒斯坦难民不可享有任何回归权。总理在大选后马不停蹄地访问了奥法拉和拜特埃尔（Beit El）定居点，称定居者为“我亲爱的兄弟们”。巴勒斯坦人受领导层一厢情愿的念头感染而产生的希望，看来很快就破灭了。

实际情况并没有明显的改善：定居点建设继续加速，封锁和其他损害巴勒斯坦经济的限制也是如此。但巴拉克行动迅速，至少通过了重返和谈的动议。7 月，他在加沙的埃以边界检查站与阿拉法特首次会晤，表示他打算将有争议的**最终地位**问题谈判与 1988 年瓦伊河协定中未完成的**过渡**任务以及以军的重新部署、释放囚犯、加沙—西岸之间安全通行的执行工作结合起来。巴拉克担心的是，当双方完成永久地位谈判时，以色列将失去所有底牌；他提出的替代方案是不亮底牌，直接结束牌局。零敲碎打已成为过去；现在是要么接受，要么拒绝。

阿拉法特经历了内塔尼亚胡执政期间的挫折与搪塞后，急于看到快速进展，他在公开场合以礼相待，但私底下咬牙切齿。[4] 1999 年 9 月，他和巴拉克当着埃及的穆巴拉克和几个月前因父亲侯赛因去世而登基的约旦国王阿卜杜拉二世（King Abdullah II of Jordan）的面，在沙姆沙伊赫签署了另一项协议。美国国务卿马德琳·奥尔布赖特（Madeleine Albright）也帮忙居中调停，尽管比尔·克林顿的第二任期即将结束。

双方重申承诺落实所有未完成的协定，并在12个月至15个月内努力结束冲突。谈判开始进行，但过程相当紧张和艰难——阿拉法特和巴拉克在一次开会时还产生了“令人难堪的私人冲突”。[5]

差不多在这个时候，巴拉克突然倒向叙利亚，希望跟这个与以色列最敌对的阿拉伯邻国和平相处，就像与埃及和约旦签订条约一样，借机削弱并孤立巴勒斯坦人，正如巴解组织怀疑的那样。[6]接触叙利亚总统哈菲兹·阿萨德是以色列总理单方面从黎巴嫩撤军战略的一个步骤，而从黎巴嫩撤军是让他深得人心的竞选承诺。2000年1月，巴拉克在美国的帮助下接近了阿萨德，于华盛顿附近的谢泼兹敦（Shepherdstown）会见了叙利亚外交部长法鲁克·沙雷，巴勒斯坦人阵脚大乱。阿拉法特警告道：“巴拉克不该不把我当回事。”[7]巴拉克的背景使他倾向于跟叙利亚总统打交道，因为叙利亚总统是“执掌着一个井然有序的国家的军人，而不是阿拉法特这种领导革命运动的恐怖分子和游击队战士”，以色列国内安全部长什洛莫·本-艾米事后回想时说。令巴勒斯坦人沮丧的是，以色列对叙利亚的关注标志着双方回到了《奥斯陆协议》签订之前的状态。阿拉法特“坐立不安，疏离冷淡且满怀敌意”。阿萨德由于健康状况不断恶化，最终失去了对戈兰高地讨价还价的兴趣，因为以色列只愿意给出太巴列湖东岸区区几百米的土地，未能完全恢复1967年的边界。由于国内的反对，巴拉克失去了坚持的勇气，国防部门和大多数部长都建议他忘掉“大马士革的斯芬克斯”，而是集中精力对付巴勒斯坦人，这是以色列后院里更熟悉的敌人。[8] 2000年5月，以色列人开始从黎巴嫩撤军。真主党庆祝这场伟大的胜利，而巴勒斯坦难民从他们的营地蜂拥至边境围栏，凝望咫尺外自己失去的家园。大多数以色列人赞同撤军，因为它为18年前梅纳赫姆·贝京和阿里埃勒·沙龙为摧毁巴解组织而做出的“战争决定”画上了句号。

抵抗有用

每开一次会，巴勒斯坦人对一心挂念叙利亚的巴拉克的幻灭感都会加深。他们对以色列人缺乏诚意的控诉与日俱增，他们感到自己被欺骗和羞辱了。[9] 2000年1月，巴解组织宣布2000年9月13日，即《奥斯陆协议》签订七周年以及原定完成最终地位谈判计划的日期，将是巴勒斯坦建国之日。以色列谴责其为挑衅行为。而同年4月，在另一次谈判会议前夕，巴拉克公布了在马阿勒阿杜明建造174套新住房的计划，这个位于耶路撒冷以东、俯瞰通往杰里科的道路的大型定居点当时被许多以色列人视为一个普通的城郊住宅区以及他们首都的自然延伸。会谈破裂，重启，又再度中止。与1993年时一样，另一个北欧的“地下渠道”开通了，这次是在斯德哥尔摩。它意在摆脱“宣传的聚光灯、媒体和情报部门的盯梢以及和平进程反对者的恶毒目光，尤其是以色列方面的”。有关它的消息在谈判第二天就走漏了风声，令人不安的是，当时西岸和加沙正好在进行声援以色列监狱的囚犯绝食抗议的大规模示威活动，而且还赶上了一年一度纪念纳克巴的“愤怒日”。6名巴勒斯坦人被杀，数百人受伤，街道上满是石块和冒烟的轮胎。[10] 以色列议会经过激烈辩论后，通过了一份拖延已久的协议，将阿布迪斯（Abu Dis）和东耶路撒冷郊区另外两个阿拉伯村庄移交巴勒斯坦民族权力机构，但巴拉克因4年来最严重的这次暴力事件而暂停执行该协议。法塔赫旗下的“坦齐姆”（Tanzim，意为“团体”）民兵组织头目马尔万·巴尔古提率领该组织激进分子，躲在以色列国防军检查站前集会的示威者身后用武器射击，以民族权力机构极少采取的方式当街主动出击。巴勒斯坦警察面对社会压力和与以色列勾结的指控，加入了示威的队伍——这是个不祥的新举动。参与正式会谈的巴解组织首席谈判代表亚西尔·阿比德–拉布在瑞典渠道的新闻爆出时辞职以示抗议。但斯德哥尔摩无法缩小双方在以色列撤军或难民回归方面的鸿沟。奥斯陆的魔法不能重演，而它本身也早已失去了原先的光彩。以色列从黎巴嫩撤军后，它的敌人，包括哈马斯，都认为巴解组织比不上真主党：巴勒斯坦人为什么不能击败以色列？抵抗有用，但谈判没用。真主党领导人哈桑·纳斯鲁拉（Hassan Nasrallah）劝巴勒斯坦人效仿黎巴嫩人，重投武装斗争。阿拉法特显然没有忘记这一教训。以色列安全部队暗中监视着巴勒斯坦人为实施暴力而做的准备。[11]

2000 年 6 月，克林顿和巴拉克同意举行新的首脑峰会。阿拉法特怀疑他会落入陷阱，要么被迫接受美以的强制指令，要么因拒绝它而受到责难，他坚决反对峰会并提了出来，但仍觉得无法拒绝这一邀请。巴勒斯坦人担心克林顿在离职前急于获得外交政策上的成功，当时他的第二个任期还有几个月就要结束了。巴拉克在议会的联盟开始瓦解，而阿拉法特也面临内部矛盾。

自从 1978 年与埃及实现和平谈判以来，“戴维营”一直是阿以外交史上的一个能引起共鸣的名称。然而，这场雄心勃勃想要解决冲突核心问题的会面准备得极不充分。7 月 11 日首脑会议开始前，巴勒斯坦人、美国人和许多参与其中的以色列人都明白这一点：大多数人都知道分歧有多大，以及弥合这种分歧有多么艰难。阿拉法特在纳布卢斯举行的一次预备会议上警告什洛莫·本–艾米：“你所提供的东西，更像是悬在我们脖子上的断头刀。”[12] 这仿佛是在目睹潘多拉之盒开启。马里兰高压锅中的 15 日不足以克服最终全面实现和平的那些熟悉的障碍。但更多的时间和更充足的准备是否能产生不同的结果，人们也有不同看法。

戴维营，又来了

首脑峰会不得不应对《奥斯陆协议》的临时构架留下来的最棘手问题，“永久地位”。前几轮谈判中几乎没有涉及这类问题。尽管自1993年以来，以色列和巴勒斯坦官员有比以往任何时候都要多的直接接触，但在耶路撒冷、难民、边界和定居点的问题上找到共同点一如既往地困难。委员会和工作组在数千小时的会议中形成的人际关系，在总统休假地的世外桃源里创造了一种不可思议的亲切氛围，正如20年前贝京、萨达特和卡特间的会谈那样。马德琳·奥尔布赖特邀请谈判代表们观看电影，参加篮球赛，但只有以色列人到场，因此海军陆战队的保安小队成了他们的对手。最令人难忘的一幕，是埃胡德·巴拉克开玩笑地推着满脸微笑的阿拉法特穿过月桂小屋的门——他彬彬有礼但不耐烦地请他先走过去。个人之间的化学反应理论上会有帮助，但他们两人之间几乎没有这种东西；就算有，它在奥尔布赖特所谓的“成败在此一举的峰会”上也不可能有丝毫决定性。阿拉法特的助手阿克拉姆·哈尼雅表示：“美国人似乎没有意识到，冲突的现实比他们在戴维营创造的虚幻世界要更有力。”[13]

谈判开局不利。以色列人递交的地图吞并了约旦河西岸14%的土地，加上约旦河谷的长期租约范围内的10%，巴勒斯坦仅占该领土的76%。这将使80%的以色列移民处于以色列控制下，但仍有约5万人生活在巴勒斯坦地区。两条东西向的走廊可以让以色列人在那里遭到袭击时抵达约旦河。这意味着巴勒斯坦领土被划分为三个不连续的区块，包括加沙。巴勒斯坦人断然拒绝，坚称完全恢复1967年的边界才能继续谈判：这将使他们占历史上的巴勒斯坦地区的22%，而以色列持有“六日战争”前夕的78%——在他们眼里，巴解组织已经做出了莫大的让步。后来一项以色列吞并西岸 10.5% 的修正案也被拒绝了，尽管巴勒斯坦人已经同意进行土地交换，使以色列人能够保留马阿勒阿杜明、阿里埃勒、古什艾其昂等大型定居点。以色列人最后提出的方案是巴勒斯坦人获得西岸的 92%。[14] 双方都否决了美国关于巴勒斯坦人拥有东耶路撒冷主权的建议，谢里夫圣所或说圣殿山完全可以预见将是症结所在。[15] 然而，在首脑会议即将落幕时，巴拉克破天荒地接受了巴勒斯坦人主张的对东耶路撒冷某些地区的主权、对谢里夫圣所的**管理权**，还允许巴勒斯坦武装力量保卫它，尽管最重要的是它仍将处于以色列主权管辖之下。美国的兼顾型建议失败了，因为巴勒斯坦人声明圣地关乎所有穆斯林，而美国人没有考虑到这一点。“我不能让出东耶路撒冷的主权。”阿拉法特在最后一天弥漫的紧张气氛中告诉克林顿。巴拉克则表示：“我不知道哪位总理愿意签名转让第一和第二圣殿的主权，那是犹太复国主义的根基。”[16]

难民问题就更棘手了。以色列将其视为一个人道主义问题，并出于这种考虑象征性地允许一部分人回归，前提是这些人以家庭团聚为目的。这与巴勒斯坦人激动地提出的要求相去甚远，他们想让以色列承认其在 1948 年制造了纳克巴并应对此负责。本-艾米在纳布卢斯告诉阿拉法特：“我并不否认你对回归权的要求是合乎道德的。但我们必须共同寻求一种模式，让回归权成为象征性的。”[17] 巴勒斯坦领导人也确实认为以色列对巴勒斯坦人回归权的承认属于道德问题，而实际执行是另一回事。但这不意味着就实际问题达成一致意见是容易的，因为以色列深忧自身的犹太人特质、人口结构和安全问题，对被巴勒斯坦人“淹没”怀有根深蒂固的恐惧。巴勒斯坦裔以色列评论家拉伊夫·兹雷克（Raef Zreik）认为：“以色列想要不解决历史问题就达成历史性的和解，不暴露冲突的根源就从根源上解决冲突。”[18] 总而言之，巴勒斯坦人认为，巴拉克的提议——被反复形容为“慷慨大方”——不能切实可行地构成一个主权国家，也不能为结束冲突创造必要条件。

不出所料，戴维营的失败引起了愤怒的呼声和对此的追责。由于担心走漏的消息会被批评者利用，尤其是在以色列，所以相关记载少之又少，最终难以理清事情真相。巴拉克唯恐阿拉法特逼迫他做出让步，便避免与之接触。以色列直接责备阿拉法特顽固不化、拒绝参与。克林顿尽管没那么直接，但也这么做了，在巴勒斯坦领导人成为众矢之的的过程中起到了推波助澜的作用。他宣称：

> （阿拉法特）要单独为峰会的失败负责，因为他害怕在此时做出必要的历史性决定以结束冲突。我们没有找到准备做出决定的合作伙伴。我们做了能做的一切，不遗余力、千方百计地想要结束冲突，为以色列创造安全的未来。

其不断重复的官方观点是以色列的“宽厚被阿拉法特藐视，他在心理上无法做出必要的重大历史性妥协”。[19] 最极端的解释是，巴解组织领导人反对的不是以色列提议的关键**细节**，而是两国方案的基本**原则**。[20] 和解看起来已不幸是痴人说梦。克林顿将这次会谈的经历比作不用止痛药拔牙。

巴勒斯坦人甚至在巴拉克离开马里兰以前就抱怨这是一次“恶毒的宣传活动”。[21] 他们强调美国人和以色列人之间的紧密配合和以色列提案中的缺陷，尽管其中一些确实代表了真正的进展。巴拉克关于耶路撒冷的提议打破了一项禁忌，尽管他在会议临近结束时才提出来。他顶着国内右翼施加的越来越大的压力，引人瞩目地越过了自己先前宣布的“红线”，也越过了以往任何以色列领导人的方案。然而，以色列的让步仍没有达到巴勒斯坦人的最低要求：疆界连续的巴勒斯坦国、东耶路撒冷阿拉伯地区的完整主权以及难民方面的妥协。“戴维营谈判表明，以色列当权者们还没有为真正的和平做好准备，”哈尼雅总结道，“殖民主义、军国主义的心态——被神话滋养的占领者心态——仍主导并塑造着他们对和平的愿景。”[22]

知情的局外人士则指责双方。一位美国官员的结论是：“如果你是巴拉克，满足 90% 的条件就要冒极大的政治风险，鉴于拉宾被谋杀，甚至还要冒生命危险；如果你是阿拉法特，接受它的后果将不堪设想。”[23] 但是，一项独立的调查细究证据后发现，巴勒斯坦人对戴维营会谈（以及随后的塔巴会谈）的叙述“比以色列人的说法更准确”。[24] 克林顿的助手罗布·马利（Rob Malley）事后提出，恶果是由“那时已积重难返的相互猜疑”造成的。

> 巴拉克的策略基于这样的观念：他的坚定不移能让巴勒斯坦人做出一些变通，这反过来会给以色列的进一步妥协提供台阶。但巴拉克零打碎敲的谈判方式，加上阿拉法特的不愿让步，产生了一种适得其反的结果。以色列人将前期立场当作底线，挑起了巴勒斯坦人的怀疑；随后对底线的变动，则勾起了巴勒斯坦人的胃口。到最后，很难说清哪些底线是真实的，哪些不是。[25]

但这并不是最终结局。9 月，在预定的巴勒斯坦正式宣布建国日前几周，双方再次频繁接触，美国也再度紧密参与其中。阿拉法特表示宣布建国的时间还可以调整。毕竟，正如其一位助手所说：“他拥有国家的许多要素。我们有 3.6 万名武装人员。我们还有旗帜、广播站、电视台、政府部门和一个立法委员会。”[26] 本-艾米取代大卫·利维出任外交部长，后者因逐渐失去总理的支持而辞职。巴拉克和阿拉法特在纽约的联合国千年首脑会议（United Nations' Millennium Summit）上再次会晤。9月下旬，两人在“绿线”内位于克察夫亚伊尔镇（Kochav Yair）的巴拉克私宅进行了一场“热烈的”会谈。在华盛顿举行的进一步谈判也弥合了更多分歧，因为美国人首次考虑推出自己的提议——过去他们一直克制着，没有这样做。但此时克林顿的任期已所剩无几，这在重重困难之中又增大了达成协议的压力。

沙龙造访

短短几天后，“利库德”集团领袖阿里埃勒·沙龙（他在巴拉克胜选后取代了内塔尼亚胡）请求获准参观圣殿山/谢里夫圣所。他表面上是为了视察考古遗址，但后来坚称自己的真正目的是提醒人们远在戴维营的埃胡德·巴拉克已经准备出让以色列的主权。[27] 本-艾米得到了贾布里勒·拉吉布的保证，只要沙龙没有进入清真寺，就不会有麻烦。美国人同样神经紧绷。克林顿的中东协调员丹尼斯·罗斯对此的回应是：“我能想到很多糟糕的主意，但我想不出比这更糟的了。”尽管如此，美国人还是告诉巴勒斯坦人，他们不想让以色列右翼因美国施压而疑神疑鬼。[28] 9月28日，沙龙和几名“利库德”政治家在超过1 000名警察的保卫下，在这片场地度过了45分钟，身后留下了一路怒火的痕迹：巴勒斯坦年轻人向护卫队投掷椅子、石头、垃圾箱和身边一切可以扔的东西，护卫队则回以催泪瓦斯和橡皮子弹。抗议者跟随沙龙离开现场时高呼“凶手”，险些与大喊着“滚回麦加”的正统派犹太人发生冲突。没有人被杀。但这次访问的象征性含义是显而易见的——而且它就发生在1982年萨布拉和沙提拉大屠杀纪念日即将到来之际。阿拉法特对此表示谴责，但沙龙毫无悔意：“圣殿山在我们手中，今后也将留在我们手中。”他如此宣布，重复了1967年战争中的名言。

以色列人听到风声，据说有人计划在第二天周五的祷告结束后制造更大的乱子；消息传到了阿拉法特那里，但他没做回应。耶路撒冷警方负责人被一块石头打昏后，以色列军队将橡皮子弹改为实弹，4名巴勒斯坦人身亡，200人受伤。罗斯后来表示：

> 沙龙的造访给了（阿拉法特）一个允许爆发暴力事件的完美借口，也有利于证明他在圣殿山之事上大受束缚，没有任何妥协的余地。在此意义上，阿拉法特认可以暴力作为获取优势的一步棋，但他低估了随后发生的事情会多么难以收拾。[29]

群众的怒火是冲着巴勒斯坦民族权力机构的，尤其是安全部门的工作人员，他们的孩子因为父亲没能保护他们自己的人民而在学校遭到耻笑。其中有些人改变了立场：沙龙访问后不久的一次示威中，一名武装的巴勒斯坦警察坐在一群示威者边上，无奈地看着救护车输送伤员；然而几天后，有人看到他扛着步枪与抗议者并肩作战。[30]阿拉法特的知己马姆杜·诺法勒后来透露，法塔赫内部有一道指令，要求成员“少用武器，节约弹药，保持秘密行动”。[31]这就是众所周知的第二次因提法达——“阿克萨因提法达”（al-Aqsa intifada）的开端。

动乱蔓延开来。9月30日，在加沙地带，人们的注意力集中于南北向主干道与内察扎利姆（Netzarim）定居点交会处的一个以色列指挥部。12岁的穆罕默德·杜拉（Mohammed al-Durrah）在与父亲一起避难时，死于以色列士兵和巴勒斯坦安全部队的交火，随后在关于谁该为此负责的旷日持久的宣传战争中成了焦点人物。事件的录像显示男孩在哭泣，他的父亲在挥手，然后是一阵枪声和尘土，随后就看到男孩倒在他父亲身上。世界各地有数百万人通过半岛电视台和其他频道目睹了这个画面，由此产生了不亚于其恐怖程度的争议。“所有巴勒斯坦人都认为这是以色列人的罪过，”正如英国广播公司报道的那样，“即使穆罕默德·杜拉是被巴勒斯坦子弹打死的。但如果不是以色列占领了加沙，他今天依然会活着。”[32]

在接下来的几天里，13 名以色列籍阿拉伯公民，其中大多数是年轻人，在抗议活动蔓延到“绿线”时被警方杀害。这些事件尤其令人瞠目结舌，因为它们表明，即便在 20 世纪 90 年代有过一丝改善的曙光，以色列当局看来依旧把该国的巴勒斯坦少数民族当成一群该压制的敌人，而不是该保护的公民。这是自 1956 年卡西姆村大屠杀以来遇难人数最多的一次；它发生在左翼政府执政期间，似乎是双重标准的铁证。拿撒勒、雅法，以及其他犹太人和阿拉伯人比邻而居的地方爆发了骚乱。有些事件看上去出自沉积的敌意和偏见：10 月 9 日，来自特拉维夫边缘的工薪阶层社区沙勒姆定居点的数百名犹太人手持金属棍棒和锤子，拆毁了社区中心一座年久失修的清真寺的墙壁，那是 1948 年以前的萨拉马村的遗迹。“2000 年 10 月发生的事件”（events of October 2000）被视为以色列境内阿犹关系的转折点，这是自 1976 年土地日事件以来规模最大的震荡，突出了根本上的不平等。[33]阿拉伯区的预算被冻结，还有人抱怨，“教育部长还要求我们的孩子唱……《希望之歌》”。[34]而同年早些时候，最高法院判决支持一对因被歧视而不能在新的犹太社区买房的以色列阿拉伯裔夫妇[1]。卡亚

［1］ 1995 年 10 月，卡亚丹夫妇状告以色列土地管理部门拒绝了他们一家在犹太定居点卡齐尔（Katzir）居住的请求。最高法院裁定土管部门未遵守平等原则。——译者注

丹案是寻求平等之路上的一座里程碑。[35]然而，《奥斯陆协议》时期充满希望的氛围已被对未来悲观的恐惧所取代。强行将巴勒斯坦人从以色列驱逐出去的“转移论”的支持者们得偿所愿似乎不再是无稽之谈。[36]负责事件调查的欧尔委员会（Or Commission）[1]指出存在一种对少数民族的官方“偏见和忽视”模式，并将引发骚乱的“一点就着的气氛”归咎于反阿拉伯歧视。但没有人被起诉。

然而，更多骇人的见闻和故事很快就开始四处流传。10月中旬，两名迷路的以色列士兵在拉姆安拉的警察局里被一伙暴徒拦下并私刑处死，其中一名凶手还在窗户后面挥舞血迹斑斑的双手。惊恐的以色列人听说另一名巴勒斯坦人用其中一名受害者的手机打电话给他妻子，告诉她：“我刚刚杀了你丈夫。”巴勒斯坦民族权力机构的警察不能也不愿介入。“在我们的人民眼里，我们处在一个非常复杂的境地，”警局负责人解释道，“我们警察将会深受憎恨。这些人会认为我们在保护以色列人，而不是他们。”该事件被意大利电视台拍下来并在国际上播放。巴勒斯坦人的小道消息说这些士兵是以色列国防军一支卧底小队的成员，但他们其实只是普通的预备役军人。以色列人常常将这次私刑视为第二次因提法达的拐点，但它并非凭空而来：过去两周内，以色列国防军杀害了8名不满16岁的巴勒斯坦儿童，另有9名被害者在16到18岁之间。[37]以色列国防军的开火规定已经放宽限制。“你不要向12岁以下的孩子开枪，”一名军队狙击手这样解释，并补充道，“12岁以上就可以了。他不再是孩子。他已经过了受戒礼[2]的年纪了。”[38]因提法达开始的头三周，国防军在占领区射出了100万发子弹：西岸

[1] 该委员会由以色列最高法院大法官西奥多·欧尔（Theodor Or）领衔，欧尔曾参与判决卡亚丹一案。——译者注

[2] 受戒礼（bar mitzvah），犹太教为年满13周岁的男孩举行的成人礼。——译者注

70 万发，加沙 30 万发。

阿克萨因提法达

随着暴力升级，美国加强了外交努力。克林顿召集巴拉克和阿拉法特一起开了另一次峰会，这次是在沙姆沙伊赫，但两人没有直接会谈。唯一重要的结果是，受人尊敬的美国前民主党参议员乔治·米切尔（George Mitchell）受命调查动乱的原因并使戴维营后续谈判重回正轨，他曾推动北爱尔兰和平进程。2000 年 11 月，以色列人开始使用“阿帕奇”（Apache）武装直升机进行“定点清除”，也就是刺杀。“放下橄榄枝，拿起枪。”哀悼者们在侯赛因·阿巴亚特（Hussein Abayat）的葬礼上呐喊，阿巴亚特是来自拜特萨霍的法塔赫活动家，在他的三菱四驱越野车中被一枚“地狱火”导弹（Hellfire missile）击中身亡。以色列人认为阿巴亚特要为 3 名士兵的遇害和一次以吉罗为目标的夜间枪击事件负责，吉罗是一个建立在附近被没收土地上的犹太定居点，就坐落在耶路撒冷边界线外。[39] 靠近拉姆安拉的萨加特（Psagot）定居点也遭受过类似的袭击。“坦齐姆”迫使人们撤离纳布卢斯的约瑟墓。在一辆载有犹太移民孩童的公交车遭到迫击炮袭击后，以色列炮艇向加沙开火。那个月的每一天都有冲突发生，最终导致 112 名巴勒斯坦人和 22 名以色列人丧生。12 月，以色列人派坦克进入杰宁，定居者占领了希伯伦的一个巴勒斯坦人家园。

阿克萨因提法达的目标是实现《奥斯陆协议》显然未能做到的事：结束占领。支持阿拉法特的巴勒斯坦人基本不攻击 1967 年边界内的目标；阿拉法特对伊斯兰圣战组织在马哈尼耶胡达商场埋下炸弹表示谴责，尽管许多以色列人认为这是虚情假意。自 1948 年划时代的事件以来，这是巴以关系中最漫长、最血腥的阶段——无论如何命名，它都是一场战争；一本关于它的希伯来语著作题为《第七次战争》(*The Seventh War*)。[40] 另一名出身拜特萨霍的活动家加桑·安多尼（Ghassan Andoni）从巴勒斯坦人的角度提出了不同看法：如果说第一次因提法达产生于希望，那么第二次因提法达就是出于绝望。[41]

2000 年 11 月下旬，巴拉克宣布提前大选，以此来回应国内右翼和国外批评者的夹击，前者因为他过分怀柔巴勒斯坦人而施压，后者则指责他过度使用武力。他仍然相信有可能与阿拉法特达成和平协议，只要暂时抛开耶路撒冷问题，因为它太过困难。沙龙立马指责他为做成交易不择手段。克林顿也在坚持。12 月 23 日，在仅两周后就要离开白宫时，克林顿试图以美国人关于双方立场的所有了解为基础，发布他所谓的巴以和平解决方案的“普遍参数”(general parameters)，来打破隔阂。他认为，达成一份“公正持久的协议”需要以色列人交出西岸 94% 到 96% 的土地，其中 1% 到 3% 是巴勒斯坦人因为以色列吞并的地区获得的赔偿。80% 的定居者将成群聚居，双方的领土都具有连贯性。以色列将在 3 年内分阶段撤军，同时会有一支国际部队驻扎于此。西岸将设立 3 个以色列预警站，以色列还会派专人与巴勒斯坦人联络。以色列部队在紧急情况下进入巴勒斯坦和以色列航班飞经巴勒斯坦领空都需要经过巴勒斯坦许可。巴勒斯坦国将是“非军事化的”。耶路撒冷的主权将被分割，但具体怎么分还要研究研究。“圣城”将成为巴勒斯坦首都，谢里夫圣所 / 圣殿山另有特殊安排。难民能够返归巴勒斯坦国。以色列可能会接收一部分难民，但这不是其**义务**。以色列必须承认 1948 年战争给巴勒斯坦人民造成的痛苦，并协助国际社会努力解决难民问题。这将正式结束冲突，并满足所有契合联合国安理会决议的主张。克林顿总统说：“我最多只能做到这个分上了……

我想澄清一件事。这些是我的想法。如果这些想法现在得不到接受，它们不仅会被撤下谈判桌，还会在我离职时和我一起彻底离开。”[42]

双方对彼此的容忍度经受了毁灭性的考验：因为亚西尔·阿比德-拉布称巴拉克为战犯，一次高级别会议被推迟，以色列人要求对方在恢复谈判前先道歉。2001 年 1 月 21 日，最后一轮谈判在埃及度假胜地塔巴开启，时间越发紧迫了。已取代克林顿入主白宫的乔治·W. 布什总统预计远不会像克林顿那么积极地参与和平进程，新的以色列大选也将在短短两周内到来。没有任何美国官员出席。“去吧，”阿拉法特命令不情愿的艾哈迈德·库赖，“带上你的同僚，做你认为合适的事。我将批准你们同意的全部事情。”[43] 但沙龙已经扬言不会履行巴拉克达成的任何协议。6 天后，双方按照克林顿的“参数”所规划的，回到了最终地位问题上，尽管两边对此都持有保留意见。巴勒斯坦人拒绝以色列人的版图，也反对他们的兼并计划。以色列人指责对方想要以色列做出所有让步。第三天，由于来自特拉维夫的两名以色列平民在图勒凯尔姆被蒙面枪手射杀，谈判中断。会谈最后一天，双方都宣称他们“从未如此接近”达成一致。但美国外交官对他们的实际距离深表怀疑。[44] 巴勒斯坦代表谢绝了以色列人用国防军直升机将他们送回加沙的提议，担心会招来“不利评论”。库赖告诉一名以色列官员“上司不想要协议”，[45] 然后向阿拉法特汇报了谈判取得的成果和以色列即将进行的选举之后的前景。“如果我们将来和同一批以色列谈判代表举行会谈并从停下的地方重新开始，就有可能达成协议，”他写道，“否则只能求助于真主了。”[46] 这仿佛是十多年前随着第一次因提法达开始的一系列事件的结尾，历经马德里会谈和奥斯陆协定，带着种种缺陷和失望。伴随外交希望的破灭和暴力的肆虐，埃胡德·巴拉克留下的，是绝望、怀疑和仇恨。

第二十二章

2000—2002

过去十年培育的和平文化正在破碎。在同样的地方，徒劳和绝望的感觉正在滋长，人们越来越多地诉诸暴力。

——米切尔报告（Mitchell Report）[1]

“让以色列国防军获胜”

2001 年 2 月，阿里埃勒·沙龙赢得大选，这被以色列人、巴勒斯坦人、阿拉伯人和世界其他地区的人们视为至关重要的时刻。沙龙的竞选广告将他打造成一个慈祥和善的人，与他的孙辈或山羊在他内盖夫的牧场上一块玩耍，但他最明确的理念是：“让以色列国防军获胜。”他利用了自己坚毅果敢的名声。“我了解阿拉伯人，阿拉伯人也了解我，”沙龙一再宣称，“他们知道我说什么就是什么，说一不二，说二不一。他们知道我怎么说怎么想，怎么想怎么说。”[2]

沙龙在普选中获得了 62% 的票数，埃胡德·巴拉克只获得了屈辱的 38%。巴拉克阵营的恐吓战术惨遭失败：其中一个招数是发出数千份装在国防军的棕色信封里的伪造征兵文件，要求预备役人员在选举后第二天就向其部队报到。它想表达的是，投票给沙龙就是投票给战争。但在西岸和加沙地带经受了4个月的暴力活动后，以色列人不仅对巴拉克，也对奥斯陆以来的7年谈判失去了信心。“笼罩着以色列民众的绝望和焦虑，以及对巴勒斯坦人所受痛苦和磨难的一无所知，就是沙龙上台的原因，”温和派小说家大卫·格罗斯曼评论道，承认自己担心将来会发生最坏的情况，“从事不关己的优越地位报道火车脱轨是一回事，坐在火车里面报道它就完全是另一回事了。”[3] 但没有人对结果感到意外。“和平进程最显而易见的影响，就是以色列选民不断向右流动，”什洛莫·本–艾米表示，“阿拉法特是罪。阿里埃勒·沙龙是罚。”[4]

巴勒斯坦人忧心忡忡，这并不让人意外。巴勒斯坦民族权力机构信息部长亚西尔·阿比德–拉布称沙龙是一个“狂热而危险”的人，怀有“重启更大规模冲突的敌意”。沙龙恶名远扬，从20世纪50年代突袭吉卜亚到1982年的贝鲁特大屠杀，从他不屈不挠地推进定居点建设到最近对谢里夫圣所的挑衅性访问。“沙龙选择了与巴勒斯坦人开战，而对巴勒斯坦人民来说，向他发动战争比向埃胡德·巴拉克发动战争要容易，”拉姆安拉的法塔赫指挥官侯赛因谢赫宣称，“沙龙的政策表明，和平进程已经随风而逝。我们认为他想让占领永远持续下去，只不过以另一种名义。”[5]

气氛灼热且紧绷。大选后的一周内，以色列人暗杀了阿拉法特在加沙的一名保镖。第二天，艾格德巴士公司（Egged bus company）的一名加沙司机在特拉维夫附近一个公交车站杀害了8名平民。这场“独狼”袭击的凶手被描绘成一个没有政治背景的普通巴勒斯坦人，一个不堪承受以色列封锁造成的压力的人，那些无力抚育子女、为了养家糊口而疲于奔命的人对此尤为触动；他据说还患有抑郁症，然而这再次证明双方的精神病患者都只会把矛头对准敌人。不久之后，一名哈马斯自杀式炸弹袭击者在内坦亚杀死了 3 名以色列人。即便厌战情绪渐增，杀戮仍在继续，袭击引发复仇、葬礼上的抗议和更多袭击，如此循环往复。

在希伯伦，一名 10 个月大的女婴，犹太定居者的孩子，坐在她的折叠婴儿车里时，被一名巴勒斯坦狙击手杀害了。莎勒希薇特·帕斯（Shalhevet Pass）胖嘟嘟的小脸立刻成了可能比穆罕默德·杜拉受惊吓的面容还能代表受苦儿童的形象。因提法达开始 6 个月内，70 名以色列人被杀，数百人受伤。同期巴勒斯坦死亡人数为 350 人，数千人受伤。自杀式袭击、枪击和直升机的火箭弹袭击成了家常便饭。然而沙龙下达惩罚性行动的命令仍未平息右翼的批评：定居者在他办公室外面停了一辆被子弹打烂的汽车，驱使他采取更强硬的立场。

沙龙异常迅速地组建了一个由工党的希蒙·佩雷斯和本雅明·“福阿德”·本-埃利泽（Binyamin‘Fuad’Ben-Eliezer）分别担任外交部长和国防部长的民族团结政府，反映出一种国运危急的意味。极右翼的代表是反阿拉伯的祖国党领导人雷哈瓦姆·泽维，旅游部长这一人畜无害的职位掩盖了他代表的政治意义。以色列人没有爱上沙龙，但大多数人都支持他。“他们对他的信心，只是像癌症病人对唯一可用的医生的信心那样。”一位知名的评论家说。[6] 新总理立誓不与阿拉法特交谈，却派了他的儿子奥马里（Omri）去加沙会见阿拉法特，提出建立一个“临时”的巴勒斯坦国——占西岸的 42%——以及停火。2001 年 2 月中旬，以色列情报机构报告，巴解组织领导人暗中批准了一波自杀式爆炸袭击。[7] 阿拉法特在一次罕有的采访中坚称他“绝对没有下令开火”，同时暗示他可以停止袭击。[8] 与他关系密切的官员后来的言论证明这其实是“说一套做一套”。穆罕默德·达赫兰回忆时说：“阿拉法特白天谴责袭击行为，但晚上他会做光荣的事情。”[9]

2001年4月，沙龙下令派坦克进入加沙。此举引发了国际社会的谴责，拉响了《奥斯陆协议》可能最终瓦解的警铃。5月，乔治·米切尔领导的国际调查委员会发布了调查结果。它否定了巴勒斯坦人称沙龙的圣殿山之行导致因提法达发生的断言，也反驳了以色列人对阿拉法特煽动并策划骚乱的指控；但它确实注意到巴勒斯坦民族权力机构在减少暴力方面无所作为，以色列也因对此过度反应而受到责难。以色列和美国的微妙看法是，巴解组织领导人试图利用暴力——这延续了克林顿发出戴维营峰会的邀请前一年就已清楚可见的一种模式。前“辛贝特”主管阿米·阿亚隆认为：“一旦巴勒斯坦暴力事件这只老虎跑出了笼子，阿拉法特就会骑上它，而不是安抚它，事实上还会喂养它来增强自身的合法性。”[10]对巴勒斯坦分析者耶西德·赛义格而言，沙龙激起的自发反应为软弱无力、没有任何正经策略的阿拉法特提供了“摆脱困境之道”。[11]“米切尔报告”在紧要关头对冲突的现状提供了一个简要但乏味的总结：

> 尽管历史悠久且比邻而居，一些以色列人和巴勒斯坦人却仿佛并不能充分领会彼此的问题和关切。部分以色列人似乎既不理解巴勒斯坦人每天必须忍受占领的持续影响带来的羞辱和沮丧（占领区是由以色列军队和其中的犹太定居点维持的），也不理解巴勒斯坦人实现独立和真正自决的决心。部分巴勒斯坦人则好像既不理解恐怖主义会在多大程度上造成以色列人民的恐慌并削弱他们对可能共存的信念，也不理解以色列政府采取一切必要手段保护其人民的决心。两边的恐惧、仇恨、愤怒和失望都在增加。

> 最最危险的是，过去十年培育的和平文化正在破碎。在同样的地方，徒劳和绝望的感觉正在滋长，人们越来越多地诉诸暴力。[12]

米切尔敦促双方给紧张局势降温并恢复安全协调工作，还劝以色列人暂停定居点活动。沙龙要求在执行前有 7 天的冷静期，一名巴勒斯坦要人称之为“表面合情合理但实际是在设置不可能的条件”，而巴勒斯坦民族权力机构承认它无法控制“制造个别事件的武装派别”。[13] 米切尔的两项号召都没有得到重视。

武装因提法达

双方对战争的体会大不相同。与第一次因提法达不同，这次起义只有少数巴勒斯坦人积极参与。但武器的使用规模要大得多，其中许多是民族权力机构依照《奥斯陆协议》的安排持有的。更多的非战斗人员面临长期宵禁和封锁，这扰乱了他们的正常生活并导致他们艰辛度日，特别是在靠近以色列定居点和军事阵地的地区。以色列的所有措施中，最令人心力交瘁的莫过于检查站和道路封锁，它能将 40 分钟的路程变为坐着出租车、步行甚至骑着驴子的冒险之旅，伴随着紧绷的神经和暴躁的士兵。巴勒斯坦人需要特别许可才能使用西岸公路约 700 千米的一部分。[14] 其他部分是完全禁止的。“检查站没有阻止自杀式爆炸，但阻碍了生活。”一名在耶路撒冷和西岸之间通勤往返的外国人指出，他正想办法应付随机的汽车搜查。“最难打交道的士兵是新移民——俄罗斯人，还有埃塞俄比亚人，”拉姆安拉的神经科医生萨米尔·哈利勒（Samir Khalil）博士抱怨道，他正排队通过拥挤的盖兰迪耶（Qalandiya）检查站前往东耶路撒冷医院，“你能想象吗，一个刚来这个国家一年的人，说我文件不齐不能上班？”[15] 枯燥和危险同样有害。努力维持例行公事，面对着无法逾越的障碍和浪费时间的官僚机构“熬日子”，是对**坚忍不拔**的一种表达。[16] 加沙的情况尤为严峻，失业率接近50%，数千人只能依靠近东救济工程处的粮食援助生存。沿海地区长期禁止捕鱼，果园被铲平，房屋被推土机推倒，因为以色列人说它们会被用来当作枪手的掩护。以色列在一次袭击后拆毁了拉法难民营的建筑物，受到国际社会的批评，并引发了争议。以色列还扣留了应交给巴勒斯坦民族权力机构的税收——这是其屡次使用的施压手段。

2001年6月，新的恐怖事件降临。特拉维夫一家名叫“海豚馆”（Dolphinarium）的海滨迪斯科舞厅发生自杀式爆炸袭击，21名青少年遇难，其中大多数是俄罗斯移民女孩。哈马斯声称对此负责。22岁的自杀式袭击者来自盖勒吉利耶的一个难民家庭，在那里他被奉为烈士。阿拉法特公开谴责这次袭击并宣布停火，美国则派遣中央情报局局长乔治·特尼特（George Tenet）协调建立信任措施和实现更长时间的休战。停火协议几乎刚达成就被破坏了。患有慢性背痛的特尼特在阿拉法特办公室会谈时躺在地板上，让他的谈话对象惊讶不已。[17] 以色列定居者驾车驶过并枪击巴勒斯坦人，同时贾迈勒·曼苏尔（Jamal Mansour）和另一名哈马斯领导人——还有两名儿童——在纳布卢斯死于一场显然需要精确情报的“阿帕奇”直升机袭击，这被归咎于通敌者。袭击发生前，曼苏尔接到了一个谎称来自英国广播公司的人打来的电话。[18] 受“辛贝特”严密监视的“坦齐姆”领导人马尔万·巴尔古提侥幸免于一死，[19] 一枚导弹击中了他本该乘坐的那辆汽车。艾哈迈德·库赖回忆道：“越来越多的巴勒斯坦人发现，在炸毁以色列的餐馆、咖啡馆、公交车、夜总会和购物中心时，他们拥有一种似乎能平衡以色列压倒性军事优势的武器。”[20] 8月，包括7名儿童在内的另外15名以色列人在耶路撒冷中部的“胜百诺”（Sbarro）比萨店发生的自杀式袭击中丧生，其中5名受害者是同一个家庭的成员。哈马斯宣称对袭击负责，并公开了袭击者姓名——伊兹丁·马斯里（Izzedin al-Masri），23岁，来自杰宁附近——还发布了一张他一手举着M16步枪，一手拿着《古兰经》，腰上缠着炸药带的照片。当时还出现了一个令人毛骨悚然的插曲：伊斯兰圣战组织宣布对同一起事件负责，但公布了不同的肇事者名字，随后承认弄错了，此举无意中使该组织一名成员失去了掩护：上述爆炸发生时，此人也在执行自杀式任务的途中。

以色列的“F16”战机随后轰炸了拉姆安拉的一处警察营房，而东耶路撒冷事实上的巴解组织总部“东方之家”也被关闭。坦克和装甲推土机进入杰宁，那里作为伊斯兰主义人弹的温床在以色列恶名昭彰。巴民族权力机构的警察逃走了，但来自哈马斯伊斯兰圣战组织还有法塔赫的人坚守阵地，向以色列人开火。8月底，西岸“解放巴勒斯坦人民阵线”的领导人阿布·阿里·穆斯塔法（Abu Ali Mustafa）在接起一个用来定位他的电话时，直升机发射的激光制导导弹穿过了他在拉姆安拉的办公室的窗户，致其死亡。这次攻击是如此精准，以至于窗框都完好无损。加沙受人欢迎的布道者谢赫易卜拉欣·马迪（Ibrahim Maadi）赞扬了“将炸弹绑在他们自己或他们儿子身上的人”，并号召在特拉维夫和以色列其他城市制造爆炸。“犹太人已经露出了獠牙。他们的一言一行有目共睹。他们不会被吓倒，除非看到他们肮脏同类鲜血的颜色。他们不会被震慑，除非我们自觉自愿地在他们之中引爆自己。”[21]

法塔赫采取了一种“大规模抗议附带有限暴力”的政策——这是马尔万·巴尔古提所追求的路线，他认为巴勒斯坦人有义务自卫：

> 如果以色列人继续剥夺我们的生命，杀害我们的人民，日复

一日地用坦克和飞机发动攻击，为什么要允许特拉维夫人民过上安定的生活？你们不尊重我们的“A区”，我们也不会尊重你们的“A区”。如果你进入我家肆意妄为，我又为什么要在你家彬彬有礼？[22]

几天后，一名伪装成正统派犹太人的人弹在耶路撒冷一条布满学校、餐馆和医院的街道上自爆。袭击者的头颅落在这个城市一所法语中学的院子里，当时学生们正排队参加开学典礼，“新校长……在这颗人头和身体碎片上盖了块布，以免孩子们看到害怕”。[23]下一次自杀式袭击发生在北部城镇纳哈里亚（Nahariya），袭击者是一名来自加利利的以色列阿拉伯公民——又一个残酷的开端。在那天，2001年9月10日，5小时之内另有7人在三次不同的袭击中丧生，这些事件即使按第二次因提法达的标准来看也是接连迅速发生的。然而，它们很快就被来自远方的更重大、更陌生的新闻所遮蔽。

“阿拉法特就是我们的本·拉登”

奥萨马·本·拉登2001年9月11日对美国的袭击对巴勒斯坦人的事业并无助益。东耶路撒冷举行了简单的庆祝活动——孩子们向路人发放糖果，以庆祝对以色列最坚定的盟友兼武器供应者的凶狠一击，一名枪手在杰宁的难民营中独自鸣枪喝彩——这吸引了多得离谱的媒体关注，以色列趁机将巴勒斯坦人对占领的抵抗与全球圣战混为一谈。“每个人都有自己的本拉登，”沙龙告诉美国国务卿科林·鲍威尔（Colin Powell），“阿拉法特就是我们的本·拉登。”事实上，阿拉法特很快就向布什总统致以哀悼，并在电视台摄像机前摆出姿态，在加沙医院为纽约的受伤者献血。“绝大多数巴勒斯坦人坚决谴责这一行为，”巴解组织的首席谈判代表赛义卜·埃雷卡特坚称，“以色列人试图找出某种关联，进一步抹黑巴勒斯坦人，这是非常不公且卑鄙的行为。以色列人正打算将他们对西岸和加沙的军事占领，与发生在纽约和华盛顿的可怕屠杀联系起来。”

尽管如此，阿拉法特十分清楚，巴勒斯坦人很可能会面临强烈的抵制，因为美国考虑以努力恢复占领区的平静来应对“9·11”。他与希蒙·佩雷斯在9月底起义一周年之际进行了一场尴尬的碰面，但在中央情报局协助下达成的停火仅仅维持了几日，因为巴勒斯坦人（包括巴勒斯坦民族权力机构的警察）反对停战，他们要求继续与以色列作战。沙龙在其团结政府中右派的压力下，于一周后放弃休战，并谴责了布什建立巴勒斯坦国的呼吁，白宫坚称这在双子塔袭击发生前就在计划中了。“不要重演1938年欧洲开明民主国家为了方便省事的临时解决方案而决定牺牲捷克斯洛伐克的可怕错误，”愤怒的沙龙告诉美国，“不要试图牺牲我们的利益来安抚阿拉伯人。”白宫称该声明“不可接受”——这是一次罕见的公开斥责。

美国为回应9月的袭击事件，开始入侵阿富汗。此后不久，阿拉法特的巴勒斯坦民族权力机构警察向加沙歌颂本·拉登的哈马斯示威者开枪，接着以色列要求其交出10月中旬在耶路撒冷一家酒店杀害雷哈瓦姆·泽维的凶手。巴勒斯坦人说，这位极右翼部长被选中是因为他是“针对性”杀人的强烈支持者。“人阵”声称对此负责，此举是为了报复其西岸的领导人被暗杀。美国海军陆战队将军安东尼·津尼（Anthony Zinni）也加入促成重新停火的工作中，但他相当挣扎，因为暴力持续不断，而且以色列警告称他不理解“巴勒斯坦人的心理”。[24] 11月在纳布卢斯附近发生的哈马斯领导人马哈茂德·阿布·哈努德（Mahmoud

Abu Hanoud）被刺事件被普遍解读为以色列破坏停战努力的阴谋。[25] 12月中旬，阿拉法特通过巴勒斯坦电视台和广播发出警告，称巴民族权力机构将惩罚任何违反他命令并策划自杀式爆炸和迫击炮攻击的人。这带来了持续约三个星期的平静。但随后拉伊德·卡尔米（Raed Karmi），被以色列人通缉且巴民族权力机构假称已经关进监狱的"坦齐姆"领导人，在一次精心策划的行动中被无人侦察机引爆的一枚炸弹所杀。卡尔米据说负责武器购买。[26] 以色列国防军反对这次暗杀，理由是它将危及休战。警觉的前"辛贝特"主管们告诉现任负责人阿维·迪希特（Avi Dichter），他不该单纯听沙龙的吩咐行事。[27]"该事件使法塔赫立场激进化……并对冲突的持续及升级造成了深远影响，"以色列的一项研究后来总结道，"这是法塔赫和各类'阵线'组织……态度的分水岭，它们现在也开始制造自杀式爆炸了。"[28] 数千人参加了卡尔米在图勒凯尔姆的葬礼，要求为他复仇。几天后，一名年轻的巴勒斯坦人来到与杰宁隔"绿线"相望的哈代拉，走进一场受戒礼现场，在饮弹自杀前枪杀了6人。他是卡尔米的朋友。[29] 法塔赫卷入自杀式袭击使阿拉法特面临新的压力。[30]

巴勒斯坦人一贯称之为"殉难行动"而非自杀，并将这种现象解释为绝望和无助的表现。"在上回的起义中，孩子们经常玩一种叫作'因提法达'的游戏"，加沙的精神病专家伊亚德·埃尔·萨拉杰（Eyad El Sarraj）解释道：

> 这是一个"牛仔和印第安人"类型的游戏——更确切地说，是以色列士兵与巴勒斯坦投石者的游戏，孩子们会交替扮演士兵和巴勒斯坦人，前者装备着代表枪支的棍子，后者戴着卡菲耶，拿着石块。当时许多孩子喜欢扮犹太人……因为带枪的犹

太人代表了力量。这个游戏已经完全没人玩了。今天，力量的象征是烈士。现在你如果在加沙问一个孩子长大后想成为什么样的人，他不会说想成为一名医生、士兵或者工程师。他会说他想成为烈士。[31]

流血仍在继续。5 名巴勒斯坦男生被以色列国防军为汗尤尼斯的武装分子设下的爆炸装置杀害。10 名以色列人在耶路撒冷市中心的本-耶胡达大街死于汽车炸弹。“我看到了失去胳膊的人，”一名目击者说，“我看见一个人开膛破肚。我看见一个 10 岁男孩咽下了最后一口气。”第二天，又有 15 人在海法因哈马斯制造的公交车爆炸身亡。司机事后想起有名巴勒斯坦乘客用大额钞票买下车票，不等找零就去车后部引爆了炸弹——这一令人不寒而栗的细节所反映的恐怖现象正逐渐成为家常便饭。（据报道，警方正在调查一个以下一次自杀式袭击发生地点为赌局的赌场。）哈马斯称海法袭击事件是为了报复其西岸军事指挥官的遇刺。这名人弹被确认为马埃尔·胡巴什（Maher Hubashi），他在 7 月份看到纳布卢斯遇害的两名哈马斯领导人被肢解的尸体后立誓报仇。胡巴什在他卧室的墙上贴了被以色列人杀害的巴勒斯坦儿童的照片。[32] 以色列人的推土机碾过加沙机场的跑道，摧毁了两架阿拉法特的总统直升机。

“防御之盾”

阿克萨因提法达在 2002 年春天达到了血腥的高峰。当年 1 月，以色列海军突击队截获了“卡林 A 号”（Karine A），这艘货轮计划通过苏伊士运河将价值 5 000 万美元的武器从伊朗运往加沙。以色列人发动了一波宣传攻势。阿拉法特否认这批货物与巴解组织有任何关系。由于一名法塔赫高官在其中发挥了重要作用，所以这并没有说服力，尽管也有证据表明与真主党有关。[33]沙龙在接受采访时表示，要是以色列在 1982 年从贝鲁特撤离前就除掉阿拉法特就好了。3 月初，一名巴勒斯坦狙击手孤身一人在拉姆安拉城外奥法拉附近的一个检查站杀死了 10 名以色列士兵和定居者，他躲在一棵橄榄树下，用一把旧步枪射击了 25 分钟。这个故事使人回忆起了“大起义”，有人天马行空地猜想，这个狙击手是 1939 年以来一直躲藏着的老圣战士——就像第二次世界大战后几十年躲在东南亚丛林中的日本士兵一样。[34]截至 2002 年 3 月 7 日，起义开始以来的死亡人数为巴勒斯坦方 1 068 人，以色列方 319 人。仅在 3 月 8 日一天之内，就有 40 名巴勒斯坦人被以色列国防军杀害。翌日，西耶路撒冷一家人气很旺的咖啡馆发生了自杀式爆炸袭击——就在贝尔福街总理府的马路对面——以色列人绝望地想到了正常生活的完结，包括厌恶沙龙、被他的政策吓坏了的铁杆反战人士。[35]令人心惊胆寒的一个月在 27 日那天达到极点，一名哈马斯人弹杀害了 29 名在内坦亚一家酒店里庆祝逾越节的以色列老人。

内坦亚爆炸事件发生时，恰逢阿盟首脑会议在贝鲁特举行。这些仪式性的外交活动中通常没什么实质内容，阿拉法特也没能说服以色列人允许他离开位于穆卡塔的总部参加会议。但正是在此场合，沙特王储阿卜杜拉提出了一项意义重大的阿拉伯和平新倡议：它宣称，如果巴勒斯坦问题得到公正解决，阿拉伯国家将以 1967 年的边界承认以色列。这是一项具有历史意义的声明——原则上约束了联盟的所有 21 名成员——尽管如何将其转化为现实仍未可知。它实际推翻了“六日战争”后举行的喀土穆首脑会议提出的“三不”原则。然而，当时并不是外交的时代。“我们的行动刚好赶上贝鲁特的阿拉伯首脑会议，”哈马斯宣称，“这给了我们的阿拉伯统治者一个明确的信号，那就是我们苦苦挣扎的人民已经选定自己的道路，明白了如何完完全全地收回土地和权利，只依靠真主。”[36]

内坦亚爆炸事件是筹备已久的“防御之盾行动”（Operation Defensive Shield）的导火索，这是以色列自1967年以来在约旦河西岸开展的最大规模的行动。以色列国防军几小时内就下令紧急召集了两万人。纳布卢斯和除杰里科外的所有主要城镇都被重新占领，回到了《奥斯陆协议》签订前的状态。成千上万的巴勒斯坦人被捕。在纳布卢斯，尸体在街道上、废墟中腐烂，被狗啃食。以色列国防军用3个星期的时间，“破坏、掏空或是洗劫过去8年来建造的几乎所有巴勒斯坦民族机构，包括公共机构和非政府机构，安全机构和民用机构”。[37]在拉姆安拉，以军与阿拉法特的保镖交火，用坦克和推土机包围了他的总部，切断电话线和电源；据一名访客说，一周后这里看起来就像《疯狂麦克斯》[1]电影里的场景。[38]以色列国防军几乎没有遭遇抵抗，仅有一个值得注意的例外。人口稠密的杰宁难民营发生了8天挨家挨户的密集战斗，那里住着1.3万人。此事轰动了全世界，尽管巴勒斯坦人声称的大屠杀并未得到证实。联合国根据不同估计发现，有23名以色列士兵和52名巴勒斯坦人被杀，其中有战斗人员47人，平民22人。双方都被指控危害平民生命安全，以色列国防军因毁坏数百座房屋而遭抨击，其中许多房屋是被巨大的“D9”装甲推土机摧毁的。“从上方拍摄，一块有过几百幢房屋的几个足球场大小的地方，呈现的是一片空空如也、几无纹路的茫茫大地”，一位记者报道时称：

---

[1]《疯狂麦克斯》（*Mad Max*），讲述公路大战的动作片。——译者注

> 水泥和钢筋纠缠着堆满了一个缓坡。一眼就能看到这里有鞋子、玩偶的腿、床上用品、《古兰经》书页、图画和镜子碎片。最令人震惊的是，不知何故，在废墟的边缘处，建筑只被破坏了一半。在这里，整幢建筑物的墙壁都没有了，露出里面仍有人居住的住所——照片、床和浴室——日常生活被赤裸裸地揭开。[39]

根据世界银行的说法，巴勒斯坦民族权力机构各部委和办事处、道路、供水管道及其他巴勒斯坦基础设施遭到严重破坏或被彻底摧毁，总损失高达3.6亿美元。[40]计算机和其他记录资料被系统性地针对打击。估计的伤亡人数从250到500不等，其中大多数是民族权力机构的安全部队、“坦齐姆”和其他团体成员。阿拉法特后来称之为“杰宁格勒”（Jeningrad）。

“防御之盾行动”持续了整整一个月。部队撤出西岸的城市但继续包围它们，定期发动入侵，使交通和商业陷入瘫痪。5月，以色列国防军似乎准备入侵加沙，但停下了脚步。在欧盟外交官的斡旋下，13名被通缉的巴勒斯坦战斗人员撤退到塞浦路斯和加沙地带，以色列结束了对伯利恒圣诞教堂（Church of the Nativity）为期6周的紧张围困。6月初，一名伊斯兰圣战组织的自杀式炸弹袭击者在米吉多（Megiddo）——《圣经》中哈米吉多顿[1]的所在地——十字路口的一辆公交车旁引爆了一辆装满爆炸物的汽车，导致17名士兵和平民身亡。两周后，又有19名以色列人在一辆耶路撒冷的公交车上死于哈马斯人弹的袭击。沙龙命令国防军发起了另一次规模相对较小的行动——“坚定之路行动”（Operation Determined Path）——在这新一轮入侵

[1] 哈米吉多顿（Armageddon），《圣经》中预言的末日决战之地，也是“米吉多”名称来源。——译者注

过程中，以军几乎没有遭到抵抗就将巴民族权力机构推入近乎无足轻重的境地。布什总统在6月24日的一次演讲中呼吁阿拉法特下台，这在双方许多人眼里都像是在沙龙办公室而不是白宫写的稿子。演讲前夕，沙龙的特使向白宫提供了以色列情报证据，证明阿拉法特支持恐怖主义。[41] 布什还首次谈到了他所谓的“和平路线图”（Road Map for peace）——一个本质上基于“米切尔报告”的分段计划，旨在实现巴勒斯坦建国。巴解组织宣布举行新的大选作为回应。

7月，一架以色列喷气式飞机轰炸了“卡萨姆旅”的指挥官萨拉赫·谢哈德（Salah Shehadeh）在加沙的住所，杀死了他和另外14人，包括9名儿童。沙龙赞扬了这次突袭，无视国际社会的舆论谴责。以色列空军指挥官将一架“F16”战机释放1吨炸弹时的感觉不屑地描述为“轻轻颠簸”了一下；随后的一项调查发现，其瞄准人口密集的地区是情报失误，并没有“预谋”杀害平民。谢哈德在“坦齐姆”和哈马斯之间举行停火谈判的背景下被杀，人们照习惯猜想以色列又在试图破坏协议。[42] 不久之后，“坦齐姆”领导人马尔万·巴尔古提在特拉维夫接受审判，他被指控策划袭击并造成5名以色列人死亡。巴尔古提挥舞着手铐，用他在监狱里学的希伯来语告诉法庭，以色列只有撤离巴勒斯坦的土地才能获得安宁。“我要起诉以色列政府！”巴尔古提宣称，“我有一份指控清单，上面列了50条以色列导致两族人民流血牺牲的罪状！”[43] 巴尔古提最终被判处5个终身监禁。

令人盲目的暴力

阿克萨因提法达中的暴力事件令巴勒斯坦人和以色列人之间本来就一直稀缺的相互同情和理解变得更加罕见。如果说第一次因提法达的代表形象是投掷石块的巴勒斯坦儿童，第二次因提法达的象征就是自杀式炸弹袭击者。“以色列犹太人将其视为巴勒斯坦人残忍、狂热且不开化的本性的最佳证明，并得出结论，不可能与这些派孩子来自杀并杀害无辜的人进行理性的谈判”，以色列左翼学者巴鲁克·基默林（Baruch Kimmerling）写道：

由于缺乏理解，大多数以色列人的双眼被蒙蔽了，因此他们看不见巴勒斯坦人的贫穷、毕生的困扰和羞辱、绝望以及不间断的暴力和杀戮，它们妨害了这么多巴勒斯坦人的生活，导致这么多巴勒斯坦年轻人铤而走险——这种行为与《圣经》中参孙（Samson）被非利士人（Philistines）俘虏后的描写别无二致。当自杀式炸弹袭击者屠戮无辜平民时，同样缺乏同情心的巴勒斯坦人对犹太人的悲伤与愤怒也视而不见，众多巴勒斯坦人每次在行动成功后公开表达他们的喜悦时，更是加剧了这种悲愤之情。[44]

对于那些与双方都有接触并敏锐地察觉到语言是如何被尖锐的仇恨所歪曲的外人而言，那种差异十分显著。“我们听说的是几家子人瑟缩在一个房间里，几支作战部队闯进他们的家，炸穿一幢接一幢房子的墙壁，进行搜查、逮捕、抢劫、殴打，又扬长而去……以色列人听说的是‘恐怖主义巢穴’正被连根拔起”，住在耶路撒冷的英国医生艾玛·威廉姆斯（Emma Williams）写道：

我们听说的是拉姆安拉或纳布卢斯的朋友讲述的恐惧，这种恐惧来自飞机、坦克和直升机夜间的打击，来自突然冒出来对着一群平民张牙舞爪的庞然大物，而以色列人听说的是国防军正在与“一个顽强又顽固的敌人”作战，通过扫平另一个邪恶的民族为以色列人带来安全。[45]

在恐惧和疑心的助推之下，以色列的公开辩论集中于打击恐怖主义的必要性。极右翼政党“我们的家园以色列”（Yisrael Beiteinu）领导人阿维格多·利伯曼（Avigdor Lieberman）在提到“阿拉法特那条狗”时道出了许多人的心声，力劝沙龙轰炸巴勒斯坦民族权力机构。“全国宗教党”（National Religious Party）的埃菲·埃坦姆（Effi Eitam）要求巴解组织领导人以大屠杀罪名受审，并谈到巴勒斯坦人的“转移”——过去对大规模驱逐的委婉说法。备受尊敬的《国土报》军事评论家泽埃夫·希夫警告道：“在这里发生的可怕战争中，这一天即将到来：任何想来摧毁以色列人家庭，包括孩子和婴儿的人，都必须考虑到以色列不仅会害他失去财物，还会伤害他的家庭。”[46]和平阵营备受质疑，大多闭口不言。

在这如履薄冰、岌岌可危的气氛中，危机的深层原因总是被忽视。巴勒斯坦社会学家萨利姆·塔迈里认为，悲叹失去正常生活的以色列人往往意识不到这是“以色列将西岸和加沙变为一个巨大的监禁场所”造成的。[47]然而，有影响力的巴勒斯坦知识分子的确提醒过，自杀式爆炸作为一种“表达抵抗”的方式，“无法有效传递意图，因为它们没有就以色列社会对起义和一般巴勒斯坦抵抗运动的反应和理解做出战略性解读”。[48]由欧盟赞助的一场宣传中的类似诉求引发了争议，其签署者被指受自身利益驱使——因为他们受雇于巴勒斯坦民族权力机构，或与国际非政府组织有联系——而没有真正提醒人们武装因提法达是灾难性的。2002年年底，民调显示51%的巴勒斯坦人反对军事行动，“因为有损于巴勒斯坦的民族利益”。[49]这种批判情绪反映在一个描述巴勒斯坦人真实情况的新阿拉伯语术语中——intifawda：它将“起义”（intifada）一词与“混乱”（fawda）一词结合，意为“兵荒马乱”。

以墙相隔

在这些高度两极分化的情况下，安全成为以色列话语的绝对主题，属于意料之中的事。伊扎克·拉宾和埃胡德·巴拉克都考虑过在以色列和约旦河西岸之间建立一道屏障，这与该国将邻居和敌人分离的旧理念一致，但一直没有实施。“我们在这里，他们在那里。”拉宾曾简洁地表示。巴拉克曾称以色列为“丛林中的别墅”——一个昭然若揭的表述，往好里说是妄自尊大，往坏里说就是种族主义。单边隔离是个老想法了，它与任何宏观战略均无关系，不过这个想法在那时成了现实。“按以色列人的想法，”一位观察人士指出，“竖起藩篱实际上是‘关店锁门’的政治准则。它表明以色列人已接受这样一个事实，即在短期到中期内，犹太人和阿拉伯人根本不能生活在一起。”[50]

围栏和屏障显然能发挥作用，尽管只对其中一方有利，正如1996年以来围绕加沙地带的那道藩篱所证明的那样。沙龙起初反对在西岸采取类似行动，因为此举会将“不可分割的”耶路撒冷分开，并导致以色列定居点不受保护。但事情正在变化：2002年6月，内阁投票决定开始建造一道新的“隔离墙”。民调显示群众普遍支持。它实际部分是栅栏，部分是混凝土墙，高达24英尺，由带刺铁丝网、传感器、摄像头和瞭望塔组成。一开始计划的是在“绿线”上或附近延伸70英里，但它也向东切入另一侧以纳入犹太定居点。第一部分于2003年夏季完工，政府将其当作一项不含任何政治意味的反恐措施，虽然这是在当地制造既成事实的明显例子。

巴勒斯坦人从一开始就坚决反对，给它起了“种族隔离墙”（apartheid wall）的外号——人们越发将以色列和白人统治下的南非相提并论了，连以色列前总检察长米海尔·本-亚伊尔（Michael Ben-Yair）都做过这种比较。[51]他们认为，如果仅仅事关安全问题，它就会沿着“绿线”而建，这也是为什么有些人称其为“兼并墙”（annexation wall）。[52]事实上，据联合国统计，只有15%的隔离墙沿“绿线”建造，而剩下的85%切入西岸11英里，导致约2.5万名巴勒斯坦人与这片领土的其他地区隔离。[53]它使巴勒斯坦人的土地和工作地点相隔，严重影响了巴勒斯坦人的日常生活和经济情况，而犹太定居者们则在靠近他们邻居的专用旁道上享受畅通无阻的通道。“这堵愚蠢的墙跟以色列的安全毫无关系，”一名拉姆安拉的居民抗议道，“它不是让以色列与巴勒斯坦分开，而是让巴勒斯坦人与巴勒斯坦分开。”[54]经济学家莱拉·法尔萨克（Leila Farsakh）描述了一个“班图斯坦化”的过程，被占领土通过该过程转变为服务于以色列经济的人口储备，却无法与以色列连通或发展成一个主权独立的实体。[55]2001年至2002年，巴勒斯坦经济按人均国内生产总值来算萎缩了40%。[56]

防止自杀式爆炸盖过了其他所有观点。“几乎所有的以色列人都喜欢这道围墙给予的保障，”一位并不喜欢它的犹太活动家注意到，“他们不知道，也不想知道其人力成本，也不了解更深层的目的。他们或许对多占了一点土地也没什么特别的愧疚。”[57]左派和中间派反对该举措是因为政府缺乏远见，但仍有大量公众支持它对安全的有效保障，无论这有多么短视。“以色列在作茧自缚，军事行动也不能解开这种束缚，”沙龙的传记作家乌兹·本齐曼（Uzi Benziman）警告，“现政府给出的选项是要么默许可恶的恐怖主义，要么默许不断腐化的征服行为。政治领导层中没人提出不同的路线——除了与西岸和加沙地带隔离。”[58] 右翼分子抗拒任何在巴勒斯坦暴力面前让步的举动，以及任何要在“以色列地”中心划出新边界的迹象。现在，沙龙拥护的是反对者口中的“一个暴君所为的混凝土项目，一道长达数百公里以阻挡新野蛮人的中国式长城”。[59] 该决定标志着他在当时追求的单方面行动之路上又迈出了重要的一步。[60] 以色列再次有效控制了约旦河西岸，加沙陷入包围，而巴勒斯坦民族权力机构几乎停摆。《奥斯陆协议》，几乎从一切方面看，都已失效。但它还没有被埋葬。

第二十三章

2003—2006

犹太民族对“以色列地”的权利，并不意味着漠视这片土地上其他人的权利。巴勒斯坦人永远是我们的邻居。我们尊重他们，并不希望统治他们。他们也有权在自己的国家中享有自由以及民族主权。

——阿里埃勒·沙龙，2004 年[1]

围困

2002 年 9 月的第三个星期，以色列国防军加强了对亚西尔·阿拉法特在拉姆安拉的总部穆卡塔区的控制，这是 20 世纪 30 年代末阿拉伯人起义期间建造的英国“特加特”钢筋混凝土堡垒之一。国防军的行动意在逼迫涉嫌策划袭击的巴勒斯坦人缴械投降。此前又发生了两起自杀式爆炸事件，其中一起在特拉维夫的公交车上造成 6 人死亡，然而宣布对这两起爆炸事件负责的分别是哈马斯和伊斯兰圣战组织，而不是法塔赫。以色列逮捕阿拉法特的计划在布什政府的大力施压下方告中止。[2] 数以千计的巴勒斯坦人违抗宵禁以支持他们的总统，在拉姆安拉、图勒凯尔姆和纳布卢斯街头敲打金属罐子，5 人被枪杀。国际志愿者禁止向穆卡塔运送药品和瓶装水。吊车砸到了三楼。电话线被切断，空调设备从窗户里掉了出来。

以色列的部长们公开承诺既不伤害阿拉法特也不驱逐他，但有些部长希望把里面的条件弄得极其恶劣，好让他离开且不再回来。在前 5 周的围困中，面色苍白、身体不适的巴解组织领导人在越来越狭小、肮脏、破败的环境里接见了一连串的贵宾特使，只是偶尔离开。现在，以色列人再次打到门口了。阿里埃勒·沙龙的举动受到了轻微批评。华盛顿的唯一回应是“这没有帮助”，而乔治·布什正准备入侵伊拉克。欧洲人，还有联合国，发表了更有力的讲话，要求立即解除最近的封锁。经过紧张的 11 天后，封锁结束了，但部队、坦克和推土机只向后移动了几百米——巴勒斯坦人将这种重新部署蔑称为“装装样子”。以色列和美国人仍在向阿拉法特施压，要求其遵守“和平路线图”——其中设计的路线旨在“于 2005 年以前建立一个与以色列和平、安全地相邻共存的独立、民主、主权完整且疆域毗连的巴勒斯坦国”——并进行内部改革。布什曾敦促阿拉法特表明他“有能力统治”，并呼吁巴勒斯坦人“选举新领导人……声誉没有被恐怖主义损害的领导人”，这些立场似乎呼应了以色列人对巴解组织领导人持续不断的诋毁。[3] 英国政府在托尼·布莱尔（Tony Blair）的领导下，专注于推动巴勒斯坦民族权力机构的改革，然而没有足够的决心确保巴勒斯坦官员能顶着以色列的反对出席在伦敦举行的讨论该问题的会议。

工党因关于资助定居点的争吵而退出团结政府后，沙龙面临联合执政困局。但“利库德”集团在新的选举中大获全胜。2003 年 2 月，以内塔尼亚胡为外交部长组建政府后，沙龙要求巴勒斯坦民族权力机构做出改变。他告诉艾哈迈德·库赖，阿拉法特只能拥有“象征性地位”，说这话时流露出了对巴解组织领导人的“极度的个人厌恶”。阿拉法特要远离巴勒斯坦安全部门，放弃对财政的控制，任命一位总理。必须结束恐怖主义，收集并销毁武器；只有这样才能开始谈判。阿拉法特将成为“一个无足轻重的人，一个幽灵，一个与所谓的和平进程无关的人。美国人仍决心延续和平进程，而沙龙更想让它被人默默遗忘”。[4]

公开场合的言论更咄咄逼人。在入侵伊拉克的倒计时阶段，沙龙的发言人称阿拉法特“表里不一的程度……仅次于萨达姆·侯赛因”，以此来迎合美国人的看法。[5]变化确实发生了。法塔赫老将马哈茂德·阿巴斯成为巴勒斯坦自治政府总理，但因为在“自由伊拉克行动”（Operation Iraqi Freedom）展开当天就职，他被任命一事鲜少有人关注。阿巴斯是一个缺乏魅力的人，哈马斯骂他是“巴勒斯坦的卡尔扎伊（Karzai）”——这是对2001年推翻“塔利班”（Taliban）后美国支持的阿富汗总统的贬损。阿巴斯很快发现他与阿拉法特在对安全的控制和给亲信的职位上存在矛盾。他在几个月内就被立法委员会的发言人兼十年前奥斯陆会谈的主要参与者库赖取代。

巴勒斯坦人的自杀式爆炸和以色列人的暗杀行动仍在继续。2003年6月，一名打扮成正统派犹太人的哈马斯少年人弹在耶路撒冷市中心高峰时段一辆公交车上杀害了16人。伊斯兰主义运动声称这是“给所有犹太复国主义罪犯的信号，巴勒斯坦战士在任何地方都能找到他们”。此前一天，以色列试图杀掉加沙的哈马斯领导人但并未成功。哈马斯、伊斯兰圣战组织和法塔赫都在月底宣布单方面停火。这被以色列誉为胜利。但8月中旬，另一辆耶路撒冷的公交车遭到哈马斯炸弹袭击，这次导致了20人死亡。这是过去三年来最严重的一次袭击。9月发生的两起爆炸事件招来了以色列更多的打击，以色列还明确威胁驱逐或杀死阿拉法特。现在又回归反对派的希蒙·佩雷斯谴责了这样的想法，左翼的梅雷兹党也是如此。“如果你驱逐阿拉法特，你就只是在给哈马斯腾地方，”该党警告称，“这不是政府因为愚蠢而做的事。这是一种保持现状的策略，目的是阻止两国方案。”10月的“赎罪日”前夕，又有20名以色列人死亡：遇袭的目标是“马克西姆”（Maxims），一家位于海法海滨的犹太–阿拉伯合营餐馆。人弹是来自杰宁的一名年轻女性见习律师，名叫哈娜蒂·泰瑟·达拉加特（Hanadi Taysser Darajat），她这样做是为了给一名被以色列人杀害的兄弟复仇。[6]“现在，巴勒斯坦领土上有成千上万这样的人，男人和女人，每个人都是一颗定时炸弹，”左派的古什沙洛姆[1]的尤里·阿弗纳瑞评论道，“他们不需要政治动机。下令杀死巴勒斯坦人的以色列人肯定知道这种结果很可能会出现。”[7]

不同于西岸，加沙地带在阿克萨因提法达期间没有被重新占领，因为以色列人对其实际控制有限，那里对哈马斯的支持也很强大。国防军转而针对巴勒斯坦战斗人员发动突袭。“加沙是不一样的，”“辛贝特”负责人阿维·迪希特谨慎地说，“你必须选择正确的方法。”[8] 2003年2月的一次行动中，40辆坦克在直升机的支援下进入加沙市中心，造成11人死亡。3月，一支卧底部队使用民用出租车为武装袭击开道，以色列人在布雷支难民营杀害了8人，包括一名孕妇，并炸毁了几座房子。人们担心以军从附近的以色列小镇斯德洛特（Sderot）越境发射远距离火箭弹（虽然仍然是自制的）“卡萨姆3号”（Qassam-3），直升机打击亦是屡见不鲜。哈马斯成员和民族权力机构警察之间爆发的战斗显示了内部局势的紧张。仍被围困在拉姆安拉的阿拉法特对加

［1］古什沙洛姆（Gush Shalom），意为“和平联盟”，1993年成立的以色列和平活动组织。——译者注

沙发生的事情越发无能为力了。[9]同样在3月，美国学生蕾切尔·科里（Rachel Corrie），主张非暴力直接行动的亲巴勒斯坦的“国际团结运动”（International Solidarity Movement，简写为ISM）成员，在拉法赫被一架以色列推土机碾压致死。来自英国的另一位“国际团结运动”的年轻活动家托马斯·赫恩德尔（Thomas Hurndall）在拉法赫遭以色列国防军枪伤，昏迷数月后死亡。5月，英国摄影师詹姆斯·米勒（James Miller）被一名以色列狙击手枪杀；他一直在制作一部题为《加沙与死亡》（*Death in Gaza*）的纪录片。这三起事件都起到了火上浇油的作用，增加了国际上对以色列行动的批评。6月，阿巴斯在亚喀巴举行的首脑会议上谴责恐怖主义，并承诺结束“武装因提法达”。数千名巴勒斯坦人走上街头，抗议阿巴斯的“退让”。8月，耶路撒冷发生公交车爆炸事件后，以色列人暗杀了伊斯梅尔·阿布·沙纳卜[1]和另外4名哈马斯领导人，炸毁了该运动创始人谢赫艾哈迈德·亚辛的家——亚辛于1997年因谋杀哈立德·马沙尔未遂入狱，后被释放。暴力在这片土地上肆虐。

撤离

2003年12月，沙龙丢下了一枚重磅炸弹：在一年一度的海尔兹利亚战略会议上，总理提出了从加沙地带撤走所有以色列军队和定居点的想法。该提议立即招来了右派的强烈反对，但它并不如最初看起来那么令人惊讶：加沙从未有过许多以色列人仍称之为“犹大和撒马利亚”的地方那样的情感引力，而且从安全角度讲，它向来令人头

[1] 伊斯梅尔·阿布·沙纳卜（Ismail Abu Shanab，1950—2003），哈马斯创始人之一，也是该组织的政治领袖，反对自杀式爆炸袭击。——译者注

疼——沙龙在20世纪70年代早期担任以色列国防军南方司令部总指挥时就对它有这种印象。其造成的经济负担也非常大：一个国防军步兵连、一个装甲排和一个工程部队被指派守卫区区一个小型定居点中的26个家庭，该定居点是加沙21个边远定居点之一，这些定居点总共有8 500到9 000名移民；定居者们住在装有大门的社区里，拥有郁郁葱葱的草坪、游泳池和诊所，巴勒斯坦人的贫民窟、苦难与潦倒都在其目力可及的范围内。

事实上，沙龙已经发出了改变的信号。他首次使用“占领”一词来描述以色列在西岸和加沙的存在，让“利库德”集团的同事大为惊诧。不与巴勒斯坦民族权力机构达成一致而是采取单方面行动的想法，反映了他对阿拉法特深深的不信任。埃胡德·巴拉克2000年从黎巴嫩撤军后广受赞誉也是一个原因。沙龙拒绝了双方非官方代表草拟的以色列和巴民族权力机构间进行协调的提案。[10]这是一项“对与巴勒斯坦人联合管控冲突及促进政治行动的可能性不抱希望的策略”。[11] 2004年2月，沙龙明确表示以色列将继续修建西岸隔离墙，就在国际法院开始审理其合法性时，以色列活动人士带着3周前耶路撒冷一次自杀式袭击中的19路公交车被烧焦的残骸，现身海牙抗议。[12]

巴勒斯坦认为沙龙的分离计划是一个计谋，意在让人相信以色列不再是占领者，尽管西岸和加沙在国际法中被视为一个完整的实体，正如以色列在奥斯陆所承认的那样。其潜在动机还包括摆脱对150万巴勒斯坦人的责任，使加沙与西岸隔绝，西岸杰宁附近4个孤立的小定居点也将撤离。对于在被占领土上成立一个可存续的、领土相连的巴勒斯坦国的想法，人们本来就不太怀抱期望了，伴随着隔离墙的建造，这种前景显得更加黯淡。“最重要的是，人口结构的阴云还在徘徊。”沙龙“利库德”集团的同僚埃胡德·奥尔默特评论道。人口增长趋势显示，生活在以色列、约旦河西岸和加沙地带的犹太人和巴勒斯坦人数量将在几年内大体相等。若现状不变，阿拉伯人占多数就意味着以色列作为“犹太民主国家”的结束。人口结构是撤离的核心动力。“我们的时间不是无穷无尽的”，奥尔默特警告道：

> 越来越多的巴勒斯坦人对谈判达成的两国方案失去了兴趣，因为他们想把冲突的本质从阿尔及利亚范式转变为南非范式。用他们的话说，是从反对“占领”的斗争，转变成争取一人一票的斗争。当然，这是一种更正派，也更受欢迎的斗争——归根结底，还是一种更有力的斗争。而对我们来说，这将意味着犹太国家的终结。[13]

奥尔默特的言论表现出了对另一方观点的转变异常透彻的理解。

对迫在眉睫的加沙问题，亲以色列的评论者们认为，巴勒斯坦人面临的挑战是建立一个“体面的小国，地中海的迪拜”，其成功与否将决定以色列是否准备日后交出西岸。美国一份外交电报直言，对“困于腐败、分裂、资金缺乏和改革阻力”的巴勒斯坦民族权力机构各部门而言，实现这一目标显然不易。[14] 沙龙的批评者称他的意图只是重塑占领，而非结束它——“切掉加沙只是一个外交上的鼻子整形手术。”有人打趣道。[15] 美国的压力是一个重要因素。撤离计划与布什“路线图”之间的关系尚不清楚，但巴勒斯坦人和以色列人都有他们的疑虑。“沙龙曾提议绕开‘路线图’，用他的计划代替，”库赖对佩雷斯开玩笑说，“而且你知道他就喜欢绕路！”[16] 总理的顾问多夫·韦斯格拉斯（Dov Weissglass）似乎证实了这些担忧，他著名的解释是，沙龙的目的在于将和平进程保存在“福尔马林当中”——暗示他永远不会寻求谈判，以便以色列不必做出任何困难的决定，“直到巴勒斯坦人变成芬兰人”。[17]

韦斯格拉斯透露，沙龙如此决定的另一个原因，是公众强烈支持《日内瓦协议》（Geneva Accord）。该协议是巴以双方知名人物组成的一个非官方团体于2003年12月发表的两国和平倡议，它重拾了2001年克林顿的“参数”。沙龙也十分关注前“辛贝特”负责人、以色列国防军特种部队退伍军人和战斗飞行员发起的抗议活动，其中有些人参与过轰炸伊拉克核反应堆的著名行动。对前“摩萨德”主管埃夫拉伊姆·哈勒维（Efraim Halevy）而言，加沙撤离计划是为了避开“路线图”的“危险陷阱”而制订的。[18]所有这些都意味着沙龙比许多人预期的更为务实。他甚至一边盯着华盛顿，一边委托编写关于定居点活动的报告。前国家检察官塔莉娅·萨松（Talia Sasson）得出了一份骇人的目录，表明政府部门曾在未经授权的情况下，为在巴勒斯坦私人土地上建造的数十个“前哨”拨款，即使它们在以色列法律中被认为是非法的。[19]“沙龙任命我是因为他需要回答美国人的问题，回答为什么他没有撤走非法的边远定居点。”萨松后来回忆道。白宫对总理的动机深表怀疑，担心这是一出诡计。沙龙和他的继任者都没有采取实质性措施来拆除这些边远定居点或停止政府资助。实际上，扩建约旦河西岸定居点，尤其是在距耶路撒冷不远的马阿勒阿杜明定居点周边扩建的计划，带有更为让人熟悉的感觉。

对哈马斯的攻击表明，以色列决心阻止伊斯兰主义者在本方撤离加沙后宣布获胜。亚辛谢赫最终在2004年3月与另外7人一同死于一次导弹袭击。20万人参加了他的葬礼，巴民族权力机构派出了21人的仪仗队。[20]哈马斯的伊斯梅尔·哈尼雅（Ismail Hanieh）扬言：“沙龙打开了地狱之门，没有任何东西可以阻止我们砍下他的头。”几周后，接替亚辛成为哈马斯领导人的阿卜杜勒阿齐兹·兰提西也被暗杀。“以色列……打击了一个满手鲜血的恐怖主义幕后操纵者，”以色列政府称，“只要巴勒斯坦民族权力机构仍袖手旁观、不对抗恐怖主义，以色列就不得不继续这么做。”拥护哈马斯的拉姆安拉示威者高呼口号支持抵抗，抨击那些代表巴勒斯坦人提出妥协的人。“放下橄榄枝，步枪万岁，”有人反复呐喊，“复仇，复仇！去吧，去吧哈马斯，你是大炮，我们是子弹；去吧‘卡萨姆’，带上汽车炸弹。”[21] 2004 年 5 月，拉法赫近 300 座房屋被夷为平地，一辆坦克和一架直升机向示威者开火，造成 9 人死亡。哈马斯不是唯一的目标。6 月，以色列人杀死了一名来自纳布卢斯大难民营巴拉塔的通缉犯，此人名叫哈利勒·马尔舒德（Khalil Marshud），是“坦齐姆”的激进分子：他可能是在从一个庇护所搬到另一个时，被一枚导弹烧死在出租车里的。但总的说来，西岸最大城市的居民已经受到威慑；武装抵抗已然终结，以色列的“外科手术式”行动成为家常便饭。从美国回来的巴勒斯坦学者贝沙拉·多马尼报道称：“常见的模式是士兵不受阻碍地到达目标地区，大多是为了寻找‘通缉’的人。”

> 包围目标区域后，他们就闯进最高的建筑物，并在屋顶或顶层窗户前布置狙击手。每一栋住宅的居民都被一圈枪口指着集合，塞进一楼的一个单间。现场一片惊慌失措：穿着睡衣的男人局促不安地待在别人家中；孩子们哭泣、发牢骚或是尿在裤子里；女人们试图帮上点忙，然而甚至无法穿过拥挤的房间；只有一个洗手间，外面尴尬地排起了队；门被从外面锁上了，还有以色列士兵把守，有人在门后偷偷窥视。[22]

大家长之死

在对加沙争论不休的过程中，阿拉法特的健康状况显著恶化。身体上的隔离和心理上的压力正在伤害这个 75 岁的人。2003 年年底，他轻度心脏病发作，上吐下泻，胃痛不止。2004 年 10 月，他倒下了，至少有一次失去了意识。监测他的巴勒斯坦和突尼斯医生得到了埃及和约旦医生的支持，诊断出类似流感的症状。以色列同意他在拉姆安拉一家医院接受治疗，但之后他要返回穆卡塔。但随着身体状况莫名恶化，阿拉法特被送往巴黎的佩西军医院（Percy military hospital），于 11 月 11 日陷入昏迷并去世。肖邦的《葬礼进行曲》在维拉库布莱（Villacoublay）空军基地奏响，之后他盖着国旗的棺材被飞机运往开罗举行葬礼。他的遗体从那里被送回拉姆安拉，在穆卡塔的空地里埋葬。成千上万的人聚集在棺材周围，上面撒满了从阿克萨取来的泥土。关于阿拉法特被以色列人杀害的谣言流传甚广，许多人不免想起 1997 年"摩萨德"在安曼暗杀哈立德·马沙尔未遂的事。法医重点检查了放射性物质钋中毒的可能性。但在掘出他的尸体后，最终确定他死于脑出血和肠道感染。[23] 阿拉法特的遗孀苏哈仍坚信他死于以色列人的谋杀。

无论如何，这确实是一个时代的结束。巴勒斯坦裔美国学者拉希德·哈立迪评论道：

> （他的去世）既给巴勒斯坦人带来了悲伤，也让他们释怀。大多数人只知道这么一位领导人，他的去世令人们感到焦虑；然而这么多年一事无成后，人们也感到变化势在必行。他们对长期紧握大权的父亲般的人物心怀不满，同时也为失去象征巴勒斯坦人事业的偶像而深深不安。[24]

他曾是这个事业的化身，而且似乎永远与之相关，如今这个事业的未来显得空前地捉摸不定。

2005 年 1 月，马哈茂德·阿巴斯取代阿拉法特，成为巴勒斯坦民族权力机构主席，他已是巴勒斯坦解放组织执委会主席。阿巴斯称赞起义合理合法，但公开劝他的人民不要使用武器。这不是一个容易坚持的立场：几天前，在以色列遭迫击炮袭击后，国防军的坦克杀害了 7 名正要去加沙北部摘草莓的巴勒斯坦儿童。[25] 阿巴斯斥之为“血腥屠杀”并要求国际干预。2 月，他在沙姆沙伊赫会见沙龙，这是阿克萨因提法达以来巴以双方最高级别的碰面。它以一项宽泛的停火协议告终：伊斯兰圣战组织和哈马斯坚称他们不受其约束，但承诺尊重塔迪亚（tahdiya，意为“平静期”）。该协议被认为是因提法达的结束——尽管暴力活动仍在继续。据说以色列总理信任阿巴斯，并与他有着“深厚的个人关系”。[26]

在接下来的几个月里，以色列的政局被加沙撤离（希伯来语中为 hitnatkut）的准备工作主导。选择 hitnatkut 这个词是为了避免让人认为以色列是迫于压力才撤退的。沙龙掌握了政府中的多数，但不是“利库德”集团里的多数，这导致他拼凑出了一个新的民族团结政府。议会以 59 票对 40 票通过了在加沙的行动。但将其提交公投的要求遭到反对，激怒了定居者游说团，该团体对己方最知名的赞助者的惊人倒戈深感失望。沙龙称这一决定对整个民族和他自己都是“痛苦的一步”，但对以色列的未来至关重要。2005 年 8 月中旬撤离开始前夕，紧张局势加剧。许多穿着橙色衣服（受不久前的乌克兰革命启发）表示反对的加沙定居者平静地离开了，虽然有些是被以色列国防军强行赶走的，这次行动被称为“帮助之手”（Yad leAchim）。在最大的定居点内夫德卡里姆（Neve Dekalim），正统派的抗议者挣扎着被部队拖上巴士。在达罗姆村，居民们用路障把自己关在犹太会堂里。他们向军队和警察泼油漆，一些要被撤离的人让自己的孩子举着双手离开家，或者戴上黄星标志，让人联想到纳粹的迫害。

随着行动的开展，巴勒斯坦人开始庆祝，以色列军队向天鸣枪，阻止他们向古什卡蒂夫（Gush Katif）进发。人群烧了一个带有军事瞭望塔的纸质定居点模型。加沙市里，哈马斯活动家们挂出横幅宣告“殉道者的鲜血带来了解放”。在接下来几天之内，以色列拆迁人员夷平了 2 800 座定居者的房屋。古什卡蒂夫墓地里的遗体被重新安葬在以色列境内。在汗尤尼斯附近，一座废弃的犹太会堂被点燃。以色列国防军于 9 月中旬完成撤离，比原计划晚了几日。这被标榜为持续了 38 年的占领的结束。然而，用《国土报》记者阿米拉·哈斯（Amira Hass）的话说，它并没有让加沙不再是“巴以冲突的整个长篇故事”的化身，这是“……以色列国的核心矛盾——一些人享有民主，其他人被剥夺权利……也是我们暴露在外的敏感神经”。[27] 以色列保持了对加沙边界——除了南部与埃及接壤的一小段——以及领空和领海的完全控制。按国际法条款，它仍被视为占领国。尽管这次撤离具有单边性质，但巴勒斯坦民族权力机构和以色列之间的安全协调是由穆罕默德·达赫兰、时任民族权力机构内政部长的纳赛尔·优素福和以色列国防部长沙乌勒·莫法兹（Shaul Mofaz）安排的，他们过去常常一同对付哈马斯和其他势力。同年夏天举行了关于暗杀哈桑·马德霍恩（Hassan al-Madhoun）的高级别讨论，马德霍恩是与难以控制的“阿克萨烈士旅”[1] 有联系的法塔赫指挥官，以色列明确向巴勒斯坦人要求杀死此人。马德霍恩最终在 11 月死于以色列无人机空袭。“辛贝特”事后报告称他在“阿克萨烈士旅”的继任者受哈马斯的影响极大，这是一个

[1] “阿克萨烈士旅”（al-Aqsa Martyrs Brigades），2000 年成立的巴勒斯坦世俗民族主义武装团体，涉嫌制造多起袭击，被以色列和西方多国列为恐怖组织。——译者注

时代正在变迁的迹象。[28] 巴民族权力机构与以色列之间的安全联络——以达赫兰为代表——被哈马斯支持者描述为通敌。一名独立的专家指出，哈马斯的事业蒸蒸日上，因为在过去的四年里，巴勒斯坦人的生活一直由三个“G”支配：枪（guns），大门（gates），警卫（guards）。现在第四个“G”——神（God）——变得更加相关。[29]

拉姆安拉的不满

巴以之间的力量不平衡，以及与沙龙政府一波三折的关系，只是阿巴斯从阿拉法特那里继承的最显著的问题。经济压力、官方不透明、巴民族权力机构对欧盟和美国援助的依赖（每年超过 10 亿美元，人均数额世界最高）、关于腐败的流言蜚语，以及控制巴勒斯坦非政府组织的努力，都令这位明显缺乏其前任光环的穆卡塔新人感到不满。自《奥斯陆协议》以来的 10 年间，这个曾经冷清的拉姆安拉小镇在国际援助和其带来的许多外国救助组织的推动下繁荣发展，生发出成功的精英群体，他们是时髦餐馆和新型酒店的服务对象。公寓楼、写字楼和别墅改变了天际线，然而普通百姓的基本情况在恶化。[30] 2005 年的工资收入仍比 1999 年低 31%，失业率接近 25%。[31] 公共服务供给急剧下滑。援助的滚滚财源营造了虚假的经济局面。“这太假了，”一位当地女商人认为，“它全取决于外援，我们已经看到了外援停止时会发生什么。政府雇员都不会有工资。”[32] 一名外国观察家认为：

> 巴勒斯坦民族权力机构的腐败显而易见，这对于那些拼命节衣缩食只为让自己的孩子有吃穿的巴勒斯坦人来说是十分痛苦的。人们不会抱怨……发不出工资或是他们的工资拿到手时已经被削

减过的事实。

一名从加沙返回的欧盟官员在看到一辆崭新的凯迪拉克（Cadillac）被交付给民族权力机构某部长时怒不可遏。[33] 许多人相信非政府组织"是被亲以色列的西方机构故意引入巴勒斯坦领土的，目的是抽干巴勒斯坦可用的人才储备，以免其被用来对以色列发动任何抵抗"，1948年耶路撒冷的难民加达·卡尔米如是说，他是从伦敦回来为民族权力机构工作的。"像'能力建设''可持续性''民主化''赋权'等过去对于巴勒斯坦社会全然陌生的说法，已经是老生常谈了。"[34] 咨询顾问的月薪超过5 000美元，而在职巴勒斯坦人的月平均工资为400到500美元。[35] 还有些人对生活在泡泡中的"巴勒斯坦全球化精英"嗤之以鼻，当时发展超过了治理，而以色列的定居点和道路则改变了乡村。

阿巴斯承诺恢复法律和秩序，重组安全部队，并罢免无能或贪墨的官员，但巴民族权力机构对巴勒斯坦人的掌控"往往充其量只是名义上的"。[36] 西岸和暴力事件更为普遍的加沙之间的对比令人震惊。以色列的隔离墙、定居点和只有犹太人可使用的道路网限制了巴勒斯坦人的交通，致使其经济状况恶化——运作方式随意的700多个检查站更是让情况雪上加霜。人权监督机构抱怨，所有这些都够得上违反国际人道主义法的集体处罚。以色列将巴勒斯坦领土分割成断开的地块，造成严重的实际后果和心理阴影。2005年，西岸被分成了10个部分（还不包括隔离墙和"绿线"的"间隙"中的"封闭区"）。通过检查站需要许可证，不同地方需要的资质不同。发放给个人、私人车辆、公共车辆和卡车的许可证也是不同的类型。巴勒斯坦人的行动通常受到全面限制，这阻碍了工作年龄的男性就业。这些部分被进一步划分为小块地区，它们之间的通行依靠各种咽喉要道，比如"不对外开放的"

定居者专用道路下面的隧道。[37] 像纳布卢斯附近的哈瓦拉和拜特伊巴（Bayt Iba）那样的检查站类似于永久过境点，有控制交通流量的安保措施：人行道、车道、掩体，机枪在林立的警卫塔上隐于伪装网之下。[38] 按照世界银行的说法："随便哪一天都不清楚能不能去工作、上学、购物、看病和务农，这一切都有可能遭遇任意的限制和延迟。"[39] 拉姆安拉的律师兼作家拉贾·谢哈德情绪更为激动地表示，

> 一切都是以色列设计的，为了使巴勒斯坦人在自己的国家感觉像外来者。无论是人们出行时看到的大片环绕着带刺铁丝网的被强征的土地……还是许许多多的定居点、路标，在巴勒斯坦人禁用的道路上出现的搭便车的定居者，军事训练区，仅是使用道路就会产生的危险和担忧，还是不确定能否获准从自己国家的一部分去往另一部分。所有这些严酷的现实共同使巴勒斯坦人感到这片土地不再是他们的土地。[40]

在"辛贝特"工作多年的尼希姆·利维（Nissim Levy）用对"绿线"之外的生活知之甚少的以色列人能理解的方式来解释其影响：

> 如果一个别示巴的男孩爱上了一个海法的女孩，他要怎么做？他会拿起电话，约好日子，然后开车去看她。如果一个伯利恒的男孩爱上了一个纳布卢斯的女孩，他要怎么做？他必须穿过检查站，他需要一千零一个许可证。当你觉得活着没有盼头时，就会发现，你有了愿意为之而死的东西。[41]

大众抵抗运动

以色列的军事优势，巴勒斯坦民族权力机构和阿拉伯政府的失败，以及阿克萨因提法达后的低沉情绪，激发了以示威游行和动员民间社会为重点的新式抵抗运动。在拉姆安拉和“绿线”之间的小村庄比勒恩（Biliin），针对西岸隔离墙的抗议活动定期举行。这个村庄受隔离墙和附近的西岸最大定居点莫迪恩伊利特（Modiin Illit）两面挤压，失去了近半土地。2004 年，国际法院[1]发布咨询意见，表示修建隔离墙违犯了国际法。村民随后向以色列最高法院提出上诉，法院最终做出了有利于他们的判决并命令隔离墙改道。暴力事件周周发生，示威者惯常用阿拉伯语、希伯来语和英语呼喊“拒绝，拒绝围栏”，在以色列士兵发射催泪瓦斯和橡皮子弹时投掷石块。巴勒斯坦的抗议活动吸引了以色列左翼人士和国际活动家的注意，并时常被拍摄下来，几年后又通过深受好评的影片《5 台破相机》[2]而广为人知。“以色列的军用推土机已经开始拔除橄榄树……抹掉这个塑造了我们祖祖辈辈和我们的记忆的地方。”组织者阿卜杜拉·阿布·拉赫迈（Abdullah Abu Rahmeh）回忆道。42 类似的抗议活动发生在巴德鲁斯（Budros）——被拍成了一部电影和写成了一部漫画小说——同样的还有尼勒恩（Niliin）和纳比萨利赫（Nabi Saleh）。隔离墙是“抵制、撤资和制裁”组织（Boycott, Divestment and Sanctions，简写为 BDS）中的主角，该组织于 2005 年国际法院判决下达一周年之际成立。抵制运动在国外早有发起。“抵制、撤资和制裁”组织的目标是增加对以色列的压力，“直到它履

[1] 国际法院（International Court of Justice，简写为 ICJ），联合国主要司法机关，位于荷兰海牙。——译者注

[2]《5 台破相机》（*5 Broken Cameras*），埃马德·伯纳特（Emad Burnat）和盖伊·达维迪（Guy Davidi）共同导演的纪录片，于 2011 年上映。——译者注

行国际法规定的义务，并结束其三种基本的不公行为——占领和殖民，制度化的种族歧视，以及剥夺联合国认可的难民权利”。[43]一名支持者表示，该组织“再现并强调了巴勒斯坦人诉求的道德核心，并向全世界展示”。[44]早期的目标是耶路撒冷轻轨（Jerusalem Light Railway）项目，沙龙称这个规模宏大的工程有助于“增强……扩大……和维持（这座城市）作为犹太民族的都城和以色列国统一的首都的地位”。

左翼以色列组织实际发挥了重要作用。“卜采莱姆”成立于第一次因提法达期间。女性活动家于2001年建立的“马克索姆（意为‘检查站’）观察”（Machsom Watch）监视着“占领官僚主义”——封锁、搜查和骚扰，都是巴勒斯坦人日常生活的特色。2004年11月，它的成员拍摄到一名音乐生在去教小提琴课的路上被拜特伊巴检查站拦下，那里的士兵命令他演奏乐器。这段视频吸引了大量观众。犹太人在纳粹集中营被迫做过一模一样的事，有人将二者相提并论，认为此次事件同样令人不安。[45]（在随后意料之中的媒体/宣传风暴中，有人反驳说以色列需要对安全保持警惕，2001年8月袭击耶路撒冷“胜百诺”比萨店的巴勒斯坦人是用吉他盒携带炸弹的。[46]）成立于2005年的吉沙（Gisha，意为“通道”）组织关注的是通行自由问题。叶什丁（Yesh Din，意为“世间有正义”）组织借志愿者之手改善被占领土的人权状况。第二次因提法达开始时建立的塔亚尤什（Taayush，意为“共处”）组织努力“通过建立真正的阿拉伯-犹太伙伴关系，打破种族主义和种族隔离的壁垒”，支持希伯伦南部山区的巴勒斯坦人坚守家园和土地的斗争。哈默克德（HaMoked，意为“焦点”）组织专注于工人权利。“打破沉默”（Breaking the Silence，简写为BtS）组织由以色列国防军士兵建立，秘密记录有关虐待的证词。其首次举办的活动是旨在“将希伯伦带到特拉维夫”的展览。“打破沉默”收集了“关于惊慌失措的男孩们指挥检查站、强制执行宵禁并巡察街道和市场的故事……以及他们如何在那里变得冷漠麻木的故事”。[47] 这些团体通常受欧洲政府和慈善机构资助，它们都面临来自以色列政府及其国内外支持者的敌意和骚扰。参与者不超过几百人，他们对冷漠、极端民族主义以及盲目对巴勒斯坦人使用暴力的行为感到愤怒。用塔亚尤什活动家大卫·舒尔曼（David Shulman）生动有力的话语来说，这一切都是为了“在一只狂暴的猛虎身上编织一张精美的丝网”。[48]

展望未来？

2005 年 11 月，沙龙放弃了日渐难以驾驭的“利库德”集团，成立了一个名为前进党（Kadima）的中间派政党——这种模式自 1977 年以来在以色列政治中颇为常见。它吸纳了“利库德”的另一些大人物，包括埃胡德·奥尔默特和曾担任司法部长的齐皮·利夫尼（Tzipi Livni），以及工党的希蒙·佩雷斯和哈伊姆·拉蒙（Haim Ramon）。前进党的成立为以色列政治中间地带的重组开辟了耐人寻味的可能性。然而 2006 年 1 月，沙龙严重中风并陷入昏迷，他原本计划下一步要做的事成了一个巨大的问号。奥尔默特临时接替了他的工作。（两个月后，奥尔默特领导前进党赢得选举，在沙龙被宣布永久丧失行为能力后成为总理。）

在以色列从加沙撤军后的几周内，巴勒斯坦政治舞台也发生了同样戏剧性的转变。乔治·布什推翻萨达姆·侯赛因后致力于在中东“推进民主”，阿巴斯则在美国的鼓励下，宣布举行推迟已久的巴勒斯坦立法委员会选举，这是其自 1996 年以来的首次选举。选举制度的改变旨在巩固法塔赫的地位。哈马斯务实地决定参与，它的求存本能克服了对《奥斯陆协议》商定内容原则上的反对。其竞选运动强调了巴民族权力机构的许多缺点：一则电视广告开场出现“腐败”一词，这个词迅速炸成一团火球，随后“任人唯亲”、“贿赂”和“混乱”也是如此。之后才出现了巴勒斯坦枪手在耶路撒冷和纳布卢斯与以色列军队作战的照片。穆罕默德·达赫兰替法塔赫嘲笑了伊斯兰主义者。“哈马斯指责阿拉法特背叛了人民，摧毁了巴勒斯坦（通过与以色列达成奥斯陆的协议），”他嗤之以鼻，“但是，正是因为阿拉法特当时达成了协议，他们现在才有机会参加选举。他们应该向法塔赫道歉并承认我们的计划取得了胜利。”[49]包括不知疲倦的吉米·卡特在内的国际观察员们发现，投票井然有序，投票率惊人地高达77%。西方国家的政府都在期待“民主地合法化并增强实力的”阿巴斯重启与以色列的谈判。[50]但在投票日前几周，焦急的法塔赫活动家促请以色列人帮忙推迟选举。[51]令人目瞪口呆的结果出现了，哈马斯赢得了42.9%的选票，获得132个席位中的74席；法塔赫获45席，其余为无党派人士和左派人士。人们早就清楚阿巴斯在改革方面几无进展，哈马斯则是踌躇满志，但伊斯兰主义者的表现仍比任何人预测的都要强劲得多。这是一次真正历史性的胜利。巴勒斯坦人将阿巴斯与阿尔及利亚总统沙德利·本·贾迪德（Chadli Benjedid）相对比，后者1990年使伊斯兰政党合法化并让他们参加选举，不料后者获胜，整个国家陷入血腥内战。[52]

同阿拉法特一样，阿巴斯拥有广泛的行政权力，但他需要议会批准他的预算和立法提案。控制议会多数议员的组织反对《奥斯陆协议》，拒绝承认以色列，制造过多起自杀式爆炸事件，被以色列和美国认定为恐怖主义组织，在这样的局面下，没有人知道阿巴斯怎样做才能推动“路线图”，走向两国解决方案。哈马斯自2005年3月就遵守塔迪亚这一事实看起来不足以抵消其他负面因素。也没有信号表明哈马斯参加选举意味着它事实上接受了《奥斯陆协议》，或是表明如果以色列承认“巴勒斯坦人民的权利”，它就有可能接受 2002 年阿拉伯和平倡议（它得到了阿盟全体 22 个成员国的支持）。以色列明确地将哈马斯视为拒绝承认以色列而且对和平运动充满敌意的恐怖主义组织，所谓的“四方集团”（Quartet，美国、欧盟、联合国和俄罗斯）响应了这一观点，尽管俄罗斯持保留意见。“四方集团”随后削减了对巴勒斯坦民族权力机构的经济援助，同时以色列扣留了代替民族权力机构征收的关税和税款。这些举措造成的即时结果是民族权力机构数以千计的员工无法获得薪酬——已经摇摇欲坠的经济再遭沉重打击。

联合国一名高级官员后来承认：“似乎所有人都对加沙问题束手无策。”[53] 抵制的决定成了西方政府虚伪的代名词，这些政府呼吁民主（同时支持它们最爱的阿拉伯独裁者并向他们出售昂贵的武器），却无视民主选举的结果，尽管在巴以冲突始终棘手的情况下，这并不是唯一利害攸关的问题。无论如何，这次选举——典型的抗议性投票——是对巴民族权力机构表现（受腐败指控的重创）的毁灭性定论，表现出人们对内部钩心斗角的不耐烦，以及最重要的，对眼下看不到尽头的持续占领的厌倦。“法塔赫已经从根本上脱离了人民，它统治下的民族权力机构衰弱、腐败且无能，与之相反的是，人们普遍认为哈马斯关注他们的需求并且基本没有被腐败侵蚀。”联合国中东和平进程特别协调员阿尔瓦罗·德索托（Alvaro de Soto）写道。[54] 位居哈马斯名单首位的加沙教师伊斯梅尔·哈尼雅称：“美国人和欧洲人对哈马斯说：你要么拿着武器，要么进入立法委员会。我们说，武器**和**立法委员会都要。这两者没有矛盾。”[55] 2006 年 3 月，哈尼雅就任总理并组建政府。5 月，来自法塔赫、哈马斯、伊斯兰圣战组织、“解放巴勒斯坦人民阵线”和“解放巴勒斯坦民主阵线”等五个派别的代表提出了所谓的“囚犯文件”，承诺各方都已认识到抵抗以及谈判缓解内部紧张局势的必要性。[56]这项共识影响甚微。哈马斯议员被以色列禁止离开加沙，还要向拉姆安拉通过视频宣誓忠于宪法。2006 年 6 月，这些复杂的安排究竟如何运作尚在讨论，骤然爆发的事件就在这片永不安宁、险象环生的地区引发了更大规模的冲突升级。

第二十四章

2006—2009

犹太复国主义城镇的地震将再次开始，侵略者别无选择，只能准备好他们的棺材或行李。

——哈马斯声明

“恐怖不息，战斗不止”[1]

2006年7月一个湿漉漉的下午，一个名叫纳迪·阿塔尔（Nadi al-Attar）的12岁男孩和他的祖母哈伊莉娅（Khayriya）以及两个堂兄弟一起，坐着驴车出发，去加沙北部拜特拉希耶附近自家的果园采摘无花果。毫无预兆地，一场爆炸杀死了那位妇女和纳迪，其他两个男孩受伤，其中一人失去了双腿。目击者和后续调查披露以色列部队发射了一枚炮弹或导弹，原因似乎是先前有“卡萨姆”火箭弹穿过附近边界。当天下午晚些时候，一名11岁的女孩在东边一两英里外的拜特哈嫩（Beit Hanoun）被一枚炮弹炸死。以色列国防军坚称它不针对平民，只针对恐怖分子。一名发言人虽然承认无辜人民可能受到打击，但一口咬定责任在于恐怖分子。[2] 这只是“夏雨行动”（Operation Summer Rains）血腥过程中的一天，它那不相称的田园牧歌般的名字描述的是巴以对抗的动荡前线上的最新一轮攻势。

生活在沿海孤立地区的150万人并没有受益于10个月前以色列军队和定居者的单方面撤离。撤离前夕，65%的加沙人口生活在贫困线以下，每天生活费不足2美元，同时有35%的劳动力失业。世界银行和其他国际捐助者为工业园区、出口区和迫切需要的工作制订的宏伟计划都落空了。以色列对过境点的限制仍在继续，导致进入以色列的巴勒斯坦工人数目下降到撤离前平均人数的三分之一；即便2005年11月签署了关于运输和通行的协议，加沙通过卡尔尼（Karni）货运站的出口也没有起色。近东救济处的执行负责人约翰·金（John Ging）表示，生活是“悲惨而危险的”。联合国紧急救济协调员简·埃格兰（Jan Egeland）警告，加沙已经成了“定时炸弹”。[3] 巴勒斯坦民族权力机构选举中的胜利大大增强了哈马斯的自信，加剧了其与法塔赫的紧张关系。忠于穆罕默德·达赫兰的法塔赫武装在加沙收缴武器，以防为哈马斯所用。越境的火箭弹招来了以色列国防军的反复空袭和炮击。2006年4月，以色列宣布巴民族权力机构为“敌对实体”。以色列自己的积极行动也推波助澜。6月8日，以色列暗杀了前法塔赫官员、时任“人民抵抗委员会”（Popular Resistance Committees，简写为PRCs）领导人的贾迈勒·阿布·萨姆哈达纳（Jamal Abu Samhadana）。翌日，拜特拉希耶的一场爆炸导致8名平民丧生，其中7人是同一个家庭的成员。随后斯德洛特遭到“卡萨姆”火箭弹打击。哈马斯结束了2005年3月在开罗与法塔赫和其他团体达成的单边塔迪亚或说平静期的承诺；从那之后，哈马斯没再宣布对任何袭击事件负责，但明确表示不会阻止其他人发动袭击。它警告：“犹太复国主义城镇的地震将再次开始，侵略者别无选择，只能准备好他们的棺材或行李。”6 月 25 日，巴勒斯坦战斗分子在凯雷姆沙洛姆基布兹（Kibbutz Kerem Shalom）附近的边界下挖通了 270 多米长的隧道，杀死了国防军的两名“梅卡瓦”坦克（Merkava）乘员，俘虏了第三名士兵并将他拖回加沙。哈马斯、“人民抵抗委员会”和当时仍默默无闻的伊斯兰军（Jaysh al-Islam）共同参与了这次袭击。吉拉德·沙利特（Gilad Shalit）下士是十余年来第一位被巴勒斯坦人俘虏的以色列国防军士兵——可能会作为谈判筹码，以换取释放被关押在以色列监狱的数千名巴勒斯坦人中的一部分。正如埃胡德·奥尔默特内阁所准许的那样，“夏雨行动”的目标是救出沙利特，使“卡萨姆”火箭弹停止发射并解除所有恐怖组织的武装。空袭和炮弹席卷了加沙地带的基础设施和连接南部与中部地区的桥梁，同步进行的还有一系列地面入侵。以色列人向加沙唯一的发电站发射导弹，切断了数十万人的电力供应。到 8 月中旬，全西岸有 215 名巴勒斯坦人遇害，大量哈马斯支持者被捕。

黎巴嫩，再来一次

7 月中旬，危机扩散。黎巴嫩真主党受加沙种种事件鼓舞，试图开辟第二阵线，争取释放本方被囚人员，与哈马斯抱团行动［哈马斯也是双方所谓“抵抗轴心”（axis of resistance）的一员］，对以色列北部边境发动突袭。什叶派战士在一次计划周密的行动中击杀了 3 名以色列士兵并抓获了另外两名，以更老练的方式重演了 3 周前发生在凯雷姆沙洛姆的事件。在一次失败的救援行动中，以色列又有 5 名士兵命丧黎巴嫩境内。虽然情况不同于 1982 年（当时以色列以巴解组织为目标），但第二次黎巴嫩战争发生在几乎同一片领土上。在为期 34 天的冲突中，以色列对黎南部的地面入侵、火箭弹和炮火攻击以及空袭造成大约 1 300 名黎巴嫩人身亡，其中大多数是平民；以色列方死亡 165 人，包括 44 名平民。在此期间大批难民逃离战场，但这次在边界两侧都有难民逃离，因为真主党发射了超过 240 枚火箭打击以色列境内目标。它造成了整个阿拉伯世界的紧张气氛，以及以色列境内的抗议和相互指责。以色列国防军总参谋长丹·哈卢茨（Dan Halutz）少将提前知晓危机会到来，并预计这场危机会造成经济损失，因此于袭击发生后数小时内在特拉维夫股票交易所出售了股票，他在承认此举后遭到了批评。在其他方面，特拉维夫大都市“泡泡”中的正常生活在整场战争中都未受干扰。然而，它与巴勒斯坦那边正在发生的事情之间的关联仍是引人深思的。对以色列人来说，在黎巴嫩的战斗与在加沙的战斗有着惊人的不同。在加沙，以色列国防军有压倒性优势，其装甲能抵御巴勒斯坦人的火箭筒。但真主党战士装备了先进的反坦克导弹，甚至可以破坏强大的“梅卡瓦”坦克。[4] 奥尔默特（正如以色列人常常提到的那样）几乎没有军事经验，他将两条战线联系起来——承诺“恐怖不息，战斗不止”——但他两方面的目标似乎没有一个是可能实现的。“我们将坚持下去，直到真主党和哈马斯遵守每个文明人都要求他们遵守的那些基本和体面的东西，”他告诉议员们，“以色列不会让居民生活在导弹和火箭弹的阴影下。”[5] 据观察，加沙和黎巴嫩的袭击都是从以色列单方面撤离后的领土发起的。奥尔默特默默搁下了循着沙龙的加沙撤离计划从西岸单方面撤军的想法。[6]

加沙的巴勒斯坦人摆出了真主党领导人哈桑·纳斯鲁拉的照片，他在“灯塔卫视”（Al-Manar TV）上夸耀他对以色列的打击，赢得了整个阿拉伯世界的喝彩，同时也惹怒了深深仇视伊朗及其黎巴嫩什叶派盟友的沙特和其他保守的逊尼派政府。纳斯鲁拉后来承认，他没有料到会爆发全面战争。关注黎巴嫩的以色列分析人士得出的结论是，粉碎巴勒斯坦因提法达的工作对以色列的整体战备能力造成了破坏性影响，这是一种常见的务实“鸽派”思想。一名专家称：“面对自杀式炸弹袭击，以色列国防军和其他防务部门保卫国家公民安全的责任，似乎已经使他们的精力、思想和资源远离了对常规战争的准备。”这还可能会对巴勒斯坦问题产生直接影响。“撤离行动的反对者现在可以理直气壮地说，如果加沙和黎巴嫩的现实在西岸重演，以色列的生命核心就会陷入瘫痪。”真主党在推广其胜利叙事方面的成功，可能会导致巴勒斯坦人更加两极分化，使温和派更难抵制效仿黎巴嫩民兵的诱惑。如今，“以色列唯一理解的语言就是武力”的论调也许会在巴勒斯坦甚嚣尘上。[7]

“哈马斯坦”

到 2006 年 8 月黎巴嫩战争结束时，加沙的任何问题都没有得到解决。“夏雨行动”共造成包括 42 名儿童在内的 184 名巴勒斯坦人死亡，650 人受伤，以色列国防军一名士兵身亡；以色列的入侵、炮击和空袭破坏了价值 1 550 万美元的基础设施。[8] 沙利特仍在囚禁中，被从地窖移到安全屋，以避开以色列的监视。9 月，阿巴斯和伊斯梅尔·哈尼雅一致同意组建联合政府，但对以色列无法达成共同立场。美国一再敦促阿巴斯与哈马斯决裂，但联合国特使阿尔瓦罗·德索托注意到，这名巴勒斯坦领导人“在哲学上以及战略上都不愿跨越边缘政策 [1] 进入对抗状态”。[9] 基思·戴顿（Keith Dayton）中将在英国和加拿大的支持

[1] 边缘政策，使自身处于战争边缘的冒险政策。——译者注

下运作的美国安全援助被直接转交给阿巴斯的卫队，而不是巴勒斯坦民族权力机构。这是一条双重信息：改革“阿拉法特时代的安全部队乱象”和建立起应对伊斯兰主义者挑战的力量。[10]“以色列人越来越难以宣称巴勒斯坦人没在打击恐怖主义，”美国国务卿康多莉扎·赖斯（Condoleezza Rice）写道，“他们也更难宣称自己没有和平伙伴了。”[11]经以色列同意，轻武器和弹药从埃及运送进来。[12]卡塔尔是一个特立独行的海湾国家，与哈马斯和其他伊斯兰运动关系密切，然而其调解未能阻止冲突，以色列还是会对来自加沙的任何射击立即做出反应。11月，以色列国防军的炮弹在拜特哈嫩杀死19名巴勒斯坦人并造成40人受伤，以色列人声称这是由于回击“卡萨姆”火箭弹时发生了技术故障。“以色列的政策，无论是否有意，似乎总是反而鼓励了……巴勒斯坦武装分子继续采取行动”，德索托表示：

> 先有占领还是先有抵抗或许是“先有鸡还是先有蛋”这一困局教科书般的案例，以色列的观点很难反驳，即它不得不打击巴勒斯坦人，因为必须保护其公民。但我想知道，以色列当局是否意识到，他们正在一季又一季地收获他们种下的东西，并且正按部就班地将“暴力—镇压—暴力”推向自动循环的境地。[13]

2007年2月，自相残杀愈演愈烈。按照在沙特的斡旋下达成的《麦加协议》（Agreement in Mecca），巴勒斯坦组建了新的联合政府。美国和以色列都反对巴勒斯坦人内部的和解，对其直接模糊了温和派和极端分子之间的差别感到愤怒——赖斯称之为“毁灭性的打击”。[14]与之相反，联合国认为哈马斯可能变得更加务实，但它没有力量提供帮助。被视为“可靠人选”的穆罕默德·达赫兰受命担任阿巴斯的国家安全顾问，以安抚美国人。但哈马斯拒绝停止发射火箭弹。法治恶化，情况越来越糟。参与俘虏沙利特的伊斯兰军绑架了英国广播公司驻加沙记者艾伦·约翰斯顿（Alan Johnston），讽刺的是，后者曾称以军从加沙撤离后，失业的武装分子会有大把大把的时间。“全世界只有加沙的绑架者提出的要求是让他当警察。”约翰斯顿感慨道。[15]火箭弹袭击在接下来的几周里增加了，以色列对哈马斯采取的行动也更频繁。在华盛顿和开罗的鼓动下，阿巴斯加强了法塔赫在加沙的安全力量，但收效甚微。6月中旬，“辛贝特”负责人尤瓦尔·迪斯金（Yuval Diskin）称法塔赫是如此“焦头烂额、手忙脚乱、垂头丧气”，以至于请求以色列帮忙对付哈马斯。[16]伊斯兰主义者控制了整个加沙地带，4天战斗中至少有百人丧生，数百名法塔赫官员乘船逃往埃及，危机在此时达到顶峰。哈马斯的人将一名巴勒斯坦总统卫队的官员从15层高的楼顶扔下杀害。法塔赫的人也对一名哈马斯官员做了相同的事。哈马斯占领了阿巴斯在加沙城中的大院，也就是其竞争对手手中仅剩的机构。有件事情赤裸裸地呈现了新的形势。一名戴着面具、背着枪的哈马斯战士躺在主席办公室华丽的椅子里，带着戏谑的口吻假装打了个电话：“你好，康多莉扎·赖斯。你现在必须跟我打交道，阿布·马赞（马哈茂德·阿巴斯）不在了。”[17]赖斯称之为“最后的侮辱”。[18]

阿巴斯宣布进入紧急状态并解散政府。萨拉姆·法耶兹（Salam Fayyad）奉命接替哈尼雅，他是一位在得克萨斯接受教育的德高望重的经济学家，曾在国际货币基金组织工作，担任过巴民族权力机构的财政部长。哈马斯将加沙事件视为一次先发制人的行动，针对的是法塔赫在美国和以色列的支持下即将发动的政变。“达赫兰试图在美国的帮助下动摇选举结果，”曾任哈尼雅政府外交部长的马哈茂德·扎哈尔坚称，“他就是正在策划政变的人。”

这个令人目瞪口呆的结果可以归咎于多个相互关联的因素:《奥斯陆协议》长期以来的失败，哈马斯的胜选，以及随之而来的国际制裁。2005 年关于与加沙撤离的辩论中，以色列国防军认为，保持平静以避免被以色列重新占领的风险符合哈马斯的利益。然而也有持不同意见者对他们戏称的“哈马斯坦”(Hamastan)的出现提出警告。[19] 现在，在哈马斯接管加沙之后，这似乎是不可避免的。“如果你把两兄弟关在一个笼子里并剥夺他们的生活必需品，他们就会打架。”巴民族权力机构外长齐亚德·阿布·阿姆鲁(Ziad Abu Amr)说。[20]“四方集团”承诺支持阿巴斯，同时欧盟宣布他为“所有巴勒斯坦人的合法总统”，暂停加沙的援助项目，并解除对巴勒斯坦民族权力机构的抵制。美国也是如此。但巴勒斯坦被占领土已被分为一分为二——如果算上东耶路撒冷就是分为三部分；在以色列未被承认但不可动摇的主权之下，东耶路撒冷被单独对待，在政治上和地理上都支离破碎，而加沙和拉姆安拉两个相互敌对的政府都声称自己是合宪的正统。一片愁云惨雾之中——在以色列占领 40 周年之际——和平解决的尝试再度出现。

通往安纳波利斯之路

埃胡德·奥尔默特被一位广受尊敬的评论员称为“1967 年以来最务实的以色列领导人”，[21] 他赞扬哈马斯的接管是“显著变革”的机会，并试图说服美国将约旦河西岸和加沙地带视为两个独立实体——打破二者被《奥斯陆协议》正式连为一体的状态。布什政府的回应是，只有在以色列做出能改善西岸“生活质量”的让步时，它才会这样做。联合国、美国和其他政府，以及当地和国际的非政府组织都记录了隔离墙对巴勒斯坦人社区的影响、以色列检查站减缓通行造成的日常不便，以及定居者的暴力行为。当然，还有很大的改善空间。

2007 年 7 月，布什总统宣布了推动和平谈判重启的新举措。赖斯告诉总统，这可能会“帮好人撑下去”，试图以朴素的智慧打动他。布什建议将新的聚会描述为“见面”而不是会议，以避免提高期望，并减轻以色列对更大范围的国际参与的敏感程度。阿拉伯受邀者——出人意料地包括了叙利亚和沙特阿拉伯，因为布什希望区域支持最大化——显然极度缺乏热情，不仅预期会失败，而且担心会像 2000 年戴维营会议一败涂地之后那样爆发新一轮暴力事件。[22] 阿巴斯和奥尔默特在耶路撒冷举行了几轮谈话，但任何一方都没有发生重大变化的迹象。9 月，以色列人再次将加沙称作“敌对领土”。这些谨慎的试探性会谈与外交策略和当地残酷现实之间的脱节令人无所适从。7 月，以色列国防军对加沙发动了几次大规模入侵。哈马斯基本遵守了单方面停火的承诺，在此期间大部分火箭弹都是由伊斯兰圣战组织和“人民抵抗委员会”发射的。但在马里兰州举行安纳波利斯会议前夕，以色列人减少了在加沙的行动，允许在旺季出口草莓和鲜花，并破例批准运送羊肉进入该地带一次。奥尔默特承诺中止新的定居点建设。但这种承诺基本没有意义，因为他的政府在西岸继续扩建十几个已有的定居点，而且始终如一地坚持“统一的”耶路撒冷享有豁免权。

人们对安纳波利斯会议的期望始终很低：双方领导者与他们所取代的虽有缺陷但出类拔萃的巨擘们相比，都是既弱势又不受欢迎的人。阿巴斯刚刚将他一半的王国输给了哈马斯，没有任何在近期内夺回的希望：就如拉姆安拉的一个笑话所说，他的总统职权几乎不超出他的穆卡塔总部。奥尔默特则因发动上一次在黎巴嫩的战争而名声受损，正面临追溯到他担任耶路撒冷市长时期的腐败指控。另外，由于伊拉克在萨达姆时代之后陷入混乱，布什的信誉也受到了影响。

在加沙，数千人集会抨击阿巴斯已准备做出妥协。他和奥尔默特承诺“立即开展真诚的双边谈判，以缔结和平条约，解决所有未决的问题”。目标是达成最终和平方案，“将巴勒斯坦建设为巴勒斯坦人民的家园，正如以色列是犹太人民的家园”。这是两国方案经典原则的再现——但它当然同以前一样删减了所有悬而未决的关键细节。

从表面上看，气氛似乎颇有希望；奥尔默特在安纳波利斯的讲话非同寻常地包含了对巴勒斯坦人所受苦难的极大同情，甚至他最激烈的批评者也短暂地思考了一下，是不是出现了一位以色列的德克勒克（De Klerk），这位南非总统释放了纳尔逊·曼德拉（Nelson Mandela），并通过谈判和平结束了种族隔离。“许多巴勒斯坦人已经在难民营生活了几十年，脱离他们成长的环境，陷于贫困、忽视、格格不入与辛酸苦楚，以及深重而无休止的羞辱感，”他公开表示，“我知道这种痛苦和羞辱是仇恨我们的最深层根源。我们对这种苦难并非漠不关心。我们对你们所经历的悲剧并非视而不见。”[23] 然而至关重要的是，他并未承认以色列要对 1948 年发生的事承担任何**责任**。就在几天后，奥尔默特回顾了他自己早先的声明，即“如果我们不做些什么，我们就将失去存在两个国家的可能”，以及“（我们）将成为一个种族隔离国家”。[24] 阿巴斯说，尽管存在分歧，但他已经意识到奥尔默特对和平的渴望。新颖之处在于双方自 1993 年以来首次表现出已经准备好达成协议的态势，尽管他们的深层分歧——在定居点、边界、耶路撒冷和难民等方面——看起来一如既往地难以弥合。此外，阿巴斯目前无法控制加沙。同往常一样，双方之间有着巨大的不平衡。而他们宣布的目标，是在 2009 年 1 月布什总统离职前就巴勒斯坦建国达成一致。

阿巴斯与奥尔默特会谈

对安纳波利斯会议能够迅速取得突破性进展的期望很快就消失了。后续谈判在关于扩建哈尔霍马的最新计划产生的纠纷面前显得无足轻重，哈尔霍马是围绕东耶路撒冷的“定居点之墙中的最后一道壁垒”，将东耶路撒冷与伯利恒及西岸其他地区隔绝。2007 年 12 月在巴黎举行的国际捐助者会议为巴勒斯坦民族权力机构拨款高达 72 亿美元，但仍未改变加沙的隔离状态。托尼·布莱尔卸下英国首相的职务后开始担任“四方集团”特使，他采取“西岸优先”方针，支持萨拉姆·法耶兹建立国家机构和基础设施，加强治理，特别是巩固安全的计划——效仿委任统治时期犹太伊舒夫的做法。法耶兹希望无论与以色列谈判进展如何，都要推进计划实施。但他坚持认为，“适度和平”(economic peace) 是不够的。[25] 巴勒斯坦批评者抗议称其目的实质上是“通过催生一个堕落的领导层和阻挠任何实现巴勒斯坦民族团结的机会，加深巴勒斯坦人民的内部分歧”，从而增强对加沙的围困。[26] 以色列确实放宽了封锁——鹰嘴豆泥、意大利面、文具和卫生纸这样的合法产品都在不同时段分别被禁 [27]——但燃料和清洁饮用水在加沙仍然供不应求。以色列无视了哈马斯准备好正式停火的信号。奥尔默特得到“四方集团”撑腰，坚定不移地要求结束暴力，承认以色列存在的权利并遵循现有的协议——最后一项要求意味着遵守《奥斯陆协议》的条款。奥尔默特的批评者立即指出，以色列的定居点政策显然违背了奥斯陆精神。

2008 年 1 月，以色列宣布对加沙发起“经济战”。仅在那个月，联合国记录在案的就有 80 名巴勒斯坦人被杀；同一时期，有 267 枚火箭弹和 256 枚迫击炮越过边境，造成 9 名以色列人受伤。布什访问了耶路撒冷和拉姆安拉，那里的示威者挥舞着写有“拆掉所有定居点”、“占领是愚蠢的”和“加沙在我们心中”的标语牌，以色列之后立即实施了三次暗杀。布什确实谈到了定居点问题。“国家领土像瑞士奶酪那样都是洞可不行。”他在与阿巴斯会谈后说道。3月，以色列国防军再度入侵加沙，造成至少106名巴勒斯坦人死亡。“卜采莱姆”称，其中一半人“没有参加敌对行动”。[28] 6月，哈马斯与埃及情报部门负责人奥马尔·苏莱曼（Omar Suleiman）将军达成了另一次为期6个月的塔迪亚，当时苏莱曼正努力促成以1 000名巴勒斯坦人交换被俘士兵沙利特的协议。新任联合国特使罗伯特·塞里（Robert Serry）指出，苏莱曼一直有详细的行动时间表，但它被不断延长。[29]

之后的几个月里，利夫尼代表以色列，艾哈迈德·库赖代表巴勒斯坦，谈判继续静悄悄地举行。原则是在达成一致之前不达成任何协议。5月，库赖提议让以色列兼并耶路撒冷地区所有犹太定居点——以色列称之为“小区”——除了战略要地哈尔霍马。赛义卜·埃雷卡特为了透彻地讲明这一点，告诉以色列人他们将拥有“有史以来最大的**耶路撒冷**（Yerushalayim，希伯来语）”：他特意使用希伯来语名称表现亲密，惹恼了哈马斯和其他批评者。当谈判的细节被透露给半岛电视台和《卫报》时，他们对巴勒斯坦方“卑躬屈膝”“阿谀奉承”的表现[30]十分不满。[31]（埃雷卡特抱怨这是一场“诽谤”。）利夫尼“赞赏”这个提议，但回绝了它，因为协议中不包括哈尔霍马以及位于通往杰里科和阿里埃勒道路上的马阿勒阿杜明，后者在西岸更深处。布什政府完全支持以色列的立场。另有文件显示，以色列人只接受5 000名难民，而巴勒斯坦人提议10年内每年返回1万人——总计10万人。这充分提醒了人们，没有比这更难处理的问题了。[32]

20世纪90年代早期的华盛顿和奥斯陆双轨谈判再度上演，这些谈话也伴随着阿巴斯和奥尔默特之间并行的私人渠道，两人在没有助手在场的情况下多次会面，由康多莉扎·赖斯担任中间人。[33] 8月，奥尔默特向阿巴斯提出了一项最后通牒式的“一揽子交易”。其中包括几乎完全撤离西岸，并提议以色列只保留该领土的6.3%，以便掌握主要定居点；作为补偿，巴勒斯坦人将换得相当于西岸面积5.8%的以色列土地，以及西岸与加沙地带的连通；耶路撒冷老城将置于国际管辖之下。两位领导人于2008年9月16日进行最后一次会晤。[34] 奥尔默特向阿巴斯展示了一张地图但拒绝送给他，以免它在未来的谈判中被用作“突破口”。阿巴斯把地图粗略描画在一张纸巾上，说他无法决定，需要咨询同僚。“不，”奥尔默特回答，“现在就拿起笔签字吧。你永远不会得到比这更公平更公正的建议了。不要犹豫。这对我来说也很困难，但我们不可能不解决（冲突）。”阿巴斯叹了口气，推迟了安排在第二天的另一次会议。但这场会议再未举行。[35]

奥尔默特事后坚称，巴勒斯坦总统错过了一个历史性的机遇——以色列人几十年来都如此主张。巴勒斯坦人反驳说，与一位“跛脚鸭”以色列总理达成协议——他已经因为面临刑事指控而宣布即将辞职[36]——本来就毫无意义，奥尔默特自己手下的一些官员也这么说。[37] 以色列评论员认为，后来受审入狱的奥尔默特“出于对法律的恐惧，为了保住自己的性命”，[38] 或是为了通过达成历史性的和平协议获得一张“免罪牌”，所做的远远超过了他的目标。“即使在今天，历经多年的失望后，一名政治家也可以通过承诺尽力结束与巴勒斯坦人的冲突，即刻获得广泛的声望，至少广受以色列媒体的欢迎，”以色列国防军前总参谋长摩西·亚阿隆（Moshe Yaalon）评论道，“有时，这些承诺甚至可以挽救最不堪的公众形象。”[39] 另一些人赞成奥尔默特所说的这项努力真正代表了两国解决方案的最后机会，将其与埃胡德·巴拉克2000年在戴维营对阿拉法特的提议相提并论。[40]然而，美国特使乔治·米切尔认为，阿巴斯有充分理由质疑以色列关于难民、耶路撒冷和边界的方案。“奥尔默特所必需的模棱两可将成为阿巴斯的负担。”他总结道。[41]无论如何，即使阿巴斯接受了这项提议，来自哈马斯和其他方面的激烈反对也很可能会否决它。不久后，另一件触目惊心的事情提醒了人们，仅依靠军事手段“管理”而非解决冲突会付出何种代价。

“铸铅行动”

加沙的下一场战争比2006年的黎巴嫩冲突短了几日，但其破坏性和争议性要大得多。以色列在“铸铅行动”（Operation Cast Lead）中的目标是终止巴勒斯坦人的火箭射击和武器走私，这也是以色列自沙龙的单方面撤离以来常常宣布的目标。这次行动的爆发令人震惊，但并不意外。自2008年11月4日——贝拉克·奥巴马（Barack Obama）在美国历史性地赢得选举之日——以色列人杀死了6名在戴尔巴拉赫附近挖掘隧道的哈马斯成员以来，紧张局势急剧升级。以色列国防军称之为“旨在阻止一场迫在眉睫的威胁的精准行动”。另一种解释是，这次袭击意在煽风点火，**因为**埃及斡旋下的停火仍在维持。3个月前，作为奥尔默特的国防部长重新上台的埃胡德·巴拉克私下承认，哈马斯正在“认真努力地说服其他派别不要发射火箭弹或迫击炮”，这为以色列边境社区带来了“很大程度的和平与宁静”。但他担心哈马斯利用塔迪亚增强自身力量意味着回归军事行动。[42]巴勒斯坦民族权力机构的安全部队仍在与以色列人联手反对哈马斯——并欣然将这一事实广而告之。巴勒斯坦情报总局的马吉德·法拉杰（Majid Faraj）告诉他的以色列同行（当着一名记者的面）：“哈马斯是敌人，我们决定对哈马斯发动全面战争。而且我告诉你，我们不会跟哈马斯对话的，因为有人想杀你的话，你就要先杀掉他。你和他们休战了，但我们不会。”[43] 事实上，2008年10月是阿克萨因提法达爆发以来最风平浪静的一个月。但是，哈马斯向以色列发射了数十枚火箭弹，局势随即迅速升级。

12月27日，“铸铅行动”毫无预兆地以空袭开场了。这场空袭发动之前经过了六个月的情报收集工作，以准确定位哈马斯目标，包括基地、武器发射井、训练营和高官的家。以色列版的“震慑战术”[1] 的准备工作还包括了虚假信息和欺骗行为，让媒体两眼一抹黑。哈马斯被一种虚假的安全感所麻痹，因此以色列最初的突袭能在战术上攻其不备。[44] 上午时分由“F16”战机、“阿帕奇”直升机和无人机发动的第一轮毁灭性空袭的对象包括了正在进行毕业检阅仪式的加沙市交警，其中15人在这场被谴责为屠杀的事件中丧生：在短短几分钟内有100个目标遭到打击。“当时妇女们正在购物，孩子们正从学校出来”，《纽约时报》报道时称：

> 加沙市中心一片狼藉，到处都是碎石瓦砾，警笛长鸣，女人的尖叫在什法医院（Shifa Hospital）的大厅和人行道上响起，那里摆了数十具残缺不全的尸体以供家人辨认。死者包括平民，其中有建筑工人和至少两名穿着校服的孩子。[45]

电视画面显示，尸体散落在一整条路上，死伤者被绝望的平民带

[1]“震慑战术”（shock and awe），以压倒性的武力震撼并威吓对手，击溃对方心理防线的军事手段，由哈伦·K. 厄尔曼（Harlan K. Ullman）和詹姆斯·P. 韦德（James P. Wade）最先对其做出明确解释。美军在伊拉克战争期间便有应用。——译者注

走。尽管外国记者被禁止从以色列进入该地区，国际媒体的报道依然铺天盖地。半岛电视台在加沙市设有办事处，其他新闻机构也有自己的巴勒斯坦当地通讯员。仅那一天的死亡人数就有 230 人，这是双方冲突史上最为惨痛的日子之一。连通埃及的数十条隧道——曾用于走私军火以及普通货物——毁于以色列的轰炸。

2009 年 1 月 3 日，“铸铅行动”随着以色列的地面攻势升级。两天后，由于哈马斯加剧了对以色列平民目标的火箭弹袭击并首次设法打击到阿什杜德和别示巴，以色列国防军部队在人口密集地区展开行动。加沙的医院挤满死伤者，医疗用品严重短缺。联合国人道主义协调办公室（UN Office for the Co-ordination of Humanitarian Affairs，缩写为 OCHA）的一份报告称：“加沙地带没有安全空间——没有避难所，没有防空洞，边境关闭，平民无处可逃。”[46] 以色列犹太人一边倒地支持这场战争。而加利利小镇萨赫宁发生了阿拉伯社区截至当时为止规模最大的示威活动，10 万人举着巴勒斯坦国旗和标语声援加沙。同一天，即 1 月 9 日，特拉维夫举行了规模较小但仍然以巴勒斯坦人为主的示威游行。“辛贝特”传唤了数十名阿拉伯政治活动家，警告一切后果都由他们负责。[47]

被包围的领土发生断电，导致人们在寒冷的冬日，在没有供暖的宅子里瑟瑟发抖，并学会了区分无人机的“嗡嗡”声和预示着“F16”即将空袭的“呼呼”声。[48] 该行动于 1 月 18 日——奥巴马入主白宫前两天结束，以色列单方面宣布停火，哈马斯过了几小时也紧随其后。根据世界卫生组织（World Health Organization）公布的数据，巴勒斯坦人的伤亡人数在 1 166 至 1 417 之间，其中 431 人为儿童。共有约 900 名平民遇难。关于死亡情况的详细信息在很多状况下都能获得。1 月 4 日，加沙主要的菜市场遭受打击，5 人丧生。两天后，贾巴利亚的一所联合国学校遭到炮击，导致至少 30 人死亡，遇难者几乎全都是孩子。1 月 14 日，马哈茂德·埃齐丁·瓦希德·穆萨（Mahmoud Ezedinne Wahid Mousa）在加沙市的家被一场空袭击中，他在一家人刚刚吃完晚饭的地方，失去了他的父母、兄弟和姐妹，自己也身受重伤。[49] 两天后，以色列坦克的炮火摧毁了伊兹丁·阿比埃莱什（Izzeldin Abuelaish）医生位于贾巴利亚的家：他的 3 个女儿和一个侄女当场死去，另一个女儿伤势严重。以色列国防军声称它一直在回击来自这幢房子屋顶的狙击手火力，但阿比埃莱什和邻居表示怀疑。之后不久，痛失亲人的医生——边哭泣边说着希伯来语——接受了以色列电视台的现场采访，激烈的控诉显露了他的悲伤。[50] 这是敌人被人性化的罕见时刻。以一个持批评态度的学者的话来说，“射击与哭泣”的老观念变成了“射击、哭泣和看见”。[51] 其他的电视剪辑片段展示了大量加沙受害者的葬礼，人们吟诵着“真主至大”。以色列从 2006 年黎巴嫩战争中吸取了教训，用自己的信息战对抗这些影像。以色列国防军开设了一个 YouTube 频道，展示了从轰炸者角度拍摄的无人机镜头下的以色列袭击，“这些镜头的功能是以一种‘电子游戏兼战争’的逻辑为空袭活动‘消毒’和洗白，从这个自上而下的角度看，所有的人和房屋都像是首要目标”。博客作者和其他社交媒体用户填补了传统新闻报道的空白。

以色列发言人始终坚称，以色列国防军正在保卫该国的平民。但它的做法是大量杀戮巴勒斯坦非战斗人员。苦难是不相等的，正如哈马斯的非制导自动推进武器和国防军的绝对实力、高端技术之间的不平衡。以色列共有 13 人死亡，其中 4 人死于友军误伤。经过南非大法官理查德·戈德斯通（Richard Goldstone）领衔的联合国调查，双方都被指控犯下战争罪，长达 575 页的报告记录了非法行为的确凿证据。戈德斯通随后撤回了他对以色列的起诉，但委员会的其他成员并未认同他立场的改变。以色列境内，“打破沉默”组织公开了士兵的证词，与“大赦国际”和其他国际人权组织的控诉相一致，即以色列国防军在平民区往往不加区分地滥杀无辜。哈马斯被控对以色列平民发动无差别攻击。战斗结束后没多久，联合国秘书长潘基文（Ban Ki-moon）访问加沙，看到了“以色列坦克和推土机深深的辙痕造成的荒凉而骇人的景象，这些坦克和推土机夷平了一切挡路的东西——墙壁……田地，电线杆，汽车”。有些城市街区几乎未受影响，但另一些已沦为废墟，还有些建筑物外墙被炸毁，露出了内部空间。潘基文一行路过了一支由数百名戴着绿色头巾并挥舞着绿色旗帜的男子组成的队伍。这本该是一场胜利游行，但他们看起来毫不激动，郁郁寡欢。[52]

对于存在分歧的巴勒斯坦人，“铸铅行动”标志着一个血腥的新低谷——从字面上和政治上来说都是如此。加沙的惨状展现在全世界眼前，却没有什么能阻止它们。阿巴斯担心民众骚乱，恳请美国支持一项呼吁立即停火的联合国决议，但布什要求赖斯投弃权票：面对国内和国际对以色列入侵的愤慨，否决票是不可能的。[53] 据说阿巴斯还私下强烈要求以色列人“继续采取军事行动，推翻哈马斯”。在西岸，人们目不转睛地盯着半岛电视台对战斗的报道，受过美国训练的巴民族权力机构安全部队全程维持秩序。“以色列国防军……感到——大约过了一周左右——巴勒斯坦人就在身边，可以信任他们，”戴顿将军评论道，“事实上，相当一部分以色列军队从西岸前往了加沙——你想想——指挥官连续 8 天不在场。这表明了他们现在对这些人的信任。”[54] 哈马斯声称赢得了所谓的“准则之战”（Battle of al-Furqan）——“Furqan”指《古兰经》中区分善与恶的概念。在最后一整天的战斗中，它仍设法向以色列境内发射了 19 枚火箭弹。围困还在继续，尽管在停火之后有过短暂的缓解，但以色列要求以全面开放过境点换取沙利特下士的开释。以色列官员认为他们已经占了上风："以色列的空袭已经让他们失去了主动权,（哈马斯）……整场战争中都处于被动，"一篇充分基于情报的分析认为，"只有以色列政府为了作战或政治目的，或是为了控制以色列军民的伤亡而施加的限制会真正影响国防军。当以色列宣布停火时……哈马斯任凭国防军摆布；是以色列的决定，而不是哈马斯的军事行动，结束了战斗。"[55] 动荡不安的时局伴着一轮轮惊人的毁灭性暴力事件，然而任何一方的行为都没有指出摆脱它的明路。

第二十五章

2009—2014

"割草"，一个新术语……在战略用语方面，反映了一种认知，即以色列（正）处于与极端敌对的非国家实体之间长期棘手的冲突中……使用武力不是要实现不可能的政治目标，而是要削弱敌人伤害以色列的能力。[1]

"积极进取"的外交[2]

2009年6月4日，当贝拉克·奥巴马在开罗大学华丽的大厅里大步走上挂着红色帷幕的舞台时，巴勒斯坦人和以色列人都翘首以待。双方都热切期待听到这位美国新总统提出解决他们无止境冲突的远见卓识，尽管他主要关注的是伊拉克和阿富汗战争后的美国与穆斯林关系，以及整个中东地区的变革前景这类更宏观的问题。人们对奥巴马参与的期望异常高涨，尽管阿拉伯评论员对他因准备就职典礼而在不久前的加沙战争期间"默不作声"感到失望。[3]在他宣传已久的"新起点"演说中，奥巴马称美以关系"牢不可破"，巴勒斯坦人的处境

“无法容忍”[4]——这是一个简洁、无意中一针见血的总结。他没有提出新的想法，但其重点引人瞩目：美国不承认以色列定居点的合法性，这些定居点破坏了实现和平的努力。他还呼吁哈马斯放弃暴力。“向睡着的孩子发射火箭弹或者在公交车上袭击中老年妇女，既不是勇气也不是力量的表现。”马哈茂德·阿巴斯——几天前第一次见面时就对奥巴马印象深刻[5]——赞扬这句话“坦诚又直率”。以色列政府因奥巴马在访问开罗后没有接着访问耶路撒冷而恼怒。再次担任国防部长的埃胡德·巴拉克称这次演讲“很勇敢”。哈马斯抨击这与乔治·W. 布什所说的没有什么区别。以色列右翼分子抱怨奥巴马忽视了巴勒斯坦人没有放弃恐怖主义的事实。这些可以预见的回应无法掩盖希望：也许，现在事情真的会发生变化。[6]

双方的国内政治对新总统的决心来说，是一个难以逾越（而且熟悉）的障碍。继埃胡德·奥尔默特之后的前进党领袖齐皮·利夫尼在2009年2月的选举中以微弱优势胜出，但加沙战争提升了右翼集团的整体实力，“利库德”集团的内塔尼亚胡受邀组建新政府。竞选期间，内塔尼亚胡只是说与巴勒斯坦人“适度和平”。“铸铅行动”之后趋于强硬的氛围还体现为他的外交部长人选，阿维格多·利伯曼，一位摩尔多瓦出生的极端民族主义者，曾居住于西岸的一个定居点，他的竞选承诺是制定一项法律，要求以色列阿拉伯人宣誓效忠作为犹太国家的以色列，否则就会失去公民身份。[7]巴拉克领导的工党的议会席位已减少到13个，比利伯曼的“我们的家园以色列”少2席，巴拉克率工党加入了执政联盟，但许诺不会成为极端主义者的“幌子”。奥巴马发誓要“积极进取”地推动和平进程。他飞快地任命了重量级人物乔治·米切尔——前民主党参议员、北爱尔兰和平进程资深参与者和第二次因提法达报告的作者——作为他的中东特使，凸显了他这一意图的严肃性。

内塔尼亚胡的回应是要求巴勒斯坦人在商谈两国方案之前，先正式承认以色列是一个犹太国家——全体犹太人的民族国家。在奥巴马的开罗演讲之后不久，内塔尼亚胡在特拉维夫附近的巴伊兰大学（Bar-Ilan University）发表讲话，声明他接受一个巴勒斯坦国，但它要受到种种限制：这个国家必须完全非军事化，不能拥有军队或导弹，不能控制它自己的领空。不可分割的耶路撒冷始终是以色列领土。一名巴勒斯坦政治家不满地表示，那会建成一个“隔都”，而不是一个国家。[8]以色列总理宣称，“冲突的根源，现在是并将仍是（巴勒斯坦人）拒绝承认犹太民族在他们历史悠久的家园中拥有自己国家的权利”[9]——巧妙地避开了国家的边界及以色列准备用什么条件作为回报这两个问题。

对“犹太国家”的要求是一个耳熟能详的主张，却是外交博弈中的新元素。安纳波利斯会议将以色列称为“犹太民族的家园”。现在，内塔尼亚胡更进一步。巴解组织1993年在《奥斯陆协议》中正式承认了以色列。犹太人问题在以色列与埃及和约旦的和平条约中没有提及，也非任何其他谈判的一部分。[10]巴勒斯坦人指责这种主张无异于要求阿巴斯支持犹太复国主义，而且会削弱以色列阿拉伯公民的地位。内塔尼亚胡还明确表示，其目的是抵制巴勒斯坦人对难民“回归权”的诉求。巴勒斯坦人的正式回应是，这个问题不宜谈判。阿巴斯重申巴解组织承认以色列，而且以色列可以自由选择如何定义自己。[11]不那么正式的立场就要直白得多，而且直指问题核心。“这是一个荒谬的前提条件，”哈楠·阿什拉维断言，“我不会成为犹太复国主义者。没一个巴勒斯坦人会。”[12]

“无法容忍”的占领

奥巴马的开罗演说对巴勒斯坦人的现实没有任何影响。加沙地带的170万人仍被围困，进入以色列和埃及的过境点基本已关闭，限制了经济活动和步履蹒跚的重建工作。以色列禁止加沙进口混凝土、钢筋、管道和所有能用来制造掩体或武器的工业设备——以及不断变化的清单上的扁豆、意大利面、番茄酱和其他物品。以色列人一开始说他们要确保一批通心粉不会进入一家哈马斯慈善机构，但随后澄清它是作为奢侈品被禁的。这条禁令在美国的压力下撤销了。[13] 6月中旬，加沙武装分子试图用装备炸药的马匹攻击边境哨所。美国和欧盟仍拒绝与哈马斯打交道。拉姆安拉的巴勒斯坦民族权力机构安全部队镇压西岸的伊斯兰主义者，使阿巴斯看起来既无能又与美欧串通一气。[14] 7月，巴解组织资深成员法鲁克·卡杜米控诉阿巴斯曾密谋杀害阿拉法特。8月，在伯利恒召开的法塔赫代表大会上，这位巴勒斯坦总统坚称在寻求谈判的同时保持抵抗权利是正确的，但建议最好通过和平抗议隔离墙的方式来进行。[15] 阿巴斯屈服于美国和以色列的压力，不再争取让联合国人权理事会通过戈德斯通的报告，他因此被指控“与犹太复国主义敌人合作”。[16] 根据米切尔的报告，阿巴斯极力否认他曾在“铸铅行动”期间敦促以色列对哈马斯采取更强硬的行动，而且坚信是内塔尼亚胡政府泄露了这些对他的指控。[17] 巴民族权力机构的媒体痛批加沙的哈马斯政府是“黑暗的酋长”。

奥巴马和美国国务卿希拉里·克林顿（Hillary Clinton）要求全面中止定居点建设，但真正停止建设的定居点非常少。11月，内塔尼亚胡同意“暂停”定居点活动10个月——他称之为保持“克制”——以重启和平谈判。他基本信守了承诺，除了东耶路撒冷以及已在建设中并被认为对“正常生活”至关重要的项目。[18] 几天后，他告诉他的定居者“兄弟姐妹们”，一旦结束“暂停”就会恢复建设。阿巴斯拒绝参加谈判。

哈马斯官员间或释放胡德纳或者说长期停火已经准备就绪的信号，并暗示可以事实上“接受”1967 年边界范围内的以色列（尽管拒绝正式承认它），同时淡化该组织盟约中显著的反犹主义因素，这种因素自然是以色列大肆渲染的。[19] 但其更务实的一面也受到关注。[20] 有时以色列人会以个人身份投桃报李，最知名的是前“摩萨德”负责人埃夫拉伊姆·哈勒维，他认为鉴于巴民族权力机构的“恶劣伎俩”和加沙的萧条，以色列需要与伊斯兰主义者谈一谈，尽管他们是“一群讨厌的人”。[21] 2010 年 1 月，穆罕默德·马布赫 [1] 在迪拜一家酒店中身亡。对马布赫的暗杀表明了以色列官方打击哈马斯的决心。据报道，马布赫组织人员将武器从伊朗运入加沙，这是以色列极其担心之事。[22] 阿联酋公布了监控摄像头拍下的嫌犯的照片。凶手虽然经过乔装打扮，使用了伪造或偷来的英国和澳大利亚护照，其“摩萨德”特工的身份还是很快暴露了。[23] 以色列冷淡的否认似乎难以服众。虽然影响尚不明显，但这次暗杀在操作上比 1997 年在安曼杀死哈立德·马沙尔的拙劣行动更为成功。

加沙的困境在“自由舰队”（Freedom Flotilla）一事上展现得淋漓尽致，备受瞩目。这支舰队载有约 600 名活动家，从土耳其出发。2010 年 5 月 31 日，以色列突击队员登上主舰“蓝色马尔马拉号”（Mavi Marmara）客轮，杀死了 9 名土耳其人并事后报告他们是被“恐怖分子”处以“私刑”的。阿巴斯对此进行了谴责，称其为“一场屠杀”，

[1] 穆罕默德·马布赫（Mohammed Mabhouh，1960—2010），“伊兹丁·卡萨姆旅”成员，主管哈马斯的军事后勤和武器采购。——译者注

而以色列人则为情报失误头疼不已。联合国后来认可了拦截的合法性，但认为以色列的方法“过激且不合理”。这支舰队体现了国际上对巴勒斯坦人与日俱增的声援，这种声援因人们确信外交无力解除加沙的封锁，“和平进程”也不过是掩盖现状和双方巨大差距的空中楼阁而日渐势大。以色列与曾经唯一的穆斯林盟友土耳其之间的关系遭到重创。《经济学人》评论道：“让人意想不到的是，孤立加沙的努力以失败告终，民主的以色列下场竟比以前经常把人弹送进餐馆的哈马斯还要糟糕。”[24]“蓝色马尔马拉号”上的人有以色列“伊斯兰运动”（The Islamic Movement）北部分支的激进领导人拉伊德·萨拉赫（Raed Salah）谢赫，以及以色列议会第一位巴勒斯坦裔女性成员哈妮恩·左阿比（Haneen Zoabi），这体现了巴勒斯坦人在占领的刺激下跨“绿线”团结的老法子。

亲巴勒斯坦者的情感有利于日益壮大的“抵制、撤资和制裁”组织。该组织的目标不仅是被占领土或是要求给非法定居点的产品打上标签（好让欧洲购物者拒绝购买），而且是针对**所有**以色列的机构——因为它整个国家和许多私人组织（例如银行）都是占领的同谋。它还反对任何与以色列关系的“正常化”，这规定了共同斗争的范围，其位高权重的支持者推崇以“一国方案”解决冲突也是如此。[25]“抵制、撤资和制裁”选择的象征是“韩达拉”——纳吉·阿里笔下敢于反抗、不会变老的卡通巴勒斯坦儿童。在他的新角色中，小小的韩达拉耐心地紧握着背后天平的秤杆。以色列开始警告这是一场妖魔化和“非法化”的运动，并声称该运动是由敌人的反犹主义所驱使的，这些敌人排斥犹太人的存在。上述内容成了内塔尼亚胡时代官方哈斯巴拉（hasbara，意为公共外交或宣传）的关键主题。巴勒斯坦民族权力机构仍大力支持《奥斯陆协议》，承认以色列和两国解决方案，它并未支持“抵制、撤资和制裁”运动，只不过也抵制定居点产品，正在实行改革的萨拉姆·法耶兹大力倡导这一点：他称之为“赋予人民权力”以抵抗占领而不诉诸暴力。[26]法耶兹因其国家建设方针而赢得了国际赞誉。总的来说，他敦促巴勒斯坦人克服以色列几十年的统治造成的挫败感和不自信，避免失败主义、“消极被动的虚无主义和虚张声势的破坏行为”。[27]与此同时，以色列与巴勒斯坦民族权力机构的联合安全行动在2009年增加了72%——阿巴斯越来越多的巴勒斯坦批评者抱怨这种合作是在维持无法忍受的现状。[28]

在美国的坚持下，新一轮巴以谈判于2010年9月在华盛顿启动，就在此前几日，4名定居者在希伯伦附近遇害。哈马斯声称对这次袭击负责，并在民族权力机构安全部队逮捕了几名嫌犯时再次谴责其“背信弃义”。它将会谈斥为“羞辱和贬低”。民族权力机构的警察驱散抗议者。谈判陷入僵局，因为内塔尼亚胡拒绝延长定居点暂停期，哪怕奥巴马在他面前晃动着诱人的胡萝卜——20架美国最新式的“F35”战机以及承诺在联合国否决反对以色列的决议。以色列领导人寄望于他的右翼和定居者，推土机和水泥搅拌机再次咆哮起来。

法耶兹监管下的经济增长得益于银行的低息房车贷款，它为西岸带来了一定程度的平静和正常的表象。有些人感到喜忧参半。在拉姆安拉的“泡泡”中，拉贾·谢哈德指责“急不可耐的过度活动”，称其目的在于分散人们对抵抗的注意力。[29]“个人主义的传播意味着越来越多的巴勒斯坦人正在合法化……并保护他们的个人利益，使之高于社区的集体利益和关切，”社会学家贾米尔·希拉勒（Jamil Hilal）评论道，“这个新中产阶层的利益显然在于不出乱子。若是民族权力机构或是其他雇主停发工资，这一大部分人就将面临危机。”[30]比尔泽特的一名学者表示，拉姆安拉已经“获得了‘五星级监狱’的名声，重点是

‘五星级’而不是‘监狱’”。[31]加沙甚至也略有起色：从这座围城射出的火箭弹从2008年的2 048枚降至2010年的150枚。然而到了年底，外交又渐渐止步。2011年2月，美国否决了联合国安理会谴责以色列定居点建设的决议——这是奥巴马政府首次这么做。决议由英国、法国和德国共同起草，得到阿巴斯的明确支持。华盛顿坚持将定居点视为“不合法的”而不是“违法的”——一种既没有说服力也没有益处的区分——但它破坏这项决议的理由是该决议有“使双方立场更为强硬”的风险。[32]

巴勒斯坦之冬

2010年12月的突尼斯革命发生后，变革之风吹遍了整个中东地区，巴勒斯坦的分裂和停滞与之形成了令人沮丧的对比。以色列对胡斯尼·穆巴拉克被推翻深感震惊，并且为穆斯林兄弟会崛起后它与埃及签订的和平条约的命运感到担忧。以色列官员警告，这种模式如果持续下去，将会使加沙的哈马斯更强大，还会出现“伊斯兰主义之冬”。[33]利比亚和巴林的起义很遥远，但叙利亚影响巨大。随着隔壁的危机升级为全面战争，巴勒斯坦人莫衷一是。巴沙尔·阿萨德（Bashar al-Assad，在2000年接替了他的父亲哈菲兹）在很多人眼里，至少是稳定性和少数民族权利的担保人。另一些人则为一场反对高压统治的民众起义而欢呼，这个高压政权总是为了自己的利益操纵巴勒斯坦人的事业，特别是在黎巴嫩。事实上，在2011年5月的纳克巴日，数百名手无寸铁的巴勒斯坦抗议者跨过了迈季代勒沙姆斯（Majdal Shams）附近通常被严格把守的戈兰高地分界线。这是它在30年来第一次被突破，显然表明阿萨德在试图转移人们对叙利亚前所未有的内乱的注意力。另一些人试图从黎巴嫩越境。15 名巴勒斯坦人被以色列人枪杀，但有一名出生在叙利亚的难民胆识过人，在被拘留和驱逐前成功抵达了他在雅法的故乡。此外，巴勒斯坦民族权力机构在拉姆安拉组织了纳克巴相关的官方活动，感人至深地表现了巴勒斯坦的民族团结，而当时以色列最新颁布的法律允许政府削减任何纪念 1948 年纳克巴的机构的资金。[34] 在过去几年中，总部位于特拉维夫的非政府组织左赫罗特（Zochrot，“纪念”）收集了从战场退下来的犹太老兵和巴勒斯坦人的见证之词，公布了数百个人口锐减或被摧毁的村庄的详细信息，以这种方式来增进人们对纳克巴的了解——用希伯来语。[35] 然而，更好地了解过去并没有让当时的以色列人关于这一最敏感问题的主流民意发生改变。

2011 年的头几个月，数千人出门参与了在西岸举行的呼吁民族团结和进行新选举的集会，打出了“人民想要结束分裂”（指法塔赫和哈马斯之间）的口号。阿巴斯的四年主席任期原本已于两年前到期，但他仍在用总统令施政，法耶兹的总理任命尚未得到议会确认，而议会自 2007 年加沙政变以来一直不曾活动。巴解组织和以色列秘密谈话的曝光——这些谈话是被泄露的“巴勒斯坦文件”揭露的——导致首席谈判代表赛义卜・埃雷卡特提出辞职。然而，阿巴斯拒绝接受他的辞呈。

加沙人面临以色列围困和哈马斯镇压的双重问题。这场运动的年轻支持者们在第二次因提法达期间长大，从未离开过被困之地，更不曾去以色列工作，他们遵守着严苛的社会行为规范。反对者们号召来一场“尊严革命”（dignity revolution）：他们的平台是一个名为“结束分裂”的 Facebook 页面。[36] 3 月，哈马斯突然向以色列发射数十枚迫击炮弹，显然是为了转移人们对国内抗议活动的注意力。5 月，法塔赫和哈马斯就组建团结政府和选举日期达成一致。哈马斯受大马士革的情况所驱使，面临与阿萨德站在一边的压力。然而，它的政治领袖哈立德·马沙尔搬到了卡塔尔首都多哈，并表达了对叙利亚革命的支持。穆巴拉克的倒台继而打击了阿巴斯。内塔尼亚胡反应激烈：他警告阿巴斯，倘若阿巴斯与哈马斯和解，就无法与以色列实现和平，内塔尼亚胡还下令扣留税收——这是巴勒斯坦民族权力机构预算的重要部分。以色列的哈斯巴拉不经意间受益于伊斯梅尔·哈尼雅，这名加沙的哈马斯领导人在奥萨马·本·拉登被美国特种部队在巴基斯坦杀死的消息传开时，尊称其为圣战士。然而，巴勒斯坦的竞争对手们对谁来担任总理争执不下。法塔赫提名萨拉姆·法耶兹以打消美国和欧洲的顾虑。哈马斯不同意，还要求巴勒斯坦民族权力机构停止与以色列的安全合作。哈马斯任命的数万名官员的报酬问题也未得到解决。协议的反对者包括通过连接埃及的数百条隧道走私货物而获益的加沙人，那是当地经济打破封锁的生命线。最大的几条隧道配备了照明和发电设备，可以运进汽车、建筑材料、药品、毒品、香烟和武器，包括从利比亚抢来的火箭炮发射器。节日前夕，商人们进口活羊和鲜牛肉。甚至连婚纱都能运过来。这里每年运输的货物据估计价值 10 亿美元，而且有助于巩固哈马斯的统治。“围困是化了装的祝福，”一名哈马斯官员称，“它使我们摆脱了对以色列和 60 年援助的依赖，帮助我们自立。”[37]

面对与哈马斯和与以色列之间的僵局，阿巴斯的结论是，争取让联合国正式承认巴勒斯坦的国家地位，尽管这肯定会被美国人阻止。这一举措属于一种新兴方针，即在国际上取得进展来向以色列施压。“让巴勒斯坦合法化，”用一名法塔赫官员的话来说，“赋予我们说‘这不合法’的权利。”[38] 一张象征着联合国席位的巨大蓝色椅子被安放在拉姆安拉的马纳拉广场（Manara Square）上。这是阿巴斯人生中的高潮，他从纽约回来时受到英雄般的欢迎。以色列及其支持者将这种方式命名为“法律战”（lawfare）。

然而，外部干涉通常只有在安全问题有所缓解时才有作为。于是，2011 年 10 月，哈马斯释放了 2006 年在加沙边境俘虏的以色列国防军士兵吉拉德·沙利特，这场交易由德国和埃及促成。沙利特已经成为以色列轰动一时的名人：他法国出生的父亲不停地游说，生怕罗恩·阿拉德（Ron Arad）一案重演——1986 年空军领航员阿拉德的飞机在黎巴嫩被击落，但他是在被俘的囚禁期间身亡的。沙利特交换了 1 027 名巴勒斯坦囚犯，其中许多人因杀害以色列人而在服无期徒刑。然而其中不包括法塔赫的马尔万·巴尔古提，他是在阿克萨因提法达期间因组织袭击而入狱的，人们普遍将他看作上了年纪且越来越不受欢迎的阿巴斯的替代者。这是最不对等的交换之一——尽管在“辛贝特”的监控下，一些巴勒斯坦人后来被重新逮捕。哈马斯大肆宣扬这份协议。“哈马斯是内塔尼亚胡的死敌，”一名西方高级外交官不满地说，“但他大大地鼓舞了他们的士气，给了阿巴斯突如其来的一击。”沙利特被迎接回家，不是作为英雄——事实上，他因为没有反抗被俘还遭到了批评——而是作为以色列的普通百姓。在这个国家，国防军强制服役仍是常态，但军事实力无法保证和平。[39] 电视连续剧《战俘》（*Hatufim*，英语名为 *Prisoners of War*）反映了这件紧要之事，沙利特仍被囚禁时，它在以色列放映并吸引了大量观众。

井底之蛙

2012 年 11 月，加沙并不出人意料地再次爆发骚乱。以色列 3 月份暗杀了“人民抵抗委员会”主席祖海尔·凯希（Zuhair al-Qaisi），因而此前几月间冲突升级。与其他此类“针对性”行动一样，这被视为以各种手段挑衅或先发制人，以破坏和防止未来的攻击。一名以色列分析者评论道："在斯德洛特制造几天的恐惧是一笔小投资，会在惩罚和威慑方面带来巨大利润。"[40] 5月，以色列以"人道主义姿态"交给巴勒斯坦民族权力机构91名囚犯和自杀式炸弹袭击者的尸体，但未能平息加沙前线的紧张局势。双方都指责对方引发新的攻击——为了这种无法最终解决的谁先动手的问题发生争吵是难免的。以色列人将发射火箭弹视为对方先动手的证据，巴勒斯坦人则指向对加沙的封锁——这片领土现在通常被称作世界上最大的露天监狱——以及对西岸的占领。尽管被困之地的经济小幅增长，其内里仍是暗流汹涌。"穆兄会"的穆罕默德·穆尔西（Mohammed Morsi）当选总统并没有如哈马斯所希望的那样，使开罗比在穆巴拉克时代更加友好。哈马斯被指控在西奈18名埃及士兵遇害的事件中协助圣战分子。埃及的"内心深处"并没有改变，仍是本能地怀疑各类伊斯兰主义者。

11月14日，"防卫之柱行动"（Operation Pillar of Defence）随着又一场暗杀开启，有权有势的哈马斯军事指挥官艾哈迈德·贾巴里（Ahmed Jaabari）在一条安静的小道上，被以色列无人机在他的车里烧成了灰，一名疑似背叛了他的通敌者随即被杀。8天后，行动以埃及斡旋下的停火告终，这次停火至少阻止了另一场以色列国防军的全线地面入侵。162名加沙人遇难，包括37名儿童；以色列损失了3名平民和1名士兵。以色列的空袭不时被对方火箭弹的轰鸣声打断，这些火箭弹使该国南部陷入瘫痪并首次打击到特拉维夫和耶路撒冷，尽管美国资助的"铁穹"（Iron Dome）反导系统颇有效用。加沙再次遭受严重破坏，哈马斯的大部分导弹库被摧毁，尽管该组织仍声称自己打赢了"黏土石之战"（Battle of Stones of Clay）[41]——引用了《古兰经》里的典故。"我们高昂着头走出这片战场，"马沙尔宣布，"真主至大，亲爱的加沙人，你们胜利了。”休战开始生效时，清真寺的扩音器里传出他的声音：“你们打击了犹太人的嚣张气焰。”以色列人在南部的玛拉基镇（Kiryat Malachi）举行抗议，那里有3人死于加沙发射的一枚火箭弹。内塔尼亚胡政府坚称双方没有达成协议开放检查站并解除封锁，但确认了不再在加沙境内至边境围墙处强制设立严重限制了农田使用的禁入缓冲区。加沙渔民获准出海至更远的水域。埃胡德·巴拉克警告称“自卫权比任何纸面上的东西都要好”。用不了多久，这句话就将再次被人提起。

由埃及情报机构牵线，以色列和哈马斯代表在开罗举行了“近距离”停火谈判，在拉姆安拉孤立无援且无关紧要的阿巴斯没有参与其中。阿巴斯在以色列电视台上说，他认为自己有权访问他在加利利的出生地萨法德，但无权居住在那里，他由于放弃了巴勒斯坦人神圣的回归权而招来了愤怒的指责。2012年夏天，穆卡塔区附近的独立抗议活动——示威者高呼“人民想要打倒《奥斯陆协议》”——遭到民族权力机构警察的暴力驱散。[42]但阿巴斯在开展外交活动一年后的确取得了一项重大成就，联合国大会罕见地公开无视美国和以色列，将巴勒斯坦升格为“具有观察员地位的非成员国”——与梵蒂冈地位相同。利伯曼曾不含讽刺意味地将这种努力斥为“外交恐怖主义”。[43]投票于2012年11月29日，即联合国1947年历史性的分治决议65周年时举行。阿巴斯曾要求给他的国家一份“出生证明”。地位的提高将使巴勒斯坦能够进入各组织，譬如国际刑事法院（International Criminal Court），在那里它能够以战争罪对以色列提出申诉。在另一场大选前几周，内塔尼亚胡以宣布以色列将在西岸建造数千所新房作为回应。这看上去又像是一次战术性行动——但它符合长期以来的一贯模式。

和平的障碍

相比于前几任美国总统，奥巴马将定居点问题置于更严厉的公众目光下，这就是为什么以色列右翼分子在他们的集会上大喊“萨达姆·侯赛因·奥巴马”。2009年，内塔尼亚胡开始了第二个总理任期，鼓舞了定居者游说团体的信心并推动了其项目的扩张。3年后，他用一项计划回应了那次联合国投票，开始建造一条东西走向、被称为“E1”的狭长沙漠走廊，将耶路撒冷与马阿勒阿杜明分隔开来。其重要意义在于，一旦建成，它就将有效地把已被定居点和检查站瓜分的西岸北部和南部地区一分为二，并切断已经毗连的巴勒斯坦领土，即便后者只是由《奥斯陆协议》规定的不同地区拼凑而成的。那里是能够让巴勒斯坦国以东耶路撒冷为首都且连为一体的仅存的开放空间。在2013年第一季度内塔尼亚胡的第三个任期开始时，定居点建设达到了7年来的最高峰。[44]

到了《奥斯陆协议》签订20周年的9月，生活在“绿线”以外的以色列人人数涨了差不多一倍，从262 500人增加到520 000人，其中东耶路撒冷有20万人。东耶路撒冷（三分之一以上的定居者以此为家）被政府机构忽视，理由是它不会进入谈判。这个总人数通常被用来证明1993年的协议彻底失效，还用来证明双方的冲突确实是无法解决的。2013年，以色列开始在西岸建造2 534间新房，比2012年建成的1 133间增加了一倍多。[45]同年1月，“人民抵抗委员会”的巴勒斯坦活动人士及其国际支持者建立了一个名为沙姆斯（al-Shams，“太阳之门”）的抗议阵营，它以伊莱亚斯·库利（Elias Khoury）的小说命名，对“E1”走廊提出主张，监视以色列定居者的秘密行动和组织工作。几天后，警察遣散了这个阵营。[46]

到了 21 世纪的第二个 10 年，以色列在西岸的存在不再是孤立的山顶上的一队队大篷车或是可移动的房屋群，而是快速发展的城镇。其中规模最大的几个是马阿勒阿杜明、贝塔伊利特和莫迪恩伊利特，都靠近“绿线”并拥有数万居民，有些居民住在摩天大楼里。后两个城镇基本是哈雷迪（Haredi，极端正统派）犹太定居点，出生率较高。通向它们的“无菌”道路配有监控摄像头，用桥梁和隧道绕过巴勒斯坦地区并禁止巴勒斯坦人进入。隔离墙将它们全部围在其中。俄罗斯移民为主的阿里埃勒定居点现在拥有自己的大学，向 1967 年边界以东延伸了 11 英里。[47]

哈尼·阿布·阿萨德（Hani Abu Assad）的获奖电影、入围 2013 年奥斯卡最佳外语片的巴勒斯坦作品《奥玛》（*Omar*），令人难忘地表现了隔离墙的影响——与影片同名的男主人公非法翻越隔离墙，向身在另一边的心上人求爱。以色列同年入围奥斯卡的电影名为《伯利恒》，讲述的大致是同一片领土的故事，却没那么受欢迎。两部电影都着重刻画了“辛贝特”招募巴勒斯坦人的努力——这是他们正常生活的重要组成部分。神秘莫测的英国艺术家班克西（Banksy）的壁画更是为这堵墙在全世界的恶名添砖加瓦，其中一幅刻画了一个巴勒斯坦女孩在搜一名以色列士兵的身。然而在伯利恒，“围墙”（Walled Off）酒店就在隔离墙边开张并以“世界上最糟糕的景观”为卖点，当地人为其动机（也许还有其糟糕的双关含义）感到惶惶不安。[48] 绘制阿拉法特以及还在监狱的马尔万·巴尔古提的涂鸦和肖像被当作抵抗行为。俯视耶路撒冷北部盖兰迪耶大型检查站的标语从计算机键盘中汲取了灵感，似乎表现了以色列对巴勒斯坦人政策的精髓：“Control + Alt +Delete”（打开任务管理器 / 控制 + 替换 + 删除）。

长期的法律和行政措施支撑着西岸景象的实质性转变，加固了军事统治下的巴勒斯坦人与民主国家的以色列公民之间的隔离。土地表面上由于军事目的被没收，支出以无害的名义隐没在部门预算拨款中——但受到“现在就和平”“卜采莱姆”等以色列非政府组织的仔细监控。定居者依旧坐拥庞大的经济利益，包括低息贷款、免税和每名学生高于以色列国内标准的教育支出。政府为每间建在定居点内的公寓提供了高达 2.8 万美元的补贴，这是许多居民仍解释他们是根据经济和生活方式，而不是政治或意识形态来选择居住地的原因之一。例如，2012 年，20 万美元能在阿里埃勒买一套四居室的房子；在特拉维夫，同样价钱只能在贫困社区买一套两居室的公寓。2017 年 1 月，马阿勒阿杜明的一套宽敞住宅在“爱彼迎”上打广告出租时，并没有提及它坐落在“绿线”外，这似乎象征着定居事业已经完全“正常化”了。日常生活中的平凡考量往往比宗教或民族主义的动机更重要。[49]

越发广泛的社会、经济和政治变革使定居者更贴近以色列人生活的主流。2008 年，31% 的人将自己定义为极端正统派，22% 的人生活在“民族主义宗教”（nationalist-religious）定居点，32% 的人所在的定居点里有多种宗教仪式。居住在隔离墙东面的定居者中，有一半以上想要扩大以色列的边界。[50] 定居者还相当有地位：截至 2010 年，三分之一以色列国防军的步兵军官来自“民族主义宗教阵营”。[51] 世俗的极端民族主义者阿维格多·利伯曼住在一个定居点里。耶什亚（犹大和撒马利亚）委员会主席丹尼·达扬（Dani Dayan）与内塔尼亚胡走得很近，他在团结政府中的盟友，极右翼政党“犹太家园”（HaBayit haYehudi）的自信而有野心的纳夫塔利·本内特（Naftali Bennett）也持同样立场。自由党 2011 年抗议最高法院任命一名住在古什艾其昂的法官，正如《国土报》所说，“他每次回家都会违法”。[52] 希伯伦仍是一点就着的火药桶，因为以色列国防军武装并守卫的最强硬的定居者和巴勒斯坦人在这座城市的中心和邻近的阿尔巴镇高度混居。

定居者针对巴勒斯坦人的暴力活动包括袭击西岸的清真寺、房屋、汽车和庄稼。橄榄树是他们最偏爱的目标：2011 年有 7 500 棵橄榄树被毁。以国防军的士兵往往朝巴勒斯坦农民的头顶上开枪，而不是对付正在扔石头、骚扰农民们的犹太人。很少有人被起诉。在沙龙 2006 年退出加沙并撤掉杰宁地区四个小的边远定居点后，极端主义定居者开始了所谓的“标价”攻击（“Price tag” attacks）。山顶青年（Noar haGvaot）组织的活动分子时常挑起对抗，这个组织是受沙龙 1998 年的著名号召“占领山头”的启发建立的，标志是他们巨大的无边便帽和穗子（tzitzit，正统派犹太男子穿戴中的流苏饰带）。阿萨夫·嘉夫隆（Assaf Gavron）的畅销希伯来语小说《山顶》描绘了一个虚构的西岸“前哨”里的生活，那里楼房林立，有供水和国防军的保护，所有这些都没有得到政府的正式许可，直到最终转变为“合法”定居点。[53] 在以色列的话语中，“前哨”就是未经授权但官方容许的定居点，尽管按照国际法，它与其他所有定居点一样非法。因在 C 区——以色列直接控制下的西岸 60% 的地区——建造无证建筑物而被驱逐的巴勒斯坦人也显著增加，欧盟以严厉的措辞对“强制转移”表达了不满。在对巴勒斯坦国经济至关重要的约旦河谷，巴勒斯坦人越来越多地被定居点、以色列国防军基地和射击区、自然保护区及拆迁命令所包围。[54]“如果你问普通的以色列人，他们会觉得它是以色列的一部分。”巴勒斯坦裔以色列活动家艾琳·纳赛尔（Irene Nasser）无奈地表示，她参与了“世上的盐”（Salt of the Earth）运动，在杰里科附近废弃的村庄艾因海莱（Ein Hijleh）的枣椰树林中露营——很快就被国防军赶走了。“这是巴勒斯坦人的土地，我们在这里就是为了取回它并一直占领下去。”[55] 哪怕隔离墙变成永久的边界，内里有 20 万定居者，但它外面估计还有 10 万多人。

以色列政治和西岸生活的现实推翻了可能用适当领土换取未来切实可行的和平协议的观念。既成事实改变了 1967 年边界以外曾是 22% 的巴勒斯坦领土的那些景观。被定居点——到 2015 年约为 230 个——真正占用的土地不超过西岸的 3%，但定居点的辐射区域以及支撑它们的道路、隧道和其他基础设施所占据的远多于此。总的来说，西岸约有 42% 的土地掌握在以色列人手中。[56] 定居点的问题并不仅仅是定居者本身的问题：他们的事业是一项国家战略。[57] 对许多以色列人来说，梅龙 · 本韦尼斯蒂 20 世纪 80 年代提出的占领“不可逆转”引发的旧争论似乎不再有意义，就像谈论两国解决方案一样。“以色列左派想让我们相信‘绿线’是牢固的东西；在这边一切都很好，所有不好的事都是从 1967 年的占领开始的。”本韦尼斯蒂称，“这是一种错误的二分法。‘绿线’就像一面单向镜。它只适用于巴勒斯坦人，而不是以色列人。”[58] 左派和中间派的其他以色列人依旧相信，虽然举步维艰，但撤离西岸定居者以便与巴勒斯坦人达成永久和平协议是一个政治意愿问题，尽管这个国家的气氛正在发生变化。然而，即使定居点问题——在任何协议中都至关重要——没有一个明确的答案，奥斯陆的遗产仍被贴切地描述为“僵尸般的”和平 [59] 或“行尸走肉般的解决方案”[60]。

建设耶路撒冷

没有任何地方的以色列人比东耶路撒冷的以色列人更坚定地想抹去“绿线”。2010 年 3 月，内塔尼亚胡政府在美国副总统乔 · 拜登（Joe Biden）访问期间，宣布计划在极端正统派地区拉马特什洛莫（Ramat Shlomo）建造 1 600 套住房，美国政府大为光火。奥巴马的特使乔治·米切尔感觉这是一种“直接而惊人的羞辱”。[61] 即便没有明示，以色列的总体目标仍是增加这座城市的犹太人口，减少巴勒斯坦人的数量。这是通过将耶路撒冷与西岸腹地（隔离墙现在蜿蜒穿过其东部边缘）隔离，加上土地征用以及歧视性的规划和预算分配来实现的。持有蓝色身份证的东耶路撒冷巴勒斯坦居民比犹太人穷困，但他们可以进入更大的劳动力市场，通常比他们在民族权力机构治下的纳布卢斯或希伯伦的同胞更有钱。2013 年，该市 80.4 万人口中有 62% 是犹太人。巴勒斯坦人占居民总人口的 36%，但只有 10% 至 13% 的市政预算用于他们的区域。[62] 犹太组织越发努力地在阿拉伯社区购买房产。2010 年，以色列和平运动——自从在第二次因提法达中受创以来一直基本处于休眠状态——短暂复苏，抗议以色列人为谋私利从贾拉谢赫驱逐一户巴勒斯坦家庭的行为，这是几起同类案件之一。该房产 1948 年前一直属于犹太人，因此法院的驱逐判决引发了西耶路撒冷和以色列其他地方对阿拉伯人房产提出同样主张的问题。被驱逐的家庭还是 1948 年的难民，因此这一事件更具象征意义和敏感性。[63]

右翼的“埃尔阿德组织”[1] 接管了耶路撒冷老城南部粪厂门街区的建筑物，旨在“重新发现并保护《圣经》中的‘大卫城’”，并通过旅游、考古发掘和耶路撒冷“犹太化”将犹太人与他们《圣经》中的渊源联系起来。另一个定居者组织艾特蕾特库哈尼穆（Ateret Cohanim，“祭司之冠”）协会也开展了类似的活动。而市政工程助推了定居运动中较为激进的工作。[64] 在缺乏极难获得的许可证的情况下

[1] “埃尔阿德组织”（Elad movement），又称“大卫城基金会”（Ir David Foundation），“大卫城”位于粪厂门地区。——译者注

建造的阿拉伯房屋隔三岔五就被拆除。老城外的主要商业大道萨拉丁街看上去像是时间凝固了，40 年间几乎没有变化，但西耶路撒冷在发展壮大。东耶路撒冷的巴勒斯坦居民区被 1967 年后出现的犹太人社区包围成飞地，相互之间鲜有联系。2010 年，住在阿诺纳（Arnona）区的犹太记者埃利泽·雅里（Eliezer Yaari）穿过干涸的河谷，来到附近的苏尔巴赫尔（Sur Baher）村，试图了解他的阿拉伯邻居：他将自己描述此事的生动著作称为《在黑暗的群山之上》（*Beyond the Mountains of Darkness*），试图让读者体会到，他们看起来是多么遥远和陌生。[65] 饱受犯罪和吸毒困扰的贫民窟舒阿法特（Shuafat）难民营位于城市范围内，但被遗弃在隔离墙的另一侧："耶路撒冷最危险的地方，犯罪、圣战和垃圾焚烧的熔炉。"[66] 阿布迪斯和阿尔拉姆（Al-Ram）被隔离墙 9 米高、满是涂鸦的混凝土板隔开。2008 年，以色列内政部取消了东耶路撒冷 4 577 名阿拉伯人的居住权，这是截至当时最高的年度数额。自 1967 年以来，共有超过 1.4 万名阿拉伯耶路撒冷人的身份被撤销。来自西岸并与耶路撒冷居民结婚的巴勒斯坦人遭遇了无数感觉像是蓄意骚扰的官僚主义障碍。前往内政部和国家保险办公室就会遭遇痛苦和羞辱。[67] 圣城大学一直试图获得以色列教育部的承认，这一斗争还会长期持续下去。

谢里夫圣所仍是长期冲突的源头，来自西岸的巴勒斯坦人时不时由于安全原因被禁止入内，被禁者通常是 50 岁甚至 60 岁以下的男子。沙龙 2000 年 9 月臭名昭著的访问从未被遗忘，"圣殿山忠诚者"等犹太极端主义者经常采取挑衅行为来声明并宣传他们的主张，市政当局和政府的容忍甚至支持与他们的边缘地位并不相符。[68] 以色列境内的巴勒斯坦人，尤其是"伊斯兰运动"的成员，乘大巴去阿克萨清真寺参加星期五祷告——这是 1967 年以前的边界消失的另一个后果。

该运动的领导人拉伊德·萨拉赫谢赫由于为哈马斯筹集资金和煽动暴力而入狱。为这座城市寻求协商解决办法的前景向来不乐观，似乎还在倒退。巴拉克和奥尔默特都接受了主权分属或分别行政管理的原则以及包含老城和圣殿山的“圣域”（Holy Basin）受国际监督的安排，尽管这种让步极富争议。曾于 2003 年担任沙龙政府耶路撒冷事务部部长的纳坦·夏兰斯基（Natan Sharansky）是著名的苏联时代的犹太“异见者”，他当时的告诫，即放弃进入圣殿山的路就等于背弃犹太复国主义的本质，说出了许多人的心声。2000 年戴维营首脑会议失败后，埃胡德·巴拉克也提出了同样的观点。“没有我们与耶路撒冷的历史联系，没有与过去的联系，没有与以圣殿山为中心的古代以色列王国的绵延感，我们就真的是这个国家的外来入侵者和殖民者。”夏兰斯基写道。[69] 民调显示，犹太人对巴勒斯坦人日益强硬的看法以漠不关心和不抱希望为特点。2013 年以色列议会选举“向中间倾斜”的标志是由电视主持人亚伊尔·拉皮德（Yair Lapid）领导的世俗中间派和以国内为重点的未来党（Yesh Atid）的出现，该党支持以色列人和巴勒斯坦人之间的“分离”——虽然尚未准备好重新划分仍被仪式性地号称“统一”的耶路撒冷。事实上，身为部长兼定居者领袖，犹太家园党的尤里·阿里埃勒（Uri Ariel）呼吁在圣殿山重建犹太圣殿（Jewish Temple），打破了官员不能谈论改变现状的禁忌。2013 年 7 月的最新一轮巴以会谈启动后，双方达成了第二批囚犯释放协议，紧接着以色列便宣布了在东耶路撒冷建造 1 500 套新住宅的计划。奥巴马第二届政府的国务卿约翰·克里（John Kerry）设定的目标，是在 9 个月内达成全面和平协定。仍被孤立在加沙领地内的哈马斯被排除在外。

伊朗人转移了注意力

巴勒斯坦人是以色列后院里避无可避的敌人，也是内塔尼亚胡津津乐道的“恶劣的周边环境”里最最艰巨的问题。[70]但 2009 年以后，内塔尼亚胡最深切的地区关注点是伊朗——正如他在 3 月份与奥巴马的第一次会面中明确指出的，这场会谈是如此不友善，以至于被耶路撒冷的官员称为“伏击”。[71]自 1979 年革命起，支持巴勒斯坦人和与以色列为敌一直是伊朗的政策核心；那一年，废弃的以色列驻德黑兰大使馆的钥匙被交给了亚西尔·阿拉法特，以供巴解组织代表团使用（虽然以色列在两伊战争期间曾悄悄向伊朗人提供武器，为古老的格言“敌人的敌人就是朋友”提供了经典例证）。1982 年以色列入侵黎巴嫩后，伊朗的盟友或说代理人真主党是以色列的首要关注对象，而德黑兰也支持哈马斯和伊斯兰圣战组织。2002 年，伊朗秘密核计划的泄露使以色列对自身在中东地区未公开但已公认的核垄断产生了担忧。2003 年，伊朗承认核计划的存在，接受对其核设施进行更严格的国际检查并暂停生产浓缩铀。然而，随着 2005 年民粹主义强硬派总统马哈茂德·艾哈迈迪内贾德（Mahmoud Ahmadinejad）赢得大选以及伊朗重启铀浓缩，以色列的担忧加剧了。

在美国领导的入侵伊拉克行动之后，欧洲开始以核不扩散和地区稳定的名义，努力通过谈判和平中止伊朗核计划。联合国、美国和欧盟利用制裁对德黑兰施压，以色列领导人也反复警告，称他们不会容忍拥核的伊朗。2008 年，乔治·布什回避了以色列发射特制的掩体摧毁炸弹来打击伊朗核设施的秘密请求。2010 年，内塔尼亚胡和巴拉克指示军队为先发制人的空袭做准备，尽管他们遭到了“摩萨德”负责人和以色列国防军总参谋长的反对。网络攻击和对伊朗核科学家的暗杀具有以色列和美国秘密行动的特征。有人预测以色列在2012年春季会发动单方面袭击，这个预测被证明是错误的，但其威胁或许正如预计的那样，推动了欧盟对制裁的支持。2012年9月，内塔尼亚胡在联合国挥舞着一张简笔画，用一颗炸弹代表伊朗的计划，上面用马克笔画了一条红线表示以色列的“红线”在哪里，生动形象地敦促奥巴马重视他的警告。11月的“防卫之柱行动”过后，内塔尼亚胡声称加沙的“几乎所有武器”都来自伊朗。伊朗制造的“曙光-5”（Fajr 5）火箭发射到以色列，为此感谢伊朗的广告牌出现在了加沙街头。

2013年，务实的哈桑·鲁哈尼（Hassan Rouhani）取代了否认犹太大屠杀的艾哈迈迪内贾德，当选伊朗总统，核外交更进一步。截至当年年底，伊朗和其他五个大国达成了一项临时协议，根据协议，伊朗将限制其核活动以换取制裁解除。然而，内塔尼亚胡在这个问题上继续向奥巴马施加压力，因为国内的批评者认为他对伊朗的关注是为以色列面临的真正危险“盖上遮羞布”。[72]“辛贝特”前负责人尤瓦尔·迪斯金称内塔尼亚胡和巴拉克对伊朗伊斯兰共和国抱有“救世主般的”态度。2013年年底，迪斯金公开警告称：“不解决巴以冲突带给以色列的威胁比伊朗核项目更大。”几个月后，仍担任“摩萨德”主管的塔米尔·帕尔多（Tamir Pardo）也提出了同样的观点——尽管是私下提出的。[73]（这些位高权重的安全部门要员总能保证在以色列有人听到他们的意见。）内塔尼亚胡的占领似乎是以某种方式无限期地“应付”巴勒斯坦问题，而不是努力解决它。但它是不可能被长久忽视的。

临渊

从2006年就陷入昏迷的阿里埃勒·沙龙于2014年1月去世，引发了一连串猜想：如果他没有被疾病击倒，他是否会在加沙撤离后进一步单方面撤出约旦河西岸。沙龙的意图无法得到证实。有人提出他相信真正的两国解决方案，而不是根据以色列的条件再一次于局部进行重新部署，但这是一厢情愿的想法，缺乏确凿的证据。尽管如此，美国斡旋下的最新和平努力发展势头出人意料——虽然过程十分艰难：内塔尼亚胡的鹰派国防部长摩西·亚阿隆认为克里是以“救世主般的热情”和“强迫症般的执着”来尽力达成协议的。但他并非在恭维克里。此外，会谈在达成协议的9个月期限之前就垮塌了。

内塔尼亚胡违背了释放第四批也是最后一批104名巴勒斯坦囚犯的承诺——这一直都是双方高度敏感的问题——因为犹太家园党的领导人纳夫塔利·本内特威胁称如果继续放人就退出执政联盟。阿巴斯表示，如果以方释放囚犯，他将暂时不加入联合国机构，包括国际刑事法院。[74] 但囚犯们没有现身，于是他当即签署了巴勒斯坦加入15项国际条约和公约的申请书——巴勒斯坦电视台对此进行了直播。[75] 克里将谈判破裂归咎于以色列，尽管他也批评了巴勒斯坦人。“双方有意或无意地陷入了毫无益处的境地，”他说，“然后就这样第一天过去了，第二天过去了，第三天过去了。然后那天下午，当他们可能将要有所进展的时候，在耶路撒冷建造700个住宅单元的事就公布了，呼，可以说正是时候。”[76] 但最终导致谈判终结的是阿巴斯与哈马斯签署的被期待已久的和解协议。

2013年7月，穆尔西总统被埃及军队推翻，这严重削弱了巴勒斯坦的伊斯兰运动：阿卜杜勒·法塔赫·塞西（Abdul Fatah el-Sisi）将军迅速采取行动，关闭通往加沙的隧道，切断了哈马斯当局的贸易和收入。停电和价格上涨使得本就岌岌可危的局面雪上加霜。压力越来越大。“以色列人确实允许一些东西进去，以向媒体展示，”2014年2月，哈马斯成员艾哈迈德·优素福（Ahmed Yussef）对一名来访的外国记者说，“他们想限制我们的食物。他们不会让我们变得像索马里一样，但他们想要我们忙于担心食物、电力、污水和各种短缺，而不是关心政治和与以色列的斗争，或是难民和我们的长期目标。”[77] 当其巴勒斯坦对手公开认可学者拉米·哈姆达拉（Rami Hamdallah）领导的一名哈马斯成员都没有的技术官僚政府时，内塔尼亚胡搁置了与阿巴斯的会谈并停止转交1亿美元海关收入，尽管他刚授权支付最新款项，这显然是出于对巴勒斯坦民族权力机构可能崩溃的忧惧。毕竟它继续存在下去，尤其是与它的安全合作，对以色列仍有极大的价值，正如它的巴勒斯坦批评者再清楚不过的。

2014年6月，3名以色列男孩从西岸一个定居点的犹太学院搭便车回家时被绑架，危机随之急剧扩大。数百名巴勒斯坦人被重新逮捕，包括哈马斯的议员和在沙利特囚犯交换中被释放的50名原囚犯。严格的新闻封锁隐瞒了3个男孩可能已被当即杀害的证据。绑架案牵动了以色列上下，新闻滚动报道，人们发起守夜祈祷，社交媒体上也炸开了锅。这3个孩子的照片被配上了巴勒斯坦儿童笑着举起三根手指以庆祝绑架的照片。“#把我们的男孩还回来”的主题标签对双方都适用。犹太人高喊着“阿拉伯人去死！”把巴勒斯坦人拽下了从耶路撒冷北部犹太人居住区和阿拉伯人居住区通往市中心的轻轨，而轻轨是双方罕有的能够共享的公共空间。即使是对于这个居住隔离已成常态的城市，耶路撒冷自第二次因提法达以来也从未有过如此紧张的气氛。内塔尼亚胡归罪于哈马斯。3个孩子被射杀的尸体最终在希伯伦附近被发现。显然，绑架是当地人的自发行为；哈马斯领导层对这次杀戮表示赞成，但否认负有责任。无论如何，这个插曲让阿巴斯深感窘迫，并被以色列加以利用——虽然批评者指责内塔尼亚胡蓄意欺骗——挑拨了巴民族权力机构和伊斯兰主义者之间的关系并破坏了其和解。[78] 3 个孩子下葬时，火箭弹从加沙射入以色列。以色列的喷气式飞机和直升机对加沙发动了一波空袭。紧接着，一名巴勒斯坦少年在东耶路撒冷被绑架和杀害，残缺不全的焦黑尸体在附近的森林里被人发现；尸检发现他在被火烧时还活着。3 名犹太人，其中两个是青少年，被判无期徒刑；第三个人被判 20 年有期徒刑。受害者的父亲要求将他们家的房屋夷为平地，就像巴勒斯坦人实施恐怖主义行为时经常会发生的那样。

“修剪加沙的草坪”

2014 年夏天的“守护之刃行动”（Operation Protective Edge）是以色列自 9 年前“撤离”以来对加沙发动的最漫长也是最具破坏性的战争。在 51 个可怕的日子里，加沙蒙受了海量的人力物力损失。估计有 2 万多座房屋因为以色列国防军声称只针对“恐怖主义”据点的炮击和空袭而无法居住。战争倒数第二天，轰炸击倒了加沙市里 15 层高的巴沙塔（Basha Tower）。水管和电线被摧毁。巴勒斯坦方给出的死亡人数为 2 310 人，其中包括 1 617 名平民。联合国统计的人数为 2 251 人，包括 1 462 名平民，其中妇女 299 人，儿童 551 人。以色列方给出的数字是 2 125 人，其中 765 人是平民。以色列人的死亡人数为 67 名士兵和 6 名平民，其中包括一个火箭弹击中房屋致死的 4 岁孩子。以色列国防军称，截至 8 月 20 日，已有 3 700 多枚火箭弹向以色列发射，其中一枚落在本-古里安机场附近，造成国际航班短暂但骇人的暂停。国防军摧毁了 32 条专门用来袭击而非走私的隧道，结果发现这些隧道远比人们所认为的要密集得多，由此引发了又一场关于情报失察的争论。哈马斯称这场战争是“吃剩的干草”，典出《古兰经》中描写伊斯兰的敌人被打败的一节。[79]

以色列的高科技能力并没有让加沙人幸免于难。自动的呼叫和短信以及飞机上撒下的传单都预告了迫在眉睫的袭击，但据“大赦国际”调查，以色列在大多数情况下都不曾给过警告。当地记者没有看到任何证据能够支持以色列声称的巴勒斯坦人被用作人肉盾牌的说法，尽管屡屡有导弹从住宅区发射出来，并且有报告称战斗人员被要求不采取任何行动，以免吸引以色列的火力。近东救济工程处学校的负责人要求挪走操场上一辆摩托车，因为以色列人声称摩托车被用来运送武器。[80]“辛贝特”引用哈马斯被捕人员的供词称清真寺被用于军事活动，隧道建在幼儿园和诊所附近。[81]然而批评者回应，即使哈马斯在这个问题上违犯了国际法，以色列也没有理由不采取预防措施保护平民。[82]“加沙的每一个人，无论是在走路、骑自行车、驾驶‘嘟嘟车’（toktuk，带斗摩托），还是在开汽车，现在都对以色列构成威胁。”当地记者阿提夫·阿布·赛义夫（Atef Abu Saif）记录道。这是噩梦中才会发生的事，却都再真实不过了。“偶尔打开电视，也不能让心情好起来：身体各部位，被切断的手躺在路边，肠胃挂在没有生气的尸体外，满是鲜血的脸，裂开的头颅……毁灭，废墟，尖叫。撕裂的身体。”[83]不同于2008年到2009年的“铸铅行动”，国际媒体的进入不受限制，因此报道密集、生动且骇人听闻。巴勒斯坦人的伤亡程度导致以色列被起诉犯下战争罪。7月中旬，一场以色列空袭在众目睽睽之下杀害了4名在海滩上玩耍的男孩，附近一家酒店里的外国记者目睹了整个过程。一名《卫报》的新闻记者写道，一枚在墙上留下了“烤面包机大小”窟窿的炮弹造成3人丧生，伤心欲绝的父亲将他儿子的残肢收集在一个塑料袋里，该报道表现出了令人毛骨悚然的日常情状。[84]7月24日，13名巴勒斯坦人在一场对近东救济工程处学校的袭击中丧生。

“死在镜头下”

加沙战争在网络空间中同时进行，以色列国防军和“卡萨姆旅”在社交媒体上发布消息和图像，引发了全球范围内的反应。哈马斯做了一个粗糙的宣传视频，内容是它的一名成员唱着一首希伯来语歌，发在 YouTube 上嘲笑以色列像“蛛网”一样脆弱——这是以色列从黎巴嫩撤军后，真主党领导人哈桑·纳斯鲁拉广为流传的名言。它在以色列国内获得了异乎寻常的高度关注，反击的嘲讽视频也随之诞生。内塔尼亚胡的公关方式登峰造极。“这些人是最坏的恐怖分子——有种族灭绝倾向的恐怖分子，”他说，“他们呼吁摧毁以色列，他们要求杀死每一个犹太人，无论这个犹太人是在哪里发现的。他们希望死去的平民堆积如山。他们为自己的事业利用‘死在镜头下’的巴勒斯坦人。他们希望人死得越多越好。”[85]

绝大多数以色列人支持这场行动——其支持率在一次民意调查中超过了 90%，只有 4% 的人认为使用了过多火力。[86] 当炸弹落在附近的加沙时，斯德洛特有些年轻人一边吃爆米花一边欢呼，就像在观看一部动作大片，他们的照片引起了争议。批评的声音被压制了。以色列不准播报在行动中被杀害的巴勒斯坦儿童的姓名，“卜采莱姆”对这一决定提出了上诉，被最高法院驳回。一名左翼活动家表示：“同情对方被视为叛国行径。”[87] 记者仅仅因为报道新闻就被辱骂。拿撒勒和其他阿拉伯地区举行了反战抗议活动。阿维格多·利伯曼呼吁抵制罢工抗议战争的阿拉伯企业，而阿拉伯议员哈妮恩·左阿比则表示犹太青少年的绑架者不是“恐怖分子”，并称以色列国防军士兵是“杀人犯”。

加沙内部的观点更难判断。公众对哈马斯的批评可以在平时听到，但在持续的袭击中就无法听见，尽管战斗一结束就是怨声载道。毕竟，哈马斯在“抵抗”。“巴勒斯坦人权中心”（Palestinian Centre for Human Rights）的拉贾·苏拉尼（Raja Sourani）称之为“巴勒斯坦人基因里的一部分”。[88] 25名涉嫌与以色列合作的人被公开处决，这使人想起这个组织残酷的一面，以及以色列天罗地网般的情报能力。此事发生在以色列针对“卡萨姆旅”指挥官穆罕默德·戴夫（Mohammed Deif）——“隧道主义”之父——进行轰炸之后。戴夫逃脱了，但他的妻儿遇害。[89] 巴勒斯坦分析家穆安·拉巴尼（Mouin Rabbani）提出（尽管没有论据），哈马斯得到了加沙大多数人的支持，“因为他们更倾向死于‘F16’而不是泡在福尔马林里”，[90] 这是指向沙龙的顾问多夫·韦斯格拉斯的知名讽刺，即不终止和平进程，但一直冻结它，直到巴勒斯坦人变成芬兰人。[91] 整场行动期间，遍布西岸的抗议活动此起彼伏。哈马斯歌曲的碟片、玩具枪和玩具手榴弹以及火箭形气球都十分畅销。左翼政治家穆斯塔法·巴尔古提称，阿巴斯正在“努力追赶，因为人民领先于领导层；而人民完全支持加沙”。[92]

以色列人认为他们政府的目标已经实现，尽管内塔尼亚胡在停火开始时遭到了利伯曼和本内特的批评，而且哈马斯在不到6年里的第三次此类行动之后仍然大权在握。“哈马斯的侵略行为应该遭受惩罚，他们还应该意识到，不断对以色列使用暴力必定会付出代价，”以色列的一名著名评论员认为，“破坏那些恢复起来既困难又昂贵的能力，可以实现一段时间的平静。争取时间是一个合情合理的目标。此外，在当前的战略形势下，哈马斯孤立无援，这延长了其军事资产重建的过程。”[93] 内塔尼亚胡的反对者将暴力活动归咎于他。“从根本上讲，发生在加沙的战争并不是关于隧道或者针对火箭弹的，”自由主义哲学家阿萨夫·沙龙（Assaf Sharon）写道，“它是因现状而生的战争。内塔尼亚胡的‘冲突管控’是对维持定居和占领的现状的委婉说法，不可能有任何进展。”[94] 哈马斯也宣布获得胜利——尽管难以从一片废墟、破坏和死亡中看出胜利来。

第二十六章

2015—2017

“大以色列”正强加于历史中的巴勒斯坦之上。

——哈楠·阿什拉维

百年战争

2017年2月一个阳光明媚的下午，拉姆安拉市中心的生活平平常常，让人安心。大街上购物者熙熙攘攘，汽车在交通拥堵中鸣笛，穿着制服的警察看着妇女们在马纳拉广场示威游行，要求释放她们被关在以色列监狱里的丈夫或儿子。她们的头顶上是一把长度横跨三根旗杆的巨型金属钥匙——代表巴勒斯坦人回归愿景的独特符号。沿着满是咖啡馆、餐馆和IT专家的道路向前，在一个被愤世嫉俗者称为“绿色区域”[1]的地方，几名游客正在参观巴勒斯坦民族权力机构建筑群中的亚西尔·阿拉法特博物馆，旁边就是这名巴解组织领导人雄伟的白

[1]“绿色区域”，指2003年美国领军入侵伊拉克并推翻萨达姆·侯赛因后，伊拉克首都巴格达被严密戒备和孤立的政府区。——作者注

色陵墓。在附近的办公室里，民族权力机构的官员正在推敲如何对前一天晚上以色列议会举行的西岸非法定居点“合法化”投票做出回应。

阿拉法特博物馆展示了巴勒斯坦官方版本的故事中一个个熟悉的里程碑：《贝尔福宣言》占据了一个显眼的位置，它的一份副本被安放在一个玻璃盒中，还有英国委任统治和犹太复国主义定居早期的“圣地”的图像。这座博物馆总体上忠于历史，但它自然偏向主流的民族主义叙事，忽略了一些有争议的事件，而且既没有以色列人也没有哈马斯这样的国内反对派。最引人瞩目的位置给了阿拉法特 1974 年在联合国发表“枪和橄榄枝”讲话的场面，这是他 40 年领袖生涯的巅峰。“贝尔福种下的恶果正在得到报应”，巴解组织执行委员会老成员哈楠·阿什拉维总结道：

> （《贝尔福宣言》）没有创造以色列国，但它启动了犹太复国主义借此在国际上通行的进程。这是一个殖民时代的结果，它在许多方面都属于那个时代——欧洲白人试图按他们认为合适的方式重组世界，分配土地，创造国家，并说那是白人的负担。他们将我们定义为“非犹太群体”。这是多么傲慢，多么种族主义。[1]

马哈茂德·阿巴斯不久前要求英国政府为其 1917 年对罗斯柴尔德勋爵“臭名昭著”的承诺道歉——但这听起来更像是盛行的绝望情绪的反映，而不是具有实际政治意义的举动。[2] 这当然比不上他让英国承认巴勒斯坦国的呼吁那么重要：这种呼吁与通过追求联合国会员国地位和更广泛的合法性，使本民族事业国际化的持续运动是一致的。总是比这位现已年逾八旬的巴勒斯坦总统表现圆滑的本雅明·内塔尼亚胡对此报以冷笑：“这话就是活在过去！”[3] 从尚未诞生的巴勒斯坦国的临时首都拉姆安拉来看，一个世纪冲突的资产负债表不断出现失衡。以哈楠·阿什拉维坦率的表述来说，“‘大以色列’正强加于历史中的巴勒斯坦之上”。

以色列议会以60票对52票通过了将西岸巴勒斯坦私人土地上建造的犹太“前哨”地位“合法化”的决议，引发了穆卡塔的一系列活动。这一决定反映了该国史上最右翼的议会中的权力均势，尽管可能遭到以色列最高法院的挑战。对于定居者游说团体来说，这是一次胜利，唐纳德·特朗普（Donald Trump）举世震惊地赢得美国总统选举的胜利，更使其备受鼓舞。鲁莽直率的犹太家园党议员贝扎莱尔·斯莫特里奇（Bezalel Smotrich）发起了这次立法，并感谢美国人民选了那位身价亿万的富商兼真人秀明星，“没有他们，这条法律可能不会通过”。中间派和左翼的以色列人谴责了“土地霸占”。工党领袖艾萨克·赫尔佐格（Isaac Herzog）警告这是“国家性自杀”。这意味着以色列的民法——而不是军法——在不属于以色列且其居民无法对此进行票决的地区具有追溯效力。多达50个定居点可以由此得到政府承认。连“利库德”集团的前司法部长丹·梅里多尔（Dan Meridor）也称它是“邪恶而危险的”，可能导致国际刑事法院以违反《日内瓦公约》为由起诉以色列。穆卡塔的看法毫不含糊。“这样的法律标志着西岸被最终吞并，”阿什拉维宣布，“虽然我们是被禁锢于占领下的民族，但我们将抵制这种扩张主义和压迫，我们将继续寻求一切外交和法律途径来反对以色列的侵犯行为，捍卫我们人民自决、公正和自由的权利。”[4]

自20世纪80年代起，阿什拉维一直是巴勒斯坦人事业口才极佳的阐释者，但她在国外比在国内有分量得多。作为一个无党派人士，她不属于法塔赫的核心圈子。以色列完全控制了被占领土，但时常会发生一些事情提醒它这不是毫无代价的。2014 年加沙战争之后，阿克萨清真寺周边局势再度紧张，四名拉比和一名警察在西耶路撒冷一间犹太会堂被来自东部社区亚伯尔穆卡伯（Jebel Mukaber）的两名巴勒斯坦人砍死：血淋淋的割肉刀的照片随后在充斥着“伊斯兰国”[1] 和叙利亚政府所犯暴行的阿拉伯社交媒体上流传。世俗化的“解放巴勒斯坦人民阵线”声称对杀戮负责，但这无助于缓解人们对宗教极端主义与民族主义冲突危险地融为一体的担忧。它让许多人联想到 1994 年巴鲁克·戈尔茨坦在希伯伦对穆斯林的屠杀（尽管规模较小），以及 1929 年的血腥事件。亚伯尔穆卡伯的道路几年来第一次被封锁，通往耶路撒冷其他阿拉伯地区的入口处都设置了混凝土路障和检查站。巴勒斯坦出租车司机——他们总是当下气氛的风向标——天黑后拒绝进入城里的犹太区。

2017 年 1 月发生了类似的事情，来自同一社区的另一名巴勒斯坦人开着卡车，在附近可以看到老城全貌的哈斯长廊（Haas promenade）冲进了一群以色列国防军后备军官当中，然后挪开尸体并倒车，试图再次撞向他们，直到有人开枪打死司机，把车子停住。4 名士兵当场死亡，其中 3 人是年轻的女预备军官。该事件与不久前发生在尼斯和柏林的暴行相似，“伊斯兰国”都声称对其负责。附近的安全监控完完全全地记录了这个充满恐惧、悲伤和仇恨的骇人时刻。“我们赞美耶路撒冷英勇无畏的卡车壮举，”哈马斯发推文称，“这是在对以色列占领罪行的正常反应。”加沙人在阿拉伯语标签“因提法达卡车”（#Intifadatruck）下发放庆祝糖果。视察现场的内塔尼亚胡立即将凶手

[1] “伊斯兰国”（Islamic State，简写为 ISIS），全称为“伊拉克和大叙利亚伊斯兰国”（The Islamic State of Iraq and Greater Syria），又称“达伊沙”（DAESH），为极端恐怖组织，2014 年该组织首领巴格达迪（al-Baghdadi）宣布“建国”。——译者注

称为“伊斯兰国”的追随者，但没有发现任何支持这一说法的证据。其中两名死去的士兵都是 20 岁出头，住在西岸的定居点。[5]

向右转

从 2014 年 4 月约翰·克里的最后一次努力失败以来，巴以没有举行过任何直接谈判。贝拉克·奥巴马于次年夏天承认，他的政府未能帮忙解决冲突。“我们非常努力，”他说，“但坦率地说，以色列的国内政局以及巴勒斯坦人的内部政治都使事情困难万分。”总统 2009 年“积极进取”地促进和平的承诺像是陈年老账并且错失了良机。他的结论难以反对，“恐惧政治比希望政治更强大”[6]——尽管美国所扮演角色的缺点也是故事的重要部分。

2015 年 7 月，恐怖事件再次占据头版头条，一个名叫阿里·达瓦布什（Ali Dawabsheh）的 18 个月大的婴儿和他的父母在纳布卢斯附近杜马村（Duma）的家中，被一枚扔进来的汽油弹烧死。两名犹太人后来被起诉，其中一人被控谋杀罪。这起最新的“标价”攻击发生在法院下令拆除位于拉姆安拉附近的大型定居点拜特埃尔未经批准的建筑物之后。内塔尼亚胡谴责了该事件并命令“辛贝特”加大力度打击犹太极端主义者。这次袭击仿佛 20 世纪 80 年代的“犹太地下军”重现，但以色列现在的政治氛围远比那时紧张。在一段视频中，正统派犹太人在婚礼上赞美袭击，挥舞着枪和刀，并刺穿了一张死去孩子的照片。这与巴勒斯坦人庆祝以色列人被杀的画面同样令人不安。[7]

奥巴马说的没错，上一次加沙战争之后，以色列的政治状况没有为奄奄一息的和平进程带来任何复苏的希望。巴勒斯坦人对 2015 年 3 月以色列议会的角逐结果基本无动于衷。“马达尔”（Madar），即“巴勒斯坦以色列研究论坛”（Palestinian Forum for Israeli Studies）的负责人胡内达·加尼姆（Huneida Ghanem）表示：“一次又一次，大选、大选再大选，只是带来了更糟糕的事。”[8]在叙利亚战争以及真主党和伊朗活跃在戈兰高地的险恶背景下，这次竞选的特点是各方争相摆出强硬而仇外的反阿拉伯姿态，“利库德”集团的视频展现了“伊斯兰国”战士驾着黑旗飘扬的吉普进入以色列的画面。内塔尼亚胡以强硬路线竞选，赢得了他的第四个任期。比他更偏右的“我们的家园以色列”领导人阿维格多·利伯曼呼吁吞并像阿里埃勒这样的大型西岸定居点，将以色列境内的阿拉伯城镇——如乌姆费赫姆——“转移”到“巴勒斯坦”。他将阿拉伯裔议会候选人比作要连根拔除的毒草。投票当日，内塔尼亚胡用Facebook视频和国防军动员令的话语鼓励犹太人出来投票，因为由“左派团体”组织的阿拉伯人正在“成群结队地”抵达投票站——赤裸裸的种族主义言论，他后来说，在奥巴马指责了自己“引起分歧的修辞”后他感到遗憾。《国土报》编辑阿卢夫·本（Aluf Benn）评论道，这是“典型的比比：灌输恐惧和焦虑，退回到对以色列阿拉伯公民赤裸裸的种族歧视，把他的对手和批评者描绘成卖国贼，以及挑战当权者”。[9]工党的赫尔佐格吃亏在缺乏魅力的举止和枯燥乏味的演技上。内塔尼亚胡组建的执政联盟不支持建立巴勒斯坦国，无论这个巴勒斯坦国的范围有多小。没过多久，他就声明自己无论如何也不相信巴勒斯坦国，哪怕是他2009年在巴伊兰大学的讲话中描述的最低限度、非军事化的巴勒斯坦国，尽管几天后他又毫无说服力地声称自己还是相信的。犹太家园党呼吁兼并西岸的C区，让其余地区自治并将加沙地带转交给埃及。它的强势表现使得该党领袖纳夫塔利·本内特成了教育部长，阿耶莱特·沙凯德（Ayelet Shaked）成了司法部长；两人都以对巴勒斯坦人的煽动性评论闻名。“上一轮大选后两年之内，在对和平进程和这个国家作为中东一部分的展望这个问题上，选民转向了右翼，"《新消息报》的纳胡姆·巴尔内亚观察到，“从某种意义上说，以色列人回到了光荣的孤立状态，就像他们在 1967 年以前那样。”[10]

国内政治一如既往地决定了以色列外交的进程。2016 年 2 月，内塔尼亚胡与约旦国王阿卜杜拉、埃及总统塞西出席了在亚喀巴举行的秘密首脑会议，但不包括阿巴斯，这是克里做出的最后一丝努力，通过友好的阿拉伯政权为达成和平解决方案打造区域支持，该方案据称会承认以色列是一个犹太国家。内塔尼亚胡以“联合政府的难处”为借口，反对“过于详细的提法”。[11] 不久之后，他开始研究与工党组建民族团结政府的可能性，但在 5 月放弃了这一选择，再次右转并任命利伯曼为国防部长。

前一任国防部长、“利库德”集团的摩西·亚阿隆绝非鸽派。他曾在第二次因提法达期间担任以色列国防军总参谋长，然后作为国防部长监督了两场在加沙的战争。但他对阿卜杜勒-法塔赫·谢里夫（Abdel-Fatah al-Sharif）一案的评价惹怒了右翼。年轻的巴勒斯坦人谢里夫曾在希伯伦试图刺杀一名以色列士兵，然后在躺在地上不能动弹时被另一名士兵近距离射杀。该事件被“卜采莱姆”的一名志愿者拍了下来，视频被发到网上并疯传。对埃洛尔·阿扎里亚（Elor Azaria）中士过失杀人（看上去像是就地正法）的审判引发了人们对国防军的道德标准和占领现实的激烈争论，突显了以色列的政治分歧。亚阿隆责备杀戮“违背道德”，但大多数以色列人支持开枪者。内塔尼亚胡也表示谴责，但打电话给阿扎里亚的父母，向他们保证他们的儿子将得到公正的审判：他最终被判处 18 个月的监禁。

以色列的右转表现为有时被打上“内鬼”标签的人——如“打

破沉默”、“卜采莱姆”、古什沙洛姆等左派团体和“抵制、撤资和制裁”运动的支持者——遭受的敌意与日俱增。自称致力于打击否认以色列合法地位者的组织伊姆蒂尔兹（Im Tirtzu，意为“若你决心如此”[1]）错误地宣称总部位于美国的自由派机构“新以色列基金会”（New Israel Fund）向戈德斯通调查团提供了有关2008年至2009年以色列国防军在加沙的行动的信息。该组织针对左翼学者和它所谓的文化领域“外国代理人”，包括小说家阿摩司·奥兹和大卫·格罗斯曼，[12] 招来了关于“以色列麦卡锡主义”的警告。“撒马利亚定居者委员会”（Samaria Settlers Committee）制作了一个动画视频，将“新以色列基金会”和另一些团体描绘成一个热衷捞钱的鹰钩鼻犹太人，为了换取听上去像纳粹的德国人给他的几枚欧元硬币而背叛以色列。[13] 2016年7月，以色列议会通过了一项由沙凯德提出的法律，要求由“外国政府实体”资助的非政府组织提高透明度。它被视为企图压制对占领区侵犯人权行为的异议和监督，并受到奥巴马政府和欧盟的谴责。这条法律通过前不久的一项民调显示，在高中的最后两年，将近60%的年轻犹太人称自己是右翼，23%是中间派，13%是左翼。高达82%的绝大多数人认为“没有机会”或“几乎没有机会”与巴勒斯坦人达成和平协议。[14]

巴勒斯坦人的民意调查是这种悲观情绪的翻版，三分之二的人认为两国解决方案由于犹太人的定居点建设已不再切实可行，62%的人赞成摒弃奥斯陆原则。[15]“拒绝奥斯陆协议本质上并非拒绝和平，而是拒绝持续数十年的奴役和压迫。”巴勒斯坦知识分子阿拉·塔赫提赫（Alaa Tartir）说，他认为巴勒斯坦民族权力机构“不负责任”且缺乏普

[1] 这个名字取自西奥多·赫茨尔关于犹太复国主义的名言：“若你决心如此，它就不是传说。”——作者注

遍的合法性。[16] 以色列的历史和公民学的入学考试对占领避而不谈。[17] 民调显示，72% 的犹太人甚至没有将西岸的情况视为占领。[18] “最新的流行语‘没有占领’，跟果尔达·梅厄总理‘没有巴勒斯坦人’的宣言一脉相承，同样可笑，”左翼的《国土报》作家吉德翁·利维（Gideon Levy）在 1967 年战争五十周年时评论道，“当你声称没有占领或没有巴勒斯坦人时，你实质上脱离了现实，这种情况只能借助病理学和精神健康领域的术语来解释了。这就是我们现在的处境。”[19] 差不多同一时间，20 世纪 90 年代担任“辛贝特”负责人的阿米·阿亚隆警告称“渐进的暴政”正在摧毁以色列的民主。1995 年伊扎克·拉宾被谋杀后辞职的阿亚隆的前任卡尔米·吉龙称，这个国家正在“被这场占领推向万劫不复”。[20]

挥刀起义

2015 年秋天，针对以色列的“独狼”袭击接连发生，主要在东耶路撒冷和约旦河西岸，双方的人民开始谈论第三次因提法达。刀子，或是螺丝刀和剪刀，有时还有被称为“卡洛”（Carlos）的粗劣自制枪，都是被选用的武器——许多事件以巴勒斯坦人被以色列人枪杀告终，通常是在检查站。很少有袭击者被活捉。阿扎里亚案是几起怀疑士兵行为的案件中最有名的，人权组织指责以色列进行法外杀戮。开车撞人的袭击也有发生。过去新闻记者关于恐惧和厌恶的陈词滥调对“绿线”两边来说都再合适不过了。一名黑皮肤的犹太人穿了一件写有“别担心，我是个也门人”的 T 恤，结果惹了麻烦。以色列政府称这次袭击是巴勒斯坦民族权力机构“大众抵抗”战略的一部分，将其归咎于民族权力机构的煽动，把矛头指向社交媒体上暴力的反犹画面以及对“殉道者”的歌颂。联合国也谴责巴勒斯坦人煽风点火。但“辛贝特”的判断是涉案个人没有组织背景，且阿巴斯事实上还指示他的安全部队尽可能防止暴力。12月，巴勒斯坦政策和研究中心（Palestinian Centre for Policy and Research）进行的一项民意调查发现，67%的巴勒斯坦人赞成持刀袭击，31%的人表示反对。[21]

到了2016年夏天，这波暴力事件——阿拉伯语称之为哈巴（habba）——似乎逐渐平息了。[22]在9个月内，巴勒斯坦人杀了28名以色列人和2名美国人，同时有200名巴勒斯坦人被杀，其中大部分死于袭击以色列目标时。他们大多数是后奥斯陆一代的年轻人——55%是30岁以下的西岸人——其中一些人据说有精神问题或社会问题：这种现象有时被称为“靠士兵自杀”。以色列与巴民族权力机构加强安全合作——阿巴斯曾称这是“神圣的”[23]——帮助减少了暴力事件。[24]因与安全有关的罪行而入狱的巴勒斯坦未成年人从2015年9月的170人增加到了2016年2月的438人。[25]阿巴斯报称民族权力机构努力说服学龄儿童不要进行袭击，招来了巴勒斯坦人的鄙夷反应。[26]以色列批评者则愤怒地问他为什么没有早点命令他们不要这么做。[27]巴勒斯坦发言人回应称，没有尽头的占领以及容忍并安抚极端主义定居者的以色列右翼政府使得绝望滋生——煽风点火是双向的。巴解组织开始发布自己的“月度教唆犯罪报告”，将以色列部长和官员的煽动性言论分门别类地列入其中。“内塔尼亚胡催生了恐惧阿拉伯人的文化，”东耶路撒冷的智库“巴勒斯坦国际事务研究学会”（Palestinian Academic Society for the Study of International Affairs，简写为PASSIA）的迈赫迪·阿卜杜勒–哈迪（Mehdi Abdel-Hadi）抱怨道，“这种文化主要和两个社会之间的仇恨和恐惧有关。两边的人都说：‘我不相信你，也不尊重你。我害怕你，要远离你。如果你进入我的地盘，我会杀了你。’”[28]

日常生活中一成不变的扼制维持着暗无天日的感觉，擅长利用媒体的“抵制、撤资和制裁”活动家们用一段带有“#爱在种族隔离下”（#loveunderapartheid）标签的视频突出了这一点。视频中，一名男子想去见他的女友，但每每因为以色列检查站和巴勒斯坦人出行所需面对的许可证制度而失败。[29] 政治活动也陷入瘫痪，充满人心惶惶的独裁气氛。尽管时不时会出现一阵对于和解的兴奋，但很少有人认为法塔赫与哈马斯之间有希望消除裂痕。这种僵局被归咎于意愿的缺乏以及两个阵营当权者的既得利益。阿巴斯私下将伊斯兰主义者形容为“瓶子里的苍蝇”，并表示他决心让他们留在瓶子里。[30] 这位总统 2017 年就 82 岁了，他从未任命过副手，使自己置身于唯唯诺诺的人之中并将竞争者逐出局外。2016 年年底法塔赫第七次代表大会召开前，阿巴斯的追随者们击退了穆罕默德·达赫兰对阿巴斯领导地位的挑战，这名出生于加沙的前安全部门负责人受阿联酋和埃及的支持，但被指控腐败和挪用公款。[31] 法塔赫代表大会在穆卡塔举行——这以值得注意的方式提醒了人们，巴勒斯坦民族权力机构和总统的政党之间不存在分权。一名专家评价称，代表大会“只会加剧以漫无目的为特征的巴勒斯坦现状”。[32] 没有人指望阿巴斯能够克服他一贯的谨小慎微并提升自己的声望，也没有人指望他满足日益迫切的让他结束与以色列的安全合作的要求——这可能是巴勒斯坦人手里最大的牌之一——更不用说撕毁《奥斯陆协议》，解散民族权力机构并迫使以色列人重新承受直接控制西岸的负担这些要求了。

以色列国防军和“辛贝特”在《奥斯陆协议》安排由巴勒斯坦人单独掌控的 A 区行动自如。实际上，在协调工作中，以色列会指示巴勒斯坦民族权力机构的部队在行动期间远离街道。[33] 安全监控拍下了一场对希伯伦一家医院的突袭，戴着假胡须或打扮成女性的以色列士兵拖走了一名坐在轮椅上的巴勒斯坦通缉犯，枪杀了另一名男子。[34] 艺术源于生活：以色列热播剧《高墙边的混乱》（*Fauda* 或阿拉伯语的 *Fawda,* 意为“混乱”）在奈飞（Netflix）上全球放送，这部剧将便衣们的工作戏剧化，并以极为写实的方式——对话大部分是用阿拉伯语口语进行的——聚焦于在高科技监控和情报的协助下对哈马斯和其他组织发动的战争。在杰宁这样的热点地区，以色列人一离开，年轻人就会向民族权力机构的警察扔石头，嘲笑他们是通敌合作者。哈马斯声称其支持者在被民族权力机构关押时遭受了折磨。[35] 在社交媒体上批评民族权力机构的记者被拘留讯问。[36]

2017 年 3 月，在以色列人追捕并杀害高调的“抵制、撤资和制裁”组织活动家巴塞尔·阿拉杰（Basel al-Araj）之后，拉姆安拉爆发了示威游行，以色列人声称阿拉杰正在策划袭击且之前一直被巴民族权力机构拘禁，另外两名与他一同获释者随后被以色列人以“旋转门”[1] 原则关押。以色列国防军称身为药剂师的阿拉杰在比莱（al-Bireh）被发现携带一把“M16”步枪和一把自制的“卡洛”冲锋枪，并在交火中死亡。而巴勒斯坦人说他是被“处决”了。“辛贝特”称阿拉杰“与当地恐怖主义基层组织有关”。支持者称他是“安全协调工作的殉难者”并要求解散素丹（巴民族权力机构）。民族权力机构则指责“雇佣兵”和“外国特工”挑起冲突以引发内乱，并称抗议活动是“低劣的煽动手段”。死者的父亲和其他人曾被防暴警察殴打。[37]

类似事件令巴勒斯坦民族权力机构陷入尴尬境地。巴勒斯坦情报总局局长兼阿巴斯的心腹马吉德·法拉杰曾指出，民族权力机构已经挫败了多场对以色列人的武装袭击，但也警告在没有改变的前景之下，

---

［1］“旋转门”（revolving door），政治上指公职人员在监督者和被监督者、公共和私人身份之间双向转换，易混淆公私利益。——译者注

民众对民族权力机构的支持正在逐渐消失。“我们安全部门目睹了加沙发生的三场战争、以色列在西岸罪行的延续以及几乎每天都有的以色列人的入侵，”法拉杰在一次罕见的采访中说，“在政治视野里看不到希望……我们有的不是国家，而是一个定居者国度。”[38]巴解组织的建国计划停滞不前，对前路束手无策。

与此同时，哈马斯选择了加沙的一名新领导人来取代伊斯梅尔·哈尼雅：叶海亚·辛瓦尔（Yahya al-Sinwar）。他来自一个1948年成为难民的家庭，是其军事派别中一名强硬派人物，曾因杀戮通敌者而在以色列监狱度过了22年，直到在沙利特换俘交易中获释。另一些哈马斯核心成员已在加沙甚至突尼斯被暗杀。3名加沙人因其中一起杀人事件受审并被处决。同时该组织讨论了如何修改1988年的盟约，这场早就说要进行的讨论再次显示出务实迹象。最终，盟约本身没有修改，但哈马斯通过了一份“一般原则和政策”的新文件，提到“犹太复国主义占领”时不再使用反犹话语，同意在以色列旁边建立巴勒斯坦国，但仍未承认以色列。[39]它重复了巴解组织在20世纪70年代和80年代的立场演变，为更广泛的巴勒斯坦共识铺平了道路，但它也让少数以色列人相信哈马斯已经成为潜在的和平伙伴。2017年夏天，哈马斯接管加沙已有10年，它依旧孤立且被围困。哈马斯娴熟的线上宣传——颂扬“卡萨姆旅”的烈士，夸耀自己的军火库，历数以色列的罪行——与日常生活中无止境的苦难和绝望形成了鲜明对比。

2014年9月，据报道有约300名加沙人通过隧道离开加沙并进入了埃及，后来在乘船前往欧洲时淹死在马耳他的海里，这一悲剧为大量逃离饱受战乱蹂躏的祖国的叙利亚人做了脚注。[40]2015年的一份联合国报告警告称，加沙到2020年将变得不适合人类居住。电力供应中断，水几乎无法饮用，失业率飙升，建设工作延迟。[41]许多年轻人冒着生命危险跳下守卫森严的边境围墙，试图在以色列非法务工。即使是蹲几天监狱——拿着巴勒斯坦民族权力机构给的微薄工钱——也比被迫赋闲在家要好。[42] 萨拉菲派激进团伙偶尔进行的火箭弹袭击立即就会招来以色列国防军回应的空袭和坦克炮击。2014 年战争结束后，从该地带射向以色列的火箭弹减少到了每月一两枚。[43] 以色列好像明白了，哈马斯的控制无论多么难以接受，都是确保平静的最有效途径。但平静显然无法保证。

更有组织的巴勒斯坦人的袭击在其他地方仍有发生。2016 年 6 月，来自希伯伦的堂兄弟二人在特拉维夫市中心一家高档购物中心的咖啡馆里开枪打死 4 名以色列人——具有象征意义的是，该购物中心正位于国防部大院的街对面。特拉维夫市长、工党的罗恩·胡尔代（Ron Huldai）提出了一个令人苦恼的问题，但内塔尼亚胡政府没有给出答案，他说："我们不可能让这些人（巴勒斯坦人）处于被占领的现实境况中还（期望他们）得出这样的结论：一切都好，他们可以继续这样生活下去。"犹太家园党领导人、国防部副部长伊莱·本·达汗（Eli Ben Dahan）因将巴勒斯坦人称为"牲口"[44] 而臭名昭著，他反驳称"如果有谁认为占领或我们没有签署和平协议是恐怖袭击发生的原因，那这种猜想太荒唐了"。在势头渐长的右翼狭隘的观念里，以色列自己的行为与巴勒斯坦人始终不变的敌对无关。

内塔尼亚胡任命利伯曼进入他的政府工作，大大增强了他原本微弱的优势，使进行有意义的和平谈判原本就已微乎其微的可能性更加渺茫。前工党总理埃胡德·巴拉克正在研究他重返政坛的机会，此时登上了头条，他警告称政府已经"被初露端倪的法西斯主义感染"，而且以色列正在变成"种族隔离"国家，除非改变路线。埃胡德·奥尔默特在 2008 年也提出过同样的观点。内塔尼亚胡政府及其支持者所抗拒的“A字开头的词语”[1]已经成为该国两极化的政治话语中的常见用语，即便与南非发生过的事情进行类比不大准确。它越来越多地出现在《国土报》的时评和社论中，这是以色列媒体中孤单的自由主义之声，也是报道巴勒斯坦事务最全面且最富有同情心的报纸。[45]这样的语言遭到了其他地方的排斥和攻击，特别是有影响力的右翼希伯来免费报纸《今日以色列》（*Yisrael Hayom*），该报纸的所有者是内塔尼亚胡的美国亿万富翁支持者谢尔登·阿德尔森（Sheldon Adelson）。甚至以色列总统鲁文·瑞夫林，一个不寻常地持有自由主义观点的“利库德”集团支持者，也警告说2017年的土地“合法化”法律将使以色列“看起来像一个种族隔离国家”，尽管他坚称以色列还不是这样的国家。[46]新词“占领隔离”（occupartheid）——强调以色列情况的特殊性，特别是目前已经看不见了的“绿线”两边的差异，以及靠军事控制与合法手段从空间上隔离西岸的双管齐下的政策——可以说是一个更准确的术语。[47]

携手

内塔尼亚胡2015年的大选胜利伴随着以色列的巴勒斯坦少数民族（当时占该国人口的五分之一）的惊人成就，其议员联合组成了一个集团，而且成了以色列议会的第三大集团，占据其120个席位中的13席。“共同名单”（Joint List）的组建是对利伯曼提出的一项法律的回应，这项法律提高了议会代表所需的选票比例，旨在剔除规模较小且分散的阿拉伯政党，但它产生了相反的效果。“哈达什”（Hadash），即共

[1] 此处应指“种族隔离”一词（Apartheid）。——译者注

产党主导的“和平与平等民主阵线”（Democratic Front for Peace and Equality），主张犹太人与阿拉伯人共存。“巴拉德”（Balad）是一个阿拉伯民族主义团体，由阿兹米·比沙拉创立。比沙拉在2006年黎巴嫩战争后被指控为真主党进行间谍活动，他在驳斥了他称之为莫须有的罪名后辞去了议会席位并移居卡塔尔。保守派伊斯兰主义者也由无党派的艾哈迈德·提比代表，他曾担任亚西尔·阿拉法特的顾问并仍与拉姆安拉的巴解组织关系密切。“共同名单”由一位名叫艾曼·乌达（Ayman Odeh）的海法律师领导。“这是以色列数十年来最糟糕的政府，不仅是因为它在加沙杀害了2 200名巴勒斯坦人，而且因为其种族主义政策，以及它巩固了以色列的占领并扩大了犹太人和阿拉伯人之间的经济差距，”乌达宣称，“它破坏了民主……加强了对阿拉伯人敌意的煽动。”

巴勒斯坦裔以色列人和他们同胞之间的跨“绿线”互动持续增加。巴裔以色列人可以不受以色列公民不得进入西岸A区的禁令限制——所有检查站都用希伯来语、阿拉伯语和英语的大型红色标牌对此严厉警告——因此杰宁和纳布卢斯的市场在周末都被来自海法、拿撒勒和加利利的客人挤得水泄不通。广泛的商业联系也是存在的。人们在一些问题上还形成了共同的政治议程。以色列拆除了内盖夫乌姆希兰村（Umm al-Hiran）贝都因人的房屋——为了给一个新的犹太定居点腾出地方——看上去与对付C区未经许可建造房屋的巴勒斯坦人的举措一模一样。一名警察兼示威者身亡时，阿拉伯议员指控警方鼓动暴力。同样在以色列境内的加兰萨维（Qalansawa）被拆毁的房屋属于未能获得当局施工许可证的阿拉伯家庭：该行动发生之后不久，内塔尼亚胡（当时正因涉嫌腐败而面临刑事调查）不情愿地同意了最高法院的一项命令，即在2017年土地“合法化”的法律通过以前，撤离“未授权的”西岸边远定居点阿莫纳（Amona）的移民。驻拉姆安拉的人权组织“哈克”（Al-Haq）宣布准备与总部设在海法的以色列组织“阿达拉”（Adalah）一起发表关于房屋拆除的联合报告，这标志着时代的趋势。西岸和加沙的巴勒斯坦阿拉伯媒体常常称以色列境内的地区为“被占领土”。

强硬政策以及利伯曼和其他右翼人士使用的排他性种族主义话语强化了这样的看法：“绿线”两边的巴勒斯坦人没有区别。但以色列的阿拉伯公民断然拒绝了将边境城镇和村庄“转移”到未来的巴勒斯坦国和“宣誓效忠”犹太国家的要求。所谓的“昂首挺胸”一代比自 1948 年以来的任何一代人都更为自信。这个国家的 160 万阿拉伯人比犹太公民贫穷，在住房、土地分配、就业、教育和服务等方面受到歧视。但他们比西岸和加沙的巴勒斯坦人活得要好很多：基本的自由、生活水平和就业机会方面的条件都更为优越，特别是对于越来越多进入以色列大学学习的年青一代来说——这一现象引来了犹太右翼分子的抨击。即便如此，2015 年政府还宣布了一项 5 年发展计划，以缩小两个群体间的差距。2016 年，阿拉伯人占海法理工学院（Haifa Technion）一年级新生的 25%。[48] 2017 年的电影《夹缝中》（*In Between*）引人入胜地展现了生活在特拉维夫的巴勒斯坦裔以色列妇女的经历，以及她们在自己家庭的保守价值观与犹太城市的自由生活方式之间的左右为难。

从消极的方面看，公共部门的高级职务仍基本不对阿拉伯人开放，除了一些象征性的例外，譬如最高法院的一位大法官——因拒唱《希望之歌》而闻名，这首歌是以色列国歌，表达了犹太人对锡安发自灵魂的渴望——还有几个外交官。德鲁兹派、贝都因人和一些基督徒在以色列国防军服役，但阿拉伯公民大多没有：来自拿撒勒的希腊东正教（Greek Orthodox）神父鼓励他的社区成员参军，遭到阿拉伯议员的谴责。2016年，以色列警察只有2%是穆斯林。[49] 在试图阻止“巴拉德”领导人哈妮恩·左阿比竞选议员后，“伊斯兰运动”激进的北部分支被禁，这违背了“辛贝特”的建议。当另一名“巴拉德”的议员被控将手机偷带到监狱中供巴勒斯坦被拘留者使用时，利伯曼斥责这个议会集团是“间谍和叛徒的共同名单”，并发誓要把他们不仅从议会而且从这个国家赶出去。[50]

犹太人与阿拉伯人关系的亮点包括越来越多的非政府组织间的联盟——尽管主要是在反阿拉伯歧视方面——少数几所同时用希伯来语和阿拉伯语教学的双民族学校入学率也在上升，虽然教育部制造了一些问题，而且这个创造性的合作网络的耶路撒冷分部有一次遭到了纵火袭击。受损的建筑物外面张贴着的口号“我们拒绝成为敌人”充满了对抗和乐观精神。[51] 右翼打算不再让阿拉伯语像希伯来语那样作为官方语言，这一计划落空了，但道路标志上的阿语仍经常缺少或是错误的。阿拉伯公民往往会两种语言，但犹太人对阿拉伯语的兴趣依旧有限，10%的犹太人表示他们能说好或者懂得阿语，但只有2.6%的人能够阅读报纸，1%能读文学作品。[52] 大多数深入学习阿拉伯语的以色列年轻犹太人，是在国防军情报部门内遵照“了解敌人”的准则学习的。

在对阿拉伯人普遍漠不关心的大环境中，喜剧是一个例外：巴勒斯坦裔以色列作家赛义德·卡什瓦（Sayed Kashua）的黄金时段电视连续剧《阿拉伯工人》（*Avoda Aravit*，其在希伯来俗语里的意思是“偷工减料”）让犹太观众首次接触了一个阿拉伯家庭。卡什瓦在2014年局势紧张的夏天引起了轰动，他在加沙战争如火如荼之际离开了西耶路撒冷的家，搬到美国并宣布：“我曾告诉我的孩子们，未来阿拉伯人能和犹太人平等分享这个国家，这个谎言结束了。”[53]卡什瓦用希伯来语写作，就像广受赞誉的小说家安东·沙马斯，后者在第一次因提法达之后同样绝望地移民了。另一个例外是阿拉伯食物。鹰嘴豆泥和“法拉费”早已变为以色列民族菜肴，这引起了巴勒斯坦人对文化和传统美食被盗用的不满。“阿拉伯三明治”，一种由切成小粒的西红柿、黄瓜、西芹、洋葱、柠檬加上橄榄油做成的食物，就像一幢典雅的阿拉伯房屋，听起来就要好多了。

除“哈达什”和左翼小团体之外，阿拉伯人与犹太人之间的政治联合活动仍是稀有，社群之间的关系依然是一个高度敏感的问题。通婚也仍旧罕见。巴勒斯坦团体在监视时发现，犹太人在 Facebook 和其他社交媒体上对阿拉伯人的种族歧视随意而且普遍，紧张时期更是增多。阿拉伯议员、马哈茂德·阿巴斯和阿拉伯足球队经常成为攻击目标。耶路撒冷贝塔足球俱乐部的球迷因其臭名昭著的反阿拉伯口号出名。2016 年干燥的深秋，当严重的森林火灾肆虐海法和其他地区时，有人指责阿拉伯人发动了“纵火因提法达”——但没有人因此而被起诉。

此前不久，艾曼·乌达和其他阿拉伯议员因为未能一起出席曾任以色列总统、总理和外交部长的希蒙·佩雷斯的国葬之礼而遭受批评，佩雷斯 93 岁去世时被广泛誉为“爱好和平的人”。国内外对佩雷斯的悼词都强调了他漫长的职业生涯后期更温和的阶段，往往忽视了他曾密切参与国防和安全事务且曾推动 20 世纪 70 年代约旦河西岸第一批定居点的建立。[54]对于以色列挂在嘴边的既要保持犹太性又要保持民主性的愿望，以擅长希伯来语演说而闻名的艾哈迈德·提比说了一句值得引用的妙语。“这个国家是犹太民主国家，”他说，“民主是对于犹太人而言的，犹太是对于阿拉伯人而言的。”[55]

尾声

替代方案简单而残酷。要么一个民族控制另一个民族，将他们双双置于无休止的暴力之中；要么必须找到一种方式，能让双方生活在基于主权共享的伙伴关系之中。

——梅龙·本韦尼斯蒂[1]

一国方案，两国方案，无国方案

20 世纪 80 年代末以来，国际上已达成了广泛共识，中东最持久的冲突只能通过建立一个与以色列并行的巴勒斯坦国来解决——重新回到了 1937 年英国皮尔委员会首次提出并在 10 年后被联合国采纳的分治的老想法。该方案一直都有反对者，包括拒绝承认犹太复国主义或犹太国家合法性的巴勒斯坦人，他们认为分治忽视了纳克巴和回归权，将极度不平等的双方之间没完没了的“和平进程”视为以色列继续扩张、巩固和控制的烟幕弹。主张拥有全部“以色列地”，拒绝巴勒斯坦独立国家并坚称其已在约旦境内存在的以色列人也反对分治。奥斯陆长期以来的失败——其临时安排从未导向最终协议——大大降低了找到解决方案的可能性。双方支持两国方案的人数依旧庞大，但正在缩减。2016 年 12 月的民意调查显示，55% 的以色列人和 44% 的巴勒斯坦人支持两国方案，但比起 6 个月前的 59% 和 51% 有所下降。但除此之外，对以前几轮谈判中提出的内容为基础的永久性详细协议的支持率，低于对两国解决方案**原则**的支持率。[2]

《奥斯陆协议》中商定的最后一阶段，在本雅明·内塔尼亚胡第一个总理任期内，是以色列于 1997 年从希伯伦撤出一部分军队。从那时起过了 20 年，除了阿里埃勒·沙龙的单方面加沙撤离，现状纹丝不动。从 2000 年戴维营首脑会议的失败，交界期第二次因提法达的血流漂杵，埃胡德·奥尔默特和马哈茂德·阿巴斯领导下的和平进程的短暂重启，到约翰·克里 2014 年的最后努力，耶路撒冷、难民、定居点和边界仍是核心问题。这些年来最显著的变化是生活在“绿线”以外的以色列人人数——截至 2016 年有 63 万人，接近以色列犹太人口的 10%——这些人生活在约 230 个未必经过政府“批准”的定居点里。从心理上说，时间的流逝让人们很难再认为占领只是和平协议达成前的暂时情况，尤其是对巴勒斯坦人而言。

“尽管大多数犹太人声称（以非常泛泛且不明确的方式）接受两个国家的理念，同意将其作为双方的口号……但他们不接受基于 1967 年边界线和其他必要条件的分治以实现和平。”以色列政治学家丹尼尔·巴尔-塔尔（Daniel Bar-Tal）在 2014 年总结道。[3] 许多人相信两国分治的理念已经名存实亡，毫无可信度。巴勒斯坦裔以色列哲学家拉伊夫·兹雷克表示，“在国家地位这一概念丧失其通常关联的内涵和含义后，‘两国’对话被以色列中右翼绑架了。”[4]

内塔尼亚胡，以色列自大卫·本-古里安至 2017 年在职时间最长的总理，从未解释过要如何建立一个名副其实的巴勒斯坦国。“当内塔尼亚胡面对那些更强硬的人时，他会说‘在我任内这不会发生’，”工党政治家、《奥斯陆协议》设计者约西·拜林说，“当他与那些更温和的人谈话时，他就会说‘我准备好跟巴勒斯坦人交谈了，我致力于实现两国解决方案’。”[5]说到底，这名“利库德”集团的领导人不准备做出让步，使这种解决方案真正实现。用内塔尼亚胡自己的话来说，他顶多考虑接受一个未定义的巴勒斯坦人的“低限度国家……而非具有完整职权的国家”。[6]无论如何，这意味着非军事化和以色列实际控制约旦以西地区。这与任何巴勒斯坦领导人，包括随和的马哈茂德·阿巴斯，所能接受的都相去甚远。毕竟，如阿巴斯和其他领导人一再重申的，西岸和加沙只占委任统治下巴勒斯坦的22%，而以色列已经占了78%。

“不必再问以色列政府是否支持两国方案了”，经验丰富的记者阿基瓦·埃尔达尔（Akiva Eldar）评论道：

> 答案在它通过的法律和推行的法令里，所有人都能清清楚楚地看到。答案在它宣传的语言和它所支付的资金中也能找到。一个国家，两个民族——一等公民和二等公民——在约旦河和地中海之间的土地上逐渐建成。在内塔尼亚胡任内，“种族隔离国家”这个词已从一个标签变为实质。[7]

未来任何以色列总理似乎都不可能跨出足以超越内塔尼亚胡立场的一大步，做出重大改变。

从第一次因提法达中令人迷醉的“大卫对抗歌利亚”赋权运动，到1988年亚西尔·阿拉法特宣布独立，再到马德里和平会议以及奥斯陆最初几年的厚望，巴勒斯坦人的态度也发生了变化——尤其是自阿克萨因提法达，以色列重新占领西岸和哈马斯崛起以来。巴勒斯坦民族权力机构与以色列的谈判一无所获，还在定居点活动增加的同时继续进行安全合作，以至于威信扫地。这增强了伊斯兰主义者和另外一部分人所青睐的武装抵抗的吸引力，同时破坏了民族主义者在以色列旁边缔建独立国家的斗争。用一位评论家的话来说，素丹是一个“失败的项目”。[8] 2015 年 3 月，49% 的巴勒斯坦人认为民族权力机构已经“成了巴勒斯坦人民的负担”。[9]

此外，它的失败还是一场持续的丢人现眼。在过去 10 年中，民族权力机构安全部门的增长速度超过了其他任何部门，到 2013 年——萨拉姆·法耶兹辞去总理职务时——它雇用了 14.5 万名公务员中的 44%，并占据了全部预算的 26%。[10] 2017 年 4 月，当以色列宣布建立 20 年里第一个全新的西岸定居点时——它被隆重命名为“锡安的救赎”（Geulat Zion），位于纳布卢斯附近，用来安置从“非法前哨”阿莫纳撤离的定居者——巴解组织表示愤慨：“内塔尼亚胡及其极端主义、种族主义的联合政府依旧坚持其定居殖民主义、种族隔离和种族清洗的系统性政策，表现出对巴勒斯坦人的人权、独立和尊严明目张胆的完全无视。”该组织抗议道。[11] 它的言辞激烈，毫不妥协。但民族权力机构与以色列的合作一切照常。

即便如此，阿巴斯对获得国际认可这一战略的追求，也相当于明确承认了与以色列的谈判不大可能成功。独立的巴勒斯坦法律专家们现在反对土地交换——这在戴维营会议期间和之后讨论过——这将使以色列保留其大型定居点集团，而且他们认为这对实施任何两国制的协议都极为重要。[12] 而民间社会活动家认为，“抵制、撤资和制裁”组织在结束占领方面的战略更胜一筹，尽管需要长期努力。旨在增强巴勒斯坦人自立能力的运动，包括通过草根组织推广有机巴拉迪[1]食品和手工艺品，似乎比传统政治活动更有效。这些活动将**坚忍不拔**与非暴力抵抗结合在了一起。[13]以色列对这一抵制运动相当紧张，官方用各种手段加以打压，包括收集支持者的情报，禁止他们入境，加强有组织的“反非法化”（counter-delegitimization）运动，这表明以色列是认真对待该运动的这种做法的。[14]

双民族还是一拍两散？

越来越多的人认为两国方案已经失效，或是寿终正寝，或是濒临死亡，或是根本就不可行，因此第二次因提法达以来，关于替代方案的讨论越发激烈，一种方案是成立单一的双民族国家，犹太人、穆斯林和基督徒不论其种族或宗教信仰，在这个国家都享有平等权利。根据以色列–巴勒斯坦联合民意调查，2017年初，36%的巴勒斯坦人和19%的以色列犹太人支持该方案（但以色列阿拉伯公民的支持率为56%）。[15]

双民族主义与20世纪20年代和30年代的犹太复国主义运动温和派渊源颇深。“和平之约”、朱达·马格内斯和哈什梅尔青年卫士（统一工人党的前身）都认为确保阿拉伯人同意犹太人在巴勒斯坦的存在至关重要。[16]在国际上广受尊敬的犹太知识分子如马丁·布伯和汉娜·阿伦特（Hannah Arendt）等人表示赞成。但是这个主意在犹太大屠杀和1948年分水岭之后就几乎没有人提了。鉴于冲突的暴力历史，双民族主义是一个极其激进的抱负。这要求以色列放弃其作为犹太民

[1] 巴拉迪（baladi），意为“乡村的”。——译者注

族国家的存在理由，而它不可能自愿如此。犹太复国主义根植于它的基因当中。没有一个以色列政府承认过巴勒斯坦难民回归的权利，而犹太人无止境地担心着以色列和被占领土上阿拉伯新生儿所造成的“人口威胁”。此事引发的不安多年来始终是公众议论的一部分，但到2014年，在委任统治时期的巴勒斯坦范围内，犹太人和阿拉伯人的数量确实大致相同——各有630万人。在如此情况下，人口结构成了安全的同义词。

本着这种精神，200名前国防军高级军官和安全官员自称“和平与安全的指挥官”（Commanders for Peace and Security），在2015年回到了一条老路上，发起了“立刻分离”（separation at once）运动，在运动过程中展示了体现巴勒斯坦人口快速增长的耸人听闻的图表。他们表示，最初兼并西岸时，犹太人占约60%的多数，但15年内，阿拉伯人将成为该国人口的多数。[17]这样的论调给了讽刺电视节目《这是个超棒的国家》（*Eretz Nehederet*）一个小品灵感，该节目对痴迷于清点不同种族人数的做法开了个温和的玩笑。其内容是2048年（想必是因为这是个富有历史意义的纪念周年），一名犹太男子在本-古里安机场被告知他不能在节假日乘飞机出去，因为他出国离开会“打破人口平衡”并导致阿拉伯人在地中海和约旦之间占多数——在一块巨大的显示屏上，记录着一栏栏完全持平、胶着不下的人口数字的列表正在闪烁报警。“（位于西岸的）杰宁每年这个时候都很美，”护照管理人员安慰道，“而且那是我们的地方。”[18]

以色列右翼有自己的一国方案变体：纳夫塔利·本内特诱人的构想，是部分或全部地吞并西岸，同时实行“充分的自治”，而非让巴勒斯坦居民拥有公民身份。总统鲁文·瑞夫林不时呼吁以色列进行兼并，**给予**巴勒斯坦人公民身份：这种主张明显地改变了传统犹太复国主义者拥有更多领土且尽量减少当地阿拉伯人的愿望。瑞夫林此前曾号召犹太人大规模移民，以维持犹太多数。[19] 加沙和它现有 200 万人口的命运干脆被忽略了。无论如何，这个想法在以色列受到了普遍的谴责。它可能会引发宗派或社群间的冲突，正如黎巴嫩、前南斯拉夫或最近的叙利亚经历的那样。《国土报》警告称，一国方案“可能会将两国人民拖入无休止的内战中”。[20] 以色列中东学者阿舍·苏瑟在证明“两国方案势在必行”时指出，“推广一国理念需要将犹太人与阿拉伯人、巴勒斯坦人和其他人之间冲突的激烈程度进行有计划的轻描淡写”。[21] 另一些以色列人——科学家、艺术家和公共知识分子——以及认为两国方案必不可少的“流散”犹太人，为迎接 1967 年战争五十周年，建立了一个名为“SISO”的组织：拯救以色列，停止占领（Save Israel and Stop the Occupation）。

支持单一国家的以色列犹太人主要是极少数反犹太复国主义左派。他们声称“绿线”只是个临时的摆设。在那些拒绝承认犹太复国主义对巴勒斯坦人做了什么的人眼里，这是一种怀旧的执迷，怀念的是 1967 年胜利的“被诅咒的赐福”摧毁他们所谓“小巧可爱”或“美丽”的国家（Eretz Yisrael haktana/hayafa）之前许久的光景。“自由派的以色列犹太复国主义者需要‘绿线’，以便将它之外的一切当成暂时的征服，”丹·拉比诺维茨（Dan Rabinowitz）和霍拉·阿布·贝克在他们对巴勒斯坦少数民族的研究中提出，“这使他们不必面对 1948 年以色列军事征服和种族清洗所带来的历史遗留问题和挥之不去的罪恶感。”[22]

一国方案的巴勒斯坦倡导者——其中最著名的一位生活在西方国家——使用的理由不是人口、安全和多数，而是普遍的人权。公正和平等有赖于以所有公民共享的民主国家取代犹太复国主义国家（在他们看来由种族歧视和军事占领支持）。他们认为，这是消除根深蒂固的历史积怨并为和解铺平道路的唯一途径。范本模型包括联邦制或单一制国家，以南非、北爱尔兰、瑞士和比利时为例。支持者强调公平性高于可行性。他们的基本依据是，1967 年的占领是不合法的，1948 年以色列独立、纳克巴开始的那次占领同样是非法的，定居殖民项目正处于高潮，它驱逐了巴勒斯坦人，剥夺了他们的权利，还将继续压迫他们。未来的方向就是放弃《奥斯陆协议》和“已经垮台的冒牌国家”（指巴勒斯坦民族权力机构），要求“河与海之间的……所有居民”享有充分权利。[23]

然而，一国方案的愿景并未伴随着任何连贯计划或时间框架。两边的批评者都认为它缺乏政治和心理两方面基础：在单一的国家里，巴勒斯坦人将不得不与大量犹太人一起生活，并接受位于人口密集的阿拉伯地区中心的犹太定居点。两族人民经济差距巨大：2015 年以色列人均国内生产总值为 37 700 美元，西岸为 3 700 美元，加沙为 1 700 美元。[24] 如果没有大规模的财富和资源再分配，如此大的差距将使巴勒斯坦人永久成为社会底层。比尔泽特大学的萨利姆·塔迈里称，一国方案是“一个口号，而不是一项计划”。[25] 商人萨姆·巴胡尔（Sam Bahour）抱怨道：“没人能把人们在咖啡馆里谈论的东西清楚地阐释成一个政治计划。”一国方案的想法诞生自沮丧的情绪，而非实际的政治考量。[26] 考虑这个想法的以色列犹太人对犹太人的自决问题忧心忡忡；毕竟以色列 1948 年得到了国际社会承认，它 75% 的犹太人口都出生于此并且说希伯来语。既然“定居者”也成了“原住民”，也没有帝国主义的“母国”可以回归，那么这个问题显然是不容忽视的。[27] 然而一国方案明显缺乏宪法和制度安排方面的细节。

巴勒斯坦领导层中没有人支持这一想法。也没有任何推动它的巴以联合努力。它的热情拥护者阿里·阿布尼马（Ali Abunimah）口中的“勇敢无畏的提议”[28]被许多人斥为天真、不切实际和不可实现。梅龙·本韦尼斯蒂言简意赅地描述了这一选择：“替代方案简单而残酷。要么一个民族控制另一个民族，将他们双双置于无休止的暴力之中；要么必须找到一种方式，能让双方生活在基于主权共享的伙伴关系之中。”[29]两国方案被准确无误地称为“最不可企及的选择”。但即便该方案现在是“痴心妄想”、陈词滥调或根本就再也无法实现，这也不意味着双方有任何一致同意创造单一国家的可能性。[30]

在可预见的未来，更可能出现的是单一国家成为不可逆转的现实、状况或说结果，一种“无国方案”，或者用拉希德·哈立迪的话说，“强加的单一国家现实”。[31]这意味着以色列武力维持下的现状会永远延续下去，领土被占、四分五裂且依赖性强的巴勒斯坦人也会一直处于被征服状态，即使他们在某种程度上享有自治，无论有没有巴勒斯坦民族权力机构的协助。然而，或许在未来几十年内——在没有任何其他选择的情况下——争取两族人民平等权利的斗争将取得进展并创造出新的、迄今仍难以想象的变革机会。

“防特朗普”的和平？

2017年1月，特朗普在万众瞩目中宣誓就任美国总统，巴以关系何去何从引发了强烈关注。特朗普的观点使以色列右翼感到欣喜，这主要是因为他长期以来一直承诺要将美国使馆从特拉维夫搬迁到耶路撒冷，尽管这违背了耶路撒冷主权不确定的共识。另外，特朗普还将提名与定居点运动有着密切联系的犹太破产法律师戴维·弗里德曼（David Friedman）为驻以色列大使。反复呼吁以色列合并约旦河西岸部分地区的纳夫塔利·本内特为特朗普的胜选欢呼，认为这标志着巴勒斯坦国的终结。

不过，贝拉克·奥巴马临走前给以色列使了一手回马枪。2016年12月23日，联合国第2334号决议重申了安理会对两国方案的承诺，谴责了建设定居点的行为，称其“公然违犯国际法”。[32] 美国于2011年2月否决了类似的决议，这次却投了弃权票，于是决议以14比0全票通过。以色列政府对这一“可耻”的举动大为震怒，尽管奥巴马在不久之前刚批准了向以色列提供为期10年、总计380亿美元军事援助的计划。虽然美国总统和以色列总理之间关系不佳，但这项决议谈不上是两国关系战略性破裂的迹象，它只是生动地表现了美国政策的核心矛盾。

约翰·克里抨击内塔尼亚胡的政府是“以色列有史以来最右的政府，由最极端的人来推动议程”。他警告称，以色列如果继续违背数百万巴勒斯坦人的意愿实行统治，将他们置于“隔离而不平等”的环境中——“隔离而不平等”，这个说法有意让人联想到美国的黑人民权运动——它就无法保证自己一直是犹太民主国家了。克里的话并非外交辞令，而是罕见的公开袒露，这番话有详尽的事实支持：西岸四分五裂，巴勒斯坦人在C区建房经常得不到许可，以色列检查点产生了众多消极影响，加沙困守废墟，绝望地等待下一场战争。“内塔尼亚胡隐晦地暗示人民，直到以色列认为时机成熟，两国方案才能考虑，”一名内塔尼亚胡的观察者评论道，“克里的话表明它（两国方案）基本已经没有希望了。”[33]

人们对奥巴马的“最后一刻”联合国行动有着不同看法。巴勒斯坦人普遍认为这仅仅是一个徒劳的姿态，而且来得太无力也太晚了，其动机很可能是即将离任的总统悲惨地意识到他对推动巴以和平进程的誓言落空，因此感到失望，甚至可能还有负罪感。还有些人则较为乐观地认为，这是美国为“防特朗普”的中东政策所实施的巧妙手段，因为它重申了实现巴以和平唯一可行的基础。“美国选择不否决联合国安理会谴责建设定居点的决议，是圣诞老人奥巴马给以色列送上的精彩的圣诞礼物，”以色列评论员阿米尔·奥伦（Amir Oren）表示，“决议的通过不会使任何定居点被立即拆除，但这个世界正努力让以色列免于自我伤害。”以色列的部长们没有被他们拒绝认为是利他的努力感动。事后不久，法国（对特朗普的当选深感不安）召集了一次为期一天的国际会议讨论巴以问题——尽管两个当事国都没有出席——阿维格多·利伯曼斥之为“新德雷福斯审判”。

奥巴马的离开让内塔尼亚胡如释重负，他于 2017 年 2 月在白宫会见新总统时满脸笑容。特朗普不了解实际情况，又喜欢把复杂问题过分简单化，他宣布自己对以色列人和巴勒斯坦人的决定毫不关心。他宣称：“我在考察两国方案和一国方案，我喜欢双方都能接受的那个（方案）。”几个不恰当的用词似乎表明他抛弃了美国几十年以来一贯的政策。事实上特朗普表达的意思十分含糊，美国驻联合国大使不得不迅速重申美国继续支持传统的两国方案。然而，对一些人来说，特朗普创造性地打破了先入为主的旧观念。[34]《电子因提法达》（*Electronic Intifada*）的编辑阿里·阿布尼马，一个颇有影响力的一国方案倡导者，为特朗普的话语欢呼雀跃。他（或许是想当然地）将其解读为两国方案的“妄想”终于被埋葬，取而代之的是“以权利为基础的民族斗争”。[35]然而一国方案如何实现至今仍无人知晓。“沙巴卡”（al-Shabaka）政策网络的纳迪亚·希加卜（Nadia Hijab）提出了一个重大问题：“如果连在被占领土上成立一个巴勒斯坦主权国家都没能实现，那一个能让所有公民都享有一切人权——包括个人权利和集体权利，政治、社会和经济权利——的民主的巴勒斯坦/以色列国又怎么可能建立？”还有其他关键问题：在一个国家之内，如何调和以色列根据“回归法”自动赋予犹太人公民身份的承诺和巴勒斯坦对难民返回原住地的要求？历来处于冲突中心的土地又将如何公平分配？显然，以色列人跟占人口 20% 的巴勒斯坦人共处都觉得难以忍受，又怎么能愿意跟占 50% 甚至更多的巴勒斯坦人一起生活呢？“和平与安全委员会”成员沙乌勒·阿里利（Shaul Arieli）警告说一国政策将意味着“长久的内战、种族隔离和社会经济崩溃”。[36]“在以色列的阿拉伯人可以志愿参军吗？”他沉痛地诘问，“我们允许他们持枪吗？”[37]

发生积极改变的希望仍主要寄托在以色列所受的外部压力上。在外交层面经历多年挫败的巴解组织资深成员埃雷卡特预言：“如果没有国际干预，挽救巴勒斯坦国的独立和主权前景渺茫。”[38]许多以色列自由派人士同意这一观点。以色列单方面吞并被占领土地势必激起巴勒斯坦人的抵抗，也许会演变为一场新的因提法达，并威胁到以色列与埃及、约旦之间签订的和平条约——这是以色列在缩小阿拉伯敌对圈子方面取得的重大成就。来自欧洲和国际社会更广泛的制裁也很可能随之而来。毕竟，联合国第 2334 号决议已经要求成员国“进行相关往来时区别对待”以色列和被占领土。这清晰地反映出了今后联合国制裁以色列的可能性，尽管其方式不像“抵制、撤资和制裁”组织主张的那般复杂。它也是一个明确的提醒：尽管“绿线”已经完全消失在以色列的官方话语中，但它对巴勒斯坦人和其他人仍有意义——它来自如今已远去的过去，是重要的遗迹，在未来某一天有可能为注定要生活在同一片土地上的两个民族划定公正的未来。

《贝尔福宣言》是很久以前的、欧洲主导的殖民时代的举措，也是初期犹太复国主义计划的一次飞跃，至今影响犹存。2017 年是《贝尔福宣言》诞生 100 周年，世界上许多人都“支持”在一个安全的、被承认的以色列国旁边为巴勒斯坦人建立一个独立国家。尽管在过去的 50 年里，1967 年的边界线已随时间被抹去，但以色列为获得地区内部和国际社会的认可，必须回到或接近那条边界线。然而，双方自愿达成公平解决问题的两国方案的前景依然黯淡。僵局持续存在。巴勒斯坦人仍是流离失所、妻离子散，家园仍被占领；他们至今仍是弱势方，无法同自己的邻居兼对手势均力敌，面临着十分不确定的未来。以色列人也是如此，哪怕他们拥有压倒性的优势。暴力的阴影近在咫尺，冲突的结束遥遥无期。

致谢

我在以色列和巴勒斯坦被占领土上生活、工作和报道40多年的过程中酝酿本书已久。许多朋友和同事，巴勒斯坦人、以色列人和其他人，都曾帮助、忍耐、建议并激励我，遗憾的是其中有些人已经离开了人世。在我写作的过程中，许多人审读了书中的章节并提出了有价值的意见和建议。但我对本书内容和论点——当然还有书中的错误——独自负责。我在此衷心感谢以下各位：马赫迪·阿卜杜勒-哈迪（Mahdi Abdel-Hadi）、阿尔贝特·阿加扎德（Albert Aghazarian）、什洛莫·阿布拉菲亚（Shlomo Abulafia）、纳赛尔·阿塔（Nasser Atta）、泽维尔·阿布·艾德（Xavier Abu Eid）、萨勒曼·阿布·西塔（Salman Abu Sitta）、吉尔伯特·阿喀尔（Gilbert Achcar）、哈兹姆·巴鲁莎（Hazem Balousha）、达芙纳·巴拉姆（Daphna Baram）、哈伊姆·巴拉姆（Haim Baram）、纳努姆·巴尔内亚（Nahum Barnea）、梅龙·本韦尼斯蒂、穆萨·布迪里（Musa Budeiri）、尼尔·卡普兰（Neil Caplan）、布莱恩·切耶特（Brian Cheyette）、乔纳森·卡明斯（Jonathan Cummings）、希勒尔·科恩（Hillel Cohen）、易卜拉欣·达卡克（已故）、彼得·大卫（Peter David，已故）、贝沙拉·多马尼、文森特·费恩（Vincent Fean）、伊莱亚斯·弗拉杰（已故）、卡尔米特·加伊（Carmit Gai）、乔尔·格林伯格（Joel Greenberg）、列玛·哈马米（Rema Hammami）、阿克拉姆·哈尼雅、曼努埃尔·哈萨西亚（Manuel Hassassian）、纳迪亚·希加卜、沙万·贾巴林（Shawan Jabarin）、约翰·詹金斯（John Jenkins）、艾哈迈德·萨米赫·哈立迪、加桑·卡提布（Ghassan Khatib）、梅纳赫姆·克莱因（Menachem Klein）、达乌德·库塔、伊冯·利普曼（Yvonne Lipman）、耶胡达·利塔尼、阿拉斯泰尔·麦克菲（Alastair McPhail）、阿维夏伊·玛格里特、扬纳坦·孟德尔（Yonatan Mendel）、理查德·明德尔（Richard Mindel）、本尼·莫里斯、萨拉·奥扎奇-拉扎尔、丹尼尔·利维（Daniel Levy）、阿德尔·曼纳、迪纳·马塔尔（Dina Matar）、埃利亚斯·纳斯鲁拉（Elias Nasrallah）、奥里·奈尔（Ori Nir）、萨利·努塞贝、约阿夫·佩莱德（Yoav Peled）、安什勒·普费弗（Anshel Pfeffer）、耶赫舒亚·波拉特（Yehoshua Porath）、佩莱格·拉达伊（Peleg Radai）、查尔斯·理查兹（Charles Richards）、大卫·理查森（David Richardson）、丹尼·鲁宾斯坦、阿雷杰·萨巴格-胡里（Areej Sabbagh-Khouri）、阿南·萨法迪（Anan Safadi）、汉纳·西尼乌拉、汤姆·塞格夫、伊莱·沙尔蒂尔（Eli Shaltiel）、格雷格·沙普兰（Greg Shapland）、阿维·什莱姆、约阿夫·斯特恩（Yoav Stern）、萨利姆·塔迈里、雷蒙达·塔维勒、艾哈迈德·提比、曼迪·特纳（Mandy Turner）、艾哈迈德·优素福（Ahmed Youssef）和齐亚德·阿布·齐亚德（Ziyad Abu Ziyad）。

我还要感谢企鹅出版社的劳拉·斯蒂克尼（Laura Stickney）、西蒙·温德尔（Simon Winder）和肖伊卜·罗卡迪娅（Shoaib Rokadiya），以及格罗夫大西洋出版社的艾莉森·马莱哈（Allison Malecha）。感谢我的文字编辑夏洛特·赖丁斯（Charlotte Ridings），感谢我的经纪人费利希蒂·布赖恩（Felicity Bryan）和乔治·卢卡斯（George Lucas），感谢我的《卫报》同行彼得·博蒙特（Peter Beaumont）和哈丽雅特·舍伍德（Harriet Sherwood），还有伦敦政经学院中东中心的托比·道奇（Toby Dodge）、罗伯特·洛（Robert Lowe）和桑德拉·斯费尔（Sandra Sfeir）。最后，非常重要的，致我衷心感谢和深爱的海伦，没有她，这个项目还有其他许多事情根本不可能实现。

部分参考书目

Abdul Hadi, Mahdi (ed.), *Palestinian-Israeli Impasse: Exploring Alternative Solutions to the Palestine Israel Conflict*. Passia, 2005.

Abuelaish, Izzeldin, *I Shall Not Hate: A Gaza Doctor's Journey on the Road to Peace and Human Dignity*. Bloomsbury, 2011.

Abufarha, Nasser, *The Making of a Human Bomb: An Ethnography of Palestinian Resistance* (The Cultures and Practice of Violence). Duke University Press, 2009.

Abu Iyad and Eric Rouleau, *My Home, My Land: A Narrative of the Palestinian Struggle*. Times Books, 1981.

Abunimah, Ali, *One Country: A Bold Proposal to End the Israeli-Palestinian Impasse*. Picador, 2007.

Aburish, Said, *Arafat: From Defender to Dictator*. Bloomsbury, 1998.

Aburish, Said, *Children of Bethany*. Bloomsbury, 1998.

Abu Saif, Atef, *The Drone Eats with Me*. Comma Press, 2015.

Abu Sharif, Bassam, *Arafat and the Dream of Palestine: An Insider's Account*. Palgrave Macmillan, 2011.

Abu Sitta, Salman, *Mapping My Return*, American University in Cairo Press, 2016.

Achcar, Gilbert, *The Arabs and the Holocaust*. Saqi, 2010.

Adwan, Sami, Dan Bar-On and Eyal Naveh (eds.), *Side By Side: Parallel Histories of Israel–Palestine*. The New Press, 2012.

Adwan, Sami, Efrat Ben-Zeev, Menachem Klein, and others, *Zoom In: Palestinian*

Refugees of 1948, Remembrances. Republic of Letters, 2011.
Agnon, Shmuel Yosef, *Me-atzmi el atzmi: Articles, Letters and Speeches*. Schocken, 1976.
Al-Arif, Arif, *Nakbat Bayt al-Maqdis w'al Firdaus al-mafqoud, 1947–1952* (The Catastrophe of Jerusalem and the Lost Paradise). Al-Maktaba al-Asriyya, Beirut, 1958–1960.
Al-Asmar, Fawzi, *Lihiyot Aravi be-Yisrael* (To be an Arab in Israel), Israel Shahak, 1975.
Al-Azm, Sadiq, *Self-Criticism after the Defeat*. Saqi, 2011.
Al-Hout, Shafiq, *My Life in the PLO: The Inside Story of the Palestinian Struggle*. Pluto Press, 2006.
Alroey, Gur, *An Unpromising Land: Jewish Migration to Palestine in the Early Twentieth Century*. Stanford University Press, 2014.
Amiry, Suad, *Sharon and my Mother-in-Law: Ramallah Diaries*. Granta, 2006.
Antonius, George, *The Arab Awakening: The Story of the Arab National Movement*. Hamish Hamilton, 1938.
Aronson, Geoffrey, *Israel, Palestinians, and the Intifada*. Kegan Paul International, 1990.
Ashrawi, Hanan, *This Side of Peace: A Personal Account*. Simon & Schuster, 1995.
Ashton, Nigel, *King Hussein of Jordan: A Political Life*. Yale University Press, 2008.
Atwan, Abdel Bari, *A Country of Words: A Palestinian Journey from the Refugee Camp to the Front Page*. Saqi, 2007.
Avnery, Uri, *1948: A Soldier's Tale*. Oneworld, 2008.
Avnery, Uri, *Optimi* (Optimist). Yedioth Books, 2016.
Ayalon, Ami, *Reading Palestine: Printing and Literacy, 1900–1948*. University of Texas Press, 2004.
Barbour, Nevill, *Nisi Dominus*. George G. Harrap & Co. Ltd., 1946.
Barghouti, Mourid, *I Saw Ramallah*. Bloomsbury, 2005.
Barnea, Nahum, *Yorim ve Bochim* (Shooting and Weeping). Zmora Bitan, 1981.
Barr, James, *A Line in the Sand: Britain, France and the Struggle that Shaped the Middle East*. Simon & Schuster, 2011.
Bar-Yosef, Eitan, *The Holy Land in English Culture*. Clarendon Press, 2005.
Bar-Zohar, Michael, *Ben-Gurion*. Weidenfeld & Nicolson, 1978.
Bar-Zohar, Michael, *Yaakov Herzog: A Biography*. Halban Publishers, 2005.
Bashir, Bashir and Azar Dakwar (eds.), *Rethinking the Politics of Israel and Palestine*. Bruno Kreisky Forum for International Dialogue, 2014.

Beilin, Yossi, *Touching Peace: From the Oslo Accord to a Final Agreement*. Weidenfeld & Nicolson, 1999.

Ben-Ami, Shlomo, *Scars of War, Wounds of Peace: The Israeli-Arab Tragedy*, Weidenfeld & Nicolson, 2005.

Ben-Gurion, David, *Zichronot* (Memoirs). Am Oved, 1971.

Ben-Gurion, David, *My Talks with Arab Leaders*. The Third Press, 1973.

Bentsur, Eytan, *Making Peace: A First-hand Account of the Arab-Israeli Peace Process*. Greenwood Publishing Group, 2001.

Bentwich, Norman, *For Zion's Sake: A Biography of Judah L. Magnes, First Chancellor and First President of the Hebrew University of Jerusalem*. Jewish Publication Society, 1954.

Benvenisti, Meron, *Intimate Enemies: Jews and Arabs in a Shared Land*. University of California Press, 1995.

Benvenisti, Meron, *Sacred Landscape: The Buried History of the Holy Land since 1948*. University of California Press, 2000.

Benvenisti, Meron, *Son of the Cypresses: Memories, Reflections, and Regrets from a Political Life*. University of California Press, 2007.

Ben-Zeev, Efrat, *Remembering Palestine in 1948: Beyond National Narratives*. Cambridge University Press, 2011.

Benziman, Uzi, *Sharon: An Israeli Caesar*. Adama Books, 1983.

Bergman, Ronen, *The Secret War with Iran*. Oneworld Publications, 2013.

Binur, Yoram, *My Enemy, My Self*. Doubleday, 1989.

Bisharat, George, *Palestinian Lawyers and Israeli Rule: Law and Disorder in the West Bank*. University of Texas Press, 2012.

Black, Ian, *Zionism and the Arabs, 1936–1939*. Routledge, 1986.

Black, Ian and Benny Morris, *Israel's Secret Wars*. Hamish Hamilton, 1991.

Brauch, Julia, Anna Lipphardt and Alexandra Nocke (eds.), *Jewish Topographies: Visions of Space, Traditions of Place*. Ashgate Publishing, 2008.

Buber, Martin, *A Land of Two Peoples,* ed. Paul Mendes-Flohr. University of Chicago Press, 2005.

Bucaille, Laetitia, *Growing up Palestinian: Israeli Occupation and the Intifada Generation*. Princeton University Press, 2006.

Bush, George and Brent Scowcroft, *A World Transformed*. Vintage Books, 1999.

Büssow, Johann, *Hamidian Palestine: Politics and Society in the District of Jerusalem, 1872–1908*. Brill, 2011.

Byman, Daniel, *A High Price: The Triumphs and Failures of Israeli Counterterrorism*.

Oxford University Press, 2011.
Campos, Michelle, *Ottoman Brothers: Muslims, Christians, and Jews in Early Twentieth-Century Palestine*. Stanford University Press, 2011.
Caplan, Neil, *Palestine Jewry and the Arab Question, 1917–1925*. Frank Cass, 1978.
Caplan, Neil, *Futile Diplomacy, Volume 1: Early Arab-Zionist Negotiation Attempts, 1913–1931*. Frank Cass, 1983.
Caplan, Neil, *Futile Diplomacy, Volume 2: Arab-Zionist Negotiations and the End of the Mandate*. Frank Cass, 1986.
Caplan, Neil, *The Israel-Palestine Conflict: Contested Histories*. John Wiley & Sons, 2010.
Carter, Jimmy, *Palestine Peace not Apartheid*. Simon & Schuster, 2006.
Chayut, Noam, *The Girl who Stole my Holocaust*. Verso, 2013.
Churchill, Randolph S. and Winston S. Churchill, *The Six Days War*. Heinemann Books, 1967.
Cobban, Helena, *The Palestinian Liberation Organisation: People, Power and Politics*. Cambridge University Press, 1984.
Cohen, Hillel, *Army of Shadows: Palestinian Collaboration with Zionism, 1917–1948*. University of California Press, 2008.
Cohen, Hillel, *Good Arabs: The Israeli Security Agencies and the Israeli Arabs, 1948–1967*. University of California Press, 2010.
Cohen, Hillel, *Tarpat* (Year Zero of the Arab-Israeli Conflict). Keter, 2013.
Cohen, Israel (ed.), *Zionist Work in Palestine*. Unwin, 1911.
Cohen, Yeruham, *Leor Hayom uvaMahshekh* (By Day and Night). Hakibbutz Hameuchad, 1969.
Crossman, Richard, *Palestine Mission*. Harper & Brothers, 1947.
Cummings, Jonathan, *Israel's Public Diplomacy. The Problems of Hasbara, 1966–1975*. Rowman & Littlefield Publishers, 2016.
Danin, Ezra, *Tzioni Bekol Tnai* (A Zionist in All Conditions). Kiddum, 1987.
Dayan, Moshe, *Story of My Life*. William Morrow & Company, 1976.
Dayan, Yael, *Israel Journal: June, 1967*. McGraw-Hill, 1967.
Dichter Shuli, *Mibaad Lekavanot Hatovot* (On Tensions and Good Intentions). HaKibbutz haMeuchad, 2014.
Dinur, Benzion (ed.), *Sefer Toldot haHaganah* (History of the Haganah), Vol. 2. Maarachot, 1963.
Divine, Donna Robinson, *Politics and Society in Ottoman Palestine*. Lynne Rienner Publishers, 1994.

Dodd, Peter and Halim Barakat, *River Without Bridges: A Study of the Exodus of the 1967 Palestinian Arab Refugees*. Institute for Palestine Studies, 1969.

Dolev, Eran, Yigal Sheffy and Haim Goren (eds.), *Palestine and World War I: Grand Strategy, Military Tactics and Culture in War*. I. B. Tauris, 2014.

Dumper, Michael, *Jerusalem Unbound. Geography, History, and the Future of the Holy City*. Columbia University Press, 2014.

Eban, Abba, *My People*. Random House, 1968.

Eban, Suzy, *A Sense of Purpose*. Plunkett Lake Press, 2015.

Eliachar, Elie, *Lihiot im haPalestinaim* (Living with the Palestinians). Jerusalem Sephardi Jewish Community, 1975.

Elon, Amos, *The Israelis: Founders and Sons*. Adam Books, 1981.

Elon, Amos, *A Blood-Dimmed Tide: Dispatches from the Middle East*. Allen Lane, 1997.

Enderlin, Charles, *Shattered Dreams*. Other Press, 2003.

Ephron, Dan, *Killing a King: The Assassination of Yitzhak Rabin and the Remaking of Israel*. W. W. Norton, 2015.

Esber, Rosemarie M., *Under the Cover of War: The Zionist Expulsion of the Palestinians*. Arabicus Books & Media, 2009.

Eyal, Gil, *The Disenchantment of the Orient*. Stanford University Press, 2006.

Eytan, Walter, *The First Ten Years. A Diplomatic History of Israel*. Simon & Schuster, 1958.

Ezrahi, Yaron, *Rubber Bullets: Power and Conscience in Modern Israel*. Farrar, Straus & Giroux, 1997.

Farsakh, Leila, *Palestinian Labour Migration to Israel*. Routledge, 2005.

Feiwel, T. R., *No Ease in Zion*. Secker & Warburg, 1938.

Filiu, Jean-Pierre, *Gaza: A History*. Hurst, 2014.

Fischbach, Michael, *Records of Dispossession: Palestinian Refugee Property and the Arab-Israeli Conflict*. Columbia University Press, 2003.

Fisk, Robert, *Pity the Nation*. Oxford University Press, 1990.

Flapan, Simha, *Zionism and the Palestinians*. Croom Helm, 1979.

Florence, Ronald, *Lawrence and Aaronsohn: T. E. Lawrence, Aaron Aaronsohn, and the Seeds of the Arab-Israeli Conflict*. Viking, 2007.

Frisch, Hillel, *Israel's Security and Its Arab Citizens*. Cambridge University Press, 2011.

Furlonge, Geoffrey, *Palestine is My Country*. Praeger, 2008 [1969].

Gavron, Assaf, *The Hilltop*. Oneworld Publications, 2014.

Gazit, Shlomo, *Hagezer ve haMakel* (The Carrot and the Stick). Zmora Bitan, 1985.

Gelber, Yoav, *Shorshei haHavatselet* (Growing a Fleur-de-Lis: The Intelligence Services of the Jewish Yishuv in Palestine, 1918–1947). Misrad haBitahon, 1992.

Gelber, Yoav, *Palestine 1948: War, Escape and the Emergence of the Palestinian Refugee Problem*. Sussex University Press, 2006.

Gerber, Haim, *Remembering and Imagining Palestine*. Palgrave Macmillan, 2008.

Ghandour, Zeina, *A Discourse on Domination in Mandate Palestine*. Routledge-Cavendish, 2011.

Ghanem, As'ad, *The Palestinian Regime: 'A Partial Democracy'*. Sussex Academic Press, 2001.

Giacaman, George and Dag Jorund Lonning (eds.), *After Oslo: New Realities, Old Problems*. Pluto Press, 1998.

Gilbert, Martin, *Exile and Return*. Weidenfeld & Nicolson, 1978.

Gilmour, David, *Dispossessed: The Ordeal of the Palestinians, 1917–1980*. Sphere, 1982.

Gilmour, David, *Curzon*. Macmillan, 1995.

Gluska, Ami, *The Israeli Military and the Origins of the 1967 War*. Routledge, 2007.

Glynn, Jennifer (ed.), *Tidings from Zion: Helen Bentwich's Letters from Jerusalem, 1919–1931*. I. B. Tauris, 2000.

Goldberg, David J., *To the Promised Land: A History of Zionist Thought*. Penguin, 1996.

Goodman, Hirsh, *Let Me Create a Paradise, God Said to Himself*. Public Affairs, 2005.

Gordon, Neve, *Israel's Occupation*. University of California Press, 2008.

Gorenberg, Gershom, *Occupied Territories: The Untold Story of Israel's Settlements*. I. B. Tauris, 2007.

Gorkin, Michael, *Days of Honey, Days of Onion: The Story of a Palestinian Family in Israel*. University of California Press, 1991.

Gorny, Yosef, *Zionism and the Arabs, 1882–1948*. Oxford University Press, 1987.

Gowers, Andrew and Tony Walker, *Behind the Myth: Yasser Arafat and the Palestinian Revolution*. Corgi, 1991.

Gribetz, Jonathan, *Defining Neighbors: Religion, Race, and the Early Zionist-Arab Encounter*. Princeton University Press, 2014.

Grossman, David, *HaZman haTsahov* (Yellow Wind). HaKibbutz haMeuhad, 1987.

Gunning, Jeroen, *Hamas in Politics: Democracy, Religion, Violence*. Hurst, 2007.

HaCohen, David, *Time to Tell: An Israeli Life, 1898–1984*. Associated University Presses, 1985.

Hadari, Dani (ed.), *H. omat Magen: Shemonim Shanah Leirgun haHaganah* (Defensive Shield, 80th Anniversary of the *Haganah*). Misrad haBit. ahon, 2002.

Halabi, Rafik, *The West Bank Story*. Harcourt Brace Jovanovich, 1982.

Hammer, Joshua, *A Season in Bethlehem*. Free Press, 2003.

Handel, Ariel, Marco Allegra and Erez Maggor, *Normalizing Occupation: The Politics of Everyday Life in the West Bank Settlements*. Indiana University Press, 2017.

Harel, Amos and Avi Issacharoff, *Hamilhama Hasheviit*. Yediot, 2004.

Hareven, Alouph and Yehiam Padan (eds.), *Bayn Milhama le-Hesderim* (The Arab-Israeli Conflict since 1973). Zmora, Bitan Modan, 1977.

Hass, Amira, *Drinking the Sea at Gaza*. Hamish Hamilton, 1999.

Haycraft Report. *Commission of Inquiry*, Colonial Office, HMSO, October 1921.

Heikal, Mohamed, *Secret Channels: The Inside Story of Arab-Israeli Peace Negotiations*. HarperCollins, 1996.

Herzl, Theodor, *Old New Land* (*Altneuland*), trans. Lotta Levensohn. M. Weiner, 1987.

Hirschfeld, Yair, *Track-Two Diplomacy Toward an Israeli-Palestinian Solution, 1978–2014*. Johns Hopkins University Press, 2014.

Hirst, David, *The Gun and the Olive Branch: The Roots of Violence in the Middle East*. Faber & Faber, 1977.

Hirst, David, *Beware of Small States: Lebanon. Battleground of the Middle East*. Faber & Faber, 2010.

Hodgkin, Thomas, *Letters from Palestine, 1932–36*. Quartet, 1986.

Hoffman, Adina, *My Happiness Bears No Relation to Happiness: A Poet's Life in the Palestinian Century*. Yale University Press, 2009.

Horovitz, David, *A Little Too Close to God*. Knopf, 2000.

Horowitz, David, *State in the Making*. Knopf, 1953.

Hunter, F. Robert, *The Palestinian Uprising*. University of California Press, 1993.

Isaac, Rael Jean, *Israel Divided*. Johns Hopkins University Press, 1976.

Jacobson, Abigail, *From Empire to Empire: Jerusalem Between Ottoman and British Rule*. Syracuse University Press, 2011.

Jamal, Amal, *The Palestinian National Movement: Politics of Contention*. Indiana University Press, 2005.

Jiryis, Sabri, *The Arabs in Israel*. Institute for Palestine Studies, 1969.

Johnston, Alan, *Kidnapped and Other Despatches*. Profile Books, 2007.

Kabha, Mustafa, *The Palestinian Press as Shaper of Public Opinion, 1929–1939: Writing Up a Storm*. Vallentine Mitchell, 2007.

Kabha, Mustafa, *The Palestinian People: Seeking Sovereignty and State*. Lynne Rienner Publishers, 2013.

Kabha, Riyadh Kamel, *Shtay Gadot leWadi* (The Wadi has Two Banks: My Life Story). Hakibbutz haMeuhad, 2015.

Kadman, Noga, *Erased from Space and Consciousness: Israel and the Depopulated Palestinian Villages of 1948*. Indiana University Press, 2015.

Kaminer, Reuven, *The Politics of Protest: The Israeli Peace Movement and the Palestinian Intifada*. Sussex Academic Press, 1996.

Karmi, Ghada, *In Search of Fatima*. Verso, 2009.

Karmi, Ghada, *Return*. Verso, 2015.

Kattan, Victor, *From Coexistence to Conquest: International Law and the Origins of the Arab – Israeli Conflict, 1891–1949*. Pluto Press, 2009.

Kayyali, A. W., *Palestine: A Modern History*. Third World Centre for Research & Publishing, 1981.

Kedourie, Elie, *The Chatham House Version and Other Middle-Eastern Studies*. Weidenfeld & Nicolson, 1970.

Kedourie, Elie and Sylvia G. Haim (eds.), *Palestine and Israel in the 19th and 20th Centuries*. Frank Cass, 1982.

Kedourie, Elie and Sylvia G. Haim (eds.), *Zionism and Arabism in Palestine and Israel.* Frank Cass, 1982.

Khalaf, Issa, *Politics in Palestine: Arab Factionalism and Social Disintegration, 1939–1948*. State University of New York Press, 1991.

Khaled, Leila, *My People Shall Live*. NC Press, 1975.

Khalidi, Rashid, *Palestinian Identity: The Construction of Modern National Consciousness*. Columbia University Press, 1997.

Khalidi, Rashid, *The Iron Cage: The Story of the Palestinian Struggle for Statehood*. Beacon Press, 2006.

Khalidi, Walid, *From Haven to Conquest: Readings in Zionism and the Palestine Problem until 1948*. Institute for Palestine Studies, 1987.

Khalidi, Walid, *All That Remains: The Palestinian Villages Occupied and Depopulated by Israel in 1948*. Institute for Palestine Studies, 2006.

Khatib, Ghassan, *Palestinian Politics and the Middle East Peace Process*. Routledge,

2011.
Kimmerling, Baruch, *Politicide: Ariel Sharon's War Against the Palestinians*. Verso, 2003.
Kimmerling, Baruch and Joel Migdal, *The Palestinian People: A History*. Harvard University Press, 2003.
Klein, Menachem, *The Shift: Israel–Palestine from Border Struggle to Ethnic Conflict*. Hurst, 2010.
Klein, Menachem, *Lives in Common: Arabs and Jews in Jerusalem, Jaffa and Hebron*. Hurst, 2014.
Koestler, Arthur, *Promise and Fulfilment*. Macmillan, 1983.
Kollek, Teddy, *For Jerusalem*. Steimatzky, 1978.
Kramer, Gudrun, *A History of Palestine*. Princeton University Press, 2008.
Kurzman, Dan, *Soldier of Peace: Life of Yitzhak Rabin*. HarperCollins, 1999.
Kushner, David (ed.), *Palestine in the Late Ottoman Period*. Brill, 1986.
Landau, David, *Arik: The Life of Ariel Sharon*. Vintage Books, 2014.
Laqueur, Walter, *The Road to War: The Origin and Aftermath of the Arab-Israeli Conflict 1967–8*. Penguin, 1968.
Laqueur, Walter (ed.), *The Israel–Arab Reader: A Documentary History of the Middle East Conflict*, rev. edn. Pelican Books, 1970.
Laqueur, Walter, *A History of Zionism*. Schocken Books, 1972. Laron, Guy, *The Six-Day War: The Breaking of the Middle East*. Yale University Press, 2017.
Lawrence, T. E., *The Letters of T. E. Lawrence*, ed. David Garnett. Cape, 1938.
Lazar, Hadara, *Out of Palestine*. Atlas, 2011.
Leibowitz, Yeshayahu, *Judaism, Human Values and the Jewish State*, ed. Eliezer Goldman. Harvard University Press, 1992.
LeVine, Mark, *Overthrowing Geography: Jaffa, Tel Aviv, and the Struggle for Palestine, 1880– 1948*. University of California Press, 2005.
LeVine, Mark and Gershon Shafir (eds.), *Struggle and Survival in Palestine/Israel*. University of California Press, 2012.
Lia, Brynjar, *Building Arafat's Police: The Politics of International Police Assistance in the Palestinian Territories after the Oslo Agreement*. Ithaca Press, 2006.
Litani, Yehuda, *Cinderella Yerushalmit beMilano* (A Jerusalem Cinderella in Milano). Yentil, 2014.
Lochery, Neil, *The View from the Fence*. Continuum, 2005.
Lockman, Zachary, *Comrades and Enemies: Arab and Jewish Workers in Palestine, 1906–1948*. University of California Press, 1996.

Lockman, Zachary and Joel Beinin (eds.), *Intifada: The Palestinian Uprising Against Israeli Occupation*. South End Press, 1989.
Loewenstein, Antony and Ahmed Moor (eds.), *After Zionism: One State for Israel and Palestine*. Saqi, 2012.
Louis, W. Roger and Robert W. Stookey (eds.), *The End of the Palestine Mandate*. I. B. Tauris, 1986.
Lucas, Noah, *The Modern History of Israel*. Weidenfeld & Nicolson, 1974.
Lustick, Ian, *Arabs in the Jewish State*. University of Texas Press, 1980.
Lustick, Ian (ed.), *Palestinians under Israeli Rule*. Garland, 1994.
Luttwak, Edward N. and Daniel Horowitz, *The Israeli Army, 1948–1973*. University Press of America, 1983.
Malek, Cate and Mateo Hoke (eds.), *Palestine Speaks: Narratives of Lives under Occupation*. Verso, 2015.
Mandel, Neville J., *The Arabs and Zionism Before World War I*. University of California Press, 1992.
Manna, Adel, *Nakba and Survival: The Story of the Palestinians who Remained in Haifa and the Galilee, 1948–1956* (in Hebrew). Van Leer Institute Press and Hakibbutz Hameuchad, 2017.
Mannin, Ethel, *The Road to Beersheba*, Hutchinson, 1963.
Mansour, Atallah, *Waiting for the Dawn*. Martin Secker & Warburg, 1975.
Masalha, Nur, *A Land Without a People: Israel, Transfer and the Palestinians, 1949–96*. Faber & Faber, 1997.
Masalha, Nur, *The Politics of Denial: Israel and the Palestinian Refugee Problem*. Pluto Books, 2003.
Masalha, Nur, *The Palestine Nakba*. Zed Books, 2012.
Matar, Dina, *What it Means to be Palestinian: Stories of Palestinian Peoplehood*. I. B. Tauris, 2010.
Mattar, Philip, *The Mufti of Jerusalem: Al-Hajj Amin al-Husayni and the Palestinian National Movement*. Columbia University Press, 1988.
Matthews, Weldon, *Confronting an Empire, Constructing a Nation*. I. B. Tauris, 2006.
McGeough, Paul, *Kill Khalid*. Quartet, 2009.
Melchett, Lord, *Thy Neighbour*. Frederick Muller, 1936.
Mendel, Yonatan, *The Creation of Israeli Arabic*. Palgrave Macmillan, 2014.
Migdal, Joel (ed.), *Palestinian Society and Politics*, Princeton University Press, 1980.
Miller, A. D., *The Much Too Promised Land: America's Elusive Search for Arab-Israeli Peace*. Bantam Books, 2009.

Milton-Edwards, Beverley and Stephen Farrell, *Hamas*. Polity Press, 2010.
Mishal, Shaul, *West Bank, East Bank*. Yale University Press, 1978.
Mishal, Shaul, *The PLO Under Arafat*. Yale University Press, 1986.
Mishal, Shaul, *Speaking Stones: Communiqués from the Intifada Underground*. Syracuse University Press, 1994.
Mitchell, George J. and Alon Sachar, *A Path to Peace*. Simon & Schuster, 2016.
Moreh, Dror, *Shomrei haSaf* (The Gatekeepers). Yediot, 2014. Morris, Benny, *The Birth of the Palestinian Refugee Problem, 1947–1949*. Cambridge University Press, 1987.
Morris, Benny, *1948 and After: Israel and the Palestinians*. Clarendon Press, 1990.
Morris, Benny, *Israel's Border Wars, 1949–1956*. Oxford University Press, 1997.
Morris, Benny, *Righteous Victims: A History of the Zionist-Arab Conflict, 1881–1999*. John Murray, 1999.
Morris, Benny, *The Birth of the Palestinian Refugee Problem Revisited*. Cambridge University Press, 2004.
Morris, Benny (ed.), *Making Israel*. University of Michigan Press, 2007.
Morris, Benny, *1948: The First Arab-Israeli War*, Yale University Press, 2008.
Morris, Benny, *One State, Two States: Resolving the Israel/Palestine Conflict*. Yale University Press, 2010.
Mutawi, Samir, *Jordan in the 1967 War*. Cambridge University Press, 1987.
Nashashibi, Nasser Eddin, *Jerusalem's Other Voice: Ragheb Nashashibi and Moderation in Palestinian Politics, 1920–1948*. Ithaca Press, 1990.
Nasrallah, Elias, *Shahadat ala al-Qarn al-Filastini al-Awal* (Testimonies of the First Palestinian Century). Dar al-Farabi, 2017.
Nazaal, Nafez, *The Palestinian Exodus from Galilee*. Institute for Palestine Studies, 1978.
Neslen, Arthur, *In Your Eyes a Sandstorm*. University of California Press, 2011.
Norris, Jacob, *Land of Progress: Palestine in the Age of Colonial Development, 1905–1948*. Oxford University Press, 2013.
Nusseibeh, Sari, *Once Upon a Country: A Palestinian Life*. Halban Publishers, 2007.
Nusseibeh, Sari, *What is a Palestinian State Worth?* Harvard University Press, 2011.
Oliphant, Lawrence, *Haifa: Or, Life in Modern Palestine*. Harper & Brothers, 1886.
O'Malley, Padraig, *The Two-State Delusion: Israel and Palestine – A Tale of Two Narratives*. Viking, 2015.
Oren, Michael B., *Six Days of War: June 1967 and the Making of the Modern Middle East*. Ballantine Press, 2002.

Oz, Amos, *In the Land of Israel*. Flamingo, 1983.

Ozacky-Lazar, Sarah and Yoav Stern (eds.), *Bnei Hamakom. Conversations with Arab Citizens in Israel*. Tami Steinitz Centre, 2016.

Pa'il, Meir, *Min HaHaganah leTzva Haganah* (The Emergence of Zahal). Zmora, Bitan, Modan, 1979.

Pappé, Ilan, *The Ethnic Cleansing of Palestine*. Oneworld, 2006.

Pappé, Ilan, *Out of the Frame: The Struggle for Academic Freedom in Israel*. Pluto Press, 2010.

Pappé, Ilan, *The Rise and Fall of a Palestinian Dynasty: The Husaynis, 1700–1948*. Saqi, 2010.

Pappé, Ilan, *The Forgotten Palestinians*. Yale University Press, 2012.

Parsons, Leila, *The Commander: Fawzi al-Qawuqji and the Fight for Arab Independence 1914–1948*. Saqi, 2016.

Parsons, Nigel, *The Politics of the Palestinian Authority from Oslo to al-Aqsa*. Routledge, 2005.

PASSIA, *100 Years of Palestinian History: A 20th Century Chronology*. PASSIA, 2001.

Peel Report. *Report of the Palestine Royal Commission*. HMSO, 1937.

Penslar, Derek, *Zionism and Technocracy: The Engineering of Jewish Settlement in Palestine*. Indiana University Press, 1991.

Peres, Shimon, *Battling for Peace*. Weidenfeld & Nicolson, 1995.

Peretz, Don, *Intifada: The Palestinian Uprising*. Westview, 1990.

Perlman, Maurice, *The Mufti of Jerusalem*. Victor Gollancz, 1947.

Perry, Yaakov, *HaBa leHorgekha* (Strike First). Keshet, 1999.

Peteet, Julie, *Landscape of Hope and Despair: Palestinian Refugee Camps*. University of Pennsylvania Press, 2005.

Piterberg, Gabriel, *The Returns of Zionism: Myths, Politics and Scholarship in Israel*. Verso, 2008.

Plascov, Avi, *The Palestinian Refugees in Jordan 1948–1957*. Frank Cass, 1981.

Porath, Yehoshua, *The Emergence of the Palestinian Arab National Movement, 1918–1929*. Frank Cass, 1974.

Porath, Yehoshua, *The Palestinian Arab National Movement 1929–1939: From Riots to Rebellion*. Frank Cass, 1977.

Portugali, Juval, *Implicate Relations: Society and Space in the Israeli-Palestinian Conflict*. Springer Netherlands, 1993.

Pryce-Jones, David, *The Face of Defeat*. Quartet, 1974.

Quandt, William, Paul Jabber and Ann Mosely Lesch, *The Politics of Palestinian Nationalism*. University of California Press, 1973.

Qurei, Ahmed (Abu Alaa), *From Oslo to Jerusalem: The Palestinian Story of the Secret Negotiations*. I. B. Tauris, 2006.

Qurei, Ahmed (Abu Alaa), *Beyond Oslo: The Struggle for Palestine*. I. B. Tauris, 2008.

Qurei, Ahmed (Abu Alaa), *Peace Negotiations in Palestine: From the Second Intifada to the Roadmap*. I. B. Tauris, 2015.

Rabinovich, Abraham, *The Yom Kippur War*. Random House, 2005.

Rabinowitz, Dan, *Overlooking Nazareth: The Ethnography of Exclusion in Galilee*. Cambridge University Press, 1997.

Rabinowitz, Dan and Khawla Abu-Baker, *Coffins on Our Shoulders: The Experience of the Palestinian Citizens of Israel*. University of California Press, 2005.

Radai, Itamar, *Palestinians in Jerusalem and Jaffa, 1948: A Tale of Two Cities*. Routledge, 2015.

Ranfurly, Countess, *To War with Whitaker: The Wartime Diaries of the Countess of Ranfurly, 1939–1945*. Mandarin, 1994.

Raz, Avi, *The Bride and the Dowry*. Yale University Press, 2012.

Reinharz, Yehuda, *Chaim Weizmann: The Making of a Statesman*. Oxford University Press, 1993.

Rejwan, Nissim, *Outsider in the Promised Land: An Iraqi Jew in Israel*. University of Texas Press, 2006.

Rejwan, Nissim, *Israel's Years of Bogus Grandeur: From the Six-Day War to the First Intifada*. University of Texas Press, 2010.

Rice, Condoleezza, *No Higher Honor*. Simon & Schuster, 2011.

Roberts, Jo, *Contested Land, Contested Memory. Israel's Jews and Arabs and the Ghosts of Catastrophe*. Dundurn, 2013.

Robinson, Glenn, *Building a Palestinian State: The Incomplete Revolution*. Indiana University Press, 1997.

Robinson, Shira, *Citizen Strangers: Palestinians and the Birth of Israel's Liberal Settler State*. Stanford University Press, 2013.

Roman, Michael and Alex Weingrod, *Living Together Separately: Arabs and Jews in Contemporary Jerusalem*. Princeton University Press, 2014.

Ronen, David, *Shnat Shabak* (The Year of Shabak). Israeli Ministry of Defence, 1989.

Rose, Norman, *A Senseless, Squalid War*. The Bodley Head, 2009.

Rosenfeld, Maya, *Confronting the Occupation: Work, Education, and Political*

Activism of Palestinian Families in a Refugee Camp. Stanford University Press, 2004.

Ross, Dennis, *The Missing Peace*. Farrar, Straus & Giroux, 2005.

Rotbard, Sharon, *White City, Black City: Architecture and War in Tel Aviv and Jaffa*. Pluto Press, 2005.

Rotberg, Robert I. (ed.), *Israeli and Palestinian Narratives of Conflict: History's Double Helix*. Indiana University Press, 2006.

Rouhana, Nadim N. and Areej Sabbagh-Khoury (eds.), *The Palestinians in Israel: Readings in History, Politics and Society*. Mada al-Carmel–Arab Centre for Applied Social Research, 2011.

Roy, Sara, *Failing Peace: Gaza and the Palestinian-Israeli Conflict*. Pluto Press, 2007.

Rubenberg, Cheryl A., *The Palestinians: In Search of a Just Peace*. Lynne Rienner Publishers, 2003.

Rubinstein, Danny, *The People of Nowhere*. Three Rivers Press, 1993.

Rubinstein, Danny, *The Mystery of Arafat*. Steerforth Press, 1995.

Ruebner, Josh, *Shattered Hopes: Obama's Failure to Broker Israeli-Palestinian Peace*. Verso, 2013.

Sacher, H. (ed.), *Zionism and the Jewish Future*. John Murray, 1917.

Said, Edward, *The Question of Palestine*, Vintage, 1992 (1979).

Samuel, Viscount, *Memoirs*. The Cresset Press, 1945.

Sand, Shlomo, *The Invention of the Land of Israel*. Verso, 2012.

Savir, Uri, *The Process: 1,100 Days that Changed the Middle East*. Vintage, 1999.

Sayigh, Rosemary, *The Palestinians: From Peasants to Revolutionaries*. Zed Books, 2013.

Sayigh, Yezid, *Armed Struggle and the Search for a State: The Palestinian National Movement, 1949–1993*. Oxford University Press, 1997.

Sayigh, Yusif, *Arab Economist, Palestinian Patriot: A Fractured Life Story*, ed. Rosemary Sayigh. I. B. Tauris, 2015.

Scham, Paul, Walid Salem and Benjamin Pogrund, *Shared Histories: A Palestinian-Israeli Dialogue*. Left Coast Press, 2005.

Schiff, Ze'ev and Ehud Yaari, *Israel's Lebanon War*. Simon & Schuster, 1984.

Schiff, Ze'ev and Ehud Yaari, *Intifada: The Palestinian Uprising – Israel's Third Front*. Simon & Schuster, 1990.

Schleifer, Abdullah, *The Fall of Jerusalem*. Bertrand Russell Peace Foundation, 1972.

Schneer, Jonathan, *The Balfour Declaration*. Bloomsbury, 2010.

Schwarz, Walter, *The Arabs in Israel*. Faber & Faber, 1959.

Segal, Hagai, *Dear Brothers*. Beit Shamai Publications, 1988.

Segev, Tom, *The Seventh Million: The Israelis and the Holocaust*. Hill and Wang, 1994.

Segev, Tom, *1949: The First Israelis*. Henry Holt, 1998.

Segev, Tom, *One Palestine, Complete*. Little, Brown, 2000.

Segev, Tom, *1967: Israel, the War and the Year that Transformed the Middle East*. Little, Brown, 2007.

Seikaly, May, *Haifa: Transformation of an Arab Society, 1918–39*. I. B. Tauris, 2000.

Seliktar, Ofira, *Doomed to Failure: The Politics and Intelligence of the Oslo Peace Process*. Praeger, 2009.

Serry, Robert, *The Endless Quest for Israeli-Palestinian Peace: A Reflection from No Man's Land*. Palgrave Macmillan, 2017.

Shafir, Gershon, *Land, Labor and the Origins of the Israeli-Palestinian Conflict, 1882–1914*. University of California Press, 1996.

Shafir, Gershon, *A Half Century of Occupation: Israel, Palestine, and the World's Most Intractable Conflict*, University of California Press, 2017.

Shalev, Aryeh, *Intifada, Causes and Effects*. Westview Press, 1991.

Shamir, Yitzhak, *Summing Up*. Weidenfeld & Nicolson, 1994.

Shapira, Anita. *Land and Power: The Zionist Resort to Force, 1881–1948*. Oxford University Press, 1992.

Shapira, Anita, *Yigal Allon, Native Son: A Biography*. University of Pennsylvania Press, 2007.

Shapira, Anita, *Ben-Gurion: Father of Modern Israel*. Yale University Press, 2014.

Sharabi, Hisham, *Palestine Guerrillas: Their Credibility and Effectiveness*. Institute of Palestine Studies, 1970.

Sharabi, Hisham, *Embers and Ashes: Memoirs of an Arab Intellectual*. Olive Branch Press, 2008.

Sharett, Moshe, *Yoman Medini* (Political Diary), vols. I–V, *1936–1940*. Am Oved, 1968–74.

Sharon, Ariel and David Chanoff, *Warrior: An Autobiography*. Simon & Schuster, 2001.

Shavit, Ari (ed.), *Partition: Disengagement and Beyond* (in Hebrew). Keter, 2005.

Shavit, Ari, *My Promised Land: The Triumph and Tragedy of Israel*. Scribe, 2013.

Shehadeh, Raja, *The Third Way*. Quartet, 1982.

Shehadeh, Raja, *The Sealed Room*. Quartet, 1992.

Shehadeh, Raja, *Occupation Diaries*. Profile Books, 2012.

Shehadeh, Raja, *Language of War, Language of Peace*. Profile Books, 2015.

Shemesh, Moshe, *Arab Politics, Palestinian Nationalism and the Six Day War*. Sussex Academic Press, 2008.

Sher, Gilad, *Bemerhak Negia* (Just Beyond Reach): *The Israeli-Palestinian Peace Negotiations 1999–2001*. Miskal- Yediot, 2001.

Sherman, A. J., *Mandate Memories: British Lives in Palestine, 1918–1948*. Thames and Hudson, 1998.

Shimoni, Gideon, *The Zionist Ideology*. University Press of New England, 1995.

Shindler, Colin, *A History of Modern Israel*. Cambridge University Press, 2008.

Shipler, David, *Arab and Jew: Wounded Spirits in a Promised Land*. Bloomsbury, 1987.

Shlaim, Avi, *Collusion Across the Jordan: King Abdullah, the Zionist Movement and the Partition of Palestine*. Clarendon Press, 1988.

Shlaim, Avi, *The Iron Wall: Israel and the Arab World*. Allen Lane, 2000.

Shlaim, Avi, *Lion of Jordan*. Allen Lane, 2007.

Shulman, David, *Dark Hope: Working for Peace in Israel and Palestine*. University of Chicago Press, 2007.

Silberstein, Laurence J. (ed.), *New Perspectives on Israeli History*. New York University Press, 1991.

Silver, Eric, *Begin: A Biography*. Weidenfeld & Nicolson, 1984.

Simson, H. J., *British Rule and Rebellion*. William Blackwood & Sons, 1937.

Siniver, Asaf (ed.), *The October 1973 War: Politics, Diplomacy, Legacy*. Hurst, 2013.

Siniver, Asaf, *Abba Eban*. Overlook Duckworth, 2015.

Smith, Barbara J., *The Roots of Separatism in Palestine: British Economic Policy, 1920–1929*. Syracuse University Press, 1993.

Sorek, Tamir, *Palestinian Commemoration in Israel: Calendars, Monuments, and Martyrs*, Stanford University Press, 2015.

Spiegel, Steven L., *The Other Arab-Israeli Conflict: Making America's Middle East Policy, From Truman to Reagan*. University of Chicago Press, 1986.

Stein, Kenneth, *The Land Question in Palestine, 1917–1939*. The University of North Carolina Press, 1987.

Stein, Leonard, *The Balfour Declaration*. Valentine, Mitchell & Co., 1961.

Steinberg, Matti, *Omdim Legoralam: Hatodaa Haleumit Hapalestinit, 1967–2007* (Facing Their Fate: Palestinian National Consciousness, 1967–2007). Yediot, 2008.

Storrs, Ronald, *Orientations*. Ivor Nicholson & Watson, 1937.
Strawson, John, *Partitioning Palestine: Legal Fundamentalism in the Palestinian-Israeli Conflict*. Pluto Press, 2010.
Sufian, Sandy and Mark LeVine (eds.), *Reapproaching Borders: New Perspectives on the Study of Israel–Palestine*, Rowman & Littlefield Publishers, 2007.
Suleiman, Camilla, *Language and Identity in the Israel–Palestine Conflict: The Politics of Self-perception in the Middle East*. I. B. Tauris, 2011.
Susser, Asher, *Israel, Jordan and Palestine: The Two-State Imperative*. Brandeis University Press, 2012.
Sutton, Rafi and Yitzhak Shoshan, *Anshei haSod veHester* (Men of Secrets, Men of Mystery). Edanim, 1990.
Swedenburg, Ted, *Memories of Revolt: The 1936–39 Rebellion and the Palestinian National Past*. University of Minnesota Press, 1995.
Swisher, Clayton E., *The Palestine Papers: The End of the Road?* Hesperus, 2011.
Sykes, Christopher, *Cross Roads to Israel*. Collins, 1965.
Tamari, Salim, *Jerusalem 1948: The Arab Neighbourhoods and their Fate in the War*. Institute for Palestine Studies, 2002.
Tamari, Salim, *Mountain Against the Sea: Essays on Palestinian Society and Culture*. University of California Press, 2009.
Tessler, Mark, *A History of the Israeli-Palestinian Conflict*. Indiana University Press, 2009.
Teveth, Shabtai, *The Cursed Blessing*, Weidenfeld & Nicolson, 1969.
Teveth, Shabtai, *Retsah Arlosoroff*. Schocken, 1982.
Teveth, Shabtai, *Ben-Gurion and the Palestinian Arabs*. Oxford University Press, 1985.
Torstrick, Rebecca L., *The Limits of Coexistence: Identity Politics in Israel*. University of Michigan Press, 2000.
Tovy, Jacob, *Israel and the Palestinian Refugee Issue: The Formulation of a Policy, 1948–1956*. Routledge, 2014.
Turki, Fawaz, *Disinherited: Journal of a Palestinian Exile*. Monthly Review Press, 1972.
Turki, Fawaz, *Soul in Exile: Lives of a Palestinian Revolutionary*. Monthly Review Press, 1988.
20 Years Since Oslo: Palestinian Perspectives, Heinrich Böll Stiftung, 2013.
Tyler, Patrick, *Fortress Israel: The Inside Story of the Military Elite Who Run the Country – and Why They Can't Make Peace*. Farrar, Straus & Giroux, 2012.

Ulrichsen, Kristian Coates, *The First World War in the Middle East*. Hurst, 2014.

Usher, Graham, *Palestine in Crisis: The Struggle for Peace and Political Independence after Oslo*. Pluto Press, 1995.

Usher, Graham, *Dispatches from Palestine: The Rise and Fall of the Oslo Peace Process*. Pluto Press, 1999.

Vital, David, *Zionism: The Formative Years*. Clarendon Press, 1988.

Warschawski, Michel, *On the Border*. Pluto Press, 2002.

Wasserstein, Bernard, *The British in Palestine: The Mandatory Government and Arab-Jewish Conflict, 1917–1929*. Blackwell, 1991.

Weinberger, Peter Ezra, *Co-opting the PLO: A Critical Reconstruction of the Oslo Accords, 1993–1995*. Lexington Books, 2007.

Weiss, Yfaat, *A Confiscated Memory: Wadi Salib and Haifa's Lost Heritage*. Columbia University Press, 2011.

Weizman, Eyal, *Hollow Land: Israel's Architecture of Occupation*. Verso, 2007.

Weizmann, Chaim, *Trial and Error*. Hamish Hamilton, 1949.

Wesley, David A., *State Practices and Zionist Images : Shaping Development in Arab Towns in Israel*. Berghahn, 2006.

Williams, Emma, *It's Easier to Reach Heaven than the End of the Street*. Bloomsbury, 2007.

Wittes, Tamara Cofman (ed.), *How Israelis and Palestinians Negotiate: A Cross-Cultural Analysis of the Oslo Peace Process*, United States Institute of Peace, 2005.

Yaari, Eliezer, *Me'ever le-Harei haHoshekh* (Beyond the Mountains of Darkness). Albatross, 2015.

Yassin, Subhi, *Al-Thawra al-Arabiya al-Kubra fi Filastin* (The Great Arab Revolt in Palestine), Dar al-Kitab al-arabi, Cairo, 1967.

Yazbak, Mahmoud, *Haifa in the Late Ottoman Period, 1864–1914*. Brill, 1998.

Yizhar, S., *Khirbet Khiza*. Granta, 2011.

Yousef, Mosab Hassan, *Son of Hamas*, Authentic Media, 2010.

Zertal, Idith and Akiva Eldar, *Lords of the Land*. Nation Books, 2009.

Zochrot, *Hikayat Balad/Omrim Yayshna Aretz* (Story of a Land) (in Arabic and Hebrew). Zochrot/Pardes, 2012.

注释

前言

1. Edward Said, *The Question of Palestine*, p. 81.
2. Elia Etkin, The ingathering of (non-human) exiles: the creation of the Tel Aviv Zoological Garden animal collection, 1938–1948, *Journal of Israeli History* 35 (1), 2016.

引言

1. http://www.aljazeera.com/news/middleeast/2013/06/201362219549114855.html.
2. https://www.youtube.com/watch?v= Aj-pyJF6ckU.
3. https://www.youtube.com/watch?v=OCCHsXCgaeA.
4. http://www.aljazeera.com/indepth/opinion/2012/11/201211211117878510.html.
5. http://www.palwatch.org/pages/news_archive.aspx?doc_id=7103.
6. http://www.zobbel.de/stamp/pna_2012.html.
7. https://www.facebook.com/NationalLibraryofIsrael/posts/1363911096957444.
8. Paul L. Scham, The historical narratives *of Israelis and Palestinians and the* peacemaking process, *Israel Studies Forum* 21 (2), Winter 2006, pp. 58–84.
9. Nadim Rouhana, in Robert Rotberg (ed.), *Israeli and Palestinian Narratives*, p. 118.

10. Afif Safieh, *Independent*, 22 March 2015.
11. Nadera Shalhoub-Kevorkian and Sarah Ihmoud, Exiled at home: writing return and the Palestinian home, *Biography* 37 (2), Spring 2014, pp. 377–97.
12. Alan Cunningham, Palestine: the last days of the Mandate, *International Affairs* (Royal Institute of International Affairs) 24 (4), Oct. 1948, pp. 481–90.
13. Sami Adwan et al. (eds.), *Side By Side: Parallel Histories*.
14. Paul Scham et al., *Shared Histories*, pp. 44–6.
15. Adwan et al. (eds.), *Side By Side*, p. x.
16. Neil Caplan, *The Israel-Palestine Conflict*, pp. 241–4.
17. Walid Khalidi, *All That Remains*.
18. Yezid Sayigh, *Armed Struggle and the Search for a State*.
19. Rashid Khalidi, *The Iron Cage*, p. xxxiv.
20. Ari Shavit, *My Promised Land*, p. 108.
21. Neve Gordon, *Israel's Occupation*, pp. xvi–xvii.
22. Dina Matar, Whose 'ethnic cleansing'? Israel's appropriation of the Palestinian narrative. *Al-Shabaka*, 26 March 2017.
23. Scham, Historical narratives, op. cit.
24. Asher Susser, *Israel, Jordan and Palestine: The Two-State Imperative*, p. 219.
25. Avraham Sela and Alon Kadish, Israeli and Palestinian memories and historical narratives of the 1948 war – an overview, *Israel Studies* 21 (1), Spring 2016, pp. 1–25.
26. Ahmad Samih Khalidi, The Palestinians cannot be Zionists, *Foreign Policy*, 15 June 2011.
27. *Palestinian-Israeli Pulse*, 16 February 2017, http://www.pcpsr.org/en/node/678.
28. *Haaretz*, 17 February 2014.

第一章 1917

1. *Jerusalem Post*, 9 December 1977; Tom Segev, *One Palestine, Complete*, pp. 52–3.
2. A. J. Sherman, *Mandate Memories*, p. 35.
3. Eitan Bar-Yosef, *The Holy Land in English Culture*, pp. 247–65.
4. Gudrun Kramer, *A History of Palestine*, p. 145.
5. Johann Büssow, *Hamidian Palestine*, p. 41.
6. Yehoshua Porath, *The Emergence of the Palestinian Arab National Movement*, pp. 7–8.
7. Rashid Khalidi, *Palestinian Identity*, pp. 150–58.

8. Arthur Koestler, *Promise and Fulfilment*, p. 4.
9. Mayir Verete, The Balfour Declaration and Its Makers, *Middle Eastern Studies* 6, 1970, pp. 48–76.
10. William M. Mathew, The Balfour Declaration and the Palestine Mandate, 1917–1923: British imperialist imperatives, *British Journal of Middle Eastern Studies* 40 (3), 2013, pp. 231–50.
11. Leonard Stein, *The Balfour Declaration*; Jonathan Schneer, *The Balfour Declaration*; Michael J. Cohen, Was the Balfour Declaration at Risk in 1923? Zionism and British Imperialism, *Journal of Israeli History* 29 (1), 2010.
12. George Antonius, *The Arab Awakening*, p. 395.
13. Chaim Weizmann, *Trial and Error*, p. 262.
14. Walter Laqueur, *The Road to War*, p. 15.
15. Verete, The Balfour Declaration, op. cit.
16. *Observer*, 8 December 2013; Walid Khalidi, SOAS lecture, London, 6 March 2014.
17. Schneer, *The Balfour Declaration*, p. 342.
18. Ronald Storrs, *Orientations*, p. 324.
19. Kristian Coates Ulrichsen, *The First World War in the Middle East*, p. 109.
20. Salim Tamari, http://www.palestine-studies.org/sites/default/files/jq-articles/30_tamari_1.pdf.
21. Storrs, *Orientations*, p. 347.
22. David Gilmour, *Curzon*, p. 482.
23. Khalidi, SOAS lecture, 6 March 2014.

第二章　1882—1917

1. Shmuel Tolkowsky, in H. Sacher (ed.), *Zionism and the Jewish Future*, p. 155.
2. Menachem Klein, *Lives in Common*, p. 41.
3. Abigail Jacobson, *From Empire to Empire*, p. 86.
4. Mahmoud Yazbak, *Haifa in the Late Ottoman Period*, p. 217.
5. Derek Penslar, *Zionism and Technocracy*, pp. 18–19.
6. Ronald Florence, *Lawrence and Aaronsohn*, pp. 32–3.
7. Lawrence Oliphant, *Haifa: Or, Life in Modern Palestine*, p. 12.
8. David Kushner (ed.), *Palestine in the Late Ottoman Period*, p. 286.
9. Gershon Shafir, *Land, Labor and the Origins of the Israeli-Palestinian Conflict*, p. 187.

10. Adam M. Garfinkle, On the origin, meaning, use, and abuse of a phrase, *Middle East Studies* 27, October 1991, pp. 539–50.
11. Ami Ayalon, *Reading Palestine: Printing and Literacy, 1900–1948*, p. 16, cites literacy figures of 1–3 percent in nineteenth- century Palestine.
12. Beshara B. Doumani, Rediscovering Ottoman Palestine: writing Palestinians into history, *Journal of Palestine Studies* 21 (2), Winter 1992, pp. 5–28.
13. Tolkowsky, in Sacher (ed.), *Zionism and the Jewish Future*, p. 140.
14. Yael Zerubavel, The desert and the settlement as symbolic landscapes in modern Israeli culture, in Julia Brauch et al. (eds.), *Jewish Topographies*, pp. 201–22.
15. Yehoshua Porath, *The Emergence of the Palestinian Arab National Movement*, p. 25.
16. Shafir, *Land, Labor*, p. 201.
17. Anita Shapira, *Land and Power*, p. 57.
18. Shafir, *Land, Labor*, p. 56.
19. Neville J. Mandel, *The Arabs and Zionism Before World War I*, p. 34.
20. Ben-Bassat, *Haaretz*, 4 November 2012.
21. Oliphant, *Haifa*, p. 288.
22. Mandel, *Arabs and Zionism*, p. 40.
23. Israel Cohen (ed.), *Zionist Work in Palestine*, pp. 164–5.
24. Alan Dowty, Much ado about little: Ahad Ha'am's 'Truth from Eretz Yisrael', Zionism, and the Arabs, *Israel Studies* 5 (2), Fall 2000, pp. 154–81.
25. David Goldberg, *To the Promised Land*, p. 39.
26. Mandel, *Arabs and Zionism*, p. 20.
27. Ilan Pappé, *The Rise and Fall of a Palestinian Dynasty*, p. 118.
28. Gudrun Kramer, *A History of Palestine*, p. 113.
29. David Hirst, *The Gun and the Olive Branch*, pp. 14–15; David Vital, *Zionism: The Formative Years*, p. 380.
30. Vital, *Zionism*, p. 381.
31. Theodor Herzl, *Old New Land (Altneuland)*, p. 42.
32. Gabriel Piterberg, *The Returns of Zionism*, p. 39.
33. Rashid Khalidi, *Palestinian Identity*, p. 104.
34. Michelle Campos, *Ottoman Brothers: Muslims, Christians, and Jews*, pp. 219–20.
35. Shapira, *Land and Power*, p. 51.
36. Dowty, Much ado about little, op. cit.
37. Gur Alroey, *An Unpromising Land*, p. 159.

38. Mark LeVine, *Overthrowing Geography*, p. 45.
39. Alroey, *Unpromising Land*, p. 169.
40. A. W. Kayyali, *Palestine: A Modern History*, p. 24.
41. Gil Eyal, *The Disenchantment of the Orient*, p. 33.
42. Anat Kidron, The Haifa Community Committee during World War I, in Eran Dolev et al. (eds.), *Palestine and World War I,* p. 245.
43. T. E. Lawrence, *The Letters of T. E. Lawrence*, p. 74.
44. Yaacov Ro'i, The Zionist attitude to the Arabs, 1908–1914, in Elie Kedourie and Sylvia G. Haim (eds.), *Palestine and Israel in the 19th and 20th Centuries*, p. 20.
45. Mustafa Kabha, *The Palestinian People*, p. 2.
46. Jonathan Gribetz, *Defining Neighbors*, p. 90.
47. Khalidi, *Palestinian Identity*, pp. 124–41; Emanuel Beška, Political opposition to Zionism in Palestine and Greater Syria: 1910–1911 as a turning point, *Jerusalem Quarterly* 59, 2014.
48. Yazbak, *Haifa*, pp. 221–2.
49. Michelle U. Campos, Between 'Beloved Ottomania' and 'The Land of Israel': the struggle over Ottomanism and Zionism among Palestine's Sephardi Jews, 1908–13, *International Journal of Middle East Studies* 37 (4), November 2005, pp. 461–83.
50. Gribetz, *Defining Neighbors*, p. 190; Goldberg, *Promised Land*, p. 163.
51. Jacob Norris, *Land of Progress*, p. 45.
52. Gribetz, *Defining Neighbors*, pp. 1–14.
53. Mandel, *Arabs and Zionism*, p. 106.
54. Yuval Ben-Bassat, Rural reactions to Zionist activity in Palestine before and after the Young Turk Revolution of 1908 as reflected in petitions to Istanbul, *Middle Eastern Studies* 49 (3), 2013, pp. 349–63.
55. Cohen (ed.), *Zionist Work*, pp. 172–3.
56. Kayyali, *Palestine*, p. 29.
57. Ro'i, Zionist attitude to the Arabs, p. 35, op. cit.
58. Tolkowsky, in Sacher (ed.), *Zionism*, p. 156.
59. Shapira, *Land and Power*, p. 64.
60. Shafir, *Land, Labor*, p. 87.
61. Ro'i, Zionist attitude to the Arabs, p. 47, op. cit.
62. Emile Marmorstein, European Jews in Muslim Palestine, in Kedourie and Haim (eds.), *Palestine and Israel in the 19th and 20th Centuries*, p. 10.
63. Shafir, *Land, Labor*, p. 141.

64. Yuval Ben-Bassat and Gur Alroey, The Zionist–Arab incident of Zarnuqa 1913: a chronicle and several methodological remarks, *Middle Eastern Studies* 52 (5), 2016, pp. 787–803.
65. Issam Khalidi, Palestine sports and scouts: factional politics and the Maccabiad in the 1930s, *Jerusalem Quarterly* 63/64, 2015.
66. Penslar, *Zionism and Technocracy*, p. 120.
67. Alroey, *Unpromising Land*, p. 116.
68. Shafir, *Land, Labor*, p. 203.
69. Yosef Gorny, *Zionism and the Arabs*, pp. 54–5.
70. 23 February 1913 to Vera, Yehuda Reinharz, *Chaim Weizmann*, pp. 394–5.
71. Gorny, *Zionism*, p. 64.
72. Campos, *Ottoman Brothers*, p. 231.
73. Mandel, *Arabs and Zionism*, p. 229.
74. Mandel, *Arabs and Zionism*, p. 212.
75. *Filastin*, 29 April 1914; Kayyali, *Palestine*, p. 39.
76. Neil Caplan, *Palestine Jewry and the Arab Question*, p. 14.

第三章 1917—1929

1. *Zionist Review*, July 1918.
2. Neil Caplan, *Palestine Jewry and the Arab Question*, p. 22.
3. Yehoshua Porath, *The Emergence of the Palestinian Arab National Movement*, p. 32.
4. Gudrun Kramer, *History of Palestine*, p. 158.
5. Geoffrey Furlonge, *Palestine is My Country*, pp. 35–64.
6. Chaim Weizmann, *Trial and Error*, p. 244.
7. Nakdimon Rogel, Weizmann's man in Damascus: Dr. Shlomo Felman's mission to Faisal's court, September 1919–July 1920, *Studies in Zionism* 4 (2), 1983.
8. Neil Caplan, Faisal Ibn Husain and the Zionists: a re-examination with documents, *International History Review* 5 (4), 1983, pp. 561–614.
9. Abba Eban, *My People*, p. 377.
10. Caplan, *Palestine Jewry*, p. 42; Tom Segev, *One Palestine, Complete*, p. 116.
11. *Zionist Review*, January 1920.
12. Haim Gerber, *Remembering and Imagining Palestine*, p. 97.
13. Ronald Storrs, *Orientations*, p. 428.
14. Storrs, *Orientations*, p. 398.

15. Anita Shapira, *Land and Power*, pp. 98–109.
16. Caplan, *Palestine Jewry*, p. 57.
17. Storrs, *Orientations*, p. 387.
18. Gerber, *Remembering and Imagining*, p. 96.
19. Porath, *Emergence*, p. 81.
20. Viscount Samuel, *Memoirs*, p. 154.
21. Ilan Pappé, *Rise and Fall of a Palestinian Dynasty*, p. 204.
22. Pappé, *Rise and Fall*, p. 206.
23. A. J. Sherman, *Mandate Memories*, p. 54.
24. Elie Kedourie, *The Chatham House Version*, p. 55.
25. Yoav Gelber, *Shorshei haHavatselet*, pp. 34–6.
26. Abigail Jacobson, *From Empire to Empire*, p. 165.
27. Hillel Cohen, *Army of Shadows*, p. 20.
28. Porath, *Emergence*, p. 68.
29. Gelber, *Shorshei haHavatselet*, p. 55.
30. Caplan, *Palestine Jewry*, p. 101.
31. Porath, *Emergence*, p. 68.
32. Neil Caplan, *The IsraelPalestine Conflict*, p. 11.
33. Porath, *Emergence*, p. 60.
34. Porath, *Emergence*, p. 133.
35. Yeruham Cohen, *Leor Hayom uvaMahshekh*, p. 10.
36. Caplan, *Palestine Jewry*, p. 94.
37. Simha Flapan, *Zionism and the Palestinians*, p. 61.
38. Weizmann, *Trial and Error*, p. 349.
39. David HaCohen, *Time to Tell*, p. 168.
40. Kedourie, *Chatham House Version*, p. 71.
41. Flapan, *Zionism and the Palestinians*, p. 62.
42. Meir Pa'il, *Min HaHaganah leTzva Haganah*, pp. 19–24.
43. The Iron Wall, *Razsviet*, 4 March 1923.
44. Haycraft Report, p. 50.
45. Haycraft Report, p. 50; Peel Report, p. 52.
46. W. F. Stirling, *Safety Last*, quoted in Walid Khalidi, *From Haven to Conquest*, pp. 233–4.
47. Weizmann, *Trial and Error*, pp. 372–4.
48. Yael Zerubavel, The desert and the settlement as symbolic landscapes in modern Israeli culture, in Julia Brauch et al. (eds.), *Jewish Topographies*, pp. 201–23.

49. Sharon Rotbard, *White City, Black City*, p. 89.
50. Mark LeVine, *Overthrowing Geography*, p. 119.
51. Rotbard, *White City, Black City*, p. 91.
52. Cohen, *Leor Hayom*, p. 10.
53. Sherman, *Mandate Memories*, p. 73.
54. Gur Alroey, *Unpromising Land*, p. 17.
55. Evyatar Friesel, Through a peculiar lens: Zionism and Palestine in British diaries, 1927–31, *Middle Eastern Studies* 29 (3), 1993, pp. 419–44.
56. Barbara J. Smith, *The Roots of Separatism*, p. 4.
57. Jacob Norris, *Land of Progress*, p. 85.
58. Caplan, *Palestine Jewry*, pp. 132, 198–9.
59. Elie Kedourie, Herbert Samuel and the government of Palestine, in *The Chatham House Version*, p. 59.
60. Kenneth Stein, *The Land Question in Palestine*, p. 59.
61. Yosef Gorny, *Zionism and the Arabs*, pp. 138–43.
62. Zachary Lockman, *Comrades and Enemies*, p. 44; Gelber, *Shorshei haHavatselet*, pp. 33–5.
63. Martin Gilbert, *Exile and Return*, p. 149.
64. Walter Laqueur, *A History of Zionism*, p. 251.
65. Roy Macleod, Balfour's mission to Palestine: science, strategy, and the inauguration of the Hebrew University in Jerusalem, *Minerva* 46 (1), 2008, pp. 53–76.
66. Nili Fox, Balfouriya: an American Zionist failure or secret success? *American Jewish History* 78 (4), 1989, pp. 497–512.
67. Pappé, *Rise and Fall*, p. 230.
68. Porath, *Emergence*, p. 213.
69. Stein, *Land Question*, p. 70; Ted Swedenburg, *Memories of Revolt*, pp. 98–9.
70. Donna Robinson Divine, *Politics and Society in Ottoman Palestine*, pp. 194–5.
71. Porath, *Emergence*, p. 253.
72. Weldon Matthews, *Confronting an Empire*, p. 65.
73. Hillel Cohen, *Tarpat*, pp. 133–4.
74. Porath, *Emergence*, p. 266.
75. Segev, *One Palestine*, p. 304; David Ben-Gurion, *Zichronot*, pp. 340–49.
76. Cohen, *Tarpat*, pp. 147–8.
77. Rana Barakat, The Jerusalem Fellah: popular politics in Mandate-era Palestine, *Journal of Palestine Studies* 46 (1), 2016, pp. 7–19.

78. Bernard Wasserstein, *The British in Palestine*, p. 237.
79. Shapira, *Land and Power*, p. 177.
80. Matthews, *Confronting an Empire*, p. 65.
81. Sami Adwan et al. (eds.), *Side By Side: Parallel Histories*, p. 63.
82. https://www.academia.edu/8567561/Calendars_martyrs_and_Palestinian_particularism_under_British_rule.
83. Segev, *One Palestine*, pp. 314–26.
84. Porath, *Emergence*, p. 272.
85. Shapira, *Land and Power*, p. 174.
86. Christopher Sykes, *Cross Roads*, p. 139.
87. Cohen, *Tarpat*, p. 163.
88. S. Y. Agnon, *Me-atzmi el atzmi*, p. 406.
89. Tom Segev, *1949: The First Israelis*, p. 67.
90. Gilbert, *Exile and Return*, p. 154.
91. Sykes, *Cross Roads*, p. 145.
92. Carly, Beckerman-Boys, The reversal of the Passfield White Paper, 1930–31: a reassessment, *Journal of Contemporary History* 51 (2), 2016, pp. 213–33.
93. Weizmann, *Trial and Error*, p. 415.
94. Hans Kohn, letter to Dr Feiwel, Jerusalem, 21 November 1929, cited in Martin Buber, *A Land of Two Peoples*.
95. Norman Bentwich, *For Zion's Sake: A Biography of Judah L. Magnes*, p. 178.
96. Michael Bar-Zohar, *Ben-Gurion*, p. 310.
97. Gerber, *Remembering and Imagining*, p. 34.
98. Jennifer Glynn (ed.), *Tidings from Zion*, p. 177.
99. Peel Report, p. 70.
100. Suzy Eban, *A Sense of Purpose*, pp. 47–8.

第四章　1929—1936

1. *Filastin*, 2 November 1932.
2. Weldon Matthews, *Confronting an Empire*, p. 161.
3. Kenneth Stein, *The Land Question*, p. 215.
4. Mustafa Kabha, *The Palestinian Press*, pp. 114–18.
5. Raya Adler (Cohen), Mandatory land policy, tenancy and the Wadi al-Hawarith affair, 1929–1933, *Studies in Zionism: Politics, Society, Culture* 7 (2), 1986, pp. 233–57.

6. Matthews, *Confronting an Empire*, pp. 189–93.
7. Kabha, *Palestinian Press*, p. 135.
8. Matthews, *Confronting an Empire,* pp. 44–52.
9. Shai Lachman, Arab rebellion and terrorism in Palestine, 1929–1939: the case of Sheikh Izz al-Din al-Qassam and his movement, in Elie Kedourie and Sylvia G. Haim (eds.), *Zionism and Arabism in Palestine and Israel*, pp. 52–100.
10. Peel Report, p. 81.
11. Jacob Norris, *Land of Progress*, p. 170.
12. Haim Gerber, *Remembering and Imagining Palestine*, p. 125.
13. Yehoshua Porath, *Emergence of the Palestinian Arab National Movement*, p. 123.
14. Lachman, Arab rebellion, p. 53, op. cit.
15. Matthews, *Confronting an Empire*, p. 156.
16. Yoav Gelber, *Shorshei haHavatselet*, pp. 115–26.
17. David Ben Gurion, *Zichronot*, p. 686.
18. Ian Black, *Zionism and the Arabs*, pp. 13–14.
19. Shabtai Teveth, *Retsah Arlosoroff.*
20. David Ben-Gurion, *My Talks with Arab Leaders*, p. 21.
21. Geoffrey Furlonge, *Palestine is My Country*, p. 104.
22. Neil Caplan, *Futile Diplomacy*, Vol. 2, pp. 189–92; Ben-Gurion, *My Talks*, pp. 14–21.
23. Black, *Zionism*, pp. 191–3.
24. Anita Shapira, *Ben-Gurion*, p. 94; Martin Kramer, *Sandbox*, 3 November 2015.
25. Porath, *Emergence,* pp. 132–3.
26. Gelber, *Shorshei haHavatselet*, pp. 106–7.
27. Mahmoud Yazbak, From poverty to revolt: economic factors in the outbreak of the 1936 rebellion in Palestine, *Middle Eastern Studies* 36 (3), 2000, pp. 97–105.
28. Nevill Barbour, *Nisi Dominus*, p. 133.
29. Ted Swedenburg, *Memories of Revolt*, pp. 29–30; Lachman, Arab rebellion, op. cit.
30. Gideon Shimoni, *The Zionist Ideology*, p. 380.
31. Gilbert Achcar, *The Arabs and the Holocaust*, p. 49.
32. Shimon Peres, *Battling for Peace*, p. 19.

第五章 1936—1939

1. *Sefer Toldot haHaganah* (STH), Vol. 2, p. 632; Subhi Yassin, *Al-Thawra*

al-Arabiya al-Kubra fi Filastin, p. 42; Gilbert Achcar, *The Arabs and the Holocaust*, p. 133.

2. Ian Black, *Zionism and the Arabs*, p. 17.
3. Mahmoud Yazbak, From poverty to revolt: economic factors in the outbreak of the 1936 rebellion in Palestine, *Middle Eastern Studies* 36 (3), 2000, pp. 93–113.
4. Zeina Ghandour, *A Discourse on Domination in Mandate Palestine*, p. 117.
5. Jacob Norris, Repression and rebellion: Britain's response to the Arab Revolt in Palestine of 1936–39, *Journal of Imperial and Commonwealth History* 36 (1), 2008.
6. Thomas Hodgkin, *Letters from Palestine*, 3 June 1936, p. 170.
7. *Filastin*, 12 July 1936, quoted in STH, Vol. 2, p. 639.
8. David Ben-Gurion, *My Talks with Arab Leaders*, p. 80.
9. Leila Parsons, *The Commander*, p. 120.
10. A. J. Sherman, *Mandate Memories*, p. 101.
11. Black, *Zionism*, p. 26.
12. Lord Melchett, *Thy Neighbour*, p. 225.
13. Black, *Zionism*, pp. 47–8.
14. Matthew Hughes, The banality of brutality: British armed forces and the repression of the Arab Revolt in Palestine, 1936–39, *English Historical Review* 124 (507), 2009, pp. 313–54.
15. Shabtai Teveth, *Ben-Gurion*; Mark LeVine, *Overthrowing Geography*, p. 104.
16. H. J. Simson, *British Rule and Rebellion*, p. 227.
17. Martin Gilbert, *Exile and Return*, p. 165.
18. Yehoshua Porath, *Emergence of the Palestinian Arab National Movement*, p. 212.
19. Neil Caplan, Faisal Ibn Husain and the Zionists: a re-examination with documents, *International History Review* 5 (4), 1983, pp. 561–614.
20. Peel Report, p. 123.
21. Rael Jean Isaac, *Israel Divided*, p. 33; *New Judaea*, August–Sept. 1937, p. 214.
22. Benny Morris (ed.), *Making Israel*, p. 16.
23. Black, *Zionism*, p. 90.
24. Ghandour, *Discourse on Domination*, pp. 166–74.
25. James Barr, *A Line in the Sand*, pp. 174–83.
26. Hughes, Banality, op. cit.
27. Mustafa Kabha, *The Palestinian People*, p. 77.

28. Hughes, Banality, op. cit.
29. William Quandt et al., *The Politics of Palestinian Nationalism*, p. 38.
30. Hughes, Banality, op. cit.
31. Matthew Hughes, The practice and theory of British counterinsurgency: the histories of the atrocities at the Palestinian villages of al-Bassa and Halhul, 1938–1939, *Small Wars & Insurgencies* 20 (3–4), 2009, pp. 528–50.
32. Norris, Repression and rebellion, op. cit.
33. Yusif Sayigh, *Arab Economist*, p. 158.
34. Itamar Radai, The rise and fall of the Palestinian-Arab middle class under the British Mandate, 1920–39, *Journal of Contemporary History*, 2016.
35. Ghandour, *Discourse on Domination*, p. 113.
36. Chaim Weizmann, *Trial and Error*, p. 484.
37. *Palestine Post*, 17 July 1938.
38. Black, *Zionism*, p. 380.
39. Elie Eliachar, *Lihiot im haPalestinaim*, p. 65.
40. Yoav Gelber, *Shorshei haHavatselet*, p. 184.
41. Hillel Cohen, *Tarpat*, p. 127.
42. Gelber, *Shorshei haHavatselet*, pp. 240–43.
43. Quandt et al., *Politics of Palestinian Nationalism*, p. 39.
44. Sayigh, *Arab Economist*, p. 160.
45. Cohen, *Tarpat*, pp. 143–4.
46. Weizmann, *Trial and Error*, p. 488; Hillel Cohen, *Army of Shadows*, pp. 143–4.
47. Matthew Hughes, Palestinian collaboration with the British: the peace bands and the Arab Revolt in Palestine, 1936–1939, *Journal of Con temporary History*, May 2015.
48. Haim Gerber, *Remembering and Imagining Palestine*, pp. 150–51.
49. Hughes, British counterinsurgency, op. cit.
50. Black, *Zionism*, pp. 390–98.
51. Anita Shapira, *Land and Power*, p. 253.
52. Sharon Rotbard, *White City, Black City*, p. 93.
53. Meir Pa'il, *Min HaHaganah leTzva Haganah*, p. 141.
54. Weizmann, *Trial and Error*, p. 489.
55. STH, Vol. 2, pt 2, p. 820; Anita Shapira, *Yigal Allon*, p. 96.
56. John Knight, Securing Zion? Policing in British Palestine, 1917–39, *European Review of History: Revue européenne d'histoire*, 2011.
57. STH, Vol. 2, pt 2, pp. 650, 800–802.

58. Sonia Nimr, in LeVine and Shafir (eds.), *Struggle and Survival*, pp. 141–56.
59. Gerber, *Remembering and Imagining*, p. 153.
60. Ted Swedenburg, *Memories of Revolt*, pp. 171–202.
61. Nasser Nashashibi, *Jerusalem's Other Voice*, p. 107.
62. Achcar, *Arabs and Holocaust*, p. 139.
63. Yezid Sayigh, *Armed Struggle*, p. 7.
64. Philip Mattar, *The Mufti of Jerusalem*, p. 151.
65. May Seikaly, *Haifa*, p. 250.
66. Yfaat Weiss, *A Confiscated Memory*, p. 67.
67. Simson, *British Rule*, p. 134.
68. Peel Report, p. 146.
69. Yonatan Mendel, *The Creation of Israeli Arabic*, p. 29.
70. Menachem Klein, *Lives in Common*, p. 74.
71. Tamir Goren, The struggle to save the national symbol: Jaffa Port from the Arab Revolt until the twilight of the British Mandate, *Middle Eastern Studies* 51 (6), 2015, pp. 863–82.
72. Weizmann, *Trial and Error*, p. 508.

第六章　1939—1945

1. http://www.haaretz.com/news/features/this-day-in-jewish-history/1.545939.
2. Baruch Kimmerling and Joel Migdal, *The Palestinian People*, p. 138.
3. Joseph Nevo, The Arabs of Palestine 1947–48: military and political activity, *Middle Eastern Studies* 23 (1), 1987, pp. 3–38; Issa Khalaf, *Politics in Palestine*, p. 90.
4. Tom Segev, *The Seventh Million*, pp. 97–8.
5. *Guardian*, 15 February 1992.
6. Moshe Sharett, *Yoman Medini*, Vol. 5, p. 113.
7. Anita Shapira, *Yigal Allon*, p. 74.
8. Itamar Radai, *Palestinians in Jerusalem and Jaffa*, p. 133.
9. Hillel Cohen, *Army of Shadows*, p. 176.
10. Menachem Klein, *Lives in Common*, p. 74.
11. Countess Ranfurly, *To War with Whitaker*, p. 103.
12. Richard Crossman, *Palestine Mission*, p. 123.
13. Salim Tamari, *Jerusalem 1948*, p. 1.
14. Norman Rose, *A Senseless, Squalid War*, p. 58.

15. Chaim Weizmann, *Trial and Error*, pp. 529–30.
16. Ezra Danin, *Tzioni Bekol Tnai*, p. 157.
17. Walid Khalidi, The Arab perspective, in Louis and Stookey (eds.), *The End of the Palestine Mandate*, p. 107.
18. Anita Shapira, *Land and Power*, p. 283.
19. Shapira, *Land and Power*, pp. 308–10.
20. Noah Lucas, *Modern History*, p. 193.
21. Peel Report, p. 390.
22. Ian Black, *Zionism*, pp. 356–7; Yoav Gelber, The beginnings of the Israeli-Druze alliance, 1930–1948, *Cathedra* 60, 1991, pp. 141–81.
23. Nur Masalha, *Palestine Nakba*, p. 6; David Hirst, *The Gun and the Olive Branch*, p. 130.
24. Erskine Childers, The other exodus, *Spectator*, 12 May 1961, reprinted in Walter Laqueur (ed.), *The Israel–Arab Reader*, pp. 179–88.
25. Mordechai Bar-On, Cleansing history of its content: some critical comments on Ilan Pappé's *The Ethnic Cleansing of Palestine*, *Journal of Israeli History* 27 (2), 2008.
26. Yoav Gelber, *Shorshei haHavatselet*, pp. 510–27.
27. Ian Black and Benny Morris, *Israel's Secret Wars*, pp. 20–23.
28. Sarah Ozacky, The Haganah in Arab eyes, in Dani Hadari (ed.), *Homat Magen* pp. 303–42.
29. http://info.Palmah.org.il/show_item.asp?levelId=38612&itemId=5897&itemType=0.
30. Meron Benvenisti, *Sacred Landscape*, p. 232.
31. Cohen, *Army of Shadows*, p. 188.
32. Hillel Cohen, *Tarpat*, p. 305.
33. Ari Shavit, *My Promised Land*, pp. 71–99.
34. Shapira, *Land and Power*, p. 311.
35. Shimon Peres, *Battling for Peace*, p. 47.
36. Benvenisti, *Sacred Landscape*, p. 71.
37. http://jerusalemquarterly.org/images/ArticlesPdf/JQ-52-Sela-Scouting_Palestinian_Territory_1940-1948.pdf.
38. Salman Abu Sitta, *Mapping My Return*, p. 55.
39. Danin, *Tzioni Bekol Tnai*, pp. 217–18.
40. Hadara Lazar, *Out of Palestine*, p. 56.
41. Gelber, *Shorshei haHavatselet*, p. 300.

42. Cohen, *Army of Shadows*, p. 196.
43. T. R. Feiwel, *No Ease in Zion*, pp. 275–87.
44. Crossman, *Palestine Mission*, pp. 157–8.
45. Mustafa Kabha, *The Palestinian People*, p. 27.
46. Kabha, *Palestinian People*, p. 68.
47. Khalaf, *Politics in Palestine*, p. 91.

第七章　1945—1949

1. S. Yizhar, *Khirbet Khiza*, p. 107.
2. Ilan Pappé, *The Ethnic Cleansing of Palestine*, p. 50; Saleh Abdel-Jawad, in Robert Rotberg (ed.), *Israeli and Palestinian Narratives of Conflict*; Benny Morris, *Righteous Victims*, pp. 89–90.
3. Said Aburish, *Children of Bethany*, p. 103.
4. David Horowitz, *State in the Making*, p. 102.
5. 12 March 1947. Norman Rose, *A Senseless, Squalid War*.
6. Horowitz, *State in the Making*, p. 171.
7. Joseph Nevo, The Arabs of Palestine 1947–48: military and political activity, *Middle Eastern Studies* 23 (1), 1987, pp. 3–38.
8. Nevo, Arabs of Palestine.
9. Walid Khalidi, in Louis and Stookey (eds.), *The End of the Palestine Mandate*, p. 121.
10. http://zionism-israel.com/Letters_from_Jerusalem_1948.html.
11. Mustafa Kabha, *The Palestinian People*, p. 86.
12. Victor Kattan, *From Coexistence to Conquest*, p. 156.
13. Joseph Heller, in Elie Kedourie and Sylvia G. Haim (eds.), *Zionism and Arabism*, p. 147.
14. Richard Crossman, *Palestine Mission*, p. 141.
15. Benny Morris, *1948*, p. 81.
16. Uri Avnery, *1948*, pp. 4–5.
17. Salim Tamari, *Jerusalem 1948*, p. 98.
18. Gilbert Achcar, *The Arabs and the Holocaust*, p. 54.
19. Rashid Khalidi, *The Iron Cage*, pp. 22–30.
20. Aburish, *Children*, p. 94.
21. Hillel Cohen, *Army of Shadows*, p. 225.
22. Maurice Perlman, *The Mufti of Jerusalem*, pp. 24–33.

23. John Strawson, *Partitioning Palestine*, p. 74.
24. Nevo, Arabs of Palestine, op. cit.
25. Khalidi, *Iron Cage*, p. 125.
26. Walid Khalidi, *From Haven to Conquest*, p. 858.
27. Kabha, *Palestinian People*, p. 55.
28. Rose, *Senseless*, p. 58.
29. Christopher Sykes, *Cross Roads*, p. 402.
30. PASSIA, *100 Years*, p. 79.
31. Hisham Sharabi, *Embers and Ashes*, pp. 2–3.
32. Khalidi, in Louis and Stookey (eds.), *End of the Palestine Mandate*, p. 122.
33. Kabha, *Palestinian People*, pp. 100–101.
34. Leila Parsons, *The Commander*, pp. 157–8, 187–8.
35. Morris, *1948*, p. 93.
36. Itamar Radai, Jaffa, 1948: the fall of a city, *Journal of Israeli History* 30 (1), 2011, pp. 23–43.
37. Nevo, Arabs of Palestine, op. cit.; Cohen, *Army of Shadows*, pp. 232–3.
38. W. Roger Louis, Sir Alan Cunningham and the end of British rule in Palestine, *Journal of Imperial and Commonwealth History* 16 (3), 1988.
39. Nathan Krystall, The de-Arabization of West Jerusalem 1947–50, *Journal of Palestine Studies* 27 (2), 1998, pp. 5–22.
40. Ghada Karmi, *In Search of Fatima*, pp. 89–90.
41. Noam Chayut, *The Girl who Stole my Holocaust*, pp. 19–21.
42. Pappé, *Ethnic Cleansing*, p. 52.
43. Radai, Jaffa, 1948, op. cit.
44. Yoav Gelber, *Palestine 1948*, p. 75.
45. Nevo, Arabs of Palestine, p. 25, op. cit.
46. Itamar Radai, *Palestinians in Jerusalem and Jaffa*, p. 41.
47. Morris, *1948*, pp. 196–7.
48. Pappé, *Ethnic Cleansing*, p. 75.
49. Pappé, *Ethnic Cleansing*.
50. Walid Khalidi, Plan Dalet: master plan for the conquest of Palestine, *Journal of Palestine Studies* 18 (Special Issue: Palestine 1948), 1988, pp. 4–33.
51. Benny Morris, *The Birth of the Palestinian Refugee Problem*, p. 286.
52. Nur Masalha, *The Palestine Nakba*, p. 59.
53. Avi Shlaim, *Guardian*, 14 July 2014.
54. Avi Shlaim, *Collusion Across the Jordan*, p. 99.

55. Khalidi, in Louis and Stookey (eds.), *End of the Palestine Mandate*, p. 126.
56. Radai, *Palestinians*, p. 86.
57. Danny Rubinstein, The Last Battle, Unpublished manuscript.
58. Gelber, *Palestine*, p. 88.
59. Harry Levin quoted in Khalidi, *From Haven to Conquest*, pp. 767–70.
60. Cohen, *Army of Shadows*, p. 232.
61. Eric Silver, *Begin*, p. 89.
62. Radai, *Palestinians*, p. 87.
63. Benny Morris, *The Birth of the Palestinian Refugee Problem Revisited*, p. 237.
64. Sharif Kanaana and Nihad Zitawi, *Deir Yassin*. Monograph No. 4, Destroyed Palestinian Villages Documentation Project, Documentation Centre of Bir Zeit University, 1987, p. 55.
65. Tamari, *Jerusalem 1948*, p. 109.
66. Pappé, *Ethnic Cleansing*, p. 92.
67. Gelber, *Palestine*, p. 101.
68. Radai, *Palestinians*, p. 90.
69. Hadara Lazar, *Out of Palestine*, p. 255.
70. Gelber, *Palestine*, p. 109.
71. Mustafa Abbasi, The end of Arab Tiberias: the Arabs of Tiberias and the battle for the city in 1948, *Journal of Palestine Studies* 37 (3), 2008, pp. 6–29.
72. Morris, *1948*, p. 139.
73. http://moodle.technion.ac.il/file.php/2319/HAIFAdowntown2012/haifahistories/out3.pdf.
74. Morris, *Refugee Problem Revisited*, pp. 309–10.
75. *Haaretz*, 26 May 2015.
76. Abu Iyad and Eric Rouleau, *My Home, My Land*, p. 23.
77. Beryl Cheal, Refugees in the Gaza Strip, December 1948–May 1950, *Journal of Palestine Studies* 18 (Special Issue: Palestine 1948), 1988, pp. 138–57, citing Paul Cossali and Clive Robson, *Stateless in Gaza*, 1986.
78. Mamdouh Nofal et al., Reflections on al-Nakba, *Journal of Palestine Studies* 28 (1), 1998, pp. 5–35.
79. Kattan, *Coexistence to Conquest*, p. 194.
80. Radai, Jaffa, 1948.
81. Mustafa Abbasi, The battle for Safad in the war of 1948: a revised study, *International Journal of Middle East Studies* 36 (1), 2004, pp. 21–47.
82. Mustafa Abbasi, The fall of Acre in the 1948 Palestine war, *Journal of Palestine*

Studies 9 (4), 2010, pp. 6–27.

83. *Zochrot interview*, 12 July 2012.

84. Gelber, *Palestine*, pp. 114–15.

85. David Horowitz, *State in the Making*, p. 349.

86. Tom Segev, *Haaretz*, 21 October 2011.

87. Morris, *1948*, p. 187.

88. Gelber, *Palestine*, p. 137.

89. Muhammad Hallaj, Recollections of the Nakba through a teenager's eyes, *Journal of Palestine Studies* 38 (1), 2007–08.

90. Tamari, *Jerusalem 1948*, p. 266.

91. Sykes, *Cross Roads*, p. 405.

92. Musa Alami, The lesson of Palestine, *Middle East Journal* 3 (4), October 1949, pp. 373–405.

93. Kabha, *Palestinian People*, p. 110.

94. Pappé, *Ethnic Cleansing*, p. 132.

95. Morris, *1948*, p. 164.

96. Ilan Pappé, *Out of the Frame*, p. 73.

97. Kabha, *Palestinian People*, p. 118.

98. Adina Hoffman, *My Happiness*, pp. 113–16.

99. Sami Adwan et al., *Zoom In. Remembrances*, pp. 143–4.

100. Anita Shapira, *Yigal Allon*, p. 227.

101. Amos Ofer, testimony, *Zochrot*, 20 January 2016; Ari Shavit, *My Promised Land*, pp. 99–135.

102. Shapira, *Yigal Allon*, p. 229.

103. Yezid Sayigh, *Armed Struggle*, p. 71.

104. Dan Kurzman, *Soldier of Peace*, pp. 140–41.

105. Morris, *Refugee Problem Revisited*, pp. 181–232.

106. Efrat Ben-Zeev, *Remembering Palestine*, p. 84.

107. Abdel Bari Atwan, *A Country of Words*, p. 23.

108. S. Yizhar, *Khirbet Khiza*, p. 109.

109. Anita Shapira, Hirbet Hizah: between remembering and forgetting, in Benny Morris (ed.), *Making Israel*, pp. 81–123.

110. Uri Avnery, *Optimi*, p. 290.

111. Salman Abu Sitta, *Mapping My Return*, p. 90.

112. Morris, *1948*, p. 331.

113. Morris, *1948*, p. 346.

114. Kobi Peled, Oral testimonies, archival sources, and the 1948 Arab–Israeli war: a close look at the occupation of a Galilean village, *Journal of Israeli History* 33 (1), 2014, pp. 41–61; Ben-Zeev, *Remembering Palestine*, pp. 63–84.
115. Morris, *1948*, p. 406.
116. Bar-On, in Morris (ed.), *Making Israel*, p. 43.
117. Rosemarie M. Esber, *Under the Cover of War*, pp. 386–92.
118. Um Jabr Wishah, Palestinian voices: the 1948 war and its aftermath, *Journal of Palestine Studies* 35 (4), 2006, pp. 54–62.
119. Erskine Childers, The other exodus, *Spectator*, 12 May 1961.
120. Morris, *Refugee Problem Revisited*, p. 599.
121. *Al-Hamishmar*, 19 November 1948, quoted in Adel Manna, *Nakba and Survival*, p. 69.
122. Bar-On, in Morris (ed.), *Making Israel*, p. 43.

第八章　1949—1953

1. Elias Sanbar, Out of place, out of time, *Mediterranean Historical Review* 16 (1), 2001.
2. Ian Lustick, *Arabs in the Jewish State*, p. 51.
3. Arif al-Arif, *Nakbat Bayt-al-Maqdis w'al Firdaus al-mafqoud*, p. 3.
4. Efrat Ben-Zeev, *Remembering Palestine*, p. 84.
5. Rosemary Sayigh, *The Palestinians*, p. 82.
6. Um Jabr Wishah, Palestinian voices: the 1948 war and its aftermath, *Journal of Palestine Studies* 35 (4), 2006, pp. 54–62.
7. Yoav Gelber, *Palestine 1948*, p. 267.
8. Beryl Cheal, Refugees in the Gaza Strip, December 1948–May 1950, *Journal of Palestine Studies* 18 (Special Issue: Palestine 1948), 1988, pp. 138–57.
9. Sami Adwan et al. (eds.), *Side By Side: Parallel Histories*, p. 153.
10. Mark LeVine and Gershon Shafir (eds.), *Struggle and Survival*, p. 185.
11. Tom Segev, *1949*, p. 29.
12. Quoted in Colin Shindler, *History of Modern Israel*, p. 50.
13. Benny Morris, *1948*, pp. 89–149.
14. Lodewijk van Oord, Face-lifting Palestine: early Western accounts of the Palestinian refugee problem, *History and Anthropology* 22 (1), 2011, pp. 19–35.
15. Progress Report of the United Nations Mediator on Palestine, 16 September 1948.

16. Meron Benvenisti, *Sacred Landscape*, p. 151.
17. Anita Shapira, Hirbet Hizah: between remembering and forgetting, in Benny Morris (ed.), *Making Israel*, p. 96.
18. Bar-On, in Morris (ed.), *Making Israel*, p. 43.
19. Avi Plascov, *Palestinian Refugees*, p. 73.
20. Nafez Nazaal, *The Palestinian Exodus from Galilee*, p. 69; Mark Tessler, *Israeli-Palestinian Conflict*, p. 282.
21. Gelber, *Palestine*, p. 267.
22. http://prrn.mcgill.ca/prrn/al-mawed.pdf.
23. Elias Nasrallah, *Shahadat ala al-Qarn al-Filastini al-Awal*, pp. 85–96.
24. Adel Manna, Nakba and survival, EUME Berliner Seminar, 9 November 2016.
25. Hillel Cohen, *Good Arabs*, p. 6.
26. Nadim N. Rouhana and Areej Sabbagh-Khoury (eds.), *The Palestinians in Israel*, p. 18.
27. Sarah Ozacky-Lazar, http://lib.cet.ac.il/pages/item.asp?item=13336.
28. Lustick, *Arabs*, p. 48.
29. Hannah Mermelstein, Overdue books: returning Palestine's 'Abandoned Property' of 1948, *Jerusalem Quarterly* 47, Autumn 2011.
30. Saleh Abdel-Jawad, in Robert Rotberg (ed.), *Israeli and Palestinian Narratives of Conflict*, p. 90.
31. Sabri Jiryis, *The Arabs in Israel*, p. 121.
32. Gelber, *Palestine*, p. 291.
33. Segev, *1949*, p. 67.
34. http://malam.cet.ac.il/ShowItem.aspx?ItemID=188f577d-0058-4e34-afa3-692e1cecc08e&lang=HEB.
35. http://zionism-israel.com/israel_news/2006/12/alexander-and-yiftah-zaid-end-of-legend.html.
36. Shira Robinson, *Citizen Strangers*, pp. 35–6.
37. Shammas, in Laurence J. Silberstein (ed.), *New Perspectives on Israeli History*, p. 218.
38. http://lib.cet.ac.il/pages/item.asp?item=13336.
39. Dan Rabinowitz and Khawla Abu-Baker, *Coffins*, pp. 51–2.
40. Moshe Shemesh, Palestinian society in the wake of the 1948 war: from social fragmentation to consolidation. *Israel Studies*, Spring 2004, pp. 86–100.
41. Abdel Bari Atwan, *A Country of Words*, p. 27.
42. Geoffrey Furlonge, *Palestine is My Country*, pp. 162–3.

43. Mamdouh Nofal et al., Reflections on al-Nakba, *Journal of Palestine Studies* 28 (1), 1998, pp. 5–35.
44. Adel H. Yahya, in Paul Scham et al., *Shared Histories*, p. 222.
45. Wishah, Palestinian voices, op. cit.
46. Plascov, *Palestinian Refugees*, p. 17.
47. Nofal et al., Reflections on al-Nakba.
48. Muhammad Hallaj, Recollections of the Nakba through a teenager's eyes, *Journal of Palestine Studies* 38 (1), 2007–08.
49. Benvenisti, *Sacred Landscape*, p. 141.
50. Shlomo Sand, *The Invention of the Land of Israel*, p. 260.
51. Menachem Klein, *Lives in Common*, p. 172.
52. Sharon Rotbard, *White City, Black City*, p. 114.
53. Noga Kadman, *Erased from Space*, p. 18; Benvenisti, *Sacred Landscape*, pp. 164–5.
54. Rebecca L. Torstrick, *Limits of Coexistence*, p. 175.
55. Walter Schwartz, *The Arabs in Israel*, p. 59.
56. Segev, *1949*, pp. 88–9.
57. Michael Roman and Alex Weingrod, *Living Together Separately*, p. 12.
58. Lustick, *Arabs*, p. 84.
59. Adina Hoffman, *My Happiness*, p. 241.
60. http://sfonline.barnard.edu/jewish/panel4_05.htm.
61. Jo Roberts, *Contested Land*, pp. 162–3.
62. A. B. Yehoshua, *Facing the Forests*, 1970.
63. Benvenisti, *Sacred Landscape*, p. 8
64. Nur Masalha, *The Palestine Nakba*, p. 117.
65. Benvenisti, *Sacred Landscape*, pp. 271–306; entries in *Zochrot, Hikayat Balad, Omrim Yayshna Aretz*.
66. Charles S. Kamen, After the catastrophe II: the Arabs in Israel, 1948–51, *Middle Eastern Studies* 24 (1), 1988.
67. Rotbard, *White City*, p. 114.
68. Masalha, *Palestine Nakba*, pp. 88–119.
69. Benvenisti, *Sacred Landscape*, p. 14.
70. Segev, *1949*, p. 70.
71. Tamari, *Jerusalem 1948*, pp. 110–11.
72. Pinkerfeld testimony, *Zochrot*, 23 December 2012.
73. Noah Lucas, *Modern History*, p. 274.

74. Yfaat Weiss, *A Confiscated Memory*, p. 49.
75. Roberts, *Contested Land*, p. 49.
76. Michael Fischbach, *Records of Dispossession*, p. 74.
77. Shlomit Shaked, *Zochrot* interview, 23 October 2012.
78. Tamari, *Jerusalem 1948*, p. 1.
79. Robinson, *Citizen Strangers*, p. 10.
80. Yoav Gelber, Israel's policy towards its Arab minority, 1947–1950, *Israel Affairs* 19 (1), 2013, pp. 51– 81.
81. Cohen, *Good Arabs*, p. 23.
82. Lucas, *Modern History*, p. 282.
83. Segev, *1949*, p. 66.
84. Cohen, *Good Arabs*, p. 40.
85. Kais M. Firro, The conscription of the Druze into the Israeli Army, in Rouhana and Sabbagh-Khoury (eds.), *The Palestinians in Israel*, p. 60.
86. Segev, *1949*, p. 66.
87. Gelber, Israel's policy, op. cit.
88. Lustick, *Arabs*, p. 203.
89. Atallah Mansour, *Waiting for the Dawn*, p. 36.
90. Michael Gorkin, *Days of Honey, Days of Onion*, p. 127.
91. Arnon Yehuda Dagani, The decline and fall of the Israeli military government, 1948–1966: a case of settler-colonial consolidation? *Settler Colonial Studies* 5, 2015.
92. Lustick, *Arabs*, p. 203.
93. Weitz to Sharett in May 1949: Kamen, After the catastrophe II.
94. *Observer*, 19 June 1950.
95. Adel Manna, *Nakba and Survival*, p. 184.
96. Gelber, Israel's policy, op. cit.
97. Morris, *1948*, pp. 257–71.
98. Quoted in Honaida Ghanim, Once upon a border: the secret lives of resistance. The case of the Palestinian village of Al-Marja, 1949–1967, *Biography* 37 (2), 2014.

第九章 1953—1958

1. David Landau, *Arik*, pp. 25–7.
2. Eyal Kafkafi, The 'latent function' of the Qibya Raid: David Ben-Gurion's

weapon against Pinchas Lavon, *Israel Affairs* 8 (3), 2002, pp. 118–33.

3. Mustafa Kabha, *The Palestinian People*, p. 191.
4. The 1953 Qibya Raid revisited: excerpts from Moshe Sharett's diaries, *Journal of Palestine Studies* 31 (4), 2002, pp. 77–98.
5. Benny Morris, *Israel's Border Wars*, pp. 135–7.
6. Jacob Tovy, *Israel and the Palestinian Refugee Issue*, p. 181.
7. Avi Shlaim, *Lion of Jordan*, pp. 69–74.
8. http://www.haaretz.com/weekend/week-s-end/doomed-to-fight-1.360698.
9. Uri Avnery, *Gush Shalom*, 12 April 2008.
10. Ian Black and Benny Morris, *Israel's Secret Wars*, p. 121.
11. Yezid Sayigh, *Armed Struggle*, p. 82.
12. Salman Abu Sitta, *Mapping My Return*, p. 111.
13. Guy Laron, The domestic sources of Israel's decision to launch the 1956 Sinai campaign, *British Journal of Middle Eastern Studies* 42 (2), 2015, pp. 200–218.
14. Black and Morris, *Israel's Secret Wars*, pp. 123–24.
15. Jean-Pierre Filiu, *Gaza: A History*, p. 93.
16. Nur Masalha, The 1956–57 occupation of the Gaza Strip: Israeli proposals to resettle the Palestinian refugees, *British Journal of Middle Eastern Studies* 23 (1), 1996, pp. 55–68.
17. *Haaretz*, 11 February 2010, http://www.haaretz.com/weekend/magazine/a-thin-black-line-1.263163.
18. Filiu, *Gaza*, pp. 96–9.
19. Sayigh, *Armed Struggle*, p. 65.
20. Ian Lustick, *Arabs in the Jewish State*, p. 86.
21. Shira Robinson, Local struggle, national struggle: Palestinian responses to the Kafr Qasim massacre and its aftermath, 1956–66, *International Journal of Middle East Studies* 35 (3), 2003.
22. http://www.timesofisrael.com/rivlin-to-address-ceremony-marking-kfar-kassem-massacre/; *Guardian*, 6 November 2015.
23. Hillel Frisch, *Israel's Security and Its Arab Citizens*, p. 20.
24. Lustick, *Arabs*, p. 67.
25. Walter Schwartz, *The Arabs in Israel*, p. 15.
26. Fawzi al-Asmar, *Lihiyot Aravi be-Yisrael*, p. 50.
27. Frisch, *Israel's Security*, p. 26.
28. Adel Manna, The Palestinian Nakba and its continuous repercussions, *Israel Studies* 18 (2), 2013.

29. Sami Adwan et al., *Zoom In. Remembrances*, p. 162.
30. Adina Hoffman, *My Happiness*, p. 144.
31. Camilla Suleiman, *Language and Identity*, p. 17.
32. Yusif Sayigh, *Arab Economist, Palestinian Patriot*, p. 243.
33. Interview, *Jerusalem Post*, 13 July 1979.
34. Adel Manna, *Nakba and Survival*, p. 10.
35. Michel Warschawski, *On the Border*, p. 31.
36. Julie Peteet, *Landscape of Hope and Despair*, pp. 111–16.
37. Fawaz Turki, *Soul in Exile*, p. 18.
38. Robert Fisk, *Pity the Nation*, p. 19.
39. A. L. Tibawi, Visions of the return, *Middle East Journal* 17 (5), 1963.
40. Beshara Doumani, Palestine versus the Palestinians? The iron laws and ironies of a people denied, *Journal of Palestine Studies* 36 (4), 2006–07.
41. Mahmoud Yazbak, The Nakba and the Palestinian silence, in Adwan et al., *Zoom In*.
42. Isabelle Humphries, Listening to the displaced narrative: politics, power and grassroots communication amongst Palestinians inside Israel, *Middle East Journal of Culture and Communication* 1, 2008, pp. 180–96.
43. Dina Matar, *What it Means*, p. 79.
44. Schwartz, *Arabs in Israel*, p. 88.
45. Geremy Forman, in Sandy Sufian and Mark LeVine (eds.), *Reapproaching Borders*, pp. 67–94.
46. Maha Nassar, The marginal as central: *Al-Jadid* and the development of a Palestinian public sphere, 1953–1970, *Middle East Journal of Culture and Communication* 3, 2010, pp. 333–51.
47. Al-Asmar, *Lihiyot Aravi be-Yisrael*, p. 64.
48. Degani, Jamal Zahalka, http://jewssansfrontieres.blogspot.co.il/2010/04/jamal-zahalka-on-ashkenaz.html.
49. Nissim Rejwan, *Outsider in the Promised Land*, pp. 65–6.
50. Suleiman, *Language and Identity*, p. 16.
51. Gil Eyal, *The Disenchantment of the Orient*, p. 157.
52. Ahmad H. Sa'di, Stifling surveillance: Israel's surveillance and control of the Palestinians during the military government era, *Jerusalem Quarterly* 68, Winter 2016.
53. Yonatan Mendel, *The Creation of Israeli Arabic*, pp. 59–83.

第十章　1958—1967

1. Jewish Telegraphic Agency, 25 April 1958.
2. Walter Eytan, *The First Ten Years*, pp. 111–16.
3. http://www.hrc.utexas.edu/multimedia/video/2008/wallace/eban_abba_t.html, 12 April 1958; Asaf Siniver, *Abba Eban*, pp. 171–2.
4. Hillel Frisch, *Israel's Security*, pp. 24–5.
5. Aharon Shai, The fate of the abandoned Arab villages in Israel on the eve of the Six Days war and after (in Hebrew), *Cathedra* 105, September 2002.
6. Shalom Shalom ve'ain Shalom, 1961, A. Yisraeli.
7. Mustafa Abbas, The end of Arab Tiberias: the battle for the city in 1948, *Journal of Palestine Studies* 37 (3), 2008, pp. 6–29.
8. http://mfa.gov.il/MFA/ForeignPolicy/MFADocuments/Yearbook1/Pages/11%20Statement%20to%20the%20Special%20Political%20Committee%20of.aspx.
9. Shay Hazkani, *Haaretz*, 16 May 2013.
10. Shira Robinson, *Citizen Strangers*, p. 180.
11. Dan Rabinowitz, *Overlooking Nazareth*, p. 29.
12. David A. Wesley, *State Practices and Zionist Images*, p. 29.
13. Ian Lustick, *Arabs in the Jewish State*, p. 123.
14. Adina Hoffman, *My Happiness Bears No Relation to Happiness*, p. 281.
15. Walter Schwartz, *Arabs in Israel*, p. 16.
16. Hillel Cohen, *Good Arab*s, p. 142.
17. Ilan Pappé, *The Forgotten Palestinians*, p. 83.
18. Sabri Jiryis, *The Arabs in Israel*, pp. 138–9; Tamir Sorek, Palestinian nationalism has left the field: a shortened history of Arab soccer in Israel, *International Journal of Middle East Studies* 35, 2003, pp. 417–37.
19. Nissim Rejwan, *Outsider in the Promised Land*, p. 213.
20. Yezid Sayigh, *Armed Struggle*, p. 39.
21. Adel Manna, The Palestinian Nakba and its continuous repercussions, *Israel Studies* 18 (2), 2013, pp. 86–99.
22. Avi Plascov, *The Palestinian Refugees*, p. 29.
23. Fawaz Turki, *Disinherited*, p. 41.
24. Rejwan, *Outsider*, p. 22.
25. Sayigh, *Armed Struggle*, pp. 39–52.
26. Colin Shindler, *History of Modern Israel*, p. 52; UNRWA, 1956, supplement no. 14, p. 13.

27. http://www.foia.cia.gov/sites/default/files/document_conversions/14/esau-49.pdf, declassified 2007.
28. Danny Rubinstein, *The Mystery of Arafat*, p. 41.
29. Abu Iyad and Eric Rouleau, *My Home, My Land*, p. 20; Helena Cobban, *The Palestinian Liberation Organisation*, pp. 21–2.
30. Sayigh, *Armed Struggle*, p. 84.
31. Helga Baumgarten, The three faces/phases of Palestinian nationalism, 1948–2005, *Journal of Palestine Studies* 34 (4), 2005, pp. 25–48.
32. Erskine Childers, The other exodus, *Spectator*, 12 May 1961.
33. Ethel Mannin, *The Road to Beersheba*.
34. Sari Nusseibeh, *Once Upon a Country*, p. 67.
35. Efrat Ben-Zeev, *Remembering Palestine*, p. 91.
36. Arabic/English text in http://www.barghouti.com/poets/darwish/bitaqa.asp.
37. Edward Said, *The Question of Palestine*, p. 155.
38. Sayigh, *Armed Struggle*, p. 88.
39. Andrew Gowers and Tony Walker, *Behind the Myth*, p. 45.
40. Ami Gluska, *The Israeli Military*, pp. 68–9.
41. Omri Shefer-Raviv, From enemies to lovers: the Israeli public debates about the use of force in the West Bank, 1965–1969, *Cathedra* 163, April 2017.
42. William Quandt et al., *Politics of Palestinian Nationalism*, p. 159.
43. Avi Shlaim, *Iron Wall*, p. 230.
44. Shaul Mishal, *The PLO Under Arafat*, p. 4.
45. Cobban, *The Palestinian Liberation Organisation*, p. 29.
46. Said Aburish, *Arafat*, p. 57.
47. Avi Shlaim, *Lion of Jordan*, p. 205; *Sayigh, Armed Struggle*, p. 97.
48. Shaul Mishal, *West Bank, East Bank*, pp. 111, 120.
49. http://www.jewishvirtuallibrary.org/jsource/Peace/cove1.html.
50. Shafiq al-Hout, *My Life in the PLO*, p. 53.
51. Rafi Sutton and Yitzhak Shoshan, *Anshei haSod veHester*, pp. 306–7.
52. Aburish, *Arafat*, p. 62.
53. http://www.palestine-studies.org/resources/special-focus/martyrdom-context-palestinian-national-struggle-0.
54. *Haaretz*, 15 January 1965, cited in Gluska, *Israeli Military*, p. 283.
55. Sayigh, *Armed Struggle*, p. 119.
56. Moshe Shemesh, *Arab Politics*, p. 94.
57. Cobban, *The Palestinian Liberation Organisation*, p. 34; http://blog.syracuse.

com/opinion/2012/05/story_of_a_fathers_loss_of_hom.html.
58. Quandt et al., *Politics of Palestinian Nationalism*, p. 167.
59. Tom Segev, *1967*, p. 147.
60. Ian Black and Benny Morris, *Israel's Secret Wars*, pp. 237–8.
61. Michael Oren, *Six Days of War*, p. 32.
62. Shlaim, *Iron Wall*, p. 234.
63. Moshe Shemesh, The IDF raid on Samu: the turning point in Jordan's relations with Israel and the West Bank Palestinians, *Israel Studies* Spring 2002.

第十一章 1967

1. Meron Benvenisti, *Son of the Cypresses*, p. 232.
2. Avi Raz, *The Bride and the Dowry*, p. 7; Walter Laqueur, *The Road to War*, p. 295.
3. Randolph S. Churchill and Winston S. Churchill, *The Six Days War*, p. 195.
4. Guy Laron, *The Six-Day War*, pp. 107–17.
5. Michael Oren, *Six Days of War*, pp. 171–210.
6. Gershom Gorenberg, *Occupied Territories*, p. 37.
7. Edward Luttwak and Daniel Horowitz, *The Israeli Army*, p. 265.
8. Oren, *Six Days of War*, pp. 294–304.
9. Luttwak and Horowitz, *Israeli Army*, p. 213.
10. Laron, *Six-Day War*, p. 286.
11. Sadiq al-Azm, *Self-Criticism after the Defeat*.
12. Jonathan Cummings, *Israel's Public Diplomacy*, p. 55.
13. Abdullah Schleifer, *The Fall of Jerusalem*, p. 194.
14. David Hirst, *The Gun and the Olive Branch*, pp. 209–11; Joseph L. Ryan, The myth of annihilation and the six-day war, https://worldview.carnegiecouncil.org/archive/worldview/1973/09/2214.html.
15. Churchill and Churchill, *Six Days War*, p. 239.
16. Tom Segev, *1967*, p. 356.
17. Teddy Kollek, *For Jerusalem*, pp. 193–7.
18. Schleifer, *Fall of Jerusalem*, p. 205.
19. Shimon Peres, *Battling for Peace*, p. 107.
20. *Haaretz*, 31 December 1997.
21. Eitan Felner, *B'Tselem*, 1995.
22. *Haaretz*, 13 April 2017.

23. Michael Bar-Zohar, *Yaakov Herzog*, p. 299.
24. Menachem Klein, *Lives in Common*, p. 151.
25. Mark LeVine and Gershon Shafir (eds.), *Struggle and Survival*, p. 213.
26. http://www.sarahozacky.com/%D7%A6%D7%99%D7%95%D7%A0%D7%99%D7%93%D7%A8%D7%9A/.
27. Yaron Ezrahi, *Rubber Bullets*, p. 55.
28. Michel Warschawski, *On the Border*, p. 13.
29. http://972mag.com/radio-ramallah-the-cultural-bridge-that-was/80661/.
30. Klein, *Lives in Common*, p. 141.
31. Laqueur, *Road to War*, pp. 296–7.
32. *Davar*, 12 June 1967.
33. Yael Dayan, *Israel Journal: June, 1967*, pp. 109–11.
34. Michael Gadish, Jewish-Israeli identity in Naomi Shemer's songs: central values of the Jewish-Israeli imagined community, http://www.ugr.es/~estsemi/miscelanea/58/3.Gadish09.pdf.
35. https://www.youtube.com/watch?v=kubEFWFHbrA.
36. Laron, *Six-Day War*, p. 109.
37. Ian Lustick (ed.), *Palestinians under Israeli Rule*, p. 132.
38. Al-Haq, Where Villages Stood, Israel's Continuing Violations of International Law in Occupied Latroun, 1967–2007, December 2007; Raz, *Bride and the Dowry*, p. 324.
39. Oren, *Six Days of War*, p. 307.
40. Meron Benvenisti, *Sacred Landscape*, p. 327.
41. Raz, *Bride and the Dowry*, p. 110. See p. 114.
42. http://1967.walla.co.il/?w=/2066/1099788/@@/item/printer.
43. http://www.palestine-studies.org/sites/default/files/jps-articles/UNRWA%20Remembers%201967.pdf.
44. Avi Shlaim, *Lion of Jordan*, p. 254; Samir Mutawi, *Jordan in the 1967 War*, p. 171.
45. Peter Dodd and Halim Barakat, *River Without Bridges*, p. 40; Nur Masalha, *A Land Without a People*, p. 92; Nur Masalha, *The Politics of Denial*, p. 203.
46. Schleifer, *Fall of Jerusalem*, p. 207.
47. David Pryce-Jones, *The Face of Defeat*, p. 10.
48. Masalha, *Politics of Denial*, p. 203.
49. Mutawi, *Jordan*, p. 171.
50. Mustafa Kabha, *The Palestinian People*, p. 230.

51. *Haaretz*, 15 March 2017.
52. Sari Nusseibeh, *Once Upon a Country*, p. 98.
53. Pryce-Jones, *Face of Defeat*, p. 20.
54. *Shalom*, Gatekeepers, p. 28.
55. Schleifer, *Fall of Jerusalem*, pp. 213–14.
56. Raz, *Bride and the Dowry*, pp. 81–3.
57. Yezid Sayigh, *Armed Struggle*, p. 158.
58. Bassam Abu Sharif, *Arafat*, p. 14.
59. Segev, *1967*, p. 146.
60. Danny Rubinstein, *The Mystery of Arafat*, p. 55.
61. Kabha, *Palestinian People*, p. 226.
62. Musa Budeiri, Controlling the archive: captured Jordanian security files in the Israeli state archives, *Jerusalem Quarterly* 66, 2016.
63. Sayigh, *Armed Struggle*, p. 162.
64. http://www.palestine-studies.org/sites/default/files/jps-articles/jps.2007.37.1.88.pdf.
65. Sayigh, *Armed Struggle*, p. 162.
66. Shaul Mishal, *The PLO Under Arafat*, p. 9.
67. Moshe Dayan, *Story of My Life*, p. 405.
68. Sayigh, *Armed Struggle*, p. 172.
69. Kabha, *Palestinian People*, p. 234.
70. David Ronen, *Shnat Shabak*, p. 219.
71. Segev, *1967*, p. 469.
72. Shlaim, *Lion of Jordan*, p. 262.
73. Sayigh, *Armed Struggle*, p. 456.
74. Shlomo Gazit, *Hagezer ve haMakel*, pp. 178–9; B'Tselem, Collaborators in the Occupied Territories: Human Rights Abuses and Violations, January 1994, p. 11.
75. http://www.palestine-studies.org/sites/default/files/jps-articles/jps.2007.37.1.88.pdf.
76. Nusseibeh, *Country*, p. 97.
77. http://www.israeli-occupation.org/2013-05-07/musa-budeiri-always-with-the-oppressed-a-farewell-to-akiva-orr-1931-2013-humanist-radical-heretic/#sthash.TaTQITv2.dpu.
78. Atallah Mansour, *Waiting for the Dawn*, p. 115.
79. Gorenberg, *Occupied Territories*, p. 62.

80. Danna Piroyansky, From island to archipelago: the Sakakini house in Qatamon and its shifting ownerships throughout the twentieth century, *Middle Eastern Studies* 48 (6), 2012, pp. 855–77.
81. Danny Rubinstein, *The People of Nowhere*, p. 62.
82. *Jerusalem Post*, 30 June 1967.
83. Amos Oz, *In the Land of Israel*, pp. 175–6.
84. http://mosaicmagazine.com/observation/2016/08/conversations-with-the-palestinians-of-1967-has-anything-changed/.
85. Ilan Pappé, *Forgotten Palestinians*, p. 112.
86. Dan Rabinowitz and Khawla Abu-Baker, *Coffins*, p. 75.
87. Raja Shehadeh, *Language of War*, p. 21.
88. Mansour, *Waiting for Dawn*, p. 114.
89. Rafik Halabi, *The West Bank Story*, p. 55.
90. http://www.israeli-occupation.org/2013-05-07/musa-budeiri-always-with-the-oppressed-a-farewell-to-akiva-orr-1931-2013-humanist-radical-heretic/#sthash.TaTQITv2.dpuf.
91. Rubinstein, *People of Nowhere*, p. 62.
92. Mamdouh Nofal et al., Reflections on Al-Nakba, *Journal of Palestine Studies* 28 (1), 1998, pp. 5–35.
93. http://publishing.cdlib.org/ucpressebooks/view?docId=ft4489n8s2&chunk.id=ch11&toc.depth=100&toc.id=ch11&brand=ucpress;query=1967#1.
94. Dina Matar, *What it Means*, p. 143.
95. http://www.haaretz.com/print-edition/features/arab-town-both-israeli-and-palestinian-divided-by-shopping-1.410313.
96. Riyadh Kamel Kabha, *Shtay Gadot leWadi*, p. 55.
97. Assaf Peled, Descending the Khazooq: 'working through' the trauma of the Nakba in Emile Habibi's oeuvre, *Israel Studies* 21 (1), 2016, pp. 157–82.
98. Pappé, *Forgotten Palestinians*, pp. 113–14.
99. Shehadeh, *Language of War*, p. 21.
100. Raz, *Bride and the Dowry*, p. 39.
101. Baruch Kimmerling and Joel Migdal, *The Palestinian People*, p. 342.
102. Rael Jean Isaac, *Israel Divided*, p. 12.
103. Nissim Rejwan, *Outsider in the Promised Land*, p. 55.
104. Amos Elon, *A Blood-Dimmed Tide*, p. 31.
105. Gorenberg, *Occupied Territories*, p. 86.
106. Raz, *Bride and the Dowry*, p. 43.

107. Raz, *Bride and the Dowry*, p. 41.
108. Ami Gluska, *The Israeli Military*, p. 258.
109. Gorenberg, *Occupied Territories*, p. 51.
110. Anita Shapira, *Yigal Allon*, pp. 312–16.
111. Raz, *Bride and the Dowry*, p. 23.
112. Avi Shlaim, *The Iron Wall*, pp. 262–4.
113. Shlomo Ben-Ami, *Scars of War*, p. 125.
114. http://www.palestine-studies.org/sites/default/files/jps-articles/jps.2007.37.1.88.pdf.
115. Shabtai Teveth, *The Cursed Blessing*.
116. Reuven Pedatzur, *Nitzahon haMevucha*.
117. Benvenisti, *Son of the Cypresses*, p. 232.
118. Yeshayahu Leibowitz, *Judaism, Human Values*, pp. 225–6.
119. *Haaretz*, 21 July 1967.
120. *Haaretz*, 22 September 1967.
121. Nissim Rejwan, *Israel's Years of Bogus Grandeur*, p. xx.
122. http://www.nytimes.com/2015/01/26/world/disillusioned-by-war-israeli-soldiers-muted-in-1967-are-given-fuller-voice.html.
123. Matti Steinberg, *Omdim Legoralam*, p. 9.
124. Amos Oz, *My Michael*, p. 84; Jacqueline Rose http://www.theguardian.com/books/2008/may/10.

第十二章　1968—1972

1. Teddy Kollek, *For Jerusalem*, p. 223.
2. Eyal Weizman, *Hollow Land*, p. 25.
3. Kollek, *For Jerusalem*, p. 240.
4. Sari Nusseibeh, *Once Upon a Country*, p. 172.
5. PASSIA, *100 Years*.
6. Gershom Gorenberg, *Occupied Territories*, p. 101.
7. Avi Raz, *The Bride and the Dowry*, pp. 137–8; Shafiq al-Hout, *My Life in the PLO*, pp. 61–2.
8. Idith Zertal and Akiva Eldar, *Lords of the Land*, p. 15.
9. Gorenberg, *Occupied Territories*, p. 117.
10. http://www.haaretz.com/israel-news/.premium-1.733746?=&ts=_1470142185577.
11. Gershom Gorenberg, *The Accidental Empire: Israel and the Birth of the*

Settlements.
12. Raz, *Bride and the Dowry*, p. 267.
13. Meron Benvenisti, *Sacred Landscape*, p. 250.
14. Ian Black and Benny Morris, *Israel's Secret Wars*, p. 255.
15. Yaakov Peri, *HaBa leHorgekha*, pp. 47–53.
16. Abu Iyad and Eric Rouleau, *My Home, My Land*, p. 56.
17. Daniel Byman, *A High Price*, p. 40.
18. Raz, *Bride and the Dowry*, p. 224.
19. Said Aburish, *Arafat*, p. 83.
20. Andrew Gowers and Tony Walker, *Behind the Myth*, pp. 76–8.
21. Atallah Mansour, *Waiting for the Dawn*, p. 109.
22. Muhammad Muslih, Towards coexistence: an analysis of the resolutions of the Palestine National Council, *Journal of Palestine Studies* 19 (4), 1990, pp. 3–29.
23. *Time*, 13 December 1968.
24. *Free Palestine*, August 1969, quoted in Walter Laqueur (ed.), *Israel–Arab Reader*, pp. 445–51.
25. Neve Gordon, *Israel's Occupation*, p. 77.
26. Leila Farsakh, *Palestinian Labour Migration*, p. 209.
27. Joel Migdal (ed.), *Palestinian Society and Politics*, p. 195.
28. Gordon, *Israel's Occupation*, p. 66.
29. Aziz Shehadeh, *New Middle East* 35, August 1971.
30. George Bisharat, *Palestinian Lawyers and Israeli Rule*, p. 5.
31. Gordon, *Israel's Occupation*, p. 91.
32. Mansour, *Waiting for Dawn*, p. 117.
33. Migdal (ed.), *Palestinian Society*, p. 197.
34. Mustafa Kabha, *The Palestinian People*, p. 269.
35. *New Statesman*, 19 January 1979.
36. Yezid Sayigh, *Armed Struggle*, p. 287.
37. Weizman, *Hollow Land*, p. 70.
38. Kabha, *Palestinian People*, p. 247.
39. Ariel Sharon and David Chanoff, *Warrior*, p. 257.
40. Sayigh, *Armed Struggle*, p. 287.
41. Sharon and Chanoff, *Warrior*, pp. 248–58.
42. Jean-Pierre Filiu, *Gaza: A History*, p. 14.
43. *Haaretz*, 9 October 2002.
44. Geoffrey Aronson, *Israel, Palestinians, and the Intifada*, p.25.

45. *Jerusalem Post*, 13 June 1973.
46. David Pryce-Jones, *Face of Defeat*, p. 115.
47. Uzi Benziman, *Sharon*, pp. 117–18.
48. Farsakh, *Palestinian Labour*, p. 209.
49. Kabha, *Palestinian People*, p. 240.
50. Gowers and Walker, *Behind the Myth*, pp. 92–116.
51. Shaul Mishal, *The PLO Under Arafat*, p. 15.
52. Kabha, *Palestinian People*, p. 245.
53. Avi Shlaim, *Lion of Jordan*, p. 335.
54. Black and Morris, *Israel's Secret Wars*, p. 258.
55. Nigel Ashton, *King Hussein of Jordan*, p. 157.
56. Shlaim, *Lion of Jordan*, p. 348.
57. Al-Hout, *My Life*, p. 103.
58. Leila Khaled, *My People Shall Live*, p. 21.
59. Hisham Sharabi, *Palestine Guerrillas*, pp. 31–2.
60. Sayigh, *Armed Struggle*, p. 307.
61. Black and Morris, *Israel's Secret Wars*, p. 258.
62. Byman, *A High Price*, p. 45.
63. Sayigh, *Armed Struggle*, p. 309.
64. Kabha, *Palestinian People*, p. 259.
65. David Gilmour, *Dispossessed*, pp. 159–60.
66. Kabha, *Palestinian People*, p. 260.
67. *Shooting the Witness: The Cartoons of Naji al-Ali*, London, 2008.
68. Salim Tamari, Normalcy and violence, the yearning for the ordinary in discourse of the Palestinian-Israeli conflict, *Journal of Palestine Studies* 42 (4), 2013, pp. 48–60.
69. *Maariv*, 13 June 1967.
70. *Sunday Times*, 15 June 1969.
71. *Maariv*, 9 September 1972.
72. Yaron Ezrahi, *Rubber Bullets*, p. 218.
73. Shlomo Ben-Ami, *Scars of War*, p. 132.

第十三章　1973—1977

1. Abraham Rabinovich, *The Yom Kippur War*, pp. 65–107.
2. Asaf Siniver (ed.), *The October 1973 War*, pp. 1–11.

3. Said Aburish, *Children of Bethany*, p. 223.
4. Shaul Mishal, *The PLO Under Arafat*, pp. 16–17; Shlomo Ben-Ami, *Scars of War*, p. 148.
5. Dan Schueftan, The Palestinian component in the Arab–Israeli conflict, in Alouph Hareven and Yehiam Padan (eds.), *Bayn Milhama leHesderim*, p. 83.
6. Yezid Sayigh, *Armed Struggle*, p. 332.
7. Muhammad Muslih, Towards coexistence: an analysis of the resolutions of the Palestine National Council, *Journal of Palestine Studies* 19 (4), 1990, pp. 3–29.
8. Mishal, *PLO Under Arafat*, p. 115.
9. Mark Tessler, *History of the Israeli-Palestinian Conflict*, p. 483; Nissim Rejwan, *Outsider in the Promised Land*, p. 141.
10. *Haaretz*, 2 November 1973.
11. *Maariv*, 23 November 1973.
12. *Haaretz*, 7 December 1973.
13. Ian Black and Benny Morris, *Israel's Secret Wars*, p. 345.
14. Weldon C. Matthews, The rise and demise of the left in West Bank politics: the case of the Palestine National Front, *Arab Studies Quarterly* Fall 1998.
15. Andrew Gowers and Tony Walker, *Behind the Myth*, p. 210.
16. Amos Oz, *In the Land of Israel*, p. 167.
17. Ilan Pappé, *Forgotten Palestinians*, p. 115.
18. Hillel Frisch, The PLO and the Arabs in Israel 1967–93: politicization or radicalization? *Nationalism and Ethnic Politics* 2 (3), 1996, pp. 446–64.
19. Riyadh Kamel Kabha, *Shtay Gadot leWadi*, pp. 82–6.
20. Pappé, *Forgotten Palestinians*, p. 131.
21. Shuli Dichter, *Mibaad Lekavanot Hatovot*, p. 94.
22. Ian Lustick, *Arabs in the Jewish State*, p. 256.
23. Salim Tamari, *Mountain Against the Sea*, p. 58.
24. Tamir Sorek, *Palestinian Commemoration in Israel*, p. 92.
25. Amos Elon, *The Israelis*, p. 12.
26. Eric Silver, *Begin*, p. 156.
27. Gershom Gorenberg, *Occupied Territories*, p. 295.
28. David Landau, *Arik*, p. 290.
29. Leila Farsakh, *Palestinian Labour Migration*, p. 50.
30. Geoffrey Aronson, *Israel, Palestinians, and the Intifada*, p. 70.
31. Aronson, *Israel*, p. 61.
32. Idith Zertal and Akiva Eldar, *Lords of the Land*, p. 205.

33. Eyal Weizman, *Hollow Land*, pp. 81–4.
34. David Shipler, *Arab and Jew*, p. 146.
35. nrg.il, 12 April 2011.
36. Raja Shehadeh, Negotiating self-government arrangements, *Journal of Palestine Studies* 21 (4), 1992, pp. 22–31.
37. Meron Benvenisti, The West Bank Data Base Project, 1986 Report, p. 46.
38. Meir Merhav, *Time* magazine, March 1980.
39. Tessler, *History*, pp. 520–23.
40. Salim Tamari, Building other people's homes: the Palestinian peasant's household and work in Israel, *Journal of Palestine Studies* 11, 10th Anniversary Issue: Palestinians under Occupation, 1981, pp. 31–66.
41. Juval Portugali, *Implicate Relations*, p. 2.

第十四章　1977—1981

1. Anwar Sadat in Knesset speech, November 1977.
2. http://www.archives.gov.il/NR/rdonlyres/AA5AB7B2-013B-40B7-9434-99B6C60C7C75/0/Egypt34.pdf.
3. Yitzhak Shamir, *Summing Up*, p. 101.
4. Andrew Gowers and Tony Walker, *Behind the Myth*, p. 229.
5. Yezid Sayigh, *Armed Struggle*, pp. 424–5.
6. Said Aburish, *Arafat*, p. 160.
7. Steven Spiegel, *The Other Arab-Israeli Conflict*, p. 344.
8. Eric Silver, *Begin*, p. 180.
9. David Landau, *Arik*, pp. 155–7.
10. Avi Shlaim, *The Iron Wall*, p. 368.
11. Sayigh, *Armed Struggle*, p. 426.
12. David Hirst, *Beware of Small States*, p. 118.
13. Silver, *Begin*, p. 191.
14. Mohamed Heikal, *Secret Channels*, p. 274.
15. A. D. Miller, *The Much Too Promised Land*, p. 176.
16. Mark Tessler, *History of the Israeli-Palestinian Conflict*, p. 514.
17. Silver, *Begin*, p. 203.
18. *Jerusalem Post*, 20 April 1979.
19. Sayigh, *Armed Struggle*, p. 479.
20. Dror Moreh, *Shomrei haSaf*, p. 29.

21. Landau, *Arik*, p. 280.
22. *New Statesman*, 1 December 1978.
23. Open Letter to the Prime Minister of Israel, Peace Now, March 1978.
24. Hagai Segal, *Dear Brothers*, p. 97.
25. Nahum Barnea, *Davar*, 9 May 1980. Quoted in Nahum Barnea, *Yorim ve Bochim*, p. 270.
26. Sayigh, *Armed Struggle*, p. 502.
27. Yehuda Litani, *Haaretz*, 30 November 1981.
28. Shaul Mishal, *Speaking Stones*, pp. 18–19.
29. Salim Tamari, In league with Zion: Israel's search for a native pillar, *Journal of Palestine Studies* 12 (4), 1983, pp. 41–56.
30. Hillel Cohen, Society–military relations in a state-in-the-making: Palestinian security agencies and the 'treason discourse' in the second intifada, *Armed Forces & Society* 38 (3), 2012, pp. 463–85.
31. Helena Cobban, *The Palestinian Liberation Organisation*, p. 118.
32. Raja Shehadeh, *The Third Way*, pp. 6–7.
33. *Jerusalem Post*, 4 May 1979.
34. *Sunday Times*, 19 June 1977.
35. Said Aburish, *Children of Bethany*, p. 220.
36. Michel Warschawski, *On the Border*, pp. 70–71.
37. George Bisharat, *Palestinian Lawyers and Israeli Rule*, p. 93.
38. PASSIA, *100 Years*, p. 169.
39. Cobban, *The Palestinian Liberation Organisation*, p. 116.
40. Idith Zertal and Akiva Eldar, *Lords of the Land*, p. 71.
41. Shamir, *Summing Up*, p. 131.

第十五章　1982—1987

1. Ze'ev Schiff and Ehud Yaari, *Israel's Lebanon War*, p. 43.
2. *Haaretz*, 22 February 2009.
3. Yoel Marcus, *Haaretz*, 26 March 1982.
4. Geoffrey Aronson, *Israel, Palestinians, and the Intifada*, p. 305.
5. Reuven Kaminer, *The Politics of Protest*, p. 36.
6. Yezid Sayigh, *Armed Struggle*, pp. 508–9.
7. *Guardian*, 7 March 1983.
8. Eric Silver, *Begin*, p. 223.

9. Shlomo Ben-Ami, *Scars of War*, p. 179.
10. Meir Pa'il, *New Outlook*, August–September 1982, http://www.slideshare.net/meirpail/ss-4109965.
11. PASSIA, *100 Years*, p. 170.
12. Hirsh Goodman, *Let Me Create a Paradise*, pp. 213–14; Robert Fisk, *Pity the Nation*.
13. PASSIA, *100 Years*, p. 170.
14. PASSIA, *100 Years*, p. 173.
15. Sayigh, *Armed Struggle*, p. 545.
16. Aronson, *Israel*, p. 306.
17. http://www.cfr.org/israel/reagan-plan-us-policy-peace-middle-east/p14140.
18. Schiff and Yaari, *Israel's Lebanon War*, p. 233.
19. http://www.nytimes.com/1982/09/03/world/israel-rejects-reagan-plan-for-palestinians-self-rule-terms-it-serious-danger.html?pagewanted=all.
20. Ben-Ami, *Scars of War*, p. 181.
21. Shaul Mishal, *Speaking Stones*, p. 19.
22. Salim Tamari, In league with Zion: Israel's search for a native pillar, *Journal of Palestine Studies* 12 (4), 1983, pp. 41–56.
23. *Guardian*, 9 August 1985.
24. Yitzhak Shamir, *Summing Up*, p. 165.
25. David Shipler, *Arab and Jew*, pp. 130–34.
26. Aronson, *Israel*, p. 312.
27. Shamir, *Summing Up*, p. 149.
28. *Washington Post*, 24 April 1984; Yehuda Litani, *Kol Hair*.
29. Salim Tamari, What the uprising means, in Zachary Lockman and Joel Beinin (eds.), *Intifada*, p. 131.
30. Baruch Kimmerling and Joel Migdal, *The Palestinian People*, p. 290.
31. UN statement, 5 December 1986.
32. *Guardian*, 21 May 1985.
33. Sayigh, *Armed Struggle*, p. 608.
34. F. Robert Hunter, *The Palestinian Uprising*, p. 26.
35. Law in the Service of Man, Torture and Intimidation in the West Bank: The Case of Al-Fara'a Prison, April 1984.
36. *Guardian*, 28 May 1987.
37. Laetitia Bucaille, *Growing up Palestinian*, p. 338.
38. Sahar Khalifeh, *Wild Thorns*, p. 49.

39. Michel Warschawski, *On the Border*, p. 69.
40. Samer Al-Saber, Permission to Perform: Palestinian Theatre in Jerusalem (1967–1993), University of Washington, 2013.
41. J. M. Winter, New life on the West Bank, *London Review of Books*, 7 January 1988.
42. Yoram Binur, *My Enemy, My Self*, p. 197.
43. Sara Roy, http://ialiis.birzeit.edu/fmru/userfiles/Gaza-Palestine-Out-of-the-Margins.pdf.
44. *Guardian*, 9 May 1985.
45. *Guardian*, 23 April 1985.
46. http://www.independent.co.uk/voices/comment/robert-fisk-how-achille-lauro-hijackers-were-seduced-by-high-life-8604519.html.
47. Andrew Gowers and Tony Walker, *Behind the Myth*, p. 330.
48. Avi Shlaim, *Lion of Jordan*, pp. 427–33.
49. *Guardian*, 23 November 1985.
50. *Guardian*, 4 March 1986.
51. *Haaretz*, 8 December 1986.
52. *Guardian*, 26 May 1987.
53. Julie Peteet, Male gender and rituals of resistance in the Palestinian 'intifada': a cultural politics of violence, *American Ethnologist* 21 (1), 1994, pp. 31– 49.
54. *Guardian*, 26 May 1987.
55. Nahum Barnea, *Yorim ve Bochim*; Warschawski, *Border*, p. 135.

第十六章　1987

1. *Guardian*, 18 January 1989.
2. *Judea, Samaria and the Gaza District*, pp. 6–7.
3. New York Review of Books, http://www.nybooks.com/articles/archives/1988/jun/02/understanding-the-uprising/0.
4. Geoffrey Aronson, *Israel, Palestinians, and the Intifada*, p. 322.
5. F. Robert Hunter, *The Palestinian Uprising*, p. 37.
6. Aryeh Shalev, *The Intifada: Causes and Effects*, p. 19.
7. Mustafa Kabha, *The Palestinian People*, p. 316.
8. Salim Tamari, The Palestinian movement in transition: historical reversals and the uprising, *Journal of Palestine Studies* 20 (2), 1990–1991.
9. Don Peretz, *Intifada: Palestinian Uprising*, p. 37.

10. Shalev, *Intifada: Causes and Effects*, p. 33.
11. Muhammad Muslih, Towards coexistence: an analysis of the resolutions of the Palestine National Council, *Journal of Palestine Studies* 19 1990, pp. 3–29.
12. Amira Hass, *Drinking the Sea at Gaza*, p. 48.
13. Peretz, *Intifada*, p. 39.
14. Shalev, *Intifada: Causes and Effects*, p. 13.
15. Andrew Gowers and Tony Walker, *Behind the Myth*, pp. 356–8.
16. Yezid Sayigh, *Armed Struggle*, p. 614.
17. David Landau, *Arik*, pp. 240–41.
18. Hunter, *Palestinian Uprising*, p. 59.
19. *Guardian*, 19 December 1987.
20. Peretz, *Intifada*, p. 92; Shaul Mishal, *Speaking Stones*.
21. Mishal, *Speaking Stones*, pp. 148, 172.
22. *Guardian*, 12 February 1988.
23. Ze'ev Schiff and Ehud Yaari, *Intifada*, p. 171.
24. *Guardian*, 8 January 1988.
25. *Guardian*, 26 January 1988.
26. Peretz, *Intifada*, p. 86.
27. Anton Shammas, *New York Review of Books*, 31 March 1988.
28. Said Aburish, *Arafat*, p. 206.
29. *Guardian*, 30 January 1988; Kirsten Nakjavani Bookmiller and Robert J. Bookmiller, Palestinian radio and the intifada, *Journal of Palestine Studies* 19 (4), 1990, pp. 96–105.
30. Ted Swedenburg, *Memories of Revolt*, p. 173.
31. Swedenburg, *Memories of Revolt*, p. 172.
32. Zachary Lockman and Joel Beinin (eds.), *Intifada*, p. 35.
33. Ori Nir, *Ketem shel Anana Kala*, p. 97.
34. Mishal, *Speaking Stones*, p. 88.
35. *Guardian*, 26 January 1988.
36. Mishal, *Speaking Stones*, p. 133.
37. *Guardian*, 25 February 1988.
38. *Guardian*, 2 March 1988.
39. Mishal, *Speaking Stones*, p. 127.
40. Riyadh Kamel Kabha, *Shtay Gadot leWadi*, pp. 60–61.
41. Sayigh, *Armed Struggle*, p. 630.
42. Schiff and Yaari, *Intifada*, p. 228.

43. Aburish, *Arafat*, p. 203.
44. Ian Black and Benny Morris, *Israel's Secret Wars*, pp. 468–72.
45. Schiff and Yaari, *Intifada*, p. 164.
46. http://www.timesofisrael.com/israel-admits-to-top-secret-operation-that-killed-top-fatah-commander-abu-jihad-in-1988/.
47. Aburish, *Arafat*, p. 208.
48. http://www.aljazeera.com/news/2015/11/qa-middle-east-powerful-army-chasing-18cows-151111094846819.html.
49. *Guardian*, 3 June 1988, 10 June 1988.
50. Nigel Ashton, *King Hussein of Jordan*, p. 250.
51. Gowers and Walker, *Behind the Myth*, pp. 381–91.
52. Bassam Abu Sharif, *Arafat and the Dream of Palestine*, pp. 163–8.
53. *Guardian*, 31 October 1988.
54. Sayigh, *Armed Struggle*, p. 623.
55. Shafiq al-Hout, *My Life in the PLO*, p. 232.
56. *Guardian*, 16 November 1988.
57. *Guardian*, 13 December 1988.
58. Sayigh, *Armed Struggle*, p. 624.
59. Al-Hout, *My Life*, p. 240.
60. Aburish, *Arafat*, p. 215.
61. *Guardian*, 14 December 1988.
62. *Guardian*, 25 January 1989.
63. Beverley Milton-Edwards and Stephen Farrell, *Hamas*, p. 10.
64. *Guardian*, 8 September 1988.
65. Jeroen Gunning, *Hamas in Politics*, pp. 33–4.
66. *Guardia*n, 3 June 1986.
67. Milton-Edwards and Farrell, *Hamas*, pp. 42–51.
68. Schiff and Yaari, *Intifada*, p. 224.
69. *Guardian*, 26 October 1987.
70. Mouin Rabbani, Khalid Mishal: the making of a Palestinian Islamic leader, *Journal of Palestine Studies* 37 (3), 2007–2008.
71. Mishal, *Speaking Stones*, p. 202.
72. Mishal, *Speaking Stone*s, p. 206.
73. http://avalon.law.yale.edu/20th_century/hamas.asp.
74. Sayigh, *Armed Struggle*, p. 631.
75. *Guardian*, 8 September 1988.

第十七章　1988—1990

1. Yehuda Amichai, Memorial Day for the War Dead.
2. *Guardian*, 20 January 1989.
3. Dennis Ross, *The Missing Peace*, p. 55.
4. *Guardian*, 17, 21 March 1989.
5. Don Peretz, *Intifada: Palestinian Uprising*, p. 99.
6. *Guardian*, 19 May 1989.
7. *Guardian*, 21–22 June 1989.
8. *Guardian*, 5, 6, 7 June 1989.
9. Arthur Neslen, *In Your Eyes a Sandstorm*, pp. 207–12.
10. Cate Malek and Mateo Hoke (eds.), *Palestine Speaks*, p. 165.
11. *Guardian*, 1 November 1989.
12. *Guardian*, 29 September 1989.
13. *Guardian*, 28 June 1990, 15 July 1989.
14. *Jerusalem Post*, 3 July 1992.
15. Neve Gordon, *Israel's Occupation*, p. 158.
16. B'Tselem, Violation of Human Rights in the Occupied Territories, 1990–1991, p. 12.
17. Peretz, *Intifada*, p. 151.
18. *Guardian*, 8 December 1989.
19. Zachary Lockman and Joel Beinin (eds.), *Intifada*, pp. 232–45.
20. Hillel Cohen, Palestinian armed struggle, Israel's peace camp, and the unique case of Fatah Jerusalem, *Israel Studies* 18 (1), 2013, pp. 101–23.
21. *Guardian*, 25 May 1988.
22. *Guardian*, 5 February 1990.
23. Peretz, *Intifada*, p. 159.
24. Michel Warschawski, *On the Border*, p. 128.
25. *New Left Review* 32, March–April 2005.
26. Sari Nusseibeh, *What is a Palestinian State Worth?* p. 205.
27. Yitzhak Shamir, *Summing Up*, pp. 180–82.

第十八章　1990—1991

1. Raja Shehadeh, *The Sealed Room*, p. 54.
2. Yitzhak Shamir, *Summing Up*, p. 207.
3. Yezid Sayigh, *Armed Struggle*, p. 639.

4. *Guardian*, 26 May 1990.
5. *Guardian*, 23 May 1990.
6. *Guardian*, 21 August 1990.
7. Amos Elon, *A BloodDimmed Tide*, p. 213.
8. *Guardian*, 30 August 1990.
9. Elon, *Blood-Dimmed Tide*, p. 192.
10. *Guardian*, 9, 10, 11, 12 October 1990.
11. *Guardian*, 27 October 1990.
12. *Guardian*, 3 November 1990.
13. *Guardian*, 12 October 1990.
14. Shehadeh, *Sealed Room*, p. 30.
15. *Guardian*, 8 December 1990.
16. Avi Shlaim, *Lion of Jordan*, pp. 497–501.
17. *Davar*, 30 January 1991.
18. *Guardian*, 23 January 1991.
19. Sari Nusseibeh, *Once Upon a Country*, pp. 321–5.
20. The Washington Report on Middle East Affairs 12 (4), 31 December 1993.
21. http://www.btselem.org/freedom_of_movement/closure.
22. Shehadeh, *Sealed Room*, p. 121.
23. *Guardian*, 16 February 1991.
24. *Guardian*, 11 March 1991.
25. Nusseibeh, *Country*, p. 339.
26. Shimon Peres, *Battling for Peace*, p. 316.
27. Said Aburish, *Arafat*, pp. 235–6.
28. Eytan Bentsur, *Making Peace*, p. 115.
29. *Guardian*, 16–17 April 1991.
30. George Bush and Brent Scowcroft, *A World Transformed*, p. 548.
31. A. D. Miller, *The Much Too Promised Land*, p. 229.
32. Bassam Abu Sharif, *Arafat and the Dream of Palestine*, pp. 221–3.
33. Yair Hirschfeld, *TrackTwo Diplomacy*, p. 98.
34. Bentsur, *Making Peace*, p. 121.
35. Shamir, *Summing Up*, p. 241.
36. Shlomo Ben-Ami, *Scars of War*, p. 199.
37. Bentsur, *Making Peace,* p. 121.
38. Meron Benvenisti, *Intimate Enemies*, p. 153.
39. Peres, *Battling for Peace*, p. 317.

第十九章　1992—1994

1. A. D. Miller, *The Much Too Promised Land*, p. 232.
2. *Guardian*, 27 March 1992.
3. Mamdouh Nofal, Yasir Arafat, the political player: a mixed legacy, *Journal of Palestine Studies* 35 (2), 2006, pp. 23–37.
4. Ofira Seliktar, *Doomed to Failure*, p. 45.
5. *Guardian*, 21 January 1992.
6. *Jerusalem Post*, 4 May 1992.
7. *Guardian*, 27 June 1992.
8. Idith Zertal and Akiva Eldar, *Lords of the Land*, p. 135.
9. *Guardian*, 28 August 1992.
10. *Guardian*, 27 August 1992.
11. Sari Nusseibeh, *Once Upon a Country*, p. 359.
12. *Guardian*, 1 August 1992.
13. *Guardian*, 9 July 1992.
14. Shafiq al-Hout, *My Life in the PLO*, pp. 267–8.
15. Yezid Sayigh, *Armed Struggle*, p. 652.
16. Shimon Peres, *Battling for Peace*, p. 351.
17. Peres, *Battling for Peace*, p. 329.
18. http://www.haaretz.com/israel-news/.premium-1.701386.
19. *Independent*, 4 November 1993; Said Aburish, *Arafat*, p. 261.
20. *Yediot Aharonot*, 11 March 2013.
21. http://www.btselem.org/freedom_of_movement/closure.
22. *Maariv*, 10 March 1993.
23. Meron Benvenisti, *Intimate Enemies*, p. 180.
24. *Haaretz*, 11 June 1993.
25. *Haaretz*, 18 September 1998.
26. Yossi Beilin, *Touching Peace*, p. 90.
27. Ahmed Qurei, *From Oslo to Jerusalem*, p. 258.
28. *Guardian*, 30 August 1994.
29. Beilin, *Touching Peace*, p. 127.
30. Al-Hout, *My Life*, pp. 272–7; Mohamed Heikal, *Secret Channels*, p. 462.
31. Nusseibeh, *Country*, pp. 374–5.
32. Uri Savir, *The Process*, pp. 74–5.
33. Neve Gordon, *Israel's Occupation*, p. 170.

34. Baruch Kimmerling and Joel Migdal, *The Palestinian People*, pp. 358–9.
35. *Guardian*, 10 September 1993.
36. *Guardian*, 12 November 1993.
37. PASSIA, *100 Years*, p. 266.
38. Abba Eban, *Guardian*, 10 September 1993.
39. Yitzhak Shamir, *Summing Up*, p. 260.
40. Benvenisti, *Intimate Enemies*, p. 206.
41. PASSIA, *100 Years*, p. 263.
42. Mark Tessler, *History of the IsraeliPalestinian Conflict*, p. 76.
43. Aburish, *Arafat*, p. 256.
44. Hanan Ashrawi, *This Side of Peace*, p. 261.
45. *London Review of Books* 15 (20), 21 October 1993.
46. Seliktar, *Doomed to Failure*, p. 80.
47. Savir, *The Process*, p. 102.
48. Yaakov Peri, *HaBa leHorgekha*, pp. 257–9.
49. George Giacaman and Dag Jorund Lonning (eds.), *After Oslo*, p. 154.
50. David Shulman, *Dark Hope*, p. 6.
51. Amos Elon, *BloodDimmed Tide*, p. 267.
52. Amira Hass, *Drinking the Sea at Gaza*, p. 114.
53. Aburish, *Arafat*, p. 274.
54. Heikal, *Secret Channels*, p. 517; *Jerusalem Post*, 2 March 2014.
55. *Guardian*, 25 June 1994.
56. *New York Times*, 2 July 1994.
57. Graham Usher, *Palestine in Crisis*, p. 1.
58. http://www.nytimes.com/1994/07/14/world/israel-bars-palestinian-officials-from-gaza.html.
59. Benvenisti, *Intimate Enemies*, p. 225.
60. Nofal, Yasir Arafat.
61. *20 Years Since Oslo: Palestinian Perspectives*, p. 26.
62. Khalil Shikaki, The peace process, national reconstruction, and the transition to democracy in Palestine, *Journal of Palestine Studies* 25 (2), 1996, pp. 5–20.
63. *Guardian*, 21 November 1994.

第二十章 1995—1999

1. Nahum Barnea, quoted in *Guardian*, 9 September 1997.

2. Yuval Rabin interview, 16 June 2016.
3. Ahmed Qurei, *Beyond Oslo*, p. 4.
4. *20 Years Since Oslo: Palestinian Perspectives*, p. 27.
5. Uri Savir, *The Process*, p. 261.
6. David Horovitz, *A Little Too Close to God*, p. 19.
7. Dan Ephron, *Killing a King*, p. 182.
8. *Guardian*, 10 April 1995.
9. *Guardian*, 26 July 1995.
10. http://www.mfa.gov.il/mfa/foreignpolicy/peace/guide/pages/the%20israeli-palestinian%20interim%20agreement%20-%20annex%20i.aspx#article8.
11. Neve Gordon, *Israel's Occupation*, p. 177.
12. Khalil Shikaki, The peace process, national reconstruction, and the transition to democracy in Palestine, *Journal of Palestine Studie*s 25 (2), 1996, pp. 5–20.
13. Sari Nusseibeh, *Once Upon a Country*, p. 395.
14. Idith Zertal and Akiva Eldar, *Lords of the Land*, p. 151.
15. *Guardian*, 11 October 1995.
16. Mourid Barghouti, *I Saw Ramallah*, p. 48.
17. Nabil Qassis, interview in *20 Years Since Oslo*.
18. Nusseibeh, *Country*, p. 392.
19. Menachem Klein, in *Palestine-Israel Journal* 14 (4), 2007: http://www.pij.org/details.php?id=1140.
20. Yossi Beilin, *Touching Peace*, p. 113.
21. Glenn Robinson, *Building a Palestinian State*, p. 181.
22. Said Aburish, *Arafat*, pp. 279–80.
23. Danny Rubinstein, *The Mystery of Arafat*, p. 126.
24. William B. Quandt, The urge for democracy, *Foreign Affairs* 73 (4), 1994, pp. 2–7.
25. Mamdouh Nofal, Yasir Arafat, the political player: a mixed legacy, *Journal of Palestine Studies* 35 (2), 2006, pp. 23–37.
26. Inge Amundsen and Basem Ezbidi, Clientelist politics: state formation and corruption in Palestine 1994–2000, Chr. Michelsen Institute (CMI Report R2002:17), 2002, p. 15.
27. *Guardian*, 12 November 1993.
28. Nusseibeh, *Country*, p. 376.
29. Yaakov Perry, *HaBa leHorgekha*, p. 261.
30. Maya Rosenfeld, *Confronting the Occupation*, p. 191.

31. Mustafa Barghouti interview, *New Left Review* 32, March–April 2005.
32. Tamara Cofman Wittes (ed.), *How Israelis and Palestinians Negotiate*, p. 51.
33. Shikaki, The peace process.
34. *Guardian*, 6 January 1996.
35. Aburish, *Arafat*, p. 295.
36. Jimmy Carter, *The Palestine Peace not Apartheid*, p. 146.
37. Nigel Parsons, *Politics of the Palestinian Authority*, p. 39; Ian Black, Fig leaf democracy, *Prospect*, 20 February 1996.
38. Dror Moreh, *Shomrei haSaf*, pp. 177–8.
39. *Guardian*, 5 March 1996.
40. Beverley Milton-Edwards and Stephen Farrell, *Hamas*, p. 219.
41. *Guardian*, 2 April 1996.
42. As'ad Ghanem, *The Palestinian Regime*, p. 126.
43. *Haaretz*, 17 August 2003.
44. Peter Weinberger, *Co-opting the PLO*, p. 137.
45. http://972mag.com/blame-peres-not-bennett-for-the-qana-massacre/101046/.
46. http://www.dayan.org/kap/images/stories/%20%20%205.pdf.
47. Savir, *The Process*, p. 308.
48. In a ruined country: how Yasir Arafat destroyed Palestine, *Atlantic* magazine, September 2005; Nofal, Yasir Arafat.
49. George Giacaman and Dag Jorund Lonning (eds.), *After Oslo*, pp. 212–26.
50. *Guardian*, 18 January 1997.
51. Robert Serry, *Endless Quest*, p. 59.
52. Qurei, *Beyond Oslo*, p. 21.
53. Graham Usher, *Dispatches from Palestine*, p. 138.
54. Nusseibeh, *Country*, p. 421.
55. Nahum Barnea, quoted in *Guardian*, 9 September 1997.
56. Paul McGeough, *Kill Khalid*, p. 126.
57. In a ruined country, *Atlantic* magazine, September 2005.
58. Ofira Seliktar, *Doomed to Failure*, p. 85.
59. Moreh, *Shomrei haSaf*, p. 223.
60. Brynjar Lia, *Building Arafat's Police*, pp. 297–8.
61. IISS, *The Military Balance, 1998–1999*, pp. 138–9.
62. *Guardian*, 21 April 1997.
63. Ghassan Khatib, *Palestinian Politics*, pp. 150–51.
64. Giacaman and Lonning (eds.), *After Oslo*, p. 221.

65. Lia, *Arafat's Police*, p. 347.
66. http://www.meforum.org/287/bio-sketch-faruq-qaddumi-the-plos-2.
67. Baruch Kimmerling and Joel Migdal, *The Palestinian People*, p. 367.
68. https://electronicintifada.net/content/cement-and-corruption/5123.
69. *Guardian*, 21 April 1997.
70. Cheryl Rubenberg, *The Palestinians*, p. 263.
71. Meirav Aharon-Gutman, 'The day the sun rises in the west' – ethnography of a peace process, *International Journal of Politics*, Culture and Society March 2009.
72. Qurei, *Beyond Oslo*, p. 67.
73. David Landau, *Arik*, p. 310.
74. Ghanem, *The Palestinian Regime*, p. ix.
75. Patrick Tyler, *Fortress Israel*, pp. 408–9.
76. A. D. Miller, *The Much Too Promised Land*, p. 310.
77. Jean-Pierre Filiu, *Gaza: A History*, p. 245.

第二十一章　1999—2000

1. Akram Hanieh, The Camp David papers, *Journal of Palestine Studies* 30 (2), 2001, pp. 75–97.
2. 见本书第九章，第 175 页。
3. Darawsha, in Sarah Ozacky-Lazar and Yoav Stern (eds.), *Bnei Hamakom*, p. 84.
4. Gilad Sher, *Bemerhak Negia*, p. 24.
5. Ahmed Qurei, *Beyond Oslo*, p. 98.
6. Qurei, *Beyond Oslo*, p. 90.
7. A. D. Miller, *The Much Too Promised Land*, p. 284.
8. Shlomo Ben-Ami, *Scars of War*, pp. 241–4.
9. Sher, *Bemerhak Negia*, p. 65.
10. Qurei, *Beyond Oslo*, p. 114.
11. Yair Hirschfeld, *Track-Two Diplomacy*, p. 238.
12. Qurei, *Beyond Oslo*, p. 152.
13. Hanieh, Camp David papers.
14. Jeremy Pressman, Visions in collision: what happened at Camp David and Taba? *International Security* 28 (2), 2003, pp. 5–43.
15. Mark Tessler, *History of the IsraeliPalestinian Conflict*, pp. 802–3.
16. Charles Enderlin, *Shattered Dreams*, p. 223.

17. Qurei, *Beyond Oslo*, p. 151.
18. Raef Zreik, The Palestinian question: themes of justice and power, part I: the Palestinians of the occupied territories, *Journal of Palestine Studies* 32 (4), 2003, pp. 39–49.
19. Asher Susser, *Israel, Jordan and Palestine*, p. 47.
20. Benny Morris, One State, Two States, p. 173.
21. Qurei, *Beyond Oslo*, p. 246.
22. Hanieh, Camp David papers.
23. Miller, *Much Too Promised Land*, p. 305.
24. Pressman, Visions in collision.
25. Robert Malley and Hussein Agha, Camp David: the tragedy of errors, *New York Review of Books*, 9 August 2001.
26. *Guardian*, 9 September 2000.
27. David Landau, *Arik*, p. 347.
28. Dennis Ross, *The Missing Peace*, p. 728.
29. Ross, *Missing Peace*, p. 730.
30. Amira Hass, *Haaretz*, 1 October 2010; Hillel Cohen, Society–military relations in a state-in-the-making: Palestinian security agencies and the 'treason discourse' in the second intifada, *Armed Forces & Society* 38 (3), 2012, pp. 463–85.
31. Mamdouh Nofal, Yasir Arafat, the political player: a mixed legacy, *Journal of Palestine Studies* 35 (2), 2006, pp. 23–37.
32. http://news.bbc.co.uk/1/hi/world/middle_east/7083129.stm.
33. Azmi Bishara, Reflections on October 2000: a landmark in Jewish-Arab relations in Israel, *Journal of Palestine Studies* 30 (3), 2001, pp. 54–67.
34. Arij Sabbagh and Khouri Manhal, *Haaretz*, 30 September 2001.
35. *Washington Post*, 9 March 2000.
36. Ozacky-Lazar and Stern (eds.), *Bnei Hamakom*, pp. 84, 109.
37. Amira Hass, *Haaretz*, 1 October 2010.
38. Amira Hess, *Haaretz*, 20 November 2000.
39. Joshua Hammer, *A Season in Bethlehem*, p. 57.
40. Amos Harel and Avi Issacharoff, *Hamilhama Hasheviit*.
41. Cate Malek and Mateo Hoke (eds.), *Palestine Speaks*, p. 169.
42. Ross, *Missing Peace*, pp. 809–13.
43. Qurei, *Beyond Oslo*, pp. 294–5.
44. Susser, *Israel, Jordan and Palestine*, p. 58.
45. Ben-Ami, *Scars of War*, p. 276.

46. Qurei, *Beyond Oslo*, p. 322.

第二十二章　2000—2002

1. Mitchell Report: http://eeas.europa.eu/archives/docs/mepp/docs/mitchell_report_2001_en.pdf.
2. *Guardian*, 7 February 2001.
3. *Guardian*, 8 February 2001.
4. Shlomo Ben-Ami, *Scars of War*, p. 252.
5. *Guardian*, 8 February 2001.
6. Nahum Barnea, quoted in *Guardian*, 15 June 2001.
7. David Landau, *Arik*, pp. 367–9.
8. *Guardian*, 30 April 2001.
9. PA TV (Fatah), 22 July 2009.
10. A. D. Miller, *The Much Too Promised Land*, p. 308.
11. Yezid Sayigh, Arafat and the anatomy of a revolt, *Survival* 43 (3), 2001.
12. Mitchell Report, pp. 4–5.
13. Ahmed Qurei, *Peace Negotiations in Palestine*, p. 46.
14. Neve Gordon, *Israel's Occupation*, p. 137.
15. *Newsweek*, 1 April 2002.
16. Lori Allen, Getting by the occupation: how violence became normal during the second Palestinian intifada, *Cultural Anthropology* 23 (3), 2008, pp. 453–87.
17. Qurei, *Peace Negotiations*, p. 48.
18. Bader Araj, in Mark LeVine and Gershon Shafir (eds.), *Struggle and Survival*, p. 378.
19. Mosab Hassan Yousef, *Son of Hamas*, p. 192.
20. Qurei, *Peace Negotiations*, p. 50.
21. Human Rights Watch, Erased in a Moment: Suicide Bombing Attacks against Israeli Civilians. October 2002, p. 39.
22. *Yediot Aharonot*, 1 September 2001, https://muse-jhu-edu.gate3.library.lse.ac.uk/article/492415/pdf/.
23. Emma Williams, *It's Easier to Reach Heaven*, p. 152.
24. Qurei, *Peace Negotiations*, p. 63.
25. *Yediot Aharonot*, 2 November 2001; Sara Roy, *Failing Peace*, p. 306.
26. Yair Hirschfeld, *Track- Two Diplomacy*, p. 277.
27. Dror Moreh, *Shomrei haSaf*, pp. 285–9.

28. http://www.jiis.org/.upload/the%20israeli%20palestinian%20violent%20confrontation%202000-2004.pdf.
29. *Haaretz*, 21 January 2002.
30. Amal Jamal, *The Palestinian National Movement*, p. 160.
31. Eyad El Sarraj, Suicide bombers: dignity, despair, and the need for hope, *Journal of Palestine Studies* 31 (4), 2001–2002.
32. Bader Araj, in LeVine and Shafir (eds.), *Struggle and Survival*, p. 380.
33. Ronen Bergman, *The Secret War with Iran*, pp. 269–71.
34. Sonia Nimr, in LeVine and Shafir (eds.), *Struggle and Survival*, pp. 141–2.
35. Ari Shavit, *Haaretz*, 10 March 2002.
36. Human Rights Watch, Erased in a Moment, p. 66.
37. Graham Usher, Facing defeat: the intifada two years on, *Journal of Palestine Studies* 32 (2), 2003, pp. 21–40.
38. Miller, *Much Too Promised Land*, p. 342.
39. *Observer*, 21 April 2002.
40. Gordon, *Israel's Occupation*, p. 204.
41. Nahum Barnea and Ariel Kastner, Backchannel: Bush, Sharon and the uses of unilateralism, Saban Center for Middle East Policy, Monograph Series 2 (December 2006), p. 24.
42. Baruch Kimmerling, *Politicide*, p. 163.
43. *New York Times*, 15 August 2002.
44. Kimmerling, *Politicide*, pp. 161–2.
45. Williams, *It's Easier to Reach Heaven*, pp. 208–9.
46. *Haaretz*, 5 March 2002.
47. Salim Tamari, Normalcy and violence: the yearning for the ordinary in discourse of the Palestinian-Israeli conflict, *Journal of Palestine Studies* 42 (4), 2013, pp. 48–60.
48. https://muse-jhu-edu.gate3.library.lse.ac.uk/article/492415/pdf, Rema Hammami, Musa Budeiri, *alQuds*, 14 December 2001.
49. JMCC, Poll No. 45, 29–31 May, 1–2 June 2002, http://www.jmcc.org/publicpoll/results/2002/no45.htm.
50. Neil Lochery, *The View from the Fence*, p. 2.
51. *Haaretz*, 3 March 2002.
52. Al-Haq, The Annexation Wall and its Associated Regime, 2012.
53. https://www.ochaopt.org/documents/ocha_opt_barrier_update_july_2011_english.pdf.

54. Suad Amiry, *Sharon and my MotherinLaw*, p. 188.
55. Leila Farsakh, Independence, cantons, or bantustans: whither the Palestinian state? *Middle East Journal* 59 (2), Changing Geopolitics, 2005, pp. 230– 45.
56. World Bank, Stagnation or Revival, Israeli Disengagement and Palestinian Economic Prospects, December 2004, p. 6.
57. David Shulman, *Dark Hope*, p. 149.
58. *Haaretz*, 30 June 2002.
59. Ben-Ami, *Scars of War*, p. 303.
60. Landau, *Arik*, p. 401.

第二十三章　2003—2006

1. Ariel Sharon at the UN General Assembly 15 September 2004.
2. Nahum Barnea and Ariel Kastner, Backchannel: Bush, Sharon and the uses of unilateralism, Saban Center for Middle East Policy, Monograph Series 2 (December 2006), pp. 40–41.
3. Ahmed Qurei, *Peace Negotiations in Palestine*, p. 98.
4. Qurei, *Peace Negotiations*, pp. 104–7.
5. *Guardian*, 15 February 2003.
6. *Observer*, 12 October 2003.
7. *London Review of Books*, 6 November 2003.
8. Dror Moreh, *Shomrei haSaf*, p. 295.
9. Jean-Pierre Filiu, *Gaza: A History*, p. 264.
10. Ehud Yaari, *Times of Israel*, 30 July 2015.
11. http://www.jiis.org/.upload/the%20israeli%20palestinian%20violent%20confrontation%202000-2004.pdf.
12. *Guardian*, 24 February 2004.
13. *Haaretz*, 29 December 2003.
14. https://wikileaks.org/plusd/cables/04TELAVIV1452_a.html.
15. Sharif Hamadeh, *Adalah* newsletter 16, August 2005.
16. Qurei, *Peace Negotiations*, p. 219.
17. *Haaretz*, 6 October 2004.
18. Ari Shavit (ed.), *Partition: Disengagement and Beyond*, p. 103.
19. *Times of Israel*, 15 April 2012; Talia Sasson, Al pi Tehom, p. 87.
20. Filiu, *Gaza*, p. 273.
21. Nasser Abufarha, *The Making of a Human Bomb*, p. 127.

22. Beshara Doumani, Scenes from daily life: the view from Nablus, *Journal of Palestine Studies* 34 (1), 2004– 2005.
23. Al Jazeera TV, 4 December 2013.
24. *London Review of Books*, 3 February 2005.
25. *Guardian*, 5 January 2005.
26. Wikileaks, US State Department cable, 1 April 2005.
27. Amira Hass, *Drinking the Sea at Gaza*, p. 7.
28. *Guardian*, 25 January 2011.
29. Mehdi Abdel-Hadi, bitterlemons.org, 4 April 2005.
30. Lisa Taraki, Enclave micropolis: the paradoxical case of Ramallah/al- Bireh, *Journal of Palestine Studies* 37 (4), 2008, pp. 6–20.
31. World Bank, West Bank and Gaza – Economic Update and Potential Outlook, 15 March 2006, p. 1; World Bank, The Impending Palestinian Fiscal Crisis, Potential Remedies, 7 May 2006, p. 7.
32. Arthur Neslen, *In Your Eyes a Sandstorm*, p. 145.
33. Emma Williams, *It's Easier to Reach Heaven*, pp. 249–50.
34. Ghada Karmi, *Return*, pp. 76–7.
35. Abufarha, *Making of a Human Bomb*, pp. 91–6.
36. https://www.hrw.org/world-report/2006/country-chapters/israel/palestine.
37. OCHA, Agreement on Movement and Access, November 2006.
38. Doumani, Scenes from daily life, op. cit.
39. World Bank, Movement and Access Restrictions in the West Bank, 9 May 2007.
40. Raja Shehadeh, In pursuit of my Ottoman uncle: reimagining the Middle East region as one, *Journal of Palestine Studies* 40 (4), 2011, pp. 82–93.
41. *Haaretz*, 4 January 2007.
42. *Haaretz*, 26 February 2015.
43. BDS: https://bdsmovement.net/what-is-bds.
44. Antony Loewenstein and Ahmed Moor (eds.), *After Zionism*, p. 19.
45. *Guardian*, 29 November 2004.
46. http://www.camera.org/index.asp?x_article=805&x_context=7.
47. Noam Chayut, *The Girl who Stole*, p. 192.
48. David Shulman, *Dark Hope*, p. 6.
49. *Guardian*, 24 January 2006.
50. Robert Serry, *Endless Quest*, p. 18.
51. Wikileaks, 13 January 2006.
52. International Crisis Group, Enter Hamas: The Challenges of Political Integration,

18 January 2006, https://www.crisisgroup.org/middle-east-north-africa/eastern-mediterranean/israelpalestine/enter-hamas-challenges-political- integration.

53. Serry, *Endless Quest*, p. 21.
54. De Soto Report, May 2007, http://image.guardian.co.uk/sys-files/Guardian/documents/2007/06/12/DeSotoReport.pdf.
55. *New York Times*, 25 January 2006.
56. http://english.al-akhbar.com/sites/default/files/The%20Prisoner's%20Document%20(June%202006)_0.pdf.

第二十四章 2006—2009

1. Ehud Olmert, 17 July 2006.
2. *Guardian*, 9 July 2006; http://www.btselem.org/testimonies/20060724_idf_missile_hits_a_horse_drawn_cart_killing_a_woman_and_her_grandchild.
3. http://www.brandeis.edu/crown/publications/meb/MEB12.pdf.
4. http://www.haaretz.com/lebanon-and-the-territories-no-resemblance-1.194494.
5. 17 July, Knesset speech.
6. Nahum Barnea and Ariel Kastner, Backchannel: Bush, Sharon and the uses of unilateralism, Saban Center for Middle East Policy, Monograph Series 2 (December 2006).
7. http://www.brandeis.edu/crown/publications/meb/MEB10.pdf.
8. http://www.ochaopt.org/sites/default/files/GazaStripOCHA_sitrep_8 August06.pdf.
9. De Soto Report, May 2007, http://image.guardian.co.uk/sys-files/Guardian/documents/2007/06/12/DeSotoReport.pdf.
10. John Deverell, *Prospect*, 27 August 2009.
11. Condoleezza Rice, *No Higher Honor*, p. 575.
12. http://www.vanityfair.com/news/2008/04/gaza200804.
13. De Soto Report.
14. Rice, *No Higher Honor*, p. 551.
15. Alan Johnston, *Kidnapped*, p. 27.
16. http://www.haaretz.com/israel-news/fatah-asked-israel-to-help-attack-hamas-during-gaza-coup-wikileaks-cable-shows-1.331654.
17. *Guardian*, 16 June 2007.
18. Rice, *No Higher Honor*, p. 581.
19. Alex Fishman, *Yediot Aharonot*, 27 June 2015.

20. *Guardian*, 15 June 2007.
21. Amos Elon, *New York Review of Books*, 14 February 2008.
22. Rice, *No Higher Honor*, pp. 600–605.
23. http://www.haaretz.com/news/the-full-text-of-olmert-abbas-speeches-at-the-annapolis-summit-1.234081.
24. http://www.haaretz.com/news/olmert-to-haaretz-two-state-solution-or-israel-is-done-for-1.2342010.
25. Fayyad interview, *Guardian*, 15 December 2008.
26. Karma Nabulsi, *Guardian*, 18 December 2007.
27. *Haaretz*, 9 September 2011.
28. *Guardian*, 3 March 2008.
29. Robert Serry, *Endless Quest*, p. 31
30. Ghada Karmi, Introduction, in Clayton E. Swisher, *The Palestine Papers*, p. 10.
31. https://www.theguardian.com/world/palestine-papers.
32. Asher Susser, *Israel, Jordan and Palestine*, p. 67.
33. Rice, *No Higher Honor*, p. 653.
34. *Jerusalem Post*, 24 May 2013.
35. http://www.haaretz.com/haaretz-exclusive-olmert-s-plan-for-peace-with-the-palestinians-1.1970.
36. *Guardian*, 31 July 2008.
37. Rice, *No Higher Honor*, p. 724.
38. Mazal Mualem, *al-Monitor*, 4 November 2014.
39. Moshe Yaalon, Israel and the Palestinians: a new strategy, *Azure* 34, Autumn 2008.
40. *Times of Israel*, 19 November 2015.
41. George J. Mitchell and Alon Sachar, *A Path to Peace*, p. 109.
42. Wikileaks, US embassy, 29 August 2008.
43. *Yediot Aharonot*, 19 September 2008.
44. *Haaretz*, 28 December 2008.
45. *New York Times*, 28 December 2008.
46. *Guardian*, 9 January 2009.
47. Hisham Naffa, The Palestinians in Israel and Operation Cast Lead: a view from Haifa, *Journal of Palestine Studies* 38 (3), 2009.
48. Cate Malek and Mateo Hoke (eds.), *Palestine Speaks*, p. 45.
49. http://pchrgaza.org/en/?p=5260.
50. Izzeldin Abuelaish, *I Shall Not Hate*, pp. 179–80.

51. Rebecca L. Stein, Impossible witness: Israeli visuality, Palestinian testimony and the Gaza war, *Journal for Cultural Research* 16 (2–3), 2012, pp. 135–53.
52. Serry, *Endless Quest*, p. 37.
53. Rice, *No Higher Honor*, p. 726.
54. Congressional Research Service, US Security Assistance to the Palestinian Authority, Jim Zanotti, analyst in Middle Eastern affairs, 24 June 2009.
55. Yoram Cohen and Jeffrey White, Hamas in Combat: The Military Performance of the Palestinian Islamic Resistance Movement, Policy Focus #97, Washington Institute for Near East Policy, October 2009.

第二十五章　2009—2014

1. Efraim Inbar and Eitan Shamir, 'Mowing the Grass': Israel's strategy for protracted intractable conflict, *Journal of Strategic Studies* 37 (1), 2014, pp. 65–90.
2. *Washington Post*, http://www.washingtonpost.com/wp-dyn/content/article/2009/01/22/AR2009012202550.html.
3. *Chicago Tribune*, 4 January 2009.
4. https://www.whitehouse.gov/the-press-office/remarks-president-cairo-university-6-04-09.
5. Josh Ruebner, *Shattered Hopes*, p. 65.
6. *Guardian*, 4 June 2009.
7. *Guardian*, 16 March 2009.
8. *The Economist*, 18 June 2009.
9. http://www.haaretz.com/news/full-text-of-netanyahu-s-foreign-policy-speech-at-bar-ilan-1.277922.
10. Raef Zreik, Why the Jewish state now? *Journal of Palestine Studies* 40 (3), 2011, pp. 23–37.
11. http://foreignpolicy.com/2011/05/25/should-the-palestinians-recognize-israel-as-a-jewish-state; https://www.washingtoninstitute.org/uploads/Documents/pubs/PolicyFocus108.pdf.
12. Interview, Ramallah, 7 February 2017.
13. *Independent*, 2 March 2009.
14. Congressional Research Service, US Security Assistance to the Palestinian Authority, Jim Zanotti, analyst in Middle Eastern affairs, 24 June 2009.
15. *Guardian*, 4 August 2009.

16. Al-Jazeera, October 2009.
17. George J. Mitchell and Alon Sachar, *A Path to Peace*, p. 158.
18. http://www.haaretz.com/news/netanyahu-declares-10-month-settlement-freeze-to-restart-peace-talks-1.3435.
19. *New York Times*, 4 May 2009.
20. Menachem Klein, Hamas in power, *Middle East Journal* 61 (3), 2007, pp. 442–59.
21. *Wall Street Journal*, 1 August 2007; *New Republic*, 26 March 2010.
22. *Guardian*, 6 December 2010.
23. Israel TV Channel 2, Hisul be'maagal sagur, 11 November 2015.
24. *The Economist*, 3 June 2010.
25. Gershon Shafir, *A Half Century of Occupation*, pp. 221–2.
26. *Guardian*, 29 June 2010.
27. Fayyad interview, Part I, 27 August and 1 September 2009, *Journal of Palestine Studies* 39 (1), 2009–2010.
28. Measures Taken by Israel in Support of Developing the Palestinian Economy, the Socio-Economic Structure, and the Security Reforms. Report of the Government of Israel to the Ad Hoc Liaison Committee (AHLC), Madrid, 13 April 2010.
29. Raja Shehadeh, *Occupation Diaries*, p. 43.
30. *Al-Shabaka*, 19 May 2014.
31. Lisa Taraki, Enclave micropolis: the paradoxical case of Ramallah/al-Bireh, *Journal of Palestine Studies* 37 (4), 2008, pp. 6–20.
32. Ruebner, *Shattered Hopes*, pp. 109–15.
33. *Guardian*, 17 July 2012.
34. *Haaretz*, 24 March 2011.
35. *Guardian*, 2 May 2014.
36. *Guardian*, 24 February 2011.
37. *The Economist*, 26 November 2011; Nicolas Pelham, Gaza's tunnel phenomenon: the unintended dynamics of Israel's siege, *Journal of Palestine Studies* 41 (4), 2012, pp. 6–31.
38. Husam Zumlot, quoted in Antony Loewenstein and Ahmed Moor (eds.), *After Zionism*, p. 48.
39. Ben Caspit, *Maariv*, 25 March 2013.
40. *Haaretz*, 15 March 2012.
41. Surat al-Fil, 105 v. 4.

42. Maan news agency, 3 July 2012.
43. *Haaretz*, 13 September 2012.
44. *Jerusalem Post*, 10 June 2013.
45. http://time.com/11458/israel-doubled-west-bank-settlement-construction-in-2013/.
46. https://972mag.com/in-bab-al-shams-palestinians-created-new-facts-on-the-ground/64732/, Abir Kopty, Heinrich Boll Foundation, Oslo.
47. https://peacenow.org/entry.php?id=10157#.WKVFsxJ97ow.
48. *Guardian*, 3 March 2017; Maan news agency, 11 March 2017.
49. Ariel Handel et al., *Normalizing Occupation*, pp. 2–3.
50. Menachem Klein, *The Shift*, pp. 73–4.
51. *Haaretz*, 15 September 2010.
52. *Haaretz*, 10 June 2016.
53. Assaf Gavron, *The Hilltop*.
54. B'Tselem, Background on the Jordan Valley, 18 May 2011.
55. *Guardian*, 7 February 2014.
56. http://www.btselem.org/download/201007_by_hook_and_by_crook_eng.pdf.
57. Nahum Barnea, *Yediot Aharonot*, 18 March 2013.
58. *Guardian*, 28 April 2010.
59. Mandy Turner, Killing the zombie peace and building a new movement, *Mediterranean Politics* 21 (3), 2016, pp. 437–41.
60. Ian Lustick, *Guardian*, 22 February 2017.
61. Mitchell and Sachar, *Path to Peace*, p. 170.
62. Ir Amim, Jerusalem municipality budget analysis for 2013: share of investment in East Jerusalem, December 2014, http://www.ir-amim.org.il/sites/default/files/PL_Investment%20in%20East%20Jerusalem%20December%202014-2%2025%2015.pdf.
63. *New York Times*, 9 March 2010.
64. Michael Dumper, *Jerusalem Unbound*, p. 124.
65. Eliezer Yaari, *Me'ever le-Harei haHoshekh*.
66. 'We are orphans here', *New York Times*, 1 December 2016.
67. Ibtisam Iskafi, Traveling through the 'borders' of the Israeli Interior Ministry and National Insurance, *Palestine-Israel Journal* 21 (4), 2016, pp. 57–9.
68. Ir Amim, Dangerous liaison: the dynamics of the rise of the Temple Movements and their implications, *Keshev*, 1 March 2013.
69. Natan Sharansky, *Haaretz*, 16 October 2003.

70. Ronen Bergman, *The Secret War with Iran*, pp. 3–40.
71. *Jerusalem Post*, 21 September 2016.
72. *Haaretz*, 3 April 2015.
73. *Haaretz*, 5 July 2014.
74. Robert Serry, *Endless Quest*, p. 133.
75. Ben Birnbaum and Amir Tibon, The explosive, inside story of how John Kerry built an Israel-Palestine peace plan – and watched it crumble, *New Republic*, 20 July 2014.
76. *Haaretz*, 4 August 2014.
77. *Guardian*, 21 February 2014.
78. *Haaretz*, 17 June 2014.
79. Surat al-Fil, 105 v. 5.
80. Atef Abu Saif, *The Drone Eats with Me*, p. 56.
81. *Haaretz*, 26 August 2014.
82. https://www.hrw.org/news/2014/08/03/qa-2014-hostilities-between-israel-and-hamas.
83. Abu Saif, *Drone*, pp. 12–34.
84. *Guardian*, 18 July 2014.
85. *Times of Israel*, 20 July 2014; al-Jazeera, http://www.aljazeera.com/indepth/opinion/2014/08/telegenically-dead-201481182312870982.html.
86. *Times of Israel*, 29 July 2014.
87. Inbal Arnon, in Bashir Bashir and Azar Dakwar (eds.), *Rethinking the Politics of Israel and Palestine*, p. 34.
88. *New Statesman*, 22 July 2014.
89. *Al-Monitor*, 28 January 2015.
90. http://www.lrb.co.uk/v36/n15/mouin-rabbani/israel-mows-the-lawn.
91. 见本书第 465 页。
92. *New York Times*, 24 July 2014.
93. *Jerusalem Post*, 22 July 2014.
94. Assaf Sharon, Failure in Gaza, *New York Review of Books*, 25 September 2014.

第二十六章　2015—2017

1. Interview, Ramallah, 7 February 2017.
2. *Guardian*, 27 July 2016.

3. http://www.reuters.com/article/us-un-assembly-israel-palestinians-idUSKCN11S2CZ.
4. PLO statement, 6 February 2017.
5. *Times of Israel*, 8 January 2017.
6. http://english.alarabiya.net/en/webtv/reports/2015/05/15/U-S-President-Barack-Obama-in-an-exclusive-interview-with-Al-Arabiya.html.
7. *Haaretz*, 24 December 2015.
8. *Salon*, March 2015.
9. *Guardian*, 18 March 2015.
10. *Yediot Aharonot*, 13 March 2015.
11. *Haaretz*, 19 February 2017.
12. *Arutz Sheva*, 27 January 2016.
13. *Haaretz*, 15 February 2015.
14. *Haaretz*, 13 April 2016.
15. Palestinian Centre for Policy and Survey, 28 December 2016.
16. Alaa Tartir, Palestine-Israel: decolonization now, peace later, *Mediterranean Politics* 21 (3), 2016, pp. 457–60.
17. *Haaretz*, 7 February 2017.
18. http://www.peaceindex.org/files/Peace_Index_Data_April_2016-Eng%281%29.pdf.
19. *Haaretz*, 3 June 2017.
20. *Guardian*, 6 April 2017.
21. Maan news agency, 15–16 December 2016.
22. http://www.pcpsr.org/sites/default/files/poll%2060%20June%202016%20pressrelease%20English.pdf
23. *Times of Israel*, 28 May 2014.
24. *Times of Israel*, 31 March 2016.
25. *Haaretz*, 24 April 2016.
26. Mehdi Abdel-Hadi, *al-Rai al-Yawm*, 25 December 2016.
27. *Haaretz*, 6 April 2016.
28. *Guardian*, 5 November 2015.
29. http://www.loveunderapartheid.com/about.
30. Private information.
31. Omran Shroufi, *openDemocracy*, 17 January 2017.
32. Mouin Rabbani, *Jadaliya*, 6 December 2016, http://www.jadaliyya.com/pages/index/25621/fatah_the-disintegration-continues.

33. Alaa Tartir and Sabrien Amrov, After Gaza, What Price Palestine's Security Sector? *Al-Shabaka*, 8 October 2014.
34. *Times of Israel*, 13 November 2015.
35. AFP news agency, 7 July 2015.
36. Human Rights Watch, Palestine: crackdown on journalists, activists chilling effect on free expression, 29 August 2016.
37. Maan news agency, 6 March 2017; *Times of Israel*, 7 March 2017; Ynet, 13 March 2017.
38. *Defense News*, 18 January 2016.
39. Maan news agency, 3 April 2017; *New York Times*, 9 March 2017.
40. https://euobserver.com/justice/125652.
41. http://unctad.org/en/PublicationsLibrary/tdb62d3_en.pdf.
42. *Guardian*, 1 June 2016.
43. *Times of Israel*, 6 February 2017.
44. *Times of Israel*, 11 May 2015.
45. *Haaretz*, 29 October 2015.
46. *Haaretz*, 12 February 2017.
47. http://www.juancole.com/2014/05/occupartheid-isolating-degrading.html.
48. *Times of Israel*, 27 October 2016.
49. Ynet, 5 September 2016.
50. *Haaretz*, 18 December 2016.
51. *Haaretz*, 30 December 2014.
52. Command of Arabic amongst Israeli Jews, Van Leer Institute, 2015.
53. *Haaretz*, 4 July 2014.
54. *Haaretz*, 30 September 2016.
55. *Haaretz*, 22 December 2009.

尾声

1. Meron Benvenisti, The case for shared sovereignty, *The Natio*n, 31 May 2007.
2. http://www.pcpsr.org/sites/default/files/Table%20of%20Findings_English%20Joint%20Poll%20Dec%202016_12Feb2017.pdf.
3. https://www.juancole.com/2014/05/occupartheid-isolating-degrading.html.
4. Bashir Bashir and Azar Dakwar (eds.), *Rethinking the Politics of Israel and Palestine*, p. 17.
5. *Washington Post*, 26 January 2017.

6. *Times of Israel*, 22 January 2017.
7. Akiva Eldar, *Al-Monitor*, 28 February 2017.
8. George Giacaman, Is a just and lasting peace possible? *Journal of Mediterranean Politics* 21 (3), 2016.
9. Reuters, 21 March 2015.
10. Alaa Tartir and Sabrien Amrov, After Gaza, What Price Palestine's Security Sector? *Al-Shabaka*, 8 October 2014.
11. PLO statement, 30 March 2017.
12. Al-Haq, Exploring the Legality of Land Swap Agreements under Occupation, 2011.
13. Muna Dajani and Lina Isma'il, Conscious Choices: A Guide to Ethical Consumerism in Palestine, April 2015.
14. *Haaretz*, 20 June 2016.
15. *Palestinian-Israeli Pulse*, 16 February /2017, http://www.pcpsr.org/en/node/678.
16. 关于“和平之约”，见本书第三章，第 54 页。
17. *Haaretz*, 25 January 2017.
18. https://m.facebook.com/story.php?story_fbid=1183763391692005&id=739419262793089&_rdr.
19. *Haaretz*, 14 February 2017.
20. *Haaretz*, 16 February 2017.
21. Asher Susser, *Israel, Jordan and Palestine*, p. 126.
22. Dan Rabinowitz and Khawla Abu-Baker, *Coffins*, p. 12.
23. Alaa Tartir and Tareq Baconi, Al-Jazeera, 19 February 2017.
24. *The Economist*, 20–26 May 2017.
25. Salim Tamari, The dubious lure of binationalism, in Mahdi Abdul Hadi (ed.), *Palestinian- Israeli Impasse*.
26. *Los Angeles Times*, 29 December 2016.
27. Raef Zreik, When does a settler become a native? (With apologies to Mamdani), *Constellation*s 23 (3), 2016.
28. Ali Abunimah, *One Country*.
29. Benvenisti, The case for shared sovereignty.
30. Padraig O'Malley, *The Two-State Delusion*, p. 302.
31. Rashid Khalidi, *Guardian*, 18 February 2017.
32. http://www.un.org/webcast/pdfs/SRES2334-2016.pdf.
33. http://www.al-monitor.com/pulse/originals/2017/02/israel-likud-benjamin-

netanyahu-naftali-bennett-two-state.html.

34. Daniel Levy, *National Interest*, 6 March 2017.
35. Ali Abunimah, *Electronic Intifada*, 15 February 2017.
36. Nadia Hijab, *Guardian*, 22 February 2017.
37. Shaul Arieli, *Haaretz*, 25 January 2017.
38. *Christian Science Monitor*, 14 February 2017.

STiNE